더미를 위한

양극성장애

제 3판

더미를 위한

양극성장애

제3판

칸디다 핑크 · 조 크레이낙 지음

한소영 옮김

시그마북스
Sigma Books

더미를 위한
양극성장애

발행일 2018년 6월 1일 1쇄 발행

지은이 칸디다 핑크, 조 크레이닉

옮긴이 현소영

발행인 강학경

발행처 시그마북스

마케팅 정제용, 한이슬

에디터 권경자, 김경림, 장민정, 신미순, 최윤정, 강지은

디자인 최희민, 김문배

등록번호 제10 - 965호

주소 서울특별시 영등포구 양평로 22길 21 선유도코오롱디지털타워 A404호

전자우편 sigma@spress.co.kr

홈페이지 http://www.sigmabooks.co.kr

전화 (02) 2062 - 5288~9

팩시밀리 (02) 323 - 4197

ISBN 978 - 89 - 8445 - 989 - 2 (04180)

　　　978 - 89 - 8445 - 962 - 5 (세트)

이 도서의 국립중앙도서관 출판예정도서목록(CIP)은 서지정보유통지원시스템 홈페이지(http://seoji.nl.go.kr)와 국가자료공동목록시스템(http://www.nl.go.kr/kolisnet)에서 이용하실 수 있습니다.
(CIP제어번호: CIP2018011700)

* 시그마북스는 ㈜ 시그마프레스의 자매회사로 일반 단행본 전문 출판사입니다.

내 안에 추한 마음이 있지만 난 그걸 좋아해요.

다른 내 마음만큼이나.

당신은 어떻죠? 용서할 수 있어요?

가능키나 해요?

– 영화 '실버라이닝 플레이북' 중에서

들어가는 글

크루즈 모드(자동차에서 운전자가 설정한 속도를 일정하게 자동으로 유지해주는 기능-역주)로 설정한 자동차의 운전석에 앉아, 뻥 뚫린 고속도로 위에서 시속 100km의 속도를 즐기며 시원스레 내달리고 있다고 상상해보자. 매끄럽게 뻗어 나가는 그 편안함을 한창 음미하고 있을 무렵, 갑자기 크루즈 기능에 문제가 생긴 것만 같다. 차체가 덜덜거리더니 계기판의 속도계 바늘이 시속 120km에서 130km까지 치솟는다. 깜짝 놀라 크루즈 취소 버튼을 누르고 브레이크를 힘껏 밟아보지만, 아무리 애를 써도 속도계의 바늘은 제자리로 돌아오기는커녕 점점 더 돌아갈 뿐이다. 140… 이제는 차가 너무 심하게 흔들리는 나머지 뒤집어질 것만 같다. 150… 다른 차들이 미친 듯이 경적을 울려대고, 160… 고속도로 순찰차가 사이렌을 울리며 뒤쫓아 달려온다. 170… 조수석에 앉은 배우자는 차를 멈추라며 고함을 지른다. 180… 190…

이번에는 반대의 상황을 떠올려보기로 하자. 집 근처 시속 50km의 속도 제한 구역에서 운전한다고 가정하는 거다. 한적한 동네의 도로 위에는 차가 한 대도 없어서 가속 페달을 깊이 밟아보지만, 자동차는 고작 시속 5km의 속도로 기어갈 뿐이다. 뒤쪽에 길게 늘어선 차와 자전거들은 참다못해 경적을 울리고 중앙선을 넘어 앞질러 가면서 저마다 노려보며 욕을 퍼붓는다.

양극성장애 환자는 이처럼 뇌의 가속 페달에 문제가 있는 것과 비슷한 경우라고 볼 수 있다. 조증 삽화를 경험할 때는 최대 속도로 질주하는 것처럼 보이지만, 기어가 저속에 놓일 때는 깊은 우울의 늪에 빠져들기 마련이다. 만일 이런 증상이 심장에서 벌어지면 누구나 서둘러 구급차를 부를 것이다. 의료진은 머리를 맞대고 환자를 살릴만한 최선의 방법을 찾아 치료에 힘을 쓰고, 멀리 사는 가족들도 놀란 가슴을 쓸어내리며 만사를 제쳐두고 헐레벌떡 달려올 거다. 상태가 좀 좋아지면 친구들이 보내준 꽃과 과일 바구니에 둘러싸여 한동안 몸을 추스를 수도 있다. 하지만 사람들은 양극성장애가 있는 사람의 뇌가 거의 정지한 것처럼 꾸물거리거나 속도위반 차량처럼 질주하는 모습을 보며, 그 사람이 게으르거나 뭔가에 취했다고 생각하거나 그렇게 약해 빠져서 이 험한 세상을 어떻게 살겠냐며 쯧쯧 혀를 차곤 한다. 그리고 꽃과 과일 바구니 대신에 해고 통지서나 협의이혼 서류가 날아올 수도 있다.

하지만 현실이 절망적인 것만은 아니다. 정신과 의사, 심리학자, 심리치료사 등으로 구성된 정신 역학의 전문가들의 '도구상자'에는 뇌의 가속 페달에 관한 문제를 치료할 수 있는 훌륭한 처방과 쓸 만한 치료법의 도구들이 가득하기 때문이다. 이 책을 통해 우리는 평온한 감정 상태에 도달하고 그 상태를 유지하는 방법과 기술을 하나씩 소개하고, 양극성장애로 고통받는 사람들이 훨씬 더 나은 기분을 갖고 살아가도록 도움을 줄 것이다.

이 책에 대하여

우리는 그 어느 때보다도, 정신과 의사, 심리학자, 심리치료사가 양극성장애에 대해 많은 것을 알고 있는 시대를 살고 있다. 하지만 점점 더 많은 연구 결과가 증명하는 사실은, 환자 자신과 가까운 가족이나 친구들이 치료 과정에 더 적극적으로 참여할수록 환자의 상태가 훨씬 더 좋아질 수 있다는 것이다. 이 책을 통해 우리는, 여러분이 환자 자신이든 환자에 대한 지지자이든 간에 유익한 정보를 제공함과 동시에 양극성장애의 치료 과정에 핵심적인 역할을 감당하는 힘을 불어넣고자 하였다.

또한, 이 개정판을 만들면서, 우리는 되도록 쉬운 용어와 편안한 짜임새를 담은 책을 만들어, 양극성장애가 과연 무엇이고 어떤 요인이 원인이 되며, 진단과 치료 과정은 어떠한지 쉽게 전달하는 것을 목표로 삼았다. 가장 효과적인 치료 방법에는 어떤 것들이 있고, 예방적 치료 방법이 왜 증상의 심화를 막는 데 중요한 대안이 되는지도 설명했다. 그리고 적절한 약물과 다양한 치료 방법, 생활방식의 조절, 타인의 정서적 지원을 통합하여 제공함으로써 기대할 수 있는 긍정적 예후에 대한 방향을 제시하려고 노력했다.

이 책에는 양극성장애에 관한 포괄적인 정보가 담겨 있을 뿐만 아니라, 양극성장애와 더불어 살아가는 환자들이나, 사랑하는 가족 또는 친구의 양극성장애를 지켜봐야만 하는 사람들 자신의 다양한 이야기가 담겨 있다. 이들 이야기를 통해, 양극성장애를 겪으며 살아가는 사람들의 솔직한 심정과 그들이 삶의 위기를 이겨내는 방법을 엿보며 더 많은 영감을 얻게 될 것이다.

이 책의 내용을 기술할 때 따른 원칙을 밝혀두겠다. 먼저, 모든 약물에 관한 정보는 약품명을 먼저 기록하고 뒤이어 상품명을 괄호 안에 함께 적어두었다[예 : 플루옥세틴(프로작)] 또한, 성별에 관한 대명사 '그' 또는 '그녀'가 꼭 필요할 때는 단락마다 그 둘을 번갈아 사용하여, 집필의 공정성과 간결함을 지향하고자 했다.

독자에게 드리는 말씀

누군가 자기 자신이나 사랑하는 가족 또는 친구가 양극성 환자라는 진단을 받으면 갑자기 마음이 급해지기 마련이다. 얼마 전까지만 해도 이 질병에 대해 전혀 아는 게 없었지만 아무렇지도 않게 잘 지냈고 관심조차 없었다. 하지만 이제는 되도록 빨리 양극성에 대한 모든 것을 알아야 한다. 우리는 이런 상황을 염두에 두고, 이 책의 독자들이 양극성에 대해 별로 아는 게 없다는 전제로 이 책을 썼다. 하지만 의사나 심리치료사로부터 양극성장애라는 진단을 받은 경험이 있는 독자라면 최소한의 지식 정도는 갖고 있을지도 모른다. 만일에 오랜 시간 동안 오진과 엉뚱한 치료 과정에 심신이 지친 상태라면, 그런 과정을 다시는 겪고 싶지 않다는 생각이 들 수도 있다. 하지만 어떤 과정을 거쳐 여기까지 왔든지 간에 이 책으로부터 도움을 얻을 것이라 확신한다.

우리는 또한, 이 책을 읽는 독자 주위의 누군가 또는 독자 자신이 양극성장애를 앓고 있거나 최소한 이 질병에 대해 알고 싶어 한다는 전제하에 이 글을 썼다. 양극성장애가 당신과 가족, 또는 당신 주변의 누군가를 힘들게 할수록 이 책으로부터 더 많은 도움을 받을 수 있을 것이다.

마지막으로, 우리는 이 책의 독자들에게 유머 감각이 있기를 기대하였다. 분명히 말하지만, 양극성장애는 쉽게 이겨낼 수 있는 질환이 아니다. 하지만 웃음은 여러분이 이 질병과 씨름하는 과정에서 경직되고 좌절할 때마다 다시금 일어설 힘을 주고 길을 보여줄 것이다.

아이콘 설명

이 책을 읽다 보면 다음과 같은 아이콘을 발견하게 된다. 각각의 아이콘은 독자들에게 꼭 필요한 여러 가지 내용과 정보를 알아보기 쉽게 전달하기 위함이므로 눈여겨 봐두도록 하자.

체크포인트

이 책의 나머지 내용은 모두 잊어버리더라도 최소한 이 아이콘이 표시된 부분만큼은 눈여겨보고 기억해두자.

더미를 위한 팁

이 아이콘이 있는 곳에는 은근히 도움이 될 만한 전문가의 조언을 담았다. 어떤 문제를 해결할 좀 더 나은 방법이나 빠른 길을 찾아 고민하고 있다면, 이 아이콘이 표시된 곳을 찾아 필요한 정보를 얻으면 된다.

경고메시지

이 아이콘은 특별히 경계의 수위를 높이거나 전문가의 도움을 구해야 할 내용이 등장하는 곳에 표시해두었다.

에피소드

우리는 이 책의 곳곳에 양극성장애를 지닌 또 다른 사람들의 이야기를 함께 소개해두었다. 이 아이콘이 있는 곳을 펼치면, 양극성장애와 더불어 살아가는 그들의 진솔한 이야기를 만날 수 있다.

추가 정보

웹사이트에서 여러 유익한 무료 정보를 얻을 만한 내용을 소개한 부분이다.

책 이외의 자료

이 책과 관련된 'CHEAT SHEET'는 http://www.dummies.com/health/mental-health/bipolar-disorder-for-dummies-cheat-sheet/에서 확인할 수 있다.

나아갈 방향

이 책을 펴드는 것은, 마치 잘 차려진 뷔페 식당에 간 것과 마찬가지라고 보면 된다. 커다란 접시 하나를 들고 한쪽 끝에서부터 줄을 서서 차례차례 지나가듯, 처음부터 한 절씩 읽어갈 수 있다. 또는 먹고 싶은 음식을 한두 가지만 접시에 담는 사람처럼, 눈길이 머무는 아무 절이나 펴들고 필요한 정보를 골라 읽어도 상관없다.

양극성장애에 대해 전반적으로 훑어보길 원한다면, 제1부를 먼저 읽기를 권한다. 정신과 의사를 만나 상담하고 진단을 받기 전에 궁금한 게 있는 경우라면, 제4, 5장에 소개된 진단 과정을 살펴보고 가도 좋을 것이다. 양극성장애의 치료제에 관한 정보와 이해를 얻고자 할 때는, 제7장을 먼저 읽어도 좋을 것 같다. 환자 자신에게 도움이 될 만한 내용은 제4부에 소개되어 있고, 친구나 가족이 양극성장애 환자라면 제6부의 내용이 도움이 될 것이다.

차례

1

양극성장애를 향한 이해의 출발

제1부 미리보기

- 정신과 의사들이 진단을 내릴 때 참고하는 DSM-5를 토대로, 양극성장애를 정확히 이해하고 양극성장애로 볼 수 없는 경우를 분별한다.

- 양극성장애의 조증과 우울 삽화적 특성을 부르는 유전적 요소와 신체적 및 감정적 스트레스와 같은 비유전적 요소에 대해 이해한다.

- 우리 뇌의 각 부분을 이해함으로써, 양극성장애를 생물학적으로 이해한다.

- 양극성장애의 진단과 치료 과정을 폭넓게 이해함으로써, 이 질병에 영향을 미치는 요소를 파악하고 치료 과정이 진행됨에 따라 어떤 결과를 기대할 수 있을지 예측할 수 있다.

양극성장애 이해하기 :
증상 및 진단

제1장 미리보기

- 양극성장애를 진단할 때 사용하는 매뉴얼을 소개한다.
- 양극성장애의 두 가지 극단적 양상인 조증과 우울증에 대해 알아본다.
- 제I형, 제II형 및 다른 유형의 양극성장애의 차이점을 설명한다.
- 각각의 자세한 진단 조건을 이해함으로써 유형 간의 차이를 분명히 구분한다.
- 소아의 양극성장애 진단 및 예외의 경우를 이해한다.

'양극성장애'라는 말을 처음 들으면 사람들은 대부분 이렇게 묻곤 한다. "도대체 그게 뭐죠?" 이 질문에는 이런 간단한 대답을 제시할 수 있다. 양극성장애란 비정상적으로 상승하거나 가라앉는 기분 변화를 특징으로 하는 의학적 질병 상태라고. 그러면 이런 질문이 또다시 이어지곤 한다. "그럼, 저도 그 검사를 좀 받아볼 수 있을까요?" 하지만 대답은 간단히 "아니요"다. 의사들이 양극성장애로 진단할 때는 환자의 증상과 병력, 가족력을 꼼꼼히 살피고 다른 발병 요인은 없는지 확인하는 등, 환자의 신체 및 정신적 상태에 대한 여러 검사가 선행되어야 하기 때문이다. 이때 의사들은 환자의 양극성장애 여부를 판별할 수 있는 진단 기준을 소개한

DSM(Diagnostic and Statistical Manual of Mental Disorder, 정신질환의 진단 및 통계 편람)을 지침서로 활용하곤 한다.

이번 장에서는 DSM을 자세히 소개하여 양극성장애로 진단할 수 있는 경우와 아닌 경우를 구분해 설명할 것이다. 상승하거나 가라앉은 기분이 어떤 것인지 알기 쉽게 설명하고, 제I형 양극성장애, 제II형 양극성장애, 급속순환성 양극성장애와 같이 다양한 양극성장애 유형의 차이를 자세히 소개할 것이다. 그리고 의사들이 환자의 증상을 구체적으로 이해하고 진단 결과에 따라 결정한 치료 방법을 설명하는 데 도움이 될 만한 세부적인 진단 조건을 알아볼 것이다. 비슷한 증상을 나타내는 다른 상태와 양극성장애를 구별하는 방법에 관해 설명하고, '알코올 중독'이나 '물질 사용 장애'처럼 양극성장애와 유사한 양상을 나타내는 다른 병리 현상에 대해서도 살펴보려고 한다. 마지막으로 소아와 청소년을 대상으로 양극성장애를 진단할 때 고려할 점도 알아보겠다.

양극성장애의 진단 매뉴얼 : DSM-5

미국에서는 의사가 양극성장애와 같은 정신질환을 진단할 때 DSM이라는 미국 정신의학회(American Psychiatric Association, APA)가 펴낸 매뉴얼을 참조하곤 한다. 이 매뉴얼에는 과학적 연구, 폭넓은 전문가들이 합의한 여러 가지 증상, 질병의 양상 및 정의가 담겨 있다. 한창 이 책을 쓰던 2013년 5월에도, 미국 정신의학회는 DSM-5를 발표하였다. 그러니 그전에 발표된 DSM-IV의 내용이 이 책에 실려 있더라도 널리 이해해주길 바란다.

이 장에서는 DSM-5에 실린 진단 기준에 따라 양극성장애의 증상을 소개하였다. 이전에 발간된 DSM-IV와 비교할 때 기본적인 진단 조건이 크게 달라진 것은 아니나, 몇 가지 용어가 수정되었고 의사들이 환자의 상태를 좀 더 충분히 이해하고 설명할 수 있도록 몇 가지 진단 조건이 추가되었다.

미국을 제외한 세계 여러 나라의 의사들은 세계보건 기구(WHO)가 제시한 건강 관련 이슈의 분류 시스템인 ICD(International Classification of Disease, 국제 질병 분류)에 대한 의존도가 높은 편이다. ICD의 제5장에는 특별한 정신 및 행동 장애에 관한 내용이 담겨 있다.

DSM-5와 ICD의 가장 분명한 차이점은, 세계보건기구의 ICD 기준에서는 기본적으로 제I형 양극성장애와 제II형 양극성장애를 일차적으로 구별하지 않는다는 점이다. ICD에서는 이 경우를 가리켜 '양극성 정동장애(bipolar affective disorder)'로

정의하며 현재의 삽화 특성에 따라 현재 경조증, 현재 조증, 현재 우울증, 혼합장애 또는 관해 상태로 분류한다. 그뿐만 아니라 ICD-10에서는 둘 또는 그 이상의 기분 삽화가 나타나야 하며, 최소한 하나의 삽화에서 조증 또는 경조증 양상을 확인할 수 있어야 양극성장애 진단이 가능하다고 규정하고 있지만, DSM-5에서는 한 가지 조증 또는 경조증 삽화를 전제할 뿐이다.

미국 정신의학회와 세계보건기구는 서로 긴밀히 협력하는 관계다. 따라서 의사들은 임상 치료 과정에서 둘 중에 어떤 지침을 참고하더라도, 다른 의사들과 비슷한 진단 결과를 얻게 될 것이다.

어떤 질병을 진단하는 일은 목록에 해당하는 증상을 확인하고 그저 이름표를 달아주듯 할 수 있는 일이 아니다. 그래서 정확한 진단을 위해 수련과정이나 임상적 치료과정, 그리고 전문적 판단이 필요할 때 DSM을 적극적으로 활용하도록 의사들에게 권고하는 것이다.

양극성장애의 두 가지 극단적 양상 : 조증과 우울증의 이해

양극성장애의 진단은 환자가 현재 경험하고 있거나 과거에 경험한 적이 있는 기분 삽화의 유형에 따라 크게 달라질 수 있다. 따라서 각기 다른 진단을 내리기 위해서는 기분 삽화, 특히 조증, 경조증, 그리고 주요 기분 삽화를 구성하는 요소를 정확히 이해해야 한다. 지금부터는 각각의 기분 삽화 유형에 대해 DSM-5에 제시된 진단 기준을 소개하도록 하겠다.

조증 삽화

조증 삽화(manic episode)란 비정상적으로 고무된 감정과 에너지가 어떤 사람이 정상

적으로 수행하는 능력에 영향을 미치는 기간을 의미한다. 가끔 기분이 상승한다고 해서 단순히 조증 삽화라고 단정 지을 수는 없으며, 반드시 다음의 네 가지 기준에 부합해야 한다.

분명히 다른 시기

입원 치료가 필요하다고 느껴질 정도의 조증 삽화가 거의 날마다 나타나며 온종일 유지되는 것 같은 상태가 최소 한 주 이상 지속되어야 한다. 비정상적으로 계속해서 상승하고 부푼 과민한 감정 상태와 목표 지향적인 활동이나 에너지 증가를 특징으로 한다.

조증으로 볼 만한 3가지 이상의 증상

조증이 진행되는 한 주 동안, 다음 중 3가지 이상의 증상이 나타나야 한다. 그리고 만일 그저 상승하거나 부푼 감정을 느끼는 정도가 아니라 과민한 상태라면 네 가지 이상에 해당하는지 확인하자. 각각의 증상은 두드러진 양상을 나타내며 정상 기분과 뚜렷이 구별되어야 한다.

- ✔ 자존감이 상승하고 과대 사고에 젖어 든다.
- ✔ 수면 욕구가 감소한다. 예를 들면, 수면 시간이 세 시간 또는 그보다 짧아도 피곤을 느끼지 않을 정도를 말한다.
- ✔ 말이 많아지거나 쉴 새 없이 말하고 싶은 욕구에 휩싸인다(언어 압박).
- ✔ 생각이 빠르게 돌아가는 느낌이 들고, 이 생각에서 저 생각으로 정신없이 마음을 빼앗기곤 한다.
- ✔ 집중력이 떨어지고 그다지 중요하지 않은 외부 자극에도 쉽사리 주의를 빼앗긴다.
- ✔ 직장 또는 학교생활 등 목표 지향적인 사회적 활동이 왕성해지고, 성적 욕구나 신체적 움직임이 눈에 띄게 증가하거나 불안한 듯 안절부절못하는 행동을 나타낸다.
- ✔ 위험천만하고 궁극적으로 자기 파괴적인 행동에 과도하게 몰입하는 경향을 나타낸다. 예를 들어, 무분별한 성관계, 절제하지 못하는 쇼핑 중독(다단계 사업 등에 관련된) 지나친 공격적 투자 등의 경우를 들 수 있다.

기능적 손실

기분 삽화는 다음과 같이 중증이라고 인식되는 것이어야 한다.

- ✔ 사회적 관계나 업무 능력에 부정적 영향을 줄 정도 또는
- ✔ 환자 자신과 다른 이들을 안전하기 지키기 위해 입원이 필요할 정도 또는
- ✔ 편집증, 환각, 또는 망상 등 정신증의 특성을 보이고, 현실 감각이 없다고 느껴질 정도

이와 관련된 자세한 내용은 뒤에서 소개할 '정신증의 유무' 절에서 확인할 수 있다.

다른 가능성의 충분한 배제

양극성장애로 인한 조증 삽화라고 단정 짓기 위해서는 다음과 같은 점을 확인해야 한다.

- ✔ **복용한 다른 약물 또는 다른 의학적 치료의 결과로 나타나는 조증이 아니어야 한다.** 예를 들어, 조증의 증상이 나타난 시점에 항우울제, 스테로이드제, 또는 코카인 등을 복용하고 있었다면, 그런 약물의 복용을 중단하고 충분한 시점이 경과한 후에도 그 증상이 유지되는지 확인할 때까지는 양극성장애로 인한 조증이라고 단정해서는 안 된다.
- ✔ **다른 의학적 상태 때문에 나타나는 조증이 아니어야 한다.** 다른 의학적 원인에 기인한 조증은 양극성장애의 조증과 구별되며, 뒤에서 소개할 '양극성장애의 유형' 절에서 다시 다루도록 하겠다.

경조증 삽화

앞서 설명한 '조증 삽화'의 요구 조건과 마찬가지로, 경조증 삽화(hypomanic episode)에 대해서도 같은 빈도와 유형의 조건을 기준으로 판단해야 한다. 예를 들면, 어떤 사람의 경조증 삽화를 판단할 때는, 그 사람이 일반적으로 나타내던 행동 양상과 완전히 다른 변화가 느껴지고, 다른 사람들이 그걸 인식할 정도여야 한다는 말이다. 하지만 경조증 삽화는 다음과 같은 점에서 조증 삽화와 구별되어야 한다.

- ✔ 지속 기간이 좀 짧다(연속해서 4일 정도 증상이 지속하는 정도라면 경조증 삽화로 보면 된다).
- ✔ 심각한 기능적 장애를 유발하지는 않는다.
- ✔ 입원을 고려할 정도는 아니다.
- ✔ 정신증의 증상은 나타나지 않는다.

전형적인 경조증은 심각한 관계적 문제나 극단적인 위험 행동으로 이어지지 않더라도, 경조증적 행동이 다른 이들을 불편하게 할 수는 있다. 반대로, 경조증은 어떤 사람을 더 매력적으로 보이게 해 다른 사람들의 이목을 집중시키기도 한다. 원치 않을 정도로 관심이 집중되는 바람에 조증이 너무 심해지기 전까지는 그렇다는 말이다.

주요 우울 삽화

주요 우울 삽화(depressive episode)가 나타나는 동안, 환자는 끈적거리는 '물엿의 바다'에서 수영하는 기분으로 하루하루를 살아가는 것처럼 느끼며 모든 상황이 느리고 어두컴컴하며 무겁다는 생각이 들기 마련이다. 주요 우울 삽화로 진단을 내리려면, 다음 증상 중 다섯 가지 이상이 최소 2주간 거의 매일 지속되어야 한다. 이들 증상은 이전에 보이던 일상적인 행동과 분명한 차이를 보여야 하며, 우울한 기분 또는 흥미나 쾌락의 상실 중 적어도 한 가지 이상의 증상이 나타나야 한다.

- ✔ 우울한 감정이 거의 매일, 거의 온종일 지속된다.
- ✔ 이전과는 달리, 거의 모든 활동(성관계를 포함)에 대한 흥미나 쾌감이 현저히 저하된 상태가 거의 매일 이어진다.
- ✔ 의도적인 체중 조절 계획 때문이 아니어도 식욕이 현저하게 증가 또는 감소했음을 거의 매일 실감하거나, 한 달 이내의 기간 체중이 큰 폭(5퍼센트 이상)으로 증가 또는 감소했다.
- ✔ 거의 매일 불면 또는 과다수면에 시달린다.
- ✔ 평소와는 다르게 몸이 지나치게 둔하다고 느껴지거나, 스스로 느끼는 정도를 벗어나 다른 사람이 알아차릴 정도로 신체적 불안이 나타난다.
- ✔ 일상적인 무력감에 시달린다.
- ✔ 거의 매일 무가치하다는 느낌, 감당하기 힘들거나 적절하지 않은 죄책감

에 짓눌린다.

✔ 여느 때와 달리 우유부단해진 느낌이 들거나 머릿속이 흐리멍덩하고, 거의 매일 해오던 일조차 집중하지 못하는 모습을 스스로 발견하거나 다른 사람들이 느낀다.

✔ 죽음이나 자살에 대한 생각 또는 자살에 대한 상상을 멈출 수 없거나, 실제로 자살을 기도하거나 자살할 계획을 세우기도 한다.

이런 증상은 일상생활에서 중대한 문제를 일으키고 주요 우울 삽화라고 진단할 수 있는 지표가 된다. 만일 어떤 약물을 복용하거나 치료를 받는 동안에만 이런 증상이 나타났다면, 그 삽화는 극성 또는 양극성 우울장애가 아니라, 약물 또는 다른 의학적 원인에 의해 유발된 독립적인 우울장애로 봐야 한다.

물론, 엄청난 상실이나 혼란스러운 인생의 굴곡을 지나는 사람들도 이런 비슷한 증상을 나타낼 때가 있다. 의사는 자신의 임상 경험과 관찰한 사실들, 그리고 문진 과정에서 환자들이 말한 내용을 토대로 그 사람이 주요 우울 삽화를 경험하는지, 아니면 그 아픔의 시간을 보내며 강렬한 슬픔에 빠져 있는 정상적인 상태인지를 구별해야 한다. 그뿐만 아니라, 문화적 요소도 사람들이 상실 앞에서 느끼는 감정의 깊이와 표현 방식에 영향을 주기 마련이다.

일반적인 우울감과 구분하기

누구나 어느 정도 감정이 오르내리는 걸 경험하며 살아가기 마련이다. 하지만 양극성장애의 우울 삽화는 감정 상태의 변화 폭이 훨씬 더 크고, 불편함의 경계를 넘어서서 일상을 살아가고 즐길 수 없는 지경으로 이끌고야 만다. 어떤 사람이 양극성장애와 관련된 기분 삽화를 경험할 때면, 그는 '보통 때의 그 사람답지 않은 방식'으로 생각하고 느끼며, 말하고 행동하게 된다. 그런 상태가 몇 주, 심지어는 몇 달간 지속하는 때도 있다. 다른 이들과의 관계는 멀어지고 일상이 무너지는 느낌이 든다. 종종 병원 신세를 지거나, 법적인 문제에 휘말리는 일을 겪기도 한다. 하지만 그저 간단히 벗어날 수 있는 문제가 아니다. 그림 1-1은 정상적인 감정의 오르내림과 양극성장애의 감정의 변화 폭의 차이를 그래프로 나타냈다.

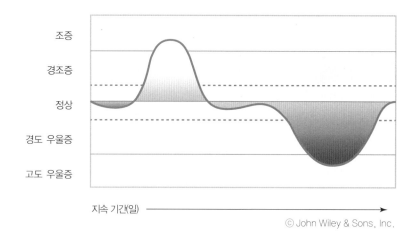

그림 1-1
정상적인 감정 상태의 변화 폭 과 양극성 기분 삽화의 비교 그 래프

그래프 좌측 상단부터: 조증 / 경조증 / 정상 / 경도 우울증 / 고도 우울증

지속 기간(일)

다른 정신질환과 무관할 것

양극성장애 때문에 나타나는 기분 삽화라는 진단을 내릴 때는, 그 기분 삽화가 정신 분열 정동 장애, 조현병, 조현정동장애, 망상장애, 달리 명시된 또는 명시되지 않는 조현병 스펙트럼 및 기타 정신병적 장애보다는 양극성장애로 설명하는 게 더 적합하다고 판단할 수 있어야 한다. 이런 다른 병적인 상태일 경우라면, 양극성 기분 삽화에서는 발견되지 않는 정신증(psychosis)이 일시적으로라도 나타나기 마련이다. 다시 말하면, 양극성 기분 삽화에서는 발견되지 않는 혼란스러운 사고와 현실 검증(자아와 비자아, 외부 세계와 자기의 내부를 구별하는 객관적 평가 능력을 의미하며, 신경증과 정신증을 구분하는 기준 가운데 하나다-역주)의 양상이 나타난다면 양극성장애로 볼 수 없다는 점을 강조해야 한다는 것이다. 정신증과 관련된 더 많은 내용은 이 절 뒷부분에서 소개할 '정신증의 유무' 부분을 참조하도록 하라.

양극성장애의 유형

양극성장애는 다양한 가면을 쓰고 나타나곤 한다. 그 가면은 기쁠 수도 슬플 수도 있다. 두려움을 보이다가도 자신감이 넘쳐 보일 수도, 섹시하다가도 터질 듯한 분노를 보일 수도 있다. 그 가면을 쓴 사람은 낯선 이들을 매혹하다가도 은행 창구의 직

【 당신은 혼자가 아니다 】

양극성장애는 종종 '뇌 질환의 캐딜락(최고봉)'으로 불리곤 한다. 양극성장애와 씨름하며 살았을 것으로 추정되는 유명인이나 창조적 사람들을 여럿 손꼽을 수 있는 데다, 개중에는 오히려 양극성의 성향이 있었기에 성공한 사람들도 있기 때문이다. 이런 말을 들으면 양극성장애의 증상 때문에 고통스러운 당사자는 작은 위로를 받는 동시에, 그런 어려움을 딛고 일어나 긍정적인 삶을 살아낸 이들과의 연대감을 품게 될지도 모른다. 그리고 어쩌면 그들의 긍정적인 사례를 힘입어 이런 아픔을 이겨낼 수 있는 자기만의 재능을 발견하고 힘을 얻을 수 있다.

게다가 더 좋은 소식도 있다. 눈부시게 발달한 치료 방법 덕분에, 양극성장애로 진단받은 사람들의 증상을 완화하고자 창조적인 성향을 억누를 필요가 없다는 주장이 최근에 대두되고 있다. 게다가 사실상, 양극성장애를 안고 살아가는 사람들 대부분은 약물과 자가 치료 및 기타 치료요법을 적절히 통합함으로써 훨씬 더 창조적이며 생산적인 삶을 영위해나가곤 한다.

원과 말싸움을 벌이고, 즐거운 파티에 찬물을 끼얹어 다른 사람의 기분을 밤새 엉망으로 만들기도 한다. 정신과 의사들은 여러 연구와 양극성장애의 증상을 종합적으로 분석하여 제I형 양극성장애, 제II형 양극성장애, 순환성장애 등의 카테고리로 나누었고 이 질환의 복잡성을 정리해보고자 애쓰는 중이다. 지금부터는 여러 가지 유형의 양극성장애를 구별하는 지침을 설명하도록 하겠다.

제I형 양극성장애

제I형 양극성장애(bipolar I)라고 분류하고 진단하려면, 지금껏 살아오면서 조증 삽화가 적어도 한 번 이상 나타났어야 한다(이 장의 앞부분에 소개한 '조증 삽화' 절을 참조). 이 유형으로 진단할 때 주요 우울 삽화의 유무를 고려할 필요는 없지만, 이 경우에 속하는 많은 사람이 살면서 한 번 또는 그 이상의 주요 우울 삽화를 경험하는 것으로 알려진다. 사실상, 우울증은 양극성장애를 겪는 사람들의 주된 문제를 유발하는 양극성의 주기이다.

제I형 양극성으로 분류되기 위해서는 조증 삽화가 나타나야 한다. 만일에, 조증 삽화를 경험한 적이 한 번도 없다면 제I형 양극성장애로 보지 않는다. 또한 경조증 삽화만 한 번 경험했을 뿐이더라도 제I형 양극성으로 분류하지 않는다.

제II형 양극성장애

지금껏 살아오는 동안 적어도 한 번 이상의 주요 우울 삽화와 한 번 이상의 경조증 삽화를 경험했다면 제II형 양극성장애(bipolar II)로 분류해야 한다. 주요 우울 삽화의 경우에는 최소 2주, 경조증 삽화는 4주 이상 지속되어야 제II형 양극성으로 분류할 수 있다. 경조증 삽화의 진단에 관한 자세한 내용은 앞에서 소개한 '경조증 삽화' 절을 참조하면 된다.

제II형 양극성장애는 주요 우울 삽화와 경조증 삽화를 각각 한 번 이상씩 경험한 경우에 진단할 수 있다. 만일 조증 삽화를 경험했다고 해도 다른 원인 때문에 조증 삽화가 나타났다면 제II형이 아닌 제I형 양극성장애로 진단하는 게 맞다.

순환성장애

순환성장애(cyclothymic disorder)란 여러 번 반복된 경조증 삽화와 우울 증상에도 불구하고, 강도와 빈도를 비교할 때 조증 삽화나 주요 우울 삽화라고 보기 어려운 경우를 말한다. 환자의 증상이 적어도 2년 이상(어린이나 청소년의 경우에는 1년 이상) 지속하여야 하고, 정서적 안정기 또는 정상적 감정 상태가 2개월 이상 유지되지 않은 경우에만 순환성장애라고 진단할 수 있다.

순환성장애를 안고 살아가는 사람 중 일부는 결국 극도의 조증 또는 우울 삽화를 보이다가, 제I형 또는 제II형 양극성장애로 다시 진단받기도 한다. 이럴 때는 바뀐 증상에 따라 치료 계획을 수정해 나갈 수 있는 의학적 조언이 매우 중요하다.

물질/약물치료로 유발된 양극성장애

물질/약물치료로 유발된 양극성장애(substance/medication-induced bipolar disorder)는 양극성장애의 모든 증상(고양되고 팽창된 과민성 감정 상태로, 우울감을 동반하거나 그렇지 않을 수 있다)을 나타내지만 어떤 물질이나 약물에 의해 급성으로 나타나거나 약물을 중단했을 때 증상이 나타날 때만 내릴 수 있는 진단명이다. 정확한 진단이 이뤄졌다면, 그 물질이나 약물을 사용하기 이전 또는 중단한 이후에는 장애로 볼 수 있는 감정 상태를 보이지 않아야 한다.

다른 의학적 상태로 인한 양극성 및 관련 장애

어떤 사람의 병력, 신체검사 또는 피검사 결과 등을 확인했을 때 그 사람의 조증 또는 경조증이 갑상선 기능 항진증과 같은 다른 의학적 상태 때문이라는 결론에 도달한다면, 다른 의학적 상태 때문에 유도된 양극성 및 관련 장애로 진단할 수 있다. 이럴 때 의사는 그 원인이 될 만한 다른 의학적 원인도 규명하려고 할 것이다.

달리 명시된 양극성 및 관련 장애

DSM-5에 설명된 바와 같이, 양극성장애라고 진단할 만한 특징적인 증상 때문에 정상 기능이 현저히 손실되거나 상당한 고통을 받음에도 불구하고 다른 양극성장애의 진단 유형에 정확히 들어맞지 않는 경우에는 이 진단명으로 분류할 수 있다. 이 진단명과 관련하여 다음과 같은 몇 가지 예를 들 수 있다.

- ✔ **단기 경조증 삽화를 동반하는 주요 우울증** : 한 번 이상의 주요 우울 삽화와 두 번 이상의 경조증 삽화를 경험했으나, 경조증 삽화가 고작 며칠 동안만 지속된 경우가 여기에 해당한다(반드시 나흘 동안 연속적으로 지속할 필요는 없다). 그뿐만 아니라 경조증 삽화는 주요 우울 삽화와 동시에 나타나지 않는데, 그럴 때는 혼합 양상을 나타내는 주요 우울증으로 볼 수 있다.
- ✔ **경조증 삽화의 기준에 예외적인 경조증을 동반하는 주요 우울증** : 이런 경우에는 한 번 이상의 주요 우울 삽화가 경조증의 기간으로 이어지며, 짧게 지속하는 경우에는 연속적인 나흘 동안 상승 또는 확장된 감정을 경험한다. 하지만 경조증 삽화로 진단을 내리기 위해 필수적인 3가지 증상 중 두 가지만 나타날 뿐이므로, 전형적인 경조증 삽화로 진단할 수 없다.
- ✔ **주요 우울증 또는 조증 삽화를 동반하지 않는 경조증 삽화** : 이런 진단명을 통해, 극단적인 주요 우울 삽화 또는 조증 삽화가 나타나지 않는 경우에도 양극성장애를 진단할 수 있다. 이런 경우에 의사들은 전자를 제II형, 후자를 제I형 양극성장애로 진단하게 된다.
- ✔ **단기 순환성장애** : 24개월(아동 또는 청소년의 경우에는 12개월) 미만의 기간, 주요 우울 삽화 또는 경조증 삽화의 범주에 해당하지 않는 우울 및 경조증 삽화가 여러 번 나타난 경우에는 단기 순환성장애로 분류한다.

반드시 양극성의 증상으로 인한 심각한 임상적 고통 또는 기능적 손실을 동반할 때에만 양극성장애로 진단할 수 있다. 의사들이 아무리 DSM에 따라 환자의 양극성장애와 다른 상태를 진단하고 치료를 시작하고 싶어도, 과도한 진단과 과잉 진료를 피하고 싶은 마음이 더 크기 마련이다. 모든 치료는 정상적으로 기능할 수 있는 능력을 상실하고 삶의 기쁨을 누릴 수 없는 환자에게만 제공되어야 한다.

명시되지 않는 양극성장애

명시되지 않는 양극성장애(unspecified bipolar disorder)라는 표현은 양극성장애의 특징적인 증상 때문에 임상적으로 심각한 고통과 기능적 손실을 경험하지만, 양극성장애 진단에 필요한 다른 기준에 꼭 들어맞지 않는 경우에 쓸 수 있다. 이 진단명은 달리 명시된 양극성 및 관련 장애 대신에 사용될 수 있으며, 어떤 이유에서든 의사가 특정 양극성장애로 확진하기에 이르다고 판단할 때 적용한다. 예를 들어, 응급실을 찾은 환자를 즉각적으로 진단하고 치료해야 하지만 세부적인 진단을 내리기에는 검토 시간이 부족하고 자세한 증상을 파악하기 어려울 때처럼 말이다.

양극성의 세부 기준 자세히 들여다보기

DSM에는 의사가 환자의 상태를 좀 더 분명히 설명할 수 있도록 세부 기준이 제시되어 있다. 기본적인 진단명을 명사라고 한다면, 각각의 세부 기준은 그 명사를 설명하는 형용사로 이해할 수 있을 것이다.

【 양극성 진단의 분명한 목적 】

의사는 환자에게 어떤 꼬리표를 달거나 인간으로서의 가치를 폄훼하려는 의도를 품고서 양극성장애라는 진단을 내리는 게 아니다. 오히려 정확한 진단은 보험회사나 의료 서비스 제공자들에게 환자의 상태를 정확히 전달할 수 있다는 장점이 있다. 진단을 통해 환자의 치료와 관련된 모든 사람은 환자를 고통스럽게 하는 질환을 신속히 인지하고 적절한 약물과 치료를 제공할 수 있기 때문이다. 환자는 절대로 양극성장애와 동일시되어서는 안 된다. 양극성장애는 질환일 뿐이며, 적절한 치료를 통해 반드시 관리될 수 있음을 잊지 말자.

세부 기준에는 그 사람이 지금 또는 가장 최근에 경험한 삽화의 특성, 증상의 중등도, 정신증의 유무, 질환이 진행되어온 과정, 불안 또는 계절에 따른 변화와 같은 다른 특징에 관한 내용까지 포함된다. 세부 기준을 적용함으로써 다음과 같은 두 가지 유용한 목적을 달성할 수 있다.

✔ 세부 기준을 적용함으로써 양극성장애와 다른 특성(예컨대, 불안 등)을 함께 나타내는 환자들을 하위 그룹으로 나눌 수 있다.
✔ 환자의 상태를 관리하고 치료하는 데 도움이 될 만한 정보를 제공한다. 예를 들면, 불안장애를 동반한 양극성장애로 진단을 받으면, 양극성과 불안장애 모두 치료받아야 함을 쉽게 이해할 수 있다.

지금부터는 양극성의 세부 기준을 좀 더 자세히 살펴보도록 하겠다.

현재 또는 가장 최근에 경험한 기분 삽화

이 세부 기준은 환자의 상태가 가장 나빴을 때 또는 가장 최근에 경험한 증상을 확인함으로써 가장 적절한 치료적 접근이 무엇일지를 확인하는 것을 우선적인 목표로 삼는다. 이 기준은 환자의 의료 기록에 코드화되어 표시되는데, 보험금의 지급과 관련된 문제를 해결하는 데에도 중요한 정보이다.

✔ 조증 : 가장 최근에 또는 현재 경험하고 있는 삽화는 주로 조증
✔ 경조증 : 가장 최근에 또는 현재 경험하고 있는 삽화는 주로 경조증
✔ 우울증 : 가장 최근에 또는 현재 경험하고 있는 삽화는 주로 우울증

질환의 중등도

이 세부 기준은 오랫동안 진단 시스템에 포함되어 왔고, DSM-5에도 명시되어 있다. 이 기준은 환자의 치료 계획을 세우고 질환의 진행 과정을 추적하는 데 중요한 요소다. 예를 들어, 중증의 증상에서 중등도로 완화되는 환자라면 급성 삽화가 사라지고 있음을 짐작할 수 있다. 의사들은 전통적으로 진단을 내릴 때 임상적 판단과 자신의 경험을 토대로 환자의 중등도를 평가해왔다. 하지만 DSM-5는 좀 더 객관적인 데이터를 활용할 것을 강력히 권고하는데, 특히 환자 또는 의료진이 작성한 평가표를 토

대로 환자의 중등도를 평가함으로써, 환자 또는 의료진 간의 편차를 최소화하고 좀 더 객관적이고 일관된 평가가 이뤄지는 것을 목적으로 한다.

환자 상태의 심각성은 전형적으로 환자의 증상이 일상적 기능에 미치는 영향의 정도 뿐만 아니라 증상의 강렬함이나 빈도와도 밀접하게 연관된다.

- ✔ **경도** : 증상이 나타나는 빈도가 낮고 어느 정도의 정신적 고통을 일으키지 만 가볍게 지나가는 편이며, 때때로 심각한 기능 저하를 일으키는 경우도 있다.
- ✔ **중등도** : 경증보다는 좀 더 오래 지속하며 강렬하다. 정신적 고통도 경증보 다는 훨씬 심하다. 종종 심각한 기능 저하를 유발하곤 한다.
- ✔ **고도** : 매우 지속적이며 강렬한 증상이 나타나고 정신적 고통의 정도도 매 우 심하다. 종종 심각한 기능 저하를 유발하곤 한다.

정신증의 유무

우울이나 조증과 관련하여 가장 커다란 두려움을 불러일으키는 것은 아마도 **정신증** (psychosis, 정신이상)을 동반하는 경우일 것이며, 망상적 사고, 편집증, 환각(시각적인 환 영보다는 환청이 들리는 경우가 더 많다) 등의 증상이 여기에 속한다. 양극성장애가 정신증 을 반드시 동반하지는 않지만 정신증과 연관된 기분 삽화를 동반할 수는 있다. 때때 로, 극단적인 우울증과 조증의 양상은 뇌의 현실검증 시스템의 중대한 변화와 연관 되며, 결과적으로 인지 및 사고 능력에 심각한 손실을 유발한다. 정신증 삽화가 나타 나는 동안에는 다음과 같은 증상을 경험하게 된다.

- ✔ 자신에게 특별한 능력이 있다는 생각이 든다.
- ✔ 다른 사람들은 듣지 못하는 소리가 들리는 듯하다. 그래서 그들이 나에 관 해 이야기하거나 내 행동을 조종한다는 확신을 하게 된다.
- ✔ 사람들이 내 마음을 읽거나 내 머릿속에 생각을 집어넣을 수 있을 것 같다.
- ✔ 텔레비전이나 라디오가 특별한 메시지를 전해준다는 생각이 든다.
- ✔ 알고 보면 그렇지 않은데도, 다른 사람들이 내 뒤를 쫓아오거나 나를 해치 려 한다는 생각이 든다.
- ✔ 도저히 해낼 방법이나 능력이 없는 목표를 이룰 수 있다고 믿는다.

정신증의 증상은 주로 기분장애의 극단적 상태를 보여준다. 따라서 주요 우울 삽화를 경험하고 있다면 정신증의 사고 결과는 전형적으로 어둡고 부정적인 것들이 주를 이룬다. 조증의 상태에서는 초월적인 힘이나 능력, 영감에 관련된 증상이 주로 나타난다. 하지만 반드시 그런 것은 아니며, 정신증의 양상은 다양한 모습으로 나타날 수 있다.

질환의 진행 과정

질환의 진행 과정은 양극성장애라는 진단을 내렸을 때 환자가 정신증을 동반하는지와 겹치는 개념이기도 하다. 양극성이 활동기일 때는 정신증이 동반되는지를 반드시 함께 기록해 두어야 한다.

양극성이 활동기를 지나가는 중이라면, 다음 중 하나의 병기로 분류해 표시하기 마련이다.

- ✔ **부분적 완화**(partial remission) : 증상의 심각도 및(또는) 빈도가 감소하기 시작하고 일상적 기능이 어느 정도 회복되었으며 이러한 변화가 최소한 몇 주 이상 지속되고 있다면, 이와 같은 판단이 적절하다고 볼 수 있다.
- ✔ **완전한 완화**(full remission) : 발병 이전의 수준으로 일상적 기능이 회복되고 증상의 심각한 수준이 현저히 감소했으며, 이러한 변화가 최소한 몇 주 이상에서 수개월 정도로 지속하고 있다면, 이와 같은 판단이 적절하다고 볼 수 있다.

양극성장애와 종종 함께 나타나는 다양한 양상

양극성장애는 종종 불안과 같은 다른 증상을 동반하는 경우가 있는데, 함께 나타나는 다른 증상은 진단받은 환자에 따라 다양하기 마련이다. 이런 예외적인 경우는 다음과 같은 기준에 따라 분류할 수 있다.

- ✔ **불안감을 동반하는 양극성장애** : 만성적인 불안장애로 진단받은 경우가 아니더라도 양극성 환자들은 공통적으로 불안감에 힘들어하기 마련이고, 이런 불안감은 치료 방법에 대한 결정에 영향을 줄 수 있다.

✔ **혼합된 양상의 양극성장애** : 양극성장애의 기분 삽화는 종종 조증인지 우울증인지 단정할 수 없는 양상을 보이는 경우가 많다. 거의 조증으로 진단할 만한 사람들도 죄책감이나 절망감 또는 자살 충동과 같은 우울증의 양상을 함께 나타내곤 하며, 반대로 주로 우울감에 시달리는 사람들도 조증의 특징인 신체적 흥분과 빠르게 흘러가는 생각 등을 경험할 수 있다. 이런 특징을 나타내는 환자들은 이런 기준에 따라 진단할 수 있으며, 치료 계획에도 이런 점이 반영되어야 한다.

✔ **급속순환성 양극성장애** : 이 유형은 12개월의 기간 동안 4회 이상의 기분 삽화가 나타나는 양극성장애를 일컫는다. 이런 증상을 나타내는 환자는 상당히 중증인 것으로 볼 수 있고 약물치료에도 별다른 효과를 보이지 않는 경우가 많다.

✔ **병적으로 우울한 양극성장애** : 이런 유형의 우울감은 상당히 심각한 양상을 나타낸다. 이런 환자들은 외부 환경의 분위기가 아무리 고조되더라도 기분이 나아질 기미가 거의 또는 전혀 보이지 않으며, 대단히 무기력하고, 기쁨을 느낄만한 자극에 대해서도 거의 아무런 관심과 반응을 보이지 않는다. 이런 환자들은 쉽게 흥분하거나 움직임이 매우 느리고 하루 동안 기분과 에너지의 변화가 크며(주로 아침에 기분이 가라앉고 무기력하다), 새벽에 잠이 깨는 등의 수면 장애에 시달리고 사고력 저하, 집중력 장애, 식욕 감퇴 등의 증상을 보이곤 한다. 결국, 대부분의 주요 우울 삽화 증상이 한꺼번에 나타나는 매우 극단적인 양상의 양극성 유형이다.

✔ **비전형적인 양상의 양극성장애** : 이 유형에 포함되는 환자들은 그동안 비전형적인 우울증의 증상으로 분류되어왔지만, 오늘날에 이르러서는 이런 양상의 우울증이 자주 발견된다고 인정하는 환자들을 포함하는데, 이 유형에 대한 명칭이 이미 굳어진 지 오래되어 아직 그대로 사용하고 있다. 이 유형에 속하는 환자들은 외부 자극, 즉 상황이 좋아지거나 나빠지고 무언가 문제가 생기는 등의 변화에도 아무런 반응을 나타내지 않는 듯 보이며, 식욕 또는 체중이 증가하고 과도한 수면 및 심한 피로감에 시달리며, 물에 젖은 솜이불처럼 몸이 축 처지는 듯하거나 팔다리가 무겁게 느껴지고, 다른 사람들과 관계 맺는 것이 오랫동안 힘들고 불편한 증상을 보인다.

✔ **기분과 일치하는 정신병적 양상을 동반하는 양극성장애** : 이런 유형의 양극성장애는 정신병적 양상을 동반하며 환각과 망상의 증상이 기분 삽화와 유사한 경우를 일컫는다. 이 유형에 속하는 환자들은 과대망상과 조증의 에너지 또는 죄업망상(실제로는 아무런 나쁜 짓을 하지 않았는데도 중대한 죄를 범한 악인이라고 확신하여 벌을 받아야 한다고 생각하는 망상의 종류-역주)에 시달리고, 우울감에 빠져 있을 때 다른 사람들에게 상해를 입힐 수 있다.

✔ **기분과 일치하지 않는 정신병적 양상을 동반하는 양극성장애** : 이 유형의 양극성장애에는 환각과 망상의 증상이 기분 삽화의 양상과 일치하지 않는 환자들이 포함될 수 있다.

✔ **긴장증을 동반하는 양극성장애** : 긴장증(catatonia : 흥분이나 혼미를 주된 증세로 하는 조현병의 일종-역주) 상태인 환자는 주위 자극에 거의 반응하지 않거나 일반적이지 않은 행동을 나타낸다. 여기에는 혼미, 무감각, 경직된 근육 또는 움직임이 없는 자세, 매우 느리거나 매우 빠른 움직임, 반복적인 움직임이나 말, 무언증(말을 거의 하지 않거나 극히 제한된 단어만을 사용하는 증상-역주), 특이한 행동이나 자세, 말 없는 응시, 다른 사람이 자신의 팔다리를 움직일 때 비정상적으로 근육을 움직임, 외부 자극에 대해 반응하지 않거나 반항하는 거절증(negativism : 외부적 명령이나 타동적인 운동에 충동적으로 저항하여 반항하는 현상-역주), 그리고 반향어와 반향동작(다른 사람의 말 또는 행동을 그대로 반복하고 따라 하는 증상) 등의 증상이 포함된다. 긴장증은 여러 정신과 질환에서 나타날 수 있으며, 양극성 환자의 우울 또는 조증이 심할 때 나타날 수 있다.

✔ **분만 전후에 발병한 양극성장애** : 이 유형은 양극성의 기분 삽화가 임신 기간 중 또는 분만 후 4주 이내의 기간 중에 시작된 환자를 구분할 때 적용할 수 있는데, 환자의 임신과 출산은 양극성 치료를 위한 선택에 영향을 줄 수 있으므로 중요하게 고려할 사항이다(이와 관련된 자세한 내용은 제10장 참조).

✔ **계절성 양상을 동반한 양극성장애** : 1년 중에서 특별한 시점에 시작되고 끝나는 기분 삽화의 양상이 분명한 경우에 이런 유형의 양극성장애로 분류할 수 있다.

비슷한 다른 증상과 양극성 구별하기

어떤 의학적 진단을 내리는 경우라도, 의사들은 감별진단(differential diagnosis)의 과정을 거치면서 환자의 증상이 나타낼 수 있는 모든 질환의 가능성을 반드시 확인한다. 양극성장애로 진단할 때도, 의사들은 감별진단의 과정을 통해 양극성장애와 비슷한 증상을 나타내는 다른 질환일 가능성을 확인한다.

✔ **단극성 우울증** : 조증 또는 경조증의 병력이 없는 주요 우울 삽화는 양극성장애로 분류하지 않는다. 하지만 환자가 우울증을 호소하며 양극성장애의 가족력(부모, 형제, 또는 자녀)이 있는 경우라면, 의사는 그가 조증의 극단적 상황이 아직 나타나지 않은 양극성 환자일 가능성을 고려하여 그 환자에게 항우울제를 처방하기 시작할 때 좀 더 주의 깊은 관찰의 필요성을 느낄 수 있다. 또한 단극성과 양극성 우울증의 구분이 상당히 어려운 때도 있다. 동요(agitation)와 같은 증상이 나타난다면 양극성장애의 혼재성 기분 삽화의 양상일 수도 있고, 단순히 단극성 우울증의 증상일 수도 있다. 정확히 진단하기 어려운 또 다른 상황 중의 하나는, 바로 환자가 우울증에서 벗어나는 과정에서 상당히 상태가 양호할 때를 들 수 있다. 이럴 때는 환자가 경조증의 증상을 보이는 것인지, 아니면 우울 삽화로부터 상당히 호전된 양상을 보이는 것인지 쉽게 구별하기 쉽지 않다.

✔ **불안** : 불안감에 시달리는 환자는 초조하거나 빠르게 스쳐 지나가는 생각에 피로할 수 있고, 수면의 질이 낮고 과민할 수 있는데, 이 모든 증상은 우울증과 조증의 특징적인 증상과 겹치는 것들이다. 양극성의 성향을 나타내는 많은 사람이 불안장애를 동반하기 때문에 이런 증상이 동시에 나타날 수는 있어도, 양극성이 아닌 불안장애가 일차성 장애인지 아닌지를 구분하는 것은 매우 중요하다.

✔ **주의력결핍 과잉행동장애**(attention deficit hyperactivity disorder, ADHD) : ADHD와 조증은 둘 다, 집중력과 주의력 결핍, 충동성, 높은 에너지 수준, 행동의 계획 및 조직의 어려움을 특징으로 들 수 있다. 하지만 양극성 환자에게서는 이런 증상을 평소에 찾아볼 수 없다가 오직 조증 삽화가 찾아올 때만 발견할 수 있다는 점에서 차이를 보인다. 그뿐만 아니라, ADHD의 진단 기준

과는 달리, 경조증 또는 조증의 진단 기준에는 목표 지향적 행동의 증가, 수면 욕구의 감소와 과장된 사고가 포함된다. 증상의 양상, 특히 일시적으로 나타나는 기분 삽화의 특성은 양극성장애와 ADHD를 구분하는 핵심적인 차이로 이해할 수 있다.

✔ **조현병 및 조현정동장애** : 조현병과 조현정동장애는 망상적 사고, 피해망상, 그리고 청각 또는 시각적 환각 등의 정신증을 특징으로 하는 사고 장애의 유형이다. 비록 정신증도 조증과 우울증을 동반할 수는 있지만, 양극성의 정신증은 급성 기분 삽화가 진행되는 동안에만 나타나며 환자의 기분이 정상일 때는 사라진다는 차이점이 있다. 조현정동장애 환자로 진단하려면, 기분 삽화와 동떨어진 시점에 나타나는 정신증의 증상을 최소한 몇 차례 이상 경험했어야 한다. 조현병과 관련된 질환은 기분 삽화와 상관없이 지속적으로 나타나며 사고 및 현실 인식의 심각한 왜곡을 특징으로 한다는 점에서 양극성장애와 차이를 보인다.

✔ **경계성 성격장애**(borderline personality disorder, BPD) : 경계성 성격장애 환자들은 몇 가지 점에서 양극성 환자들과 상당히 비슷하다. 예를 들면, 경계성 성격장애 환자들은 조증 삽화를 겪는 환자처럼 충동적이고 짜증스러우며 말싸움에 휘말리기 쉽다. 하지만 경계성 성격장애 환자들은 일반적으로 얼마 지나지 않아 다른 사람들과의 갈등과 같은 외부적 충격에 의해 급격한 기분 전환의 양상을 나타내곤 한다. 반면에 양극성 환자들의 기분 전환은 훨씬 느린 편이며 오랫동안 지속되고, 외부적 요인에 대한 반응 때문에 기분의 변화가 나타나지는 않는다는 차이를 보인다. 경계성 성격장애의 대표적 특징인 분노는 조증과 다른 양상으로 나타난다. 경계성 성격장애의 증상은 만성적이며 환자의 일상적인 생활방식을 나타낸다고 이해할 수 있지만, 양극성의 증상은 삽화가 나타날 때만 발견되기에 환자가 보통 때 나타내는 행동 양식과 차이 나기 마련이다.

✔ **여러 가지 다른 의학적 상황** : 예컨대, 뇌종양, 뇌수막염, 뇌염, 간질, 뇌 손상, 호르몬의 불균형, 불안장애, 자폐, 전반적 발달장애(pervasive developmental disorder, PDD)에 처한 환자라도 양극성의 조증 또는 우울증과 유사한 증상을 나타낼 수 있다.

✔ **약물, 알코올, 또는 마약에 의한 기분의 불안정성** : 의사가 처방한 다양한

약물에서부터 알코올, 대마초 등의 마약류에 이르기까지, 수많은 물질이 우리 기분에 영향을 줄 수 있다. 따라서 환자와 의사는 양극성장애의 진단을 내리기 전에 이와 같은 여러 가지 가능성을 반드시 확인하는 과정을 거쳐야 한다.

직계 가족 또는 가까운 친척 중에 누구라도 양극성장애, 조현병, 물질사용장애 (substance use disorder: 예전에는 '약물 남용'으로 불리던 상태를 의미함)를 앓은 사례가 있다면 의사에게 반드시 이야기해야 하며, 특히 우울증만 치료하려고 할 때는 더욱 그렇다. 이런 증상과 관련된 가까운 이들의 가족력이 있다면 환자에게 언젠가 조증 또는 경조증 삽화가 찾아올 위험성이 높아지고 양극성장애 진단을 받을 수 있다. 단극성 및 양극성 우울증의 약물치료는 조금 다른 양상을 나타내는데, 양극성장애가 있는 환자에게 항우울제만 처방할 때 조증이 발현될 수 있기 때문이다. 따라서 환자와 의사는 환자의 양극성 가족력을 자세히 확인함으로써 우울증 치료와 관련된 환자의 반응을 좀 더 주의 깊게 관찰할 계획을 세울 수 있다.

동반이환 고려하기 : 양극성장애가 다른 질환을 동반할 때

양극성장애는 다른 정신과 질환과의 **동반이환**(comorbidity : 관련이 없는 질병이 공존하는 상태-역주) 비율이 상당히 높은 편이라, 양극성장애로 진단받은 환자는 최소한 한 가지 이상의 다른 정신과 질환을 진단받을 가능성이 어느 정도 있다고 봐야 한다. 이런 의견에 대해, 일부 연구자들은 기본적인 뇌의 변화 측면에서 볼 때 양극성장애가 이런 정신과 질환과 상당히 밀접한 연관성을 갖기 때문에 완전히 다른 질환으로 보기 어렵다고 주장하기도 한다. 하지만 우리는 지금 이 시점에 정신과 질환의 진단 과정을 고려하고 반영하여, 양극성장애를 다른 정신과 질환과 구별되는 것으로 전제하고, 이것들의 공존 상태를 **동반이환**(comorbidity)으로 표현하여 설명할 것이다.

불안장애

불안장애는 양극성장애가 있는 환자에게서 매우 자주 발견되는 질환이다. 미국의 대규모 환자 집단을 대상으로 진행한 한 연구 결과에 따르면, 제I형 양극성장애로 진단받은 환자의 불안장애 병존율이 90퍼센트를 넘어선다고 한다. 양극성장애의 전체 유형을 종합하여 분석한 결과 역시 70퍼센트에 이르는 것으로 알려져 있다. 이와 관련된 대부분의 연구 결과를 살펴보면, 모든 유형을 포괄하는 전체 양극성 환자의 1/3로부터 절반 정도에 이르는 비율로 불안장애 진단을 받는다는 사실을 쉽게 확인할 수 있다. 양극성과 종종 함께 나타나는 몇 가지 불안장애의 양상을 소개하면 다음과 같다.

- ✔ **공황장애**(panic disorder)는 양극성 진단을 받은 사람 가운데 21퍼센트 정도의 비율로 동반되는데, 이 비율은 양극성장애로 진단받지 않은 일반인에 비해 자그마치 20배나 높은 수치이다. 연구자들은 이 두 가지 질환이 병존하는 일부 사람들과 그들의 가계에 유전적 연관성이 있을 것으로 추측하고 있다.
- ✔ **범불안장애**(generalized anxiety disorder)는 전체 양극성 환자의 1/3 정도에서 나타나는 것으로 알려져 있다.
- ✔ **사회불안장애**(social anxiety disorder)와 관련된 일부 연구에 따르면, 양극성 환자의 50퍼센트 정도가 사회불안장애를 동반한다고 한다.
- ✔ **강박장애**(obsessive compulsive disorder, OCD)는 전체 유형의 양극성 환자에게서 21퍼센트의 동반이환율로 나타나는데, 일반인과 비교하면 이 결과는 10배에 해당한다.
- ✔ **외상후 스트레스장애**(post-traumatic stress disorder, PTSD)의 유병률은 일반인에게서도 높은 편이지만, 양극성 환자에게서는 훨씬 더 높은 빈도로 나타난다. 양극성장애의 유무에 상관없이, 남성보다는 여성이 외상후 스트레스장애에 취약한 것으로 나타난다.

불안장애에 대한 치료적 접근 때문에 양극성장애의 치료 과정이 더 복잡해지거나 엎친 데 덮친 격이 될 수도 있다. 하지만 양극성장애를 효과적으로 관리하기 위해서는 반드시 불안 증상을 완화해야 한다는 사실이 중요하다.

물질사용장애

다양한 연구 결과가 저마다 정확한 수치를 결과로 내놓기는 하지만, 대체로 양극성 환자의 60퍼센트 가량은 평생 한 번 이상의 약물 남용의 문제를 겪는다고 알려져 있다. 양극성 환자의 40퍼센트 정도는 현재 또는 과거에 알코올 중독에 시달린 경험이 있고, 그보다는 약간 덜하지만 비슷한 정도로 마약 중독의 문제가 보고되고 있다. 양극성장애와 물질사용장애 모두를 진단받은 사람들의 정신과 병원 입원 비율도 상대적으로 높은 것으로 알려지며, 이들의 질환의 진행 과정 역시 더 심각한 양상을 나타내기 마련이다. 양극성 환자의 약물 남용 문제는 여성 환자보다 남성의 경우에 더 높은 발생 비율을 보이지만, 여성과 남성 모두 높은 수치를 나타낸다. 환자들의 나이가 많아질수록 약물 남용의 발생률은 감소하나, 양극성장애가 없는 비슷한 연령의 일반인 발생 비율과 비교하면 여전히 높은 편이다.

약물 남용과 양극성장애의 치료 과정은 둘 다 어렵기 마련이다. 게다가 두 가지 질환이 공존할 때는 치료 과정의 어려움이 몇 배로 늘어날 수밖에 없다. 물질사용장애를 치료하는 맥락에서 양극성 증상을 해결하기란 상당히 어려운 일일 수 있고, 기분 삽화가 나타나는 동안에는 약물 남용의 문제가 특히 까다롭기 마련이다. 따라서 장기적인 회복을 위해서는 반드시 두 가지 장애 모두를 성공적으로 치료해야 두 가지 증상으로부터 함께 자유로울 수 있다.

주의력결핍 과잉행동장애

이 분야를 연구하는 학자들이 발표한 바에 따르면, 전체 유형의 양극성 환자 중에서 20퍼센트 가량이 ADHD를 동반한다. 이들은 또한 ADHD로 함께 진단받는 양극성 환자들이 아마도 특별한 하위 유형의 양극성일 것으로 추정한다. 소아 양극성 환자들의 경우를 살펴보면, 양극성과 ADHD, 그리고 이 두 가지 질환이 공존하는 환자를 명확히 구분하기가 쉽지 않음을 발견하게 된다. 일부 연구자들은 이 두 질환의 병존율이 성인보다 소아에게서 훨씬 높게 나타난다고 발표했지만, 오히려 성인보다 낮다고 보는 연구자들도 있다. 따라서 이와 관련된 연구 결과들이 앞으로 어떻게 발표되는지 지켜봐야 할 일이다.

일반적으로, 양극성과 ADHD의 성향을 함께 가진 사람들의 예후는 양극성장애 때문에 좋지 못한 것으로 알려져 있다. 그것은 ADHD 치료제로 사용되는 리탈린과 같은 각성제가 양극성의 증상을 대단히 심화시킬 수 있어서 치료과정이 복잡해지곤 하기 때문이다. 또한 양극성 환자들의 높은 물질사용 장애를 고려할 때, 환자들이 약물을 오남용할 가능성 역시 고려해야 할 문제일 수밖에 없다.

성격장애

성격장애는 정서, 사회 및 행동 체계의 발달이 붕괴함으로써 평생토록 기능적 문제가 지속하는 상태이다. 성격장애는 몇 가지 하위 군으로 나눈 후에 또다시 몇 개의 세부 유형으로 구분할 수 있는데, 예를 들어, B군 성격장애는 경계성, 반사회적, 히스테리성 그리고 자기애성 성격장애 환자를 포함한다. 관련된 연구 결과를 살펴보면, 전문가들은 양극성 환자의 30~40퍼센트 정도가 성격장애의 범주에도 속한다고 판단하고 있다.

성격장애는 치료하기 어렵고 종종 약물치료조차 소용없는 경우가 있어서 정신 요법의 중요성이 점점 더 두드러지고 있다. 성격장애가 있는 환자들은 좀 더 높은 적응 능력을 발휘한 경험이 없기 때문에, 성격장애가 자신의 삶에 어떤 영향을 미치는지에 대한 통찰을 얻지 못하는 경우가 종종 있다. 따라서 통찰과 이해가 부족한 환자가 자신의 문제를 직시하기란 어려운 일일 수밖에 없고, 이런 어려움이 양극성장애와 결합할 때는 환자가 회복된 상태를 유지하는 데 엄청난 방해 요소가 되기 마련이다.

소아기 외상(childhood trauma)은 경계성 성격장애와 같은 일부 성격장애의 발병에 상당한 영향을 줄 수 있다고 알려지며, 조기 외상(early trauma)도 정서 및 대인 기술의 발달에 악영향을 줄 수 있다. 따라서 외상을 규명하고 치료하는 과정은 이런 상황에 처한 환자들의 치료에 상당히 중요한 영향을 줄 수 있음을 이해해야 한다.

기억 및 사고 능력의 문제

기억력, 주의력, 명쾌한 사고 능력과 같은 인지 능력의 결여는 기분 삽화의 여부와 상관없이 양극성 환자에게서 일반적으로 나타나는 양상이다. 양극성 환자들에게서 나타나는 인지적 어려움을 고려할 때에, 양극성 치료제로 사용되는 일부 약물이 사고력의 저하를 유발할 가능성을 생각할 수 있다. 양극성 환자들이 자신의 사고 및 기억력의 문제를 인지할 때에야 비로소 그들이 일터와 일상을 꾸려나가는 삶의 자리에서 사람들과 관계 맺고 여가를 즐기는 기술을 회복하기 시작할 수 있다.

특정 양극성 치료제는 뇌세포의 손상을 막고 손상된 부위의 회복 또는 재생을 촉진하는 기능을 통해 신경보호 기능을 나타낼 수 있다. 최근에 발표된 일부 연구에 따르면, 리튬이 때로는 단기적 지적 능력의 저하를 유발하기도 하지만, 장기적으로 볼 때 오히려 뇌세포를 보호하여 인지 능력의 감퇴를 억제한다고 알려져 있다.

소아 및 청소년 환자를 진단할 때의 어려움

소아(만 12세까지) 및 청소년의 양극성을 진단하는 것과 관련하여, 거의 20년간 논쟁이 이어지고 있다. 심지어 현장에서 환자를 직접 진료하는 의사들조차 이토록 어린 환자들의 양극성을 진단할 때 발생할 수밖에 없는 문제를 지적하며 동의하지 않는 경우가 있다. 하지만 점점 더 많은 전문가는 양극성장애로 진단을 내리려면 소아 또는 청소년 환자가 최소한 한 번의 조증 또는 경조증을 나타내는 동안 종종 우울 삽화를 동반할 수도 있는데, 성인과 같은 양상의 활력과 기분 변화를 나타내야 한다고 목소리를 내고 있다.

청소년은 어린아이들보다도 훨씬 더 전형적인 양극성의 증상을 나타내는 경향이 있으며, 특히 조증의 경우에 더욱 그렇다. 진짜 조증일 경우에는 사춘기가 찾아오기 전에 증상이 나타나지만, 흔한 경우는 아니다. 더욱이, 최근의 연구 결과를 살펴보면, 어릴 때 분노나 과민 반응과 같은 기분 조절의 어려움을 자주 경험한 아동일수록 성인이 된 이후에 양극성장애로 진단받을 가능성이 크고, 이런 아이들은 나중에 불안 또는 우울증을 호소하는 경우가 더 많다고 한다.

조증 삽화에서 두드러지게 나타나는 높은 수준의 활력과 충동성은 소아에게서 가장 흔히 나타나는 정신질환의 유형인 ADHD의 핵심 증상이다. 요새는 점점 더, 소아의 양극성장애를 진단할 때(고작 몇 시간이 아닌) 일정 기간 증상이 현저히 악화하는 양상을 나타내지 않는 한 높은 활력과 충동성을 보인다고 해서 조증 삽화라고 판단하지 않는 방향으로 바뀌고 있다.

조증의 한 가지 증상일 수도 있는 짜증스러운 기분(irritable mood) 역시 소아에게서 일반적으로 발견되는 증상이며, 여러 가지 의학적 원인, 발달 과정 또는 정신적 문제에서 비롯될 수 있다. 아이의 과민함이(아동의 일상적인 기질보다 훨씬 더 심한 형태로 지속되면서) 주기적으로 나타나지 않는다면 양극성장애의 범주로 보기는 어렵다. DSM-5에는 **파괴적 기분조절부전장애**(disruptive mood dysregulation disorder, 이하 DMDD)라는 새로운 진단명이 수록되어 있다. 이런 새로운 진단명을 포함하는 이유는, 만성적인 과민함과 공격성을 나타내는 아동이 양극성장애로 잘못 진단되는 일을 방지하고 그들을 정확히 이해하고 파악하기 위함이다. DMDD의 범주에 포함되려면 대상자가 다음과 같은 양상을 나타내야 한다.

✔ 어떤 상황이나 자극에 대해 극도로 지나치다 싶을 정도의 분노를 심하게 반복적으로 표출하는 양상
✔ 폭발적인 기질은 아동의 발달단계와 상관이 없음
✔ 일주일에 평균적으로 서너 번 이상 감정을 폭발시키는 양상을 보임
✔ 매번의 감정 폭발 사이에도 일관된 예민함과 분노를 온종일 표출하며, 다른 사람이 알아차릴 정도의 양상을 나타냄
✔ 이런 증상이 12개월 이상 관찰되었고, 과민함과 감정 폭발의 양상이 없는 기간이 3개월 이상 지속된 적이 없음
✔ 조증 삽화 때문에 나타나는 증상이 아니며, 불안장애와 자폐처럼, 우울증이나 다른 정신질환 또는 신경학적 발달장애로 훨씬 더 잘 설명된다고 여겨질 때

DMDD와 관련된 여러 연구가 진행되고 있고, 많은 연구자는 소아 및 청소년의 양극성장애가 성인의 경우와 큰 차이를 보이는지를 계속해서 관찰하고 분석한다. 하지만 연구를 통해 어떤 사실이 밝혀지는지에 상관없이, 의사들은 어린 환자들의 기분장애 증상을 평가할 때 매우 정확하고 신중해야 한다는 사실을 알고 있다. 조증 치료에 사용되는 약물은 매우 독하고 부작용도 많지만, 양극성을 정확히 진단하면 우울증과 함께 ADHD 또는 불안감을 치료하기 위한 약을 복용하지 않을 수 있다. 하지만

어린 환자에 대한 오진은 장기적으로 볼 때 심각한 결과를 초래할 수 있다.

아동이 겪는 어려움을 정확히 좀 더 어릴 때 진단하고, 양극성장애 때문인지 아니면 다른 원인이 있는지 알아내는 것은 소아 또는 청소년의 기분장애를 치료하도록 돕기 위한 과정의 가장 중요한 출발점이다. 기분장애와 씨름하는 소아 및 청소년의 진단과 치료 방법의 선택을 위한 정보는 제21장에 수록해 두었다.

【 고통스러웠던 양극성 진단의 낙인 】

양극성과 씨름하며 사는 동안, 나는 똑똑하고 다재다능한 내 위험한 행동들, 예를 들면 약물 남용, 문란한 성생활, 밤새 깨어 있기, 예술품 복제 등이 초래할 결과에는 부주의했다.

의사가 붙여준 진단명에 따라 나는 양극성이라는 환자 집단으로 분류되었다. 그러자 나는 스스로 미치광이, 괴물, 사이코, 실패자, 정신병자라고 생각한 나머지, 다른 사람들보다도 앞장서서 나 자신에게 공식적인 낙인을 찍어버렸다.

나는 양극성장애로 진단받았다는 사실을 말씀드리기 위해 부모님을 저녁 식사 자리에 초대했고, 부모님은 내게 수많은 질문을 쏟아놓으셨다. "그 의사가 잘못 진단한 건 아니겠니? 왜 그런 일이 생겼다니? 앞으로 넌 어떻게 되는 거니? 그게 유전된다고 하니?" 우리 부모님도 양극성장애가 있는 아들을 두었다는 낙인과 씨름해야 했고, 더욱 더 충격적이었던 점은, 양극성이 유전적 요인 때문에 나타날 수 있다는 사실이었다. 나와 같은 사람이 우리 가족 중에 또 존재할 수 있다니, 맙소사!

내가 양극성 때문에 힘들어할 때도 가족과 친구들은 도움의 손길을 곧바로 내밀거나 쉽사리 내 편이 되어주지 않았다. 1993년에는 양극성장애란 말만 들어도 사람들이 겁먹기 일쑤였고, 양극성장애가 있는 사람은 '미치광이' 취급을 받았다. 내 병이 당뇨나 다발성 경화증처럼 누가 봐도 환자임을 알 수 있는 병이 아니었기에, 사람들은 오히려 날 쉽게 비난할 수 있었던 거다. 그래서 내가 친구들과 가족의 지지에 가장 굶주려 있을 때, 그들이 오히려 마음속 낙인 때문에 내 곁에서 멀어져갔다.

대부분 사람은 겉으로 드러나는 상처처럼 양극성의 증상을 볼 수 없다 보니, 내가 그따위 어려움쯤은 쉽게

'뻥' 차내고 이겨낼 거라 생각했다. 많은 사람이 나의 양극성이 게으름이나 관심받고 싶은 갈망이 빚어낸 상상의 산물쯤으로 생각했고, 나 역시 그들의 생각을 자연스럽게 믿기 시작했다. 하지만 증상이 나타날 때면, 내가 양극성장애로 고통받고 있다는 현실을 다시금 깨닫고 괴로울 뿐이었다.

약물로도 조증이 가라앉지 않을 때, 나는 마지막으로 선택할 수 있는 방법인 전기충격 요법을 시도해야 했다. 그런 선택을 내릴 때마다, 나는 내가 공식적인 정신질환을 앓고 있다는 사실을 새롭게 상기할 수밖에 없었다. 내 친구 중 일부는 이 사실을 받아들이기 어려운 나머지, 그저 내 곁에서 사라지는 방법을 택하곤 했다. 누구도 지금은 정신과 진료를 받고 있으며, 전기충격 치료를 받으면 '정신 나간 좀비'로 돌변하는 정신병자와 친구 맺기를 원하지 않았던 거다.

사회적으로 낙인찍힐 때, 환자들은 가족과 친구들의 도움이 가장 절실한 그 순간에 그들에게 도움을 청하지 못하고 고립될 수밖에 없다. 지금은 예전에 비하면 많이 좋아져서 내 질환에 대해 쉽게 마음 열고 대화할 수 있는 편이지만, 아직도 나는 다른 사람들이 내 병명에 대해 불편해하거나 두려워할까 봐 예민하고 조심스럽기만 하다.

낙인은 또 다른 형태의 차별이며, 양극성장애에 관한 잘못된 통념을 폭로하고 진실을 알리는 것은 대중을 교육하고 환자의 정신건강과 회복에 유익한 사회적 환경을 조성하는 데 매우 중요하다.

— 앤디 베어먼,
『일렉트로보이: 어느 마니아의 회고록(Electroboy: A Memoir of Mania)』의 저자

chapter

02

양극성장애의 원인 :
뇌와 우리 몸에 대한 과학적 이해

제2장　미리보기

- 유전적 취약성에 대해 이해한다.
- 양극성의 발병에 영향을 미칠 수 있는 다른 요인을 확인한다.
- 뇌의 기전과 기능, 뇌 기능 장애를 이해한다.
- 각종 약물치료에 대해 이해한다.

다른 정신질환을 진단할 때와 마찬가지로, 의사들은 양극성장애를 진단할 때 그저 환자의 감정과 행동의 변화 양식을 관찰하고 알 수밖에 없다. 현재로서는 어떠한 영상 검사 또는 피검사로도 양극성장애를 확실히 진단할 방법이 없고, 단순히 한두 가지의 검사 방법을 개발한다고 해서 정확한 진단이 이뤄질 수 없다는 사실이 점점 더 분명해지고 있다. 사실 요즘에는 양극성장애가 그저 한 가지 특성을 나타내는 장애가 아니라, 오히려 비슷한 감정 및 행동 양식으로 표현되는 여러 가지 뇌 기능 및 신체적 장애를 포괄한다고 보는 견해가 설득력을 얻고 있다.

이런 양극성장애는 유전 및 비유전적 요소가 복잡하게 얽혀 발생하는데, 연구자들도 이제야 막 이 질환에 대한 이해의 출발점에 서 있을 정도다. 무엇보다 중요한 사실은, 이런 과학적 연구 결과를 통해 양극성장애가 환자의 도덕적 연약함 또는 결함의 표출일 뿐이라는 뿌리 깊은 통념을 없앨 수 있다는 점이다.

점점 더 분명하게 대두되고 있는 또 다른 사실이 한 가지 있는데, 바로 양극성장애와 관련된 여러 문제가 뇌에서 나타나기는 해도 몸의 다른 부분에도 중대한 영향을 미친다는 것이다. 또한 우리 뇌와 몸, 그리고 주위 환경의 상호작용이 양극성장애의 발달과 진행에 중요한 영향을 미친다고 한다.

이번 장에서는 양극성장애의 생물학적 배경을 이해하고 그 원인이 될 만한 우리 몸의 내부 및 외부적 요인에 대해 알아봄으로써, 지금껏 양극성을 유발하는 요인으로 알려진 사실과 아직 과학적으로 밝혀지지 않은 것들은 무엇인지 확인하려고 한다.

양극성의 유전적 원인을 찾아서

최근 들어 과학자들이 인간의 유전자 지도를 완성하고 예전과 달리 이와 관련된 연구를 쉽고 저렴하게 진행할 수 있게 되면서부터 유전자 연구는 폭발적으로 증가하였다. 어떤 질병의 유전자 정보를 밝혀내면 단순히 그 질병의 원인을 알 수 있을 뿐만 아니라 그 배경이 되는 생물학적 변화를 규명함으로써 좀 더 효과적인 치료법을 개발할 수 있는 가능성이 열리게 된다. 하지만 유전자의 바다에 풍덩 뛰어들어 팔다리를 마구 휘젓기 전에, 연구자들은 과연 그 질병의 유전적 결함을 의심할 만한 근거가 있는지 먼저 확인해야 한다. 가족력에 대한 연구, 특히나 쌍둥이 형제에 관한 연구는 이런 조사의 가장 기본적인 출발점이 되어왔다. 연구자들은 유전학적 연구를 진행함으로써 다음과 같은 사실을 규명하고자 한다.

✔ 일란성 쌍둥이의 형제 중 한 사람이 제I형 양극성을 앓을 경우에 다른 한 사람도 양극성으로 진단받을 확률은 50퍼센트 정도이다. 일란성 쌍둥이는 모든 유전 정보가 서로 같기에, 이런 사실은 양극성 발병에 유전 정보가 미치는 영향이 존재하면서도 그게 전부가 아님을 의미한다(만일에 유전적 원인이 양극성을 일으키는 주범이고 전부라면, 일란성 쌍둥이 중 한 명이 제I형 양극성 환자일

경우에는 나머지 한 명도 같은 진단을 받을 확률이 100퍼센트여야 할 것이다).

✔ 어떤 사람의 직계 가족 중에 제I형 양극성으로 진단받은 환자가 있을 때 그 사람이 같은 질병으로 진단받을 가능성은 10퍼센트 전후이며, 이 결과는 양극성장애의 가족력이 전혀 없는 사람이 같은 진단을 받을 1~2퍼센트의 확률보다 훨씬 높은 수치이다.

✔ 양극성 스펙트럼 장애라고도 불리는 순환성장애와 제II형 양극성장애의 가족력에 대한 연구 결과는 아직 분명하게 밝혀진 바가 별로 없다. 다만, 양극성 환자의 부모, 형제 또는 자녀는 단극성 우울증, 조현병, 자폐스펙트럼장애, 불안장애, 약물 남용, ADHD, 그리고 성격장애와 같은 다른 정신질환을 동반할 가능성이 훨씬 큰 것으로 나타난다.

이처럼 가족력과 쌍둥이의 유전적 요인에 관한 연구를 종합해볼 때, 연구자들은 양극성장애가 유전적 요인에 따라 발병할 가능성을 의미하는 유전율(heritability)이 대략 60~70퍼센트 정도에 이를 것으로 추측한다.

가계도 확인하기

어떤 사람의 직계 가족 중에 양극성장애로 진단받은 사람이 있을 때, 그도 그 질환으로 진단받을 가능성이 커지기 때문에 그런 정보는 대단히 중요하다. 하지만 양극성 환자의 가족은 다른 정신과 관련 질환의 발병 위험 역시 큰 편이다. 따라서 어떤 사람의 양극성 발병 가능성을 확인할 때, 가까운 친척 중에 주요 정신과 계통 질환의 진단을 받은 경우가 있는지 살피면 양극성장애에 대한 유전적 취약성의 예측에 도움이 될 수 있다. 친척들에게 양극성장애의 가족력이 있었는지 물을 때, 그들도 정확히 알지 못할 수도 있다. 나이 많은 어르신들은 조현병 등으로 잘못 진단받았을 수도 있고, 오히려 한 번도 제대로 진단받지 못한 채 그저 술이나 마약으로 잊어보려고 애쓴 기억만 갖고 있을 수도 있다. 어떤 먼 친척은 그저 별난 사람으로 취급당하면서 단 한 번도 제대로 진단받지 못하고 살아왔을 수도 있다.

좀 더 정확한 답변을 얻으려면 다음과 같은 질문의 예를 참조할 수 있다.

✔ **가족 중에서 누구라도 알코올 중독 또는 약물 남용 문제를 경험한 적이 있는가?** 양극성 환자의 상당수가 자신의 어려움을 해결하고자 술이나 마약

을 시도한다. 하지만 정신적 고통으로부터 일시적으로 벗어날 뿐, 유익한 결과를 얻기보다 도리어 해로울 경우가 더 많다. 일부 연구에 따르면, 양극성과 약물 남용 환자들의 유전적 위험요소가 같을 수 있다는 주장도 제기되고 있다.

✔ **조현병으로 진단받은 가족이 있었는가?** 얼마 전까지만 해도, 의사들이 양극성장애를 조현병으로 오진하는 경우가 자주 있었다. 일반인보다 양극성 환자의 친척 중에서 조현병이 발견되는 경우가 더 많은데, 아마도 조현병과 양극성 간에 공유되는 유전적 요소 때문일 것으로 예측하고 있다.

✔ **다른 정신질환 때문에 치료를 받은 경우가 있는가?** 가족 중에 누군가가 우울증, 정신 이상 또는 다른 정신질환 치료를 목적으로 치료를 받았다면, 정확한 진단이 아니었을 가능성도 고려해야 한다. 또한 양극성 환자의 가족은 다른 여러 형태의 정신 질환 발병률이 일반인보다 높은 편인데, 아마도 일부 유전적 요인과 다른 영향 때문일 가능성이 있다.

✔ **가족 중에서 일정 기간이라도 수용시설, 요양원 또는 재활 센터에서 지내야 했던 사람이 있는가?** 사람들은 가족이 정신병원에 입원할 때 잠시 어디에 다녀온다는 말로 그 사실을 감추려고 할 때가 있다.

✔ **유난히 활력이 넘치거나 괴짜 같다고 입에 오르내리는 친척이 있는가?** 과거에는 다양한 정신 질환이 있는 이들을 그저 점잖게 '괴짜'로 치부하는 일들이 종종 있었다.

✔ **친척 중에 만성적인 탈진, 통증 또는 소화불량의 문제로 고통받은 사람이 있는가?** 이런 증상은 기분 및 불안 장애의 신체적 징후일 수 있기 때문이다.

가족의 문제를 이야기할 때, 특히 이미 사망한 사람에 대한 기억에 대해서는 망자를 보호하겠다는 생각에 입을 잘 열지 않는 경우가 많다. 더욱이 그 사실을 묻는 사람이 조증에 사로잡혀 흥분한 상태라면 방어적 태도를 취할 가능성이 더 커진다. 그러므로 환자의 상태가 괜찮은 적절한 순간에, 정확하고 자세한 가족력이 환자 자신의 진단에 얼마나 중요한지를 설명하고 설득할 필요가 있다.

유전적 취약성은 여러 가지 원인 중 하나임을 깨닫기

양극성과 관련된 유전적 취약성을 갖고 있다고 해서 누구나 양극성의 증상을 경험하는 것은 아니다. 다음 두 절에서 자세히 살펴볼 최근의 연구 결과는 다양한 유전적 변화가 양극성으로 진행될 수 있는 감수성을 높일 가능성을 제기하고 있다. 하지만 유전적 감수성을 운명처럼 이해해서는 안 된다. 양극성장애는 유전 및 비유전적 요소가 함께 작용하여 나타나는 결과이기 때문이다. 따라서 모든 유발 인자를 통제할 수는 없어도 관리할 수 있는 한 가지 요인만 잘 조절하면 양극성으로 진행될 위험을 줄일 수 있다. 그렇게 할 때, 혹시 양극성이 나타나더라도 확실히 증상이 덜하며 예후도 훨씬 좋다고 하니 위험요소 관리의 중요성을 다시금 생각해볼 일이다.

긍정적이든 부정적이든 상관없이, 감정이 잔뜩 고조될 수밖에 없는 인생의 순간이 증상의 발현과 연관되는 것으로 보인다. 하지만 다음 절에서도 살펴볼 내용이지만, 환자가 경험하는 그런 충격적인 사건의 횟수를 포함하여 다른 생물학적 현상의 영향도 배제할 수 없음을 이해해야 한다. 환자의 내재적 감수성의 정도도 매우 중요한 요소임을 잊지 말자. 어떤 가족의 경우에는 명확한 원인이나 지목할만한 사건이 없었는데도 더 극단적인 형태의 양극성이 나타날 수 있고, 다른 사람들은 훨씬 더 깊은 스트레스 반응이 누적된 다음에야 양극성의 증상이 분명하게 나타나기도 한다.

유전적 복잡성 파악하기

비록 명백한 증거들이 양극성의 유전적 성향을 뒷받침하고 있기는 하지만, 최근의 과학적 연구 결과를 통해 입증된 바에 따르면 오히려 양극성을 유발하는 유전자는 존재하지 않는다고 한다. 따라서 환자의 감정 및 행동 증상을 근거로 우리가 양극성 장애라고 일컫는 이 질환은, 사실상 그 바탕이 되는 생물학적 원인이 각기 다른 여러 현상을 통칭하는 것으로 이해하는 게 맞다. 하지만 이 현상과 관련된 유전적 원인의 역할이 큰 만큼, 연구자들은 양극성장애의 다양한 원인이 되는 여러 유전적 변화를 규명하기 위해 열심히 노력한다. 최근의 연구 결과들은 이런 현상을 이해하기 위한 퍼즐 조각을 하나씩 맞추어 나가기 시작했고 다음과 같은 결과를 발표해오고 있다.

✔ 양극성장애는 몇 가지 유전자의 광범위한 손상보다는 여러 유전자에 발생한 작은 변이의 결과로 보인다. 과학자들은 양극성과 관련된 특정 유전자를 찾아내기 위해 수천 개의 게놈을 분석한 대규모 연구를 진행했다(게놈은 어떤 개체의 전체적인 DNA 정보가 담긴 유전 정보의 지도를 말한다). 게놈 분석을 통해 발견된 작은 변이는 양극성장애에 국한된 것들이 아니었지만, 일반인들보다 양극성 환자들에게서 훨씬 더 자주 발견되는 변이임이 밝혀졌다.

✔ 여러 연구를 통해, 양극성장애와 다른 질환, 특히 조현병과 단극성 우울증 환자에게 공통적으로 발견되는 여러 유전적 변이가 규명되었다. 최근에 정신 질환 유전체 컨소시엄의 교차 장애 그룹에 의해 공개적으로 진행된 대규모의 연구 결과로서「네이처 제네틱스」에 실린 '게놈 전체의 유전자 변이(SNP) 분석에 의한 다섯 가지 주요 정신 질환의 유전적 연관성 분석'이란 논문에 주목할 필요가 있다. 왜냐하면 이들은 자폐스펙트럼, ADHD, 우울증, 조현병과 양극성장애의 공통된 유전 정보를 규명하였기 때문이다. 하지만, 이들은 양극성장애에서만 발현되는 여러 유전적 변이도 규명할 수 있었다.

✔ 지금껏 양극성과 관련된 것으로 규명된 수많은 유전적 요소는 다양한 인체의 구조 및 기능적 특성에 영향을 준다고 알려졌다. 그 외에도 수많은 연구자가 양극성 환자에게서만 발견되는 뇌 및 신체적 특징이 있는지 연구 중이다('양극성의 회로 검사하기' 절 참조). 유전 관련 및 다른 연구 결과의 통합이 이뤄지고 있기에, 양극성의 전체적인 그림이 그 모습을 드러낼 날이 머지않았다.

✔ 양극성의 발병이 100퍼센트 유전적 원인 때문만이 아니기에, 비유전적 요소가 어떻게 유전적 요인과 결합하여 양극성의 증상을 발현시키는지 이해하는 것도 중요하며, 다음 두 절에서 이 부분을 자세히 살펴보려고 한다.

양극성을 작동하는 스위치 : 후생유전학적 관점

후생유전학(epigenetics)은 유전자의 염기서열 자체의 변화 없이도 유전자에 변화가 발생할 수 있는지를 연구하는 학문이다. 이런 변화는 DNA와 다양한 화학적 상호작용을 통해 일어난다고 알려져 있다. 이런 변화는 우리 몸이 전형적인 발달 및 기능을 수행하는 과정에서 나타나기도 하지만, 때로는 정상적인 생리 과정을 무너뜨리고 건강한 세포기능을 저해하기도 한다.

후생유전학의 관점은 생물학적인 상태와 양육의 영향, 다시 말해 개체의 유전자형(genotype : 유전적 형질)이 어떻게 환경과 상호작용함으로써 그 개체의 표현형(phenotype : 나타나는 특징)을 형성하는가에 관해 설명하려는 접근 방식이다. 따라서 부모의 무시 또는 다른 외상이나 스트레스로 인해 DNA에 화학적 변화가 발생함으로써 환자의 유전자 발현에 영향을 준다고 이해할 수 있다. 그리고 이런 변화는 다음 세대로 전달되기도 한다. 예를 들면, 임산부가 만성적인 스트레스에 노출되어 기분 관련 유전자에 영향을 받으면, (그 유전자 자체의 정보뿐만 아니라) 스트레스가 그 유전자에 미친 영향이 앞으로 태어날 자녀에게까지 전달될 수 있다는 뜻이다. 그 결과, 임산부의 유전자가 노출된 장기적 스트레스뿐만 아니라 그 자신의 유전 정보 때문에, 그의 자녀는 앞으로 우울 또는 다른 기분장애를 갖게 될 위험성이 커질 수 있다.

비유전적 요인의 검토

유전적 요인에 관한 연구 결과를 살펴보면 60~70퍼센트 정도의 양극성장애는 유전 인자와 관련된다고 하나, 이들 유전자가 발현되는 과정에 미치는 다양한 비유전적 요소도 상당히 많다는 사실을 잊지 말아야 한다. 이런 스트레스 요인 중 상당 부분이 출생 이전, 그리고 출생 후 첫 달과 몇 년 사이에 해당하는 뇌 발달의 초기 단계에 작용하는 것으로 알려져 있다. 하지만 과학자들은 지속적으로 양극성을 유발하는 환경을 조성하는 비유전적 요소의 작용도 배제할 수 없다는 사실에 주목하고 있다. 이와 같은 비유전적 요인에 대해 간단히 알아보자.

✔ **스트레스가 심한 삶의 사건** : 환자들을 대상으로 한 연구를 통해, 우리 몸이 다양한 형태의 스트레스에 노출될 때 양극성 환자의 경우에는 여러 가지로 비정상적인 생리적 조절 반응 시스템이 작동된다는 사실이 밝혀졌다. 이처럼 양극성 환자들의 취약한 시스템과 외부적 스트레스가 맞물려 양극성장애의 발병과 진행에 중요한 작용을 한다고 생각된다. 양극성 환자들도 기분 삽화를 경험하기 전에 이런 극단적인 삶의 사건을 평소보다 자주

경험한다고 알려지기도 한다.

✔ **어린 시절의 스트레스** : 이런 스트레스에 대한 반응 시스템이 형성되고 스트레스에 노출되는 사건이 양극성장애가 발병하기 여러 해 전에 이미 존재했을 경우도 있다. 관련된 연구 결과에 따르면, 아주 어릴 때(신체 및 정신적) 외상을 경험할수록 성인이 된 이후에 양극성장애가 발병할 위험성이 커질 수 있다고 한다.

✔ **약물** : 알코올, 약물과 마약의 남용은 종종 양극성장애를 유발한다고 알려져 있다. 이와 관련된 환자들 가운데 일부는 진통 효과를 기대하거나 약효의 지속 시간을 늘리기 위해 임의로 이런 약물을 복용하는 경우가 있다. 하지만 약물 남용과 양극성장애는 유전적 위험요소를 공유하며, 단순히 양극성의 결과로 나타나는 행동 반응에 머무르는 것이 아니라 두 증상이 서로 영향을 주고받으며 악화할 수 있다는 점에 주목해야 한다. 알코올과 마약 복용이 양극성장애의 증상을 악화시킨다는 일부 연구 결과를 근거로, 약물이나 알코올 남용의 문제에 조기개입이 이뤄지는 경우에 첫 번째 기분 삽화가 나타날 가능성을 감소시킬 수 있는지에 대한 의문이 제기되고 있다. 그뿐만 아니라, 연구자들은 흡연이 양극성의 유전적 취약성 사이에 부정적인 상호작용이 발생할 가능성에 대해서도 주목하고 있다.

✔ **영양** : 양극성을 유발하거나 유해하다고 알려진 영양소에 관한 연구 결과는 아직 발표된 바가 없다. 하지만 양극성 환자의 경우에는 심혈관 질환 및 제II형 당뇨병과 같은 질환의 발병률이 일반인보다 높게 나타나며, 이런 질환은 그 자체로 스트레스를 유발하고 신체적 손상을 불러올 수 있다. 건강한 영양적 균형은 이런 질환의 발병과 치료 과정에 매우 중요한 요소로 작용하며 부정적인 영향을 줄여줄 수 있다.

✔ **감염** : 임산부가 임신 중에 감염원, 특별히 독감 바이러스에 노출될 경우에, 태어난 자녀가 성인으로 자란 후에 제I형 양극성 진단을 받을 확률이 높아진다는 여러 연구 결과가 보고되어 있다. 어떤 사람들에게는 감염의 문제에 유전적 위험 요인까지 더해지면 양극성을 유발하는 요인이 될 수 있다. 일부 연구 결과에서는 양극성 환자들에게서 높은 비율로 톡소플라즈마증(고양이 배설물에서 발견되는 기생충) 감염 사례가 발견된다는 통계가 발표되기도 했으며, 현재로서는 환자의 감염은 어떤 형태로든 유전적 위험요소

와 상호작용하여 정신적 병리 증상을 유발하는 것으로 추정된다.

✔ **수면/일주기 리듬** : 연구자들은 양극성장애와 수면장애 사이의 분명한 연관성을 규명하였다. 이런 어려움을 유발하는 원인으로 다양한 유전적 변이가 작용할 수 있을 것으로 예상한다. 일부 연구 데이터는 수면 부족이 조증을 유발하는 원인이 될 수 있음을 증명하였고, 양극성환자들에게 이미 수면장애가 빈번하기 때문에 수면 부족을 직면할 위험성이 훨씬 크다고 볼 수도 있다. 불면증은 양극성과 악순환의 흐름을 형성하여, 양극성 때문에 불면증이 깊어지고 불면증은 또다시 양극성을 악화시킨다. 수면 관리는 양극성이 심화하지 않도록 관리하는 과정에서 매우 중요한 변수로 작용한다.

✔ **호르몬** : 호르몬은 기분 조절자로서 기능하므로 호르몬 변화는 기분 증상과 양상에 영향을 미칠 수 있다. 호르몬이 유전적으로 취약한 양극성 환자들의 뇌 그리고 신체 시스템과 상호작용하여 양극성의 발병과 진행에 영향을 미친다는 연구 보고들이 발표되었다. 특히 일생토록 잦은 호르몬 변화를 경험하는 여성은 이런 호르몬의 영향에 훨씬 더 취약할 것으로 예상된다. 그리고 사춘기의 시작, 임신 및 폐경과 같이 체내 호르몬의 변화가 급격한 시기에 환자는 기분 삽화에 좀 더 취약할 것으로 보인다(이것과 관련된 자세한 내용은 제10장 참조).

양극성 환자들의 유전적 차이의 일부는 심지어 기분 삽화가 나타나지 않을 때라도, 스트레스를 받을 때의 반응을 조절하거나 차단하는 신체 능력에 영향을 미친다. 이런 요소는 이미 양극성을 부추기는 작용을 하는 유전적 요인과 결합하여 신체적 자극을 더 하게 된다. 그러므로 양극성장애의 중등도를 개선하고 회복하려면 약물 남용을 금하거나 치료하고 수면과 영양을 관리함으로써 스트레스를 줄이거나 제한하는 방법을 찾아 나가야만 한다. 이 책을 통해, 우리는 기분 삽화를 경험할 위험을 줄어들게 하며 기분 삽화가 나타날 때 관리할 수 있는 다양한 방법을 소개하려고 한다.

【 그 모든 게 원인이었다 】

내 양극성은 과연 약물 때문이었을까? 아니면 유전적인 문제 혹은 트라우마가 원인이었던 것일까? 지금 돌아보면 이 모든 요인이 한꺼번에 작용했던 것 같다.

내 부모님 마샤와 마르티노는 가난에 찌든 가운데 두 어린 자녀를 키우면서도 불법 마약의 유혹을 이겨낼 수 없었다. 그 바람에 나는 미숙아로 태어났고, 태어날 때부터 이미 마약에 중독되어 있었다. 두 분 모두 조울증에 시달렸는데, 지금은 양극성장애라고 불리는 바로 그 질환이었다.

그분들은 술과 마약의 힘을 빌려 정신적 씨름을 버텨내곤 했는데, 그 바람에 어린 나와 나의 형 조다쉬는 그렇게 방치되어 쓰레기 더미 위에 뒹굴며 울부짖고, 변변한 옷도 입지 못한 채 하루하루를 버틸 뿐이었다. 부모님은 우리를 너무도 자주 그렇게 내버려 뒀다. 바로 그날에도, 그 더러운 모텔에서 나와 형이 소리 높여 우는 소리를 들은 직원이 경찰에게 신고했고, 그렇게 우리는 아동보호소로 옮겨졌다. 그건 우리가 난생처음 받은 '선물'이나 다름없었다.

형과 나는 양극성장애에 걸리기 쉬운 처지에 놓여 있었다는 사실이 너무도 명확했다. 하지만 여기서 던질 수밖에 없는 질문은 바로 우리에게 양극성에 걸리지 않을 기회가 있었는지에 관한 점이다. 방치, 영양실조, 유기 등의 조건이 내 상황에 미친 영향은 과연 어느 정도였을까? 태아일 때부터 내 몸속 시스템 전반에 이미 녹아든 마약의 성분은 과연 양극성의 궁극적인 발병에 얼마나 커다란 영향을 주었던 것일까?

형과 내가 위탁 가정으로 옮겨진 후에, 가엾은 내 형은 기관지염을 앓다가 결국 죽고 말았다. 홀로 버려진 절망감이 더욱 깊어진 탓인지 내게 분리불안 장애가 시작되었는데, 성인이 된 지금도 내 발목을 붙드는 질환이다. 지금껏 나는 양극성의 정점에 이를 때마다 불안과 분리 불안, 그리고 자포자기의 문제와 씨름하곤 한다.

나는 위탁 가정에서 또 다른 가정으로 옮겨지기를 반복했고, 구토와 설사가 멎는 날이 단 하루도 없었다고 한다. 나는 옮겨가는 가정마다 악몽과 같은 존재일 뿐이었다. 아직도 9개월짜리 어린 아기였던 나는 그렇게 이리저리 옮겨 다니다가, 결국 하인스 씨 부부의 품에 안길 수 있었다. 그분들은 내 인생에 찾아온 두 번째 선물이었는데, 아동보호소로 옮겨지던 날의 바로 그 첫 번째 선물 다음으로 가장 귀한 기회였다.

양극성의 회로 검사하기
- -

많은 사람이 양극성장애를 단순히 화학적 불균형의 개념만으로 설명하곤 하지만, 이런 표현은 실제로 벌어지는 현상을 묵과하기 쉽고 양극성 환자의 뇌에서 벌어지나를 돌보기 시작하고 얼마 되지 않아, 하인스 씨 부부는 날 입양할 계획을 세웠다. 하지만 마침내 그렇게 되기까지, 그분들은 두 해에 걸친 힘겨운 법정 다툼을 견뎌야만 했다.

양아버지는 자신이 감당할 수 있는 한 최고의 변호사들을 고용했고 양육권 유지를 위한 소송에서 이긴 다음, 정식 입양 절차를 진행했다. 지금껏 그분들은 날 돌봐주셨고, 제형 양극성과 정신질환의 증상이 내게 나타날 때마다 매 순간 날 붙들어주셨다. 내 증상이 극심할 때 우리의 삶은 참으로 힘겨웠지만 지금껏 버티며 이겨낼 수 있었고, 이제는 사납게 일렁이던 바다 저편에 도달했음을 실감한다.

그 어린 내가 경험했을 충격이 도대체 얼마나 컸을지, 태어나기도 전에 내 몸에 얼마나 많은 마약 성분이 영향을 주었을지, 정신건강의 측면에서 볼 때에 얼마나 취약한 체질을 타고 났을지, 또는 내 양극성에 다른 어떤 요소가 작용한 것인지 절대로 다 알 수 없을 것이다. 그 모든 영향이 나의 뇌에 영구적인 손상을 준 정도를 측정할 방법은 세상 어디에도 존재하지 않을 게 분명하다. 이런 영향이 한꺼번에 밀려왔을 때 그중에서 어떤 요소가 가장 강력한 해를 끼쳤을 것인지, 나는 도무지 알 수가 없다.

하지만 나는 지금, 또다시 고통이 찾아와도 이겨낼 거라는 확신 가운데 살아간다. 만성적인 자살 충동도 날 절대로 죽게 하지 못한다. 내가 그렇게 내버려 두지 않을 것이다. 나에겐 살아갈 분명한 이유가 있으니까. 수없이 여러 번 자살을 시도하고 살아남은 지금, 나는 내가 지금 이곳에 살아갈 자격이 충분한 사람인 것을 안다. 그리고 나 자신과 가족 모두와 굳게 약속했다. 또다시 내 삶을 스스로 포기하지 않기로 말이다. 나는 쭈글쭈글한 110세 할아버지가 될 때까지 온전한 정신으로 살아가기 위해 끊임없이 나 자신과 싸울 것이고, 영화 '노트북'에 나오는 것처럼 사랑하는 아내의 손을 꼭 잡고 잠들 듯 세상을 떠나길 꿈꾼다(두 번이나 봤지만 매번 우느라 제대로 보지는 못했다).

– 케빈 하인스(www.kevinhinesstory.com),
정신건강 관련 강연자, 『금이 갔지만 부서지진 않았다 : 자살 시도 후 살아남기 그리고
성장하기』(Cracked, Not Broken: Surviving and Thriving after a Suicide Attempt)의 저자

는 생리 화학적 신호전달 작용이 너무 과도하거나 약하다는 잘못된 인상을 심어주기 마련이다. 양극성장애가 있는 사람들에게서 발견되는 생물학적 이상 현상은 매우 복잡하며, 몸과 뇌 전반에 걸친 수많은 생물학적 구조와 시스템이 서로서로 영향을 주고받는 것만큼 엄청난 영향을 이 시스템에 줄 수밖에 없다. 하지만 아직은 양극성에 대해 우리가 알고 있는 것들이 극히 일부분이며 관련된 연구들이 이 과정의 출발

점에 서 있을 뿐임을 잊지 말아야 한다. 게다가 이미 알려진 것들이 빠르게 뒤바뀌고 있고 앞으로 점점 더 많은 연구가 진행될 것을 고려해야 한다. 지금부터는 과학을 통해 지금까지 발표되고 알려진 양극성과 관련된 사실을 살펴보도록 하겠다.

앞으로 소개할 뇌와 관련된 내용을 읽어나가다 보면 상당히 딱딱하고 난해한 느낌이 들 수 있다. 하지만 앞으로 뇌 기능의 불균형과 장애가 어떻게 양극성의 증상을 유발할 수 있는지에 대해 이해하려면 몇 가지 기본적인 용어를 이해할 필요가 있다는 점에서, 이런 내용을 반드시 둘러보고 넘어가야 할 것이다. 우리는 뇌와 뇌를 구성하는 세포의 구조를 다루는 해부학 및 기능을 다루는 생리학적 설명에서 출발함으로써 기본적인 구조를 빠르게 이해할 수 있도록 도울 것이다. 그런 다음에는 독자들에게 실제적인 도움이 될 만한 내용으로 넘어가서, 뇌의 구조 및 기능적 이상이 양극성과 이렇게 연결될 수 있는지 살펴보도록 하겠다.

뇌의 구조 및 기능

환자의 뇌에서 양극성의 증상을 촉발하는 부위를 정확히 집어내기란, 마치 보험회사들이 판매하는 보험 상품 중에서 가장 저렴하면서도 보장 조건이 탁월하고 내게 꼭 맞는 보험을 찾아내는 것만큼이나 어려운 일이다. 뇌에 대한 여러 영상검사 기법을 통해, 연구자들은 양극성 환자의 뇌에서 일어나는 몇 가지 일관된 변화를 발견해냈다. 특히, 세포 수준에서 발견한 변화의 양상은 훨씬 더 놀라운데, 특정 뇌 부위의 세포와 그 주위를 둘러싼 세포 간에 나타나는 기능적 변화를 추적함으로써 상당히 의미 있는 연구 결과를 얻을 수 있었다. 이런 연구 결과를 이해하는 데 도움이 될 만한 기본적인 뇌의 해부 및 생리학적 구조를 간단히 이해하고 넘어가도록 하겠다.

뇌의 해부학적 구조

그림 2-1에서 볼 수 있는 것처럼 사람의 뇌를 바깥쪽에서 들여다보면, 대뇌반구(그림에는 표시하지 않았지만, 뇌 대부분을 이루는 넓은 부위), 소뇌(반구의 뒤쪽에 치우쳐 자리 잡은 작은 공 모양의 부위), 그리고 뇌간(뇌에서 뻗은 길고 가느다란 구조로 척수로 연결됨)을 볼 수 있다. 대뇌반구는 서로 다른 기능을 하는 전두엽, 두정엽, 측두엽, 후두엽의 네 부분으로 크게 나눌 수 있다.

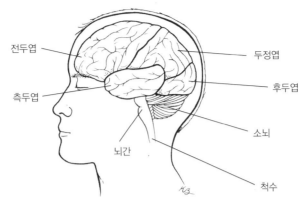

그림 2-1
사람의 두개골
안쪽에 위치한
뇌의 겉모습

전두엽

두정엽

후두엽

측두엽

소뇌

뇌간

척수

Illustration by Kathryn Born, MA

사람의 두개골을 열고 대칭을 이루는 뇌의 좌우 두 반구를 양쪽으로 벌려 안쪽을 들여다보면, 양쪽 반구의 안쪽에 여러 가지 뇌의 구조물을 볼 수 있다(그림 2-2 참조). 과학자들은 뇌의 가장 바깥층에 위치한 여러 세포층이 각기 다른 뇌 기능을 담당한다는 사실을 규명하였다. 이러한 영역 중에서도 전전두엽 피질과 전대상피질을 포함하는 몇 군데는 양극성장애와 관련된 연구에서 자주 언급되곤 한다. 광범위한 바깥층의 아래쪽에는 양극성장애와 관련하여 상당히 중요한 연관성을 갖는 것으로 알려지는 시상, 시상하부, 해마와 편도체 등의 부위가 자리 잡고 있다.

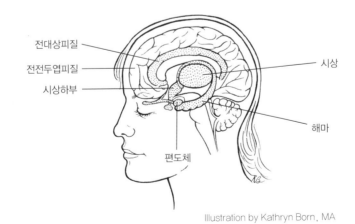

그림 2-2
사람의 뇌
안쪽의 구조

전대상피질

전전두엽피질

시상하부

시상

해마

편도체

Illustration by Kathryn Born, MA

각기 다른 뇌 영역의 기능 이해하기

뇌의 구조를 대략 이해했으니, 이제는 각각의 구조마다 서로 다른 기능적 차이를 살펴보도록 하자.

- ✔ **대뇌반구** : 대뇌반구에는 감각을 수용하고 학습과 기억을 담당할 뿐만 아니라 뇌에서 수행하는 사고 대부분과 계획을 담당하는 부위들이 자리 잡고 있다. 이런 기능을 수행하는 뇌의 영역은 각각 다음과 같다.
  - 전두엽 : 뇌의 핵심적인 실행기관과 같은 곳으로, 우리 몸과 뇌의 여러 기능을 조정하고 관리하는 기능을 담당한다.
  - 두정엽 : 감각 경험을 관리할 뿐만 아니라, 다른 여러 기능도 관장하는 영역이다.
  - 측두엽 : 후각과 청각적 자극을 받아들이는 영역으로, 언어적 능력과 말하기, 기억력 및 학습에 관련된 기능도 담당한다.
  - 후두엽 : 시각적 자극을 처리하는 뇌 영역의 중심이다.

  이들 영역은 모두 다른 여러 기능도 함께 담당하며, 부위마다 수행하는 기능이 중복되기도 한다.
- ✔ **소뇌** : 복잡한 움직임을 세밀히 조정하는 기능과 함께 사고와 언어, 감정 반응을 조절하는 기능을 수행한다.
- ✔ **뇌간** : 호흡과 심장 박동과 같은 생존의 메커니즘을 담당하며, 의식, 각성, 그리고 수면과 기상의 흐름을 관리하는 기능을 담당한다.
- ✔ **대뇌피질** : 대뇌반구의 바깥층을 이루는 뇌세포의 영역으로서, 고차원적 사고를 하고 여러 가지 감각을 종합하며, 운동과 행동, 생각을 만들어내는 기능을 담당하는 곳이다. 대뇌피질은 세부적인 기능을 수행하는 여러 작은 영역으로 다시 세분화된다.
- ✔ **전전두엽피질** : 상당히 분화된 대뇌피질 일부분으로, 전전두엽피질은 복잡한 사고와 행동을 조절하는 기능을 담당한다. 연구자들은 이곳을 판단과 계획 기능의 중추로 생각하고 있다.
- ✔ **해마** : 피질 하부에 위치하며, 특별히 학습과 기억을 관장하는 영역이다.
- ✔ **시상** : 피질의 바로 아래쪽에 있는 피질 하부에 자리 잡고 있으며, 감각 운동 자극을 받아들여 피질 영역으로 전달하는 중계소의 역할을 담당한다.

그뿐만 아니라, 시상은 수면과 의식, 각성의 수위를 조절하는 기능을 수행하기도 한다.

- ✔ **시상하부** : 마찬가지로 피질 하부에 있는 시상하부는 배고픔이나 목마름, 수면이나 기상 및 활력의 오르내림과 같은 여러 가지 생존 메커니즘을 조절하는데, 이것은 모두 생체 내 일 주기(circadian rhythms : 24시간 주기로 나타나는 주기적인 신체, 정신 및 행동 양식)를 형성하는 요소들이다.
- ✔ **편도체** : 또 다른 피질 아래 영역에 해당하는 편도체는 감정에 반응하는 중요한 부위이다.
- ✔ **대뇌변연계** : 이 용어는 감정적 반응에 관여하는 뇌의 여러 부위를 통틀어 지칭한다. 책에 따라 각기 다른 영역을 여기에 포함하기도 하지만, 공통으로 해마, 시상, 시상하부, 편도체가 중심이 된다.
- ✔ **대뇌전두피질** : 이 부위는 대뇌피질의 일부분으로, 전두엽피질과 대뇌변연계와 밀접하게 연관되어 있다. 그리고 강렬한 감정을 조절하는 데 있어서 중요한 역할을 담당한다고 알려져 있다.

뇌의 자세한 구조

뇌는 여러 층으로 이뤄져 있다. 가장 바깥층은 피질 또는 종종 회백질이라고도 불린다. 피질 바로 아래층은 그물처럼 연결된 섬유 구조로 이뤄지며 백질이라는 이름도 갖고 있다. 각각의 신경섬유는 수초라는 층으로 둘러싸여 보호되고 있다. 뇌의 안쪽에는 뇌실이라는 공간이 있는데, 이곳에서 뇌척수액이 만들어지고 순환하며 재흡수된다. 뇌척수액은 뇌에 가해지는 물리적 충격을 흡수하는 완충재 역할을 하는 동시에, 혈액에서 영양소는 취하고 노폐물은 걸러 다시 혈액으로 내보내는 역할을 한다.

해부학적 관점에서 중요한 뇌의 또 다른 구성 요소는 바로 이 모든 구조를 형성하는 세포들이다. 뇌세포는 뉴런과 신경교세포의 두 종류로 나눌 수 있다.

- ✔ 뉴런은 전기화학적 신호를 만들고 전달하고 반응함으로써, 우리 몸에서 뇌와 다른 부위 간의 통신 시스템을 형성한다.
- ✔ 신경교세포는 한때 뉴런의 기능을 보조하는 네트워크 구조로만 여겨질 때도 있었지만, 뇌에서 신호 전달 및 반응 시스템을 담당하는 중요한 기능을 수행한다는 사실이 알려졌다.

피질의 회백질은 뉴런과 신경교세포의 가운데 부분인 신경 세포체와 한쪽 연결 말단인 수상돌기로 이뤄진다. 반면에 백질은 뉴런의 반대쪽 연결 말단인 축삭돌기가 모여 있는 곳이다.

뇌세포의 신호전달과정 이해하기

신경세포인 뉴런은 여러 가지 방법으로 다른 뉴런과 신호를 주고받지만, 모든 신호 전달과정은 기본적으로 시냅스를 통해 이뤄진다. 여기서 시냅스란 뉴런과 뉴런, 또는 뉴런과 다른 세포(샘세포 또는 근육세포 등) 사이의 공간을 말하는데, 대표적으로 어떤 뉴런(많은 경우에 축삭돌기지만 모든 경우에 그런 것은 아니다)에서 시냅스로 화학적 신호전달물질을 분비할 때 신호전달 과정이 시작되곤 한다(그림 2-3). 그 뉴런과 시냅스를 형성하는 다른 세포(보통 수상돌기 또는 다른 뉴런)는 그 분비된 화학적 신호전달물질을 받아들인다.

두 번째 세포의 세포막 바깥에 있는 수용체의 결합 부위는 각각의 화학적 신호를 전달하는 물질과 열쇠와 자물쇠처럼 짝을 이뤄 결합한다. 세포에는 모든 화학적 신호전달물질마다 각기 다른 결합력을 나타내는 여러 종류의 수용체가 존재한다. 각각의 신호가 받아들여지고 처리되며, 그 정보가 다음 세포로 전달되는 과정은 수용체

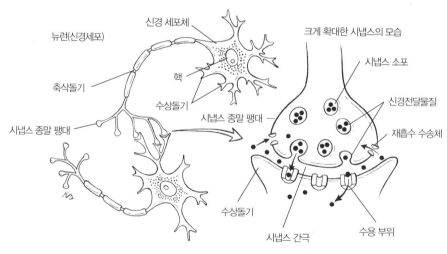

그림 2-3
신경전달물질에 의해 한 세포에서 다른 세포로 신호가 전달되는 과정

뉴런(신경세포)
신경 세포체
크게 확대한 시냅스의 모습
시냅스 소포
축삭돌기
핵
신경전달물질
수상돌기
시냅스 종말 팽대
재흡수 수송체
시냅스 종말 팽대
수상돌기
수용 부위
시냅스 간극

Illustration by Kathryn Born, MA

의 종류에 따라 다르다. 일단 화학적 신호전달물질이 수용체와 결합하면, 신호를 받아들인 세포에서는 그 전달 물질과 수용체의 종류에 따라 여러 가지 다른 반응이 진행된다. 그렇게 임무를 완수한 신호전달 물질은 결합했던 수용체로부터 떨어져 나가 처음 분비되어 나온 세포로 되돌아가고 재흡수된다. 뇌에서 작용하는 이런 화학적 신호전달물질은 종종 신경전달물질이라고 불린다.

신경계를 이루는 세포들은 시냅스를 통하지 않고서도 신호를 전달하기도 한다. 예를 들면, 신경펩타이드라고 불리는 화학물질은 시냅스가 아닌 다른 경로를 통해 세포들 사이에 전달된다. 최근에는 양극성장애와 관련된 신경교세포와 뉴런의 신호전달에 관한 연구의 중요성이 매우 크다고 볼 수 있다.

이런 신호전달 시스템의 불균형은 뉴런과 뉴런 사이의 신호전달 문제만큼이나 중요한 측면일 수 있다. 이후에 '세포 내 신호전달' 부분에서 다시 설명하겠지만, 세포 내부에서의 신호전달과정의 문제도 양극성장애의 중요한 원인이 될 수 있다.

양극성과 관련된 뇌의 변화 이해하기

뇌의 구조와 기능의 복잡성, 우리 몸 구석구석을 총괄하는 수많은 기능, 사람마다 서로 다른 양극성장애의 다양한 특성을 생각한다면, 연구의 어려움과 상반된 연구 결과가 나타나는 현실까지도 어느 정도는 이해할 수 있다. 인간의 뇌를 연구하는 주요한 연구 방법은 유전적 연구 기법과 상당히 일치하는데, 뇌의 구조나 기능을 시각화할 수 있는 이미지 분석, 환자가 죽은 후에 뇌 조직을 분석하는 현미경적 연구, 혈액검사, 환자가 각종 질문에 답하거나 특별한 정신적 과제를 수행할 때 시행하는 신경생리학적 검사, 환자의 뇌와 몸을 검사하는 다양한 다른 검사법을 포괄한다.

예나 지금이나, 과학자들은 양극성장애가 있는 사람의 뇌에서 어떤 일들이 벌어지는지 규명하고자 애를 쓰고 있다. 이들의 노력 덕분에 어떤 부분은 그 메커니즘이 규명되기 시작했지만, 또 다른 여러 연구는 이제 막 걸음마를 시작한 출발 단계에 불과하다. 이 절에서는 최근 연구의 흐름에 대해 간단히 다루도록 하겠다.

여기서는 앞으로 알려질 양극성장애에 대한 엄청난 과학적 사실의 극히 일부분만을 소개할 뿐이다. 여기서 다루지 못한 많은 요소와 함께 이들 요소는 한없이 복잡한 방법을 통해 서로서로 유기적으로 영향을 미친다. 이들 다양한 요소를 하나씩 규명하고 그들 사이의 관계를 밝혀내고 나서야 양극성장애라는 복잡한 퍼즐을 하나씩 맞춰 나갈 수 있을 것이므로, 앞으로 나아가야 할 길이 멀기만 하다.

구조

사람의 뇌를 대상으로 수많은 연구가 진행되고 있지만, 양극성 환자의 커다란 뇌 구조를 전체적으로 이해하고 일관된 변화의 양상을 규명하는 것은 대단히 어려운 일이다. 어떤 연구팀은 소뇌에서 나타나는 변화를 발견하지만, 그 결과가 매번 동일하지 않을 수 있다. 어떤 연구 결과에서는 조증 삽화가 나타날 때마다 뇌 손상의 증거로 볼 수 있을 정도로 뇌실의 크기가 커지는 것이 증명되기도 했다. 해마의 변화도 보고된 바가 있지만, 이 결과도 연구팀마다 다른 양상을 나타내곤 한다. 양극성 환자의 편도체의 크기가 달라진다는 결과도 발표된 적이 있지만, 환자의 나이와 질병이 지속한 기간에 따라 결과마다 차이가 나타났다.

회로

이 분야는 가장 활발한 연구가 이뤄지는 영역 중 하나다. 회로(또는 네트워크)는 특정 기능을 수행하는 뇌의 영역을 서로 연결하여 신호를 전달하는 매개체와 같다. 양극성장애에 관한 연구는 이들 회로 안쪽과 바깥쪽의 신호전달 패턴을 분석함으로써, 양극성장애의 증상이 나타나는 환자와 대조군 사이에 의미 있는 차이가 일관된 형태로 발견되는지를 확인하는 방법으로 진행된다. 이런 연구를 진행할 때 연구자들이 겪는 어려움 가운데 하나는, 환자가 우울증이나 조증 또는 각각의 삽화 사이의 중간 시점처럼 각기 다른 감정을 나타낼 때 이런 신호전달의 네트워크를 관찰하고 분석해야 한다는 점이다.

연구자들이 수많은 뇌의 회로에 관해 연구하고 있지만, 그중에서도 대뇌피질 변이 이론에 가장 큰 기대를 걸게 되는데, 이 이론은 양극성이 뇌에서 신호전달 과정을 조절하는 기능을 담당하는 대뇌피질과 감정적 반응을 수행하는 대뇌변연계 사이의 균형이 깨진 비정상적인 상태라고 설명한다. 이들은 변연계가 지나치게 활성화되거나 피질의 조절 기능이 부적절하게 또는 불규칙적으로 활성화될 경우에 양극성장애로 진행될 가능성을 확인하기 위해 노력하고 있다.

신경전달물질

우리 몸에서는 다양한 종류의 신경전달물질을 통한 화학적 방법에 따라 한 세포에서 다른 세포로 신호가 전달된다. 지금까지의 연구 결과를 살펴보면 이런 신경전달 과정의 문제가 양극성장애와 연관됨을 알 수 있다.

- ✔ **글루탐산염**은 흥분성 신경전달물질로, 주로 어떤 현상을 억제하기보다는 활성을 촉진하는 작용을 담당한다. 글루탐산염과 관련된 신호전달 과정에 문제가 있을 때 양극성장애의 양상이 나타날 수 있다는 여러 연구 결과가 발표되었다.
- ✔ **도파민**은 보상과 쾌락을 추구하는 행동, 주의 집중 능력 및 근육의 움직임과 관련된 신경전달물질이다. 일부 연구 결과를 통해, 도파민 조절 능력이 떨어질 때 조증 삽화로 이어질 수 있다는 연관성이 증명된 바 있다.
- ✔ **세로토닌**은 감정, 불안, 그리고 음식의 섭취나 수면, 생식과 같은 일반적인 생존 메커니즘과 연관된 다양한 신호전달과정에 작용하는 화학적 신호전달물질이며, 우울증과의 연관성도 이미 잘 알려져 있다. 세로토닌과 우울증의 연관성을 증명하는 연구 결과는 매우 많다.
- ✔ **감마아미노부티르산**(gamma-aminobutyric acid, GABA)은 **억제 시스템**(어떤 물질의 활성을 억제하는 시스템)과 관련된 신경전달물질로, 양극성장애의 경우에는 GABA의 조절이 정상적으로 작동하지 않을 수 있다고 알려져 있다.
- ✔ **노르에피네프린**은 뇌간에서 작용하는 중요한 신경전달물질이며, 양극성장애가 있는 환자에게서 노르에피네프린의 불균형이 발견되기도 한다.

세포 내 신호전달

세포 내 신호전달 과정이란, 세포막의 바깥쪽에 존재하는 수용체에 신호전달물질이 결합한 이후에 신경세포의 안쪽에서 진행되는 일련의 변화를 가리킨다. 다양한 유전학적 연구 결과를 통해 수많은 신호전달 시스템의 불균형이 양극성장애와 연관될 수 있다는 사실이 알려져 있으며, 양극성장애를 치료하기 위한 약물의 상당수가 이런 신호전달 과정에 개입하고 다시 균형을 이루도록 하는 과정에 작용한다는 것은 흥미로운 사실이다. 양극성장애에 관한 연구에 대해 생각할 때, 우리는 시냅스에서 작용하는 신경전달물질에만 초점을 맞추기 쉽지만, 알고 보면, 그 모든 불균형의 원인이나 치료 효과도 신경학적 정보전달 시스템의 원리가 그 바탕을 이루고 있음을 깨닫게 된다. 아마도 그렇기 때문에 어떤 약물의 치료 효과가 충분히 나타나려면 며칠 또는 몇 주가 걸리기도 하는 것이다.

스트레스의 신호전달 과정

스트레스에 대한 화학적 반응을 조절하는 인체의 시스템을 들여다보면, 양극성장애를 나타내는 사람들의 현상을 이해하기 쉽다. 코르티솔은 정상적인 신체 기능에 작용하는 화학물질이지만, 스트레스를 받으면 분비량이 늘어난다. 양극성장애 진단을 받은 사람들은 코르티솔 관련 반응을 억제하거나 저하하는 작용이 원활하지 않은 양상을 나타낸다. 이런 스트레스 반응은 양극성장애를 또다시 강화하는 위험요소로 작용한다. 그뿐 아니라, 코르티솔 수치가 너무 높아지면 여러모로 인체에 해로운데, 양극성장애가 있는 환자들에게서 자주 나타나는 여러 가지 심각한 의학적 문제 중 심장 질환뿐만 아니라 혈당 및 인슐린 조절 등의 문제로 이어질 수 있다.

생체 시계

우리 몸과 뇌는(24시간을 주기로 반복되는) 각기 다른 생체 주기를 따르는데, 양극성장애를 지닌 환자의 경우에는 이 주기가 심각하게 깨진 양상을 나타낸다. 일부 연구자들은 이런 생체 시계 조절의 문제가 양극성장애의 핵심적 원인일 것으로 추정하기도 한다.

염증

양극성장애를 포함한 정신의학적 장애와 관련된 염증의 역할에 관한 연구는 점점 더 늘어나는 추세이다. 염증은 인체가 상해에 반응하는 하나의 방법으로, 그 손상을 복구하기 위해 일으키는 수많은 화학 및 세포학적 반응을 일컫는다.

감기에 걸렸을 때 나타나는 근육통이나 피로와 같은 증상은 사실 바이러스가 직접 일으킨 것이 아니라, 바이러스의 공격에 맞서 방어하려는 인체의 염증 반응이 빚어낸 결과라고 봐야 한다. 양극성장애 환자들은 이런 염증 반응을 일으키는 화학물질의 농도가 뇌와 온몸에서 상당히 높게 유지된다는 사실이 점점 더 많은 연구를 통해 증명되고 있다. 이런 염증 반응은 양극성장애를 일으키는 원인인 동시에, 그런 병리 증상의 결과이기도 하다. 어떤 종류의 스트레스라도 뇌와 몸에 영향을 주면 단순히 신체적 질병을 유발할 뿐만 아니라 염증 반응을 일으키고, 이런 식으로 발생한 감정적 스트레스는 양극성장애를 유발하고 진행하게 된다.

신경가역성

의학계는 오랫동안 인간의 두뇌발달 과정이 어린 시절에 완성되고 나면 성인이 될 때까지 그 상태를 그대로 유지한다고 생각해왔다. 하지만 최근에는 수많은 연구를 통해, 두뇌의 가역성(plasticity : 신체 발달의 과정과 환경에 따라 재구성 및 재생되는 두뇌의 능력을 의미함)은 성인기까지 이어진다는 사실이 정설로 받아들여지고 있다. 가역성의 개념은 시냅스에도 적용될 수 있다. 예컨대, 새로운 시냅스를 만들어내거나, 불필요한 시냅스는 제거되기도 한다. 이미 형성된 시냅스의 상태를 건강히 유지하고 더 먼 신경 세포를 향해 뻗어 나가거나 연결을 강화하기도 한다.

뇌가 정상적으로 학습하고 정보를 기억하기 위해서는 뇌 발달 과정에 가역성이 매우 중요하며, 우리가 무엇인가를 배울 때 뇌에서는 어느 정도의 변화가 일어나기 마련이다. 최근 들어, 점점 더 많은 연구자가 이런 신경가역성의 문제와 양극성장애의 연관성을 증명하고 있다. 덕분에 유전적 위험 요소와 여러 가지 환경적 요인이 뇌가 환경의 변화와 스트레스에 적응하는 능력을 저해할 수 있고, 이런 문제들 때문에 양극성장애의 증상이 나타날 수 있다는 사실이 점점 분명해지고 있다.

약물치료의 원리 이해하기

양극성장애의 치료제로 이용되는 약물의 작용 원리가 아직 완전히 밝혀지지 않은 탓에 연구자들은 끊임없이 혼란에 빠지곤 한다. 예를 들어, 항우울제와 항불안제가 특정 신경전달물질에 작용한다는 사실이 알려져 있어도, 양극성장애의 치료 과정에서는 이런 작용 때문에 치료 효과가 나타나는 게 아닐 수도 있기 때문이다. 기본적인 항조증 치료제로 이용되는 리튬과 밸프로에이트(데파코트)도 시냅스가 아닌 세포 내부의 신호전달 과정에 작용하는 신경전달물질이라는 사실이 알려져 있다.

기분 전환 약물이 작용하는 메커니즘은 다음과 같은 작용 원리 중 하나에 해당하거나, 치료제에 따라서는 새로운 원리가 밝혀지고 있을지도 모를 일이다.

✔ 특정 신경전달물질을 분해하는 효소에 의한 손상을 막거나 분비한 첫 번째 뉴런으로 재흡수되는 것을 억제하여 시냅스 내에서 그 물질의 농도를 증가시킨다.

✔ 신경전달물질과 결합할 수용세포에서 수용체의 결합 부위를 가리거나 오히려 노출하고 또는 단백질을 변형시켜 뉴런이 신경전달물질에 결합하고 그 신호를 받아들이는 과정에 영향을 미친다.

✔ 손상된 세포의 회복을 돕고 건강한 세포의 발달, 성장 및 기능을 유지하도록 돕는 신경보호 인자를 강화한다.

✔ 뉴런의 신호전달 시스템에서 중요한 역할을 담당하는 효소의 활성을 억제하거나 오히려 증가시킨다.

✔ 뉴런의 전기화학적 파동의 패턴을 변화시킨다.

✔ 유전자 발현의 변화를 유발하게끔 신호전달 경로를 바꾸거나, DNA의 화학적 구조에 미치는 부정적 영향이 줄어들게끔 유도한다(후생유전학).

양극성장애 치료에 이용되는 약물에 대한 정보를 먼저 확인하고 싶다면 제7장으로 건너뛰도록 하라.

양극성 관리하기 :
진단 및 치료

정체를 알 수 없는 고통에 맞서 싸울 방법은 없다. 그래서 회복을 향한 첫걸음은 정확한 진단임을 인식해야 한다. 적에 대해 알아야만, 우리는 싸움이 시작되기 전에 계획을 세우거나, 아니면 그 적이 최소한 내 인생을 망치지 않도록 멀리할 수 있기 때문이다.

이번 장에서는 양극성장애의 긍정적인 예후를 알아보고 회복을 전망해보고자 한다. 우울증과 조증의 괴롭힘이 시작될 때 놈들과 어떻게 싸워 이길 것인지에 대한 것뿐만 아니라, 놈들이 큰 소리로 으르렁대기 전에 잠재우는 법을 살펴보려고 한다. 그리고 여러 가지 치료의 선택사항, 치료법, 자가 치료요법을 소개함으로써, 자신만의 맞춤형 치료 계획을 수립할 수 있도록 도움을 줄 것이다.

앞으로의 예후는?

양극성 환자의 긍정 또는 부정적 예후의 차이는 환자 자신, 치료하는 의사, 환자의 가족과 친구들의 선택에 따라 나뉜다. 환자가 자신의 양극성장애를 수용하고 주치의와 함께 효과적인 치료제를 찾아내거나 그런 약물의 조합을 알아낼 때, 환자의 가족과 친구들이 적극적으로 개입하여 도움을 줄 때, 그 환자의 예후는 당연히 좋을 수밖에 없을 것이다. 하지만 환자가 문제를 받아들이지 않고 적절한 치료 과정에 참여하지 않거나 의사의 지시를 따르지 않을 때는, 상태와 예후가 모두 나빠지기 마련이다.

환자 중에서 운이 좋은 이들은, 평생토록 단 한 번의 기분 삽화만 경험하기도 한다. 이런 사람들은 깊은 우울 또는 극단적인 조증을 경험하지만, 치료를 받거나 그렇지 않더라도 결국 회복되어 인생의 나머지 기간 동안 또다시 증상을 경험하지 않은 채 살아간다. 하지만 대다수의 다른 사람들은 치료를 받지 않거나 스스로 어떻게든 이겨내려고 애쓰며, 아니면 잘못된 도움을 받는 바람에 다음과 같은 어려움을 겪기도 한다.

- ✔ 기분 삽화의 출현 빈도가 늘어나고 상태가 심화된다.
- ✔ 기분 삽화와의 싸움에서 나가떨어진 것만 같아 스트레스를 많이 받는다.
- ✔ 다른 사람들과의 관계가 깨진다.
- ✔ 직장에서 해고되거나 승진에서 밀린다.
- ✔ 경제적 문제가 심화된다.
- ✔ 사고 능력 및 기억력이 감퇴한다.

이런 것들이 바로 나쁜 예후에 속하는 것들이다.

하지만 효과적인 약물, 자가 치료 전략, 다양한 치료요법의 도움을 받을 수 있다는 좋은 소식도 있다. 게다가 연구자들은 끊임없이 더 새롭고 우수한 치료법을 개발하고 있으니, 앞으로 더 좋아질 일만 남은 셈이다. 적절한 약물을 찾아 이용하고 알맞은 치료법을 선택하며, 다른 사람들의 지지를 받으면서 환자 자신의 노력을 기울인다면, 다음과 같은 긍정적인 예후를 기대할 수 있을 것이다.

✔ 조증과 우울증의 증상이 완화되거나 사라질 수 있다.

✔ 주요 기분 삽화가 나타나는 빈도가 점점 줄어든다.

✔ 조증 또는 우울증을 유발하는 스트레스 요인이 줄어들거나 사라진다.

✔ 만족감과 보상을 얻을만한 일을 찾아서 해나갈 수 있다.

✔ 망가진 인간관계를 회복하고, 새로운 관계를 건강히 만들어나갈 수 있다.

✔ 사회 및 경제적 능력을 회복한다.

✔ 명료한 사고 및 기억력을 유지할 수 있다.

회복이 반드시 이전과 같은 상태로 되돌아가는 것을 의미하지는 않아도 그런 종류의 회복을 기대할 수는 있다. 또 다른 어떤 이들은 자신에게 양극성장애의 성향이 있다는 사실을 아는 것만으로도 이전과는 완전히 다른 충만한 삶을 시작하기도 한다.

양극성보다 앞선 적극적 대처

주요 기분 삽화는 침울한 슬픔의 적막감이나 열정의 깊은 소용돌이 가운데 조용히 나타날 수 있다. 가끔 그냥 여느 때보다 피곤이 덜하고 뭔가 약간 활기찬 느낌이 드는 것처럼 말이다. '그 정도는 정상일 뿐이야. 걱정할 것까지는 없지, 뭐.' 이런 생각을 하며, 주말 약속까지 며칠이 남았나 날짜를 손꼽아 본다. 대학 시절 친구들과 금요일 밤을 불태울 생각만 해도 입가에 미소를 머금게 되고, 드디어 찾아온 금요일, 퇴근 시간을 넘기자마자 시끄러운 그 술집으로 달려간다.

좀 늦게 헤어져 집에 들어왔다. 좀 늦게. 그러니까, 토요일 새벽에서야 말이다. 그런데도 조금도 피곤한 느낌이 들지 않는다. 침대에 누워 두 눈을 감고 간밤에 즐거웠던 순간들을 찬찬히 떠올렸을 뿐인데 그만 두 시간이 훌쩍 지나가 버렸다. 정오까지라도 잠시 눈을 붙여볼까 생각하며 잠을 청해보지만, 창밖이 환해지니 또다시 눈이 번쩍 떠진다. '이렇게 하고 싶은 게 많은데, 어떻게 주말 내내 잠만 잘 수 있겠어?' 이런 생각을 하며 자리에서 벌떡 일어났다.

수면 욕구가 줄어들고 더 자극적인 일들에 이끌린 채, 한 주가 그렇게 하루하루 흘러간다. 그렇게 경조증의 고속도로를 한 주 내내 전속력으로 내달리다 보니, 주말쯤 되면 한 주가 어떻게 흘러갔는지도 모르겠다는 기분이 들 정도다.

반응하기 : 급한 불을 진화하기

조증이나 우울증이 극단적으로 심화하면 선택의 폭이 줄어들게 된다. 환자가 스스로에게나 다른 이들에게 그다지 위협적인 행동을 하지 않는다면, 그 감정의 폭풍우가 어서 지나가고 격렬한 비바람이 잦아들기만 기다릴 수도 있다. 하지만 자살하고픈 생각이나 망상이 밀려오고 거칠고 위험한 생각과 행동을 걷잡을 수 없는 상황이 벌어지면, 환자 자신이나 주위의 가족이나 친구들은 다음과 같은 의학적 개입이 적어도 한 가지쯤은 필요하다는 생각을 하게 될 것이다.

- ✔ **입원** : 병원에 입원하여 안전하게 회복하는 시간은 환자 자신이나 타인에게 위협이 될 만한 경우에 좋은 선택이 될 수 있으나, 그 순간에 환자 자신은 그렇게 받아들이지 않을 수도 있다.
- ✔ **통원 집중치료** : 잘 짜인 통원 치료 프로그램을 통해, 낮 동안 회복되고 저녁에는 귀가할 수 있다.
- ✔ **약물치료** : 우울증을 치료하거나 조증을 잠재우기 위해 약물이 필요할 수도 있다.

주요 기분 삽화를 경험할 때는 뭔가 갑작스러운 변화를 필요로 할 수 있다. 일을 잠시 그만두고 휴식을 취하거나, 한동안 아빠나 엄마의 역할을 배우자에게 부탁해야 할 수도 있다. 특히 입원할 경우에는 더욱 그럴 것이다. 만일 그냥 통원 치료를 받기로 하더라도, 적어도 약물의 효과가 충분히 나타나고 안정적인 일상을 회복할 수 있을 때까지는 즉각적인 책임감을 잠시 내려놓아도 좋다. 자조기술(self-help) 또는 심리치료와 같은 약물치료를 배제한 방법은 선뜻 시작하기가 쉽지 않으며, 기분 삽화가 나타나는 동안에는 약물치료만큼 효과가 빠르지 않다는 느낌이 들 수도 있다. 이런 유형의 개입은 종종 장기간에 걸친 회복에 훨씬 더 적합하고, 이 장의 뒷부분에서 좀 더 자세히 다루도록 하겠다.

악화를 예방하기

(환자와 주위 사람들이) 양극성장애라는 진단을 어떻게 받아들이고, 어떤 기대감을 갖고 치료 과정에 임하는가에 따라 치료 결과가 크게 달라질 수 있다. 뭔가 문제가 있다는 사실을 인정하지 못하고 자포자기하는 이들이 있다. 아니면 술이나 다른 약물에 의존하면서, 스스로 이겨내겠다고 버티는 경우도 마찬가지다. 이런 사람들은 결국 양극성장애에 굴복하고 만다. 하지만 자신에게 꼭 맞는 치료 약물을 찾고 양극성장애에 대처하는 방식을 찾아내는 이들도 있다. 다양한 치료 과정을 통해 꼭꼭 숨은 '내면의 악마'를 똑바로 마주하고, 경계를 늦추지 않는 법을 배운다면 승리가 코앞에 다가올 것이다.

 주요 기분 삽화에 휘말리지 않는 가장 좋은 방법의 하나는, 우울감 또는 조증의 조짐이 보이는지 예의주시하다가 뭔가 심상치 않은 신호가 느껴지면 심리치료사 또는 의

【 증상이 심해질수록 가벼운 스트레스에도 기분 삽화가 나타난다고? 】

일상의 스트레스와 기분 삽화의 연관성에 대해 분석하는 연구자들은 정신질환의 초기에는 훨씬 더 큰 스트레스를 경험할 때 기분 삽화가 나타나지만, 질병이 진행될수록 작은 스트레스를 받기만 해도 쉽게 기분 삽화가 나타날 수 있다고 한다. 이런 '점화가설(kindling hypothesis)'은 본래 발작과 간질에 관한 연구에서 시작된 이론으로, 정신질환이 있는 환자의 뇌는 발작이 심화될수록 발작을 일으키는 자극에 대한 역치가 점점 더 낮아진다는 주장이다.

발작과 기분 삽화는 모두 뇌의 전기화학적 불균형 때문에 나타나며, 일부 항경련제는 양극성장애의 증상을 완화하는 효과를 보이기도 한다. 따라서 일부 연구자들은 양극성 기분 삽화에 대해서도 비슷한 점화가설을 제시하기도 하지만, 연구 결과의 일관성이 충분히 확인된 것은 아니다. 양극성장애를 설명하는 신경생물학적 이론을 바탕으로 하여, 스트레스를 일으키는 사건들이 양극성장애의 감정 및 행동 증상으로 이어질 수 있다

는 사실을 증명하려는 수많은 연구가 진행되어 왔다. 하지만 이들 이론의 복잡성 때문에, 이런 여러 가지 가설에 대한 찬반의 의견은 아직도 분분하다. 지금껏 확실한 사실은 더 많은 삽화를 경험할수록 뇌가 더 많이 손상된다는 것이다. 하지만 이렇게 뇌의 생물화학적 변화가 일어나면, 스트레스 자극이 없어도 기분 삽화가 나타날 수 있는지에 대한 증거는 명확하지 않다.

그러나 양극성장애가 있는 여러 환자를 대상으로 분석한 여러 연구를 통해, 스트레스가 큰 경험과 기분 삽화의 출현 사이에 연관성이 분명하다는 사실이 점차 드러나고 있다. 이때, '스트레스'라는 말에는 매우 행복한 경험이나 목표를 이룬 쾌감과 같은 긍정적 스트레스와 가족을 잃은 슬픔과 같은 부정적 스트레스가 모두 포함된다. 그렇지만 그런 인생의 사건들이 어떻게 기분 삽화의 생물학적 반응을 유도하는지는 앞으로 더 많은 연구가 필요하다.

사를 찾아가 상담하는 것이다. 지금 가장 힘겹게 느껴지는 상황을 해결하도록 도움을 받거나 약물을 조절하기만 해도 삶이 끝나버릴 것만 같은 절망감에서 벗어날 수 있다. 감정 변화를 관찰하는 방법에 대해서는 제11장에 좀 더 자세히 설명한다.

효과적인 치료 계획의 요소 이해하기

제2장에서 다룬 것처럼, 양극성장애는 뇌의 신경생물학적 현상이나 우리 몸의 전반적인 상태와 연관된 물리적 질병 상태이다. 따라서 치료법을 선택할 때는 전형적으로 신경안정제 또는 정신병 치료제를 이용한 약물치료를 고려할 수밖에 없으며, 항우울제를 함께 이용하는 경우도 있다.

드물기는 해도, 약물치료의 효과가 너무 좋은 나머지 다른 치료가 필요하지 않을 수도 있다. 하지만 치료 대상자의 인생에서 스트레스를 유발하는 원인을 몰아내고 양극성장애 때문에 겪는 새로운 문제들을 해결하기에 약물치료만으로 충분하지 않을 때가 더 많다. 대부분의 경우에는 자조 기술의 훈련, 생활 습관의 변화, 각종 정신 치료요법, 관계 및 가족 교육 프로그램, 상담 등이 더 필요하기 마련이다. 다음에서는 양극성장애가 있는 많은 사람이 그 효과를 인정하는 몇 가지 치료법을 소개하려고 한다.

어떤 사람에게는 잘 듣는 치료법이 다른 사람에게는 전혀 효과가 없을 수도 있다. 게다가 사람에 따라 각각 선호하는 치료법이 다르다는 사실도 고려해야 한다. 우리는 이 책을 읽는 독자들에게 다양한 치료법에 대한 정보를 제공하여 심리치료사들과 상담하는 과정에서 선택의 폭을 넓혀주기를 바랄 뿐이다. 대부분은 약물이 치료의 핵심적인 역할을 담당하기는 하지만, 환자 스스로 자조 기술을 습관화하고 삶의 방식에 변화를 꾀하면서 적극적인 자세로 치료에 임할 때 회복의 정도, 소요 시간, 지속 기간 등의 예후가 훨씬 좋다는 사례가 많이 보고된다.

약물 및 다른 여러 생물학적 치료법

양극성장애 치료의 가장 우선적인 목표는 뇌를 치료하는 것이다. 이런 치료를 위해서는 대개 약물의 도움이 필요하지만, 빛 치료(light therapy)처럼 뇌 기능에 초점을 맞춘 다른 생물학적 방법을 사용하기도 한다. 지금부터는 양극성장애 치료에 종종 이용되는 몇 가지 생물학적 치료법에 대해 간단히 알아보려고 한다. 각각의 치료법에 관한 좀 더 자세한 내용은 제7장부터 제9장을 참조하자.

자신에게 딱 맞는 치료 약물 찾기

약물치료는 조증 또는 우울증 치료에서 가장 우선으로 고려되며, 가장 빠르고 일반적으로 효과적인 방법으로 여겨지곤 한다. 약물 치료법은 급성(중증, 단기적) 증상 치료에 효과적이며, 이후의 단계로 진행되지 않도록 예방(prophylaxis)하려는 목적을 갖기도 한다. 제7장에서는 양극성 우울증과 조증 치료에 가장 많이 이용되는 약물에 대해 자세히 살펴볼 것이다. 치료 약물을 선택할 때는 환자의 상태가 양극성장애의 어떤 단계에 해당하는지 신중히 고려해야 한다.

✔ **급성 조증** : 급성 조증 삽화를 치료하기 위해서는 일반적으로 리튬과 밸프로에이트(데파코트)를 오랫동안 사용해 왔다. 하지만 급성 조증으로 고통받는 환자에게 올란자핀(자이프렉사), 리스페리돈(리스페달), 또는 아세나핀(사프리스)과 같은 항정신질환제를 처방하는 경우가 점점 늘어나는 추세이다. 의사들은 대개 한 가지 약물만 이용하는 치료를 선호하지만, 때로는 항정신질환제와 리튬 또는 밸프로에이트를 함께 처방할 필요도 있다.

✔ **급성 양극성 우울증** : 의사들은 오래도록 양극성장애의 우울증과 단극성 우울증이 같다고 생각해왔다. 하지만 이들 두 질환의 유사성이 그다지 크지 않다는 연구 결과가 점점 더 늘어나는 추세이다. 플루옥세틴(프로작) 또는 파록세틴(팍실) 등의 항우울제를 이용한 단일치료법(monotherapy : 한 가지 약물만 이용한 치료법)은 양극성 우울증의 치료 효과도 낮을 뿐 아니라, 우울증에서 조증으로 전환될 수 있는 위험성도 내포한다고 알려져 있다. 그래서 양극성장애 치료에 항우울제를 처방할 때는, 리튬이나 밸프로에이트 같은 항조증제, 또는 항정신질환제를 반드시 함께 처방해야 한다고 제안하는 연구 결과들이 있다. 우울증은 양극성장애의 가장 만성적이며 파괴적인 양상을 유발하지만, 가장 치료하기 어려운 부분이기도 하다. 양극성장애 환자의 우울증 치료제로 미국 식품의약처(FDA)의 승인을 받은 약물

은 현재 3가지가 시판되고 있는데, 항정신질환제인 올란자핀, 항우울제인 플루옥세틴이 함께 들어있는 심비악스, 그리고 두 가지 항정신질환제인 쿠에티아핀(쎄로켈)과 루라시돈(라투다)이다. 리튬은 단극성 우울증 치료 과정에 항우울제의 효과를 높이기 위한 추가 약물로 이용되어 왔지만, 양극성장애에 적용할 때에도 효과가 있는지는 충분히 확인된 바가 없다. 그러나 중요한 것은 양극성장애가 있는 사람들의 자살 위험을 현저히 낮추는 유일한 약물이 리튬이라는 사실이다.

✔ 유지요법 : 급성 삽화가 지나가고 나면, 의사는 종종 우울증 또는 조증의 형태로 나타나는 또 다른 기분 삽화의 출현 가능성을 낮추기 위한 치료 계획의 일환으로 약물치료를 진행해야 한다. 이처럼 양극성장애에서 유지요법을 시행할 때는 리튬을 처방하는 게 정설이다. 유지요법과 관련된 밸프로에이트의 긍정적인 효과는 리튬만큼 확실하게 알려지지 않았으나 오랫동안 처방되고 있다. 라모트리진(라믹탈)은 양극성장애의 유지 치료제로 승인된 약물이기는 하지만 급성 조증에는 그다지 효과가 없는 것으로 알려져 있다. 라모트리진은 급성 우울 삽화에는 다소 긍정적인 영향을 줄 수도 있지만 아직은 뚜렷한 경향을 확인할 수 없다고 한다.

이런 일반적 지침은 기본적으로 제I형 양극성장애 치료에 적합하다. 제II형 양극성장애의 치료지침은 아직 명확하게 정리되어 있지 않다. 항우울제가 제I형보다는 제II형 양극성장애의 치료에 효과적이라고는 하지만, 항우울제 때문에 조증 또는 경조증 삽화로 전환될 수 있다는 위험성은 여전히 존재한다.

그 밖에도 양극성장애와 관련된 다른 문제를 해결하기 위한 치료제도 있는데, 예를 들면, 로라제팜(아티반)과 같은 불안 치료제나, 심한 불면증에 효과적인 졸피뎀(앰비엔)과 같은 수면제를 들 수 있다.

가장 적은 약물을 쓰면서 최대 효과를 얻는 게 모든 약물치료의 목표다. 하지만 안타깝게도, 양극성장애는 완전히 상반된 조증과 우울증이 나타나는 질환이다. 그것도 한 사람에게서 각기 다른 순간에 말이다. 따라서 대부분 환자에게는 한 가지 이상의 치료제가 필요하다.

체크포인트

처방된 약물은 양극성 증상 자체를 치료하거나 환자의 모든 문제를 동시에 해결하기 위한 게 아니다. 의사는 환자의 뇌에서 이 질환의 생물학적 측면을 해결해주고자 약을 처방할 뿐이다. 그래야 환자가 나머지 일상 가운데서 조증 또는 우울증의 영향을 받지 않은 채 살아갈 수 있기 때문이다. 뇌가 좀 더 정상적으로 기능할수록, 회복을 촉진할 수 있는 일상적인 생활방식에 적응해나갈 수 있고, 삶의 질이 개선되며, 향후에 나타날 새로운 기분 삽화에 좀 더 대비할 수 있기 마련이다.

하지만 치료제를 선호하는 환자는 거의 없다. 특히 당뇨병이나 양극성장애처럼 만성적이거나 장기적으로 증상이 나타나는 질병을 치료하는 경우에는 더욱 그렇다. 정기적으로 약을 챙겨 먹는 일은 대단히 번거롭고, 일부 약물은 원치 않는 부작용을 일으키기도 한다. 게다가 자신이 알약을 먹어야만 뭔가 정상적인 기능을 할 수 있는 존재라는 생각은 견디기 힘든 법이다. 양극성장애가 있는 사람이 아니더라도, 치료 과정을 묵묵히 인내하며 따르기는 쉽지 않은 일이다. 우리가(감기가 심해져서) 항생제를 처방받아 복용하는 경우에, 의사 또는 약사들이 환자에게 그 약을 끝까지 다 먹어야 한다고 아무리 강조해도, 증상이 좀 좋아지기만 해도 임의로 항생제 복용을 중단하는 사람이 얼마나 많은지 생각하면 쉽게 이해할 수 있을 것이다. 약물치료에 관한 이야기가 시작되었다면 회복을 향한 중요한 첫걸음을 뗐다고 볼 수 있다. 이에 관한 내용은 제8장에서 좀 더 자세히 다루기로 한다.

다른 생물학적 치료 방법 고려하기

비록 양극성장애를 치료하기 위한 여러 방법 가운데 약물이 가장 효과적인 치료 수단이기는 하지만, 다른 여러 치료법을 통해서도 감정 증상이 완화되는 다양한 효과를 얻을 수 있다. 이들 다른 치료법은 다음과 같이 두 가지 카테고리로 나눌 수 있다.

- ✔ **비타민 및 각종 영양보충제** : 오메가-3 지방산(어유), 엽산 및 N-아세틸 시스테인(N-acetyl cysteine, NAC)
- ✔ **뇌 자극 요법** : 광 치료, 전기충격요법(electroconvulsive therapy, ECT), 반복적 경두개 자기 자극술(repetitive transcranial magnetic stimulation, rTMS) 및 뇌심부 자극술(deep brain stimulation, DBS)

이들 치료법과 그 밖의 여러 대체 요법에 관한 자세한 내용, 그리고 대체 치료를 선택할 때 예상되는 문제점과 위험성에 관한 몇 가지 주의사항은 제9장에 소개하였다.

일상의 작은 변화 꾀하기 : 다섯 가지 영역을 중심으로

우리 몸의 전반적인 건강 상태와 날마다 받는 스트레스의 정도는 우리 뇌에 영향을 준다. 최근의 연구 결과에 따르면, 이런 요소의 영향을 받을 때 우리 몸은 심지어 어떤 질병에 저항성을 갖거나 그 질병과 연관된 유전자의 발현이 촉진되거나 억제된다고도 한다. 뇌를 포함하여 우리 몸이 건강히 기능하도록 지켜내기 위해서는, 다음과 같은 일상의 다섯 가지 영역에 주목할 필요가 있다.

수면

수면 욕구의 감소는 기분 삽화가 나타날 조짐에 대한 조기경보일 뿐만 아니라, 조증 또는 우울증을 유발하는 요인이기도 하다. 수면 부족은 뇌와 신체의 전반적인 상태를 심각하게 교란하고 질병과 부상의 위험을 증가시키기 때문에, 양극성장애 치료를 더욱 어렵게 만든다.

이런 환자들을 위해서, 의사는 충분한 수면에 도움이 될 만한 약물을 처방할 수 있다. 하지만 환자 스스로 수면의 양과 질을 개선할 다른 노력을 병행할 수도 있다. 많은 사례를 통해, 우리는 매일 밤, 같은 시간에 규칙적으로 잠자리에 들고 아침마다 같은 시간에 산책하는 것이 가져다주는 놀라운 효과를 주목할 필요가 있다. 잠들기 전 카페인 등의 각성제를 멀리하는 것도 좋은 방법이다. 더 많은 방법이 궁금하다면 제12장을 참조하도록 하라.

영양

특별한 식이요법을 통해 양극성장애의 증상을 막을 방법은 없다. 하지만 건강한 영양학적 선택을 내림으로써, 심혈관계 질환이나 당뇨와 같은 다른 주요한 건강상의 문제의 위험을 낮추고 전반적인 웰빙을 추구할 수 있게 된다. 건강한 식단을 구성하는 것은 체중 감량을 지나치게 강조하는 것보다 훨씬 더 중요한 문제다. 체중은 들쭉날쭉하기도 하며 감량이 어려울 수 있지만, 음식의 선택은 훨씬 더 관리하기 쉬운 측면이 있다. 일상에서 영양에 관한 문제를 풀어갈 자세한 방법은 제12장에서 다시 다루기로 하자.

운동

운동은 특별히 우울증을 완화하는 데 도움이 되지만, 지나친 운동은 오히려 조증 삽화의 어렴풋한 징조일 수도 있다. 날마다 반복되는 일상에 적당한 운동을 끼워 넣는다고 생각해보자. 가벼운 걷기는 좋은 출발점이 된다. 매우 짧고 격렬한 운동도 고려해볼 만하다. 심장 박동 수를 최대로 올리는 격렬한 운동을 하루에 1분만 하더라도, 전반적인 건강 상태를 개선하기에 충분할 수 있다. 자신에게 적당한 가벼운 운동으로 시작하고, 점차적으로 즐길 수 있는 운동이나 활동으로 연결하면 더 즐겁게 오래도록 지속할 수 있을 것이다. 운동에 대해서는 제12장에서 좀 더 자세히 살펴보도록 하겠다.

스트레스

스트레스는 우리 몸과 마음, 또는 감정을 자극하거나 그와 관련된 욕구를 불러일으키는 모든 원인을 의미한다. 스트레스는 외부적이거나 내부적일 수 있으며, 부정적인 것과 긍정적인 스트레스가 존재한다. 시끄러운 전화벨 소리는 스트레스로 느껴지곤 하지만, 그 전화를 걸어온 사람과 통화 내용이 무엇이냐에 따라 스트레스의 내용과 강도는 사실상 크게 달라지기 마련이다. 스트레스나 욕구를 감지할 때, 그 상황에 적절히 반응하기 위해서 우리 몸 안에서는 다양한 변화가 시작된다.

양극성장애가 있을 경우에는 스트레스에 반응하는 시스템에 변화가 찾아오기 때문에, 더 이상 반응하지 않아도 되는 순간이 오더라도 체내의 화학 반응을 멈추기 어렵게 된다. 좋건 나쁘건 간에, 인생에서 중대한 사건을 직면할 때 강도 높은 스트레스를 받게 되면 안정된 감정이 흐트러지고 삽화가 발생하기 쉽다. 따라서 일상 가운데 스트레스를 덜 받는 방법을 찾는 게 중요하다. 모든 스트레스를 제거하기란 불가능하겠지만, 자신이 어떤 상황에서 스트레스를 많이 받는지 인식하고 만성적으로 작용하는 원인을 찾아 경계하는 일은 좋은 출발점이 된다. 그런 후에는 시행착오를 거듭하면서 각각의 요소로부터 받는 스트레스의 수위를 낮춰나감에 따라 일상에 밀려오는 스트레스의 총량을 경감시킬 수 있게 된다. 특별히 까다롭고 고통스러운 스트레스 상황을 피하는 것도 한 가지 대처 방법이 될 수는 있지만, 그 밖에도 스트레스 요인에 반응하는 방식을 바꿔보는 방법을 선택할 수도 있다. 또한 그 상황과 연관된 사람들 모두의 스트레스가 줄어들도록 그들과 함께 의논해 대응하는 것 또한 좋은 방법이 될 것이다(여러 가지 다른 방법에 대해 더 알고 싶다면 제14장 참조).

좋은 관계

지금 자신이 양극성장애로 고통받고 있다면, 진짜 친구라고 생각되는 이들을 한번 떠올려보자. 그들은 공통적으로 당신을 쉽게 판단하지 않으면서도 양극성장애에 대해 뭔가 알려고 노력하며, 당신을 애 취급하지 않으면서 이야기를 끝까지 들어주고 도움의 손길을 내미는 이들일 것이다. 당신을 충분히 이해해줄 친구가 한 명 이상은 꼭 필요하다. 언제든 지지를 아끼지 않을 친구, 가족, 그 밖의 다른 이들로 구성된 관계의 네트워크가 있다면 더더욱 좋다. 하지만 양극성장애를 이겨내는 과정에서 때로는 관계의 문제로 힘겨운 선택을 내려야 할 때도 있고, 깊은 관계 가운데로 들어가기 위해 노력을 쏟아 붓는 때도 있기 마련이다(제13장과 제14장에는 의사소통 및 관계의 문제들을 해결할 때 유용할 만한 갖가지 조언을 소개하였다).

다양한 자조 치료 시도하기

지금 이 순간에 주요 기분 삽화의 한복판을 지나는 상황이 아니라면, 당신은 자신의 감정적 안정성을 유지하면서 앞으로 찾아올 수 있는 조증 및 우울 삽화를 피할 수 있는 길을 닦아나갈 수 있다. 게다가 가장 소중한 사람들이 당신과 함께라면 성공할 가능성은 더 커지기 마련이다. 이를 위해 도움이 될 만한 가장 효과적인 자조 기술 몇 가지를 간단히 소개하고자 한다(자세한 내용은 제4부에서 다룰 것이다).

- ✔ **약물을 복용하라.** 양극성장애를 개선할 최선의 길은 기분 삽화가 나타나지 않도록 막는 것이고, 이를 위해서는 약물치료가 가장 효과적인 방법이다. 양극성 치료제를 복용할 때 생기는 왠지 꺼림칙하고 불편한 마음은 공통으로 드는 생각이며 공감할 만한 것이다. 하지만 제8장에서도 다루게 될 것처럼, 약물 복용을 중단할 때 기분 삽화가 또다시 나타날 가능성이 커지며, 모든 기분 삽화는 양극성장애를 더욱 심화시킬 뿐임을 잊어서는 안 된다.
- ✔ **자기감정을 관찰하라.** 감정의 기복을 잘 살핌으로써 자신이 어떤 상황에 안정된 감정 상태를 유지할 수 있고 어떤 상황에 그러지 못하는지 발견할 수 있다. 그걸 알아차릴 때 오히려 주요 기분 삽화가 나타나는 빈도가 줄

어들 수도 있다. 자신이 조증 또는 우울증에 빠져들기 시작하는 상황을 알아차릴 수 있다면, 입원할 정도로 심해지기 전에 의사가 약을 미리 조절해 줄 수 있을 테니 말이다.

✔ **감정을 뒤흔드는 요소를 알아차리라.** 특별한 상황, 계절, 사람이나 활동이 당신의 감정의 균형을 깨뜨리는 원인이 될 수 있다. 그래서 자신의 감정 상태의 변화와 맥락을 같이 하는 일상의 패턴을 알아차릴 필요가 있다. 이런 상황의 흐름을 발견할 때, 감정을 뒤흔드는 요소를 알아차리고 해결 방안을 찾아낼 수 있기 때문이다. 예를 들면, 명절 전후로 기분 삽화가 나타나는 것을 알아차리고 나면, 명절을 지내는 방식을 바꾸거나 가족 모임을 간소화하는 것도 좋은 방법이 될 수 있다.

✔ **건강한 일상의 규칙을 만들라.** 양극성장애가 있는 많은 사람의 경우를 살펴보면, 규칙적인 일상이 감정 조절에 도움이 된다는 사실을 발견하게 된다. 일상의 규칙에는 취침 및 기상 시간, 식사 시간, 정기적인 업무 스케줄과 약속 시간까지도 포함될 수 있다.

이 책을 읽고 있는 당신은 이미 가장 중요한 자조 활동의 한 가지인 심리교육을 시작한 셈이다. 양극성장애에 대해 배우고 어떻게 하면 이 질환과 더불어 잘 살 수 있을지 고민함으로써 다양한 치료법 앞에서 어떤 결정을 내려야 할 때 충분히 합리적인 결정을 내릴 수 있을 것이다. 심리교육의 또 다른 긍정적인 효과는 환자의 친구나 가족들이 양극성장애를 잘 이해하고 환자를 지지할 수 있게끔 공감 능력을 높여준다는 데 있다.

정신치료요법과 다른 전문적인 상담 고려하기

양극성 치료 계획에 더해서, 특별한 정신치료요법과 전문적인 상담을 받을 여건이 마련되고 치료 과정을 꾸준히 이어나갈 수만 있다면, 충분히 긍정적인 효과를 경험하게 될 것이다. 신중하게 고려해볼 만한 치료요법과 전문적인 제안 몇 가지를 소개해본다.

✔ **인지행동치료** : 인지행동치료(cognitive behavioral therapy, CBT)는 사람의 생각, 감정, 행동이 유기적으로 상호작용한다는 가정을 전제로 한다. 인지행

동치료를 통해, 환자는 자신의 부정적인 생각과 행동 패턴을 알아차리고, 그에 적응하는 행동과 사고 패턴을 개발하도록 몸과 마음을 훈련하게 된다. 그 결과, 스트레스를 유발하는 상황에 직면하더라도 이전과 다른 방식으로 반응하도록 몸과 마음의 습관을 갖게 되는 것이다. 제11장에서 다시 다루겠지만, 인지행동치료는 특별히 우울증과 불안을 치료하는 데 효과적이다. 아직은 조증을 완화하는 인지행동치료의 효과에 관해서는 거의 알려진 바가 없다.

✔ **변증법적 행동치료** : 변증법적 행동치료(dialectical behavioral therapy, DBT)는 인지행동치료(CBT)에 속하는 한 가지 유형으로서, 스트레스 유발 요인에 대한 감정적 반응을 순화시키는 데 초점을 맞추는 치료 기법이다. 이 치료법을 통해, 환자는 감정 조절 능력과 대인 관계의 상호작용 개선에 효과적인 감정적 기술을 훈련하게 된다. 이것은 원래 경계성 성격장애를 치료하기 위해 개발된 치료법이었으나, 이제는 우울이나 불안 또는 약물 중독을 포함하는 광범위한 정신과 질환에 적용되고 있다.

✔ **대인 관계 및 사회적 리듬치료** : 구조화된 생활방식을 따르며 건강한 일상의 규칙을 만들어나가는 것은 감정을 안정시키는 데 좋은 영향을 주는 리듬을 일상에 불어넣을 수 있다. 여러 연구에 따르면, 기분 삽화는 공통적으로 다른 이들과의 상호작용 리듬을 포함하여 일상의 리듬을 깨뜨리는 삶(긍정 및 부정적)의 변화를 경험할 때 나타난다고 한다. 이런 리듬이 깨질 때, 감정 조절과 연관된 신체의 시스템이 흔들리게 된다. 대인 관계 및 사회적 리듬치료법(interpersonal and social rhythm therapy, IPSRT)은 일상의 건강한 리듬을 다시 회복하고 대인 관계 및 사회적 기능을 개선하는 것을 목표로 삼기에, 삽화의 재발을 방지하고 급성으로 나타난 삽화를 해결하는 일에 집중하게 된다.

✔ **마음 챙김** : 마음 챙김(mindfulness)에 관하여 좀 더 자세한 내용은 제11장에서 다시 다루겠지만, 마음 챙김은 현재의 순간에 주의를 기울임으로써, 현재에 집중하지 못하도록 주의를 빼앗고 부정적인 기분 삽화를 유발하는 침체된 감정 또는 여러 가지 떠오르는 생각들에서 벗어나는 마음을 갖도록 훈련하는 치료법이다. 규칙적인 마음 챙김 명상을 훈련하는 경우에, 평온한 감정의 지속력이나 주의집중력이 늘어나고 '웰빙'의 느낌이 상승하는

효과를 불러온다고 알려져 있다. 이런 마음 챙김의 기술을 익히고 정기적으로 연습하는 사람들의 경우에, 뇌 기능의 긍정적 변화가 나타난다는 여러 연구 결과도 발표되고 있다. 아직은 여러 수련 방법 중에서 마음 챙김 명상에 대해서만 의학적 효과가 입증된 상태이지만, 앞으로 요가나 태극권과 같은 다른 여러 가지 수련법에 대해서도 마음을 진정시키고 현재에 주의를 기울이는 일에 긍정적 효과가 입증될 것으로 전망된다.

✔ **직업 치료 또는 직업 상담** : 업무, 상사와 동료는 주요 스트레스 유발 요인이 될 수 있으며, 양극성장애와 씨름하는 경우에는 더욱더 그럴 수 있다. 전문적인 치료사가 곁에 있다면, 치료 대상자가 피고용인으로서 고용인과 함께 일하는 상황이 쉽지 않더라도 합리적인 개선이 이뤄지도록 도움을 줄 수 있다. 따라서 치료 대상자는 지금 하고 있는 일을 양극성장애 때문에 그만둘 필요가 없게 된다. 아니면 직업 상담사의 도움을 받아 좀 더 자신의 상황에 맞는 새로운 일을 찾을 수도 있을 것이다.

✔ **재정 자원 가이드** : 양극성장애로 힘들어하는 사람 중에는 종종 자신의 재정 능력을 고려하지 못하고 심각한 재정 문제로 허덕이는 경우가 있다. 이 질환 때문에 치료를 받느라 건강보험료를 납부하기 어려운 정도로 힘든 경우도 있다. 경제적 조언을 받을 수만 있다면 재정 상태를 좀 더 잘 관리할 수 있겠지만, 이런 서비스를 무료 또는 저렴하게 이용할 수 있는 방법도 그다지 많지는 않다. 양극성장애와 관련하여 경제적 어려움을 극복하기 위한 조언을 자세히 살펴보고자 한다면 제18장을 참조하라.

심리치료사나 조언을 구할 만한 사람을 곁에 두는 것은 가장 이상적인 선택이라는 건 당연한 사실일 수 있지만, 당신이 사는 곳이나 형편과 상황에 따라 그럴 수 없는 경우도 있다. 하지만 앞서 언급한 이런 치료법에 대한 글을 읽고 강의를 들으며 지지 그룹의 모임에 참석함으로써 도움을 받을 수 있다.

든든한 지지 그룹 구축하기 : 가족과 친구들의 관계적 지지의 힘

양극성장애가 있는 사람이 자신을 충분히 이해하고 지지해주는 사람들로 구성된 공동체에 속해 있을 때, 그렇지 않은 사람보다 훨씬 더 빨리 회복되고 평온한 상태가 오래 지속된다는 여러 연구 결과가 알려져 있다. 어떤 사람이 주요 기분 삽화를 경험했을 때는, 가족 전체는 그를 돕기 위해 적극적으로 참여하고, 치료팀은 가족 구성원 모두에게 지금 상황을 자세히 설명하고 그들이 도울 방법을 찾도록 돕는 게 이상적인 해결 방안일 것이다. 하지만 대부분은 양극성장애가 있는 사람만 일정 기간 치료를 받고 다시 일상으로 돌아갈 뿐이다. 그 모든 상황을 이해하지도 못하고 도울 방법도 알지 못하는 가족과 이웃의 품으로 말이다. 만일 이 글을 읽는 당신의 가족이나 친구가 양극성장애를 갖고 있다면, 당신에게 도움이 될 만한 몇 가지 방법을 소개하고 싶다.

- ✔ **정신과적 이해** : 양극성장애가 생물학적 이상에 의한 신체적 질환이라는 사실을 충분히 이해하고 받아들이는 것은, 그러한 장애가 있는 가족이나 친구를 공감하고 깊이 이해하는 출발점이 되는 중요한 두 가지 단계이다.

- ✔ **의사소통 기술** : 비록 다른 사람들과는 아무런 의사소통의 문제가 없이 잘 지내더라도, 양극성장애가 있는 사람은 의사소통하기 어렵고 일반적인 대화가 쓸모없는 것처럼 느껴질 수 있다. 그럴 때는 양극성장애가 있는 사람이 다른 사람들에게 좀 더 효과적으로 자기 마음을 표현할 수 있는 기술을 개발하고 연습하는 게 도움이 된다. 또한 다른 사람들이 말을 좀 더 충분히 듣고 모든 사람과의 대화에서 즉흥적인 반응을 줄여나가기 위한 전략을 세워도 좋을 것이다. 이와 관련된 자세한 내용이 궁금하다면 제13장을 참조하라.

- ✔ **문제 해결 기술** : 양극성장애는 어찌 보면 커다란 하나의 문제처럼 보일 수 있으나, 사실상 훨씬 더 사소한 여러 문제가 모여 있는 상황으로 봐야 한다. 이런 식으로 이해하기 시작하면, 양극성장애를 극복할 가능성이 훨씬 더 커진다. 때로는 싸워서 반드시 이겨야 하는 게 아니고, 뒤얽힌 관계의 어려움이라고 생각되는 바로 그 문제만 간단히 해결하면 되는 경우도 있다. 이와 같은 문제 해결 전략 몇 가지에 대해 제14장에서 좀 더 알아보도록 하겠다.

- ✔ **개인의 영역** : 다른 사람의 말과 행동을 내 맘대로 조정할 수는 없다. 하지만 상대방의 말과 행동에 내가 어떻게 반응할 것인지는 스스로 결정할 수 있다. 합리적인 나만의 건강한 '울타리'를 세워 상대방이 마음대로 그것을 넘나들지 못하게 하면, 내 뜻대로 조정할 수 있는 영역 밖의 요소로부터

나 자신을 조금이나마 지켜낼 수 있다.

✔ **자조 기술** : 자기 자신을 신체적, 감정적, 영적, 사회적으로 돌볼 때, 우리는 양극성장애로 고통받는 사랑하는 가족과 친구를 지지할 건강과 힘을 유지할 수 있다.

급성 기분 삽화가 나타날 때는, 종종 가족 모두를 위험으로부터 구출하듯 집중적인 지원과 개입이 이뤄져야 한다. 하지만 곧바로 집중적인 관계 치료나 가족 치료를 시도하기보다는 우울증이나 조증이 지나가기를 기다리는 편이 좀 더 나을 때가 종종 있다. 우울증이나 조증의 극심한 고통의 한복판에 있는 사람과 함께 문제를 해결하려고 하는 것은 효과도 없을 뿐더러 갈등만 심화시키기 쉽다.

치료의 연속성 확보하기

치료의 연속성은 장기적인 양극성장애 치료의 성공 여부를 결정짓는 매우 중요한 요소이다. 의사와 치료사가 수시로 바뀌고, 그러면서 약물이나 치료 계획이 자주 변경되면 치료 대상자의 기분도 함께 요동칠 수밖에 없다. 안타깝게도, 보험 혜택과 관련된 변동 사항이나 다른 불가피한 원인 때문에 담당의나 치료법을 바꿔야만 할 때도 있다. 이럴 때는 치료사나 사회복지사, 아니면 가족 구성원이나 친구들이 치료 대상자에게 직접적인 도움을 제공하거나, 치료 과정을 지속할 수 있는 효과적인 대안을 제시할 수도 있다.

만일 환자가 가입한 건강보험이 있다면 그 보험회사에 사례관리 담당자가 있는지 확인해보자. 많은 보험회사는 사례관리 담당자를 두고 지급될 보험금을 조정하는 업무를 맡기곤 하는데, 오히려 특별한 약물과 관련된 어려움이 있거나 의사나 치료사를 방문할 예약을 잡기 어려울 때 이 사람들이 오히려 도움을 주기도 한다. 어쨌든 환자가 병원에 입원하게 되면 막대한 비용이 발생하기 마련이고, 보험회사들은 어떻게든 그 환자를 퇴원시키려고 안간힘을 써야 하니까 말이다. 그들은 또한 치료 대상자의 건강 상태가 유지 치료가 지속되도록 도움을 줄 수도 있다.

2

진단, 치료 계획의 수립과
치료팀의 구성

양극성장애의 증상	
조증*	**우울증****
자존감의 상승 또는 과대 사고	온종일, 날마다 지속하는 우울감
수면 욕구의 감소	대부분의 활동에 대한 흥미나 쾌감이 현저히 저하된 상태
말이 많아짐(언어 압박)	식욕 또는 체중이 현저하게 증가 또는 감소
빠르게 스쳐 지나가는 생각이나 아이디어	불면 또는 과다 수면
집중력의 저하	지나치게 둔한 움직임 또는 신체적 불안
눈에 띄게 늘어난 목표 지향적 활동	무가치하다는 느낌 또는 죄책감에 시달림
눈에 띄게 활발해진 정신 및 신체적 활동	우유부단, 흐리멍덩한 생각 또는 집중력 저하
무분별한 성생활, 도박, 무절제한 소비 및 위험을 감수하는 여러 행동	죽음이나 자살에 대한 끊임없는 생각

* 이 중에서 3가지 이상의 증상이 나타나고 최소한 일주일 이상 지속되거나 입원이 필요한 상황에 해당한다.
** 다음 증상 중 5가지 이상이 최소 2주일간 거의 매일 나타나고, 늘 행동하던 방식과 분명한 차이를 보여야 한다.

제2부 미리보기

- 갑상선 질환의 경우처럼, 조증 또는 우울증과 비슷한 증상을 나타낼 수 있는 다른 건강상의 문제일 가능성은 없을지 의사와 충분히 상담한다.

- 정신과에서 진행하는 검사의 내용을 사전에 충분히 이해함으로써, 정신과를 방문해 검사를 받고 치료 계획을 결정할 준비를 미리 해둔다.

- 의사와 각각의 심리치료사들을 포함한 전문적인 치료팀을 어떻게 구성해야 최선의 결과를 기대할 수 있을지 조언을 구한다.

- 약물을 처방할 의사, 상담 치료를 진행해줄 한 명 또는 그 이상의 상담 전문가, 그리고 다른 모든 방면에 도움을 줄 한 명 또는 그 이상의 친구 또는 가족을 심사숙고해 결정한다. 이들 모두는 환자의 감정을 관리하는 데 효과적이며 효율적인 치료팀을 이룰 수 있다.

진단 과정 1 :
다른 질환의 가능성 확인하기

만 일에 당신이, 한눈에 봐도 누구나 조증이나 주요 우울증에 걸렸다고 생각할 만한 상태일 때 의사를 찾아갔다고 해보자. 거기에 양극성장애의 가족력까지 있다면, 그 의사는 1분 1초도 시간을 낭비하지 않고 당신에게 곧바로 양극성장애라는 진단을 내릴 것이다. 하지만 만일 그 의사가 조금이라도 미심쩍은 점을 발견한다면 여러 검사와 확인 과정을 거치며 비슷한 증상을 유발할 수 있는 다른 질환일 가능성을 확인할 게 분명하다. 그러니 안심해도 된다. '다른 원인 때문일 가능성은 없을까?'라는 생각은 당신만 하는 게 아니니까. 모든 의사도 그런 물음을 늘 품고 환자를 대한다는 사실을 잊지 말자.

이번 장에서는 양극성장애로 진단하기까지의 과정을 알아보며 진단을 통해 어떤 것들을 기대해야 할지, 그리고 진단을 받는 과정에 어떤 것들을 의사에게 묻고 싶을지에 대해 살펴보려고 한다. 의사가 진행하기를 권할만한 여러 의학적 검사에 대한 자세한 내용과 감정적 불균형의 원인이 될 수 있는 여러 문제 상황에 대해서도 알아봄으로써, 원인이 될 만한 문제들을 하나씩 확인하는 과정에 도움이 되고자 한다.

그뿐만 아니라, 다른 의학적 원인 때문에 찾아온 조증 또는 우울증일 가능성을 배제한 후에는 과연 어떻게 해야 할지 알아볼 것이다. 여기까지는 진단 과정 전체를 놓고 볼 때 고작 1단계를 지나왔을 뿐이다. 정신과 의사의 적극적인 개입이 이뤄지는 2단계에 관해서는 제5장에서 살펴볼 것이다.

양극성장애가 아닐 가능성은?

아리스토텔레스의 시대로부터 지금껏, 서양의 사상과 학문은 모든 것을 나누고 분석하며 뭔가를 규정하고 그 원리를 자세히 파헤치는 일에 몰두해 왔다. 서양 의학도 크게 다르지 않아서, '신체적 질병'과 '뇌 질환'을 분명히 구분해 설명하곤 한다. 마치 마트에서 개별 포장된 자신의 뇌를 따로 골라 쇼핑 카트의 한쪽 구석에 넣어두듯 그렇게 말이다.

하지만 뇌는 우리 몸의 중요한 일부분으로서 온몸을 조종하는 역할을 할 뿐만 아니라, 다른 신체 기관과 정신적 시스템의 질병과 불균형에 영향을 받기도 한다는 사실을 잊지 말자. 뇌는 온몸과 우리가 섭취하고 받아들이는 물질로부터 영향을 받고 영향을 끼치기도 한다.

지금부터는 양극성장애와 비슷한 증상을 유발하는 다른 의학적 상태와 감정의 안정 상태를 교란시킬 수 있는 여러 물질에 대해 알아보려고 한다.

우울감을 유발하는 여러 가지 원인

여러 가지 신체적 상태와 질환은 뇌 기능의 변화를 일으키고, 그런 변화는 양극성장애와 매우 유사한 증상의 원인이 된다. 여기에는 기분장애와 비슷한 증상을 나타내거나 기분장애를 동반할 경우에 증상이 심화될 수 있는 몇 가지 경우를 정리해 두었다.

- ✔ **갑상선 질환** : 갑상선은 목의 아랫부분에 자리 잡고 있으며, 신진대사와 발달, 성 기능을 조절하는 호르몬을 생성하는 기관이다. 갑상선 기능 장애가 있으면 호르몬을 과잉 생산(갑상선 기능 항진증)하여 조증과 유사한 증상을 유발하거나, 호르몬 생산이 저하(갑상선 기능 저하증)되어 우울증과 비슷한 증상이 나타나게 된다. 일부 유형의 양극성장애의 경우에는 경미한 갑상선 관련 문제가 함께 나타날 수 있다.

- ✔ **성호르몬 분비 변화 및 불균형** : 호르몬은 체내에서 세포들 사이의 신호전달을 매개하는 신경전달물질의 분비뿐만 아니라 우리 몸과 뇌의 여러 생리 과정을 조절한다. 그래서 호르몬 상태에 변화가 생기면 기분도 달라질 수 있다(신경전달물질과 관련된 자세한 내용은 제2장 참조). 사춘기, 여성의 생리 주기, 임신과 산후 기간, 그리고 사람이 살아가는 모든 인생의 시간 동안 호르몬 생성은 증가하고 감소하기를 반복한다. 우울증을 포함한 몇 가지 기분장애는 남성과 여성 모두의 호르몬 변화와 관련이 있다고 알려져 있다. 예를 들어, 테스토스테론 수치가 낮은 남성은 일반적인 다른 남성에 비해 우울한 기분에 빠질 가능성이 크고, 월경전 증후군의 심한 상태인 월경전 불쾌감장애가 있는 여성은 양극성장애의 증상과 거의 똑같아 보이는 행동과 감정 변화를 보일 수 있다. 하지만 올바른 치료를 받기 위해서는 그 증상의 진짜 원인을 정확히 아는 게 매우 중요하다.

- ✔ **감염** : 단핵구증 같은 일부 바이러스에 감염되면 피로감이 증가하는 것처럼 기분과 에너지 변화가 나타날 수 있으므로, 신중한 신체검사와 혈액 검사 등을 통해 이런 가능성을 찾아내는 게 중요하다.

- ✔ **섬유근육통** : 만성적인 이 질환은 피로감, 수면 패턴과 인지적 변화, 광범위한 통증과 연관된다. 섬유근육통을 호소하는 사람들도 종종 불안과 우울증으로 고통받지만, 이런 증상은 각기 다른(물론 때때로 중복되는 경우도 있기는 하지만) 치료적 접근이 필요하다. 의사는 우울증의 증상을 평가할 때 환자의 통증과 수면에 대해 질문하여 섬유근육통이 원인일 가능성을 고려할 필요가 있다.

✔ **루프스 및 다른 자가 면역 질환** : 자가 면역 질환의 일종인 루프스는 통증을 동반하는 결합 조직의 부종을 유발함으로써 뇌를 포함하여 여러 기관에 악영향을 줄 수 있다. 루프스는 일반적으로 극심한 피로, 과민 반응 및 다른 여러 가지 신체적 증상을 동반한다. 루프스의 가능성이 의심될 경우에, 의사는 피검사를 시행하여 이를 확인할 수 있다. 루프스 치료를 위해 코리티코스테로이드를 처방할 경우에는 감정 변화가 나타날 수 있다. 류마티스 관절염과 같은 다른 자가 면역 질환도 우울증과 연관되기는 하지만, 이들 질환은 양극성장애와 혼동하지 않을 수 있는 구체적인 신체 증상을 동반한다.

✔ **쿠싱 증후군** : 과다 **코르티솔증**으로 불리기도 하는 쿠싱 증후군 환자들은 성장 및 발달 이상을 보이며 종종 불안정한 기분에 사로잡히곤 한다. 이 환자군에 속하는 사람들에게서는 공통적으로 몸통의 비만, 목 주위의 지방층 증가, 둥근 얼굴 및 가는 팔과 다리가 관찰된다.

✔ **간염** : 간염은 바이러스에 감염되거나 독소가 축적된 결과 발생한 간의 염증을 가리킨다. 간염 환자들은 눈의 흰자위가 노랗게 변할 뿐만 아니라, 우울증 환자들과 비슷하게 무기력하며 메스꺼움을 느끼기도 한다. 대사 과정에서 생겨난 일부 노폐물이 독성을 나타낼 정도로 축적되면 간염에 의한 환각 증상이 나타날 수도 있다.

✔ **HIV/AIDS** : 인간 면역결핍 바이러스(human immunodeficiency virus, HIV)에 감염되어 후천성 면역결핍 증후군(acquired immune deficiency syndrome, AIDS)에 걸린 환자는 전반적인 면역 계통이 손상되어 감정적 변화를 유발하는 여러 종류의 감염에 취약해진다. HIV 자체가 뇌세포를 직접 공격할 경우에도 환자는 사고 및 기분 변화를 호소하게 된다. 또한 AIDS 환자로 살아간다는 스트레스 때문에 엄청난 불안에 휩싸이기 쉽다.

✔ **알츠하이머 및 파킨슨병과 같은 퇴행성 뇌 질환** : 조기 치매 환자들에게서는 상당한 기분 및 행동 변화가 나타난다. 따라서 의사들은 특별히 양극성장애와 관련된 증상을 호소하는 노인들을 진단할 때 뇌의 인지 기능을 검사해야 한다(관련된 내용은 제10장 참조). 파킨슨병이나 다른 운동장애 환자들에게서는 우울증 발병률이 상당히 높아서, 우울한 기분을 주요 증상으로 호소할 수도 있다.

✔ **만성 외상성 뇌 질환** : 만성 외상성 뇌 질환(chronic traumatic encepha-lopathy, CTE)은 반복적인 외상성 두부 손상의 경우에 나타나는 뇌의 변화 패턴을 말하는데, 특별히(부상의 위험이 큰) 권투 선수나 미식축구 선수들에게서 발병률이 높다. 우울감 및 다른 기분에 빠져들거나 성격의 변화가 나타나는 점은 만성 외상성 뇌 질환일 경우에 공통으로 나타나는 증상이므로, 감정 증상을 호소하는 사람을 진찰하는 의사는 두부 손상의 병력을 자세히 조사할 필요가 있다.

✔ **비타민과 철분 결핍** : 비타민 B-12 결핍은 우울증과 같은 감정 증상을 유발할 수 있다. 비타민 B-12가 부족하더라도 그냥 넘어가기 쉽고, 적절한 대책을 마련하지 않을 때는 심각한 신경학적 문제를 유발할 수 있다. 의사들이 심각한 우울증의 양상을 나타내는 환자를 처음 진찰할 때, 때에 따라 비타민 B-12 수치를 검사할 수도 있다.

엽산이나 비타민 D 결핍이 우울증과 연관될 가능성에 대해서는 아직도 연구자들 간에 의견이 분분하지만, 많은 의사는 이 두 가지 수치에 대한 검사를 진행한다. 철 결핍성 빈혈은 어지럼증을 유발할 수 있는데, 간혹 우울증과 비슷한 증상이 나타나기도 한다. 대부분 병원에서 정기 검진을 받는 항목에는 빈혈 검사가 포함되어 있다.

비참한 기분을 유발하거나 적절한 신체 기능을 방해하는 신체적 질병 때문에 우울증이 찾아오기도 한다. 특별히 만성적인 질병 상태로 고통받는 사람은 더더욱 그러기 쉽다. 만성적인 비참한 기분으로 지내는 건 정상이 아님을 인식하고 의사에게 도움을 청해야 한다.

불안정한 기분을 유발할 만한 의학적 원인을 발견하더라도 기분장애의 가능성을 배제할 수는 없다. 의학적 상태와 양극성장애 모두를 치료해야 할 수도 있기 때문이다. 이런 가능성을 확인할 수 있는 길은 오로지 의사에게 문의하는 것뿐이다.

다른 원인 고려하기 : 약물, 술, 그리고 다른 물질

제2장에서 이미 살펴본 것처럼, 양극성장애는 뇌의 화학 및 생리작용과 매우 깊은 연관성을 갖기 때문에, 막대 사탕으로부터 마약에 이르기까지 우리가 먹고 마시는

것은 무엇이든 우리의 기분에 영향을 미친다고 볼 수 있다. 우리가 무엇이든 씹고 삼키고, 들이마시고, 흡입하는, 즉 체내의 기관 계통에 어떤 물질을 주입하기 시작함과 동시에, 우리 몸은 그것을 화학물질로 분해하여 심장과 뇌, 근육, 각각의 기관과 부속물로 전달하기 시작한다.

우리의 감정과 사고에 영향을 줄 수 있는 약물과 관련 물질의 목록을 다 적으려면 이 책 한 권으로도 모자랄 정도이므로 여기에서는 심각한 문제를 유발할 수 있는 대표적인 물질 몇 가지만 언급하겠다.

- ✔ 술
- ✔ 코카인
- ✔ 대마초(마리화나)
- ✔ 암페타민
- ✔ 엑스터시(일명 'NMDA'), 케타민(일명 '스페셜 K'), 다른 '클럽 마약'
- ✔ LSD, 환각 버섯 및 다른 환각제
- ✔ 비바린과 노도즈 등의 각성제
- ✔ 카페인
- ✔ 항히스타민 물질, 바레리안(쥐오줌풀이라고도 부르며 강력한 안정제 성분을 함유한다-역주), 멜라토닌을 함유한 수면 유도제
- ✔ 에페드라(마황-역주), 에페드린(각성, 식욕 억제, 집중력 향상 등을 유도하는 교감신경 흥분제-역주) 또는 슈도에페드린(에페드린보다 약한 혈압상승작용과 중추신경흥분작용을 하는 물질-역주)을 함유하는 충혈제거제
- ✔ 부신피질호르몬(또는 코르티코스테로이드류)
- ✔ 덱스트로메트로판 성분을 함유한 기침 억제제
- ✔ 아큐탄(미국에서는 판매 금지된 여드름 치료제로 국내에서는 로아큐탄으로 판매되고 있다-역주)

이 중에서 한 가지 약물이라도 지금 사용하고 있다면 의사에게 꼭 알려야 한다. 복용하던 약물을 하루아침에 끊는 게 최선인 것만은 아니라는 사실을 잊지 말자. 만일에 양극성장애라고 의심되는 자신의 증상이 어떤 물질 때문이라는 생각이 든다면, 의사는 그 문제를 해결할 가장 안전한 방법을 제시할 것이다.

무엇이든 '천연' 성분이라거나 '약'이 된다고 해서 신체 및 정신 건강에 해가 없을 것으로 생각하면 안 된다. '영양보충제'라는 이름을 달고 판매되는 제품들도 합성 의약품이나 각종 약물처럼 우리 몸과 뇌를 자극하거나 무기력하게 만드는 천연 화학물질을 함유할 수 있다는 사실을 잊지 말자.

의사의 조언 구하기

사람들은 자가 진단의 중독성에 빠져들기 쉽다. 자신이 어딘가 남들과 다르다는 사실을 인식하는 순간부터 컴퓨터 앞에서 며칠 동안 밤을 지새우기도 한다. 검색 사이트에 연관된 단어 몇 개를 입력하며 이런저런 정보를 찾아보다가 남들도 결국 자신과 비슷한 고민을 하며 살아간다는 결론을 내리며 위안을 삼기 마련이다.

이런 사람들은 대부분 아주 조금은 그럴듯해 보이는 엉터리 진단이나 논리로 결론을 내리곤 한다. 자신의 증상을 악화시킬 수 있는 오진을 피하고 편안한 마음을 갖고 싶다면, 상상의 나래를 펴는 대신에 의사를 찾아가는 방법을 택하라. 의사는 일련의 질문을 통해 환자의 건강 상태를 살피며 그의 증상이 시작되고 진행된 **병력** 관련 정보를 수집함으로써, 이후에 어떤 검사를 진행하는 게 좋을지 결정할 수 있게 된다.

자신의 증상 파악하기

거의 모든 질병의 원인을 찾는 과정은 환자의 증상을 주의 깊게 살피고(그 질병의 양상을 확인) 그 증상의 시작점(그의 증상이 언제, 어디서, 누구와 함께 있을 때 나타나는지)을 파악하는 것으로부터 출발한다. 여러 가지 의학적 검사를 받는 동안, 환자는 의사로부터 문제 해결을 위한 간단한 도움을 받을 수 있다.

의사와 환자 간의 긴밀한 협력 관계를 통해 문제를 성공적으로 해결하려면 환자는 의사에게 자신의 증상을 자세히 설명해야만 하는데, 의사들은 다음과 같은 일련의 내용을 질문하기도 한다.

✔ 요즘 들어 우울한 기분이 듭니까? 슬픈가요? 뭔가 어둡고 축 처진 기분입니까? 공허한가요? 멍한 기분에 사로잡힌 것 같습니까? 평상시와 다른 기분인가요?

✔ 예전과는 달리 에너지가 바닥나거나 넘치는 기분인가요? 좀 더 활기차게 지내십니까? 아니면 몹시 피곤한가요?

✔ 평소보다 더 자주 화 또는 짜증이 납니까?

✔ 평상시보다 더 불안하거나 걱정이 됩니까?

✔ 예전에는 즐거운 일이었는데 이제는 더 이상 재미를 느낄 수 없는 일들이 있습니까?

✔ 예전보다 쉽게 잠들지 못하거나 숙면을 취하지 못한다고 느낍니까?

✔ 예전보다 잠이 많아졌다고 생각합니까?

✔ 평소보다 매우 많이 또는 적게 먹습니까?

✔ 평소보다 뭔가를 더 하거나 덜 하는 등, 자신의 행동에 뭔가 변화가 있다고 생각합니까?

✔ 가정이나 직장에서 심각한 갈등을 경험한 적이 있습니까?

✔ 술을 마시거나 마약을 하십니까? 술에 취하거나 흥겨운 파티에 가고 싶은 생각을 예전보다 자주 하는 편입니까?

물론 의사의 질문이 여기에 적힌 것과 다를 수 있다. 기분장애를 진단할 때, 의사들은 종종 개방형 질문(객관식 질문처럼 정해진 답을 고르는 형식이 아니라, 응답자가 자유롭게 자신의 생각을 풀어낼 수 있는 형식의 질문-역주)을 던짐으로써, 환자가 어떤 일상을 살아가는지 살피고 문진하는 동안 다양한 질문과 주제에 대해 어떤 반응을 보이는지 관찰하곤 한다.

의사는 신경계와 같이 특정 부위와 관련된 환자의 다른 의학적 증상에 대해 질문할 수도 있다. 의사는 이런 질문을 통해 환자가 호소하는 증상을 유발할 만한 다른 요인에 대한 단서를 찾아 살피고, 이런 과정을 계통 문진(review of systems)이라고 부른다. 의사가 환자에게 물을 만한 질문 몇 가지를 소개하면 다음과 같다.

✔ 두통이나 근육통을 경험하거나 힘이 쭉 빠지는 것 같은 경험을 한 적이 있습니까?

✔ 의학적인 이유나 다른 목적 때문에 먹는 음식의 양을 조절하고 있습니까?

먹었을 때 알레르기 반응이 나타나는 식품이 있나요?(엄격함의 차이는 있겠으나) 당신은 채식주의자입니까?

✔ 메스꺼움, 구토, 아니면 배변 습관의 변화를 경험한 적이 있습니까?

✔ 아프거나 붓는 관절 부위가 있습니까?

✔ 발진 또는 피부의 변화를 인식한 적이 있나요?

✔ 식욕이나 체중이 변한 적이 있습니까?

✔ 항상 목마르다고 느낍니까? 소변을 자주 보는 편인가요?

✔ 성적인 욕구나 성 기능에 변화가 느껴지나요?

이쯤 되면, '이런 질문이 도대체 내 감정과 무슨 상관이 있다는 거야?' 같은 궁금증이 떠오를 것이다. 이와 같은 질문이 환자가 주로 호소하는 증상과는 아무런 연관성도 없는 듯 느껴질 수 있지만, 의사는 환자의 대답을 들으며 어떤 종류의 검사와 피검사를 진행할 것인지 결정하게 된다.

과연 언제쯤 시작된 걸까

의사들은 어떤 상태의 인과관계를 매우 중요시하곤 한다. 따라서 어떤 의사를 만나더라도 "지금껏 살아오는 동안, 당신의 증상에 영향을 줬을 만한 가장 최근의 사건은 무엇입니까?" 같은 질문을 할 가능성이 크다. 숙제하는 마음으로 차분히 앉아, 그동안 자신의 증상이 시작된 것에 영향을 줬을 만한 사건이나 일들을 떠올려보자. 기억을 더듬는 데 도움이 될 만한 사건이나 변화의 예를 몇 가지만 들어보도록 하겠다.

✔ 복용 약물의 변화

✔ 질병

✔ 자동차 사고 또는 낙상

✔ 사랑하는 사람을 잃거나 떠나보냄

✔ 실직 또는 직장 내에서의 갈등

✔ 기말고사(또는 중요한 시험)

✔ 관계가 깨어짐

✔ 가족의 형태적 변화(예를 들면, 자녀가 진학을 위해 집을 떠나거나 다시 돌아옴)

✔ 임신, 폐경 또는 생리 주기의 변화

기분장애는 여러 해 동안 서서히 진행된 것일 수 있다. 그래서 어떤 특별한 하나의 사건 또는 변화 때문에 이 모든 게 시작되었다고 말하기 어려울지도 모른다. 하지만 (이런 원인을 찾는 과정은) 분명 시도할 만한 가치가 있는 작업이다.

어떤 질환의 증상이 표출될 계기를 제공하고 심각하게 악화시키는 사건 또는 변화가 그 질병의 근본적인 원인인 경우는 거의 없다. 가장 근원적인 원인은 뇌의 발달 과정을 지나며 매우 깊숙이 파묻힌 나머지 환자 자신이나 의사도 절대로 발견하지 못하는 경우도 종종 있다. 아니면 그동안 지나온 시간의 소용돌이를 찬찬히 되짚어야 할 수도 있다. 예컨대, 당신이 먹은 어떤 약의 부작용으로 성욕이 감퇴했다. 그 바람에 배우자와 친밀함이 감소하고, 그 결과로 당신의 우울함이 더 깊어졌다. 그러자 당신은 약물 남용과 불면증에 시달리고, 마침내 조증 삽화를 경험했을 수 있다는 말이다. 이렇듯 눈덩이처럼 불어나고 악화되는 일련의 상황을 미리 알아차리고 근본적인 원인을 해결할 수 있다면 더할 나위 없이 좋다. 하지만 그렇지 못할 땐 길고 긴 원인과 결과의 실타래를 고통스럽게 풀어내는 과정을 지나야 할 수도 있다.

증상을 호전 또는 악화시키는 요소

증상은 점점 더 명확해지고 가까이 다가오는 것만 같은데, 환자나 의사 모두 원인을 찾지 못해 오리무중일 수 있다. 당황스러운 상황이지만 절망적인 것은 아니다. 다만 시야를 넓게 할 때가 되었을 뿐이다. 증상이 촉발되는 계기를 분명히 알았다면, 다음과 같은 일련의 질문에 대답하면서 정확히 진단하고 치료 계획을 세우는 일에 집중해보기를 권한다. 지금부터는 가장 골치 아프고 성가신 증상들을 확인하고, 어떻게 하면 그 증상에 변화를 가져올 수 있을지 알아보려고 한다. 다음 질문에 대답하면서, 자신의 증상을 심화시키거나 반대로 줄어들게 하는 요인에 어떤 것들이 있을지 생각해보자.

✔ 하루 중 기분이 더 나쁘거나 좋은 특별한 시간대가 있습니까? 주로 아침에 그런가요? 아니면 오후에 그렇습니까? 퇴근 후에 그런가요? 아니면 잠들기 전에 그런 편입니까?

✔ 증상이 특별히 줄어드는 계절이 있나요?

✔ 특별한 날, 명절 또는 기념일을 전후로 증상이 심해지는 경향이 있습니까?

혹시 그런 날짜가 가족 중 누군가의 죽음 또는 충격적인 사건을 경험한 날인가요?

✔ 현재 복용하시는 어떤 약물 때문에 기분이 더 좋거나 나쁘다고 생각하십니까?

✔ 어떤 활동을 할 때 기분이 특별히 좋아지거나 나빠지는 경우가 있습니까?

✔ 커피, 담배, 술 등이 당신의 증상을 완화 또는 악화시키는 것 같습니까?(이런 것들이 도움이 되는지 아닌지를 확인하기 위해 담배를 피우거나 술을 마셔보라고 하는 것은 결코 아닙니다)

더 설명할 것들

의사는 환자에게 어떤 증상이 나타나고 그 증상이 처음 나타난 시기는 언제이며 환자가 볼 때 자신의 증상이 악화되고 호전되는 계기를 문진하고, 다음과 같은 정보를 더 확인하곤 한다.

✔ **환자의 기타 병력** : 과거의 어떤 질환 때문에 현재의 증상이 나타날 가능성을 확인하기 위해

✔ **복용하는 약물의 종류** : 환자의 증상과 연관된 약물이 있을 가능성을 확인하기 위해

✔ **환자의 가족력** : 유전적 요인 때문일 가능성을 확인하기 위해

검사받기

환자의 현재 상태를 이뤄온 과거의 퍼즐 조각을 하나씩 끼워 맞추는 작업을 하고 나면, 의사들은 환자의 반사 신경을 검사하고 갑상선 등 내분비기관의 상태를 촉진하는 몇 가지 간단한 검사와 더불어, 전체적인 건강 상태와 체온, 행동 등을 살핀다. 여느 때처럼, 간호사는 환자의(감염 여부를 확인하기 위해) 체온을 측정하고 혈압을 잰다. 환자가 기존의 병력을 설명하고 대답하는 내용을 들으며, 의사는 어떤 부분을 좀 더 면밀히 관찰하기도 한다(예를 들어, 당신이 관절염 때문에 힘들다고 하면 의사는 당신의 관절을 자세히 보자고 할 것이다).

환자가 지금 겪는 감정적 어려움의 원인을 곧바로 찾아낸다면, 의사는 진단명을 차

트에 적고 한두 가지 치료 방법을 그에게 소개한 다음, 진료 명세서를 발급하자마자 점심을 먹으러 나갈 것이다. 하지만 뭔가 명쾌한 해답을 찾지 못한다면, 그는 다른 검사를 더 진행하자고 할 것이다. 추가로 진행할 만한 여러 검사에 대해서는 다음 절에서 살펴보려고 한다.

추가로 진행할 검사 이해하기

의사가 환자의 병력을 조사하고 기본 검사를 진행하면서 어떤 결과에 도달하느냐에 따라 정확한 진단과 치료 과정의 선택을 위해 몇 가지 검사 과정을 추가할 수 있다. 지금부터는 일반적으로 진행하는 몇 가지 진단검사의 종류와 각각의 결과가 의미하는 우리 몸의 상태에 대해 살펴볼 것이다.

의사가 진행할 만한 몇 가지 검사

양극성장애를 진단하기 일련의 표준화된 의학적 검사를 받아야 하는 건 아니다. 하지만 환자의 증상을 유발했을 만한 원인을 아직 규명하지 못하였고, 뭔가 의심되는 점이 있거나 관련이 없다고 확실히 결론짓기 위해 짚고 넘어가야 할 부분을 발견한다면, 의사는 다음과 같은 검사를 한 가지 이상 진행하자고 할 수 있다.

✔ **혈액 검사** : 혈액 검사로 확인하는 항목은 대개 혈구 숫자(적혈구는 빈혈, 백혈구는 감염 여부 확인에 필요), 철분 농도와 페리틴(체내의 철 저장량을 측정) 수치, 포도당 및 지질/콜레스테롤 수치, 간, 신장 등 여러 기관의 정상 기능 여부를 확인하기 위한 수치 검사 등이 있다. 가끔 비타민 B-12, 엽산 또는 다른 비타민의 수치를 확인하는 검사가 포함되기도 하며, 이 기본 검사 결과 중에서 문제가 발견될 때 추가 검사가 진행된다.

✔ **MRI**(magnetic resonance imaging, 자기공명영상) **또는 CAT**(computerized axial tomograph, 컴퓨터 단층촬영) **검사** : 특별한 신경학적 증상(예컨대, 근력, 움직임, 균형 또는 감각 등의 변화)이 발견되면, 뇌와 다른 부위의 구조적 문제 때문에 환자의 양극성 증상이 나타나는지 확인하기 위해 MRI 또는 CAT 검사를 진

행하기도 한다.

✔ **EEG**(electroencephalogram, 뇌파) **검사** : 발작 장애가 의심되는 경우에 뇌파 검사를 통해 이를 확인할 수 있다.

✔ **요추 천자**(spinal tap) **검사** : 환자가 고열과 함께 척수막염이나 뇌염과 같은 뇌의 감염이 의심되는 증상을 나타내면 요추 천자 검사를 시행할 수 있다.

이 목록 가운데, 양극성장애를 직접적으로 검사할 혈액 검사 또는 다른 검사가 포함되지 않았다는 사실을 기억하자. 사람들은 이런 검사를 통해 양극성장애 여부를 간단히 확인할 수 있다고 쉽게 오해하곤 한다. 그런 기대가 충분히 이해되는 것은, 양극성장애가 '화학적 불균형 상태'라는 사실 때문이다. 그렇다면 왜 화학적 검사를 통해 양극성장애 여부를 단정할 수 없다는 걸까? 제2장과 여러 곳에서 이미 설명한 대로, 양극성은 단순한 화학적 불균형 상태를 넘어서서 뭔가 한 가지로 설명하기 어려운 복잡한 신경학적 불균형 상태를 가리킨다. 따라서 언젠가는 과학자들이 어떤 형태로든 양극성장애를 진단할 수 있는 간단한 검사법을 개발하겠지만, 아직은 그런 검사법이 나와 있지 않다.

갑상선 기능 검사

갑상선은 우리의 감정이나 조증과 우울증과 같은 기분장애를 치료하기 위해 복용하는 여러 약물의 효과에 상당한 영향을 미친다. 갑상선은 우리 몸의 에너지 소비량을 조절하는 호르몬을 만들어 분비한다. 갑상선 호르몬 수치가 낮으면(갑상선 기능 저하증) 의욕이 없고 체중이 늘며 우울감에 사로잡히지만, 높으면(갑상선 기능 항진증) 흥분을 가라앉히기 어렵다.

의사 또는 정신과 전문의는 환자를 진단하는 초기 과정에서 환자의 갑상선 기능이 정상인지 아닌지를 확인하기 위해 갑상선 호르몬 수치를 검사해야 한다. 치료가 진행되는 동안에도 의사가 갑상선 기능 검사를 시행하자고 할 수 있는데, 특별히 갑상선 기능에 영향을 줄 수 있는 리튬과 같은 약물을 복용할 때 그렇다.

갑상선 호르몬 수치에 문제가 있을 때는 갑상선 스캔 또는 갑상선 초음파 촬영을 진행함으로써 갑상선이 제대로 기능하고 있는지 확인하고, 호르몬 분비를 담당하는 내분비계통의 기능 상태를 확인하고 진단을 전문으로 하는 내분비내과 전문의에게 의뢰하여 갑상선 기능을 좀 더 면밀히 추적, 관찰할 수 있다.

기타 호르몬 검사

우리 몸에서 분비되는 성호르몬의 균형 상태가 흐트러지면 초인적인 힘이 넘치거나 '본능'의 로켓을 성층권 밖으로까지 쏘아 올릴 수 있을 것만 같은 기분에 사로잡힐 수 있다. 사춘기 시절이나 임신 기간, 여러 호르몬이 요동치던 때의 기분을 상상하면 조금이나마 이해하기 쉬울 것이다.

그럼에도 불구하고 의사들은 기분에 영향을 줄 수 있는 에스트로겐, 프로게스테론, 테스토스테론, 안드로겐 또는 다른 호르몬의 수치를 정기적으로 검사하지 않는다. 이런 호르몬은 뇌의 발달과 기능을 평생토록 조절하지만, 간접적인 작용을 할 뿐이다. 정상적으로 몸이 자라고 호르몬 수치의 변화가 나타난다면, 의사들도 기분장애와 관련된 원인을 찾기 쉽지 않다. 일부 종양과 의학적 문제 때문에 호르몬의 수치에 큰 변화가 나타날 수 있기는 하지만 다른 증상이 함께 나타나 이를 뒷받침해야 한다.

의사가 어떤 양극성 환자의 기분장애를 유발하는 원인으로 호르몬 조절을 의심한다면, 그는 추가 검사를 권유하거나 관련된 전문의에게 보낼 것이다.

호르몬이라는 단어를 들으면 성(性)과 관련된 것들을 떠올리기 쉽지만, 사실 많은 호르몬은 우리 몸 전체가 원활히 기능하도록 돕는 역할을 한다. 가장 잘 알려진 갑상선 호르몬을 포함하여, 수많은 호르몬이 우리 몸에서 작용한다. 당뇨병과 관련된 인슐린도 호르몬의 하나다. 부신에서 분비되는 호르몬인 코르티솔은 에너지와 각성, 지방 대사를 비롯해 다른 여러 신체 기능을 조절한다. 코르티솔이 너무 많이 분비될 때는 쿠싱 증후군을 유발할 수 있고 기분장애의 원인이 되기도 한다. 환자의 피검사 결과 또는 임상 증상이 이런 양상을 나타낸다면, 의사는 위와 같은 검사를 진행하거나 다른 내분비계통에 이상이 없는지 면밀히 검사할 것이다.

검사 결과 이상이 없을 때 이후의 과정

의사가 고무망치로 환자의 무릎을 두드려보고 피도 조금 뽑아 각종 검사를 진행한다. 살면서 그 누구에게도 털어놓지 않았던 병력과 개인적인 이야기들까지 꼬치꼬치 캐묻고 온몸을 여기저기 들쑤시듯 검사했지만, 도대체 환자의 어떤 부분이 문제인지 뾰족한 대답을 내놓지 못한다. 그럴 때 환자는 과연 어떻게 해야 하는 걸까?

이럴 때는 다음과 같은 몇 가지 방법을 고려해보자.

- ✔ **다른 의사를 찾아가 조언을 구해보라.** 또 다른 의사나 신경과 또는 산부인과 전문의 등을 만나 상담함으로써, 자신의 증상을 유발하는 또 다른 잠정적인 원인을 찾을 수 있을지도 모른다.
- ✔ **검사를 진행한 의사를 믿고 치료를 시작한다.** 전문의가 아니더라도 기분 증상을 완화하는 항조증 약물, 항우울제, 다른 항정신성 약물을 처방할 수 있다.
- ✔ **정신과 의사와 상담한다.** 여러 검사 결과를 통해 아무런 이상도 발견되지 않았다면 정신과 질환일 가능성을 향해 눈을 돌려보자. 이 분야의 문제를 확인하고 치료하는 데는 정신과 의사가 좀 더 전문적인 설명을 해줄 수 있을 것이다. 제5장에서 다시 다루겠지만, 정신과 전문의는 차별화된 진단 과정을 통해 환자가 호소하는 여러 증상과 특정 정신과 질환의 관련성을 좀 더 분명히 규명할 수 있다.

일반적인 검사 결과를 통해 조증이나 우울증과 관련될 수 있는 의학적 상태를 발견하더라도, 정신과적 치료와 처방이 필요할 가능성을 배제할 수는 없다고 봐야 한다. 그런 의학적 상태는 환자의 불안정한 감정 상태에 대하여 일부 영향을 주거나, 아예 아무런 영향도 주지 않을 수도 있다. 정신과적 진단과 치료 과정에 대해서는 제5장을 참조하자.

진단 과정 2 : 정신의학적 평가 및 치료 계획 수립

양극성이라는 풍랑이 몰려오면 환자의 인생의 배는 이리저리 흔들릴 뿐만 아니라, 갑판 위에서 핸들을 잡고 있던 선장마저 순식간에 파도에 휩쓸려가는 상황을 맞닥뜨릴 수 있다. 이성적인 사고는 파도와 함께 요동치고, 아무리 둘러봐도 자기 목숨을 걸고 핸들을 움켜쥐고 배를 구할 만한 사람이 갑판 위에는 아무도 보이지 않는다. 이제 유일한 희망은 외부에서 뛰어들어 구원해줄 누군가의 손길에 의지하는 것뿐이다. 바로 정신과 의사의 도움이 필요한 상황인 거다.

자격을 갖춘 정신과 의사는 방향타를 다시 설정하고 배의 흐름을 바로잡아, 이 풍랑을 헤쳐 나가도록 도울 수 있다. 그는 당신이 최근에 기분 삽화를 경험하는 동안 도대체 어떤 일들이 일어났는지 설명할 수 있으며, 당신의 정신과적 상태를 객관적으로 평가하고 당신에게 꼭 맞는 맞춤 치료 과정을 계획할 수 있는 사람이다.

이처럼 환자를 평가하고 회복시키며 안정된 상태를 지속하도록 도울 수 있는 것은 정신과 의사의 몫이고, 이 장에서는 환자를 편안히 다루고 신뢰를 줄 수 있는 검증된 정신과 의사를 찾는 방법에 대해 조언하려고 한다. 정신과 의사가 환자의 상태를 정확히 평가하고 어떤 정신과적 도움을 줄 수 있을지 판단하도록 환자의 입장에서 도움이 될 만한 방법도 살펴볼 것이다. 또한 의사를 만나는 첫 진료 때 미리 준비할 것들은 무엇이 있을지 살펴보고, 의사와 좋은 협력 관계를 유지하는 데 도움이 될 만한 것들을 알아보려고 한다.

전문가의 도움 구하기

대부분 사람은 자기가 좋아하는 정형외과, 흉부외과, 산부인과 의사 또는 심리치료사를 기꺼이 소개하고 설명하곤 한다. 하지만 그 화기애애한 분위기 가운데 누군가 갑자기 좋은 정신과 의사를 소개해달라는 말을 꺼내면 분위기가 얼마나 급격히 경직될 것인지는 불 보듯 뻔한 일이다. 정신과 의사들은 성형외과 의사들처럼 여기저기 요란하게 광고하지도 않는다. 전화번호부를 들춰보거나 인터넷을 찾아보더라도, 양극성장애를 전문으로 다룬다는 광고를 한눈에 발견하기란 쉽지 않은 일이다. 정신과 의사들은 대부분 별다른 전문 영역 없이 서로 비슷한 진료를 하는 것처럼 보이곤 한다.

그렇다면 검증된 정신과 전문의를 만나려면 과연 운이 좋아야 하는 걸까? 그건 아니다. 이제 숙제를 좀 하고 인내심을 갖고 기다리면서 자신과 잘 맞는 의사를 찾을 때까지 몇 가지 사항을 확인하면 된다. 이 절에서 우리는 환자들이 과연 어디에서부터 시작해야 할지에 대해 살펴보려고 한다.

주치의에게 자문하기

평소에 종종 찾아가던 주치의(가정의학과 또는 내과 의사)에게 환자가 몇 가지 불편한 증상을 토로하면, 그 의사는 자신이 소개할 수 있는 전문의를 소개할 것이다. "심장 박동 소리가 좀 이상하다고요? 그렇다면 심장외과 전문의 심장쿵 선생을 소개해드리죠.", "피부 상태가 좋지 않아 보이네요? 그렇다면 여드름 선생을 찾아가 보세요. 아주 유명한 피부과 의사거든요." 정신과와 관련된 질환도 마찬가지다. 가정의학과 또는 내과 의사는 적어도 한 명 이상의 정신과 의사를 알고 있을 가능성이 크다. 따라서 가정의학과 또는 내과 의사가 환자의 기분 관련 증상을 듣고 의학적 원인을 추정할 수 없어 정신과 진료를 권한다면, 좋은 정신과 전문의를 추천해달라고 요청하라.

(미국에서는 흔히 있는 일이지만) 여성 환자가 가정의학과 또는 내과 의사가 아닌 산부인과 의사에게 주치의처럼 상담하고 진료를 받아왔다면, 그 산부인과 의사에게 정신과 의사를 추천하고 진료의뢰서를 작성해 달라고 해도 좋다. 산부인과와 정신과는 월경전증후군(PMS)과 산후 우울증과 같은 질환을 공통적으로 진단하고 협진하곤 한다. 따라서 협진을 의뢰할 만한 정신과 의사를 추천할 가능성이 크다(여성 환자를 위한 특별한 내용은 제10장에 따로 소개해두었다).

심리치료사에게 추천받기

모든 정신과 치료 과정이 주치의 또는 정신과 의사로부터 시작되어야 하는 건 아니다. 이미 잘 맞는 심리치료사에게 치료를 받고 있다면, 정신과 전문의를 추천해 달라고 물어보는 것도 좋은 방법이다. 심리치료사들은 그 지역의 정신과 의사들을 잘 알 가능성이 크고 가까운 곳에 있는 병원의 의사와 협진할 수도 있으니 말이다.

성공적인 치료를 위해서는 반드시 서로 잘 맞는 약물과 치료법의 조화가 지속하는 과정이 필요하므로, 환자의 입장에서는 이런 통합을 잘 이룰 수 있는 팀을 만나길 바라는 마음이 절실할 수밖에 없다. 하지만 심리치료사와 정신과 의사가 추구하는 치료의 방향이 다르다면 서로의 접근 방식에 호의적일 수 없기 때문에 환자가 바라는 통합치료가 이뤄질 가능성은 작아진다. 따라서 심리치료사에게 정신과 의사를 추천받으면 비슷한 시각을 가진 치료팀이 함께 유기적으로 치료 과정을 이끌어나갈 가능성이 더욱 커지는 셈이다.

온라인 검색 이용하기

인터넷은 모든 종류의 문제에 관한 전문적인 도움을 제공해줄 수 있는 훌륭한 수단임이 분명하다. 믿을 만한 정신과 의사를 찾아 인터넷에서 검색할 때는 다음과 같이 지역의 의료기관 또는 전문가 협회처럼 신뢰할 수 있는 전문 사이트를 이용하는 게 좋다.

✔ 국립정신건강센터(www.ncmh.go.kr)
✔ 대한신경정신의학회(www.knpa.or.kr)
✔ 대한소아청소년정신의학회(www.kacap.or.kr)

대학, 대형병원, 의과 대학 등의 홈페이지에서도 의료진을 검색할 수 있고, 각 의료진의 전문 분야도 함께 확인할 수 있다. 각 의료진의 진료 분야를 확인함으로써 양극성 환자를 주로 진료하는 의료진을 찾을 수 있다.

양극성장애와 관련된 다른 웹사이트나 의료진에 대한 소개를 폭넓게 살핀다면, 진료 예약을 잡기 전에 자세한 정보를 알아보도록 하라. 인터넷에는 잘못된 정보가 실릴 가능성도 있다. 마음이 가는 의사에게 찾아가 진료받기 전에는 반드시 그의 의사 면허를 확인하고 치료 결과에 대한 다른 사람들의 반응도 알아보길 바란다.

지원 그룹과 의논하기

양극성의 증상이 심화되면 환자는 치료 그룹, 자조 그룹, 지원 프로그램 등으로 구성된 지원 그룹의 도움이 필요하다고 느끼기 시작할 것이다. 환자의 가족이나 친구, 변호사 또는 심리치료사는 환자가 분노 조절 또는 양육 관련 교실에 참가하기를 권유하거나 진지하게 요구할 수도 있다. 하지만 이런 상황에서 좋은 의사를 찾는 데 필요한 정보를 얻을 기회가 오히려 늘어날 수도 있음을 기억하라. 그들이 말하는 좋은 의사와 선호하지 않는 의사의 기준을 잘 경청하고 궁금한 것들을 물어보라!

공식적인 지원 그룹에 제한을 두지 말라. 환자가 개인적으로 믿고 따르는 사람들로 구성된 지원 그룹에서도 이 문제를 의논할 수 있다. 일상적인 조언을 하고 환자를 돌보는 사람들은 환자에 대해 가장 잘 알며, 환자의 기질과 필요에 따라 어떤 의사가 적합할지에 대해 필요한 의견을 줄 수 있다.

정신과 의사를 찾아갈 수 없을 때

양극성과 다른 뇌 관련 장애를 치료할 때는 대개 정신과 의사가 가장 믿을 만한 치료의 주체가 될 수 있지만, 좋은 정신과 의사를 찾지 못할 수도 있다. 또한 환자가 진단을 받고 치료 계획을 세우며 약을 복용하는 모든 과정을 다른 의사와 의논하고 싶을 수도 있다. 때로는 정신과 의사가 초기 진단을 진행하고 치료 계획을 수립하고, 환자의 기분이 안정된 후에는 한 발 뒤로 물러나서 조언자의 역할만 담당하는 경우도 있다. 환자는 여기에 소개하는 다양한 의료진의 선택 기준을 고려하여 대안적인 치료팀을 구성할 수 있다.

- ✔ **주치의** : 환자가 오랫동안 진료를 받아온 가정의학과 전문의 또는 주치의가 있어 그의 개인적인 상황과 질병의 과거력을 충분히 알고 있다면, 그 의사는 정신과 전문의가 진료할 때도 중요한 치료팀의 일원이 될 수 있다. 이런 주치의는 환자의 증상을 유발할 만한 다른 의학적 상황을 배제하고 진단명을 추정하는 과정을 분명히 할 수 있다. 정신과 전문의에게 진료를 받을 상황이 여의치 않다면, 이런 주치의도 진단과 치료 계획을 포함하여 상당한 정신과적 도움을 제공할 수 있다.
- ✔ **산부인과 전문의** : 만일에 산부인과 의사가 보기에 환자의 양극성장애가 의심되는 상황이지만 정신과 의사에게 전원시키기에 여의치 않다면 환자를 내과 또는 가정의학과 병원으로 전원시키기는 것이 대안이 될 수 있는데, 정신과적 치료에 관해서는 산부인과보다는 내과 또는 가정의학과 전문의의 임상적 경험이 좀 더 풍부할 것으로 예상할 수 있기 때문이다.
- ✔ **신경과 전문의** : 신경과 전문의와 정신과 의사는 치료하는 증상과 질병의 측면에서 상당 부분을 공유하기 마련이다. 신경학자는 정신과적 전문지식의 기초를 갖추었을 가능성이 크다(마찬가지로, 정신과 의사도 신경과 분야의 기초지식을 갖고 있다). 신경과 전문 병원은 가정의학과보다는 찾기 어렵지만, 그래도 곳에 따라 일부 지역에서는 정신과 병원보다는 쉽게 발견할 수 있다. 신경과 전문의가 양극성장애와 같은 주요 정신 질환의 일차적인 치료의 주체가 되는 경우는 별로 없지만, 필요하다면 환자를 치료할 수 있다. 이들은 신경학적 진단에 강점이 있어, 양극성의 증상을 유발할 만한 다른 신경과 질환을 동반할 가능성을 확인할 수 있다는 장점이 있다.

정신과 의사를 알아볼 때 고려할 점

의사를 만나 이것저것 질문하다 보면 오히려 의사들이 환자에게 더 많이 질문하기 때문에 과연 누가 누구를 알아보는 것인지 도무지 알 수 없다는 생각이 들 수 있다. 그렇다면 필요한 정보를 얻고 물음을 던져야 할 가장 적당한 때는 언제일까? 결론부터 이야기하자면, 빠를수록 좋다.

우리 홈페이지에서는 정신과 의사를 만나 물어봐야 할 10가지 질문의 목록을 소개해 두었다(http://www.dummies.com/health/mental-health/10-questions-to-ask-a-psychiatrist-or-therapist).

진료를 받으러 처음 병원에 가기에 앞서 그 질문을 살펴보며 준비하자. 당신이 주도면밀한 사람이 아니라면 좀 더 적극적인 친구나 가족에게 도움을 요청하라. 특히 처음 진료받는 날에 든든한 지원군과 함께 가는 사람은 혼자 병원을 찾는 사람과 비교할 때 앞으로 치료를 받는 동안 의사의 도움을 받을 부분과 그렇지 않을 부분을 분명히 알고 필요한 정보를 얻는 데 있어서 커다란 차이를 경험할 수 있다.

당신과 동행한 그 사람은 당신이 깜빡 잊고 말하지 않거나 '이런 것까지 말해야 할까?'라고 생각하는 사소하고도 의미 있는 정보를 의사에게 제공할 수도 있다. 질문을 미리 적어가거나 의사와 이야기하는 동안 필요한 내용을 기록해도 괜찮다. 목록을 만들고 기록함으로써 의사에게 물어볼 중요한 것들을 떠올릴 수 있고, 병원을 나서는 순간 기억이 희미해질 수 있는 의사의 말들을 메모할 수 있기 때문이다.

어떤 정신과 전문의가 좋을지 고민할 때에는 다음과 같은 점을 살피고 고려하자.

✔ **충분한 경험** : 기분장애를 치료한 경험이 많은 의사들은 훨씬 더 정확히 진단하며, 효과적이면서도 최근의 연구 동향이 반영된 치료법을 권할 가능성이 크다. 따라서 환자는 반드시 그 의사가 양극성장애를 치료한 경험이 얼마나 되는지 묻고 확인할 필요가 있다.

✔ **민감성** : 약물을 처방하고 치료 과정을 조정해나갈 때, 의사는 환자의 이야기를 경청하며 질문에 성실히 대답하고 환자의 의견을 존중하면서 '한 팀'이 될 수 있는 사람이어야 한다.

✔ **의사소통의 의지** : 정신과 의사는 환자의 약물을 처방할 뿐만 아니라, 어떤 근거를 통해 진단 결과에 도달했고 치료 계획을 제안한 이유는 무엇인지 충분히 설명할 수 있어야 한다. 그뿐 아니라 앞으로 치료가 진행되는 과정에서 직면할 수 있는 위험성이나 예상되는 유익, 처방하는 약물 대신에 다른 치료제는 없는지 등에 관해서도 설명하는 의사를 선택하라.

✔ **접근의 편리성** : 정신과 치료 과정이 진행되는 동안에는 종종 약물이 바뀌거나 병명을 새롭게 진단받을 수 있으며, 특별히 치료 과정의 초기에는 그럴 가능성이 더 크다. 따라서 환자가 의사를 만나기 쉽고 편리한지는 반드시 고려할 중요한 요소임을 잊지 말자.

✔ **재정적 요소** : 당신의 재정 상황을 고려할 때, 그 의사에게 앞으로 지불해야 할 치료비가 감당할 만한 수준인가? 그 의사는 치료 과정이 진행되는 동안 발생할 수 있는 진료비 관련 내용을 환자에게 충분히 설명하는가?

진료를 받을 때는 반드시 전문적인 수련과정과 엄격한 시험을 거쳐 전문의 자격증을 소지한 정신과 의사를 선택하도록 한다.

첫 진료 준비하기

병원에 처음 방문하는 날, 정신과 전문의는 환자가 설명하는 자기 자신의 증상을 정확한 의학적 용어로 기술하게 된다. 그러기 위해서는 환자에 대한 충분한 정보가 필요하기 때문에, 개인적인 질문을 여러 개 물을 것이다. 문자 그대로, 의사는 환자의 머릿속에 들어가 그의 생각과 느낌을 볼 수 없기에, 정확한 진단을 내리려면 다음과 같은 정보에 의존할 수밖에 없다.

✔ **주관적인 정보** : 환자가 자신의 느낌과 생각, 최근의 행동 양상, 다른 사람들이 자신에 대해 알아차리는 것과 관련하여 의사에게 이야기해야겠다고 결정하는 주제에 대해 환자 자신이 이해하고 설명하는 것들을 의미한다.

✔ **객관적인 정보** : 의사가 상담에 임하는 환자의 태도뿐만 아니라, 그의 외

모, 행동, 말투, 감정 상태, 생각 등을 포괄적으로 관찰하여 얻은 정보를 의미한다.

정신과 의사는 환자에게 PHQ-9 우울증 척도, 벡의 우울척도 검사법(Beck Depression Inventory, 1961년에 아론 T. 벡에 의해 개발된 이래 전 세계적으로 사용되는 우울증 자가 검사법-역주), 또는 YMRS(Young Mania Rating Scale) 등의 설문을 작성하도록 할 수 있다. 의사는 이 모든 정보를 토대로 정신과적 평가를 내리고 환자의 진단 결과라고 예측되는 몇 가지 가능성을 고려한다. 주로 한두 번 정도 환자를 진료하며 이렇게 평가하고 진단을 내리지만, 다른 의학 분야에서와 마찬가지로, 정신과 치료 과정 중에도 새로운 정보를 알게 되거나 환자의 상태가 호전되면 진단 결과를 언제든 재평가하고 조정하기 마련이다.

정확한 진단이 이뤄지려면, 무엇보다 정직하게 마음을 열고 의사를 대하며 자신의 생각과 행동 및 감정을 분명히 설명해야만 한다. 쑥스럽다는 생각이나 다른 어떤 이유에서라도 중요한 정보를 의사에게 충분히 제공하지 않으면, 정확한 진단을 내릴 가능성은 줄어들 수밖에 없다.

진료를 받으러 가기 전에는 반드시 이 장에서 언급하는 내용을 머릿속에 담아두거나 종이에 적으면서, 자세한 내용을 질문하고 설명을 들을 준비를 하도록 하자.

전문가의 도움이 왜 필요할까?

정신과 전문의는 환자를 진찰할 때, 그가 호소하는 주요 증상이 무엇인지 가장 먼저 확인하기 마련이다. 쉽게 말하면, 무엇 때문에 정신의학적 진단을 원하게 되었는지 질문한다는 것이다. 이 질문을 받은 환자는 결론을 먼저 말하고 나서 다시 앞으로 돌아가 자세히 그 빈칸을 채워나가는 방식으로 대답하곤 한다. 당신은 어쩌면 몇 날 며칠 동안 침대에서 일어나지 못했거나, 몇 주 동안 몸과 마음이 너덜너덜했을 수도 있다. 기분 삽화 때문에 평온한 결혼 생활에 점점 금이 가고, 돈을 대책 없이 펑펑 써버렸을 수도 있다. 해야 할 일의 목록을 한없이 나열하며 한없이 무기력해지거나, 친구나 가족들과 심한 말싸움을 벌였을지도 모른다. 누군가로부터 정신과 의사나 심리치료사를 만나보는 게 좋겠다는 조언을 들었다면, 그 사람은 왜 그런 생각을 했는지 묻고 그의 생각을 듣는 게 좋다. 오히려 당신만 괜찮다면, 정신과 의사를 처음 만나러 갈 때 그에게 함께 가달라고 부탁하는 것도 좋은 방법이 될 것이다.

증상 정보 좀 더 주세요, 제발!

환자가 자신의 주요 증상을 설명하는 동안 그의 문제가 간단히 정리될 수 있다. 일단 문제가 드러나면, 정신과 전문의는 환자의 신체 및 정신적 발달 과정, 일상의 감정, 그리고 몇 년 동안의 행동 양상에 관한 자세한 내용을 묻기 시작하면서, 그 정리된 정보를 통해 현재의 질환과 총체적 상황을 파악할 것이다. 이처럼 정신과 의사는 전체적인 구조적 원인과 정보를 파악하는 접근 방식으로 환자의 정신과적 증상을 이해하려고 시도하게 된다. 의사들은 환자의 증상 목록을 정리하기 위해 다음과 같은

【 그냥 간단한 검사법은 없을까? 】

안타깝게도, 이 글을 쓰고 있는 지금 시점에는 양극성장애를 간단히 진단할 수 있는 기술이 아직 확립되어 있지 않다. 다음과 같은 몇 가지 이유를 통해 이런 현실의 원인을 조금 이해할 수 있는데, 우선 양극성장애가 여러 가지 상태를 뭉뚱그린 진단명인 데다 이 질환일 때 환자의 뇌에서는 검사하기 쉽지 않은 현미경 수준의 변화가 발생하기 때문이다. 게다가 피검사를 통해 화학적 변화를 검사해도 뇌에서의 화학 및 기능적 변화와 정확하게 일치하는 경향을 확인할 수 있는 것도 아니라서 그렇다.

하지만 벌써 포기하기엔 이르다. 최근에 몇 가지 개선된 진단 기법이 의료 현장에 도입됨으로써, 양극성장애의 진단에 관한 희망을 품어볼 만한 현실이 다가오고 있기 때문이다. 혁신적인 기술 몇 가지를 소개하면 다음과 같다.

✔ **기능성 자기공명 영상법(fMRI)** : 정신적 활동과 감정 상태에 따라 뇌의 각기 다른 부위의 대사 과정에서 미세한 변화를 감지함으로써 두뇌 활성의 양상을 감지하는 검사법이다. 기능성 자기공명 영상법과 다른 여러 기능성 영상화 기술을 통해, 앞으로 언젠가는 양극성장애와 다른 상태의 뇌 사이에 일관된 차이를 감지할 수 있을 것으로 기대된다.

✔ **유전학적 연구** : 최근의 유전학적 연구 기술은 양극성장애를 진단받은 사람과 조증과 우울증을 유도한 동물 모델을 대상으로 유전 및 후생적(epigenetic: 유전적 차이는 없지만 환경에 의해 개체의 표현형에 변화가 나타나는 것을 의미-역주) 형질의 양상에 주목하고 있다. 연구자들은 양극성장애와 일관적인 연관성을 나타내는 유전적 형질을 밝혀낼 수 있다면, 어떤 단백질이나 효소, 단백질의 유형이 이 질환의 증상과 연관되는지 알아낼 수 있을 것으로 기대하고 있다. 그런 지식이 축적되면 관련된 바이오마커(biomarker, 생물의 상태를 나타내는 지표로 사용되는 물질-역주)를 확인하는 혈액 검사법을 곧 개발할 수 있게 될 것이다.

✔ **신경생리학적 검사** : 종이와 필기구를 이용하여 진행되는 신경생리학적 검사를 통해, 양극성장애와 연관될 것으로 보이는 주의력, 기억력, 정보 처리 능력(실행 기능)의 양상을 분석할 수 있다. 이 검사는 주의력 및 행동의 문제를 나타내는 아동의 양극성장애 여부를 조기 발견할 수 있는 유용한 진단법으로 활용될 수 있을 것이다.

질문을 하곤 한다.

- ✔ **우울증과 관련된 질문** : 어떤 경우에 슬픔에 빠져들고 얼마나 오래도록 지속됩니까? 희망이 없거나 무기력하다고 느끼십니까? 죽음에 대한 생각이나 죽고 싶다는 생각을 한 적이 있습니까? 자살에 대해 생각해본 적이 있나요? 자살을 시도한 적이 있습니까? 사는 게 이젠 재미없다는 생각이 듭니까? 집중력이 떨어졌다고 생각합니까? 늘 피곤하십니까?

- ✔ **조증과 관련된 질문** : 당신은 언제 기쁘거나 화가 나고, 그런 기분이 얼마나 오랫동안 지속됩니까? 활력이 넘치고 생산성이 높은 시기가 있나요? 그런 시기에 돈을 낭비하거나 바람을 피우거나, 고용주로부터 돈을 빌리는 등의 일로 어려움에 빠진 경험이 있습니까? 어떤 일을 하더라도 자신이 그 일의 적임자이며 최고리는 생각을 한 적이 있습니까?

- ✔ **생각의 내용과 과정에 대한 일반적인 질문** : 당신은 대개 어떤 방식으로 생각합니까? 생각이 지나치게 느리거나 너무 빠른 편인가요? 생각이 명료하지 않다고 생각합니까? 당신의 뇌가 당신을 골탕 먹이는 기분이 듭니까? 예를 들면, 누군가의 목소리가 들려오는 것 같나요? 자신이 마법을 걸 수 있다는 확신이 듭니까? 아니면 누군가 당신을 해치려는 것만 같습니까?

- ✔ **불안과 강박 행동에 관한 질문** : 걱정이 많은 편입니까? 공황 발작을 경험한 적이 있나요? 어떤 생각이 사라지지 않거나 말도 안 되는 어떤 행동을 멈출 수 없었던 적이 있습니까? 사회적 상황에 온몸이 얼어붙도록 긴장하거나 잔뜩 겁을 먹고 회피하는 경우가 있습니까?

- ✔ **정신건강 관련 병력** : 지금껏 살아오는 동안 당신의 정신건강 상태는 어떠했습니까?(정신건강상의 문제 때문에) 병원에 입원한 적이 있습니까? 아니면 약물을 복용한 경험이 있나요? 이제껏 심리치료사의 도움을 받은 적이 있습니까?

- ✔ **과거의 삶에 관한 질문** : 어린 시절은 어떠했습니까? 학교생활은 어떤 편이었나요? 다른 친구들과 어떻게 지냈습니까? 단짝 친구가 있었나요? 청소년 또는 아동기에 우울증이나 조증의 증상을 경험한 적이 있습니까? 충격적인 일을 경험한 적이 있나요?

- ✔ **현재의 삶에 관한 질문들** : 하루하루의 삶이 어떠한가요? 일을 하십니까?

일은 잘되어가나요? 결혼 또는 연애 생활은 어떤가요? 성생활은 어떠합니까? 당신의 자녀, 부모, 형제들과의 관계는 어떠한가요? 취미가 있습니까? 운동하세요? 주량이 어느 정도인가요? 기분 전환을 위해 복용하는 약물이 있습니까? 당신에게 신체적 또는 정서적 폭력을 가하는 누군가가 주위에 있습니까? 살면서 이런 경험이 한 번이라도 있었나요? 현재 당신은 모든 관계 가운데 안전하다고 느낍니까?

질문에 따라서, 다른 특별한 사람이나 가까운 가족 구성원의 도움을 받아 설명할 때 기억이 좀 더 또렷이 떠오르거나 솔직한 생각을 보여줄 수 있어서 좀 더 쉽게 대답할 수 있는 때도 있다. 따라서 만일에 그런 사람이 기꺼이 동행해줄 마음이 있고 당신도 그와 함께 가는 것이 부담스럽지 않다면, 의사를 방문할 때 함께 가달라고 부탁하기를 권한다. 당신 혼자서 진찰실에 들어서는 것보다 훨씬 더 의미 있는 정보를 의사에게 빨리 전달할 수 있을 것이다.

과거 병력

정신과 의사를 만나면 자신의 증상을 설명하고 다음과 같은 몇 가지 질문에 대답해야 할 수도 있다는 것을 기억하자 ─ 두통이나 무력감, 현기증이 있나요? 머리를 다친 적이 있습니까? 복부 또는 대장 쪽에 문제는 없나요? 관절이 붓거나 아프지 않습니까? 피부의 문제는 없나요? 당뇨나 심장 질환은요? 뇌졸중 또는 암의 병력은 없습니까? 녹내장과 같은 눈의 문제는요? 수술을 받은 적이 있나요? 약물에 알레르기 반응을 보이지는 않습니까? 다른 알레르기 증상은요? 신장, 간, 폐 기능은 어떠십니까? 고기류, 글루텐, 유제품 등과 같이, 특별히 먹지 않는 식품이 있습니까? 특별히 체중을 관리하지 않았는데도(최근에) 눈에 띄게 체중이 줄거나 늘어났습니까?

정신과 전문의가 환자의 병력을 알아야 하는 두 가지 이유가 있는데, 첫째는 다른 신체적 상태 때문에 환자의 증상이 나타나거나 악화되는지 여부를 확인하고, 둘째는 약물치료가 필요하다면 가장 안전하고 효과적인 약물을 선택하기 위해서다.

가족력

양극성장애의 전형적인 증상을 나타내는 환자의 가족력에 관한 질문을 던지기 시작하면, 그 가계도의 나뭇가지마다 대롱대롱 매달려 있던 메마른 뼈다귀들이 우수수 떨어져 내리는 일을 종종 볼 수 있다. 그 뼈다귀들은 정신과 의사에게 말하자면 다음 과 같은 '쓸모'가 있을 수 있다.

✔ **진단 과정이 간단해진다.** 어떤 사람의 부모나 형제, 자녀 등 1촌 관계인 직계 가족 중 누군가가 기분장애나 조현병의 진단 병력이 있거나 자살에 대해 생각을 하거나 실행에 옮긴 사례가 있다면, 그 사람이 기분장애로 고통 받을 위험성이 현저히 높아진다는 사실이 알려져 있다(자세한 내용은 제2장 참조). 조부모, 삼촌, 이모, 사촌 등 2촌 이상의 가족도 비슷한 영향을 주지만, 영향의 정도는 훨씬 적은 편이다.

✔ **우울증의 증상만 나타나더라도 양극성장애일 가능성을 확인할 수 있다.** 우울과 관련된 증상만 나타나고 이떠한 조증 또는 경조증의 증상을 경험한 적이 없는데도 조증이나 조현병의 가족력이 있다면, 그 사람은 언젠가 조증 또는 경조증 삽화를 경험할 확률이 높다.

양극성장애로 진단할 환자에게 항우울제만 처방하는 것은 우울증 치료에도 덜 효과적이며, 경우에 따라 조증의 양상으로 전환될 가능성을 증가시키기도 한다. 따라서 아무리 조증의 증상을 보이지 않는 환자라도 직계 가족 중에서 양극성 가족력이 확인된다면, 정신과 의사는 그 환자에게 항우울제를 신중하게 처방하면서 처방 후 몇 주 동안에는 특별히 세심히 관찰할 것이다. 그리고 환자의 감정 주기를 주시하면서, 양극성의 가족력을 보이지 않는 환자들보다 항조증 약물을 좀 더 빨리 적용할 수도 있다.

✔ **가장 효과적인 약물을 결정하는 데 도움이 된다.** 어떤 특정 약물이 환자의 직계 가족이 치료받을 때 효과가 좋았던 적이 있거나 심각한 부작용을 유발했다면, 정신과 의사는 그 환자에게 약을 처방할 때 이런 사실을 참고할 것이다. 하지만 그 약물이 환자의 직계 가족에게 효과가 있거나 없었다는 사실만 갖고, 그 환자에게서 같은 결과가 발생할 것으로 예측할 수는 없다.

환자는 자신의 가족력에 대해 다음과 같은 몇 가지 사실을 기억하고 고려해야 한다.

✔ 당신의 가족 가운데 앞서 진단받은 사람이 없을 수도 있다. 특히, 부모 이
    전의 세대에서 말이다. 하지만 먼 친척 가운데 한두 사람이라도 어딘가 남
    다른 점이 있었다는 기억이 떠오르면 잊지 말고 의사에게 말해두자(예컨대,
    절대로 집 밖에 나가지 않거나, 술독에 빠져 지내거나 약물 중독인 경우가 있었거나, 아니
    면, 외계인이 집 안을 기웃거릴까 봐 창문마다 은박지를 붙인 경우 등이 있었다면 말이다).

✔ 양극성장애를 진단할 때, 가족력의 종류와 범위를 제한하지 말자. 특히, 조
    현병, 우울증, 불안장애, 공황장애, 분노조절 장애나 공격성 등과 같은 정
    신과 질환의 사례가 있다면 전부 말해두자. 다른 질환일 경우에도 같은 유
    전적 요인으로부터 비롯되는 경우가 있으며, 가족의 약물 남용은 어떤 사
    람의 기본적인 기분(기질)을 형성하거나 불안장애를 유발하는 요인이 될
    수 있기 때문이다.

✔ 가족 중에서 자살한 사람이 있는지 의사에게 말해둔다. 자살의 위험성은
    양극성장애와 우울증과는 무관하게 유전적 성향을 보이기 때문이다.

합법 vs 불법 약물

환자는 자신을 진료하는 정신과 의사에게 자신이 먹고 마시고 흡입하는 모든 화학
물질, 영양소, 약초에 대해 말하는 게 좋다. 정신과 의사에게 자신이 복용하는 다른
약물의 목록을 제공해야 할 뿐만 아니라 정기적으로 먹고 마시는 다른 것들, 예를 들
면 의사의 처방 없이 구매할 수 있는 모든 약품, 비타민, 약초, 술, 대마초(마리화나),
카페인, 에너지 드링크, 다이어트 약품, 암페타민이나 다른 자극제로부터 코카인이
나 엑스터시와 같은 불법 약물에 이르기까지 어떤 성분도 소홀히 여겨서는 안 된다
는 말이다.

불법 약물을 복용하고 있다면 정신과 의사와 상담하길 바란다. 이런 약물의 성분은
사람의 감정과 행동에 극단적인 영향을 주고, 이런 정보는 정신과적 진단 과정에 중
요한 요소로 작용할 수 있기 때문이다. 누군가에게 자신의 비밀을 털어놓는 게 부끄
럽고 불안한 마음은 지금 신경 쓸 일이 아니다. 당신에게서 자기 자신이나 다른 누군
가에게 위해를 가할 위험성을 발견하지만 않는다면, 의사는 당신이 복용하는 약물에
대해 다른 사람에게 절대로 입을 열지 않을 것이기 때문에 안심해도 좋다. 의사를 믿
고 모든 걸 공개해야만 최선의 치료를 기대할 수 있다는 사실을 잊지 말자.

정신과 의사에게 말하지 않고 술이나 다른 약물을 복용하는 것은 치명적인 결과를 초래할 수 있으므로 절대로 그래서는 안 된다. 수치심은 내려놓고 용기를 내어 자신만의 깊은 고민을 털어놓을 수 있어야만, 회복을 향한 길을 발견하고 당신 자신을 구해낼 수 있을 것이다.

수면 기록

당신이 시애틀에서는 잠 못 이루고 덴버에서는 잠에 취해 돌아다닌 적이 있다면, 정신과의사에게 그런 사실을 꼭 말해두자. 수면 습관의 변화와 활력의 흐름은 양극성 장애의 핵심적인 생물학적 지표이기 때문이다. 이런 정보는 환자가 주로 어느 때에 도움이 필요한지 알아차릴 수 있는 단서를 제공하며, 다음과 같은 변화와 현상이 느껴질 때는 빈드시 의사에게 이야기하도록 하자.

- ✔ 너무 오랫동안 졸릴 때
- ✔ 아무리 오랫동안 잠을 자도 피곤이 풀리지 않을 때
- ✔ 피로감이 해소되지 않을 때
- ✔ 잠을 거의 자지 않는데도 전혀 졸리지 않을 때
- ✔ 수면 패턴에 큰 변화가 생겼을 때

자신의 수면 주기와 활력 지수를 기록해보도록 하자. 뜬눈으로 밤을 지새우고 다음 날 몽롱한 하루를 보내는 건 정상적인 상태로 봐야 한다. 하지만 사흘 연속 밤을 새우고도 낮 동안 여전히 활기차다면 조심스레 조증을 의심해볼 만하다. 한 주 동안 어떤 패턴으로 잠을 자고 일어났으며 그다음 주에는 어땠는지 날마다 기억하는 건 어려울 수 있으므로 기록해두는 게 좋다(수면 패턴을 관찰할 기록 평가지로는 제11장에 실린 '감정 차트'를 활용하면 된다). 당신과 가장 가까운 누군가에게 도움을 청하는 것도 좋은 방법이다. 다른 사람이 볼 때는, 당신의 수면의 질이 더 나쁠 수 있기 때문이다. 그 밖에도 여러 가지 앱이나 장치를 이용해 수면과 활력의 양상을 관찰하고 기록할 수 있으며, 여러 기술을 활용하여 수집한 자신의 정보를 의사와 함께 공유하자.

최종 진단 내리기

환자가 의사 앞에서 자신의 속마음을 이토록 훤히 드러내고 죄를 고백하며 때에 따라서는 감옥에 갈 만한 일들을 저질렀다고 인정할 때, 그가 기대하는 것은 오로지 "도대체 뭐가 문제인가요?"와 "이것으로부터 어떻게 벗어날 수 있을까요?"라는 두 가지 질문에 대한 대답을 듣는 것뿐이다. 지난 몇 달 동안 환자는 자신뿐만 아니라 친구들과 가족들 모두가 말로 설명할 수 없고 죽을 것처럼 견딜 수 없이 고통스러운 증상에 힘든 시간을 보냈기에 이제는 뭔가 답을 찾고 싶다는 생각이 간절할 것이다. 하지만 안타깝게도 이 미스터리를 푸는 데는 좀 더 시간이 필요하다.

증상 평가하기

의사는 최종적인 진단을 내리기 위해 DSM 또는 ICD에 나온 증상과 환자의 증상을 비교할 것이다. 이 두 가지 지침은 정신의학 분야의 정석과 같은 것으로, 다양한 질환의 징후와 상태에 관한 기술과 함께 어떤 질병을 진단할 때 반드시 확인해야 하는 증상의 목록이 적혀 있다(이 두 지침과 양극성장애와 관련된 진단 기준을 자세히 알고 싶다면 제1장 참조).

양극성장애의 특징적인 증상에는 어떤 것들이 있을까? 의사들이 주의 깊게 살펴보는 몇 가지 핵심적인 부분은 다음과 같다.

- ✔ **조증의 증거** : 한 주 이상을 활력이 넘치는 상태가 지속되고, 지나치게 기쁘거나 화가 난 기분으로 잠도 거의 안 오고 활동량은 많고 호기심이 넘치는 데다 판단력은 흐려지고 충동조절 능력은 감소하고, 거창한 생각과 행동을 억제할 수 없으며 생각이 끝없이 이어지다가 삶 가운데 문제가 발생할 정도가 되는 것
- ✔ **주요 우울증의 증거** : 슬픈 기분이 두 주 이상 지속되고 활력이 감소하며, 매사에 재미가 없고 집중력이 감퇴하고 활동력과 생산성이 낮아지며, 죽음과 자살에 대한 생각이 많아지고 죄책감과 자신에 대한 나쁜 생각이 많아지며, 생각이 느려지다가 삶 가운데 문제가 발생할 정도가 되는 것
- ✔ **경조증의 증거** : 상승된 기분이 나흘 이상 지속하는 것으로, 경조증은 '약

한' 조증의 상태로 볼 수 있다. 조증만큼 큰 문제가 되지는 않더라도, 경조증과 더불어 살아가는 게 쉬운 일은 아니다.

✔ **정신병의 증거** : 정신병은 우울증이나 조증이 있는 상태에서 함께 나타날 수도 있다. 정신병은 혼란스러운 생각, 피해망상, 망상적 사고(현실의 심각한 왜곡) 또는 환청 등의 증상이 나타날 수 있다.

어떤 기분 삽화 때문에 나타나는 증상으로 보기 위해서는 평소와 비교할 때에 눈에 띄는 변화가 감지되며 가장 짧은 기간 동안 나타나는 경우라도 거의 온종일, 날마다 그 증상이 나타나야 한다.

다른 원인 고려하기

당신이 의사와 상담하면서 자신의 감정 증상의 밑그림을 그리고 가족력과 관련된 이야기를 풀어놓으면, 그 의사는 당신의 증상을 설명할 수 있는 몇 가지 진단명을 제시할 것이다. 이런 감별진단 과정을 통해 의사는 가장 정확한 진단명을 찾아내고, 진료하는 현시점에는 적용되지 않는 것으로 보이는 진단 결과는 배제할 수 있게 된다. 양극성장애를 감별 진단하는 과정에서 종종 함께 검토되는 진단명에는 다음과 같은 질환이 있다(각각의 상태에 관한 자세한 내용은 제1장 참조).

✔ 단극성 우울증
✔ 불안장애
✔ 주의력결핍 과잉행동장애
✔ 조현병 또는 조현정동장애
✔ 경계성 성격장애
✔ 다른 의학적 상태
✔ 약물 남용
✔ 정신 이상

진단받기

지금껏 여러 가지 검사 과정을 거치는 동안, 당신은 의사가 퍼붓는 수많은 질문에 시달리며 자신의 상태를 설명하고 심지어 가계도까지 되짚어 올라가면서 뭔가 단서가

【 효과적인 치료 과정은 정확한 진단에서부터 출발한다 】

나는 최근에야 경계성 성격장애(borderline personality disorder, BPD)로 진단받았는데, 어릴 때 의사가 양극성장애로 오진한 바람에 처음 15년 동안 병명을 잘못 알고 지내왔다. 경계성 성격장애와 양극성장애는 각각의 증상이 비슷한 측면이 많아서 정신과 의사가 진단할 때 시간을 많이 들여 분별하지 않으면 둘을 혼동하기 쉽다고 한다. 아무튼, 잘못 진단이 내려진 상태에서 20대 초반에 양극성 치료를 위해 리튬을 처음 복용했는데 그 결과는 너무도 처참했다. 그러다가 발프로산(데파코트)으로 약을 바꾸고 나서는 그나마 좀 나아졌는데, 경조증의 최고치는 좀 감소하는 듯했지만 내 감정의 밑바닥에 짙게 깔린 우울의 안개는 도무지 걷힐 줄 몰랐다. 그 때문에, 날 치료하던 의사는 시판되는 모든 항우울제는 신약까지도 모조리 시도해더라도 내게 꼭 맞는 약을 찾겠다는 의지를 불태우며 처방전을 써주었다. 그 밖에도 여러 가지 항정신성 약물도 복용했는데, 그런 식으로 마침내 잘 듣는 약을 찾기까지 무려 22가지 약물의 부작용으로 고통받아야만 했다. 그렇게 보낸 15년은 만일에 그 첫 의사가 정확히 진단했더라면 절대로 겪지 않아도 되었을 힘든 시간이었다.

지금도 복용하고 있는 기분 안정제 라모트리진(라믹탈)은 처음으로 내 우울증에 효과를 보인 약물이었다. 2005년에 처음 라모트리진을 복용하기 시작했을 때 너무도 곧바로 긍정적인 반응이 나타나는 걸 보면서 양극성장애가 틀림없다는 확신을 가질 수밖에 없었다. 그렇지 않다면야 기분 안정제에 반응을 나타낼 이유가 없지 않은가? 하지만 2011년에 액티브 마인즈(Active Minds, http://activeminds.org/, 정신건강의 중요성을 널리 알리기 위해 2003년에 미국에서 설립된 비영리단체−역주)의 강사로 일하기 시작했을 즈음, 나는 도대체 어떤 상황이 벌어지고 있는 것인지 이해할 만한 설명을 몇몇 의사에게서 들을 수 있었다. 미국에서 가장 좋은 병원 중 한 곳에서 경계성 성격장애로 진단받은 청소년들을 치료하고 있다는 한 의사는, 자기 병원에서 치료받는 아이들도 라모트리진을 복용했을 때 좋은 결과를 보이곤 한다고 말했다. 거기서 우리는 경계성 성격장애가 있는 사람들은 양극성의 성향이 있는 사람들처럼 깊은 우울감에 고통받긴 하지만 조증은 경험하지 않는다는 사실에 대해 많은 이야기를 주고받았다. 경계성 성격장애인 사람도 감정이 불안정할 때 단기간 지속하는 경조증의 양상을 나타낼 수는 있으며, 특히나 수면 부족의 요소가 더해졌을 때 그런 양상이 더욱 두드러지는 경향이 나타난다. 하지만 내 생각에는 자살 충동을 동반한 우울증이 좀 더 분명한 것 같다. 변증법적 행동 치료와 병행한 라모트리진의 항우울 작용은 내 삶을 완전히 뒤바꾼 출발점이 되었다.

−스테이시 퍼샬, 『내 마음의 외침 : 양극성 소녀의 낯선 기억(Loud in the House of Myself : Memoir of a Strange Girl)』의 저자

될 만한 점을 찾으려 골머리를 앓았을 것이다. 이제는 그만하고 자신을 설명해줄 수 있는 이유를 좀 알고 싶다는 마음이 간절하다. 도대체 무엇 때문에 이토록 불편하고 비참한 기분으로 살아야 하는 걸까?

자신의 증상이 교과서에 기술된 것과 같지 않다면, 진단 과정이 쉽지 않고 스무고개를 넘는 것 같을 수 있다. 어쩌면 경미한 우울증을 동반한 불안장애이거나, ADHD 성향을 동반한 강박장애(obsessive compulsive disorder, OCD)일 수도 있으며, 피해망상을 동반한 경미한 조증일지도 모른다. 다르게 표현하면, 당신의 진단명이라는 초상화는 세밀화보다는 추상화에 가까운 그림이 될지도 모른다는 뜻이다. 따라서 정신과의사는 우선 환자의 일차적 진단 결과를 결정하고 환자의 상태를 계속 지켜보면서 다시 새롭게 진단하거나 진단 결과를 수정할 수도 있다.

오늘날 환자들에게 적용되는 진단 시스템은 물리적인 원인보다는 관찰된 증상을 기반으로 평가하는 방식이다 보니, 아무래도 뭔가 명확하지 않은 것처럼 느껴지고 진단 결과가 중복될 가능성이 크다. 유사한 감정 및 행동 증상을 공유하는 정신질환이 많기 때문에, 진단 과정은 내단히 복잡하고 까다로울 수 있다. 때로는 시간이 매우 중요한 요소로 작용하기도 하는데, 증상에 따라 어떤 것들은 명확하게 나타나기까지 시간이 한참 걸리는 경우가 있기 때문이다.

질병의 중등도 평가하기

양극성장애가 심한 정도는 사람마다 각기 다르다. 어떤 사람들은 별다른 주요 기분 삽화를 경험하지 않고서도 몇 년씩 잘 지내곤 하는 데 반해, 또 다른 이들은 1년에 네 차례 이상 기분 삽화와 씨름하기도 한다. 우울 삽화가 몇 달씩 지속되는 사람도 있는 반면에, 고작 몇 주 만에 사라지는 이들도 있다. 그리고 어떤 사람들은 일상생활에 거의 영향을 주지 않는 경조증 삽화만 경험하기도 한다. 사람마다 각기 다른 양극성의 중등도를 판단하고 예후를 예측하기는 쉽지 않지만, 다음과 같은 점을 고려하면 이후의 질병의 양상과 예후를 예측하고 판단하는 데 도움이 될 수 있다.

- ✔ 정신병을 동반한 경우에는 일반적으로 더 중증의 기분 삽화가 나타날 수 있다.
- ✔ 더 어릴 때, 특히 소아 또는 청소년기에 양극성의 성향을 보인 사람일수록, 시간이 지남에 따라 증상이 심화되는 폭이 더 크고 기분 삽화가 악화될 가능성이 크다.
- ✔ 시간이 지날수록 기분 삽화의 발생 빈도, 지속 시간, 강도가 증가한다면 환

자의 상태가 점점 악화되고 있다고 볼 수 있다.

✔ 리튬과 같은 약물에 좀 더 빠른 속도로 완전한 반응을 보이는 사람일수록 더욱 전형적인 양극성의 양상을 나타내는 경우로 볼 수 있고, 치료 과정이 진행됨에 따라 좀 더 긍정적인 예후를 기대할 수 있다.

✔ 기분 삽화가 자주 나타날수록 치료가 어려운 유형의 양극성장애일 가능성이 높다.

환자는 정신과 의사와 이런 측면에 대해 충분히 이야기를 나눠야 한다. 자신의 일부 모습은 나쁜 예후를 예측할 만한 요소가 될 수도 있겠지만, 어떤 변수도 환자의 운명을 결정짓는 절대 불변의 원칙이 될 수는 없다. 스트레스 관리, 생활방식의 변화, 장기간에 걸쳐 세세히 관찰하고 조정해나가는 약물치료 과정을 통해 증상을 분명히 약화시키고 긍정적인 예후를 만들어갈 수 있음을 잊지 말자.

진단 결과 받아들이기

양극성장애라는 진단 결과를 전해 듣는 순간, 당신의 머릿속에는 수많은 사람의 다양한 반응이 떠오르며 걱정이 파도처럼 밀려올 것이다. 이런 진단을 받았다고 하면 사람들이 날 어떻게 바라보고 어떤 생각을 할까? 회사에는 과연 계속 출근할 수 있을까? 집주인이 집을 비워달라고 하진 않을까? 이런 일련의 생각이 꼬리를 물고 이어지면 머리가 터질 것만 같은 기분에 사로잡힐 수도 있다. 그렇다면 양극성장애의 핵심적인 양상에는 과연 어떤 것들이 있을까? 양극성의 성향은 도대체 왜 나타나는 것이며, 그런 성향이 있는 사람의 강점과 약점은 어떤 것일까? 몇 가지 대답을 하나씩 살펴보도록 하자.

✔ **일단 진단을 받으면 치료 방법을 선택할 수 있다.** 당뇨병이라는 진단과 함께 일련의 치료 과정을 설명하는 것처럼, 의사는 양극성장애라는 진단을 내릴 때 약물치료와 각종 치료법을 환자에게 권하고 선택권을 주게 된다.

✔ **진단을 받아야 먼 훗날 어떤 결과가 발생할 가능성이 있는지 예측할 수 있다.** 의사가 양극성장애처럼 복잡한 질환을 안고 살아갈 환자의 미래를 정

확히 예측할 수는 없지만, 병이 진행됨에 따라 나타날 만한 증상의 양상이나 위험성을 예견하며 그런 상태를 피할 수 있도록 도움을 줄 수는 있다.

✔ 양극성장애라는 진단명이 당신이 어떤 사람인지 규정할 수는 없다. 당신이란 사람이 원래부터 양극성의 성향이 있는 것이 아니라, 그런 질환을 갖게된 것일 뿐이다. 말이 인식의 차이를 불러오기 때문에, 이런 표현의 차이는 매우 크다고 볼 수 있다. 따라서 양극성의 성향과 증상은 자신을 규정하는 모습이 아니라, 관리해야 할 측면으로 봐야 한다.

✔ 환자는 의사로부터 진단 결과를 듣는 자리에 혼자 있기를 원하는지, 아니면 누구와 함께 설명을 듣고 싶은지 선택할 권리를 가진다. 우리나라의 경우 의료법 제19조에 근거하여, 의료인이나 의료기관 종사자는 일부 규정 외에 관련 업무를 하면서 알게 된 다른 사람의 정보를 누설하거나 발표하지 못한다. 그뿐만 아니라, 장애인차별금지 및 권리구제 등에 관한 법률 역시 양극성장애 때문에 어떤 차별도 받아서는 안 된다는 규정을 명시하고 있다. 만일에 양극성장애라는 진단 결과 때문에 직장에서 해고당하고 집주인이 이사를 요구한 증거가 있다면, 상대방을 고소할 법적 근거가 충분한 셈이니 염려할 필요가 없다.

✔ 진단 결과 때문에 어떤 사람들은 당신을 판단할 수 있다. 판단은 진단이 내려지는 순간부터 환자가 맞닥뜨리게 될 어려움 중 하나다. 당신은 그저 당신을 판단하고 선입견을 품고 바라보는 사람들이 양극성장애에 대해 잘 모르고 두렵기 때문에 그런 반응을 보이는 것임을 기억하면 된다. 그러다가 때로는 자신을 변호하고 그들에게 정보를 주거나 가르칠 수도 있지만, 상황에 따라서는 어떤 이들과 거리를 둬야 할 때도 있음을 잊지 말자.

✔ 진단을 받고 나면 공동체의 도움을 받을 수 있다. 수많은 사람의 소중한 지원과 네트워크의 도움을 받을 기회를 여러 해 동안 누릴 수 있으니 말이다. 당신이 '당한' 상황을 똑같이 겪으며 지나가는 많은 사람이 여러 공식 또는 비공식적인 형태로 연대하고 힘을 모아, 같은 상황에 힘들어하는 또 다른 사람을 돕고 공동체로서 대응하고 있음을 기억하자.

치료 계획에 대한 설명 듣기

정신과 의사는 환자의 정확한 상태를 진단할 뿐만 아니라, 지금 당장 환자에게 필요한 적절한 치료 계획을 제공하고 앞으로 나아갈 방향을 제시한다. 그 치료 계획에는 다음과 같은 내용이 담겨 있어야 한다.

✔ 약물의 이름, 복용 일정, 잠정적인 부작용, 치료를 시작할 시점에 대한 설명(달리 말하면, 그 약물을 지금 이 시점에 선택한 이유에 대한 간단한 설명을 의미함)

✔ 환자가 복용할 모든 약물에 대한 처방전(용지에 출력된 사본 또는 온라인으로 약국에 곧바로 전달된 것)

✔ 담당 의사가 권하는 혈액 검사나 다른 의학적 상담 또는 다른 검사를 진행하는 데 필요한 모든 문서의 양식

✔ 약물의 복용량 또는 복용 기간 등, 현재 복용 중인 약물에 관한 내용의 변경사항

✔ 예약을 잡은 다음 진료일과 시간 또는 다음 진료일을 예약할 방법에 대한 안내

정신과 진료를 위해 예약하는 것, 특히 환자가 편리한 시간과 날짜에 예약하기란 쉽지 않은 일일 수 있다. 병원을 나서기 전(또는 전화로 예약해야 한다면 집에 돌아오자마자), 4개월에서 6개월 후로 재진 약속을 정한다. 그래야만 환자 자신이 편리한 때에 진료 예약을 잡을 수 있다.

✔ 병원을 재방문할 때 발생할 모든 비용과 시간 간격에 대한 언급

✔ 다음 방문 전에 궁금한 점이 생기거나 문제가 발생할 경우 의사에게 문의할 수 있는 연락처 안내, 또는 응급상황에 담당 의사와 연락이 닿지 않을 때 대처방법에 대한 설명

✔ 심리치료사의 도움을 받을 수 있다면, 치료 계획에는 치료의 종류, 심리치료사의 이름과 전화번호, 정신과 전문의가 심리치료사와 의견을 교환할 수 있음을 명시하고 환자가 서명한 동의서가 포함되어야 한다.

✔ 환자 거주지 주변의 지지 그룹의 명칭, 도움이 될 만한 도서 또는 다른 유용한 정보

의사가 치료 계획을 설명하는 동안 받아 적도록 하자(다른 사람과 함께 방문했다면, 그에게 이 역할을 부탁해도 좋을 것이다). 치료 과정에 대한 설명 중에서 이해하지 못한 부분에 대해서는 언제든 질문하라. 의사를 만날 땐 언제든지 질문할 것들을 적어가는 것을 부끄러워하지 말자. 첫 번째 진료가 진행될 때 이 모든 것을 챙기려면, 환자나 보호자로서 가장 걱정되는 것들이나 중요한 질문을 당연히 깜빡 잊고 말 것이기 때문이다.

또한 정신과 의사에게서 받아 온 각종 동의서를 주치의와 다른 진료과목의 담당의, 그리고 가족들에게 보여주고 적절한 내용인지 확인한 다음, 필요한 곳에 모두 서명했는지 확인해두는 게 좋다. 제15장에서는 정신과 전문의가 환자에 대해 환자의 가족이나 친구에게 설명할 수 있도록 승인하는 안내문의 예를 확인할 수 있다.

성공적인 '기분 관리팀' 결성하기

제6장 미리보기

- 정신과 전문의를 믿고 따른다.
- 유능하고 믿을 만한 심리치료사와 한 팀이 된다.
- 친구와 가족들의 지지와 도움을 요청한다.
- 치료 팀에 지지 그룹을 포함한다.

누구나 스스로 많은 질병을 관리하고 치료할 수 있다. 속이 쓰리고 소화불량에 시달릴 때는 제산제를 한두 알 삼키면 되고 감기 기운이 있다 싶으면 따끈한 레몬차 한 잔을 마시며, 두통이 심해질 때는 아스피린 등의 두통약을 한두 알 챙겨 먹으면 그만이다. 하지만 양극성장애는 그처럼 쉽게 해결될 수 있는 문제가 아니다. 우울증의 어둠이 너무 깊어서 두 눈이 멀 수도 있고, 조증의 소용돌이가 휘몰아칠 때는 정신을 거의 잃다시피 하면서 조증이 찾아오기 전에는 어떤 마음이었는지조차 도무지 기억할 수 없으니, 효과적인 치료의 중요성을 잊지 말아야 할 이유다.

아이 하나를 양육하는 데 마을 전체의 도움이 필요하다는 서양 속담이 있다면, 당신의 감정이 조절되지 못하는 상태를 미리 막아내기 위해서는 적어도 작은 팀을 이룰 정도의 사람들의 도움이 필요하다고 봐야 한다. 그 팀에는 이상적으로 정신과 의사와 어쩌면 전문적인 치료사 그리고 환자를 지지해줄 한 명 이상의 가족 또는 친구가 포함되어야 한다. 정신과 전문의는 주로 진단을 하고 약을 처방함으로써 환자의 뇌 기능을 정상화하는 일을 담당한다. 심리치료사는 대응 기술을 가르쳐주고 통제할 수 없는 문제는 내버려두는 등, 환자가 당면하는 여러 가지 상황을 해결하도록 도움을 준다. 가족과 친구들은 환자에게 치료 효과에 대한 피드백을 제공하고 환자에게 용기를 불어넣어 주는 등 지지자의 역할을 감당한다.

이번 장에서는 환자의 '기분 관리팀'을 조직하는 방법에 관해 설명하려고 한다. 이번 장을 읽으면서, '기분 관리팀'에 속하는 각 사람의 핵심적인 역할과 각 사람에게 필요한 역량과 기준을 분별할 수 있을 것이다. 또한 환자가 자신의 팀에 포함시킬 만한 친구와 가족 그리고 전문가를 선택할 때 고려해야 할 점에 대한 몇 가지 제안점도 소개할 것이다.

진단 및 약물 처방을 담당할 정신과 전문의

눈앞에 벌어지는 현실과 마음을 가득 채운 기분 사이가 완전히 다른 상황이 벌어지는 것은, 뇌의 신경생리학적 메커니즘이 뒤죽박죽 상태가 된 탓이다. 정신과 의사는 환자의 신경생물학적 시스템을 안정시킬 만한 약물을 처방함으로써 환자의 뇌가 다시 정상적으로 반응할 수 있도록 도움을 준다. 약물은 양극성장애 자체를 완전히 치료하지 못하지만 환자의 기분을 적절히 조절해줌으로써 일상을 회복하고 조증이나 우울증을 촉발할 수 있는 삶의 문제들을 잘 해결해나갈 수 있도록 도움을 준다.

정신과 의사의 주요한 역할은 환자의 질환을 정확하게 진단하고 적절한 약을 처방하는 것뿐만 아니라 환자를 교육하고 지원하는 치료 계획을 수립하는 것, 그리고 다음 절에서 다시 설명하겠지만 환자가 자신이 복용할 약을 잘 관리하도록 도움을 주는 것을 포함한다.

모든 의사가 양극성장애를 진단하고 필요한 약을 처방할 수는 있겠지만, 정신과 전문의는 정신질환을 치료하기 위한 특별한 과정을 수련한 전문가들이다. 이런 엄격한 과정을 이수한 전문의는 편안하고 따뜻한 상담 과정뿐만 아니라 긴급한 개입이나 격려가 필요한 순간까지, 모든 상황을 다룰 줄 안다. 정신과 전문의를 선택할 때는 의사의 지식과 경험을 최우선으로 삼되, 정신과 의사로서의 전문성을 발휘하려면 반드시 환자의 말을 경청하는 자세를 갖춘 의사라야 함을 기억하자(정신과 전문의를 선택할 때 필요한 자세한 내용은 제5장 참조).

진단 담당 전문의

어떤 질환을 치료하는 과정을 시작하기 전에는 반드시 정확한 진단이 필요하며, 보통 정신과 전문의가 이 역할을 담당한다. 정신과 의사가 진단을 내리는 과정을 정확히 이해하고 그의 진단 과정의 정확성을 높이기 위해 환자나 보호자가 할 수 있는 일이 궁금하다면 제5장을 다시 읽어보도록 하라. 참고로 양극성장애로 진단을 내릴 때 필요한 자세한 기준에 대해 알고 싶다면 제1장을 참조하면 된다.

마스터 플래너

일반적으로, 정신과 의사 또는 치료팀(주로 의사와 심리치료사가 이룬 팀)은 치료 과정을 시작할 때 환자와 함께 계획을 수립한다. 포괄적인 치료 계획에는 주로 약물치료, 환자와 보호자의 교육, 치료 과정, 그리고 자조 기술에 관한 내용이 포함된다. 하지만 여러 양극성 환자들은 그 질환의 양상과 자신의 필요, 여러 치료법과 지원의 한계에 대해 알아갈수록 치료 계획을 자기 맘대로 확장하거나 수정하기도 한다. 치료 과정의 단계가 진행되는 과정에서 누군가 마스터 플랜을 세우는 역할을 담당한다면, 치료의 모든 측면을 포괄하는 계획을 만들어갈 수 있어 도움이 된다.

진료 담당 전문의

오늘날 안타깝게도 일부 정신과 의사들은 환자들의 이야기를 경청하거나 질문에 대답하는 대신 차트에 끄적거리는 데 더 긴 시간을 할애하는 경향이 있다. 의사들은 각각의 환자들과 충분한 시간을 보내는 대신에 짧은 시간 동안 가능한 한 많은 환자를 봐야 하는 처지에 놓여 있다. 양극성장애를 의학적으로 다루는 일은 상당히 복잡하며, 환자가 방문할 때마다 매번 여러 중요한 주제들에 관해 이야기를 나누기 위해서는 충분한 시간이 필요하기 때문에, 제한된 진료 시간은 큰 부담일 수밖에 없다.

만일에 담당 의사와의 상담 시간이 너무 짧아서 필요한 설명을 다 듣지 못했다고 느껴질 때는 당신의 불만을 표시해도 좋다. 그러면 그 의사는 좀 더 여유가 있는 시간에 다음 진료 약속을 다시 잡고, 당신이 못다 한 질문을 할 기회를 줄 것이다.

라이프스타일 관리자 : 심리치료사 역할의 중요성

성신과 의사가 적절한 약물로 널뛰는 환자의 뇌 상태를 안정시키고 나면, 환자는 자신의 문제가 대부분 해결된 것처럼 느낀다. 하지만 양극성장애가 있는 많은 사람은 약을 먹어도 증상 일부가 해소될 뿐이며 일부 증상은 여전히 남아, 더욱 완전한 회복을 위해서는 추가적인 치료를 받아야 한다. 약을 먹고 증상이 완전히 나은 것만 같은 기분이 들더라도, 환자가 충분히 잠을 잘 수 없는 등 여전히 지속되는 스트레스 상황 가운데 지내면서 자신의 문제를 해결해보겠다고 쓸데없는 방법을 시도하고 갈등을 정면 돌파하겠다고 나서면, 약의 기분 조절 효과가 와르르 무너지는 결과를 나을 뿐이다.

좋은 심리치료사의 개입이 반드시 필요한 이유가 바로 여기에 있다. 심리치료사의 일차적 역할은 환자의 증상을 완화시킬 수 있는 전략을 세우고 스트레스를 경감시킬 수 있는 긍정적인 생활방식의 변화를 유도하며, 건강한 사고 및 행동 방식을 수립함으로써, 일상 가운데 나타나는 감정의 기복에 좀 더 효과적으로 대응하도록 도움을 주는 것이다. 좀 더 구체적으로 살펴보자면, 심리치료사는 기분 삽화가 나타나려고 할 때 알아차리는 방법을 가르쳐주고 건강하지 못한 사고의 패턴에 매몰되지 않고서도 건강한 방식으로 대응하는 법을 훈련하도록 도움을 줄 수 있다.

심리치료사는 환자의 '기분 관리팀'의 일원으로서 환자의 치료 과정을 코칭, 직업 상담, 환자의 감정 모니터링, 그리고 전반적인 삶의 웰빙을 관리하는 역할을 담당할 수 있다. 지금부터는 이처럼 다양한 심리치료사의 역할을 좀 더 자세히 살펴보려고 한다.

심리치료사와 정신과 의사는 종종 환자의 치료팀에서 공동 리더의 역할을 수행하며, 각자의 역할이 어느 정도 중복될 수도 있다. 정신과 의사는 치료, 교육과 지원 기능에 좀 더 치중한 역할을 감당한다면, 심리치료사는 환자가 복용하는 약을 조정할 필요가 있다고 판단될 때 환자의 동의하에 정신과 의사에게 관련된 내용을 제안할 수 있다.

코치, 트레이너, 심판

유능한 심리치료사는 환자의 증상만 고려할 뿐만 아니라, 양극성장애 때문에 영향을 받는 환자의 삶의 전반적인 측면과 증상을 심화시키는 요인에까지 관심을 갖는다. 치료사들이 주로 관심을 두고 살피는 환자의 문제는 다음과 같이 정리해볼 수 있겠으나 이보다 더 많은 것들을 살피는 경우도 있다.

- ✔ **환자의 사고 과정** : 양극성이 나타날 때 환자의 사고 과정은 종종 인식의 결과에 그늘을 드리우고 소용돌이를 만들어 환자를 점점 더 깊은 우울의 늪에 빠뜨리곤 한다.
- ✔ **환자의 일상생활** : 규칙적인 수면 습관과 일정하게 돌아가는 삶의 시간표는 환자의 기분을 안정시키는 데 도움이 된다.
- ✔ **배우자, 가족 구성원, 친구들과의 갈등** : 가까운 사람들 사이에서 문제가 불거질 때, 환자는 양극성의 상태뿐만 아니라 삶의 전반에 걸쳐 영향을 받기 마련이다.
- ✔ **가족 문제** : 양극성 환자도 자녀 양육과 관련한 여러 가지 문제나 가정의 재정 문제로 어려움을 겪을 수 있다.
- ✔ **직업과 관련된 문제** : 양극성 환자는 직업과 관련하여, 업무의 복잡성이나 동료와의 갈등으로부터 증상 관리를 위한 업무시간의 조율 등에 이르기까지 다양한 문제로 힘들어할 수 있다. 이럴 때 심리치료사는 합리적인 제안을 회사 측에 제시하는 소견서를 작성해주는 등의 합리적인 도움을 제공할 수 있다.
- ✔ **사회적 상황** : 환자에게 스트레스를 주거나 환자의 증상 때문에 문제가 생기는 사회적 상황은 기분 삽화를 촉발시키는 원인이 될 수 있다.

더미를 위한 팁

환자가 가장 필요로 하는 형태의 치료를 전문적으로 제공하는 심리치료사를 찾자. 제11장에서는 감정의 안정성을 개선하고 양극성장애 때문에 삶이 무너지는 사람들을 도울 수 있다고 검증된 여러 가지 다양한 치료법을 자세히 소개하고 있다.

기분 온도계

제11장에서 이미 설명했듯이, 환자는 자신의 기분을 모니터링 할 수 있고 또 그래야만 한다. 하지만 우울증이 찾아와 젖은 솜이불에 어깨가 짓눌린 것처럼 느껴지거나, 조증이 시작되어 하늘 높은 줄 모르고 솟아오르다가 성층권까지 날아오를 것처럼 기분이 좋아지면 도무지 정신을 차리고 객관적으로 자신의 감정 상태를 기록하는 게 불가능할 수 있다. 게다가 친구나 가족들도 한결 같은 도움을 주기에는 너무 바쁘게 하루하루를 살아야 하는 경우도 있다는 점도 커다란 문제다.

환자의 심리치료사는 환자의 기분과 태도를 객관적으로 살피는 '기분 온도계'와 같은 역할을 수행할 수 있다. 뿐만 아니라, 환자가 기분이 좋지 않을 때도 자기 감정을 좀 더 정기적 또는 효과적으로 모니터링 할 수 있는 전략을 세워줄 수도 있다. 때로는 가까운 가족이나 친구보다는 제3자의 관점에서 환자의 감정을 관찰하고 조언하는 것이 환자로서는 훨씬 받아들이기 쉬울 때도 있다.

말 없이 들어주기

때에 따라서는 치료사가 절대로 환자에게 구체적인 조언을 하지 않는 치료법도 있다. 이런 유형의 치료가 진행될 때, 치료사는 그저 조용히 앉아 환자가 설명하는 내용을 말없이 경청할 뿐이다. 물론 약간의 몸짓이나 고개를 끄덕이는 정도로 자신이 듣고 있음을 표현하기는 하지만, 전체적으로 말은 거의 하지 않는다. 이처럼 허공에 대고 말하는 것처럼 치료가 진행될 때, 환자들은 마음을 가라앉힐 수 있게 되고 치료사들은 이미 알고 있는 해결책을 부드럽게 제시할 수 있는 여건이 마련되곤 한다. 다른 여러 치료 모델이 훨씬 더 능동적인 방식을 취하고 문제 해결에 초점을 두고 있더라도, 적극적인 경청은 환자에게 도움이 될 만한 해결책과 전략을 세워나가는 모든 여정의 출발점이 된다.

환자의 말을 잘 들어주면서 환자 스스로 자신의 문제를 해결하도록 독려하는 심리치료사를 만났다면 금광을 발견한 것만큼이나 커다란 행운으로 여겨도 좋을 일이다. 하지만 아무리 뛰어난 전문가가 최고의 치료를 제공하더라도, 환자의 상태가 나쁠 때는 효과가 덜 한 듯 보일 수도 있다. 기분 삽화가 한창 시작되어 달아오르는 중이거나 최고점을 찍고 가라앉는 중이라면, 노련한 치료사는 대개 그저 듣기만 하는 것이 아니라 좀 더 적극적인 태도를 보이기 마련이다.

전반적인 삶의 관리자

장기적인 양극성장애의 관리 측면에서 볼 때, 가장 중요한 요인 중 한 가지는 신중하면서도 일관성 있는 치료의 지속성이다. 사회복지사, 가족, 가까운 친구 또는 심리치료사는 환자가 과거에 복용한 약과 다양한 치료법에 대한 자세한 기록을 남기도록 도움을 줌으로써 치료의 지속성을 높일 수 있다. 심리치료사는 삶의 전반적인 관리자(wellness manager)로서 환자의 의사나 치료사를 변경하는 경우에, 새롭게 결정된 의사나 치료사가 이전에 이미 시도했던 치료법이나 약물을 다시 반복하지 않도록 원활한 치료 과정의 진행을 도울 수 있다.

추천자의 역할

심리치료사들은 이외에도 많은 사람을 알고 있다. 만일 어떤 치료사가 환자의 문제를 해결할 수 없더라도, 그는 어쩌면 도움을 줄 수 있는 다른 사람을 연결해줄 수 있다. 그는 책상 서랍을 뒤져 누군가의 명함을 건네주거나, 스마트폰의 연락처를 샅샅이 확인해 환자에게 꼭 필요한 그 전문가의 전화번호를 찾아줄 게 틀림없다. "빚더미 깔려 죽을 지경이라고요? 다른 환자들도 여럿 살린 유능한 재정 컨설턴트를 소개해드릴게요. 일자리가 필요하다고요? 제가 아주 괜찮은 직업 상담사를 알고 있으니 걱정마세요. 고된 일상에서 벗어나 잠시 휴식이 필요한가요? 여행사 번호를 하나 드리죠. 제 상담 비용을 지불할 능력이 안 되신다고요? 여기에 정부가 지원하는 건강보험 내역이 자세히 나와 있으니 한번 읽어보세요."

심리치료사의 도움을 받을 수 없을 때

모든 환자가 각 분야의 심리치료사에게 도움을 받을 여력이 되는 건 아니다. 여러 형편을 고려할 때 심리치료사를 찾아갈 수 없다면, 자조 기술과 지원 네트워크, 공식적인 지지 그룹에 좀 더 의존할 필요가 있다. 인지행동치료(CBT)와 마음 챙김과 관련된 책 또는 영상 자료를 통해 스스로 자신의 증상을 관리할 수 있는 치료법을 연습하는 일에 속도를 낼 수도 있다. 또한 가족, 친구, 지지 그룹에 속하는 환우들도 환자의 이야기를 말없이 들어주고 문제 해결에 도움을 주며 해결책을 함께 고민하면서 환자의 필요를 채워줄 수 있다.

서점에 널린 자조 기술 관련 서적에 대해서는 일단 회의적인 시각을 갖는 게 좋다. 그런 책을 가득 채운 수많은 의견은 전혀 검증된 바 없는 주장일 뿐이며, 오히려 충분히 확인된 정보를 찾는 편이 낫다. 정신과 의사 또는 주치의가 추천하는 다양한 책과 자료를 통해 직접 시도해볼 만한 검증된 치료법을 알아볼 수 있다.

개인적인 지지 그룹 모으기 : 가족과 친구들

가족과 친구들로 구성된 든든한 지원 네트워크는 환자가 감정을 안정시키기 위해 씨름하는 전장에서 믿을 만한 전우와 같은 역할을 한다. 하지만 전우들이 각자 자기의 관심사와 감정적 짐을 잔뜩 짊어지고 허덕인다면, 그들 때문에 환자의 문제는 더욱 복잡해지고 기분 삽화가 나타날 가능성만 커지는 셈이다. 따라서 환자가 자신을 지원해줄 팀의 일원을 모집할 때는, 다음과 같은 3가지 사항을 반드시 고려해야 한다.

✔ 믿을 만한 사람들을 선택한다.
✔ 허심탄회하게 이야기를 나누면서 각 사람의 염려와 불안에 대해 나누고 함께 목표를 세운다.
✔ 양극성장애가 어떤 질환이며 그들이 어떤 부분에 도움을 줄 수 있는지, 지지 그룹의 구성원들이 배우고 알아가도록 격려하라(제23장에 사랑하는 사람의 양극성장애에 도움을 줄 수 있는 10가지 방법을 참조하라).

신뢰를 바탕으로 한 네트워크

지원 네트워크에 포함할 가족이나 친구를 알아볼 때는 정서적으로 안정되고 믿을 수 있는 사람들을 선택하되, 환자가 다음과 같은 물음을 스스로 묻고 답할 때 더 명확해질 수 있다.

✔ **이 사람을 신뢰할 수 있는가?** 어떤 사람들은 남의 이야기를 안주 삼듯 주고받으며 사람들과 잡담하는 걸 좋아하기도 한다. 그러므로 지원 네트워크에 포함시킬 사람들은 비밀을 지킬 수 있는 믿을 만한 사람들을 선택하는 게 중요하다.

✔ **이 사람은 날 지지할 만큼 정서적으로 안정된 사람인가?** 양극성의 성향이 있는 사람들은 공통적으로 감정의 기복이 심한 사람들에게 끌리는 경향이 있다. 환자의 안정된 상태를 유지하도록 도우려면 상대방이 먼저 정서적으로 안정된 사람이어야 함을 잊지 말자.

✔ **이 사람과 내가 충분히 자주 교류하는 사이인가?** 이상적인 지원 네트워크의 구성원은 적어도 한 주에 한 번 이상 환자와 만나거나 대화하는 사람이다. 그래야 환자의 기분에 중요한 변화가 나타날 때 그 작은 변화를 알아차릴 수 있을 테니 말이다. 지원 네트워크에 속한 사람의 숫자가 많을수록 환자의 기분을 관찰하는 객관적인 '관찰자'가 많다는 뜻이다. 하지만 이들 '관찰자'를 선택할 때는 신중히 선별해야 하며, 환자의 상황에 적극적으로 개입해야 할 때와 내버려 둘 때를 구분할 수 있도록 그들을 잘 가르치는 것도 중요하다.

✔ **이 사람은 내가 정신질환을 갖고 있다고 해서 날 판단하지는 않는가?** 환자의 성격적 결함 때문에 양극성이 나타난다는 선입견을 품은 사람은 환자에게 도움을 주는 정서적 지지자의 역할을 감당할 수 없다. 양극성장애 때문에 자꾸만 환자의 죄책감을 불러일으키는 사람이라면 그다지 도움이 되지 않을 게 분명하다.

✔ **이 사람은 믿을 만한가?** 지원 네트워크에 들어갈까 말까를 고려하는 사람이 아무래도 양극성의 첫 조짐을 발견하고 지레 겁먹고 나가떨어질 것만 같은 생각이 든다면, 그 사람은 당신이 가장 도움이 필요할 순간에 도움이 못 될 가능성이 크다. 환자는 지원 네트워크에 속하는 사람들이 자신의 곁

을 지키고 최선의 도움을 줄 것을 믿을 수 있어야 한다.

✔ **이 사람은 날 존중하는가?** 누구도 환자의 기분과 약물, 치료법에 대해 끊임없이 잔소리를 퍼붓고, 환자를 어린아이 취급하면서 명령하듯 말하는 사람의 도움을 원하진 않을 것이다. 지원 네트워크를 이룰 사람들은 환자를 진심으로 존중하고 각자의 삶의 '울타리'를 인정할 수 있는 사람이어야 한다. 누구도 자신을 끊임없이 감시하며 조종하려 드는 '경찰'과 같은 이들에게 감시당하는 기분으로 지내고 싶지는 않을 테니 말이다.

주위 사람들의 복잡한 감정 이해하기 : 염려, 불안과 분노

환자의 안위를 진심으로 걱정하고 그의 모습 그대로를 존중하는 가족과 친구들이 오히려 환자의 마음을 괴롭게 하고 화를 부추길 수 있는데, 특별히 환자를 돕고 싶은 마음이 가득하거나 환자가 기분 삽화의 한복판을 지날 때 그러기 쉽다. 그들도 자신만의 두려움과 불안, 분노 등 여러 감정을 갖고 살아가기 때문이다. 예를 들어, 환자가 우울증의 늪에서 긴 싸움을 싸우는 동안, 언제 끝날지 모르는 그 시간을 보내며 그들도 마냥 불안할 수 있고 환자가 뭔가 최선을 다하지 않는 것처럼 느껴질 때는 분노할 수도 있다. 환자가 조증에 사로잡혀 날뛰는 동안에는 도무지 환자를 이해할 수 없거나 제발 좀 진정하라고 짜증을 낼 수도 있다. 그러다가 환자가 내뱉는 말과 행동에 깊은 상처와 부정적인 감정을 품는 일이 종종 생기곤 한다.

간혹 남들보다 피부가 좀 더 두꺼운 사람이 있기는 해도, 방수성 피부를 가진 사람은 이 세상에 아무도 없다. 마찬가지로, 양극성 환자는 자신의 지원팀에 속하는 이들의 연약함을 인정하고, 그들의 마음에 여유를 심어주기 위해 노력할 것을 잊지 말자. 하지만 이렇게 하는 게 결코 쉬운 일이 아닌 데다, 특히나 환자가 자신의 요동치는 기분과 씨름하는 동안에는 더욱더 그러할 것이다. 하지만 지원팀에 속한 각 사람이 서로를 같은 시각으로 바라본다면, 환자는 좀 더 안정된 환경에 둘러싸여 지내면서 자신의 감정을 평온히 유지하는 목표를 향해 힘찬 발걸음을 내디딜 수 있을 것이다.

지지 그룹 교육하기

집에 사람들을 초대하면 뒷정리하는 게 싫어서 요리조리 잔머리를 굴리는 사람들을 꼭 발견할 수 있다. 운이 좋을 때는 당신의 집에 종종 놀러 오던 한두 명이 앞장서서 뒷정리를 말끔히 해주기도 한다. 또 어떤 사람들은 당신이 이것저것을 시키고 도와달라고 말하길 그저 얌전히 기다리기도 한다.

지원팀 가운데도 이처럼 여러 유형의 사람들이 있음을 발견할 수 있다. 환자가 우울하거나 조증에 사로잡혀 있을 때, 도무지 어떤 상황인지 이해되지 않거나 환자가 어떤 것들을 기대하는지 알지 못하는 대부분 사람은 겁을 먹고 그 상황을 피하기 마련이다. 마음의 빗장을 걸어 잠그지 않더라도, 주위를 맴돌다가 잔뜩 긴장한 나머지, 어찌할 바를 모른 채 이성을 잃거나 빈정거리는 말을 쏟아놓기 일쑤다. 하지만 환자는 기분장애에 대해 잘 알고 언제든 따스한 도움의 손길을 정중히 내밀어 자신의 기분을 어루만져 줄 가까운 친구나 가족이 필요하다.

환자에게는 기분 관리팀으로서의 자격을 갖춘 사람이 가능한 한 많이 필요하며, 그 목표를 이룰 수 있는 유일한 방법은 주위 사람 중에 양극성에 대해 배우고 환자를 돕고 싶은 마음을 가진 사람들을 교육하는 것뿐이다. 환자가 다른 이들의 도움을 가장 필요로 하는 순간에, 그들이 적극적으로 뛰어들 수 있는 자신감을 심어주는 것이 바로 지식이다. 가족 또는 친구들이 도와줄 게 있는지 물을 때마다 양극성에 대해 알아가도록 그들을 격려하라. 그럴 때, 그들에게 필요한 지식의 출처로 다음과 같은 것들을 들 수 있다.

- ✔ **환자 자신** : 환자 스스로야말로 자신의 기분과 그 안정된 기분을 유지하는 데 필요한 게 무엇인지 또는 안정성을 깨뜨리는 요인이 무엇인지 가장 잘 아는 사람일 것이다. 환자가 다른 사람들과 자신의 상황을 나누고 공유할 준비가 되었다면, 자신의 양극성에 대해 가장 잘 설명할 수 있는 정보원이 될 수 있다.
- ✔ **각종 도서** : 환자를 돕고자 하는 사람들은 이 책을 포함한 여러 관련 도서를 읽음으로써 양극성에 대해 배우고 환자에 대한 이해의 폭을 넓힐 수 있다. 특히 양극성 환자들을 돕는 실제적인 방법을 소개한 여러 책이 유용할 수 있다. 이와 관련된 정보는 이 책의 제6부와 제23장에서 좀 더 자세히 다루도록 하겠다.
- ✔ **TV 프로그램과 노래** : 다양한 TV 프로그램과 많은 노래의 노랫말이 정신

질환에 관한 내용을 다루고 있다. 최근 들어, 점점 더 많은 드라마에서 양극성장애가 있는 인물이 등장하고 있는데, 비록 모든 캐릭터가 양극성을 정확히 묘사하지는 않더라도 사람들 사이에 관심을 불러 모으기에는 충분하다. 음악 산업을 중심으로 오랫동안 정신질환을 그린 노래들이 제작되었으며, 점점 더 많은 아티스트들이 각종 질환과 씨름한 자신의 경험을 가사와 영상에 담아내고 있다. 그런 노래들이나 방송 프로그램이 자신에게 특별한 의미로 다가온다면, 그런 생각과 경험을 주위 사람들과 나누고 대화하는 바로 그 순간이 환자에 대한 주위 사람들의 이해가 시작되는 작은 출발점이 될 수 있다.

✔ **영화 및 각종 공연** : 할리우드 영화들이 '사실적'인 이야기에 약간의 시적 감수성을 덧칠하는 경향을 고려하더라도, '실버라이닝 플레이북(2012)'과 '캔버스(2006)'와 같은 영화는 정신질환에 대한 편견을 말끔히 씻어내줄 만한 작품들이다. 그 밖에도 브로드웨이의 유명 뮤지컬 '넥스트 투 노멀'과 같은 각종 공연과 연극도 환자에 대한 이해와 공감, 깊은 대화로 나아가는 훌륭한 출발점이 될 수 있다.

✔ **각종 홈페이지와 블로그** : 수많은 홈페이지와 블로그에 실린 양극성장애와 관련된 정보를 어렵지 않게 찾을 수 있는데, 특히 이 질병으로 힘든 시간을 보내는 환자의 가족과 친구들에게 도움이 될 만한 정보가 가득하다. 이 책의 저자인 우리 두 사람이 함께 운영하는 블로그 'Bipolar Beat(blogs. psychcentral.com/bipolar)'를 통해서도 많은 도움을 얻기를 바란다.

인터넷에서 양극성장애에 대해 정보를 검색할 때는 언제나 회의적인 관점에서 바라봐야만 한다. 인터넷에는 유용한 정보도 많지만, 각종 거짓 정보가 담긴 그럴 듯한 쓰레기도 넘쳐나기 때문이다. 그러므로 복용하던 약을 끊거나 민간요법을 시도하는 등, 치료 계획을 변경하고자 할 때는 반드시 주치의와 상의하는 게 좋다.

지원팀의 개입 수준 결정하기

지원팀에 속하는 모든 사람은 환자의 곁에서 말없이 기다려 줘야 할 때와 염려를 적극적으로 표현할 때를 구별할 줄 알아야 한다. 그뿐만 아니라 환자가 가장 도움을 필요로 하는 순간, 그러니까 외부에서 곧장 개입해 도와야 할 순간을 알아차리는 감각도 필요한데, 특별히 환자가 다른 사람들에게 도움을 요청할 수 없거나 그러길 원하지 않을 때, 또는 도움을 받아들일 수 없을 때 더욱 그렇다. 이처럼 완벽하게 준비된 지원팀의 구성원은 매우 드물고, 심지어 그나마 잘 아는 사람들조차 실수할 때가 있다. 하지만 환자가 자신의 지원팀의 구성원들에게 양극성에 관한 정보를 제공하고 자신의 필요에 대해 충분히 설명하면서 그들의 역할이 어디까지일지 함께 기준을 세워나갈 때, 그들도 지원팀의 역할을 점점 더 자신 있게 감당할 수 있다.

어떤 이들은 환자가 원하기만 한다면 기쁘게 환자의 삶에 개입해 도움을 주고 싶어 한다. 그들은 '그저 하고 싶어서 하는 것'이라고 말하면서 환자를 위해 요리하고 청소도 해주면서 자녀를 양육하는 일에도 도움을 제공하고, 심지어 각종 공과금을 기꺼이 대신 내주기까지 한다(당연히 돈은 환자의 지갑에서 꺼내 갈 거다). 단기적으로 볼 때는 그런 도움이 눈물 나도록 고마울 수 있지만, 환자는 점점 아무것도 혼자서 헤쳐 나갈 수 없이 만성적인 도움에 의지하는 수동적인 사람이 되다가, 그런 도움의 덫에 발목이 붙들린 채 도무지 앞으로 나아갈 수 없는 처지에 이르고야 만다. 따라서 양극성 환자들은 다음과 같은 성격을 가진 사람들을 경계하고 주의할 필요가 있다.

- ✔ **잔소리쟁이** : "아직도 약을 안 먹은 거니?" 환자들은 이런 잔소리를 하루에도 두세 번씩, 날마다 들으며 지낼 수 있다. 환자가 약을 잊지 않고 복용하도록 누군가 자신에게 이야기해주길 원하거나 그럴 필요가 있다면, 환자의 기억을 상기시키는 정도의 잔소리는 도움이 될 수도 있다. 하지만 환자에게는 잔소리가 또 다른 스트레스로 작용할 수 있다는 사실을 잊지 말아야 한다.
- ✔ **방관자** : 방관자와 같은 사람들은 환자를 지켜보면서도, 어떤 말과 행동으로도 환자의 상황에 직접 개입하지 않는다. 그런 사람들은 환자가 아무리 벼랑 끝에서 아슬아슬하게 비틀거리더라도 그저 인내심을 갖고 그 순간이 지나가길 기다릴 뿐이다. 이런 사람들에게는 말할 기회를 일부러 줄 필요가 있다.
- ✔ **파티광** : 환자가 경조증 또는 조증 삽화의 한복판을 지나면서 휘청거리고 술집을 이리저리 헤매며 문란한 성생활에 빠져들어 정신없이 지낼 때면, 그 주위를 서성거리며 즐겨보려는 파티광 같은 사람들을 여럿 발견할 수

있다. 하지만 이들은 대개 그 '파티'가 끝날 무렵에는 자취를 감추는 그런 인간들이다. 환자의 가장 건강하지 못한 행동을 부추기는 이런 사람들은 반드시 멀리하는 게 좋다.

✔ **지나치게 무게 잡는 사람들** : 파티광과 같은 부류에 속하는 사람들이 환자를 너무 부추겨 신나게 놀게 만드는 데 반해, 무게 잡는 사람들은 환자가 아무런 즐거움도 누리지 못하도록 제한하고 억누른다. 그냥 심심한 정도에 그치지 않고, 아무것도 즐거워할 수 없도록 말이다. 하지만 누구나 자신의 상황 가운데 자유롭게 인생을 즐기고 행복한 삶을 영위할 권리가 있다. 따라서 양극성 환자도 신나고 즐겁게 지내는 게 경조증의 증상과 같지 않음을 기억하면서, 인생의 즐거움을 충분히 누려야 할 것이다.

열린 대화 격려하기

많은 사람 앞에서 공개적으로 자신의 양극성에 관해 이야기하는 것은 모두를 침묵하게 만드는 지름길이 되곤 한다. 사람들 대부분은 무슨 말을 해야 할지 모르는 순간에 입을 꼭 다물곤 하기 때문이다. 때로는 그런 침묵이 필요할 때도 있다. 하지만 환자가 지원팀에 속한 사람과 이야기할 때는 다음과 같은 두 가지 목표를 이루며 열린 대화를 나누고 싶을 것이다.

✔ 지원팀의 구성원들이 환자인 자신과 자신의 질환에 대해 더 친숙해지도록 돕는다.
✔ 자신의 양극성이 드러나는 기분과 행동이 다른 이들에게 미치는 영향을 주의 깊게 살핀다.

사람 사이의 관계 맺는 일은 함께 춤추는 법을 배우는 것과 같다. 두 손을 맞잡은 두 사람이 하나가 되어 움직여야만 하고, 그 중심에서는 의사소통이 반드시 이뤄져야 한다. 춤이 시작되고 처음에는 자꾸만 상대방의 발을 밟고 스텝이 꼬이기 마련이지만, 차츰 서로의 움직임에 익숙해진 후에는 온몸을 감싸는 그 리듬에 본능적으로 몸을 내어 맡기게 되는 것처럼 말이다. 그 리듬이 시작되도록 도움을 줄 만한 몇 가지 대화의 기술을 여기에 소개하고자 한다.

- 앞으로 나누고픈 대화의 주제를 적어본다.
- 비밀스럽게 주고받을 만한 주제에 관해 이야기할 때는 소란스럽지 않은 한적한 장소에 자리를 잡는다.
- 대화를 나누다가 감정이 고조될 경우를 미리 대비해둔다. 적절한 시점에 이르면 서로 질문하지 않고서도 대화를 잠시 중단할 수 있도록 신호가 될 만한 몸짓 또는 암호를 정해둔다.
- 함께 대화하는 가족이나 친구에게, 양극성장애가 어떤 질환이며 양극성 때문에 어떤 감정을 갖게 되는지 편안히 질문해도 괜찮다고 말한다.

【 솔직함의 유익 】

19살에 처음 정신병원에 입원했을 때, 나는 가족들과 나를 돕는 사람들에게 사실대로 말하는 것이 얼마나 중요한 일인지 깨달았다. 나를 치료하는 의사, 간호사들과 솔직하게 소통하면 그들 역시 나를 더 잘 도울 수 있고 치료 과정을 제대로 이끌어 갈 수 있음을 알아차리는 데에는 그리 긴 시간이 걸리지 않았다. 또한 각종 동의서에 서명한 후에는 내 가족들에게조차 숨길 수 있는 게 거의 없다는 사실도 금세 알게 되었다.

첫 번째 입원을 통해 이런 것들을 배우고 나서, 나는 내가 겪는 일들에 대해 계속해서 나누면서 가족들의 솔직한 마음에도 귀 기울였다. 서로의 두려움, 염려, 성취감을 나누며 우리는 점점 더 깊이 서로를 이해하는 가족이 되어갔다. 또한 나는 의료진과도 진솔하게 소통하기 위해 끊임없이 노력했다. 의사에게 항상 사실만을 말하는 것을 목표로 삼고 노력한 결과, 오히려 내가 필요로 하는 도움을 얻고 내게 꼭 맞는 약도 찾을 수 있었다. 그렇게 의사와 환자로서 맺은 든든한 심리적 연대감을 통해, 우리는 더 깊은 신뢰를 쌓을 수 있었다.

나에 대해 솔직하게 말하고 보여주는 것은 결코 쉬운 일이 아니다. 하지만 나는 그 어려움을 이겨낸 후에 긍정적인 보상을 여러 번 경험했다. 그것이 가족과 끈끈한 믿음이었든지, 아니면 약의 부작용에 대해 정신과 의사와 나누는 솔직한 대화였든지 간에, 나는 정직의 긍정적인 열매를 거듭해서 맛볼 수 있었다. 하지만 내게 가장 큰 도전이 된 것은 나의 솔직함 덕분에 다른 사람들도 내게 솔직할 수 있었다는 사실이었다. 솔직함에 대한 깨달음을 통해 나의 양극성은 회복되었고, 안정된 기분을 유지할 수 있었으며 건강과 행복에 놀라운 변화가 찾아왔다.

— 리니어 존슨, 『완벽한 혼돈 : 양극성장애를 살아내는 딸, 그 딸을 구하려는 엄마의 힘겨운 인생 이야기(Perfect Chaos : A Daughter's Journey to Survive Bipolar, a Mother's Struggle to Save Her)』의 공동 저자

✔ 당신과 대화하는 친구나 가족이 그동안 지켜봐 온 당신의 기분과 태도, 그리고 그걸 바라본 그들의 마음은 어땠는지 물어보라. 그들의 삶, 개인적인 욕구와 바람에 당신의 양극성이 미치는 영향은 어떠할지 생각해보라.

환자는 자신과 대화하는 사람에게 양극성장애에 관한 지식을 전달하고 자기가 느끼는 구체적인 필요를 이해시킬 수는 있지만, 자신의 모습과 양극성의 양상을 받아들이도록 강요할 수는 없다. 사람들은 저마다 다른 상황과 한계를 갖고 살아가며, 이 질환을 받아들이고 새로운 현실에 적응할 준비가 충분히 되어 있지 않을 수도 있다. 이럴 때는 환자 자신의 정신건강 상태를 유지할 수 있도록 당분간 이런 사람들과 어느 정도 거리를 둬야할 수도 있다.

한 팀이 되어 노력하기

기분 관리팀에 속한 모든 핵심적인 사람들은 환자가 포괄적이고 통합된 치료를 받을 수 있도록 환자 및 다른 팀원들과 허물없이 대화할 수 있어야 한다. 심리치료사가 볼 때 환자의 기분이 요동치거나 평소보다 불안하고 짜증스러워하는 듯 느껴진다면, 환자의 정신과 주치의에게 연락을 취해 약을 조정하거나 치료 과정을 추가하도록 의견을 나누며 환자를 도울 방법을 찾을 수 있어야 한다.

한 가지 효과적인 전략이 있다면, 지원팀에 속하는 한 사람을 의사소통의 책임자로 지정하는 것이다. 그 의사소통의 책임자는 환자의 기분 관리팀에 속하는 사람들이 환자와 관련된 중요한 정보를 놓치지 않고 자신에게 전달하도록 챙겨야 한다. 이런 의사소통의 중요성은 특히 다음과 같은 문제 상황 또는 변화가 발생할 때 더 중요하다.

✔ **입원하기** : 특히 미국의 경우 병원에 따라 다르지만, 어떤 곳은 정신과 전문의가 상주하기도 한다. 따라서 환자가 병원에 입원하게 되면 그동안 그 환자를 치료해오던 정신과 의사는 더는 그 환자를 돌볼 책임을 지지 않는다. 그럴 때 그동안 진찰해오던 의사와 환자가 입원한 병원의 의사 사이의 의사소통이 반드시 이뤄져야 한다.

✔ **퇴원하기** : 입원해 지내던 환자가 퇴원하기에 앞서, 앞으로 정기적으로 환자를 검진할 정신과 의사와 심리치료사, 그리고 환자를 주로 돌볼 보호자에게 적절한 정보가 제공되어야 한다. 그렇게 함으로써, 환자가 병원 바깥의 세상에 자연스럽게 적응하고 필요한 모든 것을 적절히 조율할 수 있기 때문이다.

✔ **주치의 변경하기** : 치료를 담당하던 의사나 심리치료사를 바꿀 때는 모든 의료 기록을 전달받아 새로운 의사나 심리치료사에게 전달해야 한다.

개인정보 보호법에 따라, 환자를 진료하는 의사와 심리치료사가 환자가 아닌 다른 사람들에게 환자의 개인 정보를 제공해야 할 경우를 대비하려면, 환자가 동의서에 미리 서명해야 한다. 예를 들면, 의사나 심리치료사가 환자의 가족 또는 친구와 치료 방법에 대해 의논하려면 환자가 직접 서명한 동의서가 필요하다는 말이다. 정보 공개에 관한 동의서의 예시를 제15장에 소개해두었으므로 참고하면 된다.

지역 사회의 지지 그룹과 네트워크 형성하기

친구와 가족은 환자의 회복과 건강에 대해, 환자를 직접 치료하는 의사나 심리치료사보다도 큰 관심을 두기 마련이다. 하지만 때로는, 다른 양극성 환자의 공감, 이해와 연대감이 환자에게 더 큰 위로가 되기도 한다. 이렇게 양극성 환자들로 구성된 지지 그룹은 다음과 같은 장점을 제공할 수 있다.

✔ 환자의 경험과 감정을 공유하는 사람들과의 연대
✔ 기분장애라는 질환이 '나'라는 사람을 규정하지 않는다는 이해
✔ 환자의 치료 계획에 참여할 동기부여
✔ 아프기 시작하면서부터 잊고 지낸 자신의 장점과 유머를 회복할 기회
✔ 가까운 사람들 사이에서만 공유할 수 있는 약물, 처치 및 치료 과정에 관한 정보의 공유
✔ 의사와 심리치료사에게 직접 치료받은 경험이 있는 사람들의 솔직한 의견
✔ 환자의 법적 권리에 관한 정보

- ✔ 양극성장애로 진단받은 아동의 교육 및 개인별 학습 계획과 관련된 조언
- ✔ 양극성과 관련된 도서 및 영상 자료를 구해 이용하는 방법

지지 그룹 모임에 처음 발을 내딛는 날에는 어떤 것들을 기대할 수 있을까? 모임을 통해 환자가 기대할 수 있는 유익은 그 모임의 구성원과 조직에 따라 달라질 수 있는데, 어떤 모임은 특별히 더 체계적일 수도 있기 때문이다. 어떤 모임에서는 그 분야의 전문가들을 초청해 강연을 듣기도 하고, 또 다른 모임에서는 구성원들이 자신의 감정에 관해 이야기하도록 독려하면서 그의 문제를 그룹 내에서 함께 해결하려는 노력을 시도하기도 한다. 모임의 구성원들은 일반적으로 상당히 열린 마음을 갖고 있으며, 서로를 환대하고 상대방의 이야기를 경청하려는 노력을 기울이는 편이다.

각각의 지지 그룹은 저마다의 분위기와 역동성을 갖는다. 따라서 첫 모임에 참석했을 때 낯선 기분이 들었어도 포기하기엔 이르다는 사실을 꼭 기억하자. 그리고 좀 더 편안한 느낌을 주는 모임을 찾을 때까지 몇 개의 그룹에 참석해볼 수도 있다. 지지 그룹에 참석하는 것이 불편하게 느껴져도 여전히 괜찮다는 사실을 잊으면 안 된다. 그런 모임에 참석하는 또 다른 누군가도 반드시 불편함을 인내하고 있을 테니 말이다.

3

생물학적 치료 방법

조증과 우울증을 위한 약물치료	
조증 치료 약물	**양극성 우울증 치료 약물**
아리피프라졸(아빌리파이)	부프로피온(웰부트린)
아세나핀(사프리스)	시탈로프람(셀렉사)
카르바마제핀(테그레톨)	데스벤라팍신(프리스틱)
라모트리진(라믹탈)	듀록세틴(심발타)
리튬(에스칼리스, 리소비드)	에스시탈로프람(렉사프로)
올란자핀(자이프렉사)	플루옥세틴(프로작)
쿠에티아핀(쎄로켈)	라모트리진(라믹탈)
리스페리돈(리스페달)	리튬(에스칼리스, 리소비드)
발프로산(데파코트)	루라시돈(라투다)
지프라시돈(지오돈)	올란자핀+플루옥세틴(심비악스)
	파록세틴(팍실)
	쿠에티아핀(쎄로켈)
	설트랄린(졸로프트)
	벤라팍신(이펙서)

제3부 미리보기

- 양극성의 조증과 우울증에 처방되는 약과 함께, 다른 질환의 치료제로서 처방되지만 종종 불안과 불면증을 포함하여 양극성의 증상을 유발하는 약물을 알아본다.

- 약물을 복용함으로써 기대하는 이점과 부작용을 저울질하고 환자 자신이 약물 복용의 득실을 따져보는 게 중요하다.

- 많은 사람이 약물 복용을 중단하는 이유를 이해하고 일반적으로 가장 많이 발생하는 문제를 해결할 방법을 찾아보면서, 약을 복용해야 하는 자신의 감정적 요인과 비교해 고려한다.

- 약물치료가 적합하지 않은 상황이거나 심각한 부작용을 초래한다면, 양극성장애의 생물학적 요인을 치료하는 데 도움이 될 만한 다른 방법, 예를 들어 보충제, 빛 치료, 뇌를 물리적으로 자극하는 다양한 방법 등은 없는지 알아본다.

- 임산부와 노인 등 다양한 환자군에 따라 각기 다른 양극성 치료의 어려움을 이해하고, 자신이 처한 상황과 문제를 해결하기 위한 방법이 없을지 고민한다.

약물치료에 의한 기분의 안정

제7장 미리보기

● 각기 다른 종류의 기분 조절 약물을 이해한다.
● 자신에게 맞는 약을 선택하고 처방받은 약을 성실히 복용한다.

대부분의 양극성 환자들은 기분 조절을 위해 약을 복용해야 하는데, 마법의 치료제는 아직 개발되지 못한 상황이다. 양극성의 증상이 워낙 폭넓게 변화하므로 환자들이 복용하는 약물도 상당히 광범위한 증상을 아우를 수 있어야 한다. 게다가 사람마다 약효가 다르게 나타나는 문제까지 있어서, 어떤 사람에게는 신이 내린 선물이 다른 누군가에게는 저주가 될 수도 있다. 다시 말하면, 어떤 환자에게는 효과 만점인 약인데 다른 환자는 그 약 때문에 부작용에 시달릴 수 있고, 오늘 잘 듣던 약이 얼마 후에는 아무런 효과를 나타내지 않을 수도 있다는 뜻이다.

환자에게 어떤 게 가장 적합한 약인지 말할 수는 없다. 하지만 이 장에서 우리는 가장 보편적인 양극성의 증상을 치료하는 데 효과적인 약을 소개하고, 각 사람에게 필요한 약을 선택하고 조정할 때 의사와 환자가 염두에 둬야 할 지침을 설명하려고 한다.

【 허가범위 이외의 약물의 사용 】

우리는 이번 장과 이 책 전반에 걸쳐 양극성과 여러 관련 증상의 치료를 위해 전문의들이 처방하는 약물에 대해 알아보려고 한다. 이런 약품과 관련된 여러 연구가 상당히 많이 진행되어 있고, 각 약물의 효과와 부작용, 체내에서의 작용 기전이 잘 알려져 있다. 미국의 식품의약국(Food and Drug Administration, FDA)도 그런 환자들에게 사용할 수 있는 여러 약품을 승인하고 판매를 허용하고 있다. 만일 어떤 제약 회사가 특정 질병을 위한 약품을 시장에 내놓으려면, 그 질환이 있는 환자들에 대한 적용을 충분히 검토한 연구 과제의 승인번호를 FDA에 함께 제출해야 한다. 그러면 FDA는 그런 환자들에 대한 이 약품의 판매 승인을 검토하고 결정한다. FDA의 승인을 얻은 약품을 의사가 환자에게 처방할 경우, 그 약품은 허가받은 약품에 속한다.

하지만 의사들은 특정 FDA의 승인을 받지 않은 허가범위 이외의 약품도 종종 사용하곤 한다. 이럴 때, 의사들은 특정 분야에서 공통으로 처방되는 약의 과학적 실험 결과와 임상 표준과 같은 다른 근거를 참조하여 판단하는 것이다.

이 책에서 논의하는 약물은 허가받은 약품과 그렇지 않은 것을 모두 포함한다. 의사가 환자에게 허가범위 이외의 약물을 처방할 때는 환자에게 미리 내용을 안내해야 함에도 불구하고, 이미 보편적으로 처방되는 약품일 경우에는 자세한 설명을 생략하기도 하므로, 환자가 자신이 처방받는 약에 대해 자세히 질문하는 게 중요하다.

양극성 관련 의약품의 성분 이해하기

이 절에서는 양극성, 그리고 흔히 연관된 상태를 치료하기 위해 가장 보편적으로 처방되는 약물을 소개하려고 한다. 이 책에 소개된 정보는 이 책을 쓰고 있는 지금 이 시점을 기준으로 하여, 이미 발표되고 알려진 사실과 처방되는 관행을 바탕으로 기술하였음을 밝혀두겠다. 우리는 약제 각각의 기본적인 작용과 가장 두드러진 부작용의 가능성을 강조함으로써, 환자가 자신에게 가장 효과적이고 안전한 약물을 선택하기 위해 의사와 의논할 때 이런 정보를 적극적으로 활용하고 검토하기를 권한다.

 현재 임신 중이거나 임신할 계획이 있는 환자라면, 제10장의 내용을 참조하여 태아의 발달 과정에 영향을 줄 수 있는 약물에 대해 잘 이해해야 한다.

리튬

1960년대 이후로, 리튬은 양극성 치료의 황금률과 같은 약제로 받아들여졌고, 현재 사용되는 어떤 약물보다도 훨씬 더 광범위한 치료 효과를 나타내는 것으로 알려져 있다. 리튬은 조증을 완화할 수 있고, 양극성 우울증에도 잘 듣곤 한다. 그뿐만 아니라 유지요법에도 탁월한 효과를 보여 환자가 장기적으로 복용할 경우에 우울증 또는 조증 삽화의 재발을 방지 또는 완화시킨다고 알려져 있다. 그리고 어쩌면 가장 중요한 특성은, 양극성과 관련된 자살의 위험성을 줄이는 데 효과가 있는 유일한 약제라는 사실이다.

사실 현실이 리튬의 독무대라고 봐도 과언이 아닐 정도다. 흥미로운 사실은 이 놀라운 약제가 최첨단 시설을 갖춘 연구실에서 연구비를 쏟아 부으며 골머리를 앓은 끝에 개발한 약품이 아니라는 점이다. 자연계에 존재하는 천연 염(salt)을 그저 의사의 지도에 따라 안전하게 복용하기만 하면 그냥 수많은 기분 증상이 자연스레 완화될 뿐이라는 사실. 다만, 리튬을 장기간 복용하는 환자들에게 갑상선 및 신장 기능의 이상이 발생할 수 있다고 알려져 있다.

아직까지는 양극성 환자가 리튬을 복용할 때 뇌에서 도대체 어떤 작용이 일어나는지 정확히 알려진 바가 없다. 하지만 연구자들은 수많은 가능성을 염두에 두고 연구를 진행하고 있는데, 세포의 **신호전달** 과정에 미치는 영향(세포와 세포 사이에서, 그리고 세포 내부에서 일어나는 전기화학적 신호전달 시스템), 유전자가 각기 다른 단백질을 발현시키는 과정에 미치는 영향, 그리고 **신경보호** 효과(손상된 세포가 회복되는 작용) 등의 가능성을 점칠 뿐이다. 뇌의 구조와 기능에 관해 좀 더 자세한 내용이 궁금하다면 제2장을 참조할 수 있다. 표 7-1에는 가장 널리 사용되는 양극성 치료제로서 리튬의 잠정적 효능과 부작용을 한눈에 알아볼 수 있도록 간단히 정리해 두었다.

리튬을 복용하는 동안 혈중농도의 변이를 최소화하는 것이 중요하므로 반드시 처방받은 용량만 복용하라. 환자가 리튬을 처음 복용하기 시작하면, 의사는 몇 주에 한 번씩 피검사를 진행하다가 용량이 점차 안정되면 몇 달에 한 번으로 그 간격을 늘린다. 일반적으로, 기본 검사 외에도 정기적으로 추가적인 혈액 검사와 소변 검사도 진행하곤 한다. 리튬의 혈중농도가 치료제의 효과를 기대할 수 있는 기본 농도보다 낮은 수준으로 떨어지면 치료적 효능을 기대하기 어려울 수 있다. 반대로 오히려 혈중 농도가 너무 높으면 체내에서 독성을 나타낼 수 있고, 리튬 독성은 환자를 죽음에 이르게 할 수도 있다.

표 7-1 　리튬의 잠정적 효능과 부작용

일반명	상품명	성인 기준 용량	치료 효과를 위한 기본 혈중 농도	잠정적 효능	나타날 수 있는 몇 가지 부작용*
탄산리튬 구연산 리튬(물약의 형태)	에스칼리스 시발리스-에스 리단 리토네이트 리토탑스 리소비드	개인차가 있으나 하루 복용량은 600~1,800mg/일 정도로 제한함, 복용량보다 혈중농도가 중요함	급성 조증 환자의 경우에 0.8~1.2 mEq/L를 복용할 것. 유지요법의 경우에는 좀 더 낮은 용량을 처방함. 혈중농도가 1.5mEq/L를 넘어서면 독성의 위험이 있음	항조증, 항우울증, 기분 주기의 빈도를 줄여줌, 자살 충동의 빈도를 줄여줌 양극성장애로 인해 발생할 수 있는 장기적인 인지 장애의 완화를 기대할 수 있음	소화기의 문제, 체중 증가, 빈뇨, 신장 손상, 갑상선 손상, 흐릿한 사고, 피로감, 수전증, 구강건조증

mg/일 = 하루에 복용 또는 투약하는 밀리그램의 수, mEq/L = 혈액 1리터당 밀리당량(혈액 내의 이온의 농도를 나타내기 위한 계측 단위 - 역주)
*목록에 포함되지 않은 다른 부작용이 나타날 가능성도 배제할 수 없음

체액이 감소하면 혈중 리튬 농도가 상승하는 것과 같은 효과가 나타난다. 따라서 더운 날씨와 격렬한 운동 시에 주의를 기울이고, 리튬의 진정 효과를 증폭시킬 수 있는 커피와 주류를 포함한 이뇨제의 섭취를 제한해야 한다(이부프로펜과 같은) 비스테로이드 성분의 항염증제도 리튬 농도를 상승시킬 수 있다. 따라서 리튬을 복용하는 환자는 이런 종류의 약품을 복용하기 전에 반드시 의사와 상의해야 한다. 또한 소금 섭취량을 갑자기 늘리거나 줄이는 것도 주의할 부분이므로 리튬을 복용하는 동안에는 저염식을 시작하는 등의 식이 변화에 대해서도 의사와 반드시 상의하라. 설사, 구토, 현기증, 협응 장애, 흔들림, 흐릿한 시야 또는 리튬 독성의 다른 징후가 나타나면 즉시 의사에게 진찰을 받도록 하라. 주치의를 찾아가기 어려울 때는 가장 가까운 응급실로 달려가기를 권한다.

앞서 설명한 것처럼, 환자 중에는 리튬을 장기적으로 복용하는 동안 양극성이 상당히 잘 관리되는 경우도 있다. 리튬은 실제로 증상의 발병을 예방하는 효과가 있으므로, 리튬을 복용하면서 나아지는 기분이 든다면 계속해서 복용하는 게 좋다. 리튬을 복용하면서 어쨌든 기분이 나아질 수 있으니까 말이다. 그러면서 얼마나 오랫동안 리튬을 복용하면 좋을지에 대해 의사와 정기적으로 의논해 나가도록 하라.

일부 연구 결과에 따르면, 리튬을 복용하다가 중단하면 훗날 다시 복용을 재개하더라도 이전만큼의 효과를 얻지 못한다고 한다. 하지만 이런 이론이 아직은 충분히 입증되지 않았음을 밝혀둔다.

온라인 쇼핑몰 또는 건강식품을 판매하는 상점에서 리튬 오로테이트를 본 적이 있는가? 이 성분은 좀 더 안전하다고 알려졌지만, 현재로서는 탄산리튬과 비교했을 때의 안전성이나 효능에 관한 믿을 만한 연구 결과가 아직 발표된 적이 없다. 따라서 어떤 형태의 리튬 제재를 복용하든지 간에, 환자는 치료가 진행되는 동안 의사와 함께 자신의 혈중 리튬 농도를 주의 깊게 모니터링 해야 한다.

항경련제

인체의 뇌와 중추 신경계는 매우 낮은 수준의 전기적 신호가 전달되는 대단히 복잡한 전력망을 이루고 있다. 간질의 경우처럼 중추 신경계에 심각한 교란이 발생하면, 뉴런의 신호전달 과정에서는 발작을 일으킬 정도의 오류가 일어난다. 이런 환자들이 발프로산(데파코트)으로 알려진 밸프로에이트 등의 항경련제를 복용하면, 적어도 뉴런의 '점화'라고 불리는 폭발적인 신호전달의 개시를 조절해줌으로써 발작이 줄어들 수 있다.

양극성이 진행되는 기전이 발작과 똑같지는 않아도 여러 항경련제가 양극성의 일부 증상에 효과를 나타낸다고 알려져 있다. 이것은 아마도 신경세포가 '점화'되지 않도록 안정시키는 작용을 통해 이뤄질 것으로 예상하지만, 연구자들은 유전자 발현에 미치는 영향처럼 다양한 기전을 통한 항경련제의 작용을 점치며 분석하고 있다(이와 관련된 자세한 약물의 작용 메커니즘은 제2장 참조).

표 7-2에는 몇 가지 대표적인 항경련제의 목록과 각각의 용량과 효능, 그리고 부작용에 대해 간단히 소개되어 있다.

밸프로에이트는 유지 치료에서뿐만 아니라 급성 조증을 잠재우기 위한 1차 치료제로 널리 사용되는 약품이다. 카르바마제핀(테그레톨)도 조증과 유지 치료에 대한 효능이 입증된 약물이다. 옥스카르바제핀(트리렙탈)은 카르바마제핀과 비슷한 약물이지만 부작용이 덜하다고 알려져 있다. 현재 카르바마제핀의 대체제로 사용되고 있지

표 7-2 항경련제의 잠정적 효능 및 부작용

일반명	상품명	성인 기준 용량	치료 효과를 위한 기준 혈중 농도	잠정적 효능	나타날 수 있는 몇 가지 부작용*
카르바마제핀	테그레톨, 카르바트롤, 에피톨, 에퀘트로	400~1,600mg/일 또는 10~30mg/kg/일	발작 치료를 위해서는 4~12mcg/mL를 유지할 것, 조증 치료를 위한 확실한 기준이 아직 마련되지 않음, 하지만 15mcg/mL 이상인 독성 위험이 있음	항조증, 리튬과 밸프로에이트를 시도한 후에 세 번째로 선택하는 약물, 대부분 환자에서 개시 의미 있는 체중 증가 현상이 나타나지 않음, 공격성 및 폭력적인 양성의 복합을 조절하는 데 도움이 될 수 있음	피임약의 효능을 감소시킬 수 있음, 혈액 혈구 세포의 문제를 유발할 수 있음, B-12와 엽산 수치를 감소하게 함, 간 손상, 흐릿한 시야, 현기증, 구역질, 스티븐스-존슨 증후군의 발병 위험성, 피부 및 점막에서 나타나는 치명적일 수 있는 증후의 반응(이런 증상은 신전대의 혈족 유전적 영향 때문에 중독의 한족 자손에게 더 많은 비율로 나타남), 간이 요소에 미치는 영향, 병용하는 다른 약제와의 상호작용을 일으킴
디발프로엑스 나트륨, 밸프로에이트, 밸프로산	디파코트, 디파킨	1,000~2,000mg/일 또는 25~60mg/kg/일, 하지만 각 환자가 복용할 수 있는 최대 용량은 치료 효과를 위한 기본 용량을 정할 때 환자에게 필요한 용량에 따라 다름	50~125mcg/mL(이 범위를 벗어난 고용량 상태에서도 독성의 위험이 증가함)	항조증, 기분 삽화의 재발을 방지하거나 줄어들게 함, 약간의 항우울제 활성을 보일 수 있음	췌장 및 간 손상, 체중 증가, 진정 효과, 구역질, 여성의 배란 관련 문제, 탈모, 암모니아 수치의 상승
라모트리진	라믹탈	25~200mg/일, 용량을 증량할 때는 '스티븐스-존슨 증후군(Stevens-Johnson syndrome : 다형홍반의 심한 변형으로 예후가 좋지 않고 때로는 치명적일 수 있다~역주)'을 일으킬 가능성을 고려하여 매우 서서히 진행해야 함, 밸프로에이트와 함께 처방할 때는 아주 낮은 용량에서 시작하고 더 천천히 증량함	일러진 바 없음	기분 주기의 빈도를 줄어들게 함, 강력한 항우울제의 특성, 대부분 경우에 환자의 체중 증가를 유발하지 않음, 금단 조증을 감소시키는 데에는 효과 없음	스티븐스-존슨 증후군, 일부 피임약의 효능을 감소시킬 수 있음, 메스꺼움 및 구토, 현기증, 흐릿한 시야, 두통, 불면증 또는 다른 수면 양상의 변화, 라모트리진과 병용 시에는 라모트리진을 가장 낮은 용량에서 출발하여 평소보다 더 천천히 증량함

mg/일 = 하루에 복용 또는 투약하는 밀리그램의 수, mg/kg/일 = 매 킬로그램마다 하루에 복용 또는 투약하는 밀리그램의 수, mEq/L = 혈액 1리터당 밀리당량
* 목록에 포함되지 않은 다른 부작용이 나타날 가능성도 배제할 수 없음

만, 효능에 대한 연구는 아직 제한적인 수준에 불과하다. 라모트리진(라믹탈)은 뛰어난 기분 유지 및 우울증 완화의 효과를 자랑하며 점점 더 널리 이용되고 있지만, 급성 조증 치료에는 그다지 효과를 나타내지 못한다고 알려져 있다.

토피라메이트(토파맥스)는 그동안 양극성 치료에 때때로 사용되어 오던 항경련제이나, 효능을 기대하기 어렵다는 연구 결과들이 발표된 바 있다. 이 약물은 종종 식욕을 감소시키는 경우가 있어서, 간혹 다른 양극성 치료제 때문에 나타나는 체중 증가를 막기 위해 처방하는 경우가 있다. 가바펜틴(뉴론틴)은 발작 치료에 사용되는 또 다른 치료제로, 한때는 양극성 치료에 효과적이라고 여겨왔지만 별다른 효능이 없다는 사실이 여러 연구를 통해 입증되었고, 가끔 불안 치료에 사용되기도 한다(뒤에서 항불안제에 관한 내용을 다룰 것이다).

연구자들은 조니사미드(조네그란), 레비티라세탐(케프라), 그리고 티아가빈(가비트릴)과 같은 다른 항경련제가 양극성에 효과를 나타낼 것인지 관심을 두기 시작했지만, 아직은 이것들을 사용할만한 확실한 근거를 찾지 못한 채 가능성을 점칠 뿐이다.

항경련제를 복용하다가 너무 갑작스레 중단하면 발작이 나타날 수 있다. 약물 복용을 중단하거나 용량을 늘릴 때는 반드시 의사와 먼저 상의해야 한다는 사실을 잊지 말자.

항정신성 의약품

비정형 항정신성 의약품(비정형 신경 억제 또는 2세대 항정신성 의약품)은 원래 조현병 환자의 정신 이상 증상을 치료하기 위해 개발된 약제이지만, 이런 종류의 약품을 양극성 환자가 복용할 때 조증이 가라앉고 항우울제의 치료 효과가 증대된다는 사실이 입증되었다. '비정형' 또는 '2세대'라는 표현은 이런 새로운 약제가 클로르프로마진(토라진)과 할로페리돌(할돌)처럼, 이전에 사용되던 '정형화 된' 또는 '1세대' 신경 이완제와 다르게 작용한다는 의미에서 이름 붙인 것이다. 표 7-3에는 양극성 치료에 가장 널리 사용되는 비정형 항정신성 의약품과, 각각의 효능 및 잠정적인 부작용에 대해 정리해 두었다.

팔리페리돈(인베가)과 일로페리돈(파납트) 역시 널리 사용되는 항정신성 의약품이긴

표 7-3 비정형 항정신성 약물이 잠정적 효능 및 부작용

일반명	상품명	성인 기준 용량	잠정적 효능	나타날 수 있는 몇 가지 부작용*
아리피프라졸	아빌리파이(빠른 용해 정제 또는 장기 지속형 주사제의 두 가지 형태로 이용 가능)	15~30mg/일	항조증, 기본 상태의 재발을 방지하거나 완화할 수 있음, 항정신성 약물	좌불안석증(심각한 불안증), 체중 증가, 혈당 및 콜레스테롤 상승, 당뇨 및 심장 질환의 위험성 증가, 가역성 운동 장애에, 진정작용 또는 불면증, 두통
아세나핀	사프리스	10~20mg/일	항조증, 항정신성 약물	체중 증가, 혈당 및 콜레스테롤 상승, 당뇨 및 심장 질환의 위험성 증가, 가역성 운동장애에, 진정작용 또는 불면증, 구역질
루라시돈	라투다	20~80mg/일	양극성 우울증이 치료제로 승인을 받음, 조증 또는 기본 상태의 재발 방지 및 완화에 효과가 있는지는 아직 확인된 바 없음, 항정신성 약물	체중 증가, 혈당 및 콜레스테롤 상승, 좌불안석증, 구역질, 가역성 운동장애
올란자핀	자이프렉사 렙프레비브(주사제) 자이디스(구강붕해정 : 물이 없는 상황이나 약을 삼킬 수 없는 환자들을 위해 특수한 제형설계를 통해 물 없이 침으로 녹여 먹는 억제-억주) 심비악스(올란자핀과 플루옥세틴을 혼합한 치료제, 뒷부분에 소개하는 항우울제의 내용을 참조할 것)	5~20mg/일	항조증(FDA 승인), 기본 상태의 재발을 방지하거나 완화할 수 있음, 항정신성 약물 양극성 치료제로서 플루옥세틴과 혼합된 심비악스로 판매되고 있음(표 7-4 참조)	체중 증가, 혈당 및 콜레스테롤 상승, 당뇨 및 심장 질환의 위험성 증가, 미 로릭틴 수치의 상승, 가역성 운동장애에, 좌불안석증, 진정작용 또는 불면증

(계속)

표 7-3 비정형 항정신성 약물의 잠정적 효능 및 부작용(계속)

일반명	상품명	성인 기준 용량	잠정적 효능	나타날 수 있는 몇 가지 부작용*
쿠에티아핀	세로켈	50~800mg/일	항조증, 기본 삼화의 재발을 방지하거나 완화할 수 있음, 항정신성 약물, 양극성 우울증의 치료 효과, 단극성 우울증에 사용되는 항우울제의 효능 강화	진정작용, 체중 증가, 혈당 및 콜레스테롤 상승, 당뇨 및 심장 질환의 위험성 증가, 구강건조증, 변비
리스페리돈(빠른 용해 정제 또는 장기 지속형 주사제의 두 가지 형태로 이용 가능)	리스페달	조증인 경우에 2~6mg/일	항조증, 기본 삼화의 재발을 방지하거나 완화할 수 있음, 항정신성 약물	체중 증가, 혈당 및 콜레스테롤 상승, 당뇨 및 심장 질환의 위험성 증가, 프로락틴 수치의 상승, 가역성 운동장애, 좌불안석증, 진정작용 또는 불면증
지프라시돈	지오돈	40~160mg/일, 2회문 나눠 복용하고 반드시 음식과 함께 복용할 것	항조증, 기본 삼화의 재발을 방지하거나 완화할 수 있음, 항정신성 약물	심장 박동 리듬의 변화, 약물 복용 전 및 치료 도중에 심전도 검사가 필요할 가능성, 체중이 증가할 수 있는 약간의 위험성, 혈당 및 콜레스테롤 상승, 당뇨 및 심장 질환의 위험성 증가, 가역성 운동장애, 진정작용

mg/일 = 하루에 복용 또는 투약하는 밀리그램의 수
*목록에 포함되지 않은 다른 부작용이 나타날 가능성도 배제할 수 없음

하지만 양극성 환자에 대한 적용 지침이 없는 약들이다. 인베가는 조현병과 조현정동장애 환자에게 사용하도록 명시되어 있고, 일로페리돈은 조현병 환자에 대한 처방이 명시되어 있을 뿐이다. 이들 질환이 같은 범주에 속한다는 사실을 고려할 때, 일부 의사는 이런 약품을 양극성 환자에게 처방하기도 한다. 이들 약제는 표 7-3에 소개한 다른 비정형 항정신성 의약품들과 같은 부작용이 나타날 위험이 있으므로 주의해야 한다

2세대 항정신성 의약품을 복용할 때에는 다음과 같은 부작용이 나타날 가능성이 있다.

✔ 당 대사 이상이 나타나고 제II형 당뇨병의 발병 위험이 증가됨(FDA는 비정형 항정신성 약품의 포장 라벨에 고혈당과 당뇨병 고위험 환자들에 대한 경고 표시를 포함하도록 규정함)

✔ 체중 증가, 혈중 콜레스테롤 및 다른 지방 수치의 증가

✔ 파킨슨병의 증상(떨림과 뻣뻣함)과 비슷한 가역성 운동 이상이 발생하지만 용량을 줄이거나 복용을 중단하면 이런 증상이 사라짐

✔ 지연성 운동장애라고 불리는 조절되지 않는 비가역적인 움직임(얼굴 찡그림 또는 혀, 입술, 팔 등에서 나타나는 조절되지 않는 움직임)이 나타나는데, 보통은 약을 끊어도 증상이 사라지지 않음

✔ 극도로 불안한 상태를 보이는 좌불안석증(akathisia : 도무지 앉은 채로 가만히 있을 수 없는 상태)이 나타나며, 흔히들 불안한 나머지 피부 밖으로 뛰쳐나오고 싶은 욕구에 압도된다고 말함

✔ 심장 박동 리듬에 변화가 나타남

✔ 가끔 호르몬 프로락틴의 분비량의 증가 때문에 남성의 유방 확대, 여성의 수유 또는 생리 관련 문제가 발생하기도 함

✔ 성적 기능 장애

✔ 진정작용, 어지럼증, 변비, 두통 등의 일반적인 부작용

클로자핀(클로자릴)

클로자핀(클로자릴)은 심각한 부작용 때문에 잘 쓰이지 않지만, 정신과 의사들이 최후의 수단으로서 처방하곤 하는 항정신성 약물이다. 클로자핀은 일반적으로 치료에 대

한 저항성을 나타내는 조현병 환자에게 처방되는 약품이지만, 다른 치료에 효과를 보이지 않는 중증의 양극성 조증 또는 정신증 환자에게도 FDA 승인과 무관하게 처방되기도 한다. 또한 클로자핀은 진단 결과에 무관하게, '재발성 자살 행동' 치료를 위해 처방되기도 한다(이와 관련해서는, 미국의 FDA와 유럽의 EMA로부터 특정 용도에 관한 승인이 있음).

클로자핀은 백혈구 수치가 심각하게 감소하는 무과립구증의 발생 위험이 대단히 높다. 이 약을 복용하는 환자들은 복용을 시작하고 6개월 동안은 매주, 그 이후에는 격주로 채혈하고 피검사를 진행해 그 수치를 확인해야 한다. 뿐만 아니라, 클로자핀은 상당한 체중 증가를 유발하는 경향도 있다.

전형적인 1세대 항정신성 의약품

1세대 항정신성 약물로는 할로페리돌(할돌), 페르페나진(트릴라폰), 몰린돈(모반)과 티오틱센(나반)을 꼽을 수 있다. 이들 약물은 처음에는 조현병 치료제로 개발되었다가, 점차 양극성장애와 동요 등의 증상에까지 적용되기 시작했다. 1세대 항정신성 약물은 점차 사용이 줄어들고 있으며, 신약이 그 자리를 대체하고 있다.

이런 오래된 항정신성 의약품의 사용이 줄어든 것은, 지연성 운동장애를 포함한 운동장애를 유발할 위험성이 대단히 높기 때문이다(지연성 운동장애는 특별히 얼굴 주변부와 팔에서 나타나는 조절되지 않는 움직임으로 종종 약을 중단하여도 상태가 호전되지 않는 비가역적인 특징을 나타낸다). 하지만 2세대 약제와 비교할 때 이 의약품의 장점으로 손꼽히는 특징 중 하나는 체중 증가 및 당뇨병의 발생과 관련된 대사 변화의 위험성이 훨씬 적다는 점이다.

일부 대규모로 진행되는 연구 결과를 통해, 이들 1세대 약제는 2세대 의약품과 비교하여 좀 더 저렴한 비용으로 조현병을 치료할 수 있고, 부작용도 훨씬 적다는 사실이 밝혀지고 있다. 하지만 양극성장애에 대한 1세대와 2세대 항정신성 의약품의 효과를 체계적으로 비교한 대규모 연구가 아직 진행된 바가 없다. 따라서 현재로서는 새로운 항정신성 의약품 또는 다른 대체 약품의 효과가 미미하거나 환자가 그 부작용을 견디기 힘든 경우에만, 1세대 의약품을 대안으로 처방하곤 한다.

기분을 좋아지게 하는 항우울제

일반적으로 양극성장애를 생각하면 가장 먼저 떠오르는 건 조증이긴 하지만, 자꾸만 재발하는 심각한 우울증 삽화는 조증만큼이나 환자들의 삶을 힘들게 하고 일상을 황폐화시키는 주범이 되곤 한다. 조증의 증상이 나타나기 전에 기분 삽화의 첫 번째 유형으로 우울증이 나타나는 경우가 많은데, 따라서 환자들은 대개 가장 먼저 항우울제를 처방받곤 한다. 하지만 양극성의 우울증은 단극성 우울증과 다른 양상을 나타낸다. 특히나 제I형 양극성 환자에게 항우울제는 종종 효과가 덜하고 조증을 유발하는 등의 심각한 부작용을 초래할 수 있다. 따라서 양극성 우울증 환자에게 항우울제를 처방하는 것은 간단한 일이 아니다.

의사 또는 환자가 자신의 우울증의 원인이 양극성장애 때문이라고 생각한다면, 그 환자의 우울증을 치료하는 과정은 상당히 복잡하게 진행될 것이며 면밀한 모니터링이 필요할 것으로 예상된다. 좀 더 자세한 내용은 뒷부분의 '양극성' 우울증에서 벗어나기 절에서 다시 소개하도록 하겠다.

지금부터는 여러 항우울제의 유형과 각각의 그룹에 속하는 특정 약물을 간단히 소개하겠다.

선택적 세로토닌 재흡수 억제

세로토닌은 우리 뇌에서 기분, 불안, 수면과 기상 주기, 성적 행동 그리고 다른 여러 가지 뇌와 신체 기능을 조절하는 기능을 수행하는 화학물질이다. 선택적 세로토닌 재흡수 억제제(selective serotonin reuptake inhibitors, SSRI)에 속하는 약물은 뇌에서 시냅스(뉴런으로 불리는 뇌세포 사이 공간)의 세로토닌 농도를 증가시키는 작용을 한다. 하지만 SSRI가 작용하는 메커니즘은 단순히 세로토닌 농도를 증가시키는 것 이상으로 복잡하다. 기분을 조절하는 뇌의 복잡한 신호전달 메커니즘에 대한 이해는 아직 부족하지만, 시간이 흐름에 따라 더 많은 것들이 밝혀지게 될 것이다. 표 7-4에는 가장 대표적인 SSRI 약물의 목록과 함께 각각의 장단점을 소개하였다. 이 표에는 비정형 항정신성제인 올란자핀과 항우울제로 사용되는 플루옥세틴의 혼합제인 심비악스도 소개해두었다. 이 약은 양극성 우울증을 치료하기 위해 특별히 개발된 것이다.

표 7-4 SSRI 약물의 잠정적 효능 및 부작용

일반명	상품명	성인 기준 용량	잠정적 효능	나타날 수 있는 몇 가지 부작용*
시탈로프람	셀렉사	20~40mg/일	항우울제(단극성 우울증 치료제로 승인됨). 양극성 우울증에 대해서는 승인된 바 없으나 종종 처방되곤 함. 양극성장애 환자에게 종종 처방되곤 하지만, 양극 성 환자에게는 부작용이 발생할 우려 가 있음	자살에 대한 생각, 불면증, 진정작용, 동요, 성 기능이 변화, 구역질 또는 설 사, 체중 증가, 식은땀
에스시탈로프람	렉사프로	10~20mg/일, 필요에 따라 그 이상도 가능		
플루옥세틴	프로작	20~60mg/일		
플루복사민	루복스 루복스 CR정	50~300mg/일		
파록세틴	파실 파실 CR정	10~60mg/일, 필요에 따라 그 이상도 가능		
설트랄린	졸로프트	50~200mg/일	양극성 우울증 치료제	
올란자핀+ 플루옥세틴 (자이프렉사+ 프로작)	심비악스	3/25~18/75(용량 표시, 위쪽에는 올 란자핀, 아래쪽에는 플루옥세틴의 용량이 표시되어 있다. 따라서 3/25라는 표시는 된 심비악스 한 정에는 올란자핀 3mg과 플루옥세틴 25mg이 들어 있는 셈이다)	양극성 우울증 치료제	체중 증가, 혈당 및 콜레스테롤 상승, 좌불안석증, 진정작용 또는 불면증, 가 역성 운동장애, 자살에 대한 생각, 구역 질/설사

mg/일 = 하루에 복용 또는 투여하는 밀리그램의 수

*목록에 포함되지 않은 다른 부작용이 나타날 가능성도 배제할 수 없음

SSRI 약물을 복용하고 그 효과가 충분히 나타나기까지는 몇 주 이상이 걸릴 수도 있다. 따라서 즉각적인 효과를 보지 못하더라도 약 복용을 중단하지 말고 기다려야 한다.

선택적 세로토닌 및 노르에피네프린 재흡수 억제

선택적 세로토닌 및 노르에피네프린 재흡수 억제제(selective serotonin and norepinephrine reuptake inhibitors, SNRI) 약제들은 뇌세포 사이의 시냅스에서 두 가지 뇌의 화학물질(세로토닌과 노르에피네프린)의 농도를 증가시키는 작용을 한다. SSRI 계열의 약제들과 마찬가지로, SNRI 계열에 속하는 약제의 작용 메커니즘도 거의 알려진 바가 없다. 하지만 연구자들은 세로토닌처럼 노르에피네프린도 기분과 불안감을 조절하는 과정에 중요한 역할을 한다는 사실을 알고 있다. 이들 물질은 사람의 각성도와 집중력을 조절하는 기능을 담당하기도 한다. 일반적으로 사용되는 SNRI 약물의 목록과 각각의 약이 유발할 수 있는 부작용에 관한 내용을 표 7-5에 소개해두었다.

SNRI 계통의 의약품은 복용하고 그 효과가 충분히 나타나기까지 몇 주 이상이 걸릴 수도 있다. 따라서 즉각적인 효과를 보지 못하더라도 약 복용을 중단하지 말고 기다려야 한다.

다른 세로토닌 관련 항우울제

표 7-6에는 세로토닌의 신호전달 과정에 영향을 주긴 하지만 SSRI 및 SNRI와는 구조적으로 다른 몇 가지 항우울제를 소개하고 있다. 표에 실린 두 가지 약물은 진정작용이 너무 강력하여 수면 보조제로 널리 사용되고 있으며, 일부 약물은 다른 신경전달물질에도 영향을 준다(신경전달물질에 관한 자세한 내용은 제2장 참조).

부프로피온(웰부트린)

웰부트린이라는 항우울제와 자이반이라는 이름의 금연 치료제로 시판되기도 하는 부프로피온은 뇌에서 시냅스 부위의 도파민과 노르에피네프린 농도를 증가시킨다(제2장 참조). 그런 작용이 일어나는 메커니즘은 아직 자세히 밝혀지지 않았지만, SSRIs, SNRIs, 그리고 다음 단락에 소개하는 삼환계에 속하는 항우울제와는 완전히 다른 작용 기전을 통해 진행된다는 사실이 알려져 있다. 따라서 부프로피온은 독자

표 7-5 SNRI 약물의 잠정적 효능 및 부작용

일반명	상품명	성인 기준 용량	잠정적 효능	나타날 수 있는 몇 가지 부작용*
데스벤라팍신	프리스틱	50~100mg/일	항우울제(단극성 우울증 치료제로 승인됨), 불안장애 환자에게 종종 처방되곤 하지만, 양극성 환자에게는 부작용이 발생할 우려가 있음	자살에 대한 생각, 동요, 탈억제(외부 자극으로 일시적으로 억제를 잃음-역주), 조증, 불면증, 진정작용, 혈압 상승, 성 기능의 변화, 구역질 또는 설사, 체중 증가
듀록세틴	심발타	60~120mg/일	항우울제(단극성 우울증 치료제로 승인됨), 불안장애 환자에게 종종 처방되곤 하지만, 양극성 환자에게는 부작용이 발생할 우려가 있음	자살에 대한 생각, 동요, 탈억제, 조증, 불면증, 진정작용, 혈압 상승, 성 기능의 변화, 구역질 또는 설사, 체중 증가, 간에 영향을 주므로 금주를 제한할 필요가 있음
벤라팍신	이펙사, 이펙사 XR	75~375mg/일, 75~225mg/일(서방형, 약물이 서서히 녹아 나오도록 제작된 제로 약약을 섬거나 녹여 먹지 말고 그대로 물과 함께 섭취야 하는 형태-역주)	항우울제(단극성 우울증 치료제로 승인됨), 불안장애 환자에게 종종 처방되곤 하지만, 양극성 환자에게는 부작용이 발생할 우려가 있음	자살에 대한 생각, 동요, 탈억제, 조증, 불면증, 진정작용, 혈압 상승, 성 기능의 변화, 구역질 또는 설사, 체중 증가, 복용을 놓치면 심각한 금단 현상이 나타남

mg/일 = 하루에 복용 또는 투약하는 밀리그램의 수
*목록에 포함되지 않은 다른 부작용이 나타날 가능성도 배제할 수 없음

표 7-6 다른 세로토닌 관련 항우울제의 잠정적 효능 및 부작용

일반명	상품명	성인 기준 용량	잠정적 효능	나타날 수 있는 몇 가지 부작용*
미르타자핀	레메론	15~25mg/일	항우울제(단극성 우울증 치료제로 승인됨), 극심한 진정작용(중증 수면 유도제로 사용됨)	자살에 대한 생각, 동요, 탈억제, 조증, 진정작용, 체중 증가, 구강건조증, 콜레스테롤 수치의 상승
네파조돈	세르존	300~600mg/일	항우울제(단극성 우울증 치료제로 승인됨), 항불안제	자살에 대한 생각, 동요, 탈억제, 조증, 간 기능 이상(간 기능의 추적 관찰이 필요함), 진정작용, 불면증, 두통, 구강건조증, 변비, 근육 약화, 성 기능 장애
트라조돈	데시렐	150~600mg/일	항우울제(단극성 우울증 치료제로 승인됨), 진정제(중증 수면 유도제로 사용됨)	자살에 대한 생각, 동요, 탈억제, 조증, 진정작용, 구강건조증, 두통, 어지럼증 및 구역질, 성 기능 장애, 음경지속발기증(성적 욕구와 무관하게 음경의 발기가 지속하는 현상으로, 의학적으로 볼 때 응급상황에 해당한다)
빌라조돈	비브리드	20~40mg/일	항우울제(단극성 우울증 치료제로 승인됨)	자살에 대한 생각, 동요, 탈억제, 조증, 복부 및 위장 장애, 성 기능 장애
보티옥세틴	브린텔릭스	5~20mg/일	항우울제(단극성 우울증 치료제로 승인됨)	자살에 대한 생각, 동요, 조증, 구역질, 성 기능 장애

mg/일 = 하루에 복용 또는 투약하는 밀리그램의 수
*목록에 포함되지 않은 다른 부작용이 나타날 가능성도 배제할 수 없음

표 7-7	다른 세로토닌 관련 항우울제의 잠정적 효능 및 부작용			
일반명	상품명	성인 기준 용량	잠정적 효능	나타날 수 있는 몇 가지 부작용*
부프로피온	웰부트린	20~450mg/일	항우울제(단극성 우울증 치료제로 승인됨), 니코틴에 대한 의존을 완화, 성적 부작용 없음, 주의력과 집중력이 향상되기도 함, 체중 증가를 유발하지 않음	자살에 대한 생각, 동요, 탈억제, 조증, 안절부절못함, 불면증, 불안, 식욕 감퇴, 체중 감소, 발작, 현재 또는 과거에 섭식장애 또는 발작의 병력이 있는 환자들에게는 사용할 수 없음
	웰부트린 SR	150~400mg/일		
	웰부트린 XL	300~450mg/일		
	자이반(금연치료제)			

mg/일 = 하루에 복용 또는 투약하는 밀리그램의 수
*목록에 포함되지 않은 다른 부작용이 나타날 가능성도 배제할 수 없음

적인 카테고리에 속한다고 볼 수 있다. 이 계열의 약물은 ADHD 치료, SSRI/SNRI의 부작용으로 나타나는 성기능 장애, 그리고 가끔은 다른 약의 부작용 때문에 나타나는 체중 증가를 치료하기 위한 비승인 약물로 처방되곤 한다. 표 7-7에는 이 계열에 속하는 약물의 잠정적인 장단점을 간단히 정리해 소개하였다.

삼환계 및 모노아민 산화 억제 계열의 의약품

삼환계 및 모노아민 산화 억제(monoamine oxidase inhibitors, MAOI) 계열의 약물은 앞서 언급한 항우울제와 다른 메커니즘을 통해 작용하며, 심지어 같은 계열에 속하는 약제 간에도 다른 작용 기전을 나타내는 오래된 부류의 약이다. 삼환계 및 MAOI 계열 의약품의 부작용은 훨씬 다루기 어렵기 때문에, 이들 약제는 이 장에서 설명하는 다른 양극성 치료제와 비교하여 훨씬 드물게 사용되는 편이다.

✔ **삼환계** : 삼환계 약제는 기본적으로 노르에피네프린과 세로토닌 수치에 영향을 주지만, 히스타민을 포함하여 수많은 여러 가지 신경전달물질 전반에 작용한다. 이처럼 화학적 '과잉' 반응이 진행됨에 따라, 진정작용, 구강건조증, 변비, 현기증, 심장 박동의 변화 등 다양한 부작용이 나타날 수 있다.

✔ **모노아민 산화 억제** : MAOI 계열의 의약품은 노르에피네프린, 세로토닌, 도파민, 그리고 다른 여러 신경전달물질을 분해하는 효소의 작용을 막아,

뇌에서 이런 화학물질의 수치를 증가시키는 작용을 한다. MAOI를 복용하는 사람들에게는 혈압의 급격한 상승을 막기 위해 특정 식품의 섭취를 제한하곤 하는데, 일반적으로 숙성된 육류와 치즈, 특정 종류의 콩류 등이 포함되나 그보다 광범위한 식품을 주의해야 한다. 또한 MAOI 약제는 다른 여러 의약품과 심각한 상호작용을 일으킬 수 있는데, 특별히 SSRI 및 SNRI 약제와 반응하여 매우 위험한 결과를 초래할 수 있다. 따라서 MAOI 약제를 복용하다가 SSRI 또는 SNRI로 바꾸고자 할 때는, 2주 동안 약 복용을 완전히 중단하여 체내의 약 성분이 완전히 배출되기를 기다린 후에 다시 복용을 시작해야 한다. 플루옥세틴에서 MAOI로 약제를 변경할 때는 이 배출 기간을 5주로 늘려야 한다.

기분을 안정시키는 불안 완화제와 수면 유도제

양극성 환자들은 종종 불안과 불면증을 동반한다. 불안과 불면증을 효과적으로 치료하지 않은 것 때문에 기분 삽화가 나타나거나 양극성의 다른 증상까지 악화될 수도 있다. 이 절에서 설명하는 것처럼, 의사들은 환자가 마음을 편안히 하고 잠을 잘 자도록 도움을 줄 수 있는 한두 가지 이상의 항불안제 또는 수면 유도제를 처방할 수 있다.

SSRI 및 SNRI 약제는 매우 효과적인 항불안제이기에, 많은 환자들이 치료를 시작할 때 복용하는 첫 의약품이다. 하지만 이들 약제를 복용하는 동안 동요 또는 조증이 나타날 수 있기 때문에 조증과 우울증의 양상이 모두 나타나는 양극성 환자들에게는 위험할 수도 있다. 하지만 이들 의약품의 역할은 매우 중요하고, 환자들 각각의 특별한 상황과 증상에 따라 단일 처방되거나 다른 약제와 함께 처방됨으로써, 불안을 치료하는 일차적인 역할을 감당하곤 한다. 좀 더 자세한 내용은 이미 앞서 소개한 '선택적 세로토닌 재흡수 억제제' 및 '선택적 세로토닌 및 노르에피네프린 재흡수 억제제' 절을 참고할 수 있다.

벤조디아제핀

항불안 작용만을 위한 약제 중에서 가장 일반적으로 사용되는 것은 벤조디아제핀 계열(불안완화제, 안정제 또는 벤조 계열로 불리기도 함)의 의약품이다. 이 약제는 신경계통의 전

체적인 반응을 느리게 함으로써, 양극성 환자에게 문제가 되는 동요와 불안의 수
위를 낮추는 작용을 한다. 벤조 계열의 약제는 뇌에서 뉴런을 진정시키는 화학물질
GABA(gamma-aminobutyric acid : 감마아미노부티르산)의 작용에 영향을 미친다. 환자들이
약을 복용함으로써 공황 발작을 멈출 수 있다는 사실을 알기만 해도, 기분 삽화가
나타날 것에 대한 이차적 두려움이 훨씬 줄어들 수 있다. 또한 이들 약제를 밤에 복
용하면 수면 유도제로서의 효과도 기대할 수 있다. 표 7-8에는 벤조 계열 의약품의
장단점을 정리해 두었다.

벤조디아제핀은 양극성 치료를 처음 시작하는 환자들에게서 종종 놀라운 효과를 발
휘하곤 하는데, 다른 약물보다 훨씬 더 빨리(23~30분 이내에) 효과를 나타내기 때문이
다. 이 약제는 SSRI와 같은 다른 약이 작용할 때까지 기다리는 동안에도 2~6주 이상
에 이르기까지 즉각적인 효능을 발휘하곤 한다. 하지만 SSRI의 약효가 나타나기 시
작하면, 의사는 곧바로 이 벤조 계열의 약을 중단하라고 말할 것이다.

의사는 환자의 상태를 종합적으로 고려하여 가장 적합한 벤조디아제핀 계열의 약물
을 선택한다. 이 장의 뒷부분에 소개하는 '자신에게 가장 잘 맞는 약 찾기' 절에 좀
더 자세한 내용을 소개하였다. 특히 벤조 계열의 약제를 특정 항우울제 또는 항정신

표 7-8 벤조디아제핀 계열 약제의 잠정적 효능 및 부작용

일반명	상품명	성인 기준 용량	약효의 지속 (시간)	잠정적 효능	나타날 수 있는 몇 가지 부작용*
알프라졸람	자낙스 자낙스 XR	0.75~4mg/일을 분할하여 복용, 0.5~10mg/일(XR)	4~6	항불안, 진정작용	과도한 진정작용, 의존성/중독, 알코올과 결합하면 치명적일 수 있음, 운전 또는 업무 능력을 저하시킬 수 있음
클로나제팜	클로노핀	1.5~4mg/일을 분할하여 복용	10~12	항불안, 진정작용	
디아제팜	바리움	4~40mg/일을 분할하여 복용	10~12	항불안, 진정작용, 항경련, 근육 경련 완화	
로라제팜	아티반	1~10mg/일을 분할하여 복용	6~8		

mg/일 = 하루에 복용 또는 투약하는 밀리그램의 수
*목록에 포함되지 않은 다른 부작용이 나타날 가능성도 배제할 수 없음

성 약제와 함께 복용할 경우에는 일부 부작용이 완화되는 경우가 있는데, 이들 두 가지 약제를 복용할 때 우리 몸속에서는 같은 효소 작용에 의한 대사 과정이 진행되기 때문이다.

벤조디아제핀 계열의 약을 복용할 때는 신중을 기해야 한다. 너무 많이 복용하면 이 성분이 뇌의 다양한 기능을 차단함으로써 심각한 진정작용과 혼미 상태를 유발하다가 마침내 치명적인 호흡 곤란을 일으킬 수 있기 때문이다. 또한 벤조 성분은 알코올이 작용하는 것과 동일한 수용체에 작용하기 때문에, 벤조 계열의 약품을 술과 함께 복용하면 심각한 중추 신경계의 마비 위험성이 급격히 상승할 수밖에 없다. 이 약제의 또 다른 중대한 위험성은 바로 중독과 의존성이 나타날 가능성이 높다는 점이다. 이 약을 복용하는 환자의 몸은 점점 더 의존성을 나타내면서 용량을 높일 수밖에 없는 처지에 이르고야 만다. 따라서 이 약을 복용할 때는 용량을 면밀히 모니터링하고 조절하는 것이 중요하다.

기타 항불안제

앞서 언급한 약제들보다는 드물게 처방되곤 하는 항불안제로는 부스피론, 프레가발린, 가바펜틴 등이 있는데, 이들 약제는 진정제로 구분되지는 않는다.

✔ **부스피론**(부스파) : 이 약물은 SSRI 계열의 약처럼 세로토닌에 작용하지만, 재흡수에 영향을 주기보다는 세로토닌 수용체에 직접 작용하는 것으로 알려진다. SSRI처럼, 부스피론도 의도한 효능을 나타내기까지는 일정한 혈중 농도에 도달할 시간이 필요하다. 벤조 계열의 약과 마찬가지로 이 약제도 불안에 특별한 효능을 나타내지만, 오히려 그만큼의 중독성이 나타나지 않는 장점이 있다. 부스피론의 용량은 하루 20~60밀리그램 정도를 두 번에 나누어 복용하면 된다. 부스피론만 단일 처방할 때의 유익이 적기 때문에, 의사들은 이 약을 종종 다른 약제에 추가하는 약물로서 부스피론을 처방하곤 한다. 부스피론은 알코올 중독 또는 벤조디아제핀 남용의 과거력이 있는 환자들에게 좋은 치료제로 작용할 수 있지만, 벤조디아제핀의 효능에는 미치지 못한다.

✔ **프레가발린**(리리카) : 이 약제는 여러 종류의 통증 증후군을 위한 치료제 및 발작 치료를 위한 추가 약물로 승인된 상태다. 아직은 불안 치료를 위한

공식적인 약으로 승인되지는 않았지만, 일부 연구에 따르면 불안장애 치료에 상당한 효능을 나타내는 것으로 알려져 있다. 이 약제의 부작용으로는 현기증, 진정작용, 떨림, 그리고 체중 증가 등이 나타날 수 있다.

✔ **가바펜틴**(뉴론틴) : 이 항정신성 약제는 통증 증후군 치료에도 사용되기도 한다. 이 약을 불안 치료에 사용한 몇몇 연구 결과가 발표되긴 했지만, 결과의 일관성이 확인된 바는 아직 없다. 하지만 불안을 호소하지만 SSRI와 같은 전통적인 치료제가 잘 듣지 않는 환자들, 특별히 벤조 계열의 약 때문에 중독성이 우려되는 경우에 가끔 처방되곤 한다.

수면 유도제

환자들이 종종 우울증 및 조증과 동반되는 불면증을 호소하면, 의사들은 단기적 불면증 치료제로서 수면 유도제를 처방하곤 한다. 앞에 소개한 벤조디아제핀계의 약들은 종종 수면에 도움을 주지만, 불안이 아닌 불면증 치료만을 위한다면 벤조 계열과 유사한 약 중에서 진정작용과 졸음을 유발하는 여러 약제를 사용하는 경우도 있다. 이런 약제는 벤조 계열의 약과 함께 복용하면 진정작용이 급격히 심화되는 경향이 있어 대개 함께 처방하지 않는다. 벤조 계열의 약과 마찬가지로 수면 유도제도 중독과 의존의 위험성이 있다. 표 7-9에는 일반적으로 처방되는 몇 가지 수면 유도제와 각각의 장단점을 설명해 두었다.

벤조계에 속하는 진정제와 수면 유도제 외에도, 의사들은 환자들의 불면증 치료에 도움이 될 만한 다양한 약을 처방하며, 특히나 의존성과 중독의 문제가 염려될 때 더욱 그런 고민을 하기 마련이다. 항우울제인 트라조돈, 아미트리프틸린, 미르타자핀 등은 극도의 진정 효과 덕분에 종종 적은 용량으로도 탁월한 수면 유도 효과를 얻을 수 있다(좀 더 자세한 내용이 궁금하다면 앞부분에 소개한 항우울제 관련 내용을 참조하라). 단, 항우울제인 독세핀은 좀 더 낮은 용량의 수면제인 사일레노라는 제품으로 출시되었고, FDA로부터 불면증 치료제로 승인되어 있다. 디펜히드라민(베나드릴) 등과 같은 항히스타민제는 알레르기 치료제이지만, 부작용으로 상당한 진정 효과가 나타난다는 점 때문에 불면증 치료에 사용되기도 한다.

새롭게 출시된 수보렉선트(벨솜라)는 벤조 계열 및 그와 관련된 약제와 완전히 다르게 작용한다. 이 약은 뇌에서 오렉신(orexin)이 수용체와 결합하지 못하도록 저해하는

표 7-9　수면 유도제의 잠정적 효능 및 부작용

일반명	상품명	성인 기준 용량	잠정적 효능	나타날 수 있는 몇 가지 부작용*
비(非) 벤조디아제핀 계열 수면 유도제				
에스조피클론	루네스타	1~3mg	수면의 양과 질 향상	의존성, 두통, 불쾌한 맛, 약을 복용한 다음날 비틀거림 또는 숙취가 느껴지는 듯한 증상을 경험할 수 있음
잘레플론	소나타	5~10mg/일	수면의 양과 질 향상, 작용 기가 짧으므로 자다 깨는 문제 때문이라면 한밤중에 복용하는 것도 한 가지 방법이 될 수 있음	의존성, 약을 복용한 다음 날 비틀거림 또는 숙취가 느껴지는 듯한 증상을 경험할 수 있음
졸피뎀	앰비엔 앰비엔 CR	앰비엔은 5~10mg/일 앰비엔 CR은 6.25~12.5mg/일	수면의 양과 질 향상	의존성, 자면서 먹기, 돌아다니기, 운전하기 등 특이하거나 위험한 행동을 할 가능성이 있음, 기억 상실, 다음날 비틀거림 또는 숙취가 느껴지는 듯한 증상을 경험할 수 있음
벤조디아제핀 계열 수면 유도제				
플루라제팜(국내 시판되는 이름 : 달마돔정-역자)	달메인	15~30mg/일	수면의 양과 질 향상	의존성/중독성, 진정작용, 현기증, 과다 복용 또는 알코올과 병용 시 호흡 억제 기능, 약을 복용한 다음날 비틀거림 또는 숙취가 느껴지는 듯한 증상을 경험할 수 있음
테마제팜	레스토릴	7.5~30mg/일	수면의 양과 질 향상	

mg/일 = 하루에 복용 또는 투약하는 밀리그램의 수
*목록에 포함되지 않은 다른 부작용이 나타날 가능성도 배제할 수 없음

작용을 한다. 오렉신은 뇌에서 분비되며 각성 작용을 하는 단백질인데, 이 과정을 억제함으로써 뇌의 각성 상태를 둔화시켜 진정작용이 나타나도록 하는 것이다. 이처럼 각성을 저해하는 방식과 달리, 불면증 치료제로 사용되는 다른 모든 약물은 진정작용을 증가시키는 방식으로 작용하기 마련이다. 이 약은 2015년 중반에 출시되어 이제 막 관련된 연구가 시작된 상황이므로, 이 약을 복용하는 많은 환자에게서 나타나

는 효능과 전형적인 부작용의 양상에 대한 추적 관찰 결과를 지켜봐야 할 것이다.

환자들이 궁금해할 만한 또 다른 수면 유도제의 하나로, 벤조계의 약물에 중독을 경험한 바 있는 환자들에게 좋은 대안이 될 만한 라멜테온(로제렘)을 들 수 있다. 이 약물은 멜라토닌 계통의 신호전달 과정에 작용한다. 멜라토닌은 하루가 끝나갈 무렵에 빛의 변화에 반응하여 뇌에서 분비되는 화학물질로, 이 약은 어떠한 의존성이나 중독도 나타내지 않기 때문에 대부분의 다른 수면 유도제처럼 규제 약물로 지정되어 있지 않다. 이 약을 복용한다고 해서 다음날 몸을 제대로 가누지 못하는 증상이 나타나지는 않으며, 다른 처방 약물과 함께 복용해도 안전한 것으로 알려져 있다. 하지만 신장이나 호흡기 계통의 질환, 수면 무호흡증 또는 우울증이 동반된 환자 또는 임신 중이거나 수유하고 있는 여성의 경우에는 이 약이 안전하지 않을 수 있다. 라멜테온은 알코올과 반응할 수 있으며, 고지방 식이와 병행할 경우엔 이 약물의 흡수가 지연될 수 있다.

양극성과 관련된 정신약물학 이해하기

정신약물학(psychopharmacology)은 정신질환의 치료를 위해 항정신성 약제(기분, 감정, 행동, 또는 인지에 영향을 주는 모든 약)를 복용하는 것과 관련된 내용을 일컫는다. 양극성 환자와 관련된 정신약물학은 다음의 기본적인 네 가지 목적하에 처방될 수 있다.

✔ 급성 조울증의 치료
✔ 우울증의 증상 완화
✔ 정신 이상 증상을 완화 또는 억제
✔ 기분의 안정성을 유지하고 향후에 발생할 수 있는 기분 삽화의 빈도 또는 발생 가능성 감소

이들 약물의 치료 목적은 이처럼 분명하지만, 정신과 의사들은 다음과 같은 이유 때문에 이 목적을 달성하기 쉽지 않을 수 있다.

✔ **환자의 증상은 드라마틱하게 달라질 수 있다.** 환자가 처음 발병했을 때 양극성의 어느 쪽에 치우친 증상이 나타났는지에 따라, 치료의 목적이 되는 증상은 사람마다 다를 뿐 아니라 거울에 비친 이미지처럼 어느 게 진짜인지 도무지 구분할 수 없을 때가 있다. 양극성장애를 치료할 때 의사들은 환자마다 각기 다른 극단적인 증상과 질환의 전반적인 양상, 그리고 증상이 또다시 재발한다는 점을 고려하여 접근한다.

✔ **환자의 증상은 시간이 지남에 따라 바뀐다.** 조증을 겪고 있는 환자는 금세 우울증의 증상을 나타내다가도 또다시 조증에 사로잡힐 수 있다. 따라서 환자의 표적 증상을 정확히 해결하기 쉽지 않을 때가 생기기 마련이다.

✔ **어떤 사람들의 기분 삽화는 융합된 특성을 나타낸다.** 환자들은 기본적으로 조증의 증상을 나타내면서도 절망이나 다른 우울증의 증상을 동반하기도 한다. 반대로, 양극성 우울증 환자들도 극도로 흥분하고 짜증내는 모습을 보이기도 한다 이런 혼재된 특성 때문에 환자의 치료 계획이 복잡해지기도 한다.

✔ **증상은 사람마다 각기 다르다.** 어떤 사람의 조증은 짜증스럽고 괴로울 수 있지만, 다른 사람에게는 마냥 행복한 경험일 수도 있다. 때로는 우울증이 나타날 때 상당히 예민해지기도 한다.

✔ **환자의 다른 상태가 진단 및 치료 과정에 영향을 줄 수 있다.** 예를 들면, 환자에 따라서는 불안장애 또는 물질사용장애를 동반한 양극성을 나타낼 수 있다는 말이다. 따라서 동반되는 다른 질환은 양극성의 양상과 예후에 영향을 줄 수 있다. 각각의 질환과 증상에 대한 치료 과정은 상호 작용하여 부정적 신체 반응을 유발하거나 치료 효과의 감소를 일으킬 수 있다.

✔ **치료 효과와 부작용은 사람마다 각기 다를 수 있다.** 어떤 사람에게는 잘 듣는 약제가 다른 사람에게는 아무런 효과도 나타내지 않을 수 있다. 또 어떤 환자는 특정 약물을 복용하는 데 아무런 어려움도 없을 수 있지만, 다른 사람들은 비틀거림을 경험하거나 체중이 늘어나기도 한다.

✔ **약을 복용하다가 오히려 증상이 악화될 수도 있다.** 예를 들면, 일부 환자들은 특정 항우울제를 복용하다가 조증이 시작되거나 불안 또는 동요가 심화될 수 있다.

✔ **약물은 상호 작용할 수 있다.** 약물치료를 할 때는 보통 두 가지 이상의 약

제를 동시에 병용하는 경우가 있는데, 그중에서 한 가지 또는 두 가지 약제 모두의 약효가 떨어지거나 부작용이 나타날 수 있다. 이 복잡한 문제와 관련된 자세한 내용은 뒷부분에 소개하는 '이미 앓고 있는 다른 질환 고려하기' 절을 참조하라.

이 절에서는 의사와 함께 자신에게 가장 잘 듣는 약을 선택하고 효과적으로 관리하는 방법을 살펴보려고 한다.

자신에게 가장 잘 맞는 약 찾기

환자에게 적절한 약물을 선택하기 위해 고민할 때, 의사는 다음과 같은 여러 요소를 고려하기 마련이다.

- ✔ **현재의 증상** : 환자가 급성 조증의 증상을 보인다면, 의사는 그의 약 중에서 항우울제를 빼고 리튬, 또는 리튬보다 빠르게 약효가 나타나는 올란자핀과 같은 한두 가지 이상의 일차적 항조증 약물을 처방할 수 있다. 급성 우울증의 증상을 나타내는 환자에게는 우선 항우울의 특성을 함께 나타내는 리튬이나 쿠에티아핀 등의 항조증 약제를 처방하고, 거기에 항우울제를 추가할 수 있다.
- ✔ **기존에 복용하던 약물** : 환자가 이미 양극성 또는 다른 질환을 치료하기 위해 약을 복용해오던 중이라면, 의사는 환자가 처방받던 약의 용량 또는 약물의 혈중 잔류 농도를 확인하고 용량을 조절하거나, 현재 복용하는 약에 다른 약을 추가하거나 완전히 다른 약으로 바꿀 수도 있다.
- ✔ **기존의 약물 및 치료에 대한 환자의 반응** : 환자가 과거에 특정 약물을 복용한 경험이 있는데 그 약이 별 효과가 없었거나 심각한 부작용을 일으켰다면, 의사는 이번에는 그런 약을 피해 처방하려고 신경 쓸 게 분명하다.
- ✔ **재발 또는 다른 극단적 양상이 나타날 위험성** : 의사가 환자의 약을 추가하거나 뺄 때, 또는 용량을 조절할 때는 약제의 변화가 조증 또는 우울증, 또는 다른 기분/행동 관련 부작용을 유발하지는 않을지 반드시 고려하기 마련이다.
- ✔ **부작용 및 다른 건강상의 문제** : 모든 약은 저마다의 부작용이 있고, 일부

약물은 다른 건강상의 문제에 영향을 줄 수 있다고 알려져 있다. 의사는 환자가 각각의 약제와 관련된 부작용을 이해하도록 돕고, 다른 건강상의 문제를 일으킬 위험성이 너무 높다면 다른 약을 선택하도록 도움을 줄 수 있다.

✔ **환자의 성별 및 연령** : 환자에게 적절한 약을 선택할 때 환자의 성별은 고려해야 할 중요한 요소이며, 특히 가임기, 임신 또는 수유 중인 여성에게는 더욱 그러하다. 또한 의사들은 인지 기능과 관련된 부작용의 위험도 또는 다른 건강상의 문제가 발병할 우려가 높은 노인 환자들에게는 특별한 주의를 기울이기 마련이다(여성 또는 다른 특별한 환자군에 대한 치료와 관련된 내용은 제10장 참조).

✔ **환자의 선호도** : 환자는 의사와 각각의 약제와 부작용에 대해 의논할 때, 약을 복용함으로써 기대하는 유익과 부작용의 위험성을 스스로 따진 다음, 주도적으로 의견을 제시할 수 있다.

✔ **비용** : 환자가 가입한 건강보험 상품에 따라 환자가 지출해야 할 실제적인 치료비가 달라지기 마련이다. 의사는 환자의 보험 관련 정보를 알 수 없기에, 환자 스스로 이와 관련된 내용을 알아봐야 할 것이다. 약을 처방받기에 앞서, 의사에게 약값에 대해 질문하기를 주저할 필요가 없다. 오리지널 약제 대신에 좀 더 저렴한 복제약을 선택하는 방법처럼, 때로는 작은 선택의 차이가 비용의 커다란 차이를 불러올 수 있으니까 말이다.

환자가 약을 선택할 때는 다른 치료 방법을 의논할 때와 마찬가지로 의사와 충분히 의논하기를 권한다. 어떤 약을 이용한 치료가 특별히 효과적일 것 같다는 생각이 들면 의사에게 부담없이 물어보라. 의사가 처방하는 약의 예상되는 부작용을 도무지 감당할 수 없을 것 같다면, 그 역시 의사와 충분히 상의하면 된다.

만일 가족 중에 두 명의 양극성 환자가 있고 한 사람이 복용하는 약물 또는 약의 조합이 상당히 효과적이라면, 다른 환자에게도 그 약이 잘 맞을 가능성이 있다. 이럴 가능성은 특별히 리튬을 복용하는 환자들에게서 더욱 두드러지는데, 연구 결과에 따르면 양극성의 가족력이 분명한 환자 군에게는 리튬의 효능이 효과적일 가능성이 상당히 높다고 한다.

무엇을 기대할 것인가?

의사가 환자에게 약을 처방할 때 그 약이 잘 들을 것이라는 가정을 토대로 처방을 진행하기 마련이다. 다시 말하면, 환자가 의사를 찾아간 가장 주된 원인이 되는 증상을 치료하는 것이 약을 처방하는 주된 목적이란 뜻이다. 만일 의사가 좀 더 자세히 설명하는 편이라면, 다음과 같은 내용을 포함하여 몇 가지 질문을 더 할 수 있다.

- ✔ 이 약물치료를 통해 무엇을 기대하는가?
- ✔ 약효가 나타나는 것을 언제쯤 알 수 있을까?
- ✔ 나타날 수 있는 부작용에는 어떤 것들이 있나?(약물의 부작용에 관한 내용은 제 8장 참조).
- ✔ 의학적 개입이 즉각적으로 필요한 부작용에는 어떤 것들이 있나?
- ✔ 약 복용을 깜빡 잊었을 때는 어떻게 해야 하나?
- ✔ 이 약물과 혼용하지 말아야 하는 다른 약 또는 성분이 있나?

환자가 자신이 복용하는 약에 더 잘 알수록, 자신에게 가장 효과적인 약과 자신이 견딜 수 있는 부작용을 정확히 이해함으로써 의사와 더 효율적인 한 팀을 이룰 수 있게 된다.

혈중농도 검사 및 건강 검진

약을 복용할 때는 많은 경우에 권장 치료 수준(약물이 작용하는 수준)에 적합한 농도로 처방하고 있는지, 그리고 다른 의학적 문제를 일으키지는 않는지 정기 검진을 통해 확인해야 한다. 이를 위해 일반적으로 다음과 같은 종류의 검사를 진행하곤 한다.

- ✔ **혈중농도 검사** : 약물의 혈중농도를 측정하여 검사
- ✔ **심전도 검사** : 심장 박동을 모니터링하고 심장 질환의 가능성을 평가
- ✔ **갑상선 기능 검사** : 갑상선이 제대로 기능하는지 검사
- ✔ **간 기능 검사** : 간이 제대로 기능하는지 검사
- ✔ **혈당 및 인슐린 수치 검사** : 적정 혈당 수치가 유지되는지 검사, 특히 2세대 항정신성약물을 복용하는 환자의 경우에는 반드시 필요함(이와 관련된 자세한 내용은 제8장 참조).

노트 : 이 장 전반에 걸쳐 우리는 특정 약 성분이 중대한 부작용을 유발하지 않는 한, 그 약과 관련된 검사에 대해서는 언급하지 않았음을 밝혀둔다. 따라서 현재 복용하고 있거나 앞으로 복용할 계획이 있는 의약품과 관련하여 궁금한 게 있다면, 앞으로 검사를 진행할 예정인지 의사에게 물어볼 수 있다.

자신에게 맞는 약의 조합 찾기

환자가 자신에게 잘 맞는 약 또는 약의 조합을 찾는 비결은 가만히 기다리면서 정기적으로 의사와 상담하는 것뿐이다. 자신의 기분과 일상적인 행동에 어떤 변화가 느껴지는지에 대해 피드백을 제공함으로써, 환자는 의사가 안전하고 효과적인 약물의 '조합'을 찾는 과정을 도울 수 있다(이런 목적을 위해 특별히 고안된 '감정 차트'를 제11장에 소개했으니 참조할 것).

무엇보다 안전을 최우선으로

환자는 처방전 없이도 약국이나 편의점에서 구입할 수 있는 약제로부터 약초 성분 등에 이르기까지, 무엇이든 약제를 추가하려고 할 때는 추가로 복용할 예정인 물질이 기존에 복용하던 약의 성분과 혼용되더라도 안전한지의 여부를 반드시 확인한 후에 복용을 결정해야 한다. 대부분의 처방 약에는 금기사항(특별히 주의를 요하는 건강 상태인 환자에 대한 특정 약품 사용에 대한 권고 사항)과 다른 약제와의 상호작용과 관련된 설명이 함께 제공되며, 의사는 그 내용을 토대로 다음 중 한 가지 안전등급을 선택하여 처방을 진행한다.

- ✔ 위험 : 몇몇 약물의 조합은 독성을 나타낼 수 있음. 예를 들면, MAOI와 SSRI 계열의 약물은 절대로 혼용해서는 안 됨.
- ✔ 매우 위험 : 일부 조합은 어떤 환자들에게는 위험할 수 있으나, 그런 조합의 잠정적 효능이 위험성보다 클 경우가 있음. 예를 들면, 일부 이뇨제 또는 1세대 항정신성 약제와 리튬을 함께 복용하는 것은 위험할 수 있으나, 일부 환자에게서는 증상의 완화를 기대할 수 있음.
- ✔ 경고 : 위험성이 극히 적은 약제 간의 조합은 잠정적 효능이 위험성보다 우위에 있을 경우에 합리적인 선택이 될 수 있음. 예를 들면, 밸프로에이트와 라모트리진을 함께 처방하면 위험할 수는 있지만, 잘 관리하기만 하면 효

【 내게 맞는 약을 찾아서 : 아직도 끝나지 않은 과정 】

나는 열두 살이던 1997년에 양극성장애로 진단받았다. 의사들은 내가 어린이 병원의 정신과 병동에 입원해 지내는 동안, 날 안정시킬 수 있는 약을 이것저것 바꿔 처방하며 상태를 지켜봤다. 당시에는 그처럼 어린 나이에 양극성장애로 진단받는 경우가 극히 드물었기 때문에 열두 살짜리에게 맞는 약을 찾는 것이 더 어려웠을 것이다. 난 그저 나의 두 형제처럼 학교에 가고 주말에는 운동하고 싶었을 뿐이었는데 말이다! 내 또래의 다른 아이들처럼 그저 평범한 일상을 보내고 싶기만 했다.

양극성장애가 무엇인지 이해하기에는 너무 어린 나이였지만, 회복되려면 내게 잘 듣는 적당한 약을 찾아야 한다는 사실쯤은 이해할 수 있었다. 그렇게 내 기분을 가라앉혀줄 만한 적당한 약의 조합을 찾기까지는 3년이라는 기나긴 시간이 걸려야 했다. 하지만 내 인생 가운데 처음으로 안정된 기분을 느끼도록 해준 의미 있는 시간이었음에는 분명했다. 열다섯이 되었을 때, 나는 다시 등교할 수 있을 만큼 안정되었고 1년 후에는 대학에도 입학할 수 있었다.

서른이 된 지금도, 나는 이따금 약을 바꿔야 하는 상황에 직면하곤 한다. 계절에 따라 내 기분도 오르락내리락할 때가 있기에 그때마다 적당한 약을 찾아야 하는 내 인생의 여정을 걸어가며, 나는 아직도 끝나지 않은 길을 걷는 것만 같다. 걷다가 조금 울퉁불퉁한 길을 만날 때면, 의사와 나는 약간의 변화를 시도한다. 양극성장애로 처음 진단받을 때는 누구나 자신에게 맞는 약을 찾을 수 없을 것만 같은 절망감에 사로잡힐 수 있지만, 그저 시간이 조금 걸릴 뿐이라는 사실을 받아들일 수 있다면 좋겠다.

— 나탈리 진 샹파뉴, 정신건강 옹호론자, 『세 번째 일출 : 양극성에 관한 회고록(The Third Sunrise : A Memoir of Madness)』의 저자

과적인 치료 작용을 기대할 수 있음.

✔ **안전하지만 약물 효능의 변화 가능성이 있음** : 일부 약물은 다른 약제와 반응하여 효능에 변화가 발생할 우려가 있음.

✔ **안전함** : 두 약제가 서로 부정적인 상호작용을 일으킬 위험이 매우 낮아, 혼용하더라도 안전할 것으로 기대됨.

약제 또는 약제를 조합한 처방 결과의 효능 또는 안전성에 대한 궁금증이 있다면 언제든 의사와 상담할 수 있다. 그리고 현재 복용하고 있는 다른 약, 보충제, 약초, 또는 천연 성분 등이 있다면 의사에게 반드시 알려야 한다. 여러 건강상의 문제로 여러 의사에게 진료를 받고 있다면, 현재 복용 중인 모든 약물 정보를 각각의 의사에게 알

려야만 한다.

점진적이고 체계적인 접근 방식

아스피린처럼 빠르게 작용하는 항정신성 약물은 사실 별로 없다. 그리고 약물의 효과가 충분히 나타날 때까지 여러 주가 걸리더라도, 의사는 일부 부작용이 나타나는 것을 막기 위해 치료를 시작하고 일정한 기간이 지난 후에야 용량을 서서히 올리곤 한다. 게다가 복용하던 약물에 또다른 약제를 첨가하려면 의사와 환자는 약의 효능, 부작용, 상호작용을 함께 면밀히 관찰해야 한다. 정신과적인 스트레스 상황에서 환자는 괴롭고 힘들기 마련이지만, 다음과 같은 과정을 차근차근 밟아나가는 것이 중요함을 잊지 말아야 한다.

양극성 환자는 다양한 약제를 가가 조정해야 하는 과정을 인내해야 하기 마련이다. 따라서 우리는 약을 한 번에 한 가지씩만 변경하도록 강력히 권한다. 인내심을 갖고 이 시간을 견디기란 늘 쉽지만은 않으며, 특히나 응급상황일 때는 더욱 그렇다. 하지만 기다릴 여유가 좀 있다면, 체계적이고 과학적인 분석을 통해 변수는 줄이고, 부작용이나 효능의 원인은 좀 더 쉽고 정확하게 찾을 가능성이 높아진다. 두 가지 이상의 약을 동시에 복용하기 시작하다가 부작용이나 놀라운 약효가 나타난다면, 그중에서 어떤 약 때문에 나타나는 현상인지 도무지 설명할 수 없기 때문이다.

몸의 변화에 맞춰 조정하기

우리 몸은 나이를 먹으면서 뇌의 생리 및 화학적 변화, 증상의 변화, 그리고 주위 환경과 관계의 변화를 겪기 마련이다. 치료 과정에 이런 변화를 적극적으로 반영하고 적절히 대처하려면 건강할 때도 의사에게 정기적으로 진료를 받으면서 다음과 같은 조정을 고려할 필요는 없을지 생각하는 게 좋다.

- ✔ 원치 않는 부작용이 줄어들도록 약의 용량을 조절한다.
- ✔ 새롭게 나타나는 증상이 완화되도록 지금 복용하는 약의 용량을 조절하거나 약을 바꾼다.
- ✔ 약물 복용에 따른 장기적인 위험성을 최소화하고자 약을 줄이거나 끊는다.

흔히 범하는 잘못된 처방 가운데 하나는 바로 환자의 위기 상황에 여러 가지 약물을 한꺼번에 쓰다가 위기 상황이 지나간 후에도 같은 요법을 그대로 적용하는 것이다. 상태가 안정된 후에는 언제쯤 처방을 변경하거나 일부 약물을 제하는 것에 대해 의사와 상의하도록 하라. 대부분의 양극성 환자들은 평생토록 약을 복용해야 하지만, 환자와 담당 의사는 불필요한 약을 처방에서 제외할 기회를 언제든 기다리고 놓치지 말아야 할 것이다.

이미 앓고 있는 다른 질환 고려하기

양극성의 덤불을 헤치고 나아가다 보면 종종 삐죽삐죽 튀어나온 '동반이환'이라는 커다란 가시에 찔리기 쉽다. 동반이환(comorbid)은 '진단받은 다른 질환 외에 이미 앓고 있는 다른 정신의학 또는 의학적 질환'이라는 뜻의 전문용어이다. 물론 양극성의 카테고리에는 이미 두 종류－우울증과 조증 또는 경조증－의 상태가 공존하고 있는 셈이지만, 동반이환은 이 상태를 일컫는 말은 아니다. 양극성의 동반이환은 다음과 같은 완전히 다른 질환에 적용될 수 있는 표현이다.

✔ **주의력결핍 과잉행동장애**(ADHD) : ADHD의 증상 가운데 과잉행동과 충동성은 양극성의 증상과 비슷하며, 이들 두 장애는 함께 나타날 수 있다. 암페타민은 종종 ADHD를 효과적으로 치료하는 약물로 종종 처방되곤 하지만, 양극성 환자에게서 급작스럽게 조증 또는 정신 이상을 유발할 수 있다고 알려져 있다. 다른 특정 항우울제도 ADHD 치료에 효과적일 수는 있지만, ADHD에 양극성을 동반하는 환자에게는 자극제와 항우울제를 매우 신중히 처방해야 한다.

✔ **불안장애**(공황, 강박장애, 범불안장애 또는 사회적 불안) : 전체 양극성 환자의 대략 25퍼센트 또는 그 이상이 이런 질환을 동반하는 것으로 알려져 있다. 양극성 치료에 사용되는 약물 가운데 일부(2세대 항정신성 약물 등)는 불안을 완화하는 효과가 있기는 하지만, 때로는 환자에게 맞지 않고 일상으로 복귀할 수 없을 정도로 기분을 가라앉힐 수 있다. SSRI 계열의 항우울제는 많은 환자의 불안과 OCD 증상을 완화하는 작용을 하지만, 다른 항조증 약제와 함께 복용하지 않으면 안전하지 않을 수 있다. 클로나제팜과 같은 벤조디아제핀 계열의 약물은 불안에 상당한 효과를 나타내곤 하지만, 지나

친 진정작용이 나타날 수 있고 동일한 약효를 얻으려면 점점 더 용량을 증가시켜야 하는 위험성이 존재한다. 또한 벤조 계열 약제는 의존 및 중독의 위험성을 늘 고려해야만 한다.

✔ **물질사용장애** : 물질사용장애, 특별히 알코올 중독은 1/3에서 절반가량의 양극성 환자에게서 발견된다. 리튬을 포함한 상당수의 양극성 약물은 알코올과 함께 반응할 때 매우 위험하다. 디아제팜과 같은 벤조 계열 약제의 화학 구조는 알코올과 상당히 비슷하기 때문에, 알코올 중독을 동반한 양극성 환자들은 이런 약물에 중독될 가능성이 훨씬 더 높다. 알코올과 벤조디아제핀을 함께 복용할 경우에는 죽음에 이를 정도로 치명적일 수 있다.

✔ **기억 및 사고의 문제** : 인지의 문제는 양극성장애와 종종 동반되곤 한다. 설상가상으로, 양극성 약물 가운데 일부는 환자의 사고 능력을 흐릿하게 만들 수 있기 때문에, 약을 효과적으로 조정하고 처방하면 환자의 인지적 능력의 문제에 종종 도움이 된다. 특별히 리튬은 약을 오래 복용하더라도 뇌를 보호하는 작용을 하므로, 인지 능력의 감퇴를 예방 또는 완화시킬 수 있다. 따라서 환자는 의사와 상담하면서 사고 능력이 저하되지 않고서도 기분을 안정시킬 수 있는 적절한 여러 약제를 선택하고 용량을 조절해야만 한다.

✔ **성격장애** : 경계성 성격장애 또는 자기애성 성격장애와 같은 성격장애 역시 양극성장애와 함께 나타날 수 있다. 이런 상태가 중복되면 여러 기분 삽화가 한꺼번에 나타날 가능성이 높아져 회복이 더욱더 어려워지기 마련이다. 성격장애 환자들은 전형적으로 약물에 잘 반응하지 않고 오히려 약물 복용을 거부하는 경우가 많다. 정신과 치료는 이런 현상을 관리하는 데 필수적이다(성격장애의 치료 과정에 대한 자세한 내용은 제11장 참조).

기분 삽화의 치료 및 재발 방지

양극성 치료 과정은 조증과 우울증 삽화를 잘 가라앉히고 앞으로의 삽화 발생을 방지하는 목적을 포함한다. 지금부터는 정신과 의사가 양극성 환자를 치료하는 과정에서 맞닥뜨리는 각종 어려움을 어떻게 해결해나가는지 하나씩 살펴보려고 한다. 여기서는 가장 기본적인 유형의 양극성으로 조증과 우울증이 반복되는 양상을 나타내는 제I형 양극성을 중심으로 알아보려고 한다(양극성장애의 다양한 유형에 관한 자세한 내용이 궁금하다면 제1장으로 돌아가 확인하길 바란다).

조증 잠재우기

정점에 오른 조증 삽화는 의학적으로 볼 때에 응급상황에 해당한다. 게다가 특히나 환자가 처음으로 경험하는 삽화라면, 종종 입원 치료가 필요할 때도 있다. 이럴 때는 다음과 같은 내용을 포함한 의학적 개입이 이뤄져야만 한다.

✔ 올란자핀과 같은 비정형 항정신성 의약품과 함께 리튬 복용을 시작한다.
✔ 리튬과 비정형 항정신성 의약품의 효과가 나타나지 않으면 밸프로에이트와 같은 항경련제를 추가한다.
✔ 항정신성 약물이 효과적이지 않거나 부작용을 견디기 힘들면 다른 약제로 바꾼다.
✔ 리튬 또는 항경련제에 항정신성 약제를 추가하는 것처럼, 기분 안정제를 중심으로 다른 약제와의 혼용을 시도한다.

어떤 약제를 혼합해 사용하든지, 약효가 나타나려면 종종 시간이 상당히(최소한 일주일에서 열흘 정도, 그리고 때로는 그보다도 오래) 걸리기 마련이다. 환자마다 가장 적절한 약물 또는 약의 조합을 찾으면 회복 기간이 단축될 수 있다. 약물 조합의 가능성은 수없이 다양한 방법이 존재하며 최상의 효과를 유도하는 약의 조합을 찾으려면 환자와 의사의 긴밀한 협력이 반드시 필요하다.

양극성 우울증에서 벗어나기

양극성 우울증은 단극성 우울증과 상당히 비슷한 양상을 나타내며, 이들 두 유형의 우울증을 구분할 때에는 같은 진단 기준이 적용된다. 하지만 이 두 가지 상태는 분명히 다르며 치료를 받을 때도 각기 다른 반응을 나타내기 마련이다(단극성과 양극성 우울증의 차이점에 대한 자세한 내용은 제1장에 소개해 두었다). 일상적인 단극성 우울증 치료제에는 SSRI 계열의 약제와 같은 항우울제가 포함되곤 하지만, 양극성 우울증 환자, 특히 제I형 양극성 환자에게 처방될 때는 종종 효과가 떨어지거나 심각한 부작용을 유발하기도 한다.

현재까지 양극성 우울증에 대한 치료제로서 FDA의 승인을 얻은 의약품은 다음의 세 종류에 불과하다.

✔ 올란자핀/플루옥세틴의 조합(심비악스)
✔ 쿠에티아핀(쎄로켈)
✔ 루라시돈(라투다)

이들 약품은 모두 비정형 항정신성 약물군에 속하며, 그 군에 해당하는 약물이 공통으로 유발하는 체중 증가, 당뇨 및 심장 질환의 발병 위험을 높이는 대사 변화가 나타날 위험성이 높은 편이다. 따라서 의사들은 비슷한 작용을 기대할 수 있는 다음과 같은 다른 약물의 조합을 시도하기도 한다.

✔ 리튬 단독 처방 또는 리튬과 라모트리진의 조합(라믹탈)
✔ 항우울제와 리튬의 용량을 세심히 조정한 조합, 또는 리튬 대신 밸프로에이트 또는 라모트리진 등의 항경련제를 처방하는 조합

항우울제와 항정신성 약물을 혼용하는 처방도 일반적인데, 기본적으로 심비악스와 비슷한 효과를 기대할 수 있다. 항우울제와 항정신성 약물을 혼용하면 여전히 항정신성 약물의 부작용에 노출되더라도 전체적인 항정신성 약물의 복용량이 줄어드는 효과를 기대할 수 있어 전체적인 위험성이 줄어드는 셈이다. 쿠에티아핀과 올란자핀과 같은 일부 항정신성 의약품에 대한 연구는 비교적 많이 진행되어 있고 양극성 우울증 치료에 좋은 영향을 준다는 사실이 알려져 있다.

이 밖에도 여러 다양한 약물의 조합을 시도할 수 있으므로, 양극성 환자는 처방 의사와 긴밀히 상담하면서 가장 잘 맞는 약을 찾는 과정을 인내심을 갖고 견뎌내길 바란다.

조증과 우울증의 재발 방지 : 유지 치료

앞으로 나타날 수 있는 기분 삽화를 예방하는 유지 치료를 위한 가장 일반적인 치료 계획은 환자가 급성 삽화를 경험할 때 복용하여 효과를 본 약을 지속하는 방법이다. 하지만 의사들은 수많은 목표 중에서 대개 여러 약물을 함께 복용하는 것을 지양하고, 가능하다면 잘 맞는 하나의 약을 찾아 단일치료법(모노테라피)을 시행하는 목표를 추구하곤 한다. 양극성 환자를 위한 가장 일반적인 단일치료법에는 리튬, 밸프로에이트, 쿠에티아핀, 올란자핀, 아리피프라졸, 라모트리진 등이 이용된다.

궁극적인 목표가 단일치료법(모노테라피)이 되더라도, 많은 환자들이 한 가지 약물로는 모든 증상을 치료하기에 충분하지 않고 한 가지 약물의 부작용을 잠재우기 위해 또 다른 약을 복용해야 하는 상황을 직면하고 있어, 여전히 다양한 약을 함께 복용해야 성공적인 유지 치료의 효과를 기대할 수 있다. 제I형 양극성장애를 가진 환자의 유지 치료 과정에서도 항우울제를 장기 처방하지 않는 게 일반적으로 좋다고 알려져 있다. 제II형 양극성장애를 가진 환자를 위한 유지 치료는 약간의 차이를 보일 수 있는데, 이와 관련된 충분한 연구가 아직 진행된 바가 없다.

치료 저항성 양극성장애

치료 저항성이라는 용어는 표준 약물에 해당하는 두세 가지 정도의 약물을 바꿔가며 복용하거나 약제의 조합으로 상당 기간 동안 충분한 용량으로 치료를 진행했음에도 불구하고 증상이 사라지지 않는 상황을 일컫는다. 이런 경우에, 의사와 환자는 주로 기대한 만큼의 치료 효과를 보지 못한 몇 가지 일반적인 이유를 찾기 위해 노력하는데, 다음과 같은 원인 때문일 수 있다.

> ✔ **불성실하거나 잘못된 약 복용** : 처방한 약품의 효과가 충분히 나타나지 않는 가장 일반적인 이유 중 하나는 바로 환자가 복용을 중단하거나 용량을 임의로 줄이고, 의사가 처방한 복용 간격을 늦추는 경우를 들 수 있다. 이럴 때 환자는 반드시 의사와 충분히 상담할 필요가 있다. 약을 복용하는 게 편안하지 않다면, 걱정되고 불편한 부분을 의사에게 털어놓고 의논하라. 약물 복용과 관련하여 더 자세한 내용은 제8장에서 소개해 두었으니 참고할 수 있다.

✔ **불완전한 진단** : 경우에 따라서는 다른 의학적 또는 정신의학적 원인 때문에 증상이 나타나기도 한다. 따라서 이럴 때는 처음 진단할 때로 돌아가 두 번째 가설을 검토하고, 신경학자 또는 다른 전문의와 이 문제를 해결할 다른 방법을 모색하는 것도 좋은 방법이다.

✔ **물질사용장애** : 양극성 치료를 위해 가장 적합한 약을 찾는 동안 술, 대마초 또는 다른 마약을 병용한다면 절대로 성공적인 치료를 기대할 수 없다. 때로는 과량의 카페인과 같은 단순한 원인도 문제가 될 수 있다는 사실을 잊지 말자.

✔ **유전적 차이** : 약에 대한 환자들의 신체적 반응은 사람마다 다르며, 각각의 약물이 체내에서 분해되고 흡수, 배출되는 과정도 다양하기 마련이다. 일례로, 어떤 이들은 약을 분해하는 특별한 간의 효소 작용 과정에서 유전적 문제가 발생하여 남들보다 약물의 대사 과정이 빠르게 진행됨으로써, 약의 혈중 농도가 일정 수준 이상으로 유지되지 못한 채 약효가 충분히 나타날 수 없는 경우가 있다. 반대로, 대사 과정이 너무 느리게 진행되는 사람은 낮은 용량을 복용해도 부작용이 나타날 가능성이 훨씬 높다(단, 이런 유형의 대사 과정은 음식의 소화 및 대사 과정과는 아무런 상관이 없다). 간단한 유전자 검사로도 이런 가능성을 미리 확인할 수 있으며, 치료 저항성을 나타내는 환자의 치료적 대안을 찾기 위한 정보로 활용될 수 있다. 아직은 이런 검사가 표준화되지 않았지만, 앞으로는 훨씬 더 많이 활용될 것으로 기대해본다.

✔ **양극성장애의 표현형의 차이** : 앞서 제2장에서 우리는 양극성 환자들의 뇌에서 벌어지는 현상을 살펴보았으며, 양극성장애가 나타나는 과정에는 한 가지 문제만 존재하는 것이 아니라 뇌에서 다양하고도 복잡한 문제가 집약되어 작용한다는 사실을 확인하였다. 게다가 이 질병의 일부 유형은 현재 시판되고 상용화된 많은 의약품에도 반응하지 않는 경우가 있다. 따라서 환자는 의사와 충분히 상담하면서 다른 약제를 추가하거나 새롭게 개발된 약이나 아직 연구가 충분히 진행되지 못한 다른 약 혹은 보충제를 함께 복용하는 다양한 치료방법을 고려할 필요가 있다. 가까운 곳에 대학병원이 있다면, 아직 상용화되기 이전의 다양한 약제와 관련된 임상시험에 참여할 기회를 고려하는 것도 좋은 방법이 될 수 있다.

어떤 의약품을 복용한 효능이 기대에 미치지 못하거나 복용을 지속하기 어렵다면, 환자와 의사는 전기충격요법과 같은 다른 치료 방법을 시도해보는 것도 좋은 대안이 된다(관련 내용은 제9장 참조).

양극성 관련 의약품에 거는 기대

오늘날 양극성 환자들이 복용하는 약물을 전반적으로 살펴보면, 많은 약은 효과가 좋고, 일부는 효과가 덜 하며, 아주 적은 몇 가지는 효과가 나쁘다고 알려져 있다. 연구자들은 양극성 환자의 뇌와 몸의 변화를 추적 관찰하면서, 치료 과정의 장기적 목표를 달성할 새로운 여러 방법을 찾으려는 노력에 최선을 다하고 있다. 지금부터 몇 단원에 걸쳐, 우리는 양극성 치료제로서 기대를 갖게 하는 몇 가지 약물에 대해 알아보려고 한다.

글루탐산염 관련 신호전달 경로에 작용하는 의약품

양극성장애와 관련하여 가장 활발한 연구가 진행되는 영역은 다름 아닌 글루탐산염 관련 신호전달 경로에 대한 것으로, 자세한 내용은 제2장에서 이미 다루었다. 글루탐산염은 뇌의 흥분 또는 에너지 공급 조절에 관여하는 신경전달물질로, 점점 더 많은 연구자들이 글루탐산염 관련 경로가 우울증 및 양극성장애와 밀접하게 연관되었음을 증명해 보이고 있다. 연구자들은 이 계통에 영향을 미치는 3가지 약물과 자연 상태에 존재하는 아미노산 하나를 주목하고 있으며, 예비 연구 결과는 상당히 긍정적인 결론을 기대하게 한다.

✔ 케타민 : 특별한 글루탐산염 수용체인 NMDA(N-desmethyl aspartate)의 길항제(antagonist : 생체 내의 수용체 분자에 작용하여 신경전달물질이나 호르몬 등의 기능을 억제하는 물질-역주)다. 몇몇 연구에 따르면 치료 저항성 우울증 환자에게 케타민을 정맥주사하면 우울증의 증상이 거의 즉각적으로 소멸되는데, 이는 작용하기까지 상당한 시간이 필요한 다른 시판되는 항우울제와 비교하면 상당한 차이로 볼 수 있다. 아직까지는 케타민의 항우울 효과가 얼마나 오

랫동안 지속되는지 분명히 알려진 바가 없지만, 1~2주 사이에 효능이 급격히 감소된다는 보고가 상당히 일반적이다. 양극성 우울증 환자의 케타민에 대한 반응은 단극성 환자의 반응 양상과 다르다고 알려져 있다. 하지만 케타민의 심각한 부작용을 고려하지 않을 수 없는데, 진정 작용이 매우 두드러지고 정신병적 반응과 현실 인식의 변화를 초래할 수 있다는 점을 들 수 있다. 또한 환자들의 남용 가능성이 매우 커서, 상당히 오랫동안 중독자들이 찾는 클럽 마약으로 이용되어 온 것도 지적해야 한다. 따라서 케타민의 항우울 효과가 놀랍긴 해도, 이 약물을 임상적으로 널리 사용하기에는 아직 해결해야 할 과제가 남아 있다.

✔ **메만틴**(나멘다) : 이 약은 치매의 초기 증상을 일부 완화하는 데 도움이 된다. 케타민과 마찬가지로, 이 약제는 NMDA 유형의 글루타메이트 수용체에 작용하여 글루타메이트 활성을 감소시키는 효과를 일으킨다. 기존 약물에 잘 반응하지 않는 양극성 우울증 환자를 대상으로 한 예비 연구 결과에서는 메만틴을 추가함으로써 의미 있는 증상 완화 효과를 확인할 수 있었다. 지금껏 알려진 바에 따르면 부작용도 그다지 심하지 않은 것으로 확인된다. 따라서 이 약물과 관련된 연구 결과를 주목해 살펴볼 필요가 있다.

✔ **N-아세틸 시스테인**(NAC) : 이 아미노산은 오랫동안 아세트아미노펜(타이레놀)의 과잉 복용을 치료하기 위해 사용되었다. 이 성분은 우리 몸과 뇌에서 많은 역할을 담당하는데, 양극성 환자들에게서는 이 물질이 연관된 최소한 2개의 생화학적 경로에 문제가 생긴 것으로 파악되고 있다. 이 물질은 글루타메이트 전달에 관여하며, 세포의 산화적 손상을 감소시키는 작용을 하는 글루타티온 합성 과정에서도 핵심적인 역할을 수행한다. 글루타티온 기능의 손상은 양극성 환자들에게서 이미 널리 알려진 현상이다. 조증과 양극성 우울증 환자들을 대상으로 NAC와 관련된 연구가 활발히 진행되어 있고, 의미 있는 경향이 속속 밝혀지고 있다. 비록 처방전이 없어도 구매할 수 있는 영양 보충제이긴 하지만, 양극성 환자가 NAC를 복용하고자 할 때는 담당 의사와 상의하여 자신에게 알맞은 NAC의 용량과 복용법을 결정하길 권한다(좀 더 자세한 내용은 제9장 참조).

✔ **리루졸**(리루텍) : 이 약제는 근위축성 측삭경화증(보통 루게릭병으로 알려져 있

음) 치료제로 승인되어 있다. 이 약제는 글루타메이트 전달을 조절하고, 뇌 세포 사이의 회로를 강화하고 발달시키는 다양한 세포학적 현상을 일컫는 신경재생능력을 향상시키는 것으로 알려져 있다. 리루졸에 관한 연구의 초기 단계에서는 양극성 우울증의 증상 완화 효과가 있다고 알려졌으나, 심각한 부작용 때문에 연구 목적 이외에는 이 약제를 사용하지 않고 있다.

단백질 인산화 효소 C 억제

최근 들어 연구자들은 단백질 인산화 효소(protein kinase C, PKC)가 양극성, 특별히 조증 치료의 표적 물질로 작용할 가능성에 큰 관심을 기울이고 있다. 단백질 인산화 효소는 효소(체내에서 화학 반응을 일으키는 단백질)의 한 가지 그룹에 해당하며, 체내에서 여러 가지 작용을 담당하는 것으로 알려져 있다. 뇌에서 단백질 인산화효소는 세포 외부의 신경전달물질에 담긴 화학적 신호를 세포 내부의 특정 화학 반응으로 전환하고 매개하는 중요한 역할을 담당한다. 여러 연구 결과들을 종합하면, 단백질 인산화효소의 과활성은 조증의 증상과 연관되는 것으로 추정되며, 단백질 인산화효소 억제를 이용하여 이 경로의 활성을 저해하면 조증이 완화된다고 알려져 있다.

리튬과 밸프로에이트가 상당히 다른 약제임에도 불구하고, 이들 둘 다 PKC 활성을 억제한다고 알려져 있다. PKC 활성을 줄어들게 함으로써 어떻게 조증의 증상이 완화되는지에 대해서 아직은 정확히 확인된 바가 없지만, 몇몇 검증된 이론에 따르면 이 과정은 뉴런의 활성을 변화시키거나 시간이 지남에 따라 뉴런이 발달하고 건강해지도록 도움을 줌으로써 진행된다고 알려져 있다.

유방암 치료제로 쓰이는 에스트로겐 억제 치료제 타목시펜은 잘 알려진 또 하나의 PKC 억제제이다. 기존의 다른 치료제에 별 반응을 나타내지 않는 양극성 환자가 리튬과 타목시펜을 함께 복용하면 의미 있는 수준으로 조증이 완화되는 효과를 볼 수 있다는 여러 사례가 발표되어 있다. 아직 미국에서는 타목시펜이 양극성 환자에 대한 치료지침에 포함된 것은 아니지만, 캐나다에서는 벌써 지침의 일부가 되어 환자들에게 처방되고 있다. 급성 조증 환자에 대한 타목시펜의 효과를 검증한 지금까지의 연구 결과를 종합하면, 치료의 지속도는 상당히 양호한 편이었으나 오랫동안 에스트로겐 수용체를 억제함으로써 발생할 수 있는 부작용에 대한 추적 관찰 결과를 좀 더 지켜봐야 하는 문제점이 남아 있는 게 현실이다. 따라서 양극성 환자들을 위한 치료제로 타목시펜을 장기적으로 처방하기에 앞서 이 약제의 위험성과 부작용에 관한 연구를 좀 더 지켜볼 필요가 있다.

본래 고혈압 치료제로 사용되던 베라파밀도 PKC 경로를 억제한다고 알려지지만, 조증 치료에 관한 다양한 임상 결과가 알려져 있다. 따라서 베라파밀 역시 표준 치료에 사용될 만한 약물로 고려하기에는 아직 이른 감이 있다.

알아두면 좋을 다른 의약품

양극성 환자들에 대한 치료제로서 본격적으로 사용할 만한 단계에는 아직 이르지 못했지만, 치료제에 대한 선택의 폭을 넓혀줄 만한 좀 더 다양한 종류의 약제에 대해서도 간단히 살펴보도록 하겠다.

- ✔ **프라미프렉솔** : 이 약은 뇌에서 도파민의 작용을 증폭시키는 작용을 통해 파킨슨병 치료제로 사용되던 의약품이다. 도파민은 양극성의 발병 메커니즘에 관여할 것으로 예상되는 신경전달물질 가운데 하나이다(제2장 참조). 전형적인 치료제가 잘 듣지 않는 양극성 우울증 환자들에게 이 약을 적용한 효과에 대한 연구 결과가 발표된 바 있긴 하지만, 일관된 경향을 확인할 수 없는 지금까지의 연구 결과만으로는 아직 어떤 판단을 내리기 충분하지 않아 상황을 좀 더 지켜볼 필요가 있다.
- ✔ **알로푸리놀** : 본래 통풍 치료제로 사용되어 오던 의약품으로서, 통풍은 체내에서 과도하게 생성된 요산이 관절에 축적되면서 극심한 통증과 부종을 유발하는 질환이며 알로푸리놀은 이 요산 수치를 감소시켜 증상의 완화를 유도한다. 조증 삽화를 경험하는 양극성 환자들도 요산 수치가 상승한다는 점에서 아이디어를 얻어 알로푸리놀을 다른 기분 안정제와 함께 처방하여 증상 완화 효과를 개선하는 작용을 기대한 몇몇 연구가 진행되었지만, 긍정적인 결과를 얻은 일부 연구와는 달리 별다른 효과를 확인하지 못한 결과도 있다. 따라서 알로푸리놀을 본격적인 양극성 치료제로 적용하려면 좀 더 충분한 연구 결과가 발표되기를 기다려야 한다.
- ✔ **스코폴라민** : 스코폴라민은 보통 여객선 여행객들이 많이 복용하는 약으

로, 주로 멀미 치료제로 이용된다. 이 약제는 콜린 수용체 시스템에 작용하여 무스카린성 수용체라고 불리는 특정 유형의 콜린 수용체와 결합한다고 알려져 있다. 일부 연구자들은 우울증(양극성과 단극성 모두)의 발생이 이 시스템 때문이라고 주장하기도 한다. 스코폴라민을 정맥 주사제(환자에게 약을 복용하게 하는 방법이 아니라 주사로 혈관에 직접 주입하는 방법)로 투여한 일부 실험 결과에서도 환자의 우울 증상이 급격히 감소되는 증거들이 확인되었다. 하지만 지금까지의 연구 결과만으로는 아직 충분치 못하며, 아직도 확인해야 할 것들이 많이 남아 있다.

약물치료의 과정과
부작용 이해하기

대부분의 양극성 환자들에게 가장 효과적인 치료 계획은 약물을 복용하는 방법일 수밖에 없다. 급성 우울 또는 조증으로 도무지 명확한 사고와 정상적인 기능을 수행하기 어려워 심지어 환청을 듣기까지 하며 병원에 입원하던 환자가 6~7주 정도의 효과적인 약물치료를 받고 난 후에는 명료하게 사고하고 말하며 사람들과 관계 맺는 모습은 실로 놀라울 정도이다.

하지만 안타깝게도 환자가 병원 문 밖을 나서는 순간에도 약물의 필요성은 사라지지 않는다. 또다시 찾아올지 모르는 기분 삽화를 예방하려면 한두 가지의 약물을 복용하며 계속해서 유지 치료를 이어나가야 하기 마련이다. 하지만 환자는 자신의 상태가 좀 나아지면, 더 이상 약을 복용할 필요가 없고 약의 부작용을 더는 감당하기 어렵다고 생각하기 쉽다. 이런 생각은 매우 자연스럽고 일반적인 반응이며, 환자들은 자신의 만성적인 질환과 장기적인 약물치료 과정을 받아들이고 익숙해질 시간이 필요하다.

이 장에서 우리는 환자들이 약을 기피하는 대표적인 몇 가지의 이유를 살펴보고 약을 복용하지 않을 때와 복용하는 경우의 장단점을 비교하며, 환자들이 괴로움을 호소하는 대표적인 부작용이 완화될 방법을 알아보고, 약을 바꾸는 과정을 좀 더 안전하게 진행할 수 있을지 생각해보려고 한다.

자신의 기분 반응 직면하기

거의 대부분의 의료 전문가들은 만성적인 질병을 오랫동안 관리할 때 해결해야 할 숙제가 있다면, 환자로 하여금 의사의 지시에 잘 따르고 처방한 약을 잘 복용하도록 하는 일이라고 입을 모은다. 양극성 환자의 경우, 환자가 명료한 사고가 불가능할 때에는 이 문제가 더 심각할 수밖에 없다(양극성 환자, 특히 조증인 사람들은 모든 게 지극히 정상적이라는 확신을 하기 때문이다).

장기적인 약물 복용에 대한 거부감을 인정하고 그 거부감마저 자연스러운 것임을 깨닫는 일은 양극성 환자들이 성공적인 치료를 향해 나아가는 중요한 첫걸음이다. 이런 불편한 감정을 이해할 때, 환자의 낮은 약물 순응도(환자가 의사의 지침에 따라 성실히 약을 복용하는 정도-역주)를 곁에서 지켜보는 친구와 가족의 답답함과 분노도 가라앉기 마련이다.

약 복용을 거부하는 이유

환자들에게는 저마다 약을 복용하기 싫고 중단하고 싶은 나름대로 합당하면서도 타당한 이유가 있기 마련이다. 지금부터는 양극성 환자들이 스스로 약물 복용의 장단점을 저울질할 때 고려할 여러 관점뿐만 아니라, 환자들이 약물을 더 이상 복용하지 않겠다고 주장하는 가장 대표적인 이유에 대해 살펴보려고 한다.

"난 아프지 않아"

양극성 환자들은 잘못된 게 없다고 생각하기 마련이며, 이들의 공통적인 생각은 특히 질병의 초기 단계에 치료를 더욱 까다롭게 만들곤 한다. 특별히 조증을 나타내는 환자의 뇌에서는 사고, 인식, 기분의 왜곡이 나타난다. 그래서 모든 게 그저 괜찮다 (사실, '괜찮다'보다 더 심하게)고 생각하며 지금껏 경험하지 못한 최고의 기분을 만끽하기도 한다. 환자는 자신이 모르는 게 없고, 특별한 것들을 알고, 심지어 다른 사람들이 모르는 것까지 안다고 생각한다. 이렇듯 세상이 온통 아름답고 행복하기만 한데, 다른 사람들이 뭔가 잘못됐다고 걱정하는 말에 과연 귀 기울일 필요가 없는 게 당연하지 않을까? 자신의 상태를 정확히 인식할 수 없고 이해할 수 없는 양극성의 증상이 이 질환의 독특한 역설이기에, 꼭 필요한 약물치료의 과정을 시작하고 잘 적응하는 데 걸림돌이 될 수밖에 없다.

양극성 환자들이 우울 삽화를 경험하는 동안에는 기분이 가라앉거나 모든 걸 다 안다는 자신감에 사로잡히는 건 아니다. 하지만 이들은 종종 절망감과 죄책감, 그리고 절대로 좋아지지 않을 거라며 자포자기하거나 좋아질 자격이 없다는 자책감과 같은 자기 혐오감에 휩싸이곤 한다. 그리고 우울증에 정신 이상이 동반되기라도 하면 환자의 사고는 더욱더 뒤죽박죽 뒤엉키고, 현실감을 잃은 나머지 증상에 매몰된 상태로 약물 복용에 관한 모든 결정을 내려야 하는 처지에 놓일 수밖에 없다.

하지만 아무리 기분이 원래대로 회복되고 분명한 사고를 할 수 있게 되더라도, 부정(denial)은 모든 중증 질환의 강력한 초기 반응이고 정신질환도 예외일 수 없다. 사실 정신질환은 이런 사고방식에 특별히 더 취약하다. 전미 정신질환자 협회(National Alliance on Mental Illness, NAMI)가 회원들에게 자주 강조하는 것이 있는데, 바로 모든 정신질환의 환자들은 몇 가지 감정적 단계를 경험하며 그 첫 번째 단계가 바로 부정의 단계라는 점이다. 거부와 부정의 단계를 지나는 환자는 마지막에 이르러서야 비로소 자신이 그 낙인과도 같은 병과 씨름하고 있음을 인정하고 입을 벌리고 약을 털어넣을 수 있다. 그토록 삼키기 힘든 그 커다란 알약을 말이다! 어떤 양극성 환자들은 이 부정의 단계에 몇 년 동안이나 머무르기도 하며, 결국 벗어났나 싶다가도 또다시 예전의 상태로 돌아오곤 한다.

아무리 논리적으로 설득하더라도 이들의 독특한 '반항'은 해결되지 않는다. 자기 증상을 부인하거나 그 때문에 자신의 감정을 부인할 수밖에 없는 환자에게 이러쿵저러쿵 설명한다고 될 일이 아니라는 말이다. 역설적인 사실은, 환자가 스스로 아프지 않고 회복될 자격조차 없다고 확신하게끔 만드는 잘못된 기분과 생각 때문에 약을 복용하기 전까지는 그런 부정의 첫 단계에 도달할 수 없다는 점이다. 양극성 환자들은 자신의 질환이 실재하는 것이며 약물치료가 꼭 필요하다는 사실을 몇 번의 주요 기분 삽화와 몇 번의 입원까지 겪은 후에야 깨닫곤 한다. 이것은 길고 고달픈 과정일 수 있다. 치료의 모든 조력자, 심리치료사, 의사들은 환자가 진단 결과를 수용하는 것이 치료 과정의 첫 단추임을 인식해야 한다. 이런 수용의 과정이 없으면 어떤 치료의 과정도 성공적인 결과를 기대하기 힘들다. 주위 사람들이 환자의 상태를 아무리 무조건 받아들이고 적극적으로 공감하고 들어주고 기대어 울도록 어깨를 빌려주더라도, 대부분 환자는 양극성이라는 진단 결과를 받아들이기까지 시간이 필요할 수밖에 없다.

"약을 먹어도 달라지는 게 없어"

아스피린과 아세트아미노펜(타이레놀)은 단 몇 분 만에 통증을 완화시킬 수 있는 약제들이다. 충혈 완화제도 한 시간 이상은 걸리지 않는다. 하지만 매우 효과적인 항조증 약물인 리튬은 그 약효가 시작되기까지 거의 7일 정도가 소요된다. SSRI 계통의 항우울제는 충분한 치료 효과를 나타내려면 일반적으로 3~6주 정도가 걸린다. 그리고 종종 이들 약물의 약효가 나타나기도 전에 부작용이 나타나곤 한다. 바로 그런 이유로 환자들이 우울증이나 조증 때문에 약을 복용하기 시작해도 금세 용기를 잃고 복약을 중단하곤 한다! 증상에서 벗어날 기미가 보일 때까지 한 주 이상을 참고 기다리는 건 치료라기보다는 차라리 고문에 가깝다.

이런 점을 미리 알아두면 약효가 나타나기를 기다리는 시간이 좀 더 편안하고, 오히려 그 기간을 단축할 수도 있다.

✔ **각각의 약물이 작용하기 시작할 때까지 얼마나 기다려야 할 것인지 의사에게 미리 물어보라.** 때로는 약을 복용하고 15분 후가 아닌 두세 주 정도 후에야 효과가 나타날 것을 미리 알고 있기만 해도 불안감이 훨씬 줄어들 수 있을 테니 말이다. 날짜가 지나가길 기다리면서 매일 달력에 표시하는 것도 좋은 방법이다.

✔ **약효가 나타나기 시작하면 어떤 변화를 기대하는지 의사에게 물어보라.** 의사들은 가끔 약이 어떻게 작용할 것인지에 대한 충분한 설명도 하지 않은 채 처방전을 써주는 경우가 있다. 의사에게 질문하기를 절대로 주저하지 말자! 환자가 약을 복용함으로써 기대할 만한 장기적인 유익을 알면 약효가 곧바로 나타나지 않아도 포기하지 않고 성실히 복용할 용기와 힘을 얻을 수 있으니 말이다.

✔ **약을 복용하기 시작하고 초반에는 기분이 오르락내리락할 수 있음을 예상하고 대비하라.** 어느 날 갑자기 아침에 눈을 뜨자마자 완쾌되는 일은 없다는 각오를 단단히 해둘 필요가 있다. 때로는 기분이 괜찮다가도 별로인 날도 있을 것이고, 오히려 나쁜 날도 찾아올 것이다. 다만, 약을 복용하는 목적은 기분이 나쁜 날보다 좋은 날이 더 많아지게끔 하기 위함임을 잊지 말자.

✔ **기분이 좀 더 빨리 좋아질 수 있는 다른 방법이 있는지 의사에게 문의하라.** 처방전에 한두 가지의 의약품을 일시적으로 추가했다가, 상태가 호전되면 다시 약을 빼는 방법도 있으니까 말이다. 예를 들면, 항불안제 또는 수면 유도제 등은 이처럼 단기적 완화 작용에 종종 효과적으로 적용되곤 한다.

✔ **의사가 처음에 설명한 복용 기간이 지났는데도 전혀 나아지는 기분이 들지 않는다면 의사에게 그 사실을 알리는 게 좋다.** 어쩌면 약을 바꾸거나 시간이 더 필요할 수도 있고, 용량을 늘려야 할지도 모르니 말이다.

"이젠 다 나았어"

기분이 멀쩡할 때 약을 복용하다 보면 마치 해가 쨍쨍 내리쬐는 날 비옷을 챙겨 입고 집을 나서는 기분이 들곤 한다. 그렇다면 도대체 왜 그래야만 하는 걸까? 이렇듯 이해할 수 없는 약 복용의 핵심적인 두 가지 원리를 꼽자면 '유지'와 '예방'을 들 수 있다.

우선, '유지'라는 개념은 건강한 기분을 유지하려면 환자의 체내에 적당량의 약물 농도가 유지되어야 한다는 말이다. 기분 삽화를 경험한 환자가 약물치료를 받으면 그 삽화의 현상이 그냥 눈 녹듯 사라져 없어지는 게 아니라, 약 성분이 그 현상을 억누르기 때문에 안정될 수 있다. 기분 삽화가 시작되고 소멸되기까지는 어느 정도 시간이 필요하므로, 너무 빨리 약을 중단하면 증상이 완전히 가라앉기 전에 부글부글 찌개가 끓어 넘치듯 또다시 증상이 시작되기 마련이다. 양극성 환자는 기본적으로 약물의 성분 때문에 좋아진 것처럼 느끼는 셈이다. 따라서 약 복용을 중단하면 상태도 악화될 수밖에 없다.

약 복용의 또 다른 주요 목표는 '예방'이다. 의사들은 종종 예방을 목적으로 하는 처방전을 작성하기도 하는데, 그런 의약품은 환자의 아픈 증상을 호전시킬 뿐 아니라 증상의 재발 우려를 줄여주기도 하는 작용을 하는 것들이다. 증상을 예방하면 다음과 같은 몇 가지의 유익을 기대할 수 있다.

✔ 기분 삽화가 찾아올 때 종종 경험하는 어려움(예컨대, 사람들과의 관계가 깨지고 직장에서 해고를 당하는 등)을 겪지 않을 수 있다.

✔ 기분 삽화의 강렬함과 빈도를 완화할 수 있다.

✔ 양극성이 악화되는 것을 막을 수 있다. 기분 삽화가 반복될수록 환자의 뇌는 자꾸만 외상에 노출될 수밖에 없다.

✔ 예전처럼 자주 입원하거나 외래 진료를 받지 않아도 된다.

"부작용을 못 견디겠어"

의약품 광고를 유심히 살펴보면 몇 글자 안 되는 큰 글씨로 약의 장점만 잘 보이게 써 놓은 것을 발견할 수 있다. 한눈에 들어오는 그 광고를 들여다보다 보면, 한쪽 구석 어딘가에 깨알 같은 글씨로 나열된 각종 부작용에 관한 설명을 발견하게 된다. 이런 광고가 선전하는 소비자의 선택은 종종 터무니없는 경우마저 있는데, 예컨대 쎄레콕시브(쎄레브렉스)는 관절염 환자의 염증과 통증을 완화하는 작용을 하는 동시에, 심장 마비와 뇌졸중의 위험을 증가시킬 수 있는 의약품이다. 양극성 치료제를 선택할 때에도 다음에 소개하는 약들과 같이, 이 약을 복용할 것인가 말 것인가를 놓고 머리 아픈 고민을 해야 할 수도 있다.

✔ 발프로산(데파코트)은 조증을 가라앉히는 효과와 더불어, 체중 증가, 췌장염, 탈모를 유발할 수 있다. 제10장에서 다시 살펴보겠지만, 이 약제는 여성의 생식 계통에도 변화를 일으킬 수 있다.

- ✔ 리튬은 기분 안정에 도움을 주지만, 체중 증가, 신장 손상, 갑상선 기능 이상의 원인이 되기도 한다.
- ✔ 플루옥세틴(프로작), 파록세틴(팍실), 설트랄린(졸로프트), 그리고 다른 SSRI 계통의 항우울제는 우울증의 완화와 동시에, 동요 또는 다른 감정적 부작용, 그리고 부정적인 성적 부작용을 유발하기도 한다.
- ✔ 라모트리진(라믹탈)은 우울증 완화에 도움이 되지만 돌이킬 수 없는 피부의 부작용을 일으킬 가능성이 있다.
- ✔ 항정신성 약물은 체중 증가, 진정작용, 혈당 또는 지방 대사의 변화, 그리고 다른 여러 가지 부정적인 부작용을 일으킬 수 있다.

모든 약은 심지어 아스피린조차도 부작용을 일으킬 가능성이 잠재되어 있다. 증상을 완화할 정도로 효능이 뛰어나다면, 부작용을 일으킬 정도로 강력하다는 의미인 셈이다. 따라서 약을 복용할 때는 반드시 의사와 부작용에 대해 상담하여, 약을 복용함으로써 어떤 효과를 기대하며 한 가지 이상의 부작용을 경험할 때에는 어떻게 해야 할지에 대해 숙지하고 있어야 한다.

"약 먹는 걸 깜빡했어"

환자들은 약을 먹고 상태가 호전되면, 약을 복용하는 것보다 더 중요한 여러 가지 일들(일, 관계, 아이들, 신나는 운동 등)에 관심을 기울이게 된다. 하지만 양극성과 씨름할 때는 약을 잘 복용하는 일을 최우선으로 하거나 적어도 습관처럼 몸에 배도록 신경 써야 한다.

다음과 같은 방법을 참고하면, 자신의 약물 복용 일정을 훤히 꿰는 데 도움이 될 수 있다.

- ✔ (문구점에서 구할 수 있는) **색인 카드에 자신이 복용하는 약의 목록을 적는다.** 카드를 지갑에 넣고 다니거나 냉장고에 붙여두고 언제 어디서든 볼 수 있게 한다. 또는 늘 휴대하는 핸드폰에 복용할 약의 목록을 저장한다. 병원에 갈 때마다 목록을 챙겨가고 의사가 약물을 조정할 때마다 변경사항을 업데이트한다.
- ✔ **7일짜리 약통을 이용한다.** 그 약통에는 매일 복용할 약을 일주일씩 구분해

넣어둘 수 있으므로, 매일 먹을 약을 정확히 챙기기 쉽다. 각각의 약을 복용해야 할 시간을 스티커에 적어 약통에 붙여두거나, 온종일 챙겨 먹어야 할 약을 각각 다른 통에 넣어두는 방법도 있으니 참고하라.

✔ **약은 잘 보이는 곳에 둔다.** 그렇게 하면 시각적 알람과 같은 효과를 기대할 수 있다.

✔ **일상적인 식사 또는 일과를 약물 복용과 연결한다.** 아침에 일어나자마자, 잠자리에 들기 전, 또는 식사 시간에 약을 먹기로 정해두면 '오전 10시'보다는 훨씬 더 기억하기 쉬우니까 말이다. 칫솔이나 콘택트렌즈 주변에 메모를 붙여두는 것도 약을 복용해야 한다는 사실을 상기시켜주는 좋은 방법이 될 수 있다.

✔ **가족 중 누군가에게 약 복용을 확인하는 임무를 부여한다.** 제시간에 잊지 않고 약을 스스로 챙겨먹는 게 힘들다면, 식구들에게 말해달라고 부탁하면 된다. 일부 공동체에서는 이런 역할을 맡아줄 자원봉사자를 두고 운용하기도 한다.

✔ **최신 기술을 활용한다.** 핸드폰의 알람을 맞춰두는 방법을 이용하면 된다. 다만, 그 소리에 익숙해진 나머지 그저 무심코 들려오는 소음처럼 들리지 않도록 주기적으로 벨소리를 바꾸기만 하면 된다. 또한 약 복용 시간을 알려주는 앱을 내려받아 이용하는 방법도 있다. 그런 앱은 환자가 약을 복용하고 확인 버튼을 누르지 않으면 처음에 앱을 깔 때 등록해 둔 다른 '친구'에게 알림이 가도록 설정되어 있다. 그래서 그 '친구'가 환자의 약 복용을 확인할 수밖에 없는 시스템인 셈이다.

가족 또는 친구가 약 복용을 챙기는 방식이 잘 맞는 환자도 있겠지만, 이 방법이 언제나 최선이라고 볼 수는 없다. 누군가 자신을 챙기는 게 잔소리처럼 느껴지는 사람이라면, 이런 시스템은 갈등의 불씨가 될 수도 있을 테니 말이다. 따라서 자신의 스타일을 알고 긍정적인 도움을 받을 수 있는 자신만의 알림 시스템을 마련하는 게 중요하다.

"평범한 건 지겨워"

양극성장애의 양극단의 반대는 바로 평범함이라고 할 수 있다. 하지만 그게 얼마나 따분한지 아느냐고? 양극성 환자도 당연히 남들처럼 살아갈 수 있을 것이다. 별것도 아닌 일들에 대해 수다나 떨고, 깊은 우울의 외로움 따위는 경험한 적도 없이 말이다. 광적인 흥분 상태를 꿈꾼 적도 없이 밋밋하고 따분하게 버티듯 살면 그만이다. 하지만 조증을 맛본 사람은 이미 새로운 생각과 통찰력, 활기찬 성격, 그리고 치솟는 활력을 경험했다. 그런데 약을 복용하면서부터는 인생에서 모든 빛깔이 사라져 무덤덤한 잿빛의 마음 상태가 되고 말았다. 사는 게 그저 지겹기만 하고 시간이 느리게 흘러가는 듯 느껴진다. 그러면서 예전처럼 날아갈 것만 같을 수는 없어도, 조금이라도 신나는 기분을 느끼고 싶은 생각에 빠져들기도 한다.

약을 복용하면서 인생이 온통 밋밋한 기분이 든다면 다음과 같은 몇 가지 해결방법을 시도해볼 수 있다.

- ✔ **밋밋한 기분이 일시적인 것임을 이해하라.** 주요 기분 삽화를 경험한 후에, 환자는 회복되기까지 여러 주 이상을 기다려야 할 수도 있다. 그리고 약물의 효능이 나타나기 시작하려면 며칠에서 몇 주 이상 걸리기도 한다. 무덤덤한 기분은 어쩌면 좀 더 정상적인 감정 변화 모드로 돌아가는 과정일 수도 있다. 이 과정에서 다행스러운 점은, 환자의 기분이 안정됨에 따라 대부분의 부작용은 사라지기 마련이라는 사실이다.
- ✔ **의사와 상담하라.** 조증과 우울증이 가라앉고 나면, 의사는 좀 더 세밀한 약물의 조정을 시도함으로써 환자가 좀 더 다양한 기분 변화를 수용할 수 있도록 시도할 것이다.
- ✔ **회복되는 과정임을 받아들이도록 애쓰라.** 부작용에 시달리고 이것저것 약을 바꾸느라 시달리다 보면, 환자들은 상태가 호전되기 전에 도리어 나빠지는 경험을 하곤 한다. 의료인들은 대부분 이런 상황을 막아보고자 최선을 다하지만, 그들의 노력에도 불구하고 악화되는 상황이 벌어지곤 한다. 아무리 첫 번째 치료 과정 때문에 무기력하고 느리며 둔하고 기분 증상이 악화되는 것처럼 느껴지더라도, 절대로 회복되지 못할 거라고 절망하지 말자. 의사와 긴밀히 상담하면서 모든 증상을 설명하고 의논하라. 그러면서 자신에게 잘 맞는 치료법을 찾기까지 끊임없이 질문하기를 주저하지 말라.

"내 모습 그대로가 좋아"

거의 평생을 양극성장애와 더불어 살아왔다면 자신의 성격과 양극성을 분리하기란 어려운 문제일 수 있다. 어떤 사람들은 안정된 자신의 모습을 잘 알고 쉽게 받아들이곤 한다. 그런 사람들은 무엇이 문제인지 잘 알고, 요동치는 기분이 가라앉고 나면 비로소 안정되었음을 깨닫곤 한다. 하지만 이런 '원래의 자기 모습'을 알지 못하는 이들도 있다. 그들은 기분이 안정되면 자기 성격의 중요한 어떤 특성을 상실하고 중요한 매력을 잃은 듯 느끼면서, 불면증으로 지새우는 밤, 뒤죽박죽 엉망이 된 사람들과의 관계, 밀린 청구서 등으로 점철된 '자기다운 삶'을 되찾고 싶은 갈망에 사로잡히기도 한다.

그동안 함께 지내온 것들을 떠나보내는 자신의 슬픔을 인정하고 현실에 적응하는 동안 인내심을 갖고 기다리라. 요동치는 기분 삽화 없이 살아갈 삶, 앞으로 새롭게 다가올 미래를 충분히 받아들이기까지 스스로 충분히 기다려주자. 양극성장애의 치료 과정은 깊은 애도와 슬픔을 유발할 수 있고, 시간이 지남에 따라 해결되기 마련이다. 그저, '나는 여전히 나'라는 생각을 잊지 말도록 노력하자. 약을 복용한다고 해서 자신의 창의력과 열정을 잃어버리는 것은 아니니까 말이다. 오히려 기분이 안정되면, 자신이 정말로 기뻐하고 열정적으로 살고 싶은 삶을 살 수 있는 힘과 능력을 갖게 될 테니 말이다. 여러 치료는 이런 변화의 과정에 반드시 도움이 된다(각종 치료 방법에 대한 종합적인 안내는 제11장 참조).

"약 없이도 기분을 조절할 수 있다고"

환자 중에 어떤 이들은 식이요법, 운동, 치료 교실, 그리고 가족과 친구들의 도움만으로도 양극성의 증상을 충분히 관리할 수 있다고 주장하곤 한다. 마치 삶의 방식을 완전히 뒤바꿈으로써 일부 당뇨병을 조절할 수 있는 것처럼 말이다. 그렇다면 이게 과연 정말로 가능한 걸까? 이렇게 생각해보면 좀 더 쉽게 이해될 수 있을 것이다. 100피트 상공에서 그냥 떨어지더라도 살아남을 수는 있겠지만, 만일에 꽉 붙들어 매어 둔 50피트짜리 번지 점프용 밧줄에 몸을 미리 고정시킨다면 무사할 확률은 훨씬 더 높을 수밖에 없다. 이처럼 약물치료 없이 양극성의 증상을 조절하는 것은 대단히 위험천만한 선택이다. 사실 의료계는 이런 선택에 반대하는 입장이며, 우리도 절대로 그런 시도를 하지 말 것을 당부하고 싶다.

그렇긴 해도, 양극성의 심각한 정도는 환자 각각의 상태와 개인차에 따라 다르기 마련이다. 물론 심한 당뇨병 환자들은 인슐린 치료를 받아야 하지만, 일부 유형의 당뇨병 환자들은 생활방식만 바꿔도 증상이 호전되는 것처럼, 일부 경미한 유형의 양극성 환자들은 훨씬 더 적은 약물의 개입만으로도 쉽게 조절하기도 한다.

의사와 상의하지 않은 채, 절대로 약을 줄이거나 복용을 중단해서는 안 된다(용량의 감량 또는 복용 중단에 대해 자세한 내용이 궁금하다면, 뒷부분에 소개할 '약 변경, 감량, 그리고 복용 중단' 절 참조).

"가끔은 술도 먹고 싶은 걸"

많은 사람이 술을 즐긴다. 알코올 성분은 기분과 뇌 기능에 영향을 주고, 항정신성 의약품과 반응하면 심각한 또는 위험한 부작용을 일으킬 수 있다. 예를 들면, 알프라졸람(자낙스) 또는 디아제팜(바리움) 등의 항불안 약제를 술과 함께 복용하면, 중추 신경계에 작용하는 이들 억제의 작용이 융합되면서 의식 소실 및 사망에까지 이르게 할 수 있다.

따라서 항정신성 의약품을 복용할 때 술에 대해서는 의사와 자세히 상의하라. 일부 약물을 복용할 때는 적당한 음주 정도는 괜찮다고 볼 수도 있으니 말이다. 하지만 다른 경우에는 술과 의약품의 병용은 좋지 않거나 금지사항에 속한다.

"약값이 너무 비싸잖아"

양극성 치료에 사용되는 많은 의약품은 저렴한 편이지만, 일부는 상당히 비싼 편에 속한다. 따라서 환자가 실제로 지출하는 치료비는 장기적인 치료 과정에 영향을 줄 수밖에 없다. 약제비의 문제로 고민한다면, 다른 대안이 없을지에 대해 주저하지 말고 의사와 상의하라. 어쩌면 좀 더 저렴한 약 또는 같은 성분의 다른 복제약을 처방할 수 있을지도 모르니까 말이다(이와 같은 어려움을 극복할 방법에 대한 내용은 제18장 참조).

재발 : 당연한 과정임을 받아들이기

뷔페에서 맛있게 식사하는 사람들에게 다가가 의사의 권유대로 자신의 건강에 좋다고 생각되는 음식만 골라 먹고 있는지 물어본다면 과연 얼마나 많은 사람이 그렇게

【 약물을 통해 되찾은 평화 】

두려울 게 없고 자유분방한 스물둘이라는 어린 나이에 처음 양극성장애라는 진단명을 들었을 때, 나는 "자, 이 약만 먹으면 괜찮아질 거예요." 같은 말을 기대하고 있었다. 모든 게 정상이라는 기분을 너무도 간절히 원했기에, 반항심이 부글거리던 나이에 평생토록 매일 꼬박꼬박 약을 챙겨 먹어야 한다는 사실은 참으로 받아들이기 힘든 말이었다. 게다가 의사는 내게 절대로 술을 마시면 안 된다고 했고, 내 불만은 극에 달했다. 기회가 생길 때마다, 나는 의사의 지침을 따라야 할 이유에 대해 나름대로 항변하고 꼬치꼬치 따지기 일쑤였다. 몸이 좀 나아지면, 이젠 다 나은 거라는 생각을 하며 한동안 약을 복용하지 않은 적도 많았다. 그토록 아슬아슬하게 버티듯 줄다리기를 하며 20대 후반을 지날 무렵, 마침내 내 불량한 태도도 서서히 바뀌기 시작하면서 아주 조금씩 내 상황을 받아들이기 시작했다.

수용하는 자세가 일상의 중심에 녹아들었고, 이제는 날마다 내 인생의 동반자처럼 여겨지는 약통을 열고 입에 약을 털어 넣는 게 익숙해졌다. 이런 변화가 시작된 근본적인 원동력은 바로 좋은 의사 선생님과의 만남이었다. 서른 살 즈음에 의사가 내게 꼭 맞는 약들로 이뤄진 '신비의 조합'을 찾아내면서 반환점을 도는 기분이었다.

마흔이 된 지금, 나는 약을 잘 챙겨 먹고 매일 여덟 시간씩 숙면을 취하면서 십여 년간 내 집처럼 들락거리던 병원을 멀리 떠나 잘 지내고 있다. 그리고 내 상태가 악화되면 언제든 또다시 입원할 수 있다는 사실도 잘 알고, 입원할 때마다 더는 불안에 떨지 않는다. 그렇게 지내면서 언제라도 그럴 수 있는 것처럼 감정의 도로가 울퉁불퉁해지면, 내 주치의는 적절히 약을 처방해 다시금 내 마음의 길을 편평히 다지곤 한다. 내게 맞는 약을 찾지 못했다면 어땠을까를 생각하면 소름이 끼칠 정도로 지금은 감사하며 잘 지내고 있다. 난 더 이상 양극성장애가 치료 불가능한 질환이라고 생각하지 않는다. 오히려 관리와 경계를 소홀히 하지 말아야 할 질환임을 분명히 알게 되었다. 인생의 바다에 빠져 표류하던 내게, 의사가 지어준 약은 생명을 지켜준 구명조끼나 다름없었다. 나는 우리 동네 약국의 단골손님이며, 그곳에서 일하는 모든 사람이 나를 반갑게 맞아준다는 사실에 그저 행복할 뿐이다.

–웬디 K. 윌리엄슨, 『미친 게 아니다, 양극성일 뿐이지(I'm Not Crazy Just Bipolar)』,
『살아남은 두 병아리: 양극성장애를 극복하는 방법(Two Bipolar Chicks Guide to Survival :
Tips for Living with Bipolar Disorder)』의 저자(www.wendykwilliamson.com)

하고 있노라고 대답할 수 있을까? 약 상자를 열어보더라도 상황은 비슷할 것 같다. 의사의 말대로 약을 다 복용하지 않고 남은 이런저런 약들이 여기저기 굴러다니는 것을 쉽사리 발견할 수 있다는 것만 생각해봐도, 의사의 지시를 따르지 않고 약을 잘 복용하지 않는 것은 비단 양극성 환자들만의 문제가 아니며 모든 사람의 공통점이라는 사실을 이해할 수 있다. 사람들은 누구나 제한된 식단, 귀찮은 약, 그리고 번거로운 각종 건강 관련 요법은 모조리 잊고 인생을 즐겁게 살고 싶어 하기 마련이다.

다시 말하면, 장기적인 약물치료 과정을 견디며 때로는 넘어지고 실패하는 것은 지극히 당연하고 이해할 수 있는 현상임을 받아들이자. 그러므로 결국 '비용 대비 효과'를 분석하여, 약을 복용함으로써 얻을 수 있는 이점과 약을 복용하지 않을 때 발생할 수 있는 위험성을 비교하는 과정이 필요하며, 이와 관련해서는 다음 절에서 다루도록 하겠다.

'노력 대비 효과' 분석하기

모든 중요한 결정 과정에는 노력 대비 효과를 분석한 결과가 반영되기 마련이다. 새로운 직업을 찾거나 직장을 옮길 때, 결혼하거나 새 차를 살 때도 우리는 선택을 통해 얻게 될 잠정적 이익과 쏟아 부을 노력을 비교하고, 가장 적은 노력과 손해로도 최상의 만족을 얻을 방법을 찾아 선택하곤 한다. 양극성의 증상을 치료하기 위해 자발적으로 약을 복용하거나 먹지 않기로 결정하는 과정도 마찬가지이며, 다음과 같은 단계를 거쳐 그와 같은 분석을 진행할 수 있다.

1. 잠정적 이득 따져보기

    약을 복용함으로써 얻게 될 잠정적 이득을 손꼽자면 안정된 기분, 병원을 벗어난 일상생활을 누릴 수 있고 경제적 및 법적 어려움을 피할 가능성이 있다는 점, 사람들과 관계를 회복하고 직업 생활이 가능하며 새로운 일을 시작할 수도 있다는 점, 자신의 정신건강을 스스로 지킬 수 있다는 점, 그리고 정신 요법과 같은 비약물적 치료를 받을 기회가 많아진다는 점 등을 들 수 있다.

2. 감당해야 할 노력과 손해 따져보기

약을 복용하기로 결정할 때 포기해야 할 것에는 어떤 것들이 있을까? 약물치료를 위해 환자가 감수해야 할 희생, 비용과 손해, 노력 등을 생각해본다면, 정기적으로 지출될 약값, 원치 않는 부작용, 그리고 규칙적으로 약을 챙겨 먹어야 하는 번거로움 등을 들 수 있을 것이다. 게다가 조증이 찾아올 때마다 만끽하던 신나는 기분마저 영영 포기해야 할 것이다. 약을 복용하기 싫다는 생각이 든다면 그 이유를 하나씩 적어보자.

3. 떠오르는 여러 감정을 알아차리기

위에서 언급한 2단계를 진행하면서 떠오르는 손해와 불이익을 기록할 때, 각각의 항목이 합리적인 판단에 근거한 것인지 감정적인 이유에 기반을 둔 것인지 표시해보자. 특별히 걱정되는 부작용이 있다면 그것도 적어보자. 약을 복용한다는 사실 때문에 자신이 정신병자라는 생각이 드는가? 약을 복용해야 한다는 현실이 불공평하게 느껴지는가? 감정적 사고의 결과임을 인정하는 것은 합리적인 우려를 검토하는 것만큼이나 중요한데, 우리가 궁극적으로 판단하는 과정에 이 두 가지 요소가 모두 작용하기 때문이다. 감정에 영향을 주는 요소를 정확히 이해하면 좀 더 투명하고 분명하게 자기 의사를 결정할 수 있기 마련이다. 감정이 마치 배경음악처럼 있는 듯 없는 듯 결정 과정에 영향을 주기보다는 그 정체를 분명히 알 수 있을 때, 환자는 자신이 원하는 결과를 고민하고 결정하는 확실한 주체가 될 수 있다.

4. 믿을 만한 사람들과 의논하기

약을 복용할 때 맞닥뜨릴 것으로 예상되는 장단점을 각각 적어 의사와 심리치료사, 또는 가까운 친구나 친척 등 믿을 만한 사람들에게 보여주고, 제삼자로서 그들의 조언을 들어보라. 그들은 환자 본인이 생각하지 못한 또 다른 문제점이나 장점, 또는 중요성을 짚어낼지도 모른다.

5. 결정하기

약물 복용 때문에 감수할 불편과 누리게 될 이득을 따져보고, 약을 계속해서 복용할지를 결정한다.

의사가 처방한 약을 복용하지 않을 때는 상당히 심각한 위험성을 감수해야 하므로, 약을 복용할 때 감수해야 할 것과 효능을 저울질하고, 약을 복용하지 않음으로써 취할 이득을 비교해야 한다. 의사의 말대로 약물치료의 과정을 성실히 따르지 않을 때, 과연 어떤 일이 벌어질까?

양극성 치료를 위해 약을 복용할 것인지 아닌지를 처음 결정할 때는 마치 양자택일의 가능성만 주어진 것처럼 여겨질 수 있으나, 그렇게 생각할 필요가 없다. 제7장에서 이미 설명한 것처럼, 환자들은 수많은 종류의 약 중에서 자신에게 맞는 것을 선택할 수 있고, 각각의 의약품은 각기 다른 효능을 자랑하기 마련이다. 게다가 같은약을 복용하더라도 환자마다 나타나는 반응도 각기 다르며, 다음 절에서 다시 설명하겠지만, 원치 않는 부작용을 해결할 수 있는 여러 방법도 시도해볼 만하기 때문에, 약물치료를 쉽게 포기하는 것이 결코 최선의 선택이 될 수 없음을 잊지 말기를바란다.

부작용 줄여나가기

모든 의약품, 그러니까 심지어 위험성이 적어 처방전 없이도 마트 등에서 구입할 수있는 일반의약품이라도 부작용을 유발하기 마련이다. 예를 들면, (남녀노소 모두가 널리복용하는) 아스피린도 소화불량과 위출혈을 유발하고 뇌졸중의 위험성을 증가시킨다는 사실이 알려져 있다. 마찬가지로, 항정신성 의약품도 약제의 효능과 함께 부작용을 동시에 유발하는 작용을 한다. 간혹 부작용은 시간이 지남에 따라 줄어들거나 사라지기도 한다. 반면에, 환자가 약을 복용하면서 약효를 통해 얻는 이득이 손해보다크다고 판단한다면 약물의 부작용을 그냥 감수하며 살기로 마음먹기도 한다.

하지만 견디기 힘든 부작용을 꼭 감당하며 살 필요는 없다. 의사는 환자에게 찾아오는 부작용을 줄어들게 하거나 사라지게 할 방법을 알 것이다. 이어지는 절에서는 약물의 부작용과 관련하여 의사와 의논할 몇 가지 사안에 관해 설명하려고 한다.

복용량과 복용 시간 조정하기

약을 변경하지 않고서도 약의 부작용을 줄이거나 사라지게 할 수 있는 다음의 방법들을 시도해볼 수도 있다.

✔ **용량은 서서히 늘린다.** 약제로 인해 나타나는 부작용은 대개 약을 처음 복용하기 시작할 시점에 나타나는 경우가 많다. 따라서 약물의 용량을 점차 늘리기만 해도 부작용이 어느 정도 사라지거나 완화될 수 있다.

✔ **복용 시간을 변경하라.** 예를 들어, 주로 아침에 약을 복용했더니 일을 할 수 없을 정도로 몽롱하고 무기력했다면, 의사와 상담한 후에 오후 또는 저녁에 복약하거나 두 번에 나눠 복용하면서 낮보다는 저녁에 복용할 양을 늘리는 방법을 택할 수 있다.

✔ **지연 방출형 약제로 변경하는 방법을 고려하라.** 많은 약물이 혈액 내로 서서히 흡수되는 형태로 제작된다. 그러므로 의사와 상의하여 이런 종류의 약으로 바꿀 수 있을지 알아보는 것도 좋다.

✔ **용량을 줄이라.** 의사가 동의한다면, 부작용을 줄이면서도 약효는 그대로 유지할 정도까지 감량할 수 있는지의 여부를 확인하고 시도해보는 것도 좋은 대안이 될 수 있다.

많은 약물은 오리지널 약제와 같은 활성 성분을 함유하는 복제약이 제작되어 판매되곤 한다. 하지만 복제약의 **생체 이용률**(bioavailability : 일정량의 약물이 나타내는 생리학적 효과-역주)의 범위는 오리지널 약과는 다르다. 일반적으로 복제약은 오리지널 약제와 같은 효능과 부작용을 나타내지만, 항상 그런 것은 아니다. 환자마다 오리지널 약제와 복제약에 반응하는 정도와 양상이 다르므로, 오리지널에서 복제약으로, 그리고 때로는 반대로 바꿔보는 것도 의미 있는 시도가 될 수 있다.

같은 군에 속하는 다른 약으로 바꾸기

처방받아 복용했지만 부작용이 심한 약제와 같은 군에 속하는 약으로 바꾸는 경우에는, 약효는 그대로이거나 오히려 더 뛰어나면서도 부작용은 오히려 적을 수 있다. 예를 들면, 올란자핀(자이프렉사)을 복용하면서 체중이 급격히 늘어나 감당하기 힘들 정도라면, 아리피프라졸(아빌리파이)처럼 체중 증가를 유발하는 특징이 좀 덜한 다른 비정형 항정신성 약제로 바꾸는 것도 좋은 방법이다. 제7장에는 다양한 약물군과 각각의 약제가 유발할 수 있는 부작용의 목록을 정리해두었다.

부작용을 해결하는 또 다른 방법은 약간 다른 군에 속하는 약제로 바꿔 복용해보는 방법이다. 예를 들어, 항정신성 의약품은 다음과 같은 두 군으로 나뉠 수 있다.

- ✔ **1세대 약물**(구형) : 신약과 비교하면 좌불안석증(심한 불안) 및 지연성 운동장애(얼굴과 턱의 무의식적인 움직임) 등을 포함하는 운동장애를 유발할 가능성이 높은 편이다.
- ✔ **2세대 약물**(신형) : 체중 증가 및 대사 변화를 일으킬 가능성은 오래된 약과 비교할 때 높은 편이나, 운동장애가 나타날 가능성은 오히려 낮다.

다른 방법 탐색하기

의사들은 다음과 같이 환자의 부작용을 감쪽같이 해결할 놀라운 비결을 알고 있다.

- ✔ 부작용을 잠재울 다른 약물을 추가한다. 예를 들면, 환자가 리스페리돈(리스페달)을 복용하면서 체중이 급격히 증가했다면, 의사는 체중 감량을 위해 토피라메이트(토파맥스)를 처방할 수 있다.
- ✔ 영양 보충제, 빛 치료, 또는 다른 전기충격요법 등 다른 형태의 생물학적 개입방법을 시도하면서 약물을 대체하는 방법을 고려할 수 있다.
- ✔ 식습관을 바꾸거나 운동 계획을 세우는 등의 일상생활의 변화를 통해 약물의 부작용이 완화되길 기대할 수도 있다.

부작용 해결하기

약제의 부작용 중에는 특별히 더 자주 나타나고 견디기 힘든 것들이 있다. 이번 절에서는 양극성 약물로 인한 부작용을 완화하거나 최소화할 수 있는 몇 가지 방법을 소개하려고 한다.

피로감과 졸음

약 때문에 하루 종일 피곤하고 무기력하다면 다음과 같은 해결 방안에 대해 의사와 상의해도 좋을 것이다.

- ✔ 약 복용 시간을 오후 늦게 또는 잠들기 전 즈음으로 변경한다.
- ✔ 하루 중 가장 졸립고 피곤하다고 느낄 때 잠시 가벼운 낮잠을 자는 것도

좋은 방법이다.

✔ 당 또는 단순 탄수화물의 섭취는 줄이고 단백질과 복합 탄수화물 섭취는 늘린다.

✔ 적어도 이틀에 한 번씩 걷기와 같은 가벼운 운동 또는 적당한 활동을 하려고 노력하라.

체중 증가

많은 항우울제, 대부분의 비정형성 의약품, 여러 항응고제, 그리고 리튬 성분의 약제는 체중 증가를 유발할 가능성이 큰데, 사실 환자들이 이들 약제의 복용을 중단하는 주요 원인 중 하나로 이 문제를 손꼽을 수 있다. 이런 약물을 복용할 때 체중 변화를 잘 살피고 급격히 늘어나는 몸무게를 관리하고 싶다면, 다음과 같은 방법 중 하나를 택해 체중이 늘어나지 않도록 미리 주의하는 게 좋다.

1. 약을 처음 복용하기 시작할 때부터 체중과 식이를 잘 조절함으로써 심각한 수준에 이르지 않도록 주의한다.

   그렇다고 날마다 체중을 잴 것까지는 없다. 그저 병원에 갈 때마다 체중을 재고 변화를 확인하면 충분하다. 섭취하는 음식과 식품을 꼼꼼히 적어두는 것도 도움이 될 수 있지만, 어떤 사람들에게는 과도한 모니터링이 오히려 부정적인 개입처럼 느껴질 수 있다.

2. 의사에게 피검사를 정기적으로(1년에 한두 번 정도) 진행해달라고 요청하고 혈당과 지질 수치를 모니터링하라.

   의사마다 각자 자주 시행하는 검사가 있기 마련인데 주로 공복 혈당과 지질 수치를 포함하는 것들이다. 당화혈색소(hemoglobin A1C) 검사도 의사들이 자주 확인하는 항목 중 하나인데, 이 결과는 지난 3개월 동안의 평균적인 혈당치의 범위를 나타내는 지표로서, 검사 대상자의 포도당 대사의 경향을 확인할 수 있는 중요한 결과값이다. 의사가 특별히 더 우려하는 점을 검사에 포함하기도 하는데, 인슐린의 민감도를 확인하기 위해 인슐린 수치를 확인하기도 한다. 이때, 인슐린 감수성이 저하된 결과는 제Ⅱ형 당뇨병 발병을 확인할 수 있는 중요한 지표가 되기도 한다. 각각의 결과값에는 정상범위의 경계점이 되는 수치가 함께 표시되는데, 검사 대상자가 평소에 나타내던 수치에서 큰 변화가 있는지의 여부를 확인하는 게 오히려 더 중요하다. 만일에 평소와 달리 큰 폭으로 오르거나 내린 수치가 확인되거나, 불편을 느끼는 다른 증상이나 문제가 있다면, 의사는 좀 더 심화된 검사를 진행하거나 관련 분야의 전문의에게 진료를 의뢰하는 소견서를 작성해줄 수도 있다.

3. 새롭게 약을 복용하거나 약을 바꾸기 시작할 때는 의사와 상의하여 음식과 활동량을 조절하고 건강한 활력과 대사를 유지하도록 하라.

매일 즐겁게 운동할 수 있는 방법을 찾자. 심박 수가 급격히 증가되도록 한 주에 단 1분이라도 격렬히 운동하면 건강에 변화가 나타나기 마련이다. 신선한 채소와 당 함유량이 적은 과일(각종 베리와 멜론 등)의 섭취를 늘리면서, 음식에 포함된 설탕, 특히 빵이나 크래커 등을 주의하라. 통곡물 식품으로 대체하는 방법을 고민하고 적당량을 섭취하도록 노력하라. 가공식품에 첨가된 경화유(어유나 콩기름 등의 액상 기름에 수소를 첨가하여 만드는 흰색 고형의 인조지방으로, 마가린과 쇼트닝 등이 여기에 포함된다-역주)는 반드시 피한다. 가공식품보다는 유기농법으로 재배한 무첨가 식품을 섭취하기를 권한다. 체중보다는 건강이 훨씬 더 중요한 문제라는 사실을 잊지 말자.

4. 비정형 항정신성 약물을 복용하고 있다면, 반드시 주치의와 긴밀히 상담하라.

주치의 또는 가정의학 전문의는 이런 약물을 복용하면서 나타날 수 있는 건강상의 문제를 주시하면서 체중 증가를 제한하라고 조언할 수 있다. 하지만 체중이나 운동과 관련하여 지나친 스트레스를 받거나 체중이 늘었다고 좌절할 필요는 없다. 환자는 그저 양극성으로부터 뇌와 몸의 건강을 지키고 도움을 주는 각종 약물의 부작용을 최대한 줄이는 것을 목표로 삼으면 된다. 이런 문제는 상당히 어려운 과정이므로, 절대로 개인의 의지나 힘의 관점에서 해석할 필요가 없다. 이와 같은 어려움의 바다를 항해하는 동안, 다른 사람과 자기 자신의 응원과 공감이 바로 가장 효과적인 도움이 된다는 사실을 잊어서는 안 된다.

현재 체중이 급격히 불고 있다면, 의사와 함께 의논하면서 다음의 방법을 시도해보는 것도 도움이 될 수 있다.

✔ 같은 군에 속하나, 체중 증가를 덜 유발하는 다른 약물로 바꾼다. 지프라시돈(지오돈)은 이런 측면에서 심각한 체중 증가를 유발하는 다른 비정형 항정신성 약품에 대한 대체재로서 활발히 연구되어온 약물이다.

✔ 이미 설명한 것처럼, 식이 조절, 신체적 활동을 늘리는 등의 다양한 생활방식의 변화를 통해 체중 감소를 기대할 수 있다.

✔ 치료 약제에 메트포르민(글루코파지)을 첨가한다. 연구자들은 당뇨병 치료제로 사용되는 메트포르민의 체중 증가를 완화하는 작용 또는 일부 정신과 약물과 관련된 당뇨병 발병 위험을 연구하고 있다. 의사가 환자의 메트포르민 처방을 고려한다면 종종 환자의 혈당 수치와 인슐린 기능을 먼저 평가하는 피검사를 먼저 진행하곤 한다.

✔ 항경련제인 토피라메이트(토파맥스)를 첨가한다. 이들 약제는 일부 복용자들에게서 경미한 체중 감소 효과가 있는 것으로 알려져 있다. 하지만 탈모와 인지적 둔화 등을 포함하는 심각한 부작용을 동반할 수 있다. 의사가 이들 약물의 처방을 고려하고 있다면 장단점을 의사와 충분히 의논해야 한다.

✔ 체중 감량에 도움이 될 만한 다른 약제의 복용을 고려하기. 환자의 체중 증가가 심각한 정도에 이르렀을 때는 이런 방법을 고려할 수 있다. 이런 약물의 복용에 관한 부분은 주치의와 의논하는 게 가장 바람직한데, 부작용은 잦고 효능은 적은 이들 약물의 특성상 충분한 처방 경험이 도움이 될 것이기 때문이다.

체중 증가와 관련된 문제가 심각한 경우로서, 특히 이전에도 오랫동안 비만 때문에 고생해왔고 정신과 관련 약물을 복용함에 따라 더 심화되었다면 의사와 상의하에 체중 감량을 위한 비만 대사 수술(bariatric surgery : 고도 비만 환자의 각종 합병증 치료를 위해 위를 절제하거나 소장의 길이를 짧게 줄이는 수술법-역주)을 고려해볼 수도 있다. 비만과 주요 우울 및 양극성장애의 연관성을 분석하는 여러 논문이 발표되어 있으며, 이런 경우에 체중 감량은 절대로 먹는 양을 줄이고 운동량을 늘리는 접근 방식으로 이뤄지지 않는다고 한다. 또한 발표된 일부 연구 결과를 살펴보면, 양극성장애와 비만을 동반한 환자들이 비만 대사 수술을 받을 경우에 기분과 전반적인 건강이 회복되는 예후가 좋은 편이라고도 한다.

양극성장애 자체가 대사 및 체중 증가와 관련된 문제를 일으킬 수 있기 때문에, 양극성 환자들에게는 약물이 유일한 치료적 변수가 될 수 없다. 체중 증가 및 대사 과정의 문제는 매우 복잡한 과정으로 약물을 포함한 여러 상황에 영향을 받을 수 있다.

세심한 모니터링과 사전 관리를 통해 다양한 요소에 균형 잡힌 접근을 시도할 때에야 이런 복합적인 문제를 해결할 만한 유용한 방법을 찾을 수 있을 것이다.

성 기능 장애

SSRI 계통의 약물과 일부 항정신성 약품은 성적 욕구의 감퇴, 발기 부전 및 오르가슴 불감 등을 포괄하는 성 기능 장애를 유발하는 것으로 악명이 높다. 처방 약물을 복용하는 동안 성 기능 장애가 나타난다면 다음과 같은 치료를 적용하는 것과 관련하여 의사와 상의해볼 수 있겠다.

- ✔ 기분의 안정성을 유지하는 효과는 지속되면서 성 기능에 미치는 부작용은 줄어들 정도로 약물의 용량을 줄인다.
- ✔ 같은 군에 속하지만 다른 약물로 변경한다. 예를 들면, SSRI 계통의 항우울제를 복용하다가 성 기능 장애를 유발할 가능성이 낮은 부프로피온(웰부트린)과 같은 약으로 바꿀 수 있다.
- ✔ 성 기능 장애를 치료할 수 있는 약물을 추가로 복용한다. 성 기능 촉진을 위한 일부 약물은 성 기능의 활성을 기대할 때만 복용하는 반면에, SSRI와 같은 다른 일반적인 약제는 매일 복용하도록 되어 있다. 부프로피온을 SSRI 계열의 약과 함께 복용하면 일부 환자에게서 성 기능이 개선된다는 효과가 보고된 바 있다.
- ✔ 약물 복용의 방학을 정한다. 한 주에 하루 이틀 정도는 약 복용을 쉬고 건너뛰는 방법인데, 이렇게 하면 기분 삽화의 위험성을 걱정하지 않으면서도 성 기능 감퇴를 해결할 수 있다는 장점을 기대할 수 있다.

기억력 및 인지 장애

개중에는 신경보호 기능 덕분에 장기간 복용할 때 기억력 및 인지 기능의 발달을 유도하는 약물이 있기도 하지만, 다른 것들은 이런 측면의 감퇴 효과를 유발하곤 한다. 약을 복용하면서부터 기억력이 현저히 떨어지고 명쾌하고 명료한 사고의 어려움을 경험한다면, 다음과 같은 해결 방안에 대해 의사와 상담해볼 수 있을 것이다.

- ✔ 약을 복용하는 용량 또는 시간을 변경하기
- ✔ 인지 기능 및 기억력 감퇴를 유발하지 않는 같은 군에 속하는 다른 약제로

변경하기
- ✔ 뇌를 자극할 만한 사회적 및 정신적 활동에 참여하기
- ✔ 정신적 명료함을 유지하기 위한 신체 활동에 참여하기

약 변경, 감량, 그리고 복용 중지

양극성 환자들에게 약물 조정 과정은 보편적인 일이다. 환자는 양극성을 치료하는 과정의 어느 시점에서든 의사와 상의하면서 약을 바꾸고 용량을 줄이거나 늘리며, 때로는 치료 과정의 어느 시점에든 모든 약 복용을 중단하기까지 할 수 있다. 방법과 목적의 차이가 있을 수 있겠지만, 좀 더 안전한 변화의 과정을 통해 약물을 바꾸고 조정해야 한다는 사실에는 누구나 공감할 수 있을 것이다.

의사의 지시에 따르는 경우가 아니라면, 약을 복용하다가 급작스레 중단하면 안 된다. 의사가 판단하기에 해당 약물이 심각하고도 긴급한 건강상의 문제를 유발한다고 생각되면 복용을 당장 중단하라고 지시할 수 있다. 하지만 약물을 조정할 때는 대개 일정 기간 동안 변화의 폭이 크지 않도록 조정하는 것이 좀 더 일반적인 방식이다. 일부 약물을 급격히 변경할 때는 발작, 다른 금단 현상, 또는 재발의 위험성을 높이는 결과를 초래할 수 있다.

약물과 관련된 조정을 진행하기 전에는 다음과 같은 몇 가지 일반적인 지침을 담당 의사와 의논할 수 있다.

- ✔ **감량은 점진적으로 진행하라.** 복용하던 약의 용량을 감량하거나 복용을 중단할 때는 서서히 그 양을 줄여나가야 하며, 대개 몇 주 또는 수일의 시간을 두고 진행하는 게 좋다. 감량에 관한 자세한 사항은 의사가 환자에게 설명하게 되어 있다. 특히, 고용량의 약물을 장기간 복용해왔다면 이런 방식의 감량이 꼭 필요하다. 소량의 약물을 복용하다가 점차 끊을 계획이라면 알약을 잘라 반만 복용해야겠지만, 알약에 따라 어떤 것들은 자르거나 부수지 않고 통째로 삼키게끔 제작된 경우가 있어 주의해야 한다.
- ✔ **약을 바꿀 때는 한 번에 한 가지씩만 바꾸라.** 용량을 조정할 때는 약을 하

나씩 바꿔야만 문제가 생기거나 변경에 의한 유익한 결과를 정확히 확인할 수 있다.

✔ **한 가지 약에서 다른 약으로 바꿔나갈 때는 감량을 서서히 진행하면서 동시에, 대체할 다른 약물을 서서히 증량한다.** 이 지침은 앞서 언급한 내용과 상반되는 면이 있지만, 같은 군에 속하는 다른 약으로 바꿀 때는 종종 이런 방식을 따르곤 한다. 같은 군에 속하는 약제로 대체하기 위한 감량을 진행할 때는 좀 더 빨리 속도를 내도 무방하다. 다른 군에 속하는 약으로 바꾸기 위해 용량을 줄여나갈 때, 의사는 환자가 기존에 복용하던 약을 완전히 중단하기 전 일정 기간 새로운 약과 병용하도록 처방할 수도 있다.

가끔 양극성 환자들은 처방받은 약을 갑자기 복용하지 않기로 임의로 결정하곤 하는데, 이것은 대단히 바람직하지 않은 선택이다. 하지만 상황에 따라서는 의사와 의논하면서 약의 일부 또는 전부를 중단하는 위험을 감수할 만큼 그 필요성이 클 수도 있다. 예를 들어, 오랜 기간 환자의 기분이 안정된 상태를 유지해왔고 환자가 경험한 단 한 번의 조증 삽화가 약물 때문에 나타났을 것으로 추정할 만한 분명한 사유가 있다면, 약을 복용하지 않고 지내볼 좋은 기회로 생각해봄직도 하다. 또한 환자가 그동안 매우 낮은 용량의 약만 복용하면서도 잘 지내왔고 일상생활의 조정이나 다른 치료 과정을 통해 증상의 상당한 호전이 있었다고 여겨진다면, 약제의 도움이 거의 없더라도 환자의 기분을 안정되게 유지하는 데 충분하다는 판단을 할 수 있다.

약 복용을 중단할지 말지를 고민하고 있다면, 다음의 체크리스트를 작성한 후에 자신이 복약 중단을 할 만한 상황인지에 대해 담당 의사와 의논하는 게 좋다.

✔ 당신의 기분이 현재 안정된 상태이며 상당히 오랫동안(보통 1년 또는 그 이상) 안정된 상태를 유지해왔다.

✔ 현재 당신을 진료하는 의사가 복약 중단에 동의하며 현재 복용하는 용량에서 서서히 감량을 시도하는 게 좋겠다고 말한다.

✔ 현재 결혼 또는 이혼, 이직 또는 구직, 복학 등 주요한 삶의 변화나 사건을 경험하고 있지 않으며 당분간 그럴 계획을 하고 있지도 않다.

✔ 안정된 일상생활을 유지하고 충분히 숙면하고 있다.

✔ 요즘 술을 마시지 않고 있으며, 어떤 약을 일정량 이상 정기적으로 복용하

지 않는다.

✔ 지원 네트워크가 당신을 잘 지지하며 양극성과 관련된 정보를 발 빠르게 챙기는 편이다.

✔ 지원 네트워크가 당신의 기분을 신중히 모니터링 할 수 있는 시스템을 갖추고 있다(제11장 참조).

✔ 잘못될 경우에 대비하여 든든한 대비책을 마련해 두었다(제15장 참조).

아무리 이처럼 꼼꼼히 챙기더라도, 기분 관련 약물을 단번에 끊는 것은 커다란 위험을 감수하는 일일 수밖에 없으므로 반드시 의사와 함께 신중히 의논해야만 한다. 다른 치료요법을 병행하고 일상의 변화를 꾀한다면, 약을 완전히 중단하는 대신에 용량을 줄이는 방법을 통해 효과를 볼 수 있음을 기억하자. 짧은 시간 동안 급작스럽게 뭔가를 바꾸려 하기보다는, 몇 날 또는 여러 해에 걸쳐 작은 변화를 이어나가는 방법도 고려해보자. 그리고 반드시 의사의 승인과 신중한 감독하에 진행해야 하는 과정임을 잊지 말아야 할 것이다.

다양한 생물학적 치료 방법의 검토

제9장 미리보기

● 천연 성분을 이용한 보충 요법을 시도한다.

● 빛 치료를 통해 기분을 밝게 한다.

● 전기충격요법(ECT), 반복적 경두개 자기 자극술(rTMS), 뇌심부자극술(DBS)로 뇌를 재부팅한다.

약물치료와 각종 치료요법, 자조 기술을 함께 진행하면 대부분의 양극성 증상은 잠잠해지기 마련이지만, 때로는 약물의 효과가 전무하거나 아주 경미할 수도 있다. 약물치료 과정은 견딜만하거나 감당하기 힘든 부작용을 일으킬 수도 있고, 충분한 증상 완화의 효과를 기대할 만큼의 고용량을 환자가 견뎌내기 어려울 가능성도 있다. 환자가 임신 중인 경우와 같이 특별한 상황에서는 약물의 잠정적 위험성이 기대 효과를 능가할 것이 예상되기도 하며, 복용량을 줄이거나 복용하는 약의 가지 수를 줄여야 할 때도 있다. 따라서 이런 상황을 맞닥뜨리면, 환자와 의사는 좀 더 다양한 치료적 선택의 가능성을 찾을 수밖에 없다. 이 장에서 우리는 이런 다양한 선택의 가능성을 알아보고, 각각의 방법을 통해 기대할 수 있는 잠정적 효능을 저울질하고자 한다.

각종 보충제로 기분 조절하기

이 절에서는 좀 더 '자연적'인 것으로 여겨지는 일부 치료법의 장단점을 알아보고, 각각의 잠재적 위험성과 예상되는 부작용에 대해서도 살펴보려고 한다. 전문가들은 이런 유형의 요법을 '보완 대체의학'으로 명명하고 있다. 최근에는 양극성뿐만 아니라 다양한 질병에 미치는 이런 다양한 보완 대체의학의 효과를 연구하는 전문가들이 점점 많아지는 추세이다. 개중에는 그다지 큰 위험성을 걱정할 필요 없이 충분히 효과적인 것으로 검증되는 요법도 있다고 한다. 하지만 아직까지는 이런 방법의 유용성을 입증할 만한 충분한 임상적 증거가 확보되지 않았기에, 효과와 안전성을 보장하기 어렵다는 사실을 전제로 해야겠다.

의사가 이런 대체 요법에 대해 무지하거나 적대적이라는 선입견을 가질 필요는 없다. 대부분의 의사는 이와 관련하여 어느 정도의 기본 지식을 갖고 있으며, 이에 관하여 환자와 의견을 나누는 것에 거리낌이 없다. 따라서 그들은 환자가 자신의 건강을 위해 충분한 정보를 토대로 안전한 결정을 내리도록 도울 수 있다.

치료를 위한 낚시 : 오메가-3 지방산

연구 결과에 따르면, 해산물을 많이 섭취하는 국가에서는 우울증의 발병률이 훨씬 낮다고 한다. 지난 10여 년간, 연구자들은 이 연결고리를 밝혀내는 일에 매진했고 오메가-3 지방산에서 문제의 해결책을 발견했다(이 영양소는 인체가 스스로 만들어낼 수 없고 반드시 식품을 통해 섭취해야 하는 성분이다). 오메가-3 지방산은 뇌와 심혈관계의 건강을 위해 필수적인 영양 성분으로, 각종 해산물에 풍부하다. 오메가-3는 신경계의 면역 반응을 감소시키고 스트레스와 각종 손상으로부터 뇌세포가 회복되는 능력을 향상시킴으로써 이런 유익한 작용을 한다고 알려져 있다(이런 과정이 양극성장애에 어떻게 영향을 미치는가에 대해서는 제2장 참조).

최근의 여러 의학적 연구 결과를 종합해보면, 표준적인 치료법에 오메가-3 지방산을 보충하면 양극성 및 단극성 우울증의 증상이 줄어드는 것으로 확인된다. 하지만 아직까지는 조증과 관련된 오메가-3 지방산의 특별한 유익은 확인된 바가 없다. 또한 오메가-3 보충제는 건강한 젊은 성인의 불안 증상을 완화하는 데에도 효과적이라고 한다.

오메가-3 보충제는 절대로 항조증 또는 항우울을 대신하는 약물로 처방될 수 없으며, 특별히 중증의 기분 삽화를 치료하는 과정이라면 더더욱 약물치료를 중단해서는 안 된다.

오메가-3 지방산을 식품을 통해 얻고자 할 때는 다음과 같은 먹거리를 고려할 수 있다.

- ✔ 연어, 고등어, 청어, 참치, 멸치, 정어리 등을 포함한 냉수성 어류(cold-water fish : 일반적으로 15℃ 이하의 수온에 적응하고 살아가는 어류-역주)
- ✔ 야생동물의 육류(사슴, 버팔로, 방목한 닭 등을 포함)
- ✔ 오메가-3 강화 달걀
- ✔ 진녹색의 잎채소류(시금치, 루콜라, 쇠비름 등)
- ✔ 아마씨유
- ✔ 호두
- ✔ 오메가-3 보충제

에스키모인들처럼 말 그대로 지방 덩어리를 씹어 먹지 않는 한, 양극성에 효과를 나타낼 정도로 충분한 양의 오메가-3를 섭취하기가 쉽지 않기 때문에 보충제가 필요할 수 있다. 처방전 없이도 구입할 수 있는 일반의약품 형태의 어유 보충제는 다음의 두 가지 종류의 오메가-3 지방산이 들어 있다.

- ✔ EPA(에이코사펜타엔산) : EPA는 일반적으로 DHA보다 항우울 작용이 훨씬 더 뛰어나다고 알려져 있다. 의사들은 대부분 항우울제로서 EPA의 완전한 효과를 기대하려면 1~2그램의 EPA를 매일 복용하는 게 좋다고 말한다.
- ✔ DHA(도코사헥사엔산) : DHA는 EPA와 비교하면 우울증 치료에 효과가 덜한 것 같지만, 전반적인 뇌 건강에 영향을 주는 중요한 성분이다. 특히, DHA

가 알츠하이머와 관련하여 뇌를 보호하는 작용을 한다는 여러 증거가 확인된 바 있다.

안타깝게도, 미국의 FDA는 오메가-3 보충제에 첨가되는 물질에 대해 규제하지 않는다. 따라서 정신과 의사 또는 내과 의사와 적정 용량을 의논하고 자세한 설명을 들은 후에, 각 제품의 권고 사항을 확인하여 각 제품의 EPA와 DHA의 함량과 용량이 의사의 권고 사항에 부합하는지 확인하는 게 좋다. 각 성분의 순도가 높은 제품을 알아보고 오염원이 적은 것을 선택하는 것 역시 따져봐야 할 부분이다. 생선 비린내와 같은 향이 적은 제품을 찾으려면 시중에서 판매되는 몇 가지 종류를 이것저것 시도해봐야 할 수도 있다.

오메가-3를 과다 섭취할 경우에는(혈액 응고 저해 작용 때문에) 출혈의 위험이 증가할 수 있으므로, 오메가-3를 고용량으로 복용하기 전에는 반드시 의사와 상의해야 한다.

비타민과 미네랄

영양가 풍부한 먹거리가 넘쳐나는 나라들에서는 진정한 의미의 비타민 및 미네랄 결핍 상태를 찾아보기 어려운 편이다. 하지만 결핍 상태로 보기는 어렵더라도 이런 영양소가 부족할 경우에는 일부 우울증의 증상과 관련이 있을 수도 있다. 이 책에서 우리는 어떤 비타민 또는 어떤 비타민의 조합이 우울증 또는 조증 치료에 효과적이라고 제시하지 않는다. 하지만 다음과 같은 몇 가지 비타민과 미네랄은 뇌의 발달과 기능에 중요한 영향을 줄 수 있음을 강조하지 않을 수는 없다.

✔ 비타민 B-복합체 : 우리 몸은 건강한 신경계를 형성하고 유지하기 위해 다양한 방법으로 비타민 B-복합체를 이용한다. 따라서 체내에서 각각의 상대적인 농도를 균형 있게 유지하는 게 중요한데, 한 가지 비타민의 과잉 상태는 다른 비타민의 결핍 상태를 초래하는 것과 마찬가지이기 때문이다. 하지만 엽산을 제외한 비타민 B가 양극성장애 또는 우울증 치료에 특별히 효과적임을 밝힌 신뢰할 만한 연구 결과는 아직 발표된 바 없다. 비타민 B와 관련하여 알아둘 만한 내용을 간단히 살펴보자.

• 비타민 B1 : 비타민 B1(또는 티아민) 결핍은 심각한 신경학적 문제를 일으킬 수 있다. 미국에서 식습관에 의한 티아민 결핍 사례는 매우 드물

지만, 알코올 남용의 결과로서는 어렵지 않게 발견할 수 있다.

- 비타민 B6 : 비타민 B6 단독 결핍 사례는 매우 드물지만, 나이가 많거나 알코올 남용 또는 의존인 환자, 자가면역질환, 신부전 환자 등에게서는 비타민 B6 부족을 간혹 발견할 수 있다. 또한 밸프로에이트(데파코트), 카르바마제핀(데그레톨), 그리고 항 천식 약물인 테오필린(에어로레이트)을 복용하는 환자들도 비타민 B6 부족의 위험성이 높아진다. 비타민 B6를 고용량으로 복용하는 것은 위험할 수 있으므로, 의사의 처방 없이 일반적인 용량 이상을 복용해서는 안 된다.

- 비타민 B12 : 비타민 B12 결핍은 우울증 또는 다른 정신과적 증상을 유발할 수 있다. 일반적인 경우는 아니지만, 지나치게 엄격한 채식주의자, 노령층, 특정 위장 관련 질환을 동반하는 환자, 체중 감량 수술을 받은 환자에게서 비타민 B12 부족 현상이 나타날 수 있다. 또한 위산 역류나 위궤양 치료제, 당뇨병 치료인 메트포르민(글루코파지) 등과 같은 특정 약물을 복용하는 환자들에게도 이와 같은 비타민 B12 결핍을 발견하기 쉽다. 의사들은 종종 급성 우울증을 호소하는 환자들의 비타민 B12 수치를 검사하곤 한다(일부 연구 결과에 따르면, 비타민 B12 결핍과 양극성장애의 유전적 연관성과 관련된 가족력이 확인된 것으로 알려졌다).

✔ 엽산 : 엽산은 비타민 B군에 속하긴 하지만 B-복합 보충제에 항상 함유되어 있는 것은 아니다. 엽산은 인체의 신경계 발달 과정에 매우 중요한 작용을 하기 때문에 임신한 여성은 반드시 엽산 보충제를 복용해야 한다. 알코올 중독자, 특정 질병과 관련된 환자들 또는 여러 가지 약물을 병용하는 환자들은 엽산 결핍일 가능성이 있고 그런 이유로 다양한 인지, 감정 및 행동 장애를 나타낼 수 있다. 최근 들어, 항우울제 단독 처방으로 치료 효과를 보지 못하는 환자들을 위한 보강제로서 엽산 보충제[L-메틸폴레이트(데플린)]의 사용이 승인되기도 했다. 의사들은 우울증 환자의 초기 치료의 일환으로 엽산 수치를 확인하는 검사를 진행할 수 있다.

다만, 의사는 엽산 보충제를 처방하기에 앞서 엽산과 비타민 B12 수치를 모두 확인해야 한다. 엽산 수치가 높을 경우에는 비타민 B12 부족이 드러나지 않을 수 있기 때문이다. 엽산과 비타민 B12가 모두 부족할 때는 빈혈을 유발할 수 있다(빈혈은 낮은 적혈구 수치로 확인할 수 있음). 비타민 B12 결핍이 확인된 상태에 엽산 보충제를 복용하기 시작하면 빈혈이 개선될 수는 있으나, 비타민 B12 부족으로 인한 신경계통의 손상은 여전히 발생할 수 있는 문제로 남아 있게 된다.

✔ 비타민 D : 일부 연구 결과에 따르면 비타민 D 부족과 우울증 간에 연관성이 존재한다고 알려지지만, 이 책을 쓰는 저자로서 우리는 아직까지 비타민 D 결핍이 우울증을 유발한다는 명백한 증거가 확인된 바가 없다고 밝혀두겠다. 그럼에도 불구하고 의사는 환자의 비타민 D 수치를 검사함으로써, 환자에게 도움이 될만한 보충제를 사용해볼 수 있을지의 여부를 검토할 수 있다.

✔ 마그네슘 : 마그네슘 결핍 사례는 그다지 많지 않다. 하지만 노년층, 알코올 남용 환자, 당뇨병 환자 또는 각종 약물을 필요로 하는 다양한 건강상의 문제를 호소하는 사람들은 마그네슘 결핍의 고위험군에 포함될 수 있다. 체내의 마그네슘 수치가 낮으면 다양한 건강상의 문제를 일으킬 수 있는데, 기분 조절과 편두통 등이 여기에 포함된다. 마그네슘은 리튬이 작용하는 경로의 일부이기에, 많은 연구자들은 마그네슘과 양극성 간에 밀접한 연관성이 존재할 것으로 내다보고 있다. 소규모로 진행된 몇몇 연구에 따르면, 마그네슘을 추가로 복용함으로써 조증 치료에 긍정적인 영향을 기대할 수 있다고도 한다.

✔ 아연 : 아연은 양극성장애와 관련이 있다고 알려진 산화 스트레스(세포 손상)의 과정에 핵심적인 역할을 하는 미량 원소로서, 최근에 발표된 연구 결과에 따르면 아연 섭취량이 너무 적으면 우울 증상이 심화될 수 있음이 증명되었으나, 여성 환자에게서만 이런 경향이 나타난다고 알려져 있다. 알코올 남용 환자 또는 위장 질환을 동반하고 특별히 만성적인 설사 증상을 호소하는 환자들, 그리고 체중의 감소 또는 다른 장 수술을 받은 병력이 있는 사람들은 아연 결핍의 위험성이 높다. 뿐만 아니라, 겸상적혈구 병, 임산부와 수유 중인 여성, 그리고 채식주의자 역시 아연 수치가 낮을 가능성을 염두에 두고 잘 살펴야 한다.

약초 및 다른 보충제

자연은 일반적으로 건강에 좋은 여러 가지를 우리에게 베풀지만, 과연 양극성장애에 도움이 될만한 것들도 있을까? 이에 관심을 두고 있는 연구자들은 지금부터 소개할 몇 가지 성분이 양극성 환자들에게 도움을 줄 수 있다는 연구 결과를 발표했다.

✔ 코엔자임 Q10 : 이 물질은 세포 내에서 이뤄지는 에너지 대사의 핵심적인 역할을 담당하는데, 양극성 환자들에게서는 이 과정에 문제가 나타날 수 있다고 알려져 있다. 소수의 환자를 대상으로 진행된 한 연구에서, 고령의 양극성 환자가 고용량의 코엔자임 Q10을 복용할 경우에 항우울 효과를 기대할 수 있음이 증명된 바 있다.

✔ 5-HTP : 이 보충제는 체내에서 기분과 연관된 핵심적인 신경전달물질인 세로토닌을 구성하는 데 필요한 기초 물질을 공급하며, 일부 연구에 따르면 5-HTP는 우울한 기분을 개선하고 불안을 완화하며 숙면에 도움이 된다고 한다. 하지만 이와 관련된 연구 결과가 아직 충분하고 일관되지 않다는 문제가 남아 있다. 이 보충제를 SSRI 또는 MAOI 계열의 약제를 포함하는 항우울제와 함께 복용할 경우에는 잠정적으로 **세로토닌 증후군**을 유발할 가능성이 있다(세로토닌 증후군은 체내의 세로토닌 수치가 과도하게 상승함으로써 치명적인 상태를 초래할 수 있다). 비록 이런 상태로 악화될 가능성이 작긴 하지만, 항우울제와 함께 복용하기 전에는 반드시 의사와 상의하는 게 좋다.

✔ GABA : GABA(gamma-aminobutyric acid, 감마아미노부티르산)는 우울, 불안, 조증과 관련된 신경전달물질이므로 기분장애 치료제로 널리 알려져 있다. 하지만 경구 복용하는 GABA는 혈뇌 장벽(blood-brain barrier : 혈액에서 뇌 조직으로의 물질 투과를 제한하는 장벽-역주)을 통과할 수 없으므로 아무런 소용이 없다. 따라서 '천연 치료제'라고 선전하는 모든 GABA 광고는 사기일 뿐이다.

✔ 글루타티온 : 글루타티온은 인체 내에서 가장 일반적인 항산화 물질로, 세포 손상으로 이해할 수 있으며 양극성과 관련이 있다고 알려진 산화 스트레스(oxidative stress)를 줄여줄 수 있다. 글루타티온은 또 다른 중요한 기분 조절 기능을 담당하는 신경전달물질인 **글루타메이트**의 효과를 조절하기도 한다. 글루타티온을 경구 복용하더라도 뇌에서의 수치가 현저히 증가하는 것은 아니며, 이 목록의 뒷부분에 다시 소개하겠지만, N-아세틸 시스테인

을 복용하면 글루타티온 수치가 상승하는 효과를 기대할 수 있다.

✔ **이노시톨** : 이 화학 물질은 세포 내의 신호전달 계통에서 중요한 역할을 하며, 조증과 우울증의 증상과 연관성이 있다고 오래전부터 알려져 왔다. 양극성 치료를 위해 사용되는 리튬과 발프로산은 이노시톨과 관련된 세포 내 신호 전달과정을 안정시키는 데 도움을 준다. 몇몇 연구는 기존의 전형적인 약물이 충분히 반응하지 않던 양극성 우울증 환자가 이노시톨을 추가적인 약제로 복용할 경우에 상당히 의미 있는 결과를 나타낸다는 사실을 발표하기도 하였다. 하지만 잠정적으로 조증의 증상을 촉발할 가능성이 있으며, 자궁 수축을 유발할 수 있기 때문에 임산부는 절대로 복용할 수 없다는 단점이 있다.

✔ **카바** : 이 식물/약초는 스트레스와 불안 감소에 효과가 있다고 알려지지만, 일부 연구에서는 간 손상을 유발한다는 결과를 발표한 사례가 있어서 (미국 내에서는) 여러 지역에서 카바의 사용이 금지되어 있다. 따라서 의사의 승인과 감독이 없이는 절대로 카바를 사용할 수 없다.

✔ **멜라토닌** : 멜라토닌은 뇌에서 빛과 어둠에 반응하여 합성하는 호르몬으로, 인체의 수면/기상 체계의 일부로 작용한다. 각종 보충제는 몇 가지 유형의 수면 장애로 시달리는 사람들의 불면증을 완화하는 효과를 제공할 수 있는데, 그중에서도 멜라토닌은 단기간 사용에 안전하며 심지어 어린이도 안심하고 복용할 수 있다. 하지만 멜라토닌이 일부 정신과 치료제와 반응할 수 있기 때문에, 복용하기 전에는 반드시 의사와 상담해야 한다.

✔ **N-아세틸 시스테인** : 이 화학물질은 이 목록의 앞부분에 언급한 글루타티온을 합성하는 시스템의 일부인데, 글루타티온은 중요한 항산화제(세포가 각종 스트레스와 손상으로부터 회복되도록 돕는 물질)이며 글루타메이트 수용체 시스템의 중요한 요소로서 세포 간의 글루타메이트 신호전달 과정을 조절하는 기능을 담당한다. 여러 연구를 통해 N-아세틸 시스테인 보충제가 양극성 우울증에 효능이 있다는 사실이 밝혀져 있지만, 효능이 나타나기까지 몇 달에 이를 정도로 오랜 시간이 걸리고, 보충제를 중단함과 동시에 효능이 사라진다는 단점도 있다. 하지만 이 물질은 양극성장애와 다른 정신질환을 겨냥한 차세대 치료제로서 주목을 받고 있다.

✔ **SAMe** : S-아데노실메티오닌(S-adenosylmethionine)의 약자인 SAMe는 인체

내에 존재하는 자연 물질로, 일부 연구에서는 항산화제로서의 효능이 입증된 바 있지만, 항산화제로서 정기적 복용을 뒷받침할 만한 충분한 연구 결과가 아직 확보되지 못한 상황이다. 일부 연구에서는 기존의 항산화제의 효능이 충분치 않을 때, SAMe를 다른 일반적인 항산화제와 함께 복용하는 방법의 효과를 입증하기도 하였다. SAMe는 항산화제와 유사한 부작용의 위험성을 갖고 있으므로, 이를 복용하기에 앞서 반드시 의사와 상의해야 한다. 마지막으로, 또 하나의 단점은 가격이 싸지 않다는 점이다.

✔ **세인트 존스 워트** : 의학 문헌을 정리한 몇몇 리뷰 논문에서는 '하이페리쿰'으로 불리기도 하는 약초인 세인트 존스 워트가 경도에서 중등도에 해당하는 단극성 우울증 치료에 효과적이라고 발표된 바 있지만, 결과의 일관성이 부족한 문제가 아직 남아 있다. 하지만 일부 의사들, 특별히 독일에서는 이 약초를 계속 사용하고 있으며, 우울증 환자 중 일부는 이 약초의 효능에 찬사를 보내기도 한다. 하지만 신중히 고민할 것은 여느 항우울제처럼 이 약초도 조증을 유발할 위험이 있고, 여러 약 성분과 반응할 가능성도 남아 있다.

✔ **타우린** : 타우린은 뇌에 가장 풍부한 아미노산 가운데 하나로, GABA 수용체의 활성을 증가시키는 작용을 한다. 하지만 동물 실험에 타우린을 적용한 결과를 살펴보면, 불안과 우울증에 별 효능이 나타나지 않는다고 알려진다. 타우린은 일명 '에너지 음료'라고 불리는 모든 음료수에 함유되어 있지만, 인체에 대한 영향은 거의 연구된 바가 없으며, 매우 높은 농도로 자주 복용하면 뇌에 독성 효과를 높일 위험성이 커진다는 사실만 보고되어 있다.

✔ **바레리안** : 바레리안은 불면증 치료에 특효가 있다는 광고에 자주 등장하는 약초다. 아직 충분하면서도 일관된 연구 결과가 발표되지 않았지만, 일부 연구를 통해 긍정적 작용이 입증된 바 있다. 바레리안은 상대적으로 안전한 대신에, 임신 및 수유, 또는 다른 약을 복용하는 동안에는 주의를 기울여야 한다.

이런 천연 물질을 복용하기 전에는 반드시 의사와 상담하고 관련 정보를 직접 확인하길 바란다.

100퍼센트 천연 성분의 안전성 평가

사람들은 일반적으로 비타민, 약초, 각종 보충제가 '쓸 만하다'고 생각하곤 한다. 그렇다면 처방전 없이도 마트에서 구입할 수 있는 이런 약제는 과연 전부 안전하다고 볼 수 있을까? 정확히 말하면 아니라고 말해야 하며, 이런 기능성 식품은 다음과 같은 잠재적 위험과 단점을 갖고 있다는 사실도 알아둘 필요가 있다.

✔ **검증되지 않은 치료제 때문에 더 효과적인 치료의 기회를 놓칠 수 있다.** 대체 요법을 시도하는 환자들이 경험하기 쉬운 가장 심각한 위험성은 그와 같은 '실험'을 하느라 현재 널리 적용되는 가장 효과적인 치료의 기회를 놓친다는 점이다.

✔ **검증되지 않은 치료제는 비용 대비 효능이 현저히 낮을 수 있다.** 천연 요법과 보충제는 수십만 원을 호가하는 것도 있는 데 반해, 리튬이나 다른 일반적인 기분 전환 제제는 훨씬 저렴하면서도 효능마저 뛰어나다.

✔ **검증되지 않은 치료제는 보험 적용을 받지 못할 수 있다.** 건강보조식품 가게에 들러 메가비타민(영양 평형을 위해 추천된 양을 훨씬 초과하는 용량의 비타민-역주), 영양 보충제, 약초 등을 장바구니에 가득 담아 귀가했다면, 보험회사에 실제 지출 비용을 청구할 수 없을 가능성이 크다.

✔ **검증되지 않은 치료제는 훨씬 더 많은 노력을 기울여야 할 수 있다.** 일부 치료법은(독소를 제거한다면서) 과도한 '장 청소'와 정기적인 '간 청소'를 한 후에 고용량의 식품 보조제와 약초 혼합물을 복용하라고 권하기도 한다. 더 심한 경우에는 이런 극단적인 '청소' 작업 이후에는 리튬과 같은 일부 약물의 혈중 농도가 치명적인 수준까지 상승할 수 있어 대단히 위험하다.

✔ **검증되지 않은 치료제도 부작용을 유발할 수 있다.** 처방 의약품과 마찬가지로, '자연' 물질도 뇌의 화학적 변화를 일으켜 작용하기 때문이다. 천연 물질이 더 안전하다고 느껴질 수 있지만, 항상 그런 것이 아니다.

✔ **검증되지 않은 치료제는 덜 엄격하게 규제되곤 한다.** 미국에서는 식품 보조제와 약초는 식품으로 분류되기 때문에, 처방 의약품에 적용되는 효능, 안전성, 품질, 성분 규제 등에 관한 FDA의 기준에 따를 필요가 없다. 그래서 많은 경우에 사람들은 자신이 어떤 것을 먹고 있으며, 그 성분이 어떤 작용을 하고 어떤 작용을 해서는 안 되는지 알지 못한 채 복용하게 된다.

✔ **의사는 검증되지 않은 치료제에 대해 잘 알지 못할 수 있다.** 의사들 대부분은 자기 환자에게 가장 효과적이면서 안전하고, 연구를 통해 효능이 입증된 약물로 치료를 진행하고 그 결과를 확인하는 데 시간과 노력의 대부분을 할애하곤 한다. 따라서 주요 치료제로 사용되는 성분이 아닌 것들에 대한 경험과 지식이 충분하지 않을 수 있지만, 어떤 의사는 많은 정보를 갖고 있기도 하다.

체크포인트

제대로 수행한 과학적 연구는 어떤 치료법이나 약물의 효능과 위험성을 검증하는 최선의 방법으로 자리매김하고 있다. '보완 대체의학'은 많은 이에게 가치 있는 시도일 수 있지만, 이 요법의 잠재적 위험성은 널리 사용되는 다른 약품의 경우와 마찬가지로 중요하게 고려해야 할 사안임을 결코 잊어서는 안 된다.

빛 치료 요법으로 우울증 치료하기

사람들의 기분, 특히 양극성 환자들의 기분은 빛에 매우 민감하게 반응하기 마련이다. 빛이 너무 부족하면 깊은 우울증에 빠질 수 있고, 너무 강한 빛에 노출되면 조증이 나타날 수 있다. 사실 계절성 정동장애(seasonal affective disorder, SAD)로 불리는 질환은 우울 삽화의 출현이 낮 시간이 짧아지고 일조 시간이 단축되는 것과 연관이 있을 것으로 추정되고 있다(로라 L. 스미스 박사와 찰스 H. 엘리엇 박사가 함께 저술한 『더미를 위한 계절성 정동장애(Seasonal Affective Disorder For Dummies)』 참조).

빛 치료(light therapy)는 종종 환자들의 기분을 좋게 만들곤 하지만, 아무 빛이나 다 효과를 나타내지는 않는다. 안전하면서도 효과적인 빛 치료 과정을 기대한다면, 다음과 같은 지침을 검토한 후에 진행하는 게 좋다.

✔ 먼저 의사와 상담하라.
✔ 양극성 환자에게 빛 치료를 시행할 때는 반드시 믿을 만한 검증된 전문가의 지시와 감독 아래에 진행해야 한다. 하루 중 치료를 시행할 시점, 빈도, 치료의 지속 시간 등이 중요한 변수로 작용할 수 있다.
✔ 광선 요법을 시행할 목적으로 고안된 장치를 이용하도록 권한다. 대부분

의 광선 요법을 위한 라이트 박스는 1만 럭스 등급의 특별한 형광등이나 LED 전구를 사용한다.

빛 치료는 1만 럭스 등급의 백색 광원을 이용하여 하루에 30분간 라이트 박스를 향해 앉아 빛을 쪼이는 방식으로 진행된다(치료 시간은 15분에서 1시간까지 다양하게 시행할 수 있지만, 일반적으로 30분간 시행한다). 눈으로 빛을 직접 응시할 필요가 없으며, 빛을 쪼이는 동안 신문을 읽거나 평소에 즐겨 하던 일을 하면 된다.

빛의 양이 너무 많으면 경조증 또는 조증을 유발할 수 있는데, 특히 계절이 바뀔 때를 전후로 자연스럽게 일조량이 늘어날 즈음에는 더욱 그럴 수 있다. 따라서 환자와 의사는 약물을 조정할 때처럼 환자의 일조량을 세심히 살피며 빛 치료를 진행해야 한다.

전기와 자기력으로 뇌 자극하기

의사들은 전기와 자기력을 이용해 뒤죽박죽된 뇌를 다시 부팅하는 기술을 개발하였다. 현재 많은 양극성 환자들은 개발된 여러 치료 방법 중에서 전기충격요법이 가장 안전하고 효과적인 치료법이라는 의견을 내놓고 있다.

하지만 아무리 안전한 치료법이라도 맹신하기보다는 건강한 회의적 관점에서 잠재적 위험과 이득을 따져보는 자세로 접근해야 한다. 따라서 우리는 독자들에게 가능한 모든 정보를 제공하고자 하는 입장에 따라, 이어지는 절에서는 약물치료 없이 진행되는 네 가지 치료법인 전기충격요법(ECT), 반복적 경두개 자기 자극술(rTMS), 미주 신경 자극술(VNS), 뇌심부 자극술(DBS)에 대해 설명하고자 한다. 이들 치료법은 대개 약물치료에도 별다른 효과를 보지 못하는 중증인 환자들에게 권하는 요법이다.

전기충격요법(ECT)

전기충격요법(electroconvulsive therapy, ECT)은 발작을 경험한 일부 환자들의 우울증과 조증이 완화되는 경향을 관찰한 끝에 개발한 치료법이다. '전기충격'이라는 말이 주는 일반적인 느낌과는 다르게, ECT는 전기적 '충격'을 가한다기보다는 일련의 통제된 발작을 조심스럽게 유도한다는 표현이 좀 더 정확하다. ECT는 어떤 사람들의 인생을 좋은 의미에서 완전히 뒤바꿀 수 있는 매우 효과적인 기술이다.

현대적 기술은 ECT로 인한 손상과 치료 과정을 모두 대폭 줄였다. 요즘에는 의사들이 치료를 진행하는 동안 진정제와 신경근 작용제를 투여하여 수면 중인 환자의 근육을 일시적으로 마비시킴으로써 발작 중에 흔들리거나 움직이지 않도록 한다. 한 주에 3회씩 12주 정도의 기간 동안 반복적으로 발작을 유도하면 기분 증상이 완화되는 효과를 얻을 수 있다. ECT 치료를 받은 환자의 80퍼센트가량에게서 우울증과 조증의 증상이 모두 현저히 완화되는 효과가 확인되었으며, 일시적인 기억력 상실과 혈압 변화와 같은 경미한 부작용이 보고되고 있다.

양극성 환자에 대한 전기충격요법을 시행할 것인지 아닌지를 고려할 때는 환자가 반드시 다음과 같은 상태임을 먼저 확인하도록 한다.

- ✔ 다른 어떤 치료법으로도 효과를 보지 못했음
- ✔ 환자의 조증 또는 우울증이 심각한 상황이며 급성으로 나타난 증상을 신속히 치료할 필요가 있음
- ✔ 약물치료를 원치 않거나 약물치료가 불가능한 상황임
- ✔ 환자가 현재 임신 또는 수유 중이거나 임신을 계획하고 있으며, 태아에게 미칠 각종 약물의 영향에 대해 우려하는 상황임

의사들은 주로 항우울제와 항조증 약물을 감당하기 어려울 만큼 나이가 많거나 약한 환자들에게 전기충격요법을 권하는데, 이런 환자들에게 전기충격요법을 시행할 때의 결과는 상당히 효과적인 것으로 나타나곤 한다.

환자들은 ECT 치료를 받을 때 주요 부작용으로 기억 상실을 경험하기도 하지만 대개 일시적일 뿐이다. 다른 잠재적 위험성으로는 마취제나 근육 이완제에 대한 반응과 심장 박동 및 혈압의 변화를 들 수 있다. 의사는 ECT를 시행하기 전에 환자의 건강 상태를 확인하며, 치료를 진행하는 동안에도 위험 징후가 나타나는지 면밀히 관찰한다.

【 전기충격요법 : 생각한 것보다 나쁘지 않아 】

'전기충격요법'이라는 말을 들으면 누구나 등골이 서늘한 기분을 느낄 것만 같다. 의사가 내게 그 치료법을 처음 설명하던 순간, 영화 '뻐꾸기 둥지 위로 날아간 새'(1975년에 미국에서 제작된 잭 니콜슨 주연, 밀로스 포먼 감독의 영화로, 정신병원을 배경으로 이야기가 펼쳐진다—역주)의 끔찍한 장면이 내 눈앞에 섬광처럼 스쳐 지나가는 느낌이 들었다. 그리고 3년간 그 치료를 거부하며 일말의 생각해볼 여지도 남겨두지 않았다. 하지만 또 한 번의 조울 삽화를 경험한 후에, 나는 자살을 시도했고 정신과 병동에 입원할 수밖에 없었다. 그러자 의사는 내게 또다시 전기충격요법을 시도해보자고 권유했다. 그때는 할 수 없이 받아들일 수밖에 없었지만, 돌이켜보면 내 평생 가장 잘한 결정 중 하나였다는 생각이 든다. 처음 치료를 받고 나자 50퍼센트 정도 회복된 기분이 들었다. 그리고 매번 치료를 거듭할수록 나를 짓누르던 우울증의 무게가 점점 가벼워짐을 느낄 수 있었다.

물론, 전기충격요법도 부작용이 아주 없는 건 아니었다. 방향감각 상실이 나타나고 사람들의 이름이나 대화한 내용을 잊어버리는 건망증이 심화되기도 했지만, 치료기 끝나지미지 니의 단기기억은 원레대로 회복되었디. 하지만 안타깝게도 장기기억의 일부도 사라지고 말았다. 내 상태가 워낙 위중했기에, 그 집중치료 과정을 아홉 달이나 견뎌야 했다. 기억에서 사라진 장기기억은 주로 치료가 시작되기 전부터 10년 정도 사이에 경험한 일들에 관한 것이었다. 하지만 치료 과정이 내 모든 기억을 사라지게 한 것은 아니었으며, 마치 내 기억 저장소에서 누군가가 기억의 파일을 무작위로 하나씩 끄집어낸 것만 같았다. 하지만 나는 그런 위험을 기꺼이 감수하겠다는 생각으로 가득 차 있었다. 좋은 기억과 나쁜 기억을 잃는 대신에 마음의 평안과 맞바꿀 수 있었으니 말이다. 그렇게 시간이 흐르고, 나는 10년 동안 기분 삽화를 경험하지 않은 채 잘 지내고 있다. 돌아보면, 약물치료와 함께 전기충격요법을 병행한 것이 내 정신건강을 회복하는 데 큰 도움이 된 것 같다. 이 방법이 모든 양극성 환자들에게 최선이라고 말할 수 없거니와, 전기충격요법을 시도한 사람들도 다양한 부작용을 경험할 게 분명하다. 하지만 전체적인 득실을 따져본다면, 나에게는 분명히 효과적인 치료법이었노라고 분명히 말할 수 있다.

—자닌 크롤리 헤인즈(janinecrowleyhaynes@gmail.com),
회고록 『너 미쳤니? 양극성 환자로 살아가는 이야기(My Kind of Crazy :
Living in a Bipolar World)』의 저자로 각종 수상 경력을 자랑하는 프리랜서 작가

반복적 경두개 자기 자극술(rTMS)

반복적 경두개 자기 자극술(repetitive transactional magnetic stimulation, rTMS)은 MRI(magnetic resonance imaging : 자기공명화상법) 검사에 사용되는 강력한 자석을 이용하여 뇌의 전기적 전력망(power grid)을 초기화할 수 있다는 이론에 근거하여 개발된 치료법이다. rTMS 치료법이 우울증의 증상을 완화시키는 데 효과가 있다는 몇몇 연구 결과가 발

표되었지만, ECT만큼의 효과는 아직 기대하기 어렵다. 지금까지 발표된 rTMS의 결과를 살펴보면 조증 치료에는 덜 효과적이며, 일부 환자에게서는 경조증과 조증을 유발한다는 보고도 발표된 바 있다.

rTMS의 치료과정은 전형적으로 30분짜리 치료 과정을 매주 다섯 차례씩 6주간 진행하게 된다. 마취를 진행할 필요가 없고 통증도 전혀 없다고 알려지지만, 일부 환자들이 피부, 특히 두피와 턱 주위가 팽팽해지거나 두개골을 두드리는 듯한 느낌을 호소하는 경우가 있는데 아마도 기계가 작동하는 소음의 영향일 것으로 추정된다. 한편, rTMS에 의한 기억 상실 또는 발작의 위험은 거의 없는 것으로 보고된다.

현재 미국에서는 항우울제 치료에 반응하지 않는 우울증 환자에 대하여 최소한 한 가지 이상의 rTMS 치료법이 승인된 상태다. 그렇다고 해서 rTMS가 치료 저항성을 나타내는 우울증에 대해 특별히 승인된 치료법이라는 의미는 아니다. 아직 치료 저항성이 나타나는 중증의 우울증 환자에게는 ECT의 효능을 rTMS가 대신할 수 없다는 것이 정설로 받아들여지고 있다.

신경 자극을 이용한 우울증의 완화

의사들은 우울증, 특히 **치료 저항성 우울증**(treatment-resistant depression, TRD)을 나타내는 환자들을 치료하기 위해 다양한 방법을 이용하여 약한 전류로 뇌를 자극하기도 한다(여기서 치료 저항성 우울증이라는 말은 네 종류 이상의 약물과 ECT에도 적절한 치료 반응이 나타나지 않는 우울증을 일컫는다). 지금부터는 그중에서도 가장 확실한 치료 효과가 나타난다고 알려져 있는 미주신경 자극술(VNS)과 뇌심부 자극술(DBS)에 대해 알아보도록 하겠다.

미주신경 자극술(VNS)로 신경계 자극하기

미주신경 자극술(vagus nerve stimulation, VNS)은 상당한 역사를 자랑하는데, 유럽, 캐나다, 미국에서는 간질, 캐나다와 일부 유럽 국가에서는 우울증 치료에 사용되어왔다. 미국에서는 비교적 최근에야 치료 저항성 우울증 환자를 대상으로 한 VNS를 승인했다. FDA는 이 치료를 받을 수 있는 환자를 만 18세 이상으로 규정하고 있다.

VNS를 시행하는 동안에는 뇌의 심박 조절기 역할을 하는 전자식 임플란트가 목 부위의 미주 신경을 통해 특정 뇌 영역으로 1분에 몇 초씩 전기 신호를 보낸다(우리 몸에는 양쪽에 하나씩 2개의 미주 신경이 있는데, 각각이 뇌간에서 시작되어 흉부와 복부까지 연결된다). 이 치료 방법은 다양한 위험성을 동반할 수 있는데, 목소리의 변화, 성대 혹은 목의 통증, 연하 곤란, 우울증의 악화, 수술 관련 위험성 등을 들 수 있다. 현재로서는 대부분의 보험 회사가 이 치료 과정의 비용을 보장하지 않는다.

뇌심부 자극술(DBS)을 이용한 뇌의 표적 치료

뇌심부 자극술(deep brain stimulation, DBS)을 시행할 때, 의사는 기분을 관장한다고 알려진 뇌의 각 부위에 전극을 삽입하고, 진동을 조정하기 위해 몇 차례의 자극을 준다. 그런 다음에는 주로 쇄골 근처의 피부 바로 밑에 이식한 배터리로 구동 방식의 펄스 발생기를 작동시키고, 전극을 통해 뇌의 각 부위로 약한 전류를 지속적으로 흘려보내게 된다. 의사는 삽입한 전극과 펄스 발생기를 언제든 제거할 수 있다.

DBS는 다른 여러 치료에 별다른 효과를 보지 못한 환자들의 우울증 개선에 어느 정도 도움이 된다고 알려져 있기는 하지만, 아직은 실험적 단계로 인식되며 FDA 승인을 기다리는 상황이다. 하지만 연구 결과는 상당히 고무적인 편이다. 특별히 DBS는 파킨슨병을 포함한 운동장애와 관련된 치료에 오랫동안 적용됐다.

하지만 DBS의 수술적 처치 과정은 나름대로 위험성을 동반한다. DBS 임플란트를 시행하는 과정에서 뇌출혈 또는 뇌졸중의 발생 가능성을 고려해야 하며, 그 밖에도 감염, 언어장애 또는 심장 관련 문제나 호흡 곤란 등이 나타날 수도 있다. 그리고 발작 또는 경미한 마비, 바람직하지 않은 기분 변화, 절개 부위의 통증이나 부종과 흉터, 전류가 흐를 때 느껴지는 찌릿한 감각, 임플란트에 대한 거부 반응 등 다양한 문제를 예측할 수밖에 없다.

여성 및 다른 환자군의
양극성 치료

성인 환자를 진찰할 때, 의사들은 환자의 연령, 성별, 민족적 특성, 다른 인구 통계학적 특성과는 상관없이 양극성장애의 유형만 진단할 뿐이다. 하지만 양극성의 양상과 선택할 수 있는 여러 치료 방법은 환자가 속한 사람들의 집단과 환경에 따라 다를 수 있고, 특별히 임신과 출산 기간을 보내야 하는 여성이나 다른 건강상의 문제를 동반하는 노인의 경우에는 더욱 그렇다.

이 장에서, 우리는 여성과 노인, 그리고 LGBT로 분류되곤 하는 레즈비언이나 게이, 양성애자 및 트렌스젠더와 같은 특정 집단의 양극성 진단과 치료 과정의 핵심적인 차이에 대해 살펴보려고 한다. 또한 치료 과정에 선택해야 할 여러 가지 요소와 치료

제공자와 대상자가 의사소통하는 방식에 인종과 문화적 차이가 어떤 영향을 미치는지 알아보려고 한다.

여성의 양극성장애

의학적인 관점에서 볼 때, 여성의 신체는 남성과 다르다. 여성만이 경험할 수 있는 임신이라는 사건은 임신 당사자의 해부학, 생리학, 화학적 영역 등 전반에 걸쳐 영향을 미친다. 남성과 다른 여성의 이런 특성은 양극성의 양상에도 영향을 줄 뿐만 아니라, 남성 환자와 다른 방식으로 진단과 치료 과정이 진행되어야 하는 이유가 된다.

지금부터 우리는 여성의 몸에 미치는 양극성의 영향을 알아보고, 여성의 삶의 주기에 따른 호르몬의 변화가 양극성에 어떤 영향을 미치는지에 대해 살펴보려고 한다. 또한 여성, 특별히 임신에 대해 고려하는 가임기 여성이 양극성 또는 다른 질환의 치료를 받고자 할 때 고려해야 할 여러 생리적 요소에 대해 알아보도록 하겠다.

양극성의 특성 이해하기

양극성장애가 특별히 남성이나 여성에게 더 심한 양상으로 나타난다고 알려진 바는 없지만, 처음 발병하는 시기와 특정 증상에 편중되는 경향 등의 차이가 있다는 연구 결과는 보고된 바 있다. 예를 들면, 제I형 양극성장애의 발병률은 남녀의 구분이 없다고 알려졌지만, 여성은 다음의 내용과 관련하여 좀 더 취약한 것으로 나타난다.

✔ **우울증과 제II형 양극성장애** : 양극성의 두 극단적인 양상을 비교할 때, 여성은 조증보다는 우울증이 좀 더 자주 나타나며 치료도 잘 안 되는 경향을 보인다. 우울증의 양상이 좀 더 우세한 제II형 양극성장애 역시 남성보다는 여성에게서 많이 발견된다.

✔ **혼합형 삽화와 급속순환성 양극성** : 조증과 우울증이 동시에 나타나는 혼합형 삽화, 그리고 1년에 네 번 이상의 기분 삽화가 나타나는 급속순환성 양극성의 양상은 남성보다 여성에게서 많이 나타난다. 그 결과로, 여성은 항우울제와 항조증 약물을 포함하는 여러 의약품을 동시에 처방받아 복용하

는 경우가 많은 편이다.

✔ **늦은 발병 시기** : 미국 질병통제예방센터의 발표를 살펴보면 양극성장애의 발병 연령은 평균 25세로, 남성이 여성보다 좀 더 이른 나이에 시작되는 것으로 나타난다.

✔ **정신과와 관련된 동반이환** : 양극성장애가 있는 여성은 남성보다 불안장애와 섭식장애를 동반하는 경우가 훨씬 더 많다. 반면에 남성 환자들은 약물 의존을 동반하는 비율이 상대적으로 높은 편이다.

✔ **복합 질환** : 다른 질환, 특별히 갑상선 질환과 편두통, 비만은 남성보다 여성 양극성 환자에게서 자주 나타나는 편이다. 게다가 이처럼 동반되는 다른 질환은 종종 여성 환자의 양극성 치료 과정에 부정적인 영향을 주기도 한다.

✔ **약 복용에 따른 체중 증가** : 일부 연구에 따르면, 비정형 항정신성 의약품은 남성보다 여성에게서 체중 증가 및 당 대사 관련 문제를 일으킬 가능성이 크다고 한다. 하지만 이런 결과를 검증하고 뒷받침할 추가 연구가 필요한 현실이다.

호르몬의 변화 이해하기

남성과 여성의 성호르몬은 뇌를 포함하여 체내의 다른 모든 시스템 전반에 영향을 미친다. 여성과 여아의 생리와 관련된 일차적인 성호르몬에는 다음과 같은 것들이 있다.

✔ **에스트로겐** : 생식 기관 및 조직의 성장, 유지 및 복구에 영향을 미치는 여성 호르몬이다. 생리 주기의 초반에는 에스트로겐의 수준이 가장 낮고 배란기에 이르렀을 때는 정점에 도달한다(대략 생리주기 14일 즈음). 임신이 이뤄지면 에스트로겐의 혈중농도는 계속 높게 유지되지만, 난자가 수정되지 않으면 에스트로겐 농도는 다시 감소한다.

✔ **프로게스테론** : 수정란의 착상에 대비하여 내막을 부풀게 하는 여성 호르몬이다. 난자가 정자를 만나 수정이 이뤄지면 프로게스테론 수치는 계속해서 상승하고 임신 기간 내내 떨어지지 않는다. 난자가 수정되지 않으면 프로게스테론 수치는 떨어진다. 에스트로겐과 프로게스테론 수치와 각각

의 수치가 증가하고 감소하는 시점은 여성의 우울 증상에 영향을 주는 것으로 보인다.

✔ **테스토스테론** : 남성 호르몬이라고 불리기도 하지만, 여성의 신체 내에서도 중요한 작용을 하는 성호르몬이다. 테스토스테론은 남성과 여성 모두에게 에너지, 기분 및 성 충동과 연관된 영향을 미친다. 테스토스테론 수치는 사춘기 소녀들에게서도 상승하는 경향이 나타나지만, 사춘기 소년에서 증가하는 수준에 미치지는 못한다. 또한 여성의 테스토스테론 수치는 생리 주기 동안 큰 폭으로 변화한다.

여성의 신체적 발달 과정은 다양한 기분 반응과 증상을 동반한 강력한 호르몬 변화 때문에 나타난다. 이와 같은 호르몬의 변화는 다음과 같은 인생의 핵심 주기를 따라 여성이 임신할 수 있도록 하기 위함이다.

✔ **초경** : 소녀가 첫 생리를 시작하는 시점. 사춘기 이전의 연령에는 남녀의 우울증 발병률이 같지만, 사춘기 이후에는 소녀들의 우울증이 좀 더 많은 편이다. 이와 같은 결과의 원인에 대해서는 아직 명확하게 알려진 바가 없지만, 여성 호르몬과 기분의 밀접한 관련성 때문이라는 추측이 힘을 얻고 있다.

✔ **월경 또는 생리** : 여성의 월경 주기는 임신에 대비한 성호르몬의 주기적인 변화에 의해 나타난다. 따라서 임신이 이뤄지지 않으면 호르몬 변화의 한 주기가 끝나고 새로운 주기가 시작되기 마련이다. 따라서 많은 여성이 각자의 월별 주기에 따라 어느 정도 기분과 행동 증상의 변화를 경험하곤 한다.

  ● **월경전 증후군**(premenstrual syndrome, PMS) : 월경전 증후군은 배란일과 월경 사이의 기간에 나타나는 신체적 증상 및 불규칙한 감정을 특징으로 한다. 일부 조사 결과에서는 거의 80퍼센트에 이르는 여성이 PMS 증상을 경험한 적이 있다고 응답한 것으로 나타나기도 한다.

  ● **월경전 불쾌감장애**(premenstrual dysphoric disorder, PMDD) : 월경전 불쾌감장애는 일상생활이 불가능할 정도의 영향을 주는 심각한 월경전 증후군의 증상을 가리키는데, 주로 신체적 증상보다는 감정적/행동 양식의 문제로 나타나는 편이다. 배란기 여성의 거의 3~8퍼센트 정

도가 PMDD로 고통받는 것으로 알려져 있다.

- **월경전 악화**(premenstrual exacerbation, PME) : PME는 여성 양극성 환자의 생리 주기에 따라 조증 또는 우울증의 증상이 악화되는 것을 가리키며, 좀 더 만성적인 중증 양극성 환자와 연관성이 높은 것으로 알려져 있다. 하지만 양극성장애를 효율적으로 치료하면 월경전 악화가 현저히 줄어들 수 있다고 한다.

✔ **임신** : 임신이 양극성의 증상에 미치는 영향과 관련하여 발표된 일관된 연구 결과는 거의 없다. 수면 부족과 에너지 변화는 임신 기간 동안 나타나는 호르몬 변화만큼이나 중요하게 살펴볼 사항이다.

✔ **출산 후** : 양극성장애가 이미 있던 여성은 출산 후 곧바로 또는 얼마 후에 기분 삽화를 경험할 위험성이 높은 것으로 알려져 있으며, 이런 사실은 학계에서는 통념처럼 받아들여지고 있다. 이처럼 위험도가 높은 시기가 나타나는 이유는 급격한 호르몬 변화 때문으로 추정된다.

✔ **폐경 후/폐경기** : 우울증과 양극성의 증상을 나타내는 여성은 기분 삽화를 한 번도 겪어보지 않은 여성에 비해 폐경기를 지나는 동안 우울 삽화를 경험할 가능성이 훨씬 높다. 이런 위험성은 종종 노화와 관련된 여러 다른 문제가 양극성의 증상과 함께 나타나거나 양극성 치료 과정과 병행될 때 더욱 두드러질 수 있다.

환자의 월경 전후의 호르몬 주기에 따른 기분 증상이 두드러진다면, 의사는 월경이 시작되기 직전의 한 주 동안만 SSRI 계열의 항우울증 약제를 처방하는 방법을 권할 수 있다. SSRI 계열의 약물은 성호르몬의 생산 및 대사 과정에 직접적이면서도 즉각적으로 작용함으로써, 다른 양극성 환자들이 SSRI 약제를 사용하여 우울 증상이 완화되는 것보다 훨씬 더 놀라운 효과를 나타내곤 한다(SSRI 계통의 약물이 충분한 약효를 발휘하기까지는 보통 3~6주의 기간이 걸린다). 하지만 양극성 환자가 SSRI 약물을 복용하다가 간혹 조증의 증상이 촉발되는 등의 심각한 부작용이 나타나는 등의 경우가 있으므로, 환자는 월경 전 기분 증상을 치료받을 때 의사에게 자신이 양극성장애로 진단받은 사실을 반드시 알려야 한다.

양극성과 임신

양극성장애로 치료를 받는 모든 가임기 여성은 자신의 임신과 피임에 관해 의논하고, 예상치 못한 임신을 경험할 경우에 어떻게 할 것인지 생각해볼 필요가 있다. 이 과정에서, 환자는 양극성이 임신에, 그리고 임신이 양극성에 미치는 영향을 모두 이해해야 한다. 어쨌든 모든 임신 중 절반 정도는 계획되지 않은 채 이뤄지며, 양극성 진단을 받은 여성 환자들은 불규칙한 월경주기와 충동적인 성적 행동의 양상이 나타나기 쉬우므로, 이들이 계획하지 않은 채 임신할 확률은 더 높을 것으로 예상할 수 있다.

지금부터는 양극성 진단을 받은 여성 환자들이 고민하고 결정해야 할 중요한 몇 가지 사실에 대해 살펴볼 것이고, 여기에는 '과연 임신해도 괜찮을까?'라는 질문이 포함된다. 또한 우리는 임신 전, 임신 중, 출산 후에 내려야 할 여러 결정에 도움이 될 만한 중요한 정보도 제공하려고 한다. 그리고 임신을 계획하고 준비하는 데 도움이 될 만한 지침을 살펴보고, 임신 기간 중에 양극성을 어떻게 관리하면 좋을지도 생각해보도록 하겠다.

임신할 것인가, 말 것인가?

양극성장애 때문에 부모가 될 기회를 저버릴 필요는 없다. 양극성장애가 있는 많은 부모도 아이들을 건강하게 잘 키워낸 사례가 아주 많기 때문이다. 임신에 대해 고민하고 있다면, 자기 자신에게 다음 질문을 던져보자. 그리고 자신의 지원 네트워크에 속한 사람 중에서 당신의 결정에 참여할 만한 사람이나 당신의 결정에 따라 영향을 받을 만한 사람과 의논하라.

> ✔ **자녀에게서도 양극성의 성향이 나타날 가능성은 얼마나 될까?** 부모 중 한 사람만 양극성의 진단을 받았다면, 그 자녀에게서도 양극성이 나타날 가능성은 5~10퍼센트 정도 된다. 양쪽 부모가 모두 양극성인 경우에는 자녀의 양극성 발병률은 25퍼센트로 높아진다(양극성장애의 유전적 요인에 관한 자세한 내용은 제2장 참조).
>
> ✔ **양극성 치료를 위해 산모가 복용하는 약물이 태아의 발달에 미칠 영향은?** 양극성 치료제로 복용하는 약물의 상당수가 태아의 발달에 위험할 수 있

다(자세한 내용은 다음 절에 소개할 것이다).

✔ **임신이 산모의 기분에 미칠 영향은?** 임신 기간과 출산 후 동안은 대표적으로 기분이 불안정한 기간이다. 임신 기간 내내, 그리고 출산 후에도 최소한 30일 정도까지는 환자의 기분을 주의 깊게 살피면서, 환자와 의사가 함께 양극성의 조짐이 나타나지는 않는지 모니터링 하는 게 좋다.

✔ **스트레스를 감당할 수 있을까?** 임신과 분만, 신생아를 양육하는 일은 일상적인 계획을 뒤집어엎고 사람들과의 관계마저 새롭게 다시 설정하기 때문에 스트레스를 많이 받을 수밖에 없다. 하지만 신중한 계획을 통해 혼란을 줄이고 최소한의 책임과 스트레스를 나눠질 수 있다.

임신 전, 임신 중, 출산 후의 양극성 치료제 선택

현재 임신 중이거나 앞으로 임신 가능성이 있다면, 임신 기간에 약물 복용을 할 경우의 위험성과 치료 효과에 대해 의사와 신중하게 의논해야 한다. 지금부터는 임신과 관련해 의사와 의논해야 할 여러 가지 문제를 살펴보도록 하겠다.

임신 전

모든 가임 여성은 양극성 증상의 치료제를 선택할 때 곧바로 임신할 계획을 갖고 있지 않더라도 담당의와 다음 문제에 대해 의논한 후에 치료제를 선택해야 한다.

✔ 카르바마제핀(테그레톨), 옥스카르바제핀(트리렙탈), 라모트리진(라믹탈), 그리고 토피라메이트(토파맥스) 등을 포함한 일부 약은 몇 가지 유형의 피임약의 효능을 감소시킬 수 있다.

✔ 피임약은 다른 약, 특히 라모트리진의 혈중농도에 영향을 줄 수 있다고 알려져 있는데, 에스트로겐에 노출되면 3주 동안 혈중농도가 떨어지는 양상이 나타나다가 피임약을 복용하지 않는 마지막 한 주 동안에는 그 수치가 50퍼센트까지 상승하기도 한다.

✔ 일부 항정신성 의약품은 프로락틴(유즙분비자극호르몬-역주) 수치를 증가시키고 임신 확률을 낮출 수 있다. 양극성 환자가 임신을 계획하고자 한다면, 의사는 프로락틴 수치를 검사하고 그런 작용이 없는 약으로 바꾸는 것에 관한 이야기를 할 것이다.

✔ 밸프로에이트(데파코트)는 다낭성 난소 증후군(polycystic ovary syndrome, PCOS : 만성적인 배란 장애와 고안드로겐혈증을 특징으로 하며 비만, 인슐린 저항성 등의 다양한 임상 증상을 나타낼 수 있는 내분비 질환-역주)의 발병 위험을 크게 높인다고 알려지는데, 다낭성 난소 증후군은 여성의 테스토스테론 수치를 증가시켜 생리 주기를 불규칙하게 하고 여드름과 다모증(과도한 체모의 발달)을 유발하며, 제II형 당뇨병 및 다른 질환의 발병 위험을 높이고 불임을 유발할 수 있는 호르몬 불균형 상태를 가리킨다. 이 질환과 관련하여 더 많은 정보가 필요하다면 게이너 버슬과 샤론 퍼킨스가 함께 쓴 『더미를 위한 PCOS(PCOS For Dummies)』(John Wiley & Sons, Inc.)가 도움이 될 것이다.

임신 중

임신 기간 중에 양극성 치료제와 관련된 결정이 필요할 경우에는 양극성 환자인 임산부와 정신과 의사, 그리고 산부인과 의사가 서로 긴밀히 협력해야 한다. 물론 원칙대로 하자면, 임신 중에는 절대로 약을 복용하지 않는 방향으로 결정하는 게 최선의 선택이 될 것이다. 하지만 임신 초기에 양극성과 관련된 약 복용을 중단하는 경우에는 기분 삽화가 재발할 위험성이 매우 높아지며, 특별히 임신 전의 기분 증상의 빈도가 잦고 정도가 심한 환자의 경우에는 더욱 그럴 수 있다는 연구 결과가 발표된 바 있다. 이와 같은 임산부의 기분 삽화는 산모와 태아 모두에게 위험할 수 있다. 하지만 임신 초기(임신 후 3개월까지)는 약물 복용이 태아의 심각한 기형을 초래할 가능성이 가장 큰 시기이므로, 이 기간이야말로 산모인 양극성 환자가 모든 약물 복용을 중단하는 것이 좋다고 볼 수 있다.

양극성 환자가 임신 기간 중에 복용하는 약은 잠재적 위험성에 따라 각 군으로 나뉠 수 있다. 지금부터 나열하는 목록에는 각각의 양극성 약제가 어느 분류 시스템에 속하는지에 대한 내용과 각 군에 대해 알아둘 몇 가지 사실을 소개해두었다.

✔ **임신 관련 약물 D군** : 생명을 위협할 만한 응급상황에 다른 안전한 약물을 선택할 여지가 전혀 없을 때 사용한다. 태아에 대한 위협적이고도 부정적 영향이 확인된 바 있다.

• **리튬** : 이 약물은 조산의 위험뿐만 아니라 태아의 심장 이상, 신경계통의 장애, 그리고 갑상선 또는 신장 이상을 유발할 중대한 위험성이

있다.

- **밸프로에이트**(데파코트) : 산모가 이 약물을 복용할 경우(특별히 임신 초기에)에는 태아의 중대한 기형을 유발할 위험성이 매우 높다. 또한 사산 및 유산의 위험성도 급격히 증가한다.
- **카르바마제핀**(테그레톨) : 임신 기간 중에 산모가 카르바마제핀을 복용할 경우, 태아의 기형을 초래할 위험이 매우 높다.
- **벤조디아제핀** : 임신 초기(첫 3개월 동안)에 이 군에 속하는 약물을 복용할 경우에 태아 기형을 유발할 가능성이 현저히 증가한다. 임신 후기에 복용할 경우에는 태아의 근무력 증상이 나타나는 신경계통의 장애인 근육긴장저하증후군(floppy baby syndrome)의 원인이 될 수 있다.
- **파록세틴**(팍실) : 임신 초기에 파록세틴을 복용하면 태아 기형의 위험이 커지고, 특별히 심혈관계 질환의 가능성이 급증하였다(현재 이용되는 항우울제는 대부분 C군으로 분류되는 것들로, 아래에서 다시 소개하겠다).
- **이미프라민**(토프라닐)**과 노르트립틸린**(팔메러) : 다른 3환계 항우울제가 C군으로 분류되는 것과는 달리, 이들은 D군으로 분류되는 약물이다.

✔ **임신 관련 약물 C군** : 기대되는 효과가 위험성보다 클 때 주의해서 사용해야 한다. 동물 실험 결과 위험성이 확인되거나, 임상 시험이 불가능한 경우, 또는 동물 실험과 임상 시험 모두 시행되지 않은 경우가 포함된다.

- **라모트리진**(라믹탈) : 이 약물은 다른 항경련제와 비교할 때 태아의 주요 기형 유발 가능성이 적은 편이긴 하지만 일부 선천적 결함의 중대한 위험이 여전히 존재하며, 아마도 고용량일 경우에 그 위험성이 증가한다고 예상된다.
- **비정형 항정신성 약물** : 비정형 항정신성 약물과 관련된 임신 과정의 위험성은 거의 알려진 바가 없으나, D군에 속하는 리튬, 밸프로에이트, 카르바마제핀보다는 주요 기형을 유발할 위험성이 낮은 편이라고 알려져 있다. 이 약물을 복용한 임산부에게서 나타나는 체중 증가 및 포도당/인슐린의 변화는 태아 발달에 영향을 줄 수 있다.
- **파록세틴을 대신하는 SSRI와 SNRI 계열의 항우울제** : 임신한 여성은 임신 후기에 세로토닌에 의한 신생아의 신경과민, 수유 장애, 호흡 관련 문제를 예방하기 위해 항우울제 복용을 금해야 한다. 대부분의 항

우울제는 D군에 속하는 약제보다는 태아의 주요 기형을 유발할 가능성이 낮은 편이다. 드물긴 하지만, 임신 기간에 장기간 SSRI 계통의 약물에 노출된 태아에게서 폐와 심장의 문제인 **폐고혈압**(pulmonary hypertension) 발병 사례가 보고되기도 한다.

- **기타 항우울제** : 여기에는 부프로피온(웰부트린), 네파조돈(세르존), 빌라조돈(비브리드), 데시렐(트라조돈), 플루복사민(루복스), 미르타자핀(레메론) 등과 3환계 약물인 데시프라민(노르프라민)과 아미트리프틸린(엘라빌), 그리고 모노아민 산화 억제(MAOI)인 트라닐시프로민(파네이트)와 페넬진(나르딜)이 포함된다.

의사와 상담하지 않고 절대로 치료법을 변경하거나 약물을 중단해서는 안 된다. 임신 기간 중이나 출산 후에는 양극성의 증상이 재발하는 비율이 상대적으로 높아지며, 충동성과 자살 위험이 증가하고 자기 관리 능력이 저하되는 편이다. 따라서 임산부가 행복한 임신 기간을 보내기 위한 치료 계획을 세우는 일은 임산부 자신을 위해서뿐만 아니라 태아의 건강을 위해서도 중요하며, 이 과정에서 반드시 아이의 발달을 고려한 안전성이 확보되어야만 한다. 이처럼 임산부를 위한 치료 계획은 대개 임신 기간 중의 위험성이 적은 약물을 복용하고, 가능하면 한 가지 약만 사용하면서 되도록 저용량을 유지하는 방향을 지향하기 마련이다(자세한 내용은 다음 페이지에 소개한 '임신 계획 및 준비' 절 참조).

출산 후

일반적으로, 양극성 환자가 출산하고 나면 기분 삽화가 재발할 위험성이 크다고 알려져 있다. 따라서 여성 환자를 치료할 때, 의사들은 환자가 분만한 직후부터 임신 전에 복용하던 약을 곧바로 다시 처방하여 기분 삽화의 재발을 예방하곤 한다. 하지만 그런 방법을 사용할 때도 다음과 같은 위험성을 완전히 배제할 수 없다는 문제가 있다.

✔ 많은 약물은 모유를 통해 태아에게 전달될 수 있다. 따라서 임신 전과 같은 약을 출산 직후부터 다시 복용하기 시작해야 한다면 아이에게 모유 대신 분유를 먹이고 싶을 수 있으며, 이 방법은 환자가 숙면을 취하는 데에도 도움이 된다.

✔ 약 복용을 다시 시작할 때 경험할 수 있는 피로감이나 부작용은 새 생명과 온 가족이 새롭게 적응해나가는 시기에 특별한 어려움으로 작용할 수 있다. 하지만 기분 삽화의 재발을 막기 위해서라면 이 정도의 대가를 지불할 가치가 충분히 있음을 기억하자.

✔ 분만 직후에는 체중과 체액의 양이 큰 폭으로 변화된 상태이므로, 약물의 용량을 적절히 조정하기 쉽지 않을 수 있다.

임신 계획 및 준비

양극성 치료를 받던 여성 환자가 임신을 계획할 경우에는 임신을 촉진할 방법, 태아에 대한 위험성을 최소화할 측면, 기분의 변화를 방지할 계획 등에 대해 의사와 의논하는 게 좋다. 임신을 위한 계획과 준비 과정은 다음과 같은 목표에 따라 진행되어야 한다.

✔ **임신이 이뤄지기 몇 달 전부터 기분이 안정되도록 힘쓰라.** 안정된 기분일 때 임신이 시작되면 임신 기간 내내 안정된 기분을 유지할 가능성이 훨씬 높아진다.

✔ **훨씬 더 주의 깊게 기분을 살펴라.** 되도록 매주 한두 번 이상 만날 수 있는 믿을 만한 친구 또는 친척에게 도움을 청하고 자신의 기분을 관찰해달라고 부탁하라. 그들은 환자의 기분 변화의 조짐을 알아차릴 수 있어야 하고 문제를 발견할 때에는 어떻게 해야 할지 미리 알고 있어야 한다.

✔ **치료를 위한 약물은 되도록 최소한의 가짓수와 용량만 복용하라.** 임신 중에 약을 중단할 수 없다면 단일치료법(모노테라피)으로 진행해야만 한다.

✔ **태아의 발달 과정에 문제를 일으킬 가능성이 높은 약물은 피하라.** 즉, 밸프로에이트, 카르바마제핀 , 리튬, 파록세틴 등은 피하고, 가능하면 다른 예방적 용법을 위한 약물로 전환해야 한다는 말이다.

✔ **비약물치료 또는 다른 대응 방안을 고려하라.** 엽산 보충제와 같은 산전 영양제를 포함한 적절한 영양 섭취, 규칙적이고 충분한 숙면, 정신 요법, 가족의 지지는 임신과 함께 밀려오는 몸과 마음의 짐을 가볍게 할 수 있다. 따라서 환자가 복용할 약물의 용량을 줄이더라도 큰 어려움이 없이 임신 기간을 보낼 수 있다.

양극성 및 임신의 관리

임신했을 가능성이 있다고 생각되면 되도록 빨리 임신 여부를 확인해야 한다. 그런 다음에는 정신과 의사와 산부인과 의사를 찾아가 태아의 건강과 자신의 양극성 모두를 관리할 방법을 의논하라. 임신 기간을 계획할 때는 다음의 단계에 따라 준비할 수 있다.

1. 의사 및 심리치료사는 임신하기 전보다 자주 방문하라.
2. 의사와 상의하면서 약을 조정하라.
3. 임신 전에 리튬을 복용하고 있었고 임신 중에도 유지하려고 한다면, 다음의 주의사항을 고려해야 한다.
   - 복용하는 약이 태아의 발달에 영향을 줄 가능성이 있다면, 임신 초기에 해당하는 첫 3개월 동안에는 약 복용을 중단하고 중기에 이르렀을 때 다시 시작하는 것에 대해 의사와 상의하라.
   - 체내의 리튬 수치가 일정하게 유지되도록 하루에 약을 복용하는 횟수를 늘리고 매번 복용하는 용량은 낮추는 방법에 대해 의사와 의논하라.
   - 정기적인 초음파 검사 또는 다른 검사를 진행하여 태아의 심장이 잘 자라고 있는지 확인할 수 있도록 의사와 상의하라.
   - 수분 섭취에 신경을 쓰라. 특별히 물을 덜 마시는 경우에는 탈수 효과가 나타나 체내의 리튬 농도가 상승하는 효과를 불러올 수 있다.
   - 분만 중에는 체액 손실 때문에 리튬 독성이 나타날 수 있으므로, 출산 예정일을 일주일 정도 앞둘 즈음에는 일시적으로 리튬을 절반 정도만 복용하도록 점진적인 감량을 진행하는 게 좋다.
   - 혈중 리튬 수치에 대한 검사를 좀 더 자주 진행하라. 임신 36주까지는 4주마다, 그리고 분만할 때까지는 매주 검사하는 게 좋다. 출산 직후 24시간 이내에도 다시 한 번 검사해야 한다.
   - 출산 후에는 이전에 복용하던 용량의 리튬을 다시금 처방하는 것에 대해 의사와 상의하면서, 모유 수유와 관련된 계획도 의논하라.
4. 비정형 항정신성 의약품을 복용하고 있다면, 임신 기간 내내 체중과 혈당 수치를 확인해야 한다.
   의사들은 모든 임산부에 대해 이와 같은 수치를 검사하곤 하지만, 비정형 항정신성 약물을 복용하는 임산부의 상태는 좀 더 면밀히 살필 필요가 있다.

5. 늘 그래온 것처럼, 기분 변화가 나타날 조짐을 발견할 때는 즉시 의사를 찾아가거나 연락을 취하라.

조증 또는 우울증이 나타날 조짐이 보인다면, 환자와 의사는 전기충격요법과 같은 비약물치료를 고려하거나 약을 다시 복용하는 방안을 검토할 수 있다. 전기충격요법은 중증의 조증 또는 우울증에 시달리지만 약이 듣지 않는 임산부 환자에게 비교적 안전한 치료 방법으로 알려져 있다. 전기충격요법은 주요한 태아 기형을 유발하지 않는 것으로 확인되며, 이와 관련해서는 대부분 마취제 사용에 의한 태아의 심장 질환 관련 문제가 발생하곤 한다. 드물기는 하지만, 전기충격요법이 산모의 자궁 수축을 유발한다는 사례가 보고된 바도 있다. 전기충격요법은 유해할 가능성이 여전히 남아 있고 절차 또한 복잡하기 때문에, 여전히 약물치료에 대한 보완적 치료법으로 고려하는 게 좋다(전기충격요법에 관한 자세한 내용은 제9장 참조).

폐경기 여성의 양극성 치료

폐경이 진행되는 기간인 폐경 이행기와 폐경기에는 여성의 호르몬 수치에 커다란 변화가 생기기 때문에 양극성 성향이 없는 여성에게서도 기분이 불규칙한 양상이 나타나기 쉽다. 양극성장애가 있는 여성이라면 호르몬의 급격한 변화 때문에 심각한 기분 증상이 촉발될 수 있는데, 특별히 에스트로겐 수치가 떨어지고 프로게스테론 대비 에스트로겐의 비율이 급격히 달라짐에 따라 우울증이 나타나기 쉽다.

환자의 폐경이 진행됨에 따라 불규칙한 기분 증상이 나타나거나 심화된다면, 의사는 항우울제 또는 항조증 약물에 더하거나 그 두 가지 약을 처방하는 대신에 호르몬 대체 요법을 시행하자고 권할 수 있다. 호르몬 대체 요법(hormone replacement therapy, HRT)은 누구에게나 시행할 수 있는 치료법이 아니며, 특별히 심혈관 질환의 우려가 있는 환자들에게는 주의를 요한다. 하지만 중증의 기분 증상을 나타내는 일부 여성 환자들은 호르몬 대체 요법에 대체로 잘 반응하는 편이다.

장년층 및 노인의 양극성장애

나이 많은 환자들의 양극성을 진단하고 치료할 때는 독특한 어려움에 직면할 수밖에 없다. 지금부터는 이들 장년 및 노인 환자들만의 독특한 특성을 살펴보면서, 이들의 황금빛 노년에 양극성의 그늘이 드리울 때 약물치료를 통해 도움을 얻을 수 있는 몇 가지 지침에 대해 알아보도록 하겠다.

장·노년층 환자는 무엇이 다른가?

50대가 지난 후에 양극성 진단을 받는 경우는 전체 양극성 환자의 10퍼센트 정도에 불과하지만, 50세를 전후로 양극성이 발병하는 환자들의 치료 과정에는 노화라는 문제가 새로운 변수로 작용할 수밖에 없다. 하지만 진단 연령에 상관없이 50대를 넘어서는 환자들이 공통적으로 경험하는 어려움은 노화되는 뇌와 신체의 변화로 인해 양극성의 증상에도 변화가 찾아오고 치료적 접근 방식도 바뀌어야 한다는 점에 있다.

✔ 장·노년층에게 건강상의 문제와 신경계통의 질환이 나타날 위험성은 젊은이들에 비해 현저히 높다. 나이를 먹어감에 따라 조증과 우울증의 증상이 변화되는 환자를 치료할 때, 의사는 기분 증상을 유발할 수 있는 다른 요인의 가능성을 조심스럽게 감별진단해야만 한다(감별진단과 관련된 자세한 정보가 필요하다면 제5장 참조).

✔ 기존에 양극성장애를 앓았거나 기분 증상이 점점 심해지는 환자들에 대해서는 의사들의 조심스러운 의학적 평가가 필요하다. 특히 새롭게 나타나는 그 증상이 이전의 양상과 다를 경우에는 더더욱 그렇다.

✔ 나이가 많은 사람들은 약물을 더 많이 복용하는 경향이 있으며, 환자의 연령과 복용하는 약의 가짓수에 따라 부작용의 위험성도 증가한다. 약에 따라서 어떤 것은 조증이나 우울증을 유발하는 경우도 있다. 장년과 노인 환자에게 전에는 찾아볼 수 없었던 심각한 조증 또는 우울증이 나타났다면 약물 독성이나 상호작용에 따른 결과일 수 있다.

✔ 장기간 양극성 치료제를 복용해온 환자들은 행동 변화를 유발할 수 있는

신장 손상 및 갑상선 이상 등을 포함하는 장기적인 부작용을 경험하기 쉽다. 그뿐만 아니라, 리튬 독성을 포함한 양극성 약물의 부작용은 노인층에서 더 일반적으로 나타나는 양상을 보인다. 약을 복용하는 과정에 기분 증상이 악화된다면, 의사는 약물과 관련된 문제일 가능성을 조심스럽게 확인해야 한다.

치매와 양극성의 연관성

과민함, 충동성, 활력 또는 의욕의 저하, 슬픔 또는 무관심, 부적절한 감정 반응 등의 감정 및 행동 증상이 나타날 때는 경미한 기억 상실로부터 심각한 치매에 이르기까지 인지 능력의 저하가 동반될 수 있다. 새로운 기분 증상이 나타나거나 나이를 먹으면서 양극성의 증상이 심해지는 경우에는 치매 검사를 신중히 진행할 필요가 있다. 양극성 환자들은 노년기에 이르렀을 때 일반인보다 치매의 발병률이 높다고 알려져 있다. 이 중에서 일부는 양극성 때문일 수 있으며, 다른 일부는 알츠하이머병 및 다른 치매와 중복되기 때문일 수 있다.

치매 검사는 대개 MMSE(mini mental status examination : 간이 정신상태 검사)로 시작한다. 이 검사 결과에서 인지 기능의 저하가 확인되면 의사는 좀 더 자세한 인지 및 신경심리검사를 시행한다. 약물, 약물의 조합, 그리고 여러 다른 건강 상태가 치매 증상을 유발할 수 있다고 알려져 있다. 따라서 기분 및 행동 증상의 변화를 감지하여 치매 검사를 진행한 후에는 인지적 변화를 유발하는 원인을 없애기 위한 다각적인 의료 개입이 이뤄져야 한다.

노인 환자의 약물치료

노인을 위한 약물의 선택 기준은 젊은 환자의 경우와 다르다. 따라서 의사는 약을 선택하고 용량을 결정할 때 이들의 차이를 고려해야만 한다. 이 절에서는 노인의 치료, 특히 약물을 선택할 때 고려할 점에 대해 알아보려고 한다.

조증 치료

노인 환자의 조증을 치료할 때는 젊은 환자와 비슷한 약물을 선택하게 되지만 단일

치료법(모노테라피)의 중요성이 더욱 강조될 수밖에 없다. 그 밖의 여러 차이점에 대해서도 살펴보도록 하자.

- ✔ **리튬** : 나이를 먹어감에 따라 신장 기능이 감퇴하기 마련이므로 신장에 리튬이 축적되는 속도가 빨라지게 된다. 따라서 저용량의 리튬을 복용하는 환자라도 독성 증상이 나타날 가능성이 있다. 게다가 비스테로이드 항염증제, 안지오텐신 전환효소억제, 티아지드이뇨제 역시 리튬 농도를 증가시키는 작용을 한다. 따라서 환자가 이들 약물을 복용 중이라면 의사는 리튬을 처방할 가능성이 적고, 리튬에 의해 악화될 가능성이 있는 인지기능 장애 또는 수전증을 동반한 경우에도 리튬을 처방하지 않는다.
- ✔ **항경련제** : 밸프로에이트(데파코트) 성분은 나이 많은 사람들의 혈관 내부에 너 오래도록 머무른다. 그뿐만 아니라 다른 여러 가지 약물과 상호작용하기도 한다. 노인들의 조증 치료에 효과적인 약으로 알려진 카르바마제핀(테그레톨)도 다른 약 성분과 반응할 잠재적 위험성이 큰 약 가운데 하나이다. 라모트리진(라믹탈)은 55세 이상 성인을 대상으로 한 유지치료에 효과적인 약물로 알려져 있다.
- ✔ **항정신성 약제** : 일반적으로 고령 환자에 대해서는 젊은 성인에게 처방하는 비정형 항정신성 약품을 절반에서 1/3 정도의 용량으로 처방한다. 하지만 오래된(일반적인) 항정신성 의약품과 새로 개발된(비정형) 약제는 둘 다 치매를 동반한 고령 환자가 복용할 경우에 심장 질환 또는 감염에 의한 사망률을 증가시키기 때문에 금기 사항(처방하지 않도록 권고함)에 속한다. 따라서 이들 약물을 고령 환자에게 처방할 때는 주의를 필요로 한다(좀 더 자세한 내용이 궁금하다면 제7장 참조).
- ✔ **전기충격요법**(ECT) : ECT는 많은 고령의 양극성 환자에게 시행할 경우에 급성 조증과 우울증 치료에 효과가 보고된 바 있으며, 약물의 치료 효과가 나타나지 않거나 약을 더는 복용할 수 없는 환자들에게 적용을 검토할 만하다(ECT에 대한 자세한 내용은 제9장 참조).

우울증 치료

양극성을 치료하는 과정은 환자의 연령에 상관없이 언제나 쉽지 않을 수 있다. 고령 환자를 대상으로 한 양극성 치료 과정은 일반인과 비슷하지만 몇 가지를 염두에 두어야 한다.

- ✔ **항우울제** : 항우울제와 항조증 약물을 함께 처방하는 요법은 고령의 양극성 환자들에게 많이 처방되는 치료법이긴 하지만 각종 부작용이 나타날 가능성과 다른 건강 상태에 영향을 미칠 가능성, 그리고 여러 약제의 상호작용 등을 고려해야 한다.
- ✔ **리튬** : 리튬은 양극성 환자에게 흔히 처방되는 항우울제의 표준이지만 앞서 언급한 것과 같이, 노인에게서는 위험한 부작용을 유발할 위험성이 높다는 사실을 반드시 고려해야 한다.
- ✔ **비정형 항정신성 약물** : 이 군에 속하는 약물로 양극성 우울증 치료에 많이 쓰이는 약물이 쿠에티아핀과 루라시돈이다. 위에서 설명한 것처럼 이들 약물은 추가 위험을 동반할 수 있기 때문에 고령 환자에게 처방할 때는 주의해야 한다.
- ✔ **라모트리진**(라믹탈) : 라모트리진은 우울 삽화의 지연 효과가 뛰어나다고 알려져 있으며, 고령 환자에 대한 항우울 작용을 기대할 수 있다는 사실도 확인된 바 있다. 라모트리진을 복용할 때 나타날 수 있다고 알려진 심각한 피부 반응인 스티븐-존슨 증후군의 발병 가능성도 젊은 사람보다 노인에게서 훨씬 낮다고 보고되어 있다.
- ✔ **정신 요법** : 정신 요법 및 사회적 개입은 종종 고령 환자의 우울 치료에 효과적이며, 특별히 약물치료를 진행할 수 없거나 충분한 효과가 나타나지 않을 때 더욱 유용하다.
- ✔ **전기충격요법**(ECT) : ECT는 고령 환자의 우울증 치료에 효과적이라고 알려져 있으며, 환자가 약물치료에 반응하지 않거나 각종 약제를 복용할 수 없을 때 고려할 만하다.

불안 및 수면 장애 치료

노화된 인체는 약물을 분해하고 배출하는 데도 시간이 더 많이 걸리기 때문에, 불안과 불면증 치료에 사용되곤 하는 진정제를 복용하면 체내에 축적될 수 있고 기억력 및 집중력 감퇴의 문제를 유발할 수 있다. 이런 문제는 매우 천천히 진행되기 때문에 약물과의 연관성을 분명히 알아차리기 어려울 수 있으며, 환자의 연령이 높아짐에 따라 이런 약제의 효능과 위험성을 재고할 필요가 있다.

문화적 차이 고려하기

양극성장애의 발병률은 전 세계적으로 모든 국가에서 거의 비슷하게 나타나지만, 인종 및 문화적 차이 때문에 진단, 치료, 약물에 대한 반응이 달라지기도 한다. 지금부터는 양극성 환자에게 영향을 줄 수 있는 중요한 몇 가지 문화적 요소에 대해 알아보도록 하겠다.

- ✔ **문화적 맥락** : 어떤 문화적 상황에서는 일반적인 것으로 여겨지는 생각, 행동, 감정적 표현의 강약이 다른 문화에서는 낯설게 느껴질 수 있다. 따라서 의사들은 환자의 문화적 정체성을 고려하여 환자의 생각과 행동, 표현의 정도를 이해해야 한다.
- ✔ **언어** : 의사와 환자의 모국어가 다를 경우에는 정확한 정보 전달이 어려울 수 있다. 환자의 지인이 통역하는 경우에는 감정적 이입 때문에 객관성이 떨어질 가능성이 있으므로, 이럴 때는 병원의 공식적인 통역 직원의 도움을 받는 게 좋다.
- ✔ **정신질환에 대한 인식** : 일부 문화권에서는 정신질환자에 대한 낙인이 훨씬 강할 수 있어, 양극성장애에 대한 진단과 치료에 심한 저항을 나타내기도 한다.
- ✔ **치료와 지원의 선호도** : 문화적 차이는 환자가 정신 질환 치료를 위해 병원에 가는 것을 선호하는지, 아니면 종교나 민간요법 등의 다른 가능성을 선호하는지에 영향을 줄 수 있다. 문화권에 따라 구성원들이 밀접한 사회적 지지로 연결된 곳도 있고 약물치료의 효능과 부작용을 받아들이는 양상에도 차이가 나기 때문에, 문화적 차이가 치료 결과를 좌우할 수 있다.
- ✔ **약물 대사** : 환자의 인종적 차이에 따라 약물 대사에 관여하는 특정 효소의 유전적 변이가 다를 수 있기 때문에 일부 약물의 용량이 달라지거나 효능의 차이가 나타날 수 있다. 예를 들면, 아시아인과 아프리카계 미국인은

서로의 유전적 다양성에 차이가 있음에도 불구하고 여러 약물의 대사 속도가 상대적으로 느린 편이다. 반면에 에티오피아인, 세파르디 및 에티오피아 유대인, 아랍인 등은 여러 약물의 대사 속도가 상당히 빠른 차이를 나타낸다.

성 소수자 LGBT의 양극성장애

자신을 레즈비언, 게이, 양성애자, 혹은 트랜스젠더로 분류하는 사람들(LGBT)은 양극성과 관련하여 다양한 어려움에 직면하곤 한다. 이들에 대한 연구는 상당히 제한적일 수밖에 없지만, 성 소수자 개인 또는 공동체가 양극성의 문제를 해결할 때 직면하는 몇 가지 문제를 짚어본다면 다음과 같다.

✔ **편견** : 성 소수자가 양극성 진단을 받으면, 환자 자신과 주위 사람들은 이미 짊어지고 살아가던 사회적 낙인에 또 다른 짐이 더해지는 것만 같은 기분이 들 수 있다. 성 정체성과 성적 지향 문제로 고민하는 젊은이들은 주위 사람들과 때로는 가족의 적대적인 태도와 부정적인 행동에 특히 취약하기 마련이다. 거부, 조롱, 따돌림 등은 깊은 트라우마를 남겨, 이미 요동치는 기분 증상에 기름을 붓는 꼴이 될 수 있다. 정신 질환과 관련된 편견에 성 정체성에 대한 사회적 비난이 더해지면, 환자는 감당할 수 없을 지경에 이를 수 있다.

✔ **치료자의 인식 수준** : 양극성 환자를 치료하는 의사나 심리치료사는 저마다 다른 지식, 인식, 내적 편견 등의 차이를 갖고 환자를 대면하게 된다. 의과 대학에서는 성 정체성에 대한 교육을 충분히 시행하지 않으며, 의사들은 심지어 환자의 성적 취향이나 정체성에 대해 질문하지 않을 정도로 관심을 두지 않는다. 하지만 의사로부터 존중받지 못하거나 이해받지 못한다고 느낀다면 다른 도움을 청하거나 병원 관계자에게 이야기할 수 있다.

✔ **기타 건강상의 문제** : 인간 면역 결핍 바이러스(human immunodeficiency virus, HIV)에 감염되는 후천성 면역결핍 증후군(AIDS)의 유병률은 일반인보다 성 소수자의 비율이 높은 편이며, 이와 같은 질환은 양극성의 증상과 치료를

더 복잡하게 만들 수 있다. AIDS로부터 비롯되는 신경학적 변화는 양극성의 증상과 상당히 유사한 감정 및 행동 증상을 유발하기에, 성 소수자의 기분 증상을 유발하는 의학적 원인이 무엇인지 밝혀내는 작업이 중요하다고 볼 수 있다.

4

필수 생존전략 연습하기

치료의 성공을 보장할 7가지 방법

✔ 처방대로 약을 복용한다.

✔ 기분 변화의 조짐을 알아차릴 수 있도록 기분을 모니터링하고 한 발 먼저 도움을 청한다.

✔ 건강한 일상의 습관을 만들고, 무엇보다 중요한 규칙적인 숙면(밤마다 7~9시간)을 취한다.

✔ 전문적인 자격을 갖춘 심리치료사와 정기적으로 만난다.

✔ 영양 섭취 및 신체 활동의 측면에서 건강한 생활 방식을 세워 나가는 동시에, 기분의 안정성을 깨뜨릴 수 있는 과도한 음주와 마약, 심지어 과량의 커피 음용 및 흡연을 피한다.

✔ 의사소통의 기술을 훈련하고, 기분에 영향을 줄 수 있는 오해와 갈등을 줄여나가도록 사람들과 자주 소통하고 교류한다.

✔ 문제 해결 능력을 훈련하여 어려움과 갈등의 원인을 효과적으로 처리한다.

제4부 미리보기

- 기분의 안정성을 깨뜨리거나 부정적인 감정 반응을 촉발시키는 요인을 조절하는 기분 모니터링 및 일상생활의 조정 등 기분 관리를 위한 자조 기술을 훈련한다.

- 양극성을 관리하고 증상의 빈도와 정도를 줄어들게 하는 것에 효과적이라고 알려진 다른 정신사회학적 치료 과정에 대해 알아본다.

- 의사소통 및 문제 해결 기술을 개선할 방법을 배움으로써 사람들 사이에 나타나는 갈등의 빈도와 정도를 감소시킨다.

- 주요 기분 삽화가 나타나기 전에 대비할 방법에 대해 생각해봄으로써 기분 삽화의 정도와 지속 시간, 실패할 가능성을 줄어들게 하려면 환자와 지원팀에 속하는 모든 사람이 어떻게 준비해야 할지를 이해한다.

자조 기술, 각종 치료 요법, 그리고 다른 지지 방법

- 기분과 수면 패턴, 활력의 양상을 살핀다.
- 기분 증상을 촉발시키는 원인을 정확히 알아차린다.
- 각종 치료 교실, 마음 챙김, 그리고 다른 요법에 대해 이해한다.

기분 삽화의 한복판을 지날 때는 스스로 해결 방법을 찾기가 힘겨울 수 있지만, 기분 삽화의 파도가 가라앉고 원래의 자기 모습을 되찾고 나면 안정된 기분을 유지하고 삽화의 재발을 예방하는 데 도움이 된다고 알려진 여러 치료 방법과 자조 기술을 훈련할 수 있는 때가 찾아온다. 지역마다 운영되는 지원 그룹을 통해 기분과 수면 패턴, 활력을 모니터링 하는 간단하면서도 자유로운 다양한 활동에 참여하는 방법을 시작해볼 수도 있고, 다양한 정신 요법, 마음 챙김, 관계 및 가족 치료와 같은 전문가의 도움을 받는 활동도 고려해볼 만하다.

이번 장에서는, 외부의 도움 없이 환자 스스로 자신의 기분을 모니터링하고 관리하는 여러 방법을 알아볼 것이다. 도움이 될 만한 다양한 치료 전략에 대해 정확히 이해함으로써, 자신에게 도움이 되는 치료법에는 좀 더 집중하고 그다지 도움이 되지 않는 방법은 잠시 접어두는 선택도 고려할 수 있을 것이다.

자신의 기분 모니터링하기

양극성 환자가 양극성 증상의 재발을 방지하고 빠르게 회복되기 위해 기울일 수 있는 노력 가운데 가장 효과적인 방법은 자신의 기분을 잘 살피는 일이다. 환자가 자신의 기분을 모니터링 할 때 다음과 같은 유익을 경험할 수 있다.

✔ 기분의 변화를 민감하게 살피는 감각이 훈련된다.
✔ 기분 삽화가 재발할 조짐을 빠르고 정확하게 알아차릴 수 있다.
✔ 약물 복용과 각종 치료 과정의 효과를 모니터링할 수 있다.

http://www.dummies.com/health/mental-health/chart-your-moods-sleep-and-energy-levels/에 예시된 감정 차트(Mood Chart)에 기분을 모니터링하고 시간에 따른 변화를 추적할 수 있다. 매일의 기분을 돌아보며 +5(조증)에서 -5(우울증)까지로 나눠 표시하면 되는데, 보통의 정상적인 기분일 때는 0으로 보면 된다. 그날 온종일 자신의 기분이 전반적으로 어땠는지 돌아보고, 그 숫자에 해당하는 칸에 ×로 표시하기만 하면 된다. 표의 아래쪽에 '메모' 칸에는 그날그날의 특이사항, 예컨대 약의 변화 또는 기분에 영향을 준 중요한 사건과 같은 일들을 기록하라. 책상에 두고 쓰는 달력이 있다면, 날마다 해당되는 날짜에 그냥 +5에서 -5까지 숫자를 표시하여 기분을 기록하면 된다. 한 가지 기억해둬야 할 사실은, 어떤 양극성 환자는 조증과 우울증이 동시에 나타나기도 한다는 점이다. 그럴 때는 조증과 양극성의 기분을 모두 기록해야 하는데, 하루에 +3과 -4를 모두 적어야 할 수도 있다는 말이다.

그렇게 작성한 감정 차트는 의사와 심리치료사를 방문할 때 갖고 가서 보여주자. 매일매일 기록한 기분 정보는 환자의 스트레스를 촉발하는 원인을 이해하고 약물을 관리하며 성공적인 치료 결과를 향해 나아가는 밑거름이 될 수 있다. 의사나 심리치료사가 지난 진료 이후로 상태가 어땠는지 물을 때, 이런 기록을 작성해 가면 자신의 상태를 정확한 데이터로 제시할 수 있어 좋다.

스마트폰을 이용한다면 양극성 관리에 유용한 여러 앱을 설치해 사용할 수 있다. 우울증 및 양극성장애 지원 연맹(DBSA) 홈페이지(http://www.dbsalliance.org/site/PageServer?pagename=wellness_tracker)에서 온라인 상태 기록페이지를 활용하여 기분 증상을 기록하거나, 'bipolar mood app' 등의 단어로 검색하여 양극성과 관련된 스마트폰 또는 컴퓨터 앱을 활용하는 등 다양한 방법을 시도해보자.

수면 패턴과 활력 모니터링하기

확연히 감소한 수면 욕구는 거의 모든 양극성 환자들에게서 발견되는 조증 삽화의 조짐인 반면, 도무지 침대에서 일어날 수 없는 무력감은 우울증의 대표적인 조짐이다. 따라서 수면 일지를 작성하거나 적어도 감정 차트의 한쪽 구석에 작은 메모라도 남겨두길 권한다. 아니면 달력에 매일의 수면 시간과 그날그날의 활력을 간단히 기록하는 것도 좋은 방법이다.

 낮잠을 포함한 매일의 수면 시간을 간단히 기록하고, 0에서 5까지로 나누어 매일의 활력 수준도 함께 적어보자(활력을 모니터링하고 기록하다 보면, 자신의 활력 수준은 하루 동안의 전체적인 기분을 잘 반영한다는 사실을 발견할 수 있을 것이다). 감정 차트의 한쪽 구석에 간단히 메모하듯 기록하면 그다지 번거롭지 않을 뿐만 아니라, 기분과 수면, 활력에 영향을 준 일들을 무엇이든 함께 적어둘 수 있어 좋다. 방식을 정해두지 말고 자유롭게 마음껏 기록해보자(앞에서 제시한 사이트의 감정 차트에 수면 패턴도 기록할 수 있다).

 첨단기술을 선호하는 사람이라면, 스마트폰 또는 컴퓨터 전용앱 등을 활용할 수도 있다. 각종 '건강관리 앱'을 이용해 하루 동안의 활동을 분석하고 수면 패턴도 확인할 수 있다. 최근에 출시된 스마트 워치도 이상적인 도구로 활용할 만하다.

수면 일지를 작성하면 최적의 기분 안정성을 유지하기 위해 살펴야 할 조짐을 민감하게 알아차리기 쉽다. 날마다 수면 일지를 작성할 때에는 다음과 같은 양상과 조짐을 주의 깊게 살피는 게 좋다.

✔ **수면 욕구의 증가** : 잠은 더 늘어 가는데도 활력은 감소한다면, 기분이 가라앉기 시작하는 조짐으로 볼 수 있다.

✔ **수면 욕구의 감소** : 활력은 늘어만 가는데 잠이 점점 줄고 있다면 조증 삽화가 시작되려는 조짐일 수도 있다.

✔ **잠들기 어렵거나 깊은 잠을 자지 못할 때**(불면증) : 대부분 사람들은 잠들기까지 20분 정도가 걸리고 밤새 몇 번 깨긴 해도 금새 다시 잠들곤 한다. 하지만 잠들기까지 너무 긴 시간이 걸리거나 밤에 자주 깨고 다시 잠들지 못한 채 잠을 지새우거나, 새벽에 일찍 잠에서 깨고 정신이 말똥말똥하다가 날이 밝기 일쑤라면 분명 우울증이 시작되는 조짐으로 봐야 한다.

✔ **수면 패턴의 변화** : 주말에 잠을 몰아 자며 낮에도 긴 낮잠을 자다가 원래 잠들던 시간에 잠이 오지 않는 일이 반복된다면, 수면 패턴을 다시 조정할 필요가 있다.

쉽게 잠들기 어렵거나 밤새 숙면을 취하지 못하고 있다면 제12장으로 넘어가 도움이 될 만한 내용이 있는지 살펴보도록 하라.

스트레스 및 기분 변화의 원인 알아차리기

사람, 장소, 일, 사건, 계절, 심지어 휴일마저도 우리의 안정된 기분을 뒤흔드는 요인이 될 수 있다. 기분 변화를 촉발하는 요인과 스트레스의 원인이 되는 요소를 알아차리면, 그 원인을 제거하거나 기분에 미치는 악영향을 막을 수 있다.

우리 몸은 긍정적인지 부정적인지 여부에 상관없이 모든 강한 외부의 자극을 스트레스로 받아들이곤 한다. 따라서 나쁘고 불편한 기분으로부터 특별히 신나고 자극적인 상황에 이르기까지의 다양한 자극이 양극성 환자의 기분 변화에 방아쇠를 당기는 자극제가 될 수 있다. 일부 연구에 따르면, 부정적인 일들보다 오히려 매우 긍정적인 사건이 조증 삽화를 부르는 경우가 더 많다고 한다.

긍정 및 부정적인 스트레스를 부르는 대표적인 원인과 조증 또는 우울증을 유발할 수 있는 상황에는 어떤 것들이 있을지 생각하며 적어본다. 양극성 환자들에게 보편적으로 영향을 미치는 스트레스 요인을 몇 가지만 살펴보자.

- ✔ **계절의 변화** : 어떤 사람들은 특별한 계절이 찾아올 때 기분의 변화를 경험하곤 한다. 봄은 일반적으로 조증을 유발하는 경우가 많은 데 반해, 겨울은 우울증 삽화와 밀접한 연관성을 나타낸다. '서머타임제'를 시행하는 나라에서는 환자들이 기분과 수면에 미치는 영향을 호소하기도 한다.

- ✔ **휴일** : 휴일에는 환자들이 양극성의 심화를 호소하는 정도가 두 배에 이르기도 한다. 휴일에는 조심스럽게 조율해 놓은 규칙적인 일상의 흐름이 흐트러지고 감정을 자극할 수 있는 가족들과 자주 접촉하게 된다. 양극성 환자가 휴일을 계획할 때는 규칙적인 일상을 그대로 유지하면서 특정인 또는 상황과의 접촉을 피하며, 당분간 약물을 조정하거나 항불안제를 추가 복용하는 것에 대해 의사와 상의하는 등의 내용을 고려하는 게 좋다.

- ✔ **업무 또는 학교 관련 스트레스 및 갈등** : 동료와의 갈등, 불규칙한 업무 시간, 부당한 업무 지시, 갑작스레 주어지는 업무 책임 등은 직장에서 양극성 증상을 촉발할 수 있는 그저 몇 가지 원인일 뿐이다. 승진, 새로운 책임과 기대, 기존에 진행해오던 프로젝트의 종결 등도 마찬가지로 스트레스를 유발할 수 있으므로 주의를 기울여야 한다. 청년들의 경우에는 신학기 또는 특별히 대학에 입학할 때, 그리고 졸업과 같은 시기에 기분 증상이 나타나기 쉽다.

- ✔ **관계의 문제** : 사람들 사이의 갈등은 스트레스를 부르는 주요한 원인이다. 갈등이 시작되는 원인은 여러 가지가 있으며, 조증과 우울증의 증상 자체로부터 시작되거나 자극에 대한 환자의 갈망이 갈등의 원인이 되기도 한다. 갈등과 증상의 순환 구조는 깨뜨리기 쉽지 않다. 사람들과의 관계 가운데 느끼는 긍정적인 감정과 사건조차 스트레스가 되기도 한다. 부정적인 영향을 주는 사람과의 만남을 피하거나 그와 관계를 끊기 어렵다면, 환자와 그 사람은 전문가의 도움을 받는 방법을 통해서라도 둘 사이의 문제를 함께 해결하려고 노력해야 할 수 있다.

- ✔ **양육의 문제** : 자녀를 양육하는 일은 쉽지 않다. 그리고 가족 가운데 양극성의 문제가 끼어들 때는 더욱 더 그러기 쉽다. 자녀의 출생은 인생이 완전히 뒤바뀌는 사건이다. 자녀를 출생한 부모는 예전처럼 충분히 잠을 잘 수

없고, 다른 여러 삶의 방식 변화와 예측하지 못한 다양한 어려움을 맞닥뜨려야만 한다. 양육과 관련된 책임이나 접근 방식에 대한 문제로 자녀 또는 배우자와 자주 부딪친다면, 자녀 양육에 관한 문제를 해결해야 할 것이고 그 과정에서 전문가의 도움이 필요할 수도 있다.

✔ **재정적 어려움** : 양극성 환자들은 보통 두 가지 방식, 즉 소득원의 상실 및 생활비의 증가로 경제적 어려움을 경험하곤 한다. 돈 문제로 걱정하고 가족과 자주 갈등한다면, 경제적 요인이 스트레스의 원인이 될 것이다. 양극성 환자들이 종종 호소하는 경제적 어려움을 극복할 방법에 관해서는 제 18장에서 살펴보도록 하겠다.

✔ **휴식 시간** : 현대인은 할 일이 너무 없어 무료하기보다 너무 많은 '해야 할 일'에 치이는 경우가 더 많다. 하지만 할 일이 너무 없어도 마찬가지로 스트레스가 너무 심할 수밖에 없고, 고요함 가운데 있다 보면 온갖 걱정과 부정적인 생각이 밀려오기 마련이다. 따라서 휴식 시간을 잘 계획함으로써 뇌와 몸이 적당히 활동할 수 있게 한다면, 스트레스 요인이 줄어드는 것과 같은 효과를 어느 정도 기대할 수 있다.

모든 걸 한꺼번에 해결하고 바꾸려고 하지 말라. 기분 증상을 촉발하는 요인과 스트레스를 부추기는 원인을 하나씩 적어보고, 우선순위를 정해 한 번에 한 가지씩 차근차근 해결하라.

다양한 치료 및 지원 알아보기

양극성을 치료할 때에는 반드시 약물치료를 가장 우선적인 치료의 방법으로 고려해야 하지만, 다른 몇몇 치료 방법과 지원 방안은 양극성 환자가 안정된 기분을 유지하는 데 매우 효과적인 작용을 한다고 알려져 있다. 지금부터는 이런 다양한 치료법에 대해 이해하고 경험해볼 수 있는 다양한 내용과 정보를 소개하도록 하겠다.

양극성 환자는 자신이 경험하는 증상과 문제에 따라 각기 다른 해결책이 필요하다. 예를 들어, 우울증과 씨름하는 양극성 환자라면 부정적인 생각을 이겨내는 것에 초점을 맞추고 긍정적인 활동을 늘리는 일에 관심을 두면서 소중한 사람들과의 관계를 통해 지지받는 방법을 찾고자 할 것이다. 양극성 환자의 기분이 현재 안정된 상태라면, 건강한 일과를 유지하면서 기분 삽화의 조짐에 주의를 기울이는 데 관심을 갖고 있을 것이다. 한편, 경미한 조증의 증상을 경험하고 있다면 충동성과 과민 반응을 조절하는 데 도움이 될 방법에 대해 알고 싶기 마련이다.

자신이 시도해본 치료법의 성공과 실패에 관한 기록을 문서로 남겨두는 게 좋다. 한쪽에는 과거에 시도했을 때 긍정적인 효과를 경험한 방법의 목록을 적어보고, 다른쪽에는 별 도움이 되지 않은 방법의 목록을 적어보자. 양극성 환자가 안정된 기분 상태를 유지하기 위한 최선의 방법을 찾고자 할 때, 이와 같은 기록은 환자 자신과 그를 돕는 치료팀에 속하는 전문가들에게 상당히 유용한 정보가 될 수 있다.

심리교육

환자가 양극성의 성향을 안고 살아가는 동안, 자신의 장애를 받아들일 수 있는 능력은 오르락내리락하기 마련이다. 자신의 기분과 행동을 객관적으로 살피고 평가할 수 있는 능력도 점점 좋아지는 듯하더니 도리어 나빠지기도 할 것이다. 적극적으로 치료를 받으려는 마음도 파도와 같이 요동칠 게 분명하다. 심리교육은 환자에게 양극성장애에 대한 지식과 증상 및 조짐에 대한 교육을 시행함으로써 안정된 기분을 효과적으로 유지하도록 도와 치료의 효과를 향상시킬 수 있는 치료법의 한 가지 유형이다. 양극성 환자에게 심리교육을 진행함으로써 다음과 같은 유익을 기대할 수 있다.

- ✔ 양극성장애의 원인 및 치료법에 대한 명확한 이해
- ✔ 약물치료가 필요한 이유와 관련된 정보
- ✔ 각종 치료법이 유익할 만한 이유에 대한 통찰
- ✔ 기분 삽화의 조짐을 알리는 증상에 대한 인식 능력의 향상
- ✔ 기분 변화에 영향을 줄 수 있는 스트레스 요인 및 촉발 인자에 대한 통찰
- ✔ 적절한 치료를 통해 상태가 좋아질 것이라는 자신감
- ✔ 치료 계획을 유지해 나갈 수 있는 내적인 힘

이 책을 읽는 것도 심리치료를 받는 것과 마찬가지로 봐야 한다. 또한 환자는 의사나 심리치료사, 지원 그룹, 그룹 치료, 그리고 정확한 정보를 제공하는 각종 웹사이트나

블로그를 통해 양극성을 잘 관리하는 방법을 배울 수 있다(모든 인터넷 정보가 정확한 정보만을 제공하는 것은 아니므로 주의가 필요하다).

양극성 환자를 위한 심리교육의 주요 목표 중 하나는 조증 또는 우울증의 초기 단계에서 자기 상태를 알아차리고 기분 삽화로 심화하는 것을 막는 조처를 하도록 통찰력(삽화의 조짐을 알아차리는 능력)을 갖는 것이다.

인지행동치료(CBT)

자신의 말이나 행동 때문에 자책한 경험이 있는가? 그렇다면 뇌가 마음대로 움직이지 않고 자신에게 대항하듯 끔찍한 기분이 들게끔 하는 경험을 조금이나마 이해할 수 있을 것이다. 인지행동치료(cognitive behavioral therapy, CBT)는 감정적 반응을 일으키는 주요 동인이 사고(思考)라는 점에서 시작되는 치료법이다. 이 치료법은 적응력 있는 사고 및 행동 양식을 개발하기 위해 뇌와 온몸을 훈련해 감정적 반응을 조절하도록 돕는다. 인지행동치료의 또 다른 목표는 노출 기법을 통해 스트레스를 유발하는 원인에 대한 신체 및 감정적 반응을 수정함으로써 상황을 좀 더 관리하기 쉽게 만드는 것으로, 필요한 것이 있을 때는 말로 표현하도록 하는 훈련 등을 들 수 있다.

단계별 과정을 통해 인지행동치료를 이해하고자 한다면 다음과 같이 설명할 수 있다.

1. 증상 또는 반응의 목록을 작성하고 가장 힘들게 느껴지는 것부터 순서대로 순위를 정한다.
2. 부적응 감정 반응을 유발하거나 다른 증상의 양상을 강화하는 왜곡된 사고와 신념을 확인한다.
3. 왜곡된 사고와 신념을 감지하도록 뇌를 고요하게 잠재운다.
4. 왜곡된 것들을 대체하거나 '말로 지적하기' 위한 새로운 합리적 신념과 논리적 사고를 개발하고 실천한다.
5. 새로운 사고와 신념에 근거하여 긍정적이고도 효과적인 행동을 개발하고 훈련한다.
6. 노출 기법을 연구한다. 의도적으로 통제된 불안 반응을 촉발하는 요인에 대상자를 노출시키면서 강도를 점점 높이면, 뇌와 몸이 커다란 반응을 작은 것으로 인식하도록 변화된다.

자격을 갖춘 심리치료사는 왜곡된 생각을 식별하고 제거하는 데 도움이 되는 기법을 추천할 수 있다. 접근 방식은 환자의 왜곡된 사고와 그 사고가 특별한 상황에서 환자의 행동과 반응에 영향을 미치는 방식에 따라 매우 다양하다. 인지행동치료에서는 다음과 같은 몇 가지 보편적인 접근 방식을 고려할 수 있다.

- ✔ 왜곡된 사고를 모니터링 하고, 그 사고가 자신의 행동에 어떤 영향을 주는지 확인하기 위해 기록하기
- ✔ 어떤 행동이나 사건에 대해 편안한 마음을 갖고 익숙해지도록 그것들이 어떻게 펼쳐질 것인지 상상하기
- ✔ 심리치료사가 환자의 왜곡된 신념의 반대편에 서서 악마의 대변자처럼 퍼부을 때, 상대방의 목소리에 맞서 반박하고 도전하기
- ✔ 실제로 그런 일을 경험하기 전에 미리 심리치료사와 함께 역할극을 하면서 불편한 상황이 벌어질 가능성에 대비하기
- ✔ 치료 과정에 토의한 다양한 선택의 방법을 실험하기
- ✔ 불편한 상황을 자주 접하면서 익숙해지도록 애쓰기
- ✔ 아직 낯설고 진짜라는 생각이 들지 않지만, 새로운 방식으로 행동하는 누군가의 역할을 상상하며 '마치 ○○가 되었다면'이라고 가정하며 행동하기

심리치료사들은 인지행동치료 방법을 동원하여 오랫동안 단극성 및 양극성 우울증을 효과적으로 치료해왔다. 또한 인지행동치료는 불안과 강박장애를 위한 기본적인 치료로 활용되기도 한다. 항우울제를 복용하면 종종 조증이 나타날 수 있기에, 인지행동치료는 약물의 부작용 없이 우울증을 완화할 수 있는 중요한 치료 기법으로 자리매김하고 있다. 뇌의 영상검사를 통해 인지행동치료는 불안과 기분 변화와 관련된 뇌 부위의 활성 수준에 변화를 가져온다는 사실이 밝혀져 있고, 특별히 뇌 세포 간의 신호전달경로인 신경 회로의 일부에서 과잉 활성 상태가 진정되는 효과가 검증된 바 있다. 인지행동치료는 약물치료 기법과 같이 대부분의 기본적인 세포 수준에서 뇌의 활성을 효과적으로 조절하는 치료법이다.

이 이론에 따르면, 경조증 또는 조증 삽화가 시작되는 초기 단계의 환자에게 인지행동치료를 시행하면 지나치게 긍정적이고 낙천적인 믿음을 가라앉혀 현실에 부합하는 수준으로 조정할 수 있다고 한다. 우울증과 관련된 연구에 비해 아직 충분치 않다

는 점을 지적할 수 있지만, 조증과 관련된 인지행동치료의 잠정적 효과에 대한 연구는 계속해서 활발히 진행되고 있다.

중요한 경기를 앞 둔 운동선수는 비가 오나 눈이 오나 훈련을 거듭하여, 잔뜩 긴장한 순간에도 습관처럼 기술을 발휘하도록 준비하기 마련이다. 비슷한 이유로, 마음이 평온하고 삶이 안정된 상태에서 날마다 인지행동치료를 훈련하기를 권한다(단, 절정에 이른 기분 삽화를 경험하는 동안에는 오히려 이 훈련을 중단해야 한다. 왜냐하면 뇌를 통제할 수 없는 순간에는 새로운 것을 학습하는 것이 뇌에 큰 부담을 주기 때문이다). 새로운 기술이 몸에 완전히 익으면, 양극성의 증상이 재발하고 난리가 나더라도 환자의 뇌는 여전히 명료한 상태로 집중력을 유지할 수 있게 된다.

인지행동치료와 관련된 자세한 내용은 롭 윌슨과 레나 브랜치가 함께 저술한 『더미를 위한 인지행동치료(Cognitive Behavioural Therapy For Dummies)』(John Wiley & Sons, Inc.)를 참고하길 바란다.

변증법적 행동치료

변증법적 행동치료(dialectical behavioral therapy, DBT)는 인지행동치료에서 파생된 것으로 감정 조절, 대인 관계 및 갈등 관리, 그리고 고통을 견디는 일련의 기술을 훈련하는 것에 초점을 맞추는 치료법이다. 이 치료법은 원래 경계성 인격장애 환자들의 치료를 목적으로 마샤 리네한 박사가 개발한 것이었으나, 현재는 훨씬 더 다양한 환자들을 위해 활용되고 있다. 변증법적 행동치료를 통해 환자들은 자신의 고조되는 감정을 예민하게 알아차리게 됨으로써, 감정적 흥분을 제어하고 가라앉은 기분으로 상황에 대처하면서 문제해결을 향해 나아갈 수 있다.

변증법적 행동치료 과정은 일반적으로 매주 모이는 그룹 치료과정뿐만 아니라 심리치료사와 매주 일대일로 만나는 과정에 함께 참여함으로써 진행되는데, 그룹 치료에는 가족이나 친구 등 원하는 사람은 누구나 함께 참여할 수 있어 다른 사람과 상호작용하는 실제적 기술을 훈련할 기회로 삼을 수 있다.

여러 연구를 통해 변증법적 행동치료가 경계성 성격장애 환자들에게 효과가 있음이 증명되었다. 양극성 환자들에 대한 치료 효과의 증거도 점점 더 분명히 나타나고 있으며, 일부 연구는 이를 뒷받침하기도 한다. 하지만 양극성과 더불어 살아가는 이들을 돕는다는 관점에서 본다면, 변증법적 행동치료를 보조 요법의 하나로 받아들이는 것이 실제적인 관점이라는 의견이 제기되기도 한다.

- ✔ 정서적 반응의 패턴을 확인하라.
- ✔ 경직 또는 충동적 반응을 보이지 않으면서도 그런 감정 반응을 견디고 조절할 수 있는 기술을 훈련하라.
- ✔ 대인 관계를 효과적으로 탐색할 방법을 알아보라.

대인 관계 및 사회적 리듬 치료(IPSRT)

대인 관계 및 사회적 리듬 치료(interpersonal and social rhythm therapy, IPSRT)는 긍정적인 개인 및 사회적 관계를 통해 구조화된 일상을 만들어나갈 수 있도록 돕는다. 엘렌 프랭크는 미국 피츠버그대학교의 '웨스턴 정신의학연구소'에서 동료들과 함께, 일상생활의 자극과 휴식 주기의 균형을 조정하고 대인 관계의 불화를 해결함으로써 기분 삽화의 빈도를 낮추도록 돕는 치료법인 IPSRT를 개발하였다. 이 치료법은 전형적으로 다음과 같은 네 단계의 과정으로 진행된다.

- ✔ 초기 : 이 단계에서 환자는 심리치료사와 함께 양극성장애가 진행되어 온 자세한 과정을 정리하고, 자신이 경험한 기분 삽화를 이해하며 얼마나 심각했는지 되돌아본다. 또한 살아오는 동안 겪은 사건들, 복용 약물, 그리고 각각의 삽화가 발생했을 때 함께 일어났던 사건들에 대해 떠올려보기도 한다. 환자를 담당하는 심리치료사는 환자와 함께 환자의 대인 관계 목록을 작성하고, 환자의 인생에 중요한 영향을 미치는 사람들과 그들의 역할을 강조해 표시한다. 또한 그는 환자가 안정된 바이오리듬을 유지하는 데 도움을 주거나 오히려 해가 되는 사람들 혹은 사회적 활동을 발견하도록 돕는다. 심리치료사는 환자에게 양극성장애와 관련된 심리교육의 기회를 제공하기도 한다.
- ✔ 중기 : 환자는 이 단계쯤 되면 점점 자신의 일과를 조정하면서, 사람들과 관계를 맺고 자신의 바이오리듬을 덜 깨뜨리도록 조절할 수 있는 사회적 활동에 참여하기 시작한다. 아 단계의 목표는 수면, 기상, 그리고 식사 시

간의 규칙적인 일과를 만드는 것이다.

✔ **유지기** : 불협화음과 같은 상태의 한복판에서 일상을 유지하는 것은 커다란 어려움일 수 있다. 몇 년 이상 지속되기도 하는 이 단계를 지나는 동안, 환자는 상황을 분별할 줄 알고 규칙적인 일과와 일상의 리듬을 깨뜨리는 갈등 상황을 예측하고 해결할 수 있게 된다.

✔ **종결기** : 환자가 심리치료사의 도움 없이도 자신의 일상의 리듬과 일과를 유지할 수 있는 때가 오면, 심리치료사는 종결 단계로 환자를 이끌면서 본질적으로 치료 과정을 마무리 짓는다.

이런 유형의 치료를 받고 싶다면, IPSRT 치료방식을 중심으로 적용하는 심리치료사와 팀을 이루는 게 가장 좋다. 하지만 그런 선택을 내릴 수 없는 상황이라면, 다음 절에서 설명할 기본적인 셀프치료법을 활용하는 것도 좋은 방법이 될 것이다.

자기만의 자연스러운 리듬 발견하기

예측 가능한 규칙적인 일과로 나아가는 첫 단계는 지금 자신이 살아가고 선호하는 일상의 패턴을 정확히 아는 것으로부터 시작한다. 그림 11-1에는 한 주 동안의 활동을 기록할 수 있는 일과표의 예를 수록했다. 날마다 아침에 일어나는 순간부터 밤에 잠자리에 들 때까지의 모든 활동을 적어보자. 물론, 식사, 일, 사회적 활동, 가족과의 시간, 운동, 낮잠, 그리고 그 외에도 자신이 한 모든 일을 적어야 함을 잊지 말자.

자신의 일과를 구조화하기

그림 11-1을 참조하여 주간 활동기록표를 완성한 후에는 계획한 일과 중에서 가장 큰 폭의 변화가 일어난 순간은 언제이며, 변화의 폭이 작았던 순간은 언제인지 생각해보라. 자신이 받아들이기 힘든 극적인 변화는 되도록 피하고 점진적인 변화를 선택하라. 나중에 언제든지 다시 시도하면 되니까 말이다. IPSRT는 목표를 수립하고 변화에 대한 기대감을 불러일으키도록 돕는다. 현실적인 기대를 품을수록, 그 기대감이 충족될 가능성은 훨씬 커질 수 있다.

IPSRT 과정은 환자가 자신과 가장 맞지 않는 패턴을 알아차리고 조율하도록 돕는다. 예를 들어, 친구들과 놀다가 새벽 3시에야 잠자리에 드는 금요일을 제외하면 매일 밤 10시 반에 자는 사람이 있다고 하자. IPSRT를 시행함으로써, 그 사람은 금요일

그림 11-1
다음 도표에 일과를 기록함으로써 자신의 생활 리듬과 욕구를 확인할 수 있다.

일상의 활동

시간	일요일	월요일	화요일	수요일	목요일	금요일	토요일
오전 6시							
오전 7시							
오전 8시							
오전 9시							
오전 10시							
오전 11시							
정오							
오후 1시							
오후 2시							
오후 3시							
오후 4시							
오후 5시							
오후 6시							
오후 7시							
오후 8시							
오후 9시							
오후 10시							
오후 11시							
자정							
오전 1시							
오전 2시							
오전 3시							
오전 4시							
오전 5시							

에는 외출 시간을 조금 앞당기고 늦어도 새벽 1시에는 잠자리에 들어야 할 필요성을 발견할 수 있다.

대인 관계 및 사회적 리듬 조절하기

양극성 환자가 자신의 일과를 조정하고자 노력할 때, 규칙적인 일상을 유지하고 안정적인 감정을 유지하는 데 도움이 될 만한 사람들과의 관계를 형성하고 사회적 상황을 경험하도록 조율할 필요성이 있다. 모든 사람의 이해관계와 관심사는 각기 다르기 때문에 이런 조율을 위한 구체적인 방법까지 조언할 수는 없다. 하지만 다음과 같은 몇 가지 사항을 고려하면 도움이 될 수 있을 것이다.

✔ 자신의 규칙적인 일과의 흐름을 깨뜨리고 감정적인 자극을 줄 수 있는 관계는 조절하고 피하는 게 좋다(인간관계의 조절은 마치 약물을 조절하는 것과 같아서, 어떤 사람과 만남의 빈도와 정도를 조율하고, 시간이 지남에 따라 변화되는 관계를 지켜보면서 적절히 조절하면 된다).

✔ 갈등으로 이어지곤 하는 관계를 알아차리고 분명히 파악하라.

✔ 규칙적인 일과를 만들고 유지하려는 환자 자신의 노력에 도움이 될만한 가까운 사람들과 협력하라.

✔ 지원 그룹 모임, 요가 교실, 자원봉사 단체 또는 교회 모임 등과 같은 정기적인 모임에 참여하라.

변화의 한가운데서 일상의 리듬 유지하기

IPSRT 치료 과정을 통해, 환자는 살아가는 동안 변화를 완전히 피할 수는 없다는 사실을 깨닫게 된다. 인생은 결혼하고 이혼하며, 자녀를 낳고 직장을 옮기는 등등의 변화 가운데 흘러가기 마련이니까. IPSRT를 통해 양극성 환자는 구조화된 일상을 유지하면서, 한편으로는 변화를 예측하고 대응하는 전략과 기술을 훈련하게 된다. 양극성 환자는 다음과 같은 점을 고려하면서 인생의 변화에 대비할 수 있다.

✔ **연휴 또는 명절을 미리 계획하라.** 그리고 가족 중 누구든지 당신의 일상에 끼어들지 않도록 조심스럽게 조율하라. 서로의 생활 리듬이 맞지 않아 힘들어질 수 있으니 말이다.

✔ **주말 계획을 세우라.** 계획을 세워두지 않으면 주말에 할 일이 없다 보니 우

울한 기분에 빠져들거나 무엇이든 할 수 있다는 자유로운 기분에 오히려 조증의 충동에 휩싸일 수 있다.

✔ **몸이 아플 때는 곧바로 치료를 받는 게 좋다.** 기침, 감기, 오한, 요실금, 그리고 그 밖의 다른 질병은 숙면과 다른 일상에 즉각적인 영향을 주기 마련이다. 따라서 몸이 아프면 빨리 의사를 찾아가기를 권한다.

✔ **갈등은 되도록 빨리 해결하라.** 갈등과 관계의 문제를 내버려 두면 긴장감이 차곡차곡 쌓이다가 결국 표출되기 마련이다. 필요하다면 전문 상담가의 도움을 받는 것도 고려할 만하다.

✔ **잠자리에 들기 전에 30분 정도 조용한 시간을 보내라.** 그 30분의 고요함 가운데에는 수면에 방해가 될 만한 어떠한 논쟁이나 텔레비전의 소음, 컴퓨터 게임, 그리고 업무와 과제를 포함한 자극적인 활동도 피하는 게 좋다

✔ **저녁 시간에는 절대로 논쟁하지 마라.** 저녁 식탁에서의 대화에 긴장감이 감돌면 대화를 중단하고 다른 날 이른 시간에 다시 이야기하는 게 낫다. 저녁 식사는 평화로운 충전의 시간이 되어야만 한다.

✔ **일을 시작하기 전에 준비하는 동안 충분한 시간을 확보하라.** 오전의 일과는 되도록 적은 스트레스로 시작하라.

✔ **바쁘게 보낸 하루를 마감하는 시간을 마련하라.** 업무에서 개인적인 시간으로의 전환이 서서히 이뤄지면 스트레스가 줄어들 수 있다.

마음 챙김 및 다른 집중 훈련

이 장에서 설명하는 인지행동치료(CBT)와 다른 치료 방법은 대개 감정적 자극을 줄이고 뇌를 고요하게 만드는 여러 전략을 포함하는데, 다양한 호흡 운동, 명상, 그리고 점진적 이완기술 등이 여기에 속한다. 이 모든 기술을 관통하는 하나의 특징으로 마음 챙김(mindfulness)을 들 수 있는데, 이것은 자신이 존재하는 지금, 바로 그 순간에 뇌를 집중하는 명상법이다. 마음 챙김 명상을 훈련하면 머리가 맑아지고 신경이 고요해지는 것을 경험할 수 있다. 또한 감정, 인지 및 행동의 새로운 반응 방식을 깨닫게 된다. 실제로, DBT 과정은 마음 챙김을 핵심 기술로 훈련하도록 함으로써 감정에 압도되지 않고 마음을 진정시키고 정서 및 이성적 반응의 균형을 찾도록 도움을 주기도 한다.

마음 챙김 명상의 감정 및 행동적 유익을 뒷받침하는 과학적 연구 결과가 이미 많이 발표되어 있다. 또한 마음 챙김을 훈련함으로써 뇌와 몸의 순환 계통에 긍정적인 변화를 유도할 수 있다는 다양한 영상검사 결과도 이를 뒷받침한다. 마음 챙김에 기반한 <u>스트레스 감소 프로그램</u>(mindfulness-based stress reduction, MBSR)도 스트레스를 줄이고 주의집중은 강화하면서 인지적 조절능력을 강화하고 삶을 풍성하게 하는 것을 목적으로 하는 마음 챙김 훈련법의 일종이다. 이 MBSR 프로그램을 처음 개발한 것은 매사추세츠 의과대학의 존 카밧 진 교수였으며, 오늘날에는 ADHD뿐만 아니라 우울증과 불안 등 다양한 문제를 해결하기 위한 치료법으로 널리 적용되고 있다.

다음과 같은 몇 가지 마음 챙김 연습을 치료와 병행하는 것도 좋은 방법이다.

- ✔ 호흡 연습
- ✔ 시각화 기술
- ✔ 점진적 근육 이완 훈련
- ✔ 요가
- ✔ 태극권
- ✔ 명상

마음 챙김을 연습할 수 있는 빠르고 간단한 방법으로, 자신의 오감(伍感)을 하나씩 옮겨 주의를 기울이는 명상법이 있다. 빨래 개기나 잡초 뽑기와 같은 자질구레한 일을 하면서, 이 세상을 사는 그 순간에 자신이 경험하는 것들에 마음을 기울이는 연습을 하는 거다. 지금 이 순간 어떤 것들이 보이나? 어떤 냄새가 나고 어떤 소리가 들리는가? 어떤 감촉이 느껴지나? 혀끝에 느껴지는 맛은? 이런 명상을 통해 지금껏 주위의 것들을 얼마나 느끼지 못한 채 살아왔는지 실감하면 놀랍다는 생각을 할 것이다. 그렇게 집중하면서, 우리는 머릿속을 가득 채우고 있던 걱정과 갈망, 모든 판단의 소용돌이에서 벗어날 수 있게 된다. 숨을 깊이 들이마시고 신선한 마음의 에너지를 품고 다시금 일어서자.

마음 챙김의 여러 기법에 더 알고 싶을 때는『더미를 위한 마음 챙김 명상법(Mindfulness For Dummies)』(샤마시 알리다나 지음)이 도움이 될 것이다.

【 약물치료보다 더 중요한 나 자신 돌보기 】

저는 블로그를 운영하는 슬로베니아 출신의 서른여덟 살 난 작가입니다. 저는 1996년에 조현병과 양극성장애가 혼합된 양극형 분열정동장애라는 진단을 받았지요. 시간이 많이 흐른 지금은 오히려 차분하며 정신적으로 대부분 건강한 상태로 살아가고 있습니다.

약을 먹는 것은 정신적 건강 상태를 유지하기 위한 저의 노력의 아주 작은 부분일 뿐입니다. 저는 아침마다 필리스 크리스털의 '메이플 명상'으로 하루를 시작하곤 하죠(http://www.phylliskrystal.com). 명상할 때는 은은한 향을 태우며 잔잔한 연주곡을 듣습니다. 날마다 요가도 하고 자연을 오랫동안 산책하는 걸 좋아해요. 남은 하루를 보내는 동안에도 필리스 크리스털이 소개한 여러 가지 명상을 사이사이에 합니다. 예컨대, 겁이 날 땐 '두려움 명상'을 하고 화가 날 땐 '분노 명상'을 하는 거죠. 가끔은 '연결고리 끊기 명상'을 하기도 합니다. 그건 사람, 생각, 나쁜 습관을 포함하는 모든 행동, 중독, 그리고 종종 빠져들곤 하는 파괴적인 행동으로부터 나 자신을 해방시키기 위한 명상이에요. 2006년부터 지금까지, 저는 대략 스무 가지 정도의 연결고리를 끊을 수 있었답니다.

2009년부터 블로그를 운영하고 글을 쓰는 일들을 집에서 하기 시작했는데 스트레스가 얼마나 줄어들었는지 모릅니다. 시간을 내 맘대로 쓸 수 있으니 명상을 꾸준히 하며 건강을 돌볼 수 있었기 때문이죠. 그뿐 아니라, 저는 주기적으로 달리기도 하고 여가시간에는 그림을 그리면서 마음의 위안으로 삼고 지낸답니다.

– 헬레나 스몰(www.helenasmole.com), 『내 안의 야수 잠재우기 : 양극형 분열정동장애 환자의 희망(Balancing the Beast: A Bright View of Schizoaffective Disorder-Bipolar or Manic-Depressive Type)』의 저자

관계 및 가족 치료

가족 치료는 양극성장애라는 상태에 대한 가족 구성원들의 이해를 높여주고 한 팀이 되어 함께 노력하려는 연대감을 높여주기 때문에 매우 효과적인 치료법이 되곤 한다. 그래서 가족 치료를 병행할 때, 양극성장애로 진단받은 사람의 예후가 훨씬 좋아지는 경향이 나타나곤 한다. 심리치료, 의사소통의 기술(제13장 참조), 감정 조절(제12장 참조), 그리고 문제 해결 전략(제14장 참조) 등을 포괄하는 가족 치료가 진행되면, 양극성장애에 관한 지식과 서로를 지지하는 기술이 풍성해지는 것을 경험하게 된다.

지지 그룹

지지 그룹은 감정적 지지를 얻고 각종 정보를 공유하며, 양극성장애로 고통받는 사람들이 보편적으로 겪는 문제에 대한 해결방법에 대한 조언을 제공하는 유익이 있다. 그중에는 양극성장애로 진단받은 환자의 가족 또는 가까운 친구들만 참석할 수 있는 모임도 있다. 지지 그룹의 목록이 필요하다면 이 책의 제6장을 참조하라.

삶의 방식 조정하기

주요 기분 삽화에 무너지지 않고 살아남고 나면, 눈을 비비며 잠이 확 달아나고 새로운 시각으로 인생을 바라보게 된다. 마치 새롭게 태어난 기분처럼 말이다. 오래전에 세웠던 계획들과 기대감이 저 멀리 사라져가는 걸 바라보며 애도하고 나면, 해방된 기분을 새롭게 발견할 것이다. 오히려 새로운 자신의 모습을 사람들에게 보여주고 정돈되고 보람 있는 삶을 개척하며, 새로운 인생의 그림을 그려나갈 기회를 만난 셈이다.

이 장에서는 바로 이런 점에 대해 생각해보려고 한다. 자신의 정신건강을 유지하면서 의미 있고 보람된 존재로서의 인생을 만들어나갈 방법으로 여러분을 안내할 것이다.

건강한 가정 세워나가기

가족 중에 양극성장애로 고통받는 사람이 있다면, 가정은 그 사람에게 가장 안전한 피난처가 되어야 한다. 그리고 모든 가족 구성원은 그 사람을 회복시키고 가족 전체의 정신건강을 지켜나갈 수 있도록 양극성장애에 대해 끊임없이 배우고 노력해야 한다. 이 절에서는 감정의 볼륨을 낮추고 상호 간의 건강한 울타리를 세우는 여러 가지 방법에 대해 생각해보도록 하자.

가족 구성원 교육하기

양극성 환자의 가족이라면, 할머니로부터 아장아장 걸어 다니는 귀여운 아이들에 이르기까지 모두가 양극성장애에 대한 기본적인 지식을 갖고(물론, 각자 자기 수준에 맞는 수준으로), 양극성장애가 환자에게 어떤 영향을 미치고 식구들이 어떻게 그를 도울 수 있을지에 대해 이해해야 한다. 한집에 사는 식구들의 이해와 생각이 서로 다르면 각자 다른 의도와 목적을 위해 노력하느라 아무런 성과도 얻지 못한 채 기운만 빠질 수 있다. 예를 들면, 가족 중에 누군가 약물의 효과를 신뢰하지 않는 사람이 있다면 환자가 약을 먹을 때마다 쓸데없는 짓이라는 잔소리를 늘어놓는 상황이 벌어질 수 있다.

민감하게 살피며 도움을 주는 것도 중요하지만, 가정의 분위기가 열린 대화에 힘을 실어줄 수도 있다. 가족 모두가 대화에 참여하여 질문할 기회를 얻고 각자 걱정스러운 점을 털어놓을 수 있다면 양극성을 좀 더 제대로 관리할 수 있을 가능성이 커지는 셈이다. 가족들이 가장 효과적으로 마음을 열고 대화하며 정보를 나눌 방법과 가장 편안한 시간을 의논하라. 가족 구성원들끼리 이 절을 함께 읽음으로써 대화의 소재로 삼을 수도 있다.

환자의 가족이 기억할 점 : 양극성 환자의 가족들이 흔히 저지르는 실수 가운데 하나는 환자를 뺀 나머지 가족들끼리 대화하는 것이다. 사랑하는 사람을 지켜준다는 명목으로 비밀스러운 모임을 갖는 것은 금물이다. 그럴 때 환자는 자신이 가족 모두의 골칫거리이고 주위 사람 모두가 자신을 공격한다고 느끼기 쉽다.

일상의 계획 꼼꼼히 세우기

어떤 환자는 식구들 저마다의 계획이 서로 달라도 그 가운데서 잘 지내곤 한다. 하지만 양극성 환자가 다른 가족의 일상과 삶의 리듬에 영향을 많이 받는 편이라면, 전체 가족이 힘을 합해 적절한 일상의 계획을 함께 세우는 게 좋다.

예를 들어, 십 대 자녀가 금요일 밤에 친구들을 초대해 새벽 2시까지 소란스럽게 게임을 하고 싶어 한다면 나머지 다른 가족의 일상에 방해가 될 게 뻔함으로 그 아이는 다른 친구 집으로 장소를 옮기거나 좀 더 이른 시간에 게임을 마치는 것으로 계획을 수정할 필요가 있다. 이런 구조화된 일상의 중요성에 대해서는 뒷부분에 소개하는 '건강한 일상 세워나가기' 절을 참조하라.

볼륨 낮추기

지나치게 신경 쓰며 속삭일 필요까지는 없지만, 당신의 가족이 나누는 대화나 듣는 음악, 시청하는 텔레비전 소리나 들고나는 손님의 소란스러움이 옆집에 미칠 영향에 대해 한 번쯤 생각해볼 필요는 있다. 집 안의 전반적인 소란함을 낮출 수 있는 몇 가지 방법을 소개하면 다음과 같다.

- ✔ **오디오, 텔레비전, 컴퓨터 스피커 등의 소음 발생기의 볼륨을 낮추라.** 이어폰 또는 헤드폰을 꼭 마련하는 게 좋다. 잃어버릴 경우를 대비해 몇 개 더 준비해두면 위기상황을 예방하고 관리할 수 있는 손쉬운 전략이 되는 셈이다.
- ✔ **이 방에서 저 방으로 소리를 지르는 것은 절대로 금물이다.** 이것은 실제적이면서도 가장 기본적인 원칙이다. 모든 대화는 서로의 목소리가 편안히 들릴 수 있는 거리에서 가능하다면 서로 마주 보고 주고받는 게 좋다. 목소리 높여 외치고, 게다가 서로 바라보지도 않은 채 전달하는 감정 표현, 질문 또는 요구사항은 누구든 흥분시킬 수 있는 출발점이 되며, 자신의 기분과 행동을 조절하는 데 어려움을 겪는 사람들에게는 더더욱 그럴 수밖에 없다.
- ✔ **문을 쾅 닫기, 시끄럽게 물건이나 그릇 집어 던지기, 쿵쿵 소리를 내며 돌아다니지 말라.** 화가 치밀어 오르고 분노를 참을 수 없다면 아예 밖으로

나가 산책을 하거나 동네 한 바퀴를 달리고, 완전히 몰입하여 무언가를 만들거나 다른 사람에게 피해를 주지 않고도 감정 해소에 도움이 될 수 있는 격렬한 운동을 하는 편이 낫다.

갈등과 비난 줄여나가기

몇몇 연구 결과에 따르면, 주요 기분 삽화를 경험한 적이 있는 양극성 환자의 가정이 갈등과 비난의 온상과 같다면 그렇지 않은 가정에서 지내는 사람보다 기분 삽화가 재발할 우려가 훨씬 높다고 한다. 전문가들은 비난, 적대감, 감정적 간섭이나 과보호의 수위를 나타내고자 **표출감정**(expressed emotion, EE)이란 용어를 사용한다. '표출감정'이란 단어가 마치 표현된 모든 감정인 것처럼 느껴지지만 그렇지 않다. 이 말은 감정적 의사소통의 부정적인 패턴이 우울증이나 어쩌면 조증도 포함하는 정신질환 삽화의 재발률을 높인다는 연구 결과에서 처음 사용된 개념인데, 조증과의 연관성은 아직 논란의 여지가 남아 있는 상태다.

상대방의 긴장, 불안, 분노, 당황스러움 또는 죄책감(양극성 때문이거나 다른 사람의 기대에 부응하지 못했다는 이유로)을 유발하는 모든 표출감정은 이 범주에 속한다. 직접적으로 퍼붓지 않더라도 집안에 온통 갈등과 비난의 안개가 자욱하다면 기분장애가 있는 사람은 결코 안정될 수 없다. 가족의 구성원 모두는 정도의 차이는 있겠지만 환자를 돕는 역할을 감당해야 하므로, 건강한 감정적 분위기를 유지할 수 있도록 서로 힘을 모아야 한다. 다음과 같은 3가지 접근방법은 가정 내의 표출감정을 확연히 줄어들게 끔 하는 데 도움이 될 만하다.

- ✔ 양극성장애에 대해 더 많이 알면 알수록, 진단받은 환자 가족들의 공감과 이해가 커지고 지적과 비난, 감정적 간섭은 줄어들 수밖에 없다. 분노와 당황스러움의 문제를 환자가 아닌 양극성이란 질병에 초점을 두는 방법을 깨닫는 것이 중요한 출발점이다.
- ✔ 가족 간의 의사소통 기술을 훈련하면 각자의 생각을 좀 더 건강한 방식으로 표현하는 데 도움이 될 수 있다(의사소통의 기술에 대한 내용은 제13장을 참조하라).
- ✔ 문제 해결 기술을 훈련하면 논리적이고도 합리적인 도움을 얻을 수 있다 (문제 해결 전략과 관련된 내용은 제14장에 소개해 두었다).

서로의 기대 이해하기

가족 구성원이 서로가 받아들일 수 있는 행동과 그럴 수 없는 행동을 이해한다면 갈등의 상당 부분이 사라질 수 있다. 가족 전체의 공통된 기대(또는 용인할 수 있는 경계의 범위)를 확인하면, 서로가 원하는 것에 초점을 맞출 수 있고 각자 실망할 수밖에 없는 상황을 명확하게 구분하기 쉽다. 그렇게 할 때, 가족 모두가 다음과 같은 유익을 경험할 수 있을 것이다.

✔ **갈등의 감소** : 모든 식구가 자신에게 거는 타인의 기대, 서로의 기대가 충족될 때의 유익, 그리고 기대가 채워지지 못할 때의 실망감을 이해할 수 있다.

✔ **잔소리의 필요성이 사라짐** : 각자의 마음속 기대감을 이해하고 그것들이 충족될 때의 유익을 알게 되므로 서로 뭔가를 요구하고 잔소리할 필요가 없게 된다.

✔ **비난을 멈추게 됨** : 기대감이 충족되고 나면 긍정적인 결과들이 싹트기 시작하기 마련이다(자동적으로 그럴 수밖에 없다). 거기에 더해서 격려와 칭찬까지 더해지면 더 잘해보려는 의지와 긍정적인 에너지까지 흘러넘친다. 비판은 부정적인 에너지와 오해를 조장할 뿐이므로 차라리 그냥 넘어가는 게 낫다. 기대감이 충족되지 않을 때는 부정적인 결과도 함께 발생할 수 있지만, 비판과 판단에 악화되지 않은 채로 그렇게 지나갈 수 있다.

✔ **논쟁의 필요가 사라짐** : 상대방이 기대에 부응하지 않으면, 미리 정해둔 대로 그냥 넘어가면 그만이다.

✔ **마음이 안정될 수 있음** : 서로의 기대감을 확인하고 나면, 가족들끼리 서로 요구할 수 있는 것과 욕구를 얼마나 충족시킬 수 있을지에 대해 이미 확인했기에 더 이상 고민할 필요가 없다. 그리고 서로의 부정적인 행동에 신경을 곤두세우는 일이 없이 긍정적인 행동을 격려하는 일에 초점을 맞출 수 있다.

✔ **조건 없는 사랑이 가능하게 됨** : 서로의 기대를 이해할 때, 양극성 환자와 가족 모두는 받아들이기 어려운 상대방의 행동에 더 이상 에너지를 빼앗기지 않고, 자신의 개인적인 공간과 반응을 자유롭게 결정하면서 사전에 다 같이 동의한 방식대로 행동하고 반응하기만 하면 된다. 그리고 기대가

충족될 때는 서로 격려하고 응원할 수 있는 여유도 생길 것이다.

✔ **독립심을 갖게 됨** : 애매한 기대감을 가질 때는 끝없는 갈등이 이어지기 마련이고, 모든 상황을 어떻게 처리해야 할지 자꾸만 논쟁해야 하는 일이 벌어지지만, 종종 같은 대화와 갈등이 반복되는 경우가 많다. 분명한 지침을 정하고 나면, 가족의 구성원들은 기대할 수 있는 결과를 충분히 이해하면서 각자 자신의 행동을 독립적으로 결정하고 선택할 수 있게 된다.

부끄럽거나 굴욕적이라는 생각은 버리고, 오직 서로를 향한 연민과 격려의 마음으로 각자의 머릿속에 자리 잡은 경계와 기대에 대해 대화하라. 허물없는 대화를 통해, 양극성 환자는 자신의 적절한 행동 양식을 인식하고 일상적인 삶의 궤도를 되찾아 제자리로 돌아올 수 있을 것이다. 다음과 같은 점을 고려하면서 대화하면 각자가 기대하는 경계의 범위와 바람직한 결과를 효과적으로 정하는 데 도움이 될 것이다.

✔ **가장 중요하다고 생각하는 한두 가지의 기대감을 떠올리고, 그 기대감이 채워지지 않는 이유에 대해 생각해보자.** 양극성장애가 있는 환자들은 주위 사람들의 긍정적인 말을 기대할 것이고, 부드럽거나 섬세하지 않은 말들이 주는 아픔을 가장 견디기 힘들어할 수 있다. 환자를 지켜보는 가족이나 친구들이라면 환자가 돈을 잘 관리하길 바라면서, 무계획적인 지출 습관을 가장 이해하기 어려워할 수 있다.

✔ **쉽게 설명할 수 있는 행동을 선택하라.** 기대감은 구체적이고 분명해야 한다. 예를 들면, '부엌 청소하기'라는 기대는 너무 두리뭉실하며, 특히나 양극성의 성향을 가진 사람들처럼 무언가에 집중하고 계획하기 어려운 사람들에게는 더더욱 그럴 수 있다. 그럴 땐 '저녁 식사 후에는 식탁 위를 말끔히 정리하고 설거지해두기'처럼 구체적이면서도 명확한 기대를 표시하는 게 도움이 된다. 기대의 한계가 분명해야 성공을 맛보기도 쉽다. 그리고 주어진 과제에 성공했을 때의 기쁨은 실패할 때의 좌절보다 마음의 힘을 불어넣는 데 훨씬 더 효과적이다. 또한 지나치게 주관적인 기대감은 피하는 게 좋다. 예를 들어, 저녁 8시까지는 귀가해주길 바라는 기대를 채워주기는 오히려 쉽지만, 자신을 좀 더 존중해달라는 부탁은 어려울 수 있다.

✔ **양극성 환자의 발달단계에 알맞은 기대와 목표를 정하라.** 어린아이를 둔 부모라면 자녀의 텔레비전 시청 또는 컴퓨터 사용 시간을 제한하고 아예

허용하지 않을 수도 있다. 하지만 성인 환자를 같은 방식으로 대하면 마음을 나약하게 하고 성숙한 판단과 결정을 할 수 없게끔 만들어 의존적인 태도를 갖게 할 수 있으므로 바람직하지 못하다. 그럼에도 불구하고, 우리는 내 발등에 불이 떨어지기 전까지는 다른 사람의 의사 결정 과정에 끼고 싶어 한다.

어른들이라도 기대에 부응하는 결과를 내놓지 못할 때는 때때로 책임져야 할 상황에 직면할 수 있다. 예를 들면, 재정적 위기를 초래하면 배우자나 가족에게 신용카드를 압수당하는 일을 감수해야 한다. 하지만 때로는 그 결과가 한쪽의 일방적인 반응에 따라 결정되기도 한다. 예를 들어, 함부로 말하지 말자는 규칙을 누군가 지키지 않을 때 그 규칙을 따르도록 누구도 강제할 수 없고 강하게 요구할수록 오히려 관계만 나빠질 가능성이 크다. 안타깝게도 우리는 각자 자신의 반응만 바꿀 수 있을 뿐이다. 따라서 어떤 경우에는 기대가 충족될 때까지 대화를 중단하는 게 오히려 문제의 돌파구가 될 수도 있다. 이렇듯 어떤 결론과 반응을 결정할 때는 수용하고 인내할 수 있을지 잘 생각하자. 그래야만 힘든 과정을 넉넉히 이겨낼 수 있다.

✔ **부정적인 생각과 잘못을 지적하기보다 긍정적인 기대감을 확인하고 되새기는 것이 낫다.** 다른 사람들이 받아들이기 힘들 만큼 과격하고 부정적인 말을 끊임없이 내뱉는 사람에게는 긍정적인 태도를 갖도록 권하고 그렇게 되기까지 잠시 거리를 두겠다고 이야기하라. 그렇다고 해서 지나치게 설득하는 것도 바람직하지 않으며, 그와의 관계에서 잠시 손을 떼는 것으로 족하다. 그를 잠시 혼자 내버려두어 변화될 수 있을 만한 혼자만의 공간을 마련해준다고 생각하자.

✔ **긍정적인 피드백과 격려의 힘을 절대로 간과하지 말라.** 양극성 환자가 당연해 보이는 어떤 행동을 했다고 해서 도대체 왜 칭찬하고 격려해야 하는지 자꾸만 의문을 던지지 말라. 어떤 사람이 다른 사람의 기대에 부응하려고 애쓸 때는 긍정적인 강화(특별히 칭찬과 격려가 도움이 된다)만이 바람직한 행동에 기운을 불어넣고 문제 행동의 발생 빈도는 줄어들게 하는 최상의 지름길이다.

이런 과정이 진행되는 동안 절대로 사랑과 관심의 끈을 놓아서는 안 된다. 감정이 고조되고 상황이 나빠지지 않도록 슬며시 한발 물러서는 게 결코

경고메시지

서로에 대한 사랑과 관심을 멈추는 모습이 되어서는 안 되며, 이런 일시적인 '후퇴'의 중심에는 공감과 문제 해결에 대한 의지가 가득해야 한다. 예를 들면, 당신의 가족 중 한 사람이 계속해서 약을 잘 복용하고 있는지 묻는 바람에 약간의 충돌이 발생한 상황을 떠올려보자. 이미 당신은 약을 성실히 복용하고 그 사람도 약에 관해 당신에게 잔소리하지 않기로 했다면, 서로 약속한 내용을 다시금 확인하고 변함없이 사랑하고 신뢰한다고 말한 다음에는 서로가 감정을 누그러뜨릴 수 있도록 20분 정도 산책을 다녀오는 것도 좋은 방법이 될 수 있다.

✔ **서로의 기대감이나 예상되는 일련의 결과에 대해 터놓고 대화하라.** 자신이 기대하는 경계선과 기준을 분명히 말하지 않으면서 상대방이 그 원칙과 울타리를 존중할 것도 기대하지 말라. 혼란의 한복판이 아닐 때, 기분이 안정된 상태에서 자기 마음속 기대감 및 관련된 결과를 떠올려보자. 종이에 하나씩 적어보는 것도 도움이 될 수 있다.

✔ **피드백의 결과는 일관되게 적용하라.** 결과를 꾸준히 적용하지 않으면 쓸데없는 에너지 낭비를 한 것과 다름없다. 의논을 통해 얻은 결론을 꾸준히 적용하고 따르려면 희생과 수고가 따르지만, 장기적으로 볼 때 의미 있는 노력이 될 것이다. 일관성을 더 분명히 유지할수록 결과를 적용하는 데 따르는 수고는 점점 더 줄어들 것이다.

서로가 기대감에 사로잡힌 나머지 각자 자신이 기대하는 결과를 지속적으로 주장하면, 때로는 부정적인 행동의 불꽃이 튀어 오를 수 있다. 그럴 때는 인내심을 갖고 기다리는 게 중요하다. 서로가 동의한 전략을 따르면서 기다린다면 그 위기는 반드시 지나가기 마련이다.

경고메시지

경계선을 정하고 기대하는 바를 솔직하게 털어놓는다고 해서 상대방이 반드시 이상적으로 반응하고 완벽한 인간이 되리라는 기대는 할 수가 없다. 그런 완벽함이 어떤 모습을 가리키든 말이다. 오히려 그 과정은 수용할 수 있는 적절한 행동과 언어에 대한 각자의 생각과 기대감, 그리고 도저히 받아들일 수 없는 기준에 대한 자기 생각을 솔직하게 대화하는 것을 의미한다. 우리는 다른 이들의 행동을 통제하고 조종할 수는 없다. 하지만 자신의 기대를 분명히 표현하고 원하는 결과를 꾸준히 설명할 때, 긍정적인 행동은 강화하고 부정적인 태도를 고쳐나가는 효과를 실감하게 될 것이다.

자녀들의 마음 보살피기

자녀들과 함께 살고 있다면, 아이들도 부모의 양극성장애 때문에 고통받고 있다는 사실을 기억해야 한다. 극단적인 기분 삽화가 진행되는 동안에는 모든 위해 요소로부터 자녀들의 신체를 지켜주는 보호자의 역할을 충실히 감당하되, 자녀들에게 그 장애에 대해 알지 못하게 하는 것은 보통 실수이다. 어쩌면 아이들은 도대체 어떤 상황이 벌어지고 있는 것인지 어른보다도 더 많은 설명을 필요로 할 때가 있다. 그렇지 않으면, 아직 자기 중심적인 판단을 하는 아이들의 미성숙한 관점에서는 바로 자기 자신 때문에 엄마와 아빠가 싸우거나 엄마가 울고 있는 것이라고 생각하기가 쉽기 때문이다.

어린아이들에게 양극성장애를 설명할 때는 아이들만의 쉬운 표현으로 다가가자. 여섯 살짜리에게 우울증과 조증은 그저 무슨 말인지 모를 어려운 단어일 뿐이다. "엄마는 가끔 참을 수 없을 만큼 신이 날 때가 있어.", "아빠는 아무런 문제가 없어도 너무 슬퍼서 참을 수 없을 때가 있어." 이런 간단한 설명을 통해, 지금 어떤 일이 벌어지는 것인지 말해주면 된다. 그리고 아이가 궁금한 것을 물을 수 있는 약간의 여유를 주고, 아이가 자신의 감정과 생각을 표현하도록 격려하자. 따뜻한 느낌을 주면서 열심히 들어주며 아이의 모든 질문을 경청하고 판단하지 않는 자세로 대답하는 자세는, 그 아이에게 부모의 양극성장애와 더불어 살아갈 긴 시간을 감당할 힘이 되어줄 것이다. 역할극뿐만 아니라 미술, 춤, 음악과 같은 여러 비언어적인 기법은 아이들이 자신의 감정을 표현하고 자신이 가족의 일부임을 경험하도록 도울 수 있는 또 다른 훌륭한 통로가 될 수 있다.

건강한 일상 세워나가기

건강한 일상의 계획을 세우고 실천해나가기 위해 조금씩 차근차근 노력한다면, 전반적인 웰빙의 수준은 높아지고 가끔은 우울증과 조증이 스멀스멀 고개를 쳐드는 걸 막아내기까지 할 수 있다. 예를 들어, 규칙적으로 밤에만 8시간 동안 잠을 자고 낮에는 깨어 있기 위해 노력한다면, 기분의 변화가 찾아오더라도 어느 정도의 기분 삽화를 이겨낼 수 있고 혹시나 삽화가 나타나도 좀 더 가볍게 지나가는 걸 경험할 것이다. 이처럼 일상의 규칙은 우울증과 조증 환자에게 나타나는 수면 및 활력의 변화폭을 줄여준다.

이번 절에서는 양극성 환자가 수면 패턴과 사회적 활동의 스케줄을 조정함으로써, 기분을 조금씩 조절하는 동시에 약간의 변화에 대한 여유도 갖는 방법을 알아보자.

수면 조절하기

양극성 환자들은 대개 잠이 너무 많거나 반대로 충분하지 않고, 깊이 잠들지 못하기도 한다. 양극성 때문에 환자들은 수면 패턴이 엉망이 되고, 수면 패턴이 무너지면 종종 기분이 악화되는 경험을 하게 된다. 따라서 건강하게 지내려면 잘 자는 게 중요하다. 다음에 소개하는 방법들을 참고하면 규칙적인 숙면 패턴을 만드는 데 도움이 될 것이다.

- ✔ **날마다 같은 시간에 잠자리에 들고 일어나라.** 일상을 체계화하는 방법은 제11장을 참조하라.
- ✔ **낮에 자는 것은 일과에 따라 계획된 낮잠일 경우에만 허용하라.** 낮잠은(꿀맛이긴 해도 먹고 나면 제대로 식사할 수 없게끔 배를 불리는) 간식과 같아서, 낮잠을 자면 밤잠의 질이 떨어질 수 있다. 가끔 낮잠을 자고 밤에는 제대로 잠을 잘 수 없어 고생하고 있다면, 밤에 좀 더 깊이 숙면할 수 있도록 낮잠을 줄이거나 중단하는 게 가장 먼저 할 일이다.
- ✔ **불면증과 씨름하지 말라.** 어서 잠을 자야 한다고 백 번쯤 되뇌는 건 대개 별 효과가 없다. 오히려 제11장에 소개한 정신 집중에 도움이 되는 운동을 하면서 생각을 잠재우거나 독서와 같은 조용한 일을 하는 게 훨씬 유용한 방법이다.
- ✔ **카페인과 다른 자극적인 성분을 피하라.** 수면 전문가들의 말에 따르면 정오 이후에 카페인을 복용하면 수면에 영향을 받을 수밖에 없다고 한다. 수면의 어려움을 겪고 있다면 이 점을 기억하자. 각종 향신료, 술, 담배, 충혈완화제, 그리고 다른 자극적인 성분도 수면을 방해할 수 있으니 조심하자.
- ✔ **TV를 끄자.** 침실에 TV나 컴퓨터가 있다면 집 안의 다른 공간으로 옮기는

【 완전하지 않은 것들이 어색한 세상 】

오늘날은 모든 사람에게 완벽함을 요구하는 시대다. 슈퍼 맘, 넘쳐나는 성형 미인, 근육질 몸매에 부드러운 감성을 겸비한 남성, 실패하지 않는 투자가, 완벽한 스펙을 갖춘 학생, 그리고 돈 많은 백수까지. 그리고 이 시대와 문화가 요구하는 기대 수준에 아직 도달하지 못했다면, 좀 더 열심히 노력해야만 한다. 가까운 서점으로 달려가서 필요한 책과 잡지, 각종 정보를 닥치는 대로 사 모아야 한다. 그리고 텔레비전 앞에 앉아 더 멋있고 똑똑하며 못하는 게 없이 완벽해지려면 아직도 멀었다는 세뇌를 당하는 것도 잊지 말아야 한다.

오늘날의 사회와 각종 미디어는 완벽함을 찬양하며, 사람들은 종종 진정한 자신을 잃어가면서까지 그 기준에 맞춰 살고자 몸부림친다. 가족도 이제는 서로의 사랑만으로는 완전할 수 없고, 뭔가 '근사한' 느낌을 주고 원대한 목표를 이뤄야만 하는 것처럼 여겨지고 있다. 따스한 사랑으로 가족을 돌보는 엄마와 아내도 멋진 몸매에 근사한 패션 감각, 그리고 눈부신 화장술이 없이는 어딘가 부족하다고 생각하는 세상이다.

자신의 모습과 불완전함을 있는 그대로 받아들이는 법을 배우는 것이야말로 진정한 만족과 평안을 얻는 유일한 방법이다.

양극성 환자들은 무엇인가를 더 해내려고 계속해서 노력할 수 없다는 사실을 일반인들보다 훨씬 더 빨리 깨닫곤 한다. 우리는 우리가 해야 할 일과 우리가 좋아하는 일에 대해 생각하고 나머지 것들은 우리 인생의 접시에서 솎아내야만 한다. 그리고 다른 사람들이 자꾸만 '조금만 더' 하라고 요구하는 이 세상에서 '아니'라는 말에 익숙해지도록 노력해야 할 것이다. 직장맘이라면 아이의 학교에서 진행되는 모든 발표회에 참석하기 어려울 것이다. 마찬가지로 당신이나 당신의 배우자에게 양극성장애가 있다면, 저녁 식사에 초대된다고 해서 매번 참석하기는 어려울 것이다. 아이들을 체육관에 데려다줄 시간을 도무지 낼 수 없어서 아이들에게 운동을 가르치지 못할 수도 있다. 일이 많아지면 근무시간이 늘어날까 봐 승진할 기회를 스스로 포기할 수도 있다. 그리고 이런 결정을 내리고 그 결정 가운데 살아가야 할 사람도 양극성 환자 자신뿐이다. 하지만 그가 어떤 결정을 내리든지, 이 사회는 완벽함에 대한 그 어떤 비현실적인 기준과 목표를 강요해서는 안 된다. '모든 것을 다 잘 해야 한다.'는 말은 대부분의 사람들에게도 비현실적인 기준이며 양극성장애와 힘겨운 씨름을 하는 이들에게 요구해서는 안 될 가치관이다.

게 좋다. 즐겨보는 드라마의 다음 회에서 전개될 내용이 궁금하다면, 나중에 다시 보기 서비스를 이용하도록 하라. 음악을 들을 때 잠이 잘 오는 편이라면 잔잔한 음악을 준비하자. 오히려 잠에 방해가 된다면 소음을 모두 제거하라.

✔ **수면 모드로 전환하라.** 잠자리에 들기 한 시간 전부터는 전화, 텔레비전, 일 또는 숙제, 그리고 컴퓨터 작업 등과 같은 모든 자극적인 활동을 피하라. 전화 통화와 일의 특성상 잠이 달아날 수밖에 없고, 컴퓨터와 텔레비전의 조명은 눈을 자극해 뇌를 향해 깨어 있어야 한다는 신호를 보내기 때문이다. 오히려 책을 읽거나 조용한 음악을 듣고, 몸과 마음을 부드럽게 하는 활동이 잠을 부르는 데 도움이 될 것이다.

✔ 환풍기나 다른 조용한 소리가 나는 것들을 켜두라. 흔히 '백색소음'이라고 부르는 단조로운 소음은 어떤 이들에게는 수면에 도움이 되기도 한다. 그런 잔잔한 소음이 들려오면 개 짖는 소리처럼 더 시끄러운 소리도 거슬리지 않기 때문이다. 사람에 따라서는 훨씬 더 부드럽게 깔리는 배경음악과 같은 파도 소리, 빗방울 떨어지는 소리, 기차가 달리는 소리 또는 고속도로의 소음을 더 선호하기도 한다. 자신에게 편안한 소리를 찾아보고 음원을 스마트폰이나 MP3 플레이어에 저장해 놓고 잠을 자는 동안 틀어놓으면 된다.

✔ 잠자리에 들기 직전에 운동은 좋지 않다. 물론, 그 대신에 성생활을 즐기는 건 괜찮다. 사랑하는 배우자 또는 연인과 시간을 보내고(조증이 나타나) 밤새 잠들지 못할 걱정만 없다면 성적인 친밀함을 나누는 것은 오히려 권장할 만하다. 하지만 규칙적인 운동은 활력에 도움이 되므로 좀 더 이른 시간에 운동할 수 있도록 시간을 조정하자.

✔ 가족들의 도움을 구하라. 정신건강을 유지하기 위한 적정 취침 시간이 지났는데도 가족들이 잠잘 분위기를 조성하지 않는다면 규칙적인 수면 습관이 자신에게 얼마나 중요한지 설명하라. 그래도 소용이 없다면 수면 시간을 새롭게 조정하고 다시금 실행에 옮겨보도록 하라.

✔ 의사와 상담하라. 약물을 복용하는 시간을 바꾸거나 용량을 조절하고, 숙면에 도움이 될 만한 약을 첨가하거나 바꾸는 것에 대해 문의하라. 약을 복용하는데도 쉽게 잠들지 못하거나 아침에 잠에서 깬 후에도 여전히 몽롱하다면 약을 저녁에 좀 더 일찍 복용하는 게 좋을 수 있다.

사회적 활동 계획하기

양극성장애로 고통받고 있으면서 사회적인 관계까지 돌아보려면, 사는 게 힘들다고 느껴질 수 있다. 우울증의 늪에 빠져 있을 땐 사람들과의 만남을 피하고 싶어지곤 한다. 그리고 조증 삽화가 나타난 후에는 친구들과 다시 만나는 걸 망설이게 될 수도 있다. 가장 최근의 조증 삽화가 나타났을 때 뭔가 당황스러운 말이나 행동을 했다면 더더욱 그렇다. 그럼에도 불구하고 일상적인 사회적 관계를 유지하는 노력을 중단하지 않으면 다음과 같은 유익을 기대할 수 있다.

- ✔ 일상의 스케줄이 조율되고, 해야 할 일들이 생겨난다.
- ✔ 만나면 종종 기분을 밝게 만들어주는 사람들과 관계를 지속할 수 있다.
- ✔ 자신이 다른 사람들에게 뭔가를 베풀 기회를 얻을 수 있는데, 이런 일을 하면 치료 약물의 농도를 높이지 않고서도 기분이 좋아질 수 있다. 우리는 누군가에게 좋은 친구가 되어주고 누군가의 말을 경청할 때, 충만한 행복을 경험하고 다른 이들과 연결된 기쁨을 누릴 수 있다.
- ✔ 자신을 지지해주는 사람들의 네트워크가 확장되고 탄탄해진다.
- ✔ 시각이 넓어질 수 있는 사회적 상황을 경험한다.
- ✔ 우울한 기분을 유발하는 외로움을 감소시켜준다.

체크포인트

세상 사람들 모두가 사교성이 뛰어난 건 아니다. 그러니 날마다 누군가와의 약속으로 당신의 스케줄을 빽빽히 채우진 말자. 어떤 이들에게는 혼자 보내는 시간의 소중함이 다른 사람들보다 더 간절할 수도 있다. 하지만 정기적으로 집 밖으로 나가려고 노력하자. 처음에는 귀찮고 심지어는 좀 괴롭더라도 말이다.

자발적으로 계획하기

휴가에 대한 사람들의 생각을 물으면, 어떤 이들은 관광버스를 타고 달리며 유명한 관광지를 찾아가는 것이라고 대답할 것이다. 다른 사람들은 구석구석 숨어 있는 보물을 찾아내는 심정으로 뚜벅뚜벅 걸어 다니는 여행이 최고라고 생각할 수도 있다. 또 다른 이들은 창밖을 가만히 내다보며 세상 돌아가는 구경이나 하는 것에 만족할지도 모른다. 이처럼 남들과 다른 자기 자신과 자신의 기질을 정확히 알아야만 어떤 활동이나 계획의 성공적인 결과를 기대할 수 있다.

만일 더 자유분방한 생활방식을 선호하는 사람이라면, 계획적이고 날마다 반복되는 일상은 빳빳한 풀을 먹인 옷처럼 숨 막힐 수 있다. 그렇다면 계획표에 숨구멍을 뚫어주듯 아무런 계획도 없는 여백을 계획하자. 수면, 일, 식사 시간은 규칙적으로 조율하되, 나머지 시간에는 아무런 계획도 세우지 않는 거다. 반대로, 계획적이고 예측할 수 있는 일과를 선호하는 사람이라면 아무런 계획도 없는 시간을 최소화하는 것이 더 편안할 수 있다.

시간이 많이 흐른 후에 상태가 좋아져 있기를 기대한다면, 오랫동안 조금씩 조정하는 방법을 택하도록 하자. 자신의 기질과 맞지 않는 방법으로 극적인 변화를 꾀하는 건 결코 바람직하지 않다.

건강한 음식 섭취하기

우울증이나 조증 상태일 때는 건강한 식생활을 유지하기 힘들 가능성이 커진다. 양극성장애 환자들은 음식 자체에 끌리는 게 아니므로 기분이 좋아질 것 같은 기대감에 급하게 많이 먹기 쉽다. 또는 지방과 당, 녹말 함유량이 높은 음식만 쉴 새 없이 먹어치우기도 한다. 오래도록 양극성장애를 잘 관리하려면 다음과 같은 기본적인 영양학적 지침을 지키면서 삶의 전반적인 상태를 개선하는 것이 매우 중요하다.

- ✔ 규칙적으로 식사하라. 하루 동안 건강한 세 번의 식사 또는 몇 번의 간단한 식사를 꼭 하자.
- ✔ 끼니를 거르지 말자. 무엇보다 아침은 꼭 먹자.
- ✔ 영양의 균형을 이룬 식사를 하자. 특별히 채소, 과일과 견과류가 중요하다.
- ✔ 어쩔 수 없다면 커피와 술은 적당히 마신다.

그저 우유 한 잔이나 견과류 몇 개라도 좋으니 절대로 아침을 거르지는 말자. 하루를 시작하기 전에 무엇인가로 자신의 몸을 채우는 기분으로 먹는 거다. 우리 두뇌는 저장해둔 지방이나 단백질을 분해시켜 연료 삼는 정도로는 충분히 기능할 수 없기 때문에, 건강한 아침 식사는 웰빙의 필수적인 요소이다. 따라서 상쾌한 뇌의 상태를 유지하려면 건강한 연료가 되는 음식을 규칙적으로 섭취하는 길밖에 없다. 아침을 거르면 뇌에서는 '경계경보'가 발령된다. 연료통이 서서히 바닥을 드러내면서 뇌의 여러 가지 기능이 뒤엉키기 시작한다. 날마다 근사한 아침을 제대로 차려 먹을 필요까진 없지만, 아침을 지탱해줄 약간의 단백질과 지방을 위에 공급하자. 계속해서 살펴보겠지만, 설탕이 듬뿍 들어간 도넛과 달달한 시리얼은 건강한 식사가 될 수 없다는 사실을 미리 염두에 두자.

단순 탄수화물 줄이기

백미, 감자튀김, 과자류, 크래커, 국수 등은 체내의 당 수치가 빠르게 오르내리는 현상의 주범인 단순 탄수화물 덩어리들이다. 이런 식품을 먹으면 처음에는 에너지가 충만한 듯 느껴지지만, 30분에서 한 시간 정도만 지나도 혈당이 떨어지면서 또다시 이런 것들을 먹고 싶은 욕구에 사로잡히고 만다.

단순 탄수화물에 의해 생성된 활력은 오래 지속되지 않는데, 급속도로 상승한 혈당에 반응하여 체내에서는 생존 메커니즘을 작동시키기 때문이다. 혈당이 올라갈수록 우리 몸속의 췌장에서는 이 당 성분을 지방으로 전환시켜 저장하기 위해 인슐린을 빠르게 분비한다. 인슐린이 많이 분비될수록 혈당이 떨어지면서 졸리고 짜증나며, 종종 더욱더 당이 고픈 기분이 든다. 이런 양상이 장기적으로 반복되다 보면 당 성분이 높은 식습관 때문에 제II형 당뇨병이 발병할 위험성이 커지고, 다른 대사의 문제도 발생하기 쉽다.

빵, 시리얼, 요구르트, 크래커, 영양 바, (초코바 등의) 스낵 바, 커피 음료, 패스트푸드, 그리고 다른 가공식품에 숨겨진 당을 주의하자. 식품 포장지에 표시된 성분 목록을 읽으면 각각의 식품마다 얼마나 당 함량이 높은가에 놀랄 것이다. 게다가 더욱더 충격적인 사실은, 일부 식품회사 중에는 여러 가지 종류의 감미료를 사용하면서 각각의 원재료명을 따로따로 적어둔다는 것이다. 식품에 첨가된 원재료의 목록은 항상 함량이 높은 항목부터 낮은 항목의 순서대로 적혀 있기 마련이다. 따라서 크래커에 들어 있는 모든 종류의 당 함량을 더하면 아마도 위에서부터 첫 번째 아니면 두 번째로 기록될 정도겠지만, 식품회사들은 이걸 악용하여 갖가지 다른 감미료로 나눠 표기하곤 한다. 그러면 각각의 감미료는 함량 순서대로 적힌 성분으로 보일 뿐, 소비자들은 정확한 내용을 이해하기 힘들다. 따라서 원재료명을 살필 때 당분의 총량을 반드시 계산하고 확인하는 습관을 기르자.

과일의 당분은 식품에 인위적으로 첨가된 인공 감미료 같은 종류의 위험성은 없다. 생과일을 통째로 먹으면 식이섬유뿐만 아니라 여러 종류의 비타민과 영양소를 과당과 함께 섭취하기 때문에 식욕을 억제하는 데 도움이 된다. 주스는 100퍼센트 과일주스라고 쓰여 있어도 생과일의 유익은 거의 없는 대신에 당 섭취를 늘리는 효과가 오히려 커서, 꼭 마셔야만 한다면 신경 써서 조금만 마시는 게 좋다. 최근에 많이들

【 뇌 관리하기 】

나에게 양극성장애를 관리하기 위해 일상적 습관을 조율한다는 것은 오로지 뇌가 제대로 기능할 수 있도록 모든 상황을 원활하게 조율하는 것을 의미하며, 특별히 가장 기본적인 것들, 특히 수면, 영양, 그리고 운동과 밀접하게 연관된다.

- ✔ **수면** : 밤에 숙면을 취하는 것은 대단히 중요한 문제이다. 나는 밤마다 여덟 시간을 충분히 자야 한다. 만일 내 수면이 불규칙해지면 뭔가 문제가 생겼다는 신호나 다름없다. 잠이 너무 많아지면 우울증의 조짐으로 봐야 하고, 오히려 잠이 줄면 조증이 나타날 것을 미리 알아차리곤 한다.

- ✔ **식생활** : 균형 잡힌 식사는 나의 두뇌를 풍성하게 채운다. 조증의 한 가운데에 있을 때, 나는 먹는 양이 줄어들고 음료나 물을 충분히 마시지 않는 편이다. 우울증이 시작될 때는 별로 건강하지 않은 음식을 쉴 새 없이 먹어 치우고 과식하면서, 점점 더 무기력한 상태에 빠져들곤 한다.

- ✔ **운동** : 여러 운동 중에서 나는 바깥바람을 쐬며 산책하는 것을 가장 좋아한다. 그 밖에도 요가, 호흡법, 명상 등은 스트레스를 줄여주고 건강한 삶에 도움이 되는 좋은 운동인 것 같다. 하지만 운동량이 너무 많으면 곧장 조증 삽화가 나타날 때가 있고, 오히려 너무 적게 운동해도 소파에 파묻힌 채 물에 잔뜩 젖은 솜처럼 지내곤 한다.

내 뇌에서 화학물질의 균형 상태가 무너질 때면, 심지어 아주 작은 위협 앞에서도 쉽게 마음의 평온이 깨지곤 한다. 양극성장애로 씨름해온 지 20년쯤 지난 후에야, 나는 마침내 내 태도의 변화가 중요하다는 사실을 깨달았다. 양극성을 받아들이기 위해 노력해야 한다는 사실에 비로소 눈을 번쩍 뜬 것이다. 진단받은 질환을 나 자신이 받아들이고 나서야 비로소 그 무거운 굴레에서 벗어날 수 있었고, 나에 대한 미안함을 멈추면서부터 비로소 책임감을 가질 수 있었다. 그리고 내 상태를 충분히 받아들이게 된 다음부터는, 그 질병이 나를 지배하는 대신에 도리어 양극성을 내가 조절할 수 있게 되었다. 일단 받아들이고 나니, 양극성장애가 내 삶을 좌지우지하는 대신에 내가 주도권을 쥘 수 있었다. 앞으로의 내 상태를 예측하며 양극성을 관리하는 법도 배웠는데, 정말 솔직하게 말하자면, 기분 삽화가 시작되는 시점마저 알아차릴 수 있는 경지에 이르렀다. 스스로 통제할 수 없는 상황으로 치닫기 전, 삽화의 조짐을 알아차리고 전문가의 도움을 구할 적절한 타이밍을 아는 능력을 훈련한 것은 상당히 도움이 되었다.

−자닌 크롤리 헤인즈(janinecrowleyhaynes@gmail.com),
회고록 『너 미쳤니? 양극성 환자로 살아가는 이야기』(My Kind of Crazy: Living in a Bipolar World)의
저자로 각종 수상 경력을 자랑하는 프리랜서 작가

마시는 '건강 스무디' 역시 과일 주스와 감미료를 버무린 음료수에 불과하므로, 스무디와 주스는 과일을 직접 갈아 먹는 게 가장 좋다.

설탕이 듬뿍 들어간 디저트를 멀리할 것까지는 없다. 달콤한 후식은 행복한 식사를 마무리하게 하고, 달달한 간식 한 조각은 오후의 나른함을 깨우는 청량감마저 주곤 하니까. 단지 설탕이 잔뜩 들어 있는 간식을 그 정도로 제한하겠다는 의지를 잊지 말아야 한다는 것이다. 다른 음식이나 식품을 통해 불필요하게 섭취하는 설탕을 놓치지 말고 신경 써서 제한하도록 하자.

 조증과 우울증 사이를 오가는 감정의 폭을 줄여나가려면 인스턴트 음식의 섭취를 줄이고, 대부분의 빵과 파스타와 같은 단순 탄수화물, 감자 요리, 가공식품을 가급적 먹지 말아야 한다. 그 대신에 오히려 신선한 과일과 채소, 견과류, 그리고 적당한 양의 통곡물을 섭취하는 게 좋다. 이런 식품에 들어 있는 복합 탄수화물은 우리 체내에 점진적으로 흡수되면서 혈당의 급격한 상승을 막는 효과가 있기 때문이다. 통곡물이 전혀 들어있지 않은데도 '잡곡' 또는 '우리밀 빵', '유기농' 등과 같은 표기로 소비자를 교묘히 속이는 경우도 있다. 따라서 포장 겉면에 '통밀', '현미', 아니면 어떤 성분이든 원하는 재료가 쓰여 있다면, 그 성분이 원재료 목록의 상단에도 적혀 있는지 반드시 확인하자.

각종 채소와 과일 충분히 섭취하기

전반적인 건강과 웰빙을 위해 신선한 채소와 과일을 날마다 충분히 섭취하도록 노력하자. 냉동 상태의 과일과 채소라도 상관없다. 채소와 과일에는 대부분의 가공식품을 통해서는 얻을 수 없는 각종 영양소가 풍부하기 때문이다.

- ✔ **식이섬유** : 소화를 돕고 다른 여러 가지 신체 기관을 활성화하는데, 그중에서도 심혈관 계통의 건강에 도움이 된다.
- ✔ **비타민과 미네랄** : 우리 몸이 건강한 상태로 살아가고 적절히 기능하는 데 필요한 영양소를 공급한다.
- ✔ **복합 탄수화물** : 정제 설탕이나 녹말을 섭취할 때 나타나는 최고치의 에너지와 소화된 후에 경험하는 최저치의 활력이 아니라, 일정한 힘과 에너지를 온종일 공급해준다.
- ✔ **항산화 물질** : 세포 손상을 방지하고 지연시키는 역할을 한다.

신선한 채소와 과일, 견과류를 섭취하면 우리 몸에 유익한 장내 세균의 건강한 균형

【 초콜릿, 달콤하고 부드러운 초콜릿 】

기분 전환용 간식으로 사람들이 가장 즐겨먹는 초콜릿은 기분에 영향을 주는 몇 가지 성분을 함유하고 있다. 그러니까 세로토닌 수치를 증가시키고 활력을 더하는 설탕 조금, 약간의 페닐에틸아민(사람들이 사랑에 빠질 때 우리 몸이 분비하는 신경전달물질), 뇌 기능을 강화하는 테오브로민과 마그네슘도 조금, 각성 효과가 있는 카페인도 약간, 그리고 신경전달물질의 활성을 촉진하는 몇 그램의 단백질 등이 들어 있는 셈이다. 물론 초콜릿을 너무 많이 먹으면 배탈이 나고 오히려 기분이 나빠질 수도 있다. 하지만 카카오 함량이 70퍼센트 이상인 다크 초콜릿을 몇 조각만 먹어도 오후의 나른함을 싹 몰아내고 힘껏 달려갈 수 있게 된다.

을 유지하는 데도 도움이 된다. 우리 몸속, 특별히 마이크로바이옴이라고도 불리는 장내 미생물은 심장병과 제II형 당뇨병, 위장관 질환과 자가 면역질환과 같은 질병을 예방하며 전반적인 건강 상태를 유지하는 데 중요한 역할을 감당한다. 점점 더 많은 연구들이 장내 미생물의 중요성에 주목하고 있으며, 앞으로도 점점 더 많은 관심이 이 부분에 집중될 것으로 예상된다. 채소와 식이섬유를 충분히 섭취하는 사람일수록 건강한 장내 미생물군을 갖게 되며, 식물성 식품을 더 많이 섭취하는 사람이 더 건강하다는 사실과 관련이 있을 것으로 생각된다.

단백질로 에너지 공급하기

단백질이란 말을 들으면 근육부터 생각나기 마련이다. 하지만 단백질은 우리 몸의 다른 여러 부분과도 연관된 영양소이다. 단백질을 구성하는 기본 구조는 아미노산인데, 아미노산 중에서 일부는 신경계의 조절자로 기능하기도 한다. 단백질을 섭취하면 우리 몸에서는 단백질을 곧바로 아미노산 단위로 작게 분해하여, 각각의 아미노산을 필요로 하는 몸의 각 부분으로 운반할 수 있도록 한다. 이런 아미노산의 하나인 타이로신(또는 티로신)은 흥분성 신경전달물질인 도파민과 노르에피네프린을 형성하여 우리 몸과 두뇌가 다른 어떤 활동보다도 에너지를 조절하고 집중하며 몰두하는 기능을 잘 수행하도록 돕는다.

단백질을 섭취하는 것은 안정적인 기분 상태와 활력을 유지하는 데 필수적이다. 육류는 완전 단백질을 구성하는 아홉 가지 필수 아미노산을 섭취하기 가장 좋은 방법이지만, 채식주의자들은 콩과 쌀, 콩과 옥수수, 통밀과 땅콩 등과 같이 육류를 대체

할 수 있는 식재료를 다양하게 섭취하여 단백질 부족을 예방할 수 있다. 채식을 선호하는 사람이라면 필수적인 비타민과 미네랄(특히 비타민 B복합체와 셀레늄 등)이 부족한 건 아닌지 늘 주의를 기울여야 한다. 이런 영양소에 대한 자세한 내용은 제9장을 참조하도록 하라.

뇌에 건강한 지방 공급하기

지방은 지난 수년간 '해로운 성분' 취급을 당해왔다. 하지만 최근에는 많은 연구가 음식에 포함된 건강한 지방의 중요성을 규명하고 있다. 그렇다고 해서 오늘부터 버터를 빵에 듬뿍 발라 먹을 필요는 없지만, 지방이라면 무조건 피하고 먹지 말아야 할 게 아니라는 사실을 잊지 말자. 오히려 약간의 지방은 몸에 좋다는 뜻이니까! 그렇다면 우리 몸에 유익한 지방, 유익하지 않은 지방, 그리고 오히려 해로운 지방에 대해 알아보자.

- ✔ **몸에 좋은 지방** : 일반적으로 고도불포화 및 단일불포화 지방이라고 표시된 불포화 지방은 대개 우리 몸에 유익하다. 여기에는 주로 올리브유, 오메가-3 지방산, 그리고 참기름을 포함한 대부분의 식물성 기름과 견과 오일 등이 포함되며, 대개 실온에서 액체 상태로 존재한다. 한편, 야자유(코코넛오일)에는 포화 지방이 함유되어 있지만, 많은 영양 전문가들은 야자유를 이 목록에 포함시킨다.
- ✔ **유익하지 않은 지방** : 포화 지방은 주로 쇠고기, 돼지고기, 닭고기, 달걀, 우유, 치즈와 버터 등의 동물성 식품에 포함되어 있다. 대부분의 영양 학자들은 이런 식품을 '적당히' 섭취하도록 권하곤 한다. 한편 미국 사람들이 섭취하는 포화 지방 공급원을 순서대로 손꼽을 때 높은 순위에 드는 음식 중 하나로 피자를 들 수 있다.
- ✔ **몸에 나쁜 지방** : 일반적으로 수소 첨가 또는 부분적으로 수소 첨가라고 표시된 트랜스 지방은 반드시 피해야 할 지방이다. 이런 지방은 일반적으로 다양한 베이커리 상품 및 여러 가공식품, 기름에 튀긴 음식, 그리고 모든 종류의 버터 대체품에 함유되어 있다. 이 지방은 심장 질환의 발생 위험을 높이고 여러 만성 질환의 근원이 되는 면역 반응을 유발한다. 따라서 식품에 표기된 제조사의 성분 표시를 꼼꼼히 살피는 게 중요하다. 각 식품의

1회 제공량에 포함된 트랜스 지방 함량이 0.5그램 미만인 경우까지는 '트랜스 지방 함량 0그램'으로 표시할 수 있기 때문이다(일부 동물성 제품에는 자연적으로 존재하는 트랜스 지방이 포함되어 있을 수 있지만, 인공적으로 제작된 트랜스 지방만큼 유해한지의 여부는 아직 확실하지 않다). FDA는 2013년도에 트랜스 지방이 안전하지 않다는 결정을 내렸고, 2015년에는 향후 3년 이내에 모든 식품 제조업자가 제조하는 모든 식품에 트랜스 지방의 사용을 금지해나갈 것임을 발표하였다.

콜레스테롤은 자연 상태로 존재하는 지방 성분으로 우리 몸의 간에서 만들어지며, 세포를 튼튼히 하고 다른 중요한 신체 기능을 지지하기 위해 꼭 필요한 성분이다. 과학이 빠른 속도로 발전하고 날마다 새로운 정보를 쏟아내고 있지만, 예나 지금이나 콜레스테롤의 종류와 수치는 심장 질환 발생의 위험성을 좌우하는 중요한 건강 지표로 활용되고 있다. 오래전부터 여러 영양 관련 지침에는 콜레스테롤 섭취를 제한하는 것이 건강 상태를 유지하기 위해 중요하다는 내용이 포함되어 왔다. 하지만 식이 콜레스테롤을 줄이려는 노력 때문에 오히려 다른 중요한 영양소의 섭취량이 줄어드는 경우도 있다. 게다가 너무 낮은 콜레스테롤 수치는 우울증 또는 뇌출혈과 연관될 가능성마저 있다. 과학이 눈부신 속도로 새로운 사실을 규명하는 현실을 고려하면, 콜레스테롤 섭취량을 줄이거나 늘리려고 할 때는 반드시 의사와 상의한 후에 결정하는 게 좋다.

영양 성분 중에 포함된 지방은 여러모로 중요하다. 건강한 세포를 구성하고 에너지를 합성하며 체력을 유지하고 태아가 건강히 자라도록 하며, 다른 수많은 기능을 수행하는 게 바로 지방이기 때문이다. 지방은 음식의 맛을 좋게 하고 포만감을 느끼게 하기에, 지방 함량이 너무 낮은 식이 습관은 그저 건강에 좋지 않다는 점에 그치지 않는다. 저지방 식단만을 추구하다 보면 식사의 만족도가 떨어지고, 배고픔을 채우기 위해 도리어 폭식을 하며 정제된 탄수화물과 단순당(simple sugar : 단당류와 이당류로서, 복합당에 비해 당의 화학적 구조가 단순하여 빨리 분해되고 혈당을 급격히 상승시키는 당류-역주)으로 배를 채우며, 음식과 먹는 것에 대한 인식이 나빠지는 등의 간접적 부작용이 나타날 수 있다. 그러므로 건강한 지방을 반드시 섭취하고, 먹는 즐거움도 행복하게 누리자.

건강한 관계 만들어가기

사람들과의 관계는 여러모로 기분을 안정시키는 데 도움이 될 수 있다. 밝고 사교적인 친구와 만날 때, 우리는 기분 전환에 도움이 될 만한 활동에 참여하고픈 마음이 생긴다. 반대로, 성격이 차분하고 안정된 사람과의 만남은 마음에 여유를 심어주고 조증 관리에 도움이 된다. 이 절에서는 양극성 환자의 상태와 다른 요인들 때문에 사이가 멀어질 수 있는 특별한 사람들과의 관계를 살피고, 소중한 사람들과 더욱 친밀해질 수 있을 만한 몇 가지 방법을 소개하고자 한다.

관계의 건강함 확인하기

지금 자신과 관계 맺고 있는 사람들과 더욱 가까워지길 원하거나 새로운 사람들과 친해지고 싶다면, 기분의 안정성에 영향을 줄 수 있는 다음과 같은 부분을 염두에 둘 필요가 있다.

- ✔ **건강한 관심사의 공유** : 사람들과 만나 대화할 때 주로 술, 담배, 마약 등에 관한 이야기가 오간다면, 좀 더 건강한 활동과 연관된 관심사로 대화를 이끌거나, 그 사람들이 아닌 아예 다른 이들과 만남을 시도하는 것도 좋은 대안이 될 수 있다.
- ✔ **수용하고 이해하기** : 환자도 자신의 양극성을 수용하고 이해하기가 쉽지 않을 수 있지만, 가까운 친척이나 친구 중에 양극성 환자가 전혀 없는 사람들이 양극성을 이해하기란 더욱 어려운 일일 수밖에 없다. 만일 그런 사람들이 말과 행동으로 환자의 약점을 비난하기라도 하면, 환자의 입장에서는 타인의 판단과 비난이 큰 짐으로 느껴질 수밖에 없을 것이다. 따라서 환자의 주변인들이 양극성에 대해 잘 이해할 때, 환자에 대한 수용과 공감의 마음이 깊어질 수 있다.
- ✔ **감사** : 양극성에 사로잡혀 힘들어하지만 그럼에도 불구하고 환자를 사랑하고 그만의 매력을 인정하는 사람들은, 오히려 양극성 때문이라는 생각이 들 때가 종종 있거나 적어도 가끔은 그렇다고 말한다. 새로운 사람들과 관계를 맺고자 할 때는 자신의 특성과 장점을 인정하는 사람들을 만나라.

하지만 양극성이 가장 고조되었을 시점, 그러니까 조증과 우울증의 정점에 나타나는 성향을 예찬하는 사람들은 주의할 필요가 있다. 왜냐하면 그런 사람들은 자신의 행동이 불러올 결과를 불 보듯 뻔히 예측하면서도 그런 모습이 매력적이라는 이유만으로 환자의 건강하지 않은 삶의 태도를 부채질할 수 있기 때문이다.

✔ 지지 : 기분의 안정을 꾀하려면 환자 자신도 부단히 노력해야 한다. 꾸준히 약을 복용하고 생활방식을 조정하며, 때로는 통장의 잔고 부족과 직장에서 해고될 순간을 맞닥뜨릴 각오도 해둬야 한다. 위기가 찾아올 때는 곁에서 자신의 신체 및 정서적 필요를 채워줄 사람들의 도움이 필요하다.

따라서 이따금 주위 사람들과의 관계를 점검하고, 혹시 그들 중에 자신의 기분을 뒤흔드는 사람은 없는지 살펴볼 일이다. 자신에게 좋지 않은 영향을 줄 만한 사람이 있다면, 그와의 관계를 지속하는 편이 나을지 고민하고 결정하라. 그런 사람과는 관계를 정리하고 좀 더 생산적인 관계를 맺는 일에 시간과 에너지를 사용하는 편이 나을 수 있기 때문이다.

(신체적, 정서적, 언어적) 비난과 지적, 요구, 판단, 학대는 건강한 관계에 아무런 도움도 되지 않는다. 다양한 치료를 받을 때, 그들은 각각의 관련자들이 관계 개선에 힘쓰고 있다고 가정함으로써, 사람들 간의 관계에 해로운 영향을 주는 요소를 알아차리고 뿌리 뽑을 기회로 삼을 수 있다. 하지만 건강하지 않은 관계 가운데 있으나 상대방에게 개선하려는 의지가 없을 때, 환자는 그 관계를 유지하면서 자신의 건강을 해치는 게 좋을지, 아니면 관계를 정리하는 것이 나을지 결정해야 하는 어려움을 만나게 된다. 누군가 자신을 학대하는 상황이라면, 반드시 대인 관계에서의 폭력성에 관해 잘 아는 전문가를 찾아 상담받기를 권한다. 전통적인 커플 상담은 아무런 도움이 되지 않고, 오히려 상황을 악화시킬 수 있다. 그리고 관계를 정리하는 것도 갈등이나 폭력을 증폭시킬 수 있으므로 위험할 수 있다. 따라서 누군가와의 관계를 정리할 계획이라면 전문적인 외부의 도움을 받아 매우 조심스럽게 진행해야 한다.

즐거운 시간 함께하기

누군가와 건강한 관계를 맺는 것은 단순히 그와의 갈등을 피하거나 그와 함께 있는 것 이상을 의미한다. 그런 관계가 형성되려면 그 사람과 친밀감을 높이고 유대감을 강화하는 의미 있는 대화를 주고받고 경험을 나누는 시간이 필요하다. 하지만 어떤 관계 사이에 양극성장애라는 문제가 끼어들면 위기 상황을 통제하고 상처받지 않도록 신경을 곤두세우느라 다른 이들과 친밀함을 느끼기 쉽지 않다. 양극성장애로 힘들어하는 사람이 가족 중에 있다면, 식사 준비 또는 운동, 게임, 종교의식과 영적인 활동, 가족 여행과 모임 등에 그가 함께할 수 있도록 용기를 북돋워 주자.

기분 조절 및 치료 과정은 양극성의 증상을 조절하는 놀라운 효과를 발휘할 수 있지만, 약과 치료 과정이 아무리 성공적인 조합을 이루더라도 환자의 일상적 기능이 온전히 회복될 정도, 즉 건강한 가족의 일원, 친구 또는 직장인으로서 요구되는 책임을 다할 정도로 효과적인 경우는 거의 찾아보기 힘들다. 하지만 일반적으로 환자의 이런 사회적 기능은 사람들의 충분한 지지를 받으며 여러 활동에 열심히 참여하면서 점점 좋아지기 마련이다.

서로 잠시 떨어져 있기

아무리 서로 잘 맞는 관계라 할지라도, 두 사람이 함께 있으면서 몇 시간 또는 며칠 동안은 즐거울 수 있지만 몇 주 이상의 시간이 지나면 오히려 서로서로 불편해지고 각자의 삶으로 돌아가고 싶어지기 마련이다. 특별히 두 사람이 오랫동안 관리해야 하는 건강상의 문제를 갖고 있다면 더더욱 그럴 수 있다. 두 사람이 함께 지내면서 온종일 서로의 건강 상태를 걱정하고 살펴야 한다면 그처럼 서로에게 성가시고 힘든 일도 없을 것이다. 당신의 기분이 오르락내리락하기를 반복하면, 당신의 배우자나 연인은 당신을 돌보는 데에 더 많은 시간과 에너지를 써야 할 것이다. 하지만 당신의 기분이 좀 안정되면, 서로 각자 재충전되고 다른 사람과도 시간을 보낼 수 있도록 잠시 떨어지는 시간을 갖는 것도 좋을 것이다. 함께 자연을 만끽하고 운동이나 산책을 하면서 우정을 나누는 것은 관계를 돈독히 하는 건강한 방법이다. 오늘날 수많은 사람과의 관계가 도리어 짐스럽기만 한 현대인들의 삶에서 이처럼 관심사를 나누는 시간과 활동은 특히 중요하다.

운동으로 스트레스 해소하기

유산소 운동이 우리 몸과 마음의 건강에 좋다는 사실은 이미 잘 알려져 있지만, 양극성의 성향이 있는 사람들에게는 운동이 어떤 점에서 유익한지 알고 넘어갈 필요가 있다.

✔ **운동은 조증을 유발하지 않으면서도 우울증을 개선하는 효과가 있다.** 운동은 매우 긍정적인 기분을 더 오랫동안 유지하는 효과가 있으며 조증을 유발할 위험성이 없다(하지만 운동에 과도하게 빠져들 때는 경조증이 시작되는 징후로 볼 수 있다).

✔ **운동은 체중과 활력을 조절하는 효과가 있다.** 양극성장애의 특성도 그렇지만 양극성을 치료하기 위해 복용하는 약물도 체중은 늘어나게 하고 활력은 저하시키는 작용을 한다. 체중 조절에 대한 자세한 내용은 제8장을 참조하라.

살을 빼려고 날마다 5킬로미터를 달리고 아령을 들어 올리며 근육 운동을 할 필요는 없다. 기분을 조절하는 게 운동의 궁극적 목적이라면 그저 15~20분 정도를 날마다 걷기만 해도 충분하니까 말이다. 양극성 환자가 매일 걷는 유산소 운동을 시작하기만 해도 기분이 안정되는 유익을 금세 경험할 것이다.

✔ (많은 경우에) 쉽게 잠들 수 있다.

✔ 소화가 잘 된다.

✔ 활력이 증가한다.

✔ 성취감을 맛볼 수 있다.

격한 운동 프로그램을 시작할 계획이라면 의사와 상담하는 게 좋다. 만일에 리튬을 복용하는 중이라면 더더욱 그렇다. 땀을 흘리면 몸속 수분이 빠져나가기 때문에 고용량의 약물을 복용한 것과 똑같은 효과가 발생한다. 리튬의 경우에, 체내 농도가 상승하면 잠정적으로 치명적인 상태를 유발할 수 있다. 이를 방지하기 위해 의사는 위험을 감소시킬 수 있는 여러 가지 방법을 조언할 것이다.

나쁜 것들 멀리하기

카페인, 니코틴, 다이어트약, 술, 대마초(마리화나), 그리고 다른 각종 합법 및 불법 약물은 모두 기분 조절물질의 최고봉이다. 항불안제를 복용한 상태에서 에너지 드링크를 한 병 마시고 친구들과 밤새 술집에서 먹고 마시며 논다면, 자신이 상상할 수 있는 것보다 훨씬 더 위험한 상태를 초래할 수 있다. 술, 에너지 드링크, 이런 것들을 대수롭지 않게 생각할 수도 있지만, 영양과 운동량을 고려하고 약물의 용량을 섬세하게 조절해 가까스로 맞춰둔 몸의 균형 상태를 순식간에 깨뜨릴 수 있다는 사실을 잊어서는 안 된다.

지금부터는 문제를 일으킬 수 있는 물질의 대략적인 목록을 소개하려고 한다. 다만 이 목록에 언급된 것들이 전부가 아니고, 위해성이 너무 잘 알려진 나머지 굳이 언급할 필요가 없는 필로폰(또는 메스암페타민)과 코카인 등을 포함한 수많은 마약류는 제외하였음을 밝혀 둔다.

- ✔ **카페인** : 카페인을 얼마나 섭취하는지 모니터하면서 섭취량을 점점 줄여나가거나 끊는 게 좋다. 하지만 습관을 갑자기 바꾸는 것은 몸과 마음이 힘들 수 있으므로, 그저 카페인을 섭취하는 것이 자신의 활력과 기분에 어떤 영향을 미치는지 민감하게 살피려고 노력하라.
- ✔ **니코틴** : 금연을 시도하고 하루에 피우는 담배의 개비 수를 줄이자. 피우는 담배 말고도 씹는 담배를 이용하거나 시가를 태우는 사람도 마찬가지다.
- ✔ **술** : 꼭 마셔야 하는 상황이라면 맥주는 한두 잔, 와인은 한 잔 이상 마시지 않도록 하자. 특히 벤조디아제핀을 복용하고 있다면 술은 입에 대지도 말아야 한다. 술은 우울감을 불러오고 충동 조절능력을 둔화시키며, 특히 리튬과 같은 양극성 약물과 위험한 반응을 일으키기도 한다.
- ✔ **체중 감량 제재 및 에너지 보충제** : 대부분의 다이어트약과 활력 강장제는 잠정적인 위험성이 큰 각성제가 듬뿍 첨가되어 있으며, 일부 성분은 니코틴이나 카페인만큼 위험한 것들이다. 체중 감량을 위해 어떤 약품을 복용할 계획이라면 먹기 전에 반드시 정신과 의사와 상담하라. 의사는 환자의 안정된 기분 상태를 다시 교란시킬 위험성이 낮은 다른 해결방법을 제시

할지도 모른다.

✔ **처방전 없이도 구입할 수 있는 의약품** : 처방전 없이도 약국이나 마트에서 구입할 수 있는 약품이 아무리 안전할 것 같아도 복용 전에는 반드시 의사에게 문의하라. 특별히 다음과 같은 점을 신중하게 고려할 필요가 있다.

- **이부프로펜과 같은 진통제** : 리튬을 복용하는 중이라면 이부프로펜과 나프록센과 같은 진통제를 피하라. 신장에서 이들 성분을 걸러내는 과정에서 신장 기능의 손상을 일으킬 수 있다.

- **슈도에페드린 성분의 충혈완화제 및 코막힘 약** : 슈도에페드린(슈다페드) 성분이 들어간 코막힘 약 및 충혈완화제는 흥분제로서, 안정제를 복용하는 중에도 조증 또는 우울증을 촉발시키거나 증상을 심화시킬 수 있다.

- **덱스트로메트로판 성분을 함유한 기침 억제** : 선택적 세로토닌 재흡수 억제제(selective serotonin reuptake inhibitors, SSRIs)를 복용하는 중에는 기침약으로 쓰이는 덱스트로메트로판을 함께 복용해서는 안 된다. 때로는 이 약을 남용하고 너무 많이 복용하는 바람에 몽롱하고 기분이 좋아지는 경우가 있다. 표시 성분을 꼼꼼히 읽고 덱스트로메트로판 성분이 들어가지 않은 감기약을 선택하도록 주의하자.

- **처방전 없이도 구입할 수 있는 수면 보조제** : 의사의 동의를 구하기 전까지는 처방전 없이 구입할 수 있는 수면 보조제도 복용해서는 안 된다.

✔ **약초 및 자연 성분의 약제** : 흔히들 약초라고 하면 그저 음식에 살짝 뿌리는 파슬리나 허브만큼 해롭지 않다고 생각하는 경향이 있는데, 오히려 상당히 강력한 작용을 할 수도 있다. 특히나 마황, 바레리안, 카바(폴리네시안 후추나무로 그 뿌리의 강력한 마취 성분을 이용한다-역주), 성요한초(유럽과 서아시아 등이 원산지인 허브로 고대 그리스와 로마시대에는 신비한 힘을 가진 식물로 알려짐-역주) 등을 조심해야 한다. 각종 천연 성분과 약초에 관한 자세한 내용은 제9장을 참조하고, 어떤 약품이든 복용하기 전에는 반드시 의사와 상의하자.

효과적으로 의사소통하기

● 긍정적인 상호작용에 도움이 되는 대화의 어조를 알아차린다.

● 의사소통을 방해하는 대표적인 네 가지 요소를 피한다.

● 책임을 상대방에게 전가하고 비난하는 대신에 '나–전달법'을 사용한다.

● 그 감정이 타당한지 숙고해본다.

● 모두가 패하는 싸움을 피한다.

두 사람 이상이 모여 이룬 어떤 모임이든지 사람들 사이에 좋은 관계를 유지하고 건강한 감정적 환경을 조성하며 서로 협력하기 위해서는 효과적인 의사소통이 매우 중요하다. 말 못할 두려움, 공감 능력의 부족, 오해 등으로 인해 의사소통에 문제가 생기면, 서로의 감정만 달아오르고 격렬한 논쟁이 시작되면서 누구도 이기지 못한 채 모두가 지는 결과만 낳는다. 이런 문제를 일으키는 두려움, 의심, 과민 반응, 우울증, 분개, 그리고 충동 조절 부족이라는 일련의 원인에 양극성장애가 추가되면, 세상에서 가장 온유하고 착한 사람들이 제아무리 인내심을 발휘하더라도 견딜 수 없는 상황이 벌어지고야 만다.

이 장에서 우리는 효과적인 의사소통에 도움이 될 만한 몇 가지 조언을 제시하였다. 또한 서로의 이해를 돕고 갈등을 해결하는 데 유용한 의사소통의 기술과 전략을 빠르게 습득할 수 있도록 설명하였다.

사전준비 작업

성공적인 대화의 시작은 사려 깊은 준비와 기본적인 대화법에 관한 실제적인 지식이다. 지금부터 우리는 대화에 적절한 시간과 장소를 선택하는 방법, 기본적인 규칙에 대한 이해, 평온한 감정을 유지하고 신체적 언어를 사용하는 방법, 그리고 격한 반응을 피하기 위한 적절한 딘이 선택에 대해 알아봄으로써 생산적인 상호작용을 준비하도록 도울 것이다.

적절한 시간과 장소의 선택

적절한 타이밍과 장소가 의사소통의 성공 여부를 결정짓는 요소는 아니더라도 상당히 중요한 변수임에는 틀림없다. 최선의 타이밍과 장소를 선택하려고 할 때는 다음과 같은 점을 고려해볼 만하다.

✔ **고요한 순간을 기다리라.** 감정이 달아올랐을 때나 누군가 기분 삽화를 경험하고 있을 때 서로의 의견 차를 좁히려고 애쓰지 마라.

✔ **토론(진지한 대화)을 위해서는 따로 시간을 떼어두라.** 까다로운 주제에 관한 토론은 시간을 정하고 시작하지 않으면 대화가 끝도 없이 이어질 수 있다. 모든 참여자가 급하게 어디론가 달려가지 않고 편안한 마음으로 참여할 수 있는 시간으로 정한다.

되도록 참여한 사람 모두가 대화의 주제에 온전히 집중할 수 있어야 한다. 어려운 주제일 경우에는 간접적인 접근 방식이 오히려 도움이 될 수 있다. 예를 들면, 차를 타고 달리며 감정적인 주제를 논의하는 것은 별로일 수 있지만, 서로 민감할 수 있는 문제라면 오히려 나을 수 있다. 왜냐하면 대화가 이어지는 동안 서로를 바라보지 않고 이야기를 풀어나갈 수 있기 때문이다. 상담 전문가들은 종종 십 대 자녀들과 대화할 때는 차에서 이야기를 꺼내는 게 좋다고 조언하곤 하는데, 위축되고 궁지에 몰리는 기분을 유발할 수 있는 '마주 보기'의 상황을 피할 수 있기 때문이다(하지만 감정적으로 격양될 수 있는 대화는 위험한 상황을 야기할 수 있으므로, 운전하는 동안에는 그런 대화는 삼가는 게 좋다). 설거지와 같이 산만한 일을 하면서 이야기를 나누는 것도 대화의 진지함을 떨어뜨릴 수 있으므로 멈추는 게 좋다.

✔ **산만하지 않고 조용한 공간을 선택하라.** 식탁은 대화를 나누기 위한 장소로 안성맞춤이다. 식탁은 미묘한 거리감을 조성하기 때문에, 식탁을 사이에 두고 대화를 하다 보면 적당한 안정감과 거리감을 유지할 수 있다. 텔레비전과 컴퓨터가 꺼져 있고 핸드폰도 진동으로 해두었다면, 서재나 거실도 훌륭한 대화의 장소가 될 수 있다.

안전하게 대화할 수 있는 다른 공간이 없을 경우를 제외하고는 개방된 장소에서 대화하지 말라. 누군가 다른 사람이 내 말을 엿들을 수 있다고 생각하면 사람들은 마음을 터놓기 어려워하며, 이런 경직된 분위기는 대화의 효율성을 떨어뜨린다.

기본적인 원칙 세우기

일단 대화에 참여할 모든 사람이 모이고 나면, 이제는 대화의 기본적인 원칙을 세울 차례다. 규칙을 세우는 과정에는 모든 사람의 의견이 충분히 반영되도록 함으로써, 어느 한쪽으로 치우친 원칙이 되지 않도록 한다. 기본적인 원칙에는 다음과 같은 조항을 포함시킬 수 있다.

✔ 한 번에 한 가지 문제에 대해서만 대화한다.

✔ 판단하기보다 상대방을 관찰하는 것에 집중한다.

✔ 차례를 지켜 대화한다.

✔ 보통의(또는 나지막한) 어조로 대화한다.

✔ 욕설 등을 사용하지 않고서도 좌절감을 표현할 방법을 택한다.

✔ 협력한다 - 위협, 협박, 폭력적인 행동은 금한다.

✔ 누구나 언제든 휴식을 제안할 수 있다.

✔ 경청하기 : 마지못해 듣기보다, 상대방의 말에 적극적으로 귀 기울이자.

✔ 상대방의 관점에서 문제를 바라보려고 노력한다.

싸우고 큰 소리를 내지 않으면 도무지 대화할 수 없을 경우에는, 심리치료사나 친구 또는 가족 중 다른 누군가에게 도움을 청하라. 양쪽 모두가 그의 결정에 수긍할 수 있을 정도로 누가 봐도 분석적이고도 좋은 성격을 가진 사람을 선택하자. 중재자의 조율하에 기본 원칙을 세우고 모든 사람에게 동등한 발언의 기회를 제공하자.

자신의 말 살피기

효과적인 의사소통을 위해서는 대화의 명료성, 정직성 및 정확성이 필요하다. 하지만 그 명료함과 정직성, 정확함의 기준은 대화에 참여하고 당신의 말을 듣는 상대방이 기대하는 수준을 의미하다. 듣는 사람이 거부감을 갖는 대신에 상대방의 말을 쉽게 받아들일 수 있도록 단어와 표현을 선택하는 방법 몇 가지를 소개하겠다.

✔ **'나-전달법'을 통해 자신을 표현할 것.** 특히 어떤 의견을 제시할 때는 이 방법이 유용하다. 문장을 시작할 때 '내 생각에는' 또는 '난 말이지'와 같은 표현을 쓰는 것도 좋다. '나-전달법'에 대한 자세한 내용은 뒷부분에 다시 소개하는 '나-전달법으로 대립 상황 피하기' 절을 참조하라.

✔ **가능한 '현재'에서 대화가 벗어나지 않도록 주의할 것.** 과거의 일을 이야기하며 무엇인가를 배우고 결과를 개선할 수는 있지만, 이미 지나간 일을 되돌이킬 수는 없으므로 절대로 좌절하지는 말라. 절대로 자신을 방어하기 위해 과거의 일을 다시 꺼내 들고 상대방을 비난하거나 공격하지 말아야 한다.

✔ **비판, 판단, 요구 또는 비난에 말려들지 말 것.** 요약하면, 모든 참여자들은 상대방에 대한 존중의 태도를 잃지 말아야 한다. 토론할 때 비판, 판단, 요구 또는 비난에 빠져들지 않기 위한 자세한 방법은 뒷부분의 '말다툼을 일으키는 대표적인 네 가지 대화법' 절을 참조하도록 하라.

✔ **과장된 표현을 사용하지 말라.** 모든 상황은 정확히 설명하도록 노력하며, '항상' 또는 '절대로' 등의 단정적인 표현은 삼가는 게 좋다. 항상 그렇거나 절대로 그렇지 않은 경우는 그다지 많지 않음을 생각하자. "당신은 단 한 번도"라고 말하면, 당신은 두 가지 잘못을 동시에 저지르는 셈인데, 상대

방을 비난하고 단정적인 표현으로 상황을 과장했기 때문이다.

✔ **비교, 특히 두 사람을 비교하는 대화법은 피할 것.** 마치 장인어른이나 된 것 같은 말투로, 장모님이나 아들과 비슷한 성격이라며 아내의 잘못을 지적하면 보나 마나 싸움이 시작될 게 뻔하다. 다른 사람의 행동을 비교하며 일반화시키지 말되, 그저 특정 행동이나 문제에 집중하며 이야기를 풀어가는 게 낫다.

긍정적인 말투로 생각 표현하기

때로는 우리가 말하는 내용보다 말투나 태도가 더 큰 문제를 일으킬 때가 있다. 예를 들어 비아냥거리는 말투는 말하는 사람이 의도한 내용을 완전히 뒤집을 수 있는데, "늘 배려하고 이해해주어 고맙네요."라는 표현도 비꼬듯 말하면 "매번 배려하지 않고 이해하지 않으니 섭섭하네요."로 들릴 수 있기 때문이다.

목소리와 어조는 슬픔에서 기쁨, 후회에서 희망, 기쁨에서 분노와 같이 넓은 폭의 감정을 전달한다. 목소리와 어조에 신경 쓰면서 긍정적이며 낙관적, 대화를 지속할만한 어조를 유지하도록 힘쓰자. 분노, 좌절, 괴로움을 불러일으키는 부정적인 어조는 피하는 게 좋다. 긍정적인 말투와 어조를 유지하려고 애쓰다 보면 긍정적인 생각도 늘어나기 마련이다. 하지만 긍정적인 생각을 떠올리는 게 어렵다면, 그저 중립을 유지하려고 노력하기만 해도 좋다.

말할 때의 자세와 위치, 몸짓 고려하기

자세, 위치, 그리고 몸의 언어는 모두 비언어적인 의미와 감정을 전달한다. 이것에 관한 책이 무수히 많을 정도로 비언어적 의사소통과 관련된 내용을 이해하려면 끝없이 배워야겠지만, 가족이나 친구처럼 잘 아는 사람과 의사소통할 때 그가 사용하는 몸의 언어에 대해서는 이미 많은 것을 알고 있기 마련이다. 그럴 때는 그냥 다음 사항을 고려하면 된다.

✔ 상대방과 안정된 거리를 두고 서거나 앉아서, 서로의 간격을 민감하게 살피며 대화한다. 서로의 눈높이를 맞춰, 한 사람이 다른 사람을 내려다보지 않도록 하라.

✔ 긴장을 풀고 위협적이지 않은 태도를 유지하라. 얼굴 근육을 포함하여 몸의 어느 근육이든 경직되는 것을 느낀다면, 아마도 화가 나거나 불쾌하거나, 방어적인 심리가 작동하는 것일 수 있다. 그럴 때는 숨을 깊이 들이마시고 긴장을 풀도록 노력하라.

✔ 배려하는 태도를 항상 유지하라. (노려보거나 빤히 쳐다보지 않도록 주의하되) 적당한 눈 맞춤을 유지하면서, 고개를 끄덕이거나 "네" 또는 "그렇군요"와 같은 대답을 곁들이며 언어 및 비언어적인 단서로 상대방의 말을 경청하고 있음을 표현하라.

때로는 간접적인 표현이 더 효과적일 수 있으며 덜 부담스러운 교감을 이뤄낼 수 있다. 길을 걷거나, 설거지를 하거나, 운전을 하는 등 다른 활동을 하면서도 고개를 끄덕이는 등의 비언어적인 행동과 신체적 언어를 활용하고, "응" 또는 "그래" 등의 대답을 함으로써 대화에 집중하고 경청하고 있음을 표현할 수 있다.

✔ 두 사람 이상과 대화할 때는 한두 문장마다 각 사람에게 번갈아 주의를 기울여 누구도 소외감을 느끼지 않도록 한다.

엎친 데 덮친 격, 기분 증상

양극성장애의 증상이 한창 나타나고 있을 때, 당신은 보통 때 경험하던 의사소통의 문제보다 더 높은 벽을 실감하며 쉽사리 무너질 수 있다. 양극성의 증상 때문에 감정 조절에 실패한 경험은 긍정적인 마음으로 열심히 이겨내려고 애쓰는 사람들마저 기운 빠지게 할 수 있다.

✔ **우울증은 흔히 자신감을 앗아가고 자부심을 떨어뜨리거나, 쓸모없는 사람이라는 생각을 갖게 한다.** 그런 식으로 생각하다 보면 억울하고 상처를 입을 수 있는 상황을 떨쳐내지 못한 채 견디다가 나중에 힘들어질 수 있다. 우울할 때는 우울한 기분 때문에 자신이 해야 할 말을 하지 못하는 것은 아닌지 늘 살피고, 단호히 말하고 행동하도록 특별히 더 노력해야 할 수 있다.

✔ **과민함과 분노의 폭발은 조증과 우울증의 공통된 증상이다.** 기분이나 몸이 좋지 않으면, 충동적으로 말하거나 나중에 후회할 만한 행동을 할 가능성

【 사과할 때의 주의사항과 하지 말아야 할 말들 】

양극성의 성향을 지닌 사람들은 양극성 때문에 나타난 자신의 행동을 사과할 것까지는 없지만, 사과는 관계를 회복하고 죄책감과 분노로 고통받는 모든 사람들을 자유롭게 하는 힘을 갖고 있다. 물론, 그 사과가 진심 어린 것이며 적절한 방법을 통해 전달되었을 경우에 말이다. 효과적인 사과를 위해 신경 써야 할 부분과 조심해야 할 행동은 다음과 같다.

✔ **진심을 전달하라.** 상대방을 화나게 하는 원인을 조금이라도 제공했다는 생각이 들 때만 사과하도록 하라. 또한 다시는 같은 실수를 반복하지 않겠다는 다짐이 담겨 있어야 한다.
✔ **어떤 부분이 미안한 것인지 구체적으로 설명하라.** 상대방을 화나게 했을 자신의 행동이나 말을 구체적으로 언급하는 것은 자신의 잘못을 인정하는 것과 다름없다.
✔ **상대방의 감정을 인정하라.** 자신의 말과 행동이 상대방의 마음을 아프게 한 것에 대해 어떻게 생각하는지 설명하도록 하자. 그럼으로써 자신의 말과 행동이 초래한 결과에 관심을 갖고 있음을 보여줄 수 있다.
✔ **이러쿵저러쿵 변명하지 말자.** 자신의 말과 행동을 정당화하려고 하거나 상대방의 감정에 대해서만 사과한다고 하지도 말라. "그런 식으로 느꼈다니 정말 미안한데, 나는 말이지"

라는 말은 그저 할 일을 해치웠다는 자기 만족용 사과일 뿐이다. 상대방은 당신이 말과 행동을 반성하는 진심 어린 사과가 아니라, 그저 죄책감을 벗으려는 말뿐인 사과라는 것을 즉각적으로 알아차릴 게 분명하다.

✔ **자신의 손을 떠난 일임을 인정하자.** 상대방이 당신의 사과를 받아들이건 받아들이지 않건 더 이상 아무것도 할 수 없다는 사실을 받아들여라.

사과는 당신 자신을 위한 것이 아니라 상대방을 위한 것이므로, 상대방이 사과를 받아들이지 않는다고 해서 씁쓸한 기분을 가질 필요는 없다. 때때로 사람들이 진짜로 바라거나 필요한 것은 사과가 아닐 수도 있음을 알아둘 필요가 있다. 가해자의 사과를 기대하긴 하지만, 그가 진심으로 바라는 것은 동정심이나 인정일 수도 있다. 그들은 그저 자기들의 마음 아프다는 사실을 당신이 알고, 그들이 그런 반응을 보일만 한 이유가 충분하다는 것을 당신이 알아주기를 바랄 수 있다. 그들도 어찌할 도리가 없는 문제에 대해 당신이 싹싹 빌며 사과하길 바라거나 당신을 비난하고 싶은 게 아니라는 것을 이해해야 한다. 좀 더 자세한 내용은 뒷부분의 '다른 사람들의 마음 인정하기' 절을 참조하자.

이 더 커진다. 과민하다고 느낀다면, 다른 사람들의 말에 반응하거나 대구하기 전에 마음을 진정시키기 위해 특별히 더 노력하여 갈등에 불을 지피지 않도록 주의하자.

✔ **양극성장애를 안고 평생 살아야 한다는 절망감 때문에, 어떤 어려움을 직면할 때마다 관계의 문제가 끊임없이 나타날 수 있다.** 예를 들어, 이전에 기분 삽화가 나타날 때 성적인 문제가 함께 촉발되었다면, 성적 갈등은 이후에 또 다른 갈등을 유발하는 불씨가 될 수 있다. 약 복용과 관련된 갈등이나 가족 내에서 자신의 지위를 잃었다는 상실감 때문에도 갈등할 수 있

다. 두려움, 의심, 후회 및 다른 강력한 감정적 반응도 관계를 깨뜨리는 주범이 될 수 있음을 알아두자.

의학적 치료 과정을 통해 양극성의 증상이 완화될 수는 있더라도, 큰 충돌로 번지곤 하는 크고 작은 인생의 지진을 양극성 환자와 주변 사람들이 잘 해결해나갈 수 있게끔 돕는 각종 치료 과정은 종종 도움이 된다. 이 질환을 치료하기 쉽지 않은 만큼, 양극성장애의 회오리바람이 남기는 정서적 상처를 원래대로 돌이키고 회복하는 것 역시 쉬운 일이 아니기 때문이다.

말다툼을 일으키는 대표적인 네 가지 대화법

갈등은 종종 누군가 공격당했다고 느낄 때 시작된다. 위협을 당했다고 느낀 사람의 방어기제가 작동하기 시작하면, 되받아치는 반응에는 가시가 돋치고 누구도 얻을 게 없는 갈등이 시작된다. 누군가 가장 먼저 위협당한다고 느끼지 않게끔 대화하는 방법 가운데 한 가지는 방어적인 태도를 취하게 하는 주요한 네 가지의 대화법을 피하는 것으로, 비난과 판단, 요구하기와 남 탓하기를 들 수 있다. 이 네 가지 대화의 방식은 상대방을 이해하기보다는 조종하려는 시도가 담겨 있어 효과적인 대화와 문제 해결을 원천 봉쇄하고야 만다.

비난

(특별히 긍정적인 생각과 공감이 쏙 빠진) 비난은 사람들을 낙심하게 하고 분노와 두려움을 불러일으킴으로써, 서로를 향해 열린 마음의 문을 쾅 닫아버린다. 따라서 상대방을 비난하기보다는 있는 모습 그대로 받아들이는 밝은 자세를 가지도록 노력할 필요가 있다. 다른 사람들과의 관계에서 비난이라는 요소를 일단 제거하고 나면, 예전과는 달라진 다른 사람들의 반응에 놀라움을 금할 수 없을 것이다.

예를 들면, 성인이 되었지만 양극성장애 때문에 오래도록 실업자 생활을 이어온 아들을 보면서 부모는 다른 집 아들들처럼 다시 직업을 구하려고 노력하거나 집을 나가 혼자 살라고 강요하고 싶은 생각이 굴뚝 같을 것이다. 하지만 뭔가를 이루기 위해 노력하지 않는 그의 태도를 비난하는 대신에, 부모는 오히려 그 상황에서 그가 느끼는 감정에 대해 묻고 마음을 읽어주려고 노력할 수 있다. 그러면서 부모가 기대하는 삶이 아니라 그의 상황을 고려한 인생의 전략을 세우고 계획하는 일을 함께 해나갈 수도 있다.

판단

판단은 종종 무조건 반사처럼 나타나는 반응과 같아서, '온종일 잠만 자다니 정말 게으른 사람인가 봐'라는 말처럼 상대방이 내 기대에 부응하지 않을 때 불쑥 떠오르는 생각이다. 비난과 마찬가지로, 판단은 다른 사람이 '더 나아지도록' 돕겠다는 가면을 썼지만 상대방을 조종하고 힘을 과시하려는 도구에 불과하다. 누군가를 판단하는 순간, 판단받는 대상의 마음에는 강한 감정이 솟아오르고 효과적인 문제 해결의 가능성은 줄어들 뿐이다.

우리들의 인생과 사람들과의 관계 가운데 판단이 끼어들 여지를 줄여나가려면, 다음과 같은 단계를 열심히 따르는 게 도움이 된다.

1. 매일 오가는 대화 속에서 판단하는 말을 인식하라.
   판단받을 때의 기분은 어떠한지 돌이켜보면서, 다른 사람을 판단할 때 상대방의 반응은 어떠한지 살피자. 자기 자신을 판단할 때는 어떤 감정의 변화가 일어나는지 가만히 살펴보자.
2. 자신의 차이를 받아들이거나 최소한 인정하라.
   서로 효과적으로 대화하려면 상호 간에 수용하고 인정하는 과정이 필수적이다.
3. 자신의 차이를 만들어내는 원인을 이해하고 인정하라.
   사람들은 누구나 저마다의 이유와 지식, 경험을 바탕으로 서로 다른 신념과 가치 체계를 갖고 살아간다. 때로는 상대방에게 완전히 동의할 수는 없을지라도, 서로의 신념과 가치의 밑바탕을 이해하기만 해도 상대를 용인할 수 있을 정도로 다가설 수는 있다.

요구

요구도 비난이나 판단처럼 상대방의 행동을 조정하려는 의도에서 비롯된 반응이다.

물론 자신을 위해 무엇인가를 해달라고 다른 사람에게 요청하는 것은 지극히 정상적이며 수용할 수 있는 태도임은 틀림없다. 특히 고용주와 고용인처럼, 특정 관계의 사람들 사이에서는 실제로 요구하는 게 당연한 일인 경우도 있다. 하지만 사랑하는 가족과 친구, 연인 사이에서는 존중하는 자세로 함께 노력하고 문제를 해결하는 대신에 요구하는 자세를 취한다면 원하는 결과를 얻기 힘들 수 있다. 무엇인가를 요구하여 원하는 것을 얻더라도, 그런 태도는 상대방의 반발과 감정적 갈등을 유발함으로써 서로 상처를 주고받는 과정만 반복한 채 문제 해결의 가능성을 오히려 낮추는 결과를 초래할 수 있다.

남 탓하기

남 탓하기는 비난과 판단이 빚어내는 자연스러운 결과로, 다른 사람들의 행동을 변화시키려는 요구에서 비롯된다. 남 탓하기는 개인적인 사실에 관한 것이며 과거와 관련되어 있다. 남을 탓하려는 욕구를 이겨내기 위해서는 현재에 집중하면서, 모든 문제를 해결해야 할 것으로 바라봐야 한다. 이때, 그 문제와 관련된 모든 사람은 그 문제를 해결하기 위해 적극적으로 참여해야 한다. 무엇을 탓하고 싶은 마음이 생긴다면, 양극성이라는 질환 자체를 탓하는 게 낫다. 다만, 환자를 지켜보는 자기 자신이나 양극성장애로 고통받는 환자 탓을 하지는 말자. 아픈 것은 절대로 그 사람의 잘못이 아님을 잊지 말자.

나-전달법으로 대립 상황 피하기

나-전달법은 상대방의 방어기제를 불러일으키거나 논쟁의 여지를 남기지 않으면서 자신의 생각과 감정을 표현하는 대화법이다. 자신의 생각과 감정을 표현하는 나쁜 예와 바람직한 예를 각각 알아보자.

> **나쁜 예** : 당신이 너무 늦게까지 텔레비전을 보는 바람에 도무지 잘 수가 없어.

> **바람직한 예** : 난 텔레비전이 켜져 있으면 잠드는 게 어려워.

'너-전달법'을 사용한 대화를 살펴보면, 늦게까지 텔레비전을 시청하는 상대방 때문에 자신이 잠들 수 없음을 비난하고 있음을 알 수 있다. 비난하는 말은 상대방의 방어적 자세를 불러일으킨다. 그러므로 너무 늦게까지 잠자리에 들지 않는다는 비난을 퍼붓는 순간, "내가 얼마나 늦게 잔다고 그러는 거야!", "텔레비전 소리를 충분히 줄였다고!" 또는 "당신이 너무 일찍 잔다는 생각은 안 하나 보군!"과 같은 논쟁이 시작될 수밖에 없다.

하지만 '나-전달법'은 그저 텔레비전이 켜져 있을 동안 자신이 잘 수 없다는 말을 할 뿐이다. 남 탓하는 방식을 취하지 않음으로써, 비난과 판단을 피하고 특정 사항을 요구하지 않는다. 더 중요한 사실은, 문제 해결을 위한 여러 가능성을 열어둔다는 점이다. '나-전달법'으로 시작하는 대화는 양쪽의 필요를 모두 충족시키는 데 초점을 맞춘 문제 해결 방식에 좀 더 가까울 가능성이 크다. 한 사람은 자고 싶지만, 다른 사람은 텔레비전을 보며 늦게 자고 싶은 쌍방의 욕구를 모두 충족시키는 방식으로 말이다.

몇 가지 예를 더 살펴보자.

> **나쁜 예** : 서두르란 말이야!
>
> **바람직한 예** : 난 정말로 늦고 싶지 않아.
>
> **나쁜 예** : 당신이 저녁 식사 자리에서 양극성장애에 관한 이야기를 꺼낸 바람에 당황했잖아.
>
> **바람직한 예** : 저녁을 먹을 때 양극성장애에 관한 이야기가 오가서 당황스러웠어. 난 사람들 앞에서 그 문제에 대해 이야기하고 싶지 않아.
>
> **나쁜 예** : 내가 당신 의견에 동의하지 않을 때마다 날 공격하는 것 좀 그만해.
>
> **바람직한 예**: 당신과 내 의견이 맞지 않을 때 갈등이 심화될까 봐 걱정되어서, 내 생각을 분명히 표현하는 게 어려워.
>
> **나쁜 예** : 당신은 나에 대해 모든 걸 비난만 한다고!
>
> **바람직한 예** : 가끔 나는 무엇을 하든지 늘 비난받을 거라는 생각이 들어.

갈등이 한창 진행될 때, 상대방(사랑하는 가족 또는 친구)에게 여전히 당신이 사랑하고 있으며 그를 염려한다는 사실을 표현하라. 서로의 의견이 충돌하면서 감정이 상할 때, 긍정적인 관계를 떠올리기가 쉽지 않을 수 있다. 서로의 연결고리를 떠올리는 것만으로도 문제를 해결할 수 있는 감정 상태로 전환할 수 있고, 상대방이 더 이상 자신을 염려하거나 관계를 지속하고 싶지 않은 것처럼 느낄 때 사로잡히기 쉬운 분노와 두려움을 몰아낼 수 있다. 상대방을 여전히 사랑하고 있다는 확신을 표현함으로써 두려움과 분노가 개입되는 것을 막아내고, 모든 상황이 그다지 절망적이지 않다는 느낌을 줄 수 있다(문제 해결에 도움이 될 만한 추가 정보에 대해서는 제14장 참조).

 '너-전달법'보다 더 나쁜 대화법이 있는데, 다름 아닌 '당신은 항상-전달법'이다. 늘 같은 방식으로 행동하고 반응하는 사람은 거의 없다. 실제로 그런 것보다 상대방을 비약하고 상황을 나쁘게 표현하지는 말자. 이런 대화의 방식은 생산적인 대화라는 열차를 탈선하게 함으로써 상대방이 한 말이나 실제의 상태를 벗어나 절망적인 결과를 향해 내달리게 할 뿐이다.

다른 사람들의 마음 인정하기

두려움, 분노, 괴로움, 질투심 등의 감정은 사람들 사이에서 발생하는 대부분 갈등의 원인이 되곤 한다. 사람들은 이런 감정을 표출하기를 원하고, 다른 사람들이 그 감정을 합리적인 것으로 인정해주길 바란다. 서로가 감정적으로 격양된 상태에 더 이상 자신의 감정에 휘둘리지 않는 방법은 상대방의 감정을 인정하는 것이다. 즉, 상대방의 감정을 이해하고 있다는 사실을 표현하고 그가 그렇게 느끼는 게 당연하다고 인정하는 과정이 중요하다.

인정은 반영적 경청(reflective listening)보다 상대방을 향해 한 단계 더 나아가는 자세이다. 반영적 경청을 할 때는 단순히 자신이 들은 내용과 상대방이 말한 내용을 이해한 대로 인정할 뿐이다. 하지만 인정은 그런 감정을 갖는 게 괜찮은 일이며 상대방이 설명한 상황에서 그런 느낌이 드는 게 당연하다고 말하는 것이다. 다음의 대화에서 나타나는 서로 다른 3가지 반응을 살펴보자.

남편 : 가족 치료를 받을 때마다 우리가 고민하는 모든 문제의 원인이 내게 있다는 듯 모두 나만 공격하잖아.

아내(전형적인 방어 반응, 나쁜 예) : 도대체 누가 당신을 공격한다고 그래! 이 상황이 당신 때문이 아니라는 건 모두가 다 안다고.

아내(방어 반응, 나은 예) : 가족 치료 과정에 대해 당신이 상당히 불만이 많다는 것처럼 들리는걸.

아내(인정, 좋은 예) : 모두 내 탓만 하는 것처럼 느껴졌다면 나도 무척 화가 났을 것 같아.

충분히 표현되지 않거나 수용되지 않은 감정은 때때로 불쑥불쑥 올라와, 빈정거림이나 분노, 때로는 폭력적인 모습으로 결국에는 파괴적인 모습을 드러내기 마련이다.

다른 사람의 감정을 인정하는 것은 쉬운 일처럼 들리지만, 사람들은 대부분 오히려 그 반대로 행동하곤 한다. 예의를 중요하게 생각하는 사회일수록, 사람들은 감정이나 마음에 바라는 바를 쉽게 드러내지 않는 편이기 때문에, 누군가 격한 감정을 표현할 때 사람들은 다음과 같은 비효과적인 방법으로 대응하기 쉽다.

✔ **반격** : 격한 감정은 종종 더 격분한 감정을 불러일으키는데, 보통 두려움과 분노가 그렇다. 감정이 한층 고조된 순간에 싸움에 휘말리지 않기란 보통 어려운 일이 아니다. 하지만 마음 가는 대로 역습을 감행하더라도 곧바로 비난과 후회만 남을 게 뻔한데, 그래 봤자 마음의 상처와 역효과만 남을 뿐이다.

✔ **무시** : 누군가의 말에 이렇게 대꾸하면서 그 사람의 감정을 무시하는 경우가 있다. "왜 그렇게 화를 내는 거야? 아무도 당신을 공격하려는 게 아니라고." 다른 사람의 감정을 놓고 언쟁을 벌이지 말라. 그 사람이 그렇게 느낀다는 게 바로 현실일 뿐이다. "다른 사람들이 당신을 공격하는 듯 느껴지는 이유를 이해할 수 있을 것 같아. 당신이 안심할 수 있으려면 우리가 어떻게 하면 좋겠어?" 이런 말로 상대방의 기분을 인정하는 게 중요하다.

✔ **조언** : 다른 사람의 말을 들을 때, 사람들은 도와달라는 울부짖음인 줄로 알고 상대방이 요청한 적도 없는 조언을 쏟아놓곤 한다. 가장 좋은 방법은 상대방이 요청할 때만 조언하겠다는 원칙을 세우는 것이다. 그래도 확신

이 서지 않는다면, 상대방에게 다음과 같이 묻는 것도 괜찮다. "지금 내 조언을 바라고 이야기하는 거니?"

✔ **못 들은 척하기** : 다른 사람의 감정을 인정하지 않고 무시하는 또 다른 방식이 있는데, 아무런 대꾸도 하지 않고 침묵을 지키거나 대화의 주제를 바꾸는 태도로, 상대방의 말을 무시하는 것과 거의 같다고 볼 수 있다. 상대방의 말에 어떻게 반응해야 할지 알지 못할 때는, 최소한 그의 말을 그대로 반복해 되묻거나 질문이나 설명을 좀 더 자세히 말해달라고 요청함으로써 그의 말을 들었고 이해하고 있음을 표현하라.

갈등 상황에서 잠시 거리두기

양극성장애가 있다고 해서 가족 중 누구도 비난해서는 안 되는 것처럼, 서로의 갈등을 해소하고 피할 수 없는 싸움을 예방하려면 가족 구성원 모두가 힘을 합해야 한다. 격한 감정은 갈등이라는 불씨에 기름을 붓는 것과 같아서, 그 누구에게도 유익하지 않다. 의견의 불일치가 시작될 조짐이 보이면 잠깐 서로 거리를 두고 감정이 수그러들기를 기다리는 게 좋다. 한껏 달아오른 소모적인 논쟁에서 벗어날 수 있는 몇 가지 기법을 여기에 소개하므로 필요할 때 참조하라.

✔ **타임아웃을 요청하라.** 분노는 파도와 같이 밀려온다. 언쟁을 벌이던 상대방이나 사람들과 잠시 떨어져서 최악의 상황을 향해 내달리던 발걸음을 멈추면, 격한 감정을 가라앉히고 좀 더 평온한 마음으로 다시 대화의 자리로 돌아올 수 있다. 무엇보다 서로의 감정을 인정하고 감정을 무시하는 것은 갈등에 부채질을 할 뿐이다. 하지만 누구에게나 거리를 둘 시간은 필요하다. "날 두고 가지 마."라는 말은 아무런 효과도 없을뿐더러, 다른 사람의 행동을 조종하려는 의도가 묻어날 뿐이다. 누구나 원할 때 서로 논쟁을 멈추고 잠깐 바람을 쐬고 돌아오는 방법을 선택할 수 있어야 한다.

✔ **유머 감각을 발휘하거나 가벼운 농담을 던져라.** 농담에는 분위기를 전환하는 탁월한 능력이 있지만, 주의할 점은 모든 사람이 웃을 수 있는 농담이어야 한다는 것이다. 누군가를 비웃거나 무시하는 농담은 갈등의 골을 더

깊게 만들 뿐이다. 하지만 따스했던 서로의 감정을 떠올리게 하는 유머는 멋진 시도가 될 수 있다. 농담은 지금 겪는 어려움이 곧 지나갈 거라는 사실을 모두가 기억하게 해주기 때문이다.

때로는 다투었던 기억조차 아름다운 추억이 될 수 있는데, 서로의 오해나 말도 안 되는 실수를 떠올리며 웃을 계기를 마련하기 때문이다. 또는 어떤 이유로든 함께 힘들었던 순간을 추억하며 함께 웃을 수도 있다.

✔ 걷기가 갈등 해소에 도움이 되는 몇 가지 이유를 들 수 있다. 누군가와 나란히, 같은 방향을 바라보며 함께 걷는 것은 서로를 마주 보고 대화하는 것보다 긴장감이 훨씬 덜 하다. 또한 걷는 행동 자체가 감정적 해소에 도움이 되기도 하고, 공개된 장소를 걷는다면 어조에 좀 더 신경을 쓰려고 노력하게 된다는 이점도 있다.

이런 전략이 의견 충돌의 상황에서 만병통치약이 될 수는 없지만, 그래도 종종 갈등을 누그러뜨리고 갈등의 지속 시간을 단축시키는 효과가 있다. 사람 사는 세상에는 늘 언쟁과 의견의 충돌이 존재하며 어느 순간에는 논쟁이 벌어지기 마련이다. 하지만 마음의 평정과 연민을 유지하는 방법을 찾기만 하면 독소처럼 번져나가는 갈등을 막아낼 수 있다.

거리 두기는 일시적인 해결책이 될 뿐이다. 서로의 감정이 가라앉은 후에도 갈등의 불씨가 되었던 원인이 여전히 남아 있음을 발견하게 되는데, 이런 문제는 이 장의 앞부분에서 소개한 의사소통의 기술과 제14장에서 설명한 생산적인 문제 해결 방법을 연습함으로써 해결할 수 있다. 거리 두기는 감정의 회복을 기다리는 동안 더 큰 상처를 입지 않기 위한 일시적인 휴전과 같다는 사실을 잊지 말자.

상대방에게 상처를 주는 말, 모욕적인 발언, 협박 또는 위협적인 행동이나 말, 물건을 집어 던지고 재산에 손해를 입히는 행위, 그리고 신체적인 공격 행위는 의사소통의 과정에서 절대로 용납될 수 없는 유형의 폭력이다. 어느 누가 이런 행동을 시도하고 자신의 행동을 정당화해도, 그건 그저 학대일 뿐이다. 주위 사람 가운데 누군가 이런 행동을 일삼는다면, 가족이나 친구 중에 믿을 수 있는 사람과 의논하고, 학대와 관련된 프로그램이나 상담 전문가를 찾아 문제를 해결하는 게 좋다.

문제 해결 및 갈등의 해소

- 성공적인 문제 해결 과정을 준비한다.
- 지금 직면하고 있는 실제적인 문제에 집중하고 각 사람의 필요와 관심을 알아차린다.
- 해결책을 마련하고 실행에 옮긴다.
- 문제를 악화시키는 행동을 몰아내고 해결할 수 없는 문제에 더 이상 매달리지 않는다.

모 든 문제는 긴장과 갈등 상황에 따라 밀려오다가도 또 사라지기 마련이다. 기쁜 소식은, 모든 문제에는 반드시 긴장감을 완화하고 갈등을 해소하는 데 도움이 될 만한 한 가지 이상의 해결책이 있다는 사실이다.

수많은 전문가와 치료 기관은 지금껏 문제 해결에 도움이 될 만한 체계적인 접근 방식을 연구하고 개발해 왔다. 그리고 일부 심리치료사들은 **문제해결요법**(problem-solving therapy, PST)이라고 불리는 특별한 유형의 정신 요법을 제안하기도 했다. 대부분의 구조화된 접근 방식은 상당한 유사성을 나타내며, 다음과 같은 단계를 공통으로 제안하고 있다.

1단계 : 문제를 규명한다.

2단계 : 목표를 설정하거나 필요를 명확히 한다.

3단계 : 해결방법을 놓고 충분히 고민한다.

4단계 : 해결방법의 순위를 매기고 가장 유력한 방법을 선택한다.

5단계 : 선택한 해결방법을 실행에 옮긴다.

6단계 : 결과를 평가한다.

처음 선택한 방식의 효과가 별로였다면, 다시 5단계로 돌아가 목록 가운데 다른 방법을 선택해 시도하거나 3단계로 돌아가 다른 방법을 더 고민해보자.

이 장에서 우리는 문제 자체를 해결할 뿐만 아니라 사람들 사이에 벌어지는 갈등을 해결하기 위한 간단한 접근방법을 소개하고 있다. 그리고 몇 가지 비생산적인 문제 해결 방식을 살펴봄으로써, 문제가 지나가도록 내버려두는 것이 가장 좋은 해결책이 될 수 있는 상황에 대해서도 알아보려고 한다.

효과적인 문제 해결을 위한 상황 설정

혼자만의 문제를 해결할 때는 효과적인 문제 해결을 위한 상황 설정이 어렵지 않다. 그럴 때는 그냥 혼자서 조용한 곳으로 가서 골똘히 생각하면 그만이다. 하지만 다른 사람들과 얽힌 문제를 해결하는 것은 훨씬 더 복잡하다. 성공적인 또는 최소한 뭔가 긍정적인 결과를 얻을 만한 해결방법을 시도하려면 다음과 같은 몇 가지 단계를 사전에 계획하고 준비해야 한다.

✔ **이해관계의 당사자를 모두 한자리로 불러 모으라.** 어떤 형태로든 문제와 연관된 사람이라면 그 문제 해결을 위한 역할에 참여해야 한다. 해결방법을 찾는 과정에서 제외된 사람은 결정된 해결 방안에 적극적으로 참여하지 않을 가능성이 크다.

✔ **의제를 설정하라.** 논의하고자 하는 의제를 모두에게 알려, 사람들이 자신의 의견을 공식적으로 내놓을 수 있도록 하라. 다음 절에서 살펴보겠지만, 이미 문제가 명확하게 드러났을 수도 있지만 그저 갈등이 표면화된 채 근

원적인 문제를 찾아 해결해야 하는 상황일 수도 있다.

✔ **시작 시간과 마치는 시간을 정하고 시작하라.** 모두에게 좋은 시간대를 고르되 감정이 차분해진 다음에 시작하는 게 좋다. 어떤 방해도 받지 않고 최소한 한 시간 정도 논의할 수 있어야 한다. 논의가 좀 더 빨리 마무리되더라도 그건 오히려 잘된 일이다! 한 시간이 다 되어도 문제를 해결하지 못했다면, 다음 만남을 기약하는 게 좋다.

✔ **문제 해결에 도움이 될 수 있는 환경을 만들라.** 전화, 컴퓨터, 텔레비전 등과 같은 방해 요소가 없는 조용한 공간이 좋다. 테이블에 둘러앉는 것도 안정감을 주는 동시에, 필요할 때 무엇인가를 기록할 수 있는 공간을 마련해주기 때문이다.

✔ **기본적인 원칙을 세우라.** 모든 의제를 논의하기에 앞서, 모든 사람이 안정감을 느끼고 편안한 기분으로 대화할 수 있는 기본 원칙을 세우는 게 선행되어야 한다. 기본적인 의사소통의 기술에 관한 몇 가지 바람직한 규칙의 예를 들어보겠으며, 자세한 내용은 제13장을 참조하라.

  • 남 탓하거나 비난하지 않기
  • 소리 지르지 않기
  • 지난 일을 들춰내지 않기(달리 말하면, 현재의 일에 집중하기)
  • 긍정적, 건설적, 실제적인 입장을 유지하기
  • 다른 사람의 의견에 동의할 수 없어도 존중하는 태도를 유지하기
  • 누군가의 감정이 고조될 때는 잠시 타임아웃을 허용하고 몇 분간 물러서기

조증, 경조증 또는 우울증이 나타날 때는 문제 해결을 시도하지 말자. 기분 삽화가 한창 진행되는 동안에는 그냥 기분 삽화에 집중하는 게 낫다. 문제를 해결하기 위해서는 분명한 사고가 필요하지만, 기분 삽화가 나타날 때 문제 해결을 시도하더라도 헛수고로 끝날 게 뻔하기 때문이다.

문제 정확히 파악하기

어떤 문제를 해결하려면, 무엇보다 가장 먼저 그 문제가 무엇인지 정확히 파악해야한다. 문제를 규명하는 하나의 방법은 자신이 느끼는 감정을 알아차리는 것에서 출발점으로 삼는 것이다. 화가 나고 당황스럽거나, 두렵고 상처받은 기분이 드는가? 그렇다면 그런 감정을 일으키는 원인이 무엇일지 스스로 질문해보라. 그리고 문장으로 대답하되, 원인을 설명하는 말로 문장을 시작하고 감정을 설명하는 말로 마무리 지어보자. 다음과 같은 말로 자기감정을 설명할 수 있을 것이다. "나는 식구들이 날 어린아이처럼 대할 때 너무너무 화가 나.", "우리가 매달 버는 것보다 더 많이 지출하다가 이 집마저 잃게 될까 봐 두려워."

부부, 가족 또는 팀으로서 문제를 해결하기 때문에 한 사람의 문제가 곧 모든 사람의 문제라는 사실을 염두에 둬야 하겠지만, 진짜 문제가 무엇인지에 대한 각 사람의 생각이 다를 수 있다. 따라서 모든 사람이 동의하는 문제의 실체를 파악할 수 있기 위해 노력해야 한다.

문제를 파악하는 또 다른 방법은 각 사람의 이야기를 돌아가면서 들어보는 것인데, 이 방법은 특히나 사람들 사이에 갈등을 유발하는 문제를 다룰 때 필요한 접근법이다. 이것은 각 사람에게 지금의 상황, 그리고 그와 관련된 각자의 생각을 말할 기회를 주는 방식이다. 만일 논쟁하지 않고서는 도저히 그 문제에 대해 말할 수 없다면, 각각 자기 생각을 종이에 적도록 하고 서로 돌려 읽게 하는 것도 좋은 방법이다. 이야기를 나누는 이런 방식은 모두가 판단하는 반응 대신에 능동적으로 경청하며, 비판하고 판단하지 않으면서 다른 사람의 경험에 주의를 기울일 때 가장 놀라운 효과를 발휘할 수 있다(판단하지 않고 의사소통하는 방법에 대한 설명은 제13장 참조).

어떤 이야기라도 다른 사람의 입장에서 보면 나와 다른 생각이 나타나기 마련이므로, 이처럼 이야기를 주고받다 보면 종종 격한 감정이 올라오곤 한다. 따라서 갈등의 여지가 많은 이야기는 주로 숙련된 중재자나 가족 심리치료사가 함께 있을 때, 그가 묻기도 하고 감정 반응도 조절하도록 도움을 주며 이야기의 흐름을 생산적으로 이끌어갈 수 있는 말을 덧붙여주는 가운데 주고받는 게 가장 좋다. 하지만 만일에 그런 전문가의 도움 없이 직접 이야기를 풀어가고자 한다면, 각 사람에게 방해받지 않고 발언할 기회를 골고루 제공하고, 참석한 모두가 상대방의 입장에 대해 명확하게 이해할 때까지 차례대로 질문할 수 있도록 이끌도록 하자. 감정이 치솟다가 차분히 가라앉을 시간적, 공간적 여유를 확보하라. '누가', '무엇을', '언제', '어디서', '왜', 그리고 '어떻게'에 대한 개방형 질문을 던지고 응답자가 질문에 살을 붙이듯 대답하는 방식을 취하면 되는데, 몇 가지 예를 들어보겠다.

- ✔ 문제가 발생할 때 주로 그 상황과 연관된 사람은 누구인가?
- ✔ 이 문제가 누구에게, 그리고 어떻게 영향을 준다고 생각하는가?
- ✔ 문제가 벌어질 때 어떤 일이 일어나는가?
- ✔ 무엇이 그 문제를 더 악화 또는 개선하는가?
- ✔ 그 문제가 주로 언제 일어나고 가장 심각한 상황으로 치닫는가? 그 문제가 주로 온종일 또는 1년 중 언제, 아니면 어떤 특별한 상황이나 사건이 일어날 때 좀 더 자주 발생하거나 악화되는 것 같다고 말할 수 있는가?
- ✔ 그 문제가 주로 발생하는 장소는 어디인가? 집, 직장, 학교, 차 안 또는 식당 등 구체적인 장소를 말해보자.
- ✔ 그 문제나 갈등을 촉발하는 요인으로 어떤 사건, 단어, 행동, 또는 감정 등을 들 수 있을까?
- ✔ 지금껏 그 문제를 어떻게 다뤄왔는가?
- ✔ 다른 사람들은 그와 비슷한 문제를 어떻게 해결하는가? 그들의 방법은 효과적인 것 같나?

질문을 던지면 세부적인 내용을 끌어낼 수 있고, 자세한 정보는 종종 사람들의 이해를 깊게 하고 해결 방법을 보여주기도 한다.

문제 해결의 과정은 종종 과거의 사건, 다른 문제들, 감정의 먹구름에 가려 불투명해지곤 하는데, 특별히 그 문제와 관련된 대화의 상대가 여럿일 때 더욱 그럴 수 있다. 문제를 해결해나가는 과정에서 이 단계를 지나갈 때, 많은 사람이 공통적으로 빠지는 함정을 피할 3가지 방법을 알아두면 도움이 될 것이다.

- ✔ **현재에 집중하라.** 이미 지나간 일을 돌이킬 수는 없으니 과거에 너무 몰두하지 말라. 실제로 이런 상황을 맞닥뜨렸을 때 이렇게 해내기란 쉬운 일이 아니므로, 과거의 상처를 자꾸만 들춰내는 대화가 오갈 때 모든 사람에게

이 사실을 떠올려주고 다시 현재의 문제에 집중하도록 환기해줄 방법을 미리 계획해둘 필요가 있다.

✔ **한 가지 문제에만 집중하라.** 문제는 파도처럼 밀려오는 법이지만, 그 모든 문제를 한꺼번에 해결하려 하다가는 집채만 한 파도에 휩쓸려 조난당할 수밖에 없다. 그러므로 가장 힘겨운 문제를 딱 하나만 선택해야 한다. 문제를 한 가지씩 해결하는 게 어려울 수 있으므로, 한 문제에서 다른 문제로 대화의 중심이 옮겨갈 때 그것을 알아차리고 원래의 그 문제로 다시 돌아와 집중할 수 있도록 계획을 세우는 편이 낫다.

✔ **긍정적인 마음을 유지하라.** 문제의 한복판에 서 있기보다는 높은 발코니에 앉아 문제 상황을 내려다보는 사람처럼 마음을 먹도록 하라. 그런 관점을 유지하다 보면 좀 더 객관적인 시각을 유지하면서 덜 민감하게 반응하며 한 걸음씩 천천히 반응하는 법을 터득하게 된다.

문제를 해결하기 위해 다른 사람들과 함께 노력할 생각이라면 원만한 의사소통의 중요성을 잊지 말아야 한다. 이런 의사소통에 도움이 될 만한 내용을 제13장에 자세히 소개해두었다.

문제/갈등 상황을 새롭게 정의하기 : 옳고 그름에서 충족되지 못한 욕구까지

사람들은 종종 문제, 특히 갈등을 빚어내는 문제들을 옳고 그름의 가치로 판단하려는 경향이 있다. 만일 그런 일들이 법정으로 가져가야 할 상황이라면 당연히 누군가의 옳고 그름을 판단해야만 한다. 법적 제도는 누군가의 권리, 의무 및 피해의 구제를 놓고 공방을 벌이기 위한 것으로, 대개 잘못을 저지른 사람의 물질적 배상을 요구하기 마련이다.

불행하게도, 사랑하는 사람들은 종종 법적 싸움으로 문제에 접근한다. 그들은 서로 논쟁을 벌이고 증명하려고 하지만, 대개는 소용없다. 판결을 내릴 재판관이나 배심원이 없는 이런 싸움에서 문제는 해결되지 않은 채 종종 서로의 마음만 다칠 뿐이다.

좀 더 효과적인 접근 방식은 서로 충족되지 않은 욕구와 필요라는 관점으로 문제를 다시 바라보고 새롭게 정의하는 것이다. 이런 방법은 전문적인 중재자가 갈등을 해결할 때 종종 사용하는 접근법인데, 대립한 양측이 각자 자기들의 필요와 기대를 의사소통할 수 있게 도와줌으로써 모두의 관심을 만족시키고 필요를 충족할 수 있는 방법을 찾기 위해 노력하는 방식이다. 문제 해결 치료의 언어로 볼 때, 이 단계는 모든 관련자의 필요를 만족할 수 있는 목표를 설정하는 것에 주목하는 것으로 이해할 수 있다.

각자의 관심에 초점을 둔 문제 해결 방식의 목표는 모든 사람의 승리를 목표로 한다. 갈등 상황에서 방어 자세를 취하기보다, 적극적으로 자신의 관심을 표현하고 모든 사람을 만족시킬 만한 해결책을 찾기 위해 힘을 모으는 것으로 이해하면 된다.

각자의 필요와 욕구를 알기 위해서는, 자기 자신과 그 상황에 개입된 사람들이 원하는 것이 무엇인지 물어야 한다. 어떻게 하면 그 상황이나 문제가 해결된 기분이 들 것인가? 문제에 따라, 혼자만의 문제인지 아니면 함께 풀어나가야 할 문제인가에 따라 다른 결론을 얻을 것이다. 필요와 욕구에 대한 몇 가지 예를 한번 들어보겠다.

✔ 저녁을 먹을 때 더는 싸우지 않게 된다면 좋겠어.
✔ 약물치료를 받고 싶은데 돈이 너무 많이 들 것 같아 걱정이야.
✔ 운전 면허증이 정지된 바람에 출근할 때 누군가 날 좀 태워주면 좋겠어.
✔ 매달 100만 원쯤 더 벌든지, 아니면 100만 원 정도를 절약해야 할 것 같아.
✔ 당신이 안전한지 알 수 없어 늘 걱정스러워.
✔ 당신이 약을 꼬박꼬박 잘 챙겨 먹고 있는지 알고 싶어.
✔ 내가 약을 먹는 것에 대해 사람들이 잔소리 좀 그만하면 좋겠어.

모든 사람의 욕구와 목적을 파악하고 나면, 해결책을 의논하고 각자의 욕구를 충족할 수 있는 전략과 방법을 실행에 옮기는 다음 단계로 넘어가면 된다.

해결책 논의하기

이제 좀 더 즐겁고 창조적으로 해결책을 논의하는 문제 해결의 과정으로 넘어가자.

이 과정의 목표는 되도록 많은 해결책을 생각해내고 제시하는 것이다. 혼자서 문제를 해결하는 중이라면 그저 몇 가지 아이디어를 적기 시작하라. 그룹 안에서 사람들과 힘을 모아 문제를 해결하는 과정 중에 있다면, 둥글게 돌아가며 각 사람에게 한 가지 이상의 생각을 말할 기회를 주자. 그 그룹 가운데 한 명에게 그 모든 아이디어를 기록해달라고 부탁하면 좋다(이때 모두가 볼 수 있는 화이트보드 칠판을 이용하면 편리하다).

참여하는 모든 사람이 가장 만족할 수 있는 논의의 방법을 선택하라. 어떤 사람들은 각자 혼자서 생각한 후에 함께 모여 결정하는 것을 선호하는 반면, 어떤 이들은 그룹 안에서 자유롭게 논의할 때 가장 창의적인 아이디어를 내놓기도 한다. 되도록 많은 해결 방안을 모으는 것이 목표이므로, 그 목적을 달성하는 방법의 '유일한 정답'은 없음을 기억하자.

창의적이되 비판적이지 말라. 효과가 덜할 것 같은 아이디어는 나중에 빼버리면 그만이지만, 비판적인 태도는 최고의 해결책을 찾기 위한 창의적인 사고를 방해할 뿐이다. 그저 둘러앉아 이런저런 생각을 자유롭게 제시할 수 있는 분위기를 만드는 게 가장 좋은 방법이다.

더 이상 좋은 아이디어가 떠오르지 않는다면 피드백 모드로 전환하라(예전에 시도해보았으나 그다지 효과가 없었던 방법은 과감히 빼고 싶은 마음이 굴뚝 같겠지만, 실패했던 해결책도 계획과 실행방안을 수정하면 오히려 성공의 길잡이가 될 수 있음을 기억하라). 목록에 적힌 각각의 해결책에 대한 장점과 단점 및 노력 대비 효과분석의 결과를 함께 적어두고, 다음과 같은 물음을 통해 각각의 효과를 예측해본다.

- ✔ 시간, 비용, 노력, 감정적 노력 등의 측면에서 볼 때 각각의 해결책은 경제적인 방법인가?
- ✔ 예상되는 효과를 생각했을 때, 어떤 해결책의 이점이 가장 클 것으로 예상되는가?
- ✔ 장점과 단점, 또는 노력 대비 효과를 분석한 결과를 비교하면, 어떤 해결책이 모두를 위해 가장 좋을 것으로 예상되는가?

순위를 매겨 상위 두세 번째에 포함될 만한 방법을 추린 다음 한 가지를 선택한다.

나머지 한두 가지는 첫 번째 해결책으로 성공하지 못할 경우에 시도할 대안들이다.

정해진 해결책의 계획과 실행

성공적인 문제 해결의 가능성을 높이기 위해서는 선택한 방법을 실행에 옮길 세부적인 계획이 필요하다. 계획에는 다음과 같은 요소가 포함되어야 함을 잊지 말자.

✔ **자원** : 사람들 사이의 문제와 갈등을 해결하기 위해서는 때때로 대안적인 생활공간, 돈 또는 교통수단 등의 추가적인 자원이 필요하다. 어떤 문제를 해결해야 할 필요가 발생할 경우에는, 그 해결 방안을 위한 계획에 그 필요에 관한 내용이 포함되어 있는지 살핀다.

✔ **세부적인 작업 구분** : 그 해결책이 매우 복잡하다면 필요한 작업을 세분화하여 좀 더 간단하게 느껴지고 쉽게 해결할 만한 느낌을 줄 수 있도록 하라.

✔ **과제** : 각각의 작업을 누가 수행할 것인지 나눠 결정한다.

✔ **마감 시한** : 전체 계획을 마감할 날짜와 필요하다면 각각의 과제와 단계를 나눠 점검할 세부적인 시한을 정한다.

✔ **성공적인 결과의 예측** : 그 계획을 통해 기대하는 성공의 결과를 간단히 적어두어, 문제가 성공적으로 해결된 정도를 비교 분석할 수 있도록 한다.

성공을 기념할 만한 방법을 언제든 추가할 수 있도록 염두에 두라. 예를 들어, 성공적으로 그 문제를 해결하거나 미리 정한 중간 목표에 도달하면 함께 나가 외식하거나 영화를 보며 성공을 기념할 수 있다.

계획을 모두 세웠으면, 이제 실행에 옮기는 일만 남은 셈이다. 행동 개시를 선포하고 주기적으로 상황을 모니터링 한다. 진행 상황을 중간 점검할 또 다른 모임을 계획하라. 목표에 도달할 기미가 보이지 않는다면, 계획을 수정하거나 버리고 다른 방법을 시도한다(다른 계획으로 전환할 때 고려할 세부적인 내용은 이후에 이어지는 절을 참조).

때로는 문제나 갈등을 해결하는 과정이 그저 간단한 '주고받기' 식의 대안으로 끝나는 경우가 있다. 예를 들면, 딸의 안부를 걱정하는 아빠가 수시로 딸에게 전화하는 바람에 갈등하는 경우라면, 딸이 하루에 한 번씩 아빠에게 안부 전화를 걸어 아빠가 전화하지 않도록 할 수 있을 것이다. 경우에 따라서는 경제적 해결 방안을 모색해야 할 수도 있다. 예를 들어, 자신의 양극성장애로 씨름하는 가족 구성원 중 한 사람이 그 상황을 견디기 힘든 나머지 따로 나가 살아야 할 경우가 생길 수 있는데, 나머지 가족이 힘을 모아 자그마한 월세방이라도 구해 그가 일시적으로나마 편안히 지낼 방법을 찾거나, 교회나 지역 사회 단체 등을 통해 또 다른 방법을 마련할 수도 있다.

자원을 찾아 해결할 수 있는 문제는 대개 모두의 필요를 충족시키는 해결책이 되곤 하지만, 그 자원을 확보할 방법을 고민하고 마련하는 일은 창조적인 발상과 연구를 필요로 할 수도 있다. 만일 필요한 그 자원을 구할 때 비용이 발생하는 경우라면, 제18장을 먼저 읽고 각종 지원과 관련된 자세한 내용을 참고하여 진행하라.

도움이 안 되는 방식 피하기

어떤 문제에 접근하는 방식은 사람마다 조금씩 다를 수 있고, 다른 게 당연하다. 하지만 그중에서도 좀 더 건설적이고 효과적인 방법이 존재하기 마련이다. 이 장에서 소개하는 문제 해결의 기술도 효과적일 수 있지만, 다른 방법도 틀린 게 아니라는 뜻이다. 다만 다음에 소개하는 비생산적인 기술/아무것도 얻을 게 없는 기술을 피하도록 최선을 다하자.

- ✔ 회피 : 누군가와 갈등하는 게 죽기보다 싫은 사람이라면, 어떤 문제에 대해 대화하거나 문제 해결을 위해 어떤 행동을 취하는 과정에 다툼이 벌어질까 봐 두려운 나머지 그저 도망칠 수 있다. 만일 그런 마음이 있다면, 잠깐의 고통과 갈등, 그리고 긴 안도감과 평안 중에서 어떤 게 좀 더 가치 있고 소중한지 생각해보자. 시간이 흐를수록 문제는 종종 더 심화되고 꼬이기 마련이다. 따라서 순간적인 회피 덕분에 잠깐 마음의 편안함을 누린 후에는 눈덩이처럼 불어난 문제를 맞닥뜨리게 될 것이다.
- ✔ 포기 : 뿌리 깊고 영원할 것만 같은 문제 앞에서는 아무리 가장 뛰어난 해

【 '셀프' 교육으로 문제 해결하기 】

난 문제를 푸는 사람이다. 여기서 문제를 푼다는 건, 수학 문제를 잘 풀거나 채무자를 혼내주고 돈을 받아주는 그런 해결사라는 말이 아니란 사실! 말하자면, 나는 머리를 써서 문제를 해결하는 해결사라는 뜻이다. 그 문제가 친구의 구닥다리 자동차의 기계적 결함이든 또는 감정적 문제이든 내게는 별 상관이 없다. 그저 주의를 기울여 잘 듣고 어떤 상황인지 구체적으로 몇 가지 질문을 던지고, 몇 가지 가능한 해결방법을 찾으면 되니까. 내가 양극성장애를 진단받았을 때도, 그런 식으로 나 자신에게 질문을 던졌다. '이 문제를 어떻게 해결하면 좋을까?' 그리고 얼마 후, 나는 양극성장애가 문제의 핵심이 아님을 깨달았다. 진짜 문제는 바로 나를 바라보는 내 관점에 있었음을 깨달은 거다.

내가 볼 때, 가장 핵심적인 부분은 교육이다. 난 책, 각종 블로그, 여러 홈페이지 등을 둘러보고 자료를 수집하라는 게 아니다. 물론 그런 정보를 활용하는 것도 좋다. 하지만 그때 나는 나 자신에 대해 알아야 한다는 생각이 들었다. 그래야만 내가 직면한 문제를 해결할 수 있음을 깨달았기 때문이다. 내가 '희생자'라는 색안경을 스스로 벗고, 양극성장애는 그저 화학적 불균형일 뿐이라는 객관적인 관점을 가져야 한다는 생각이 들었다. 나에 대해 알아가고 양극성장애가 내 삶에 미치는 영향을 깨닫는 시간을 보내고 나니, 회복을 향해 가야 할 길의 지도를 자세히 그릴 수 있게 되었다. 내게 성격적 결함이 있는 게 아니라는 사실은 매우 중요한 깨달음이었고, 뇌에서 벌어지는 화학물질의 불균형 상태로 인한 기분장애일 뿐임을 스스로 인정할 수 있었다. 해결책은 그토록 간단했지만, 치료 과정은 결코 쉽지 않았다. 양극성과 관련된 문제를 해결하기 위해, 나는 무엇보다 먼저 사랑하는 사람들과 마음을 열고 정직한 대화를 시작했고, 그다음에는 전문가의 도움을 받아 각종 치료법, 약물치료 또는 인지치료 등을 시도했다. 마지막으로는 그중에서 효과가 나타난 방법을 구별해 지속해나가는 과정을 거쳐야 했다.

개인적으로, 나는 진정한 회복을 향한 발걸음을 쉬지 않고 씩씩하게 내딛기 위해 유머를 징검다리 삼아 어려움의 개울을 건너는 편이다. 사랑하는 가족, 지역사회 단체, 전국 및 지역의 정신건강 지원센터 역시 회복을 향한 나의 여정에 큰 도움을 주었다. 나의 신념, 사랑, 많은 사람의 지원과 희망이 있었기에, 셀프 교육을 통해 양극성장애를 극복하고 감정을 조절하여 양극성장애 때문에 벌어지는 문제들을 해결하며 여기까지 올 수 있었다.

－차토 스튜어트, 좋은 아빠이자 남편이며, 블로그 Mental Health Humor
(blogs.psychcentral.com/humor)에서 만화가로 활약하면서
정신건강의 중요성을 널리 알리는 일을 하고 있다. 긍정적인 메시지를 담고 있으며,
도전적이며 심지어 재미있기까지 한 그의 만화에는 양극성장애를 안고 살아온
자신의 개인적인 삶의 경험이 가득 담겨 있다.

결책을 시도하더라도 넘어지기 마련이다. 그럴 때는 훨씬 더 영원할 것 같은 용기를 품고 포기하지 말고 도전하라. 모든 사람의 힘을 모으고 긍정적인 결과를 얻기 위해 목표를 향해 쉼 없이 달려간다면 모든 문제에는 반드시 해결책이 있기 마련이다. 그러니 절대로 포기하지 말자!

✔ **과도한 책임 의식** : 혼자서 어떤 문제를 해결하기 위해 노력할 때는 무거운 책임감을 느끼는 게 잘못된 일이거나 소모적인 게 아니다. 하지만 여러 사람이 관련된 문제라면 문제 해결을 위해 모두가 함께 노력할 때 좀 더 나은 결과를 얻을 수 있다. 그 일에 대해 일말의 책임을 느낀다면 잠시 한 발짝 뒤로 물러서서 다른 사람들이 적극적으로 자신의 역할을 감당할 수 있도록 기다리자.

✔ **행동하지 않으면서 불평만 하기** : 문제를 놓고 서로 대화하는 게 도움이 될 수는 있어도, 그 문제를 정말로 해결하려면 뭔가 행동이 반드시 필요하다. 사랑하는 가족이나 친구와 당신 자신이 같은 문제에 대해 끊임없이 불만을 제기한다면, 이제는 해결방법을 계획하고 그 문제를 해결하기 위한 행동을 시도할 때임을 알아차리자.

무엇보다 해로운 건 절대로 하지 말라. 때로는 그저 아무것도 하지 않은 채 그저 그 문제를 마주하고 가만히 앉아 있는 것이 최선의 해결책이 될 수 있다. 적어도 마음에 확실한 해결방법이 떠오르고 구체적인 실행 계획이 그려지기 전까지는 말이다. 그 상황을 '마주하고' 앉는다는 것은, 아무런 반응이나 행동을 취하지 않은 채, 그저 그 문제와 그 상황에 대한 자신의 느낌에 주의를 기울이면서 그 상황에 더 집중하려고 노력한다는 의미다. 이런 과정을 거치면서, 좀 더 신중하게 문제를 바라보거나 힘든 감정을 그저 인내하며 자신의 힘으로 어쩔 도리가 없음을 깨달을 기회를 얻을 수 있다. 아무리 가장 좋은 계획을 시도하더라도 역효과가 나고 상황만 나빠질 가능성은 얼마든지 존재한다. 하지만 무조건 반사 식의 대응은 오히려 더 큰 재앙을 불러올 수 있다. 지금 당면한 문제와 앞으로 다가올지 모를 일들에 효과적으로 대비할 수 있는 믿음과 용기를 지키기 위해 최선을 다하자. 문제 해결을 위한 최선의 해결책을 놓고 고민할 때, 행동할 때와 행동하지 않을 때의 잠재적 실패의 가능성 모두를 조심스럽게 고려하라.

해결할 수 없는 문제 내버려 두기

모든 문제에 해결책이 있다고 해서 당신이 그 문제를 반드시 해결할 수 있다는 말은 아니다. 문제에 따라 당신의 소관이 아닌 경우도 있다. 또한 누군가에게 어떤 행동을 통해 예상되는 유익에 대해 설득할 수는 있어도, 궁극적으로 그 사람의 반응을 좌지우지하거나 그의 의지와 능력을 조종할 수는 없다. 이처럼 다른 사람의 전적인 협조가 필요하며 더는 내 힘으로 어찌할 수 없는 상황이라면, 다음과 같이 네 가지 선택의 가능성이 남아 있을 뿐이다.

✔ 협력해야 할 그 사람을 설득하고 독려하기 위해 격려와 지원을 쏟아붓는다. 그 사람이 뭔가 새로운 시도를 통해 얻게 될 긍정적인 결과를 깨닫도록 도울 수 있다.

✔ 협력하도록 압력을 넣는다. 예를 들면, 법의 강제적 집행을 동원하거나 소송 등을 통해 상대방의 협조를 강제할 수 있다.

✔ 누구나 신뢰하고 존경하는 객관적인 제삼의 인물에게 도움을 요청한다. 그는 갈등을 중재하거나 그 상황과 연관된 누구도 생각하지 못한 참신한 해결책을 제시할 수 있다(제삼의 인물은 친구, 가족, 심리치료사 또는 경우에 따라서 전문적인 중재자일 수도 있다).

✔ 그 문제를 내버려 둔 채, 그 문제로부터 자신을 지키기 위해 무슨 일이든 한다. 달리 말하면, 자신을 보호할 수 있는 경계를 설정하라는 말이다(경계와 기대치를 설정하는 것에 대한 자세한 내용은 제12장 참조).

이번 장에서 다룬 문제 해결을 위한 시도는 그저 출발점에 불과하다는 것을 잊지 말라. 상황에 따라 전략을 추가하고 더 구체적으로 보완해야 할 수도 있다. 제18장에서 다시 다루겠지만, 예를 들어 재정적인 문제가 발생할 때는 외부 재원을 지원받아야 문제를 해결할 수 있다. 효과적이지 못한 대화 방식 때문에 발생한 문제라면, 관련된 모든 사람이 대화 기술을 다시금 배우고 훈련해야 하며 제13장에 보다 자세한 설명이 있으니 참조하라. 직장과 관련된 문제를 해결하려고 한다면 제17장에 소개한 바람직한 결과 도출을 위한 몇 가지 해결책을 참고하라.

기분 삽화에 미리 대비하기

당신에게 위기 상황이 발생할 경우에 당신 자신이 아닌 친구나 가족이 의사와 문제를 의논하고 결정할 수 있도록 허락하는 동의서를 작성해 그들에게 미리 제공했는가? 그런 일이 생기면 다른 가족을 불러야 할까? 그렇다면 누구를 부르기를 원하는가? 당신을 도울 수 있는 사람이 나타나면 당신에 대해 뭐라고 설명하길 바라는가? 위기 상황이 발생했을 때 당신의 은행 계좌 또는 신용카드를 중지시키길 원하는가? 금융기관에 그들에게 그런 요청을 할 권한이 있는가? 이런 질문에 대한 답을 마냥 고민만 하다가 기분 삽화를 경험할지도 모르니 지금 당장 대책을 마련하자. 그런 일이 찾아오면 이미 그 답이 준비되어 있어야 하니 말이다.

'양극성 때문에 만일에 어느 날.'이라는 문제로 누군가와 앉아 의논하기만 해도 숨이 막힐 것 같다면 겁먹지 말라. 이 장에서는 당신과 사랑하는 가족과 친구들이 위기 상황에 앞서 준비될 수 있도록 맞춤형 응급 계획을 세우는 데 필요한 정보를 제공하려고 한다.

치료 제공자들과 한 팀 되기

의사와 심리치료사들은 환자의 상태가 좋지 않거나 특별한 문제를 호소할 때 도움을 주곤 한다. 하지만 환자의 상태가 양호할 때 '만일에?'라는 고통스러운 주제를 꺼내는 경우는 거의 없다. 하지만 증상이 새발하거나 나빠지면 어떻게 해야 할까? 의사나 심리치료사를 만나는 다음 방문 때는 '만일에?'라는 이 질문을 하고, 증상이 재발하거나 심화되는 조짐이 보일 때는 어떻게 해야 할지 미리 물어보자. 그리고 다음의 내용을 반드시 함께 확인해야 한다.

✔ 어떤 조짐을 신호로 알아차려야 할까? 가장 보편적인 조짐은 평소보다 잠이 현저히 줄거나 늘어나는 불규칙한 수면 패턴이 나타나는 것이다. 그 밖에도 조증과 우울증에 따라 각기 다른 몇 가지 조짐이 나타날 수 있어 소개해둔다.
- 조증 또는 경조증 : 활력이 상승하고 안절부절못하거나 과민 반응이 나타남, 빠르고 힘이 잔뜩 들어간 발성(쉴 새 없이 말을 늘어놓음), 지나칠 정도로 솔직하거나 개방적이고 자극적인 말과 행동, 쇼핑이나 여행 등에 지나치게 돈을 많이 씀, 과대 사고, 무분별한 성행위, 빠르게 돌아가는 생각 또는 집중력 저하, 자존감의 상승, 눈에 띄게 늘어나는 타인과의 갈등, 화려한 메이크업 또는 옷차림
- 우울증 : 좋아하던 일에도 관심과 흥미를 잃음, 피로 또는 활력의 감퇴, 사회적 관계의 단절, 원인을 알 수 없는 통증, 체중 감소 또는 증가 또는 식사량의 감소 또는 증가, 원인을 알 수 없는 슬픔이 사라지지 않음, 죄책감이나 무가치함 또는 무관심, 자존감이 낮아지거나 자기 비난이 심화됨, 절망감이나 희망이 없다는 생각, 죽음이나 자살에

대한 생각(머릿속에 그리거나 구체적인 자살 계획을 세우는)이 많아짐

✔ **환자 스스로 또는 다른 사람들이 조짐을 알아차릴 때는 어떻게 해야 할까?** 양극성이 나타날 조짐이 보일 때는, 우선 의사 또는 심리치료사에게 연락을 취해야 한다. 그러면 의사나 심리치료사는 환자의 조짐이 지속하는 시간과 중등도에 따라 몇 가지 대응 방안을 알려줄 것이다. 대응 방안에는 아마도 약물의 복용량 증가, 약물의 변경, 외래 환자를 위한 치료 교실에 방문하는 횟수 늘리기 또는 정신 병동에 입원하기 등이 포함될 수 있다. 이와 관련된 자세한 내용은 다음 페이지의 '기분 삽화의 조짐 앞에 무너지지 않기'를 참조하라.

✔ **환자가 스스로 조짐을 알아차리지 못할 때는 누가 환자를 지켜봐야 할까?** 통찰력의 저하, 쉽게 말하면, 뭔가 잘못되었음을 알아차리는 능력의 결핍은 양극성의 일반적인 증상이다. 따라서 환자는 치료 팀에 속하는 믿을 만한 한 두 사람(되도록 날마다 만나는 사람)에게, 자신의 양극성이 심화되는 조짐을 보이는 것 같을 때는 언제라도 들러 확인해달라고 부탁해둬야 한다.

✔ **진료 시간 이후 또는 주말이나 공휴일에는 의사 또는 심리치료사와 어떻게 연락할 수 있을까?** 밤, 주말이나 공휴일에 위기 상황이 발생할 경우에 연락할 수 있는 번호를 미리 알아두지 않았다면 지금 바로 물어보라. 또한 그들에게 전화를 걸었을 때 직접 통화할 수 있는지, 아니면 음성 메시지로 녹음을 해야 할지도 물어보라. 부재중 연락처를 남기면 시간이 얼마나 경과한 후에 통화할 수 있을까? 다시 전화가 오기를 기다리는 동안 무얼 해야 할까? 다시 전화가 걸려오지 않을 땐 어떻게 해야 할까?

✔ **의사나 심리치료사와 연락이 닿지 않을 때는 누구에게 연락하며 어디로 가야 할까?** 정신과 병동이 없는 병원의 응급실로 갑자기 가게 된다면, 그 병원의 의사들은 아마도 어느 정신과 병원으로 이송되길 원하는지 환자에게 물어볼 것이다. 이럴 경우를 대비해서 미리 담당 의사에게 물어보자. '정신 병원·시설 선택하기' 절에 좀 더 자세한 내용을 설명해 두었다.

기분 삽화의 조짐 앞에 무너지지 않기

이상적으로 볼 때 가장 효과적으로 기분을 관리하는 방법은 문제를 예방하는 것이다. 하지만 꼬박꼬박 약을 잘 챙겨 먹고 각종 치료를 열심히 받으면서 모든 게 순조로운 듯 느껴지고 아무것도 잘못한 게 없어도 또다시 기분 삽화가 시작되고 공든 탑이 무너지는 기분이 들 수 있다. 그래서 모든 게 괜찮은 듯 느껴질 때도 지속적인 모니터링을 통해 기분 관리에 힘써야 한다.

환자 스스로 또는 주위에서 우울 또는 조증 삽화의 조짐을 발견하면(이와 관련된 내용은 앞의 절에서 자세히 소개해두었다), 어떤 대비를 하고 결정해야 할지 의사와 상담하라. 그럴 때 의사는 증상의 중등도를 검토하여 다음의 지침 중 하나를 권할 것이다.

✔ **그 증상과 관련이 있을 수 있는 약물을 중단한다.** 예를 들면, 항우울제를 복용하던 중인데 경조증의 증상이 나타나기 시작한다면 의사와 상의하에 항우울제의 복용을 중단하거나 복용량을 줄여야 할 수 있다.

✔ **이미 복용하고 있는 한두 가지 정도의 약의 용량을 늘린다.** 이런 경우에, 의사는 환자가 이미 복용하고 있는 약의 용량을 높이자고 제안할 수 있다. 이런 결정을 내리기 전에, 혈중 리튬 농도 등을 검사하기 위해 피검사를 진행하도록 처방할 수도 있다.

✔ **비슷한 약을 추가한다.** 어떤 약을 복용하는 동안 환자의 기분이 안정된 상태였다면, 의사는 같은 증상을 치료하기 위해 비슷하지만 다른 약을 함께 처방할 수 있다. 환자의 기분이 다시금 안정될 때까지, 적어도 일시적으로 말이다.

✔ **집중 외래 치료(intensive outpatient therapy, IOT)를 받으라.** 의사가 보기에 환자의 증상이 심하긴 하지만 환자 자신 또는 다른 이들에게 해를 끼칠 정도는 아니라고 판단될 때는 환자에게 집중 외래 치료를 받도록 권할 수 있다. 집중 외래 치료가 진행되는 동안에 환자는 약물을 변경하고 효과가 나타나기 전에 자신의 기분 상태를 좀 더 자세히 모니터링할 수 있다.

✔ **대학병원이나 정신병원을 찾아보라.** 의사가 판단하기에 환자의 증상이 너무 심한 나머지 환자 자신 또는 다른 이들에게 해를 끼칠 수 있을 것으로

판단될 때는 환자더러 119에 도움을 요청하거나 누군가에게 가장 가까운 큰 병원의 응급실 또는 입원 시설을 갖춘 정신병원으로 자신을 데려가 달라고 부탁할 것을 권유할 것이다.

조짐이 시작될 때, 전문가에게 일찍 도움을 청할수록 치료 과정에 반영할 수 있는 여지가 더 많아지는 셈이다. 정신 기능을 통제할 수 있는 능력을 상실할 정도에 이르도록 오랫동안 내버려 둘 때는 환자가 스스로 결정할 수 있는 여지가 아무것도 남지 않는 순간이 올 수도 있다.

정신 병원·시설 선택하기

정신병원에 입원하는 것에 대한 두려움을 줄어들게 하는 한 가지 방법은 그런 시설이 필요하기 전에 미리 충분히 알아보고 자신에게 선택권이 주어진다면 미리 골라두는 것이다. 자신이 가입한 보험의 관련 약관과 입원실의 여유 등 여러 이유로, 막상 입원이 필요할 때는 선택의 여지가 거의 또는 전혀 없을지도 모른다. 집에서 가까운 곳에 있는 정신병원 또는 지역 정신건강 센터는 어디인지 의사에게 물어보고 몇 군데를 적어두라. 이 목록을 참고하여 다음과 같은 질문에 대답하면서 자신이 원하는 바를 고려해 병원을 선택하면 된다.

✔ 환자의 담당 의사나 심리치료사가 추천하는 병원은 어디인가? 환자를 담당하는 의사나 심리치료사는 그저 한두 군데만 추천할 수도 있다. (미국 내의) 여러 지역에서는 전문 병원으로 전원할 때, 환자를 평소에 진료하던 의사가 해당 병원의 의료진에게 진료를 의뢰할 수 있다. 또 다른 지역에서는, 정신과 의사가 자기 환자를 그 지역의 병원에 입원시키고 입원 기간 동안 주치의로서 치료를 담당한다.

✔ 환자가 가입한 보험은 정신병원의 진료 및 입원에 관련된 내용도 보장하는가?

✔ 환자의 지지 그룹 중의 한 명이라면, 지지 그룹의 구성원들은 어떤 병원을 가장 추천할 만하거나 가장 별로라고 생각하는가?

두세 개 정도의 후보군을 남기고 정리한 후에는 각각의 병원을 둘러볼 일정을 잡아 보자. 지원 네트워크에 속하는 가족이나 친구 중에서 한두 명에게 함께 가달라고 부탁하여, 다른 관점에서 시설을 평가한 의견을 들어봐도 유익할 것이다. 정신병원을 둘러보는 일은 감정적으로 힘든 경험일 수 있다. 따라서 본인이 충분히 준비되었을 때, 그리고 감정적으로 충만한 기분이 들 때 방문 일정을 잡도록 하라.

병원에 따라서는 보안상의 이유로 환자들이 머무는 병동을 외부인이 둘러보도록 허용하지 않는 경우도 있지만, 그래도 대부분 공용 시설을 살펴보거나 전화로 궁금한 것들을 물어보는 것 정도는 허용하는 편이다. 병원 측에 문의할 만한 자세한 질문 몇 가지를 목록으로 정리해두었으니 참조하면 된다. 또한 각 병원의 수간호사 또는 원장과의 면담을 신청할 수도 있다. 일단 병원에 도착하면, 다음과 같은 질문에 대한 답을 충분히 얻고 돌아오는 것을 목표로 삼아라.

- ✔ 환자를 위한 편의 시설을 잘 갖춘 깨끗한 병원인가?(입원실과 화장실, 그리고 카페테리아나 그룹치료실과 같은 공용 공간도 살핀다)
- ✔ 직원들은 환자를 존중하고 공감하는 자세로 대하는가?
- ✔ 환자마다 개별적인 입원실을 제공받는가?
- ✔ 실외 공간을 갖춘 병원인가? 만일 그렇다면, 환자는 하루에 얼마나 오랫동안 바깥바람을 쐴 수 있나?
- ✔ 환자는 의사와 얼마나 자주 만날 수 있나?
- ✔ 평균적인 입원 기간이 얼마나 되나?
- ✔ 환자들의 전화 사용과 관련된 규정은 어떤 내용인가?
- ✔ 가져갈 수 있는 물건과 금지된 물건에는 어떤 것들이 있는가?
- ✔ 흡연이 허용된 시설인가? 흡연할 수 있는 장소와 시간은?
- ✔ 면회가 허용된 시간과 날짜는 언제인가?(면회 시간은 대개 엄격하므로 미리 알아두자).
- ✔ 환자들에게는 어떤 치료가 제공되는가?
- ✔ 치료에 참여해야 할 시간은 매일 몇 시간 정도인가?
- ✔ '격리와 감금'에 관한 규정은?(자세한 내용은 제16장 참조).

중요한 정보 문서화하기

긴급한 순간에 남의 지갑을 열어 의사의 명함이나 병원 연락처를 찾거나 정신없이 약 상자를 뒤지며 처방전의 정보를 알아내려고 해도 도움이 될 정보를 구하지 못할 수도 있고 당황스러울 뿐이다. 다행스럽게도, 그럴 필요가 없다. 만약 필요한 모든 정보를 문서 한 장으로 만들어 컴퓨터나 스마트폰에 보안 문서로 저장해두되, 가족이나 친구들, 지원 네트워크에 속한 각 사람에게는 미리 출력해준다면 말이다. 그 문서에는 다음의 정보가 담겨 있어야 한다.

✔ 현재 복용하고 있는 약의 이름, 용량, 복용 관련 지침
✔ 의사의 이름과 병원, 응급상황 발생 시 연락처
✔ 심리치료사의 이름과 연락처, 응급상황 발생 시 연락처
✔ 주로 치료받으러 가는 치료 기관, 병원, 응급실, 그리고 급할 때 차선책으로 택할 수 있는 기관의 명칭, 주소 및 전화번호
✔ 보험회사의 가입자 서비스 센터 연락처 및 보험 계약자의 회원 번호 등 보험 관련 정보
✔ 연락할 사람들의 이름과 전화번호(필요하다면 연락하지 말아야 할 사람들도 적어 둘 것)
✔ 이전에 시도했으나 효과가 없었던 치료법이나 약에 관한 세부 정보

사랑하는 가족이나 믿을 만한 친구와 함께 그림 15-1에 예시된 '긴급 상황 대비 연락처'를 작성해보자. 지원팀에 속하는 모든 사람에게 이 문서를 한 장씩 나눠주고, 필요할 때 언제든 이용할 수 있도록 하라.

'긴급 상황 대비 연락처'의 사본을 집, 직장, 가방 또는 지갑에 한 부씩 넣어두고, 컴퓨터나 스마트폰에도 저장해두라. 관련 정보를 정기적으로 업데이트하는 것이 중요하다.

연락처 및 정보		
연락할 대상	이름	전화번호
정신과 의사		
심리치료사/사회복지사		
주치의		
1순위 대학병원/정신과 외래		
2순위 대학병원/정신과 외래		
해당 지역 정신건강 위기관리 팀		
해당 지역 지지 그룹 위기관리 담당자		
해당 지역 관할 경찰서		
친구/친척		
친구/친척		
친구/친척		

약 복용 관련 정보		
약 종류	용량	복용 횟수/일

보험 관련 정보	
보험 회사명	
보험 가입자 서비스 센터 연락처	
정신건강 담당 부서 연락처	
회원 번호	
그룹 번호	

직장/학교 관련 정보	
고용주/학교명	
고용주/학교 연락처	
담당자 이름	
담당자 연락처	

© John Wiley & Sons, Inc.

그림 15-1
**긴급 상황 대비
연락처의 예**

동의서에 서명할까, 말까?

때때로 법은 개인의 권리를 보호한다는 명목으로 다른 사람들이 그 환자가 가장 원하는 것을 하도록 내버려 두지 않을 때가 있다. 예를 들면, 건강보험 양도 및 책임에 관한 미국 연방법의 보안 규정에 따르면, 환자의 가족이 환자의 정확한 상태를 알면 특정 상황에 훨씬 더 효과적으로 대처할 수 있을 것으로 예상이 되더라도, 의사가 환자의 질병 상태를 함부로 말할 수 없도록 제한할 수 있다.

위기에 처한 환자를 도우려는 가족이나 친구 등 가까운 사람들은 종종 환자의 동의 없이는 환자의 상태에 대해 아무것도 말해줄 수 없다는 의사의 말 앞에서 이런 규정의 벽을 실감하곤 한다. 그러므로 위기 상황이 벌어질 때까지 기다리지 말자. 환자가 각종 법률 관련 서류에 미리 서명해둬야만, 필요할 때 가까운 사람들이 필요한 정보를 얻고 환자 대신에 일을 처리할 수 있을 것이기 때문이다. 미리 챙겨둘 만한 서류로는 개인정보 제공 관련 동의서, 위임장 그리고 사전의료지시서 등을 들 수 있으며, 다음 절에서 좀 더 자세히 살펴보도록 하겠다.

사실 지금부터 소개하는 법적인 서류 중 어떤 것에도 서명하지 않아도 된다. 다만 문서에 명시된 사람들이 환자의 이익을 추구하려는 목적하에 꼭 필요할 때만 자신의 권한을 사용할 것이라는 전적인 신뢰가 있을 때만 서명하면 된다.

개인정보 공개동의서

개인정보 공개동의서는 의사 또는 심리치료사가 환자의 상태에 관한 정보를 다른 사람들에게 제공할 수 있도록 허용하는 효력을 갖는다. 하지만 공개할 정보의 유형이나 공개 대상에 포함될 사람들의 범위는 전적으로 환자가 결정하게 되어 있으며, 동의서에 구체적인 제한 사항을 명시할 수 있다. 그림 15-2에 개인정보 공개동의서의 예시를 소개해두었으나 주치의가 직접 작성한 다른 양식을 이용할 수도 있다. 영국의 경우에는, 개인정보 공개동의서가 사전의료지시서 또는 지침의 형태와 좀 더 가깝게 작성되는 경향이 있다. 이와 관련된 자세한 내용은 이 장의 뒷부분에서 소개하는 '사전의료지시서' 절에서 다시 다루도록 하겠다.

그림 15-2
개인정보
공개동의서의
예시

© John Wiley & Sons, Inc.

동의서 사본에 환자가 직접 서명한 후에 담당 의사, 심리치료사, 환자 정보를 제공받
게 될 것으로 예상되는 사람(또는 사람들)에게 전달하고 안전한 곳에 보관하도록 조언
하라.

법, 규칙 및 규정은 지역에 따라 조금씩 다를 수 있다. 게다가 사람마다 각기 다르게
해석할 가능성도 있다. 그러므로 환자 정보를 타인에게 공개하거나 다른 사람과 환
자에 대한 이야기를 해서는 안 된다고 말한다고 해서 그가 말하는 내용이 전부 사실
일 거라고 믿어서는 안 된다. 해당 지역의 개인정보 보호법에 관한 지식과 경험이 많
은 전문가 등의 도움을 받아 믿을 만한 다른 근거를 확인하는 게 좋다.

개인정보 공개동의서를 미리 작성해두지 않았어도 의사 또는 심리치료사에게 환자에 관한 정보를 제공할 수는 있다. 따라서 양극성 환자와 관련된 정보를 의사 또는 심리치료사에게 전달해야겠다는 생각이 들면, 그들에게 전화를 걸거나, 이메일, 문자 또는 편지를 보내 그런 내용을 전달할 수 있다. 의사나 심리치료사 입장에서는 환자에 대해 전해주는 모든 정보가 유용할 따름이라는 사실만 기억하자.

위임장

환자가 미리 위임장을 작성해두면 재무, 법률, 의료 등 작성자가 지정한 다양한 범위와 관련된 문제가 발생하면 그를 대신하여 다른 누군가가 그 문제를 처리할 수 있도록 권한을 위임할 수 있다. 양극성장애를 안고 살아가면서 과잉 지출과 충동적인 재정 및 사업적 결정이 기분 삽화와 동반되는 어려움을 겪을 때는 위임장이 매우 든든한 버팀목이 되어줄 수 있다. 어떤 유형의 위임장을 작성하는 게 가장 좋을 것인지에 관한 내용은 변호사와 의논하여 결정하면 된다.

위임장에 명시된 두 사람은 상당히 진지한 관계가 될 수밖에 없고, 아픈 친구 또는 친척이 최선의 이익을 얻도록 그 권한을 사용하더라도 괴로움과 분노를 유발할 수 있다. 따라서 어떤 위임장의 효력이 발휘되고 종료될 시점, 그리고 대리인의 권한이 발휘될 수 있는 영역과 그럴 수 없는 문제를 반드시 구체적으로 명시해야 한다.

사전의료지시서

미국의 경우 양극성장애가 있는 환자는 일반적인 위임장이나 의료용 위임장을 대신하거나 두 가지 문서를 결합한 형태로서 **사전의료지시서**를 작성할 수 있다. 환자는 위기 상황을 직면하기 전에 '사전의료지시서'에 자신이 선호하는 치료 방법을 기록해둘 수 있다. 일반적으로 다음과 같은 두 가지 유형의 사전의료지시서가 사용되고 있다.

✔ **지침 관련 사전의료지시서** : '존엄한 죽음을 위한 선언서'처럼, 본 사전의료지시서에는 환자 자신이 선호하는 의료기관, 복용을 원하거나 원하지 않는 약물의 종류, 면회를 허용하거나 허용하지 않을 방문객의 명단 등을

기록해 둘 수 있다.

✔ **대리인 관련 사전의료지시서** : 본 사전의료지시서는 의료용 위임장처럼 환자가 무능력 상태가 될 경우를 대비하여 환자의 의학적 선택을 대신할 권한을 가진 사람을 지정하는 내용을 포함한다.

미국은 수도 워싱턴 D.C.를 포함하여 모든 50개 주에서 사전의료지시서와 관련된 법안이 제정되어 있다. 하지만 각각의 주마다 세부 조항의 차이가 커서, 정신과와 관련된 전문적인 사전의료지시서에 관한 법 조항을 갖춘 곳은 고작 몇 개 주에 불과하다. 사전의료지시서와 관련하여 좀 더 자세한 정보와 지침이 필요하다면 각 지역의 전문 변호사와 상담하는 게 좋다. 또한, 우울증 및 양극성장애 지원 연맹(DBSA) 홈페이지(www.dbsalliance.org)와 and 전미 정신질환자 협회(NAMI) 홈페이지(www.nami.org)를 통해서도 추가 정보를 얻을 수 있다. 영국에서 널리 이용되는 사전의료지시서에 관한 종합적인 정보는 브리스톨 마인드 홈페이지(www.bristolmind.org.uk/files/docs/info/advancestatement.pdf)에 잘 정리되어 있다.

좋은 사전의료지시서와 아닌 것을 결정짓는 요인을 몇 가지만 생각해도 상황에 따라 다를 수밖에 없음을 이해할 수 있을 것이다. 어떤 사전의료지시서는 모든 정신과 치료를 거부하기 위한 내용을 담을 수도 있고 아무 때나 효력을 상실할 수 있다는 조항을 명시하기도 한다. 게다가, 위협적인 상황 가운데 작성된 것일지도 모른다는 문제를 제기할 수 있고, 막상 환자가 서명한 내용에 따라 효력이 발생하려는 시점에 환자가 오히려 자신이 무능력하지 않은 상태임을 주장하는 경우도 있다. 그뿐만 아니라, 정신과 전문의가 아닌 다른 진료과목의 주치의가 환자의 건강과 안전에 도움이 되지 않는다고 판단한다면 정신과 의사의 처방과 다른 결정을 내릴 수도 있다. 하지만, 사전의료지시서는 주로 환자에게 꼭 필요한 치료지침, 또는 과거에 효과를 보지 못하거나 문제를 유발한 치료법에 관한 내용을 담는 게 일반적이다.

5

위기 상황 이겨내기

재정적 위기에 대처하는 7가지 방법

✔ 본인이 재정적으로 감당할 수 있는 치료법과 다른 서비스를 이용할 방법은 없는지 해당 지역의 정신건강 관련 담당 부서로 연락하여 문의한다.

✔ 미국 정신건강 기관에 전화를 걸거나 홈페이지(www.mentalhealth america.net)에 방문하여 가까운 지사를 알아보거나 도움받을 방법이 있는지 문의하라.

✔ 장애 진단을 받을 경우의 혜택을 꼼꼼히 따져본다.

✔ 정부에서 제공하는 각종 보조 프로그램의 내용을 확인하라. 예컨대, 식품 지원, 현금 지원/복지, 주택지원 프로그램, 건강보험 등의 혜택을 확인할 필요가 있다.

✔ Partnership for Prescription Assistance의 홈페이지(www.pparx.org)에 접속하거나 전화를 걸어 자신에게 적합한 '처방지원 프로그램'에 대해 상담을 받는다.

✔ 주택을 소유하고 있고 그 집 때문에 재정적 위기를 맞닥뜨릴 가능성이 크지 않다면, 다른 선택의 가능성을 고려하는 동안 수입이 거의 없거나 적을 수 있는 기간을 버틸 수 있도록 주택 담보 대출 등에 대해서도 생각해보라.

✔ 가족 또는 친구 중에 일시적으로 경제적 지원을 하거나 환자가 지낼 곳을 제공해줄 사람은 없을지 알아보고 도움을 요청하라.

제5부 미리보기

- 입원에 좀 더 효과적으로 적응하고 그곳에서 보내는 시간을 통해 최상의 이익을 얻는 방법을 터득한다.

- 사랑하는 가족 또는 친구가 입원할 때 곁에서 도울 수 있는 방법을 찾는다(힌트 : 그가 다른 질병 때문에 병원에 입원할 경우에 당신이 할 수 있는 일과 크게 다르지 않다는 점을 기억할 것).

- 직장에 복귀할 경우의 장단점을 비교하면서 회복의 진정한 의미에 대해 생각해본다. 과연 예전의 삶으로 돌아가길 원하는가, 아니면 새로운 기회를 누리길 원하는가?

- 정부 지원프로그램에 지원, 장애 등급 신청, 치료 과정과 처방 약물에 대한 의료보험의 전액 지원 또는 비용 삭감 등의 지원책 알아보기 등과 같이, 재정적 어려움을 이겨낼 좀 더 효과적인 대응 방안을 찾아본다.

입원에서 회복까지

환자와 기분 관리팀 모두가 아무리 최선을 다하더라도 기분 삽화가 또다시 나타나면 환자의 의지와 상관없이 정신병원 또는 요양 시설 등에 갈 수밖에 없는 상황이 되고 만다. 정신병원에 입원한다는 사실은 충격적일 수밖에 없지만, 양극성장애의 여러 증상으로부터 자유를 누리고 정신적 건강을 회복할 수 있는 출발점이 될 수 있음을 잊지 말자.

이번 장에서, 우리는 정신병원 또는 각종 요양 시설에서 지낼 때 최선의 결과를 얻는데 필요한 정보를 제공하고자 한다. 우리는 가장 일반적인 진행 과정을 설명함으로써 환자가 입원 생활을 통해 기대할 만한 것, 병원에서 지내는 동안 좀 더 편안히 생활할 수 있는 방법, 지원팀에게 상황을 전달하는 노력과 충분히 회복함으로써 퇴원 후 또다시 양극성 삽화가 재발할 가능성을 최소화하는 것의 중요성을 다루고자 한다.

입원 생활에 대한 거부감 없애기

병원 생활은 누구나 힘겹고 지루하다. 하지만 의외의 좋은 점도 분명히 있다. 양극성으로 인한 위기에서 벗어날 수 있을 뿐만 아니라, 입원해 있는 동안 몇 가지 중요한 목표를 달성할 기회로 삼을 수 있으니 말이다. 병원에서 지내는 동안에는 다음과 같은 목표를 세울 수 있다.

✔ 안전한 곳에서 잘 회복한다.
✔ 일상 가운데 짊어져야 하는 무거운 책임, 스트레스, 감정을 자극하는 요소들로부터 해방된다.
✔ 건강을 회복하는 것에 에너지를 집중한다.
✔ 치료 약물에 잘 적응하거나 좀 더 효과적인 약으로 바꿔나간다.
✔ 좀 더 효과적인 대처 능력을 훈련할 수 있는 치료 과정을 시작한다.
✔ 퇴원 후에 도움을 받을 만한 공동체 및 지지모임에 대해 알아본다.
✔ 그동안 환자를 돌보느라 지친 가족이나 친구들이 자신을 돌볼 만한 시간과 공간적 여유를 누리게 해준다.

기분 삽화의 충격이 지나간 후에는 뇌가 다시금 재부팅될 수 있도록 입원을 생각해 볼 만하다. 가족과 친구들을 남겨둔 채 병원에 들어가거나 일터나 학교를 잠시 떠나야 한다고 해서 걱정하지 말자. 지금은 무엇보다 자기 자신을 돌봐야 할 때다. 그래야만 퇴원한 후에 자신을 스스로 돌보고 좀 더 나은 모습으로 생활할 수 있을 정도로 회복될 테니 말이다.

무엇을 기대해야 할까?

환자가 입원 전에 정신병원에서 어떤 치료와 돌봄을 제공받을지 알면 입원을 결정할 때, 특히 환자 자신이 입원을 원하지 않을 때 필연적으로 생기는 불안을 덜기 쉽다. 다음에서는 입원함으로써 환자가 기대할 만한 유익에 대해 살펴보려고 한다. 단, 병원마다 차이가 있고 사람마다 입원 경험에 대한 생각이 서로 다르다는 사실을 이해하기 바란다.

담당 의사 만나기

의사를 만나기 위해 기다릴 때, 특히나 처음 입원하거나 퇴원을 기다리는 순간은 입원 생활 중 가장 초조한 순간일 것이다. 의사들은 보통 하루에 한 번씩 회진을 도는데, 게다가 주말에는 전반적인 치료 계획에 대해 설명을 하기보다는 당직 의사가 아주 잠깐 들르다시피 할 경우가 많다. 금요일 오후에 입원할 경우에는 월요일 오전까지는 담당 의사를 만나거나 약을 변경하기 어려울 수 있다는 사실을 인지하고 있어야 한다. 만일 그럴 때, 환자가 조증이나 우울증의 한복판에서 어쩔 줄 몰라 하며 명쾌한 사고를 하지 못한다면, 의사를 기다리는 시간은 아마도 영원처럼 길게만 느껴질 수 있다.

약 조절하기

의사들이 해야 할 가장 중요한 일 중 하나는 환자의 상태를 살피고 적절한 약을 처방하는 것이다. 환자의 상태가 입원을 고려할 만큼 좋지 않을 때는 기존에 복용하던 약의 용량을 높일 필요에 대해 생각할 수밖에 없을 것이다. 그동안 약을 복용했지만 급성 조증 또는 우울증 치료 효과가 그다지 만족스럽지 않았거나 오히려 증상을 악화시키는 듯했다면, 의사는 그 약물을 중단하고 다른 약을 시도하자고 제안할 가능성이 크다(약물치료와 관련하여 자세한 내용은 제7장 참조).

환자를 치료하는 의사의 목표는 환자의 조증 또는 우울증을 되도록 빨리 없애는 것이다. 양극성 환자의 입원 기간은 보통 한두 주 정도로 꽤 짧은 편이다. 따라서 환자가 급성 기분 삽화를 완전히 이겨내고 안정되려면 퇴원 후 어느 정도 시간이 걸리기 마련이다. 삽화를 잘 이겨내고 안정된 기분으로 몇 주 동안 잘 지내고 나면, 환자는 의사와 약물의 복용량을 줄이거나 중단하면 어떨지에 대해 의논할 수 있게 된다.

치료 교실에 참여하기

대부분의 정신병원에서는 아침 9시 정도부터 시작되는 개인 및 그룹 치료 과정이 오전 중에 진행되는데, 간단히 말하면 상당히 알찬 시간표를 기대해도 좋다. 일반적으로 여러 종류의 치료 교실이 운영되곤 하는데, 환자를 대상으로 한 여러 가지 교육, 대처 능력 훈련, 반응 훈련, 영성 훈련, 동물 치료, 그룹 또는 공동체 수업, 마음 챙김 훈련, 그리고 다른 여러 가지 개인적 치료 교실 등을 선택할 수 있다. 또한 대부분의 병원에서는 가족 지원프로그램이 운영되고 있어서, 사랑하는 가족의 문제를 정확히 이해하고 의사소통 및 문제 해결 기술을 훈련할 수 있도록 도움을 주기도 한다.

격리 및 결박에 관한 원칙 이해하기

미국의 연방법은 병원이 '절대로 필요한' 경우에만 환자에 대한 격리 및 결박 조치를 '제한적인 최소한의 대안'으로 선택할 수 있게끔 명시하고 있다. 시설마다, 또 각 기관의 직원마다 차이가 있는데, 개중에는 특별히 감정을 진정시키는 기술(예컨대, 환자의 이야기에 귀 기울이고 그들의 필요와 관심에 반응하며, 환자들이 스스로 진정할 수 있도록 격려하면서 잠잠히 기다려주는 태도 등)이 좀 더 탁월한 사람들과 시설이 있기 마련이어서, 결박과 격리의 방법을 동원하지 않고도 환자의 공격적이고 폭력적인 행동을 잠재우기도 한다. 하지만 이런 노력에도 불구하고 환자의 상태가 진정되지 않는다면, 병원 또는 시설의 관계자는 다음 중에서 한두 가지 수단을 이용하여 환자를 결박할 수밖에 없다.

- ✔ **신체적 결박** : 어떤 방법을 동원하거나 병원 침상에 붙들어 매는 등의 방법을 통해 환자의 신체적 움직임을 제한하는 방법
- ✔ **격리** : 조용하고 안전한 방 등의 분리된 장소에 환자가 혼자 머무르도록 하는 방법
- ✔ **화학적 결박** : 진정제를 즉각적으로 투여하는데, 종종 주사를 놓는 방법을 취한다. 이것은 환자의 상태를 고려한 표준적인 치료 과정의 일환으로 진행되는 것은 아니다.

병원 관계자들은 격리 및 결박을 최소한의 조치로 봐야 하며, 다른 모든 개입의 방법이 실패했을 때 모두의 안전을 지키기 위한 필요성 때문에 어쩔 수 없이 꺼내는 마지막 카드로 인식해야 한다. 격리와 결박의 조치를 취할 때는 분노에 휩싸인 채 환자에게 벌을 주고 창피를 주려는 의도 없이, 반드시 연민과 냉철한 이성에 근거한 마음에서 내리는 결정이어야 한다. 결박을 당하는 환자 입장에서는 극단적인 양극성 증상 때문에 자신이 의도치 않게 자신 또는 다른 이들에게 해를 끼칠 수 있는 상황을 미리 막아냄으로써 모두를 안전하게 지키려는 결정이라는 사실이 힘겹게 느껴질 수 있다. 하지만 바로 그 점이 모든 격리와 결박의 목적이고, 또 그래야만 한다는 점을 이해하자.

위기 상황이 지나가고 난 후에는 격리 또는 결박이 진행된 과정에 대해 치료팀과 이야기를 나눌 기회를 갖는 게 좋다. 병원 직원들도 결박과 관련된 상황을 처리한 후에는 종종 일련의 과정을 보고하는 자리를 갖곤 하는데, 환자에게도 이와 같은 기회가 필요하다. 결박 이후에 병원의 담당자와 대면하는 시간을 통해, 환자는 그 시간 동안 어떤 기분이 들었는지 직원들에게 피드백을 줄 수 있을 뿐만 아니라 그 사건으로부터 받은 환자의 충격이 치유될 기회로 삼을 수 있다.

환자가 처음 입원할 때, 가족 중 한두 사람이 치료팀 또는 병원 직원과 함께 한 자리에서 격리 및 결박에 관한 원칙에 대해 설명을 들으면, 가족의 입장에서 병원의 원칙과 처리 과정을 이해하는 데 도움이 된다. 이런 자리는 병원 측에서 볼 때도, 환자와 지원팀이 환자의 격리와 결박 조치에 대해 깊은 관심을 갖고 있으며 잠재적 위기 상황을 가장 안전하고 인간적이며 의학적으로 적절한 방법으로 해결하길 기대하고 있다는 느낌을 갖게 되기 때문에 상당히 유익한 시간이 될 수 있다.

면회 시간의 변수 알아두기

환자를 면회할 수 있는 시간은 병원마다 다르다. 일부 정신병원은 특별한 날에만 방문객의 면회를 허용하지만, 기관에 따라서 매일 오후 일정하게 한두 시간 정도 면회가 가능한 곳도 있다. 좀 더 개방적인 곳은 오전과 오후에 각각 한 번씩, 하루에 두 번 꼴로 면회를 허용하는 곳도 있다. 하지만 방문객이 아무 때나 환자를 면회하도록 허용하는 기관은 거의 없다.

환자가 가족이나 친구들이 면회 오길 기다린다면, 그들에게 직접 전화해서 면회 와달라고 말하거나 한 사람에게 전화를 걸어 다른 사람들이 보고 싶다는 이야기를 전해달라고 하면 된다. 환자의 주위 사람들 대부분은 환자가 다른 사람들을 만나고 싶지 않거나 기분장애 때문에 병원에 입원했다는 사실을 누구에게도 알리고 싶지 않은 마음에 면회를 꺼리는 경향이 있다. 그러므로 그들이 잠시 병원에 들러 면회해도 괜찮다는 사실을 알려주면 된다.

정신병원에 입원한 가족이나 친구를 만나러 가기 전에는 전화로 환자가 필요한 물건이나 원하는 것이 있는지 물어보고, 병원 측에도 방문객이 면회할 때 소지하도록 허용되는 물품이 따로 있는지 확인하는 게 좋다. 무엇보다도, 다른 여느 질병 때문에 입원한 경우와 마찬가지라고 생각하는 게 중요하다. 평소에 환자가 아플 때 늘 꽃을 가져갔다면 이번에도 그렇게 하면 된다(단, 플라스틱 화병이어야 한다). 빠른 회복을 기원하는 카드를 써서 전하곤 했다면 이번에도 그렇게 하라. 가능하다면 입원할 당사자인 환자가 평소와 다름없는 기분을 갖도록 도와주는 게 최선의 방법이다.

입원 기간 예상하기

미국정신의학회(APA)가 조사해 발표한 결과에 따르면, 미국에서 정신병원에 입원하는 성인 환자들은 평균적으로 12일 후에 퇴원한다고 한다. 성인 환자의 상당수는 공황 상태가 지나가고 복용한 약물이 효과를 나타내며 퇴원 후에 외래로 방문할 날짜를 예약할 수 있을 정도의 며칠 동안만 입원할 뿐이다. 좀 더 간단히 말하면, 환자들이 더 이상 3개월에서 6개월씩 입원 치료를 받지 않는다는 말이다.

퇴원하기

담당 의사가 판단하기에 환자가 충분히 퇴원할 정도로 회복되면, 의사는 환자를 대면하고 마지막 평가를 진행한 후에 퇴원용 처방전을 작성한다. 벤조디아제핀과 같은 일부 약물은 특별 처방이 필요한 규제 약물이다. 따라서 환자가 이런 약물을 구입할 때는 의사와 자세히 의논해야 한다.

환자의 퇴원일은 병원 직원이 아닌 의사만이 결정할 수 있다. 따라서 간호사나 다른 병원 직원에게 아무리 애걸복걸해도 환자의 퇴원을 앞당길 수 없다.

환자의 권리 알아두기

대부분의 사법권은 환자의 권리, 특별히 정신병원에서 치료를 받는 환자들의 권리를 (적극적으로) 보장한다. 환자들은 거의 대부분의 장소에서 다음과 같은 권리를 보장받을 수 있다.

✔ 자발적으로 입원한 성인 환자는 약물치료를 포함한 어떠한 치료도 거부할 권리를 갖는다.

✔ 본인의 의지에 따라 입원한 경우가 아니라면, 환자는 치료 프로그램과 관련된 진정서를 심사위원회에 제출할 수 있다.

✔ 모든 환자는 불필요하거나 과도한 격리 또는 감금, 정신 또는 신체적 학대, 방치 등을 포함하여 어떤 유해한 요소로부터 자유로울 권리를 갖는다.

✔ 환자는 자신의 진단 결과 및 치료에 관한 정보를 제공받고 치료 계획을 세우는 과정에 참여할 권리를 가진다.

✔ 환자가 입원한 기간에는 의복과 세면용품 등을 포함하여 약간의 제약을 받을 수 있으나, 개인적인 물품을 소지하고 사용할 수 있다.

✔ 환자는 자신의 소지품을 보관할 개인적인 사물함과 공간을 이용할 수 있다.

✔ 꼭 필요한 경우에는 환자가 개인적인 돈을 소지하거나 어느 정도의 합당한 금액을 지출할 수 있도록 허용할 수 있다.

✔ 환자는 입원 중에도 사적인 전화를 걸고 받을 수 있다.

환자의 권리는 입원할 병원이 위치한 지역의 관할 규정 및 환자가 자발적 또는 강제로 입원했는지의 여부에 따라 달라진다. 미국에서는 정신과 진료를 받는 환자의 권리 규정에 관한 매뉴얼을 거의 모든 주 관련 홈페이지에서 확인할 수 있다.

좀 더 편안한 입원 생활을 위하여

다음과 같은 생존법을 알아두면 병원에서 지내는 동안 좀 더 편안하고 유익한 시간을 보낼 수 있다.

✔ 현재 복용 중인 모든 약(정신과와 무관한 다른 약물, 처방전 없이 구매할 수 있는 의약품, 영양보충제, 각종 대체의약품)을 챙겨가거나 그 모든 약품의 이름과 용량을 기록한 목록을 챙겨가라.

✔ 그동안 처방받지 않은 약물을 복용하거나 술을 마셨다면 간호사와 의사에게 그 사실을 알려야 한다. 그 사실을 조용히 숨기는 것은 상당히 위험할 수 있으며, 특히나 환자에게 무슨 일이 벌어지는지 아무도 알지 못하는 상황이라면 더욱더 그럴 수 있다.

✔ 그동안 치료를 받아온 정신과 의사와 심리치료사의 연락처를 적어간다.

✔ 귀중품은 집에 남겨두고 입원하며 병원에 보관하지 않는다.

✔ 벨트, 주머니칼, 위험할 수 있는 다른 소지품은 집에 두고 가라. 당신 또는 다른 환자가 자해하거나 타인에게 해를 끼칠 수 있을 만한 물건을 당신이 갖고 있도록 병원 관계자가 허락하지 않을 게 분명하다.

✔ 슬리퍼 또는 신발 끈이 없는 편안한 실내화를 준비한다.

✔ 편안하면서도 단정한 옷차림으로 내원한다.

✔ 준비할 수 있다면 편안한 개인 침구를 준비한다.

✔ 날카로운 스프링이나 고리가 달리지 않은 노트를 준비하면 때때로 드는 생각과 느낌을 적거나 병원 직원이나 치료 그룹 또는 다른 환자에게서 들은 유용한 정보를 기록할 수 있어 좋다.

✔ 정신 상태가 양호할 때는 병원 직원에게 최대한 협조적으로 행동한다.

✔ 병동의 다른 환자들을 알아가라. 정신과 병동은 병원 밖의 사람들보다도 당신이 겪는 일을 잘 이해하는 호기심 많고 지적인 환자들로 가득하다.

✔ 담배를 피우면 넉넉히 챙겨간다(병원 전체가 금연구역으로 지정된 곳이라면, 흡연 환자에게는 입원할 때 금연 패치가 제공될 것이다).

✔ 책, 잡지, 카드 게임 등을 챙겨간다.

✔ 가족, 친구 또는 애완동물의 사진을 한두 장 챙겨 가면 낯선 입원실이 덜 삭막하게 느껴질 수 있다. 단, 유리가 끼워진 액자는 가져갈 수 없다.

입원하고 여러 가지 정보를 얻을 때 면회 시간과 전화 통화에 관한 규정을 확인하라. 그런 다음에는 가족 및 다른 지원팀의 구성원과 연락할 계획을 세울 수 있다. 병원이 아닌 바깥세상과 연락하면서 고립되지 않고 지원을 계속 받을 수 있다면 큰 도움이 되지만, 잠정적으로 위험하거나 해가 될 만한 사람과의 관계라면 오히려 피하는 게 좋다. 전화 또는 면회 시간을 이용하여 건강한 사람들과의 관계를 유지하면서 지원 네트워크를 형성하여 회복을 위한 든든한 기초로 삼아라.

팀원들에게 자신의 상황 알리기

병원에서 지내는 기간과 그 이후로도 환자의 회복에 도움이 될 만한 지원 네트워크를 구축하고 유지해 나가기 위해서는 의사소통이 매우 중요하다. 그러려면 환자는 다음과 같이 자신을 치료하던 의사와 심리치료사, 사랑하는 주위 사람들에게 자신의 상황을 알려야 한다.

✔ **의사와 심리치료사에게 입원 사실 알리기.** 입원하기로 결정된 사실을 의사나 심리치료사에게 아직 알리지 않았다면 되도록 빨리 연락을 취하는 게 좋다. 입원 후의 치료 과정을 전담할 치료팀이 외래 진료를 담당하던 치료팀과 연락하고, 약물/치료적 개입을 진행하기 위한 과정으로서 이전의 진료내역 및 관련 정보를 전달받았는지 확인해야 한다. 서로의 협력적 진료를 통해, 입원 기간 중의 치료 과정에 도움을 받고 퇴원 후에 일상으로 돌아가는 것이 수월할 수 있다.
✔ **사랑하는 사람들과 관계 유지하기.** 환자의 지원 네트워크는 환자의 입원 기간이 끝난 후에 다시 현실로의 복귀를 용이하게 해줄 수 있다. 따라서 마음이 내키는 한도 내에서는 친구 또는 가족들과 관계의 끈을 놓지 말기를 권하며, 더군다나 첫 번째 입원일 경우라면 더욱더 그래야 한다.

시설마다 차이가 있지만, 어떤 곳은 가족에 대한 교육과 치료 프로그램을 제공함으로써 가족 구성원들이 환자의 회복과 관련된 이해, 공감, 현실적 기대감을 갖도록 도와준다. 환자가 머무르는 시설에서 관련 프로그램을 제공한다면 그 기회를 가족들이 잘 활용할 수 있도록 설득하고 격려하라.

최우선 과제는 회복하는 것

퇴원하고 병원 문밖을 향해 발걸음을 내디딘다고 해서, 반복되던 일상으로 다시 돌아갈 준비가 되었다고 생각하는 건 금물이다. 심각한 기분 삽화가 또다시 찾아와 몸과 마음이 무너질 수 있고, 구름 위를 걷는 듯 공허한 느낌이 몇 달씩 지속될 수도 있기 때문이다. 일상으로 돌아가고픈 환자의 갈망이 얼마나 간절한지와 무관하게, 무엇보다 마음을 느긋하게 먹고 온전히 회복되는 것을 최우선의 과제로 삼는 게 중요하다.

이어지는 절에서, 우리는 주요 기분 삽화의 여파를 받아들이고 실망스러운 결과를 해결하는 데 도움이 될 만한 내용을 설명하려고 한다. 뿐만 아니라, 우리는 환자가 자기 건강과 웰빙에 초점을 맞추는 것의 중요성을 알아봄으로써, 한발 물러서는 것이 회복기에 도움이 된다는 점을 함께 강조하고자 한다.

양극성 때문에 고통받는 환자는 모든 문제를 한꺼번에 해결하고픈 마음을 가질 수 있으며, 특별히 조증 때문에 고조된 기분이 가라앉을 동안에는 더욱더 그럴 수 있다. 하지만 환자들 대부분은 자신의 웰빙에 초점을 맞춘 채 한 걸음씩 걸어가는 동안 전반적인 건강을 회복하는 경우가 많고, 그와 관련하여 지금부터 좀 더 자세히 알아보도록 하겠다.

기분 삽화가 남길 것 예측하기

환자가 우울증 또는 조증으로부터 얼마나 빠르게 온전히 회복되는가의 문제는 기본적으로 기분 삽화의 심각성과 치료 과정에 대한 환자의 반응 결과에 따라 달라지곤 한다. 운이 좋은 경우에는 치료가 시작되고 며칠 만에 급격히 호전될 수도 있지만,

꼭 맞는 약과 치료법을 찾느라 여러 주 이상을 허비하는 경우도 있으니까 말이다. 환자의 몸이 약물에 적응하고 기분이 안정되기 시작하면, 다음 중 한두 가지 이상의 현상을 경험할 수 있다.

- ✔ **기억장애** : 환자는 기분 삽화, 특별히 조증 삽화가 나타나는 동안에 벌어진 일을 기억하지 못할 수 있다.
- ✔ **활력 수준의 상승/감퇴** : 조증 또는 우울증 삽화가 지나간 후에 잠이 늘었다고 놀라지 말라. 환자의 몸과 뇌는 회복할 충분한 시간이 필요하다.
- ✔ **불안** : 기분 삽화를 경험한 직후에 양극성 환자는 특정 약물 또는 가족이나 직장, 관계, 재정지출, 그리고 그 밖에도 삶의 여러 문제 때문에 불안에 휩싸일 수 있다.
- ✔ **혼란** : 주요 기분 삽화와 치료제로 복용한 약물은 환자의 사고를 혼란스럽게 하기에 충분하다. 환자는 자신이 진짜로 누구인지, 그리고 약물이 자신에게 어떤 영향을 줄지 고민하기 시작할 것이다. 양극성에 대해 좀 더 알기 전까지는 뭔가 잘못된 것만 같은 기분에 사로잡히나 정확히 무엇이 잘못된 것인지 알지 못해 혼란스러울 수 있다.

이런 증상의 상당 부분, 그러니까 그 원인이 약물 변화와 관련 있는 경우에는 약을 복용하기 시작하고 얼마 되지 않은 시점에 가장 빈번하게 나타나고 시간이 흐름에 따라 사라지기 마련이다. 하지만 만약 견디기 힘들 정도의 증상이라면 의사와 상의하는 게 좋다. 우리 몸과 뇌가 회복되려면 시간이 어느 정도 필요하기 마련이므로, 환자와 주위 사람들 모두가 인내심을 갖고 기다리기를 권한다.

단호함 연습하기

살다 보면 다른 사람들의 일과 필요를 자기 일보다 더 중요하게 생각하고 남을 돕는 일이라면 두 팔 걷고 나서는 이타적인 사람들이 있다. 하지만 기분 삽화는 그 사람의 삶에 변화가 필요함을 알려주는 신호와 같다. 자신의 필요에 주의를 기울이고 그것들을 좀 더 적극적으로 보듬어야 할 때라는 말이다. 이런 변화는 '이기심'을 연습하면서 이전에는 맛보지 못한 놀라운 세계를 경험하는 출발점이 될 수 있다. 환자는 몸과 마음이 회복되는 동안 자신을 보듬는 연습을 시작해야 한다.

필요에 따라 도움을 청하고 받아들이기

이기심을 훈련하는 첫 번째 단계에서는 자신에게 어떤 필요가 있는지 알아차리고, 그 필요가 (자신 또는 다른 사람에 의해) 채워지고 있는지 어떻게 확인할 것인가에 대한 답을 구해야 한다. 타인에게 도움을 청하고 그들의 손길을 받아들이는 것은 낯설고 불편하게 느껴질 수 있으며, 특별히 평소에 도움을 받기보다는 베풀던 사람이라면 더욱 그럴 것이다. 하지만 자신에게 필요한 것들을 깨닫고 다른 사람들에게 직접적으로 도움을 청하며 그들의 도움을 편안히 받아들이는 모든 과정이 회복의 중요한 일부분임을 잊지 말자.

자신의 욕구와 필요를 알아차리고 채우고 싶을 때는 다음과 같이 연습하는 것도 좋은 방법이다.

1. 5~10가지 정도의 욕구와 필요를 적어보되, 가장 간절히 원하는 것을 먼저 써본다.
   예컨대, "아침에 아이들의 등교 준비를 도와줄 사람이 필요해."와 같은 바람을 들 수 있다.
2. 각각의 욕구와 필요를 채울 만한 방법이 있는지 생각해보라. 예를 들면, 도움을 줄 수 있을 만한 가족과 친구들의 이름을 적어보는 거다.
   퇴근 시간을 한 시간 정도 앞당겨 조정하는 것처럼, 스스로 해결할 수 있는 좋은 아이디어가 떠오를지도 모른다. 하지만 누군가의 도움이 필요하다면 누구에게 부탁하면 좋을지 마음 편안히 생각해보라.
3. 각각의 필요를 충족하기 위한 계획을 단계적으로 세운다.
4. 다른 누군가의 도움이 필요하다면, 구체적으로 어떤 도움이 얼마만큼의 시간 동안 필요한지 적어보자.
5. 도와줄 수 있을 만한 사람에게 연락하고 도움을 요청하라.
   그 사람이 "어떻게 도와줄까?"라고 묻는다면, 자신과 함께 계획을 하나씩 살펴보면서 도움을 줄 만한 것들이 어떤 게 있을지 생각해보자고 부탁하라.
6. 계획을 실행에 옮긴다.

거절에 익숙해지기

이기심을 연습하는 과정에서, 우리는 우리 자신의 필요를 민감하게 깨닫고 시간과 에너지를 낭비하지 않는 방법을 배워야 한다. 간단히 말하면, '아니'라고 거절하는 법을 배워야 한다는 말이다. 거절이 낯설고 힘들다면 다음과 같은 방법을 시도할 수 있다.

✔ "진심으로 돕고 싶지만, 정말이지 내 코가 석 자라 미안해."
✔ "정말로 미안하지만, 우리 가족과 좀 더 시간을 보내고 싶어서 그래."
✔ "미안한데 말이지, 얼마 전에 경제적으로 힘든 일을 겪은 바람에 이번에는 돕기 어려울 것 같아."

집 전화에 발신자 표시 서비스를 신청하거나 핸드폰으로 걸려오는 상대방의 번호를 확인하면 원치 않는 전화를 받지 않을 수 있다. 또는 상대방이 음성 메시지를 남기도록 하거나 부재중 전화를 나중에 확인하는 것도 이용하라. 텔레마케터의 집요한 전화 때문에 자꾸만 평온한 기분을 잃어간다면 전화번호를 스팸으로 등록하거나 공정거래위원회의 두낫콜(www.donotcall.go.kr)에 수신 거부를 등록할 수 있다.

안전하고 조용한 곳에서 회복하기

집처럼, 주요 기분 삽화가 또다시 나타날 가능성이 매우 크다고 예상할 만한 곳은 환자의 회복을 위한 최선의 장소가 아닐 수 있다. 환자가 혼자 지내는 경우에는 외로움 증상이 악화되고, 따스한 보살핌이나 주위 사람들의 관심을 받지 못한 탓에 우울증 또는 조증의 나락에 다시 빠져들 수 있기 때문이다. 반대로, 환자가 가족 간의 긴장감이 팽팽하고 따스한 보살핌을 주지 못하는 집으로 돌아가는 것도 그에게는 독약과 같은 처방이 될 수 있다. 환자의 처지에서 보면, 안전하고 조용한 공간에서 다음과 같은 요소가 적절히 조화를 이룰 때, 회복을 위한 최선의 장소라고 말할 수 있다.

✔ **평온** : 불안을 완화하는 데는 평화롭고 조용한 공간이 필수적이며, 특별히 조증 삽화가 지나간 후에는 더욱 그렇다.
✔ **활동** : 휴식은 중요하다. 하지만 과도한 휴식은 우울감을 불러올 수 있다.
✔ **관계** : 친구, 가족, 동료들과 관계를 유지해 나감으로써 사회적 존재로서의

회복을 기대할 수도 있다.

✔ **지원** : 환자가 성실히 치료받도록 여러모로 돕고, 도움이 필요할 때 환자가 언제든지 전화할 수 있는 사람이 있어도 성공적인 치료를 기대할 수 있다.

✔ **일상** : 규칙적인 기상 및 취침 시간, 식사와 활동은 회복에 도움이 된다.

이런 조건에 맞는 장소를 물색할 때는, 환자가 당분간 가족 또는 친구와 지내거나 필요하다면 일시적인 다른 거주지에서 지내는 방법도 고려할 만하다. 친구가 잠시 거처를 옮겨 함께 지낼 수 있다면 혼자 살던 환자는 따스한 지원과 벗을 얻고, 가족으로부터 응원과 보살핌을 받지 못하던 환자는 든든한 '내 편'을 얻게 된다. 따라서 회복하는 동안 지낼 곳을 알아볼 때는 의료 및 관계적 지원 네트워크의 울타리를 크게 벗어나지 않는 한도 내에서 결정하는 게 좋다.

가정의 상황이 좋지 않을 때, 혼자 나가 살면서 어떻게든 해결해야겠다고 생각하지는 말자. 고독감은 종종 우울증을 악화시키고 조증을 유발할 수 있다. 혼자 살면 해결할 수많은 일상의 문제들과 씨름할 수밖에 없다. 누군가로부터 어느 정도의 지원과 도움을 받으면 거의 대부분 환자들이 호전되는 결과를 얻곤 한다.

가족들과 함께 집으로 돌아가기로 했다면, 가족들이 환자의 적응에 도움이 될 만한 조율을 할 수 있도록 양극성장애에 대해 계속해서 배우기를 권한다. 이미 제11장에서 설명한 것처럼, 가족 치료 프로그램은 환자의 성공적인 회복에 큰 도움이 될 수 있다. 가정 내에서 건강한 감정적 환경을 조성할 수 있는 방법은 제12장에서 좀 더 자세히 소개하겠다.

사실, 안전하고 조용한 공간을 찾아 여기저기 헤맬 필요는 없다. 친구와 가족들이 조금만 도와준다면 집에서도 그런 환경을 얼마든지 만들 수 있으니 말이다.

의사의 지시 따르기

환자들은 대개 처방대로 약을 복용하고 치료를 잘 받는 것이 얼마나 중요한지에 대해 의사로부터 충분히 들어 알고 있으므로, 또다시 잔소리를 덧붙일 필요는 없을 것이다. 하지만 약이 잘 듣지 않거나 원치 않는 부작용이 나타날 때는 어떻게 해야 할지 잘 모를 수 있다. 치료 계획을 성실히 따르고 원치 않는 계획이 나타날 때는 계획을 수정할 수 있는 네 가지 원칙은 다음과 같다.

- ✔ **충분히 기다릴 것.** 어떤 약은 충분히 효과를 나타낼 때까지 며칠 또는 몇 주가 걸리기도 한다. 이 기간을 지나는 동안 많은 부작용이 사라지기도 한다.
- ✔ **기록을 남길 것.** 제11장에서 소개한 감정 차트 또는 기분을 모니터링 할 수 있는 스마트폰 앱을 활용하여 환자의 감정, 행동, 신체적 반응의 변화와 함께 복약 기록의 변화를 연관지어 분석할 수 있다.
- ✔ **걱정되는 것에 대해 사람들과 의논할 것.** 기분이 그저 괜찮다고 안심할 수 없다. 부작용이 나타나면 의사와 의논하고, 부작용을 최소화할 수 있는 방법에 대해 물어보라. 의사가 환자의 걱정거리에 대해 진지하게 반응하지 않는다면 다른 의사를 찾아보는 것도 고려하라.
- ✔ **무엇인가를 변경하기 전에는 반드시 의사와 의논할 것.** 의사와 의논하지 않고 치료 방법을 바꾸거나 아무 약이나 복용해서는 안 된다.

양극성의 치료 과정은 환자마다 지극히 개별적인 과정을 통해 진행되어야 한다. 다시 말해, 누군가에게는 잘 듣는 치료법이 다른 환자에게는 별 볼 일 없을 수 있다는 뜻이다. 이럴 때, 환자는 자신에게 가장 효과적인 치료 방법을 찾기 위해 의사와 한 팀이 되어야 한다. 환자는 의사에게 솔직한 기분을 이야기함으로써 의사가 충분한 정보를 바탕으로 치료 과정을 결정하고 조정하도록 도울 수 있다.

일상의 삶 회복하기

드디어 회복하는 동안 지낼 최적의 장소를 발견했다고 가정해보자. 아루바 섬(중앙아메리카와 서인도 제도, 북남미에 둘러싸인 카리브해에 위치한 네덜란드령의 아름답고 조용한 섬-역주)의 눈부신 해변에 자리 잡은 곳인데, 두 블록만 가면 정신과 병원이 있으니 진료 받으러 가기에도 좋다. 해먹 위에 편안히 누워 흔들거리며 온종일 이 책을 읽어도 아무런 방해도 받지 않는다니, 천국이 따로 없다는 생각마저 든다. 이런 상상을 하며 책을 쓰는 우리도 모든 양극성 환자들이 이와 같이 휴식할 수만 있다면 좋겠다고 생각한다. 하지만 환자들도 결국 현실 세계로 돌아와야 한다는 사실을 누구나 알고 있다. 가족과 친구 곁으로 돌아와 일상의 문제들을 해결하고 돈을 벌어 먹고살 방법도 찾아야 한다. 게다가 일은 편하고 스트레스는 적지만 월급은 꽤 괜찮은 직장을 구해야 한다는 고민거리도 해결하면서 말이다.

이번 절에서는 그 '아루바' 섬을 떠나 집으로 돌아올 때를 결정할 시점은 언제인지 살펴보고, 일상으로 복귀하는 과정을 순조롭게 진행할 방법을 조언하고자 한다. 직장으로의 복귀에 관한 내용은 제17장에서 따로 다루었다.

준비되었다고 느낄 때

주요 기분 삽화를 경험한 사람은 우선 치료제가 잘 듣는지 살피면서 적응한 후에, 일상의 활동으로 돌아가는 변화를 천천히 점진적으로 진행하는 게 좋다. 일상의 삶으로 완전히 돌아가기 전에는 기분 삽화의 재발을 방지하고 유연한 일상의 전환이 이뤄지도록 다음의 체크 리스트를 꼼꼼히 확인하면서 본인의 상태를 점검하자.

- ✔ 규칙적으로 약을 복용하고 있다.
- ✔ 기분이 안정적이다.
- ✔ 충분히 숙면한다.
- ✔ 생각이 명료하다.
- ✔ 지지 그룹이 늘 준비되어 있다.
- ✔ 의사와 심리치료사들도 당신이 준비되었다고 생각한다.

기분이 불안정할 때는 절대로 배우자와 이혼하거나 직장을 그만두거나, 다른 삶의 중요한 결정을 하지 말아야 한다. 사람들은 종종 조증에 사로잡혀 있거나 우울하거나 불안할 때 훗날 반드시 후회할 수밖에 없는 성급한 결정을 내리곤 하기 때문이다. 그렇다고 해서 우리가 지금 환자들더러 사람들과 힘겨운 관계 가운데 버티거나 스트레스가 심한 직장으로 무조건 돌아가라는 권면을 하는 게 아님을 이해해주길 바란다. 우리는 그저, 환자들의 뇌가 적절히 기능하여 정돈된 기분일 때 이런 중요한 인생의 문제들을 결정하길 조언할 뿐이다.

【 충분한 회복 기간이 필요했던 첫 번째 입원 】

2008년 5월, 딸 알리가 고등학교를 졸업할 무렵이었다. 교사였던 내가 정신없이 학기를 마무리하던 그때, 남편 조와 나는 알리의 졸업을 어떻게 기념할지 고민하면서 스페인으로 2주간의 여행 계획을 세웠다.

하지만 불행히도 그즈음에 내 조증이 다시 시작되었다. 식구들은 신경을 잔뜩 곤두세웠고 평소에는 아무런 문제없이 잘 자던 내게 불면증이 찾아왔다. 우리 가족 모두는 조증의 조짐을 이미 잘 알고 있었고, 나는 치료 교실을 방문하는 횟수를 두 배로 늘리며 주치의와 이 문제를 구체적으로 상의하였다. 병원을 찾을 때마다 의사는 약이 잘 듣는지 매번 확인하고 불면증에 도움이 되도록 프레가발린(리리카)와 같은 약을 처방해주었다.

(상태가 나빠지지 않도록) 그토록 애를 썼어도 의사가 파악한 것보다 내 상태가 심각했는지, 이내 환청과 환각을 동반한 심한 피해망상이 시작되고 말았다. 조증이 찾아올 때는 나름대로 '좋은' 부작용이 나타나 세상이 눈부시게 아름답다는 생각에 사로잡히곤 하는데, 잠을 거의 잘 수 없던 나는 종종 집 밖에 나가 이곳저곳을 거닐며 자연의 아름다움을 만끽하곤 했다. 그러던 어느 날, 나는 우리 집 뒷편 호숫가에 서서 잉어와 메기들에게 치리오스(글로벌 식품회사 제너럴 밀스의 동그랗고 달콤한 시리얼 – 역주)를 하나씩 던져주고 있었는데, 호수에서 갑자기 메기 한 마리가 튀어나와 고양이로 변하는 장면이 내 눈앞에서 펼쳐졌다.

남편과 나는 곧바로 병원으로 향할 수밖에 없었고 대기실에서 기다리라는 안내를 받았다. 하지만 도무지 얌전히 '대기'할 수 없는 정신상태였던 나는 복도로 나가 서성이다가 어떤 가족을 만났는데, 이번에는 그들의 딸이 내가 가르쳤던 제자라는 망상이 시작되고 말았다. 맘씨 좋은 그들은 내 이야기를 주의 깊게 들어주었지만 나는 곧이어 다가온 보안 요원의 손에 이끌려 정신과 병동으로 옮겨졌고, 환자가 직접 서명해야 하는 각종 법적인 서류를 쌓아두고 기다리던 사회복지사를 만났다. 나는 도무지 그 상황을 이해하고 몰두할 수 없었고, 그 서류의 내용을 읽어보지도 않은 채 페이지마다 사인해야 할 공간에 분노의 'X'자를 그어버렸다. 그날 저녁에는 몇 명의 조무사에게 제압당하는 일이 벌어졌고, 다음날 아침에 일어나보니 온몸에 몇 군데 멍 자국이 남아 있었다.

고작 사흘째가 되던 날, 내 상태가 많이 좋아졌고 이미 계획해둔 딸과의 여행을 가야 한다는 이유로 의사를 설득해 퇴원하는 데 성공했다. 하지만 불행히도 나의 조증은 정반대로 악화되고 있었다. 집에 돌아오고 이틀째가 되던 날 또다시 심각한 피해망상이 시작되면서 나는 의사가 처방해준 약의 일부를 변기에 털어 넣었다. 그리고 스스로 마약 소지 및 거래 혐의로 누군가로부터 감시받는다는 확신에 가득 찬 나머지 경찰에 전화를 걸어 자수까지 하고 말았다. 그렇게 경찰이 우리 집에 찾아와 남편과 대화한 후 나는 경찰차를 타고 병원 응급실로 이송되어 또다시 정신과 병동에서 열흘 정도 입원 치료를 받아야 했다.

처음 입원했을 때와는 달리, 이번에는 꽤나 안정적으로 회복하는 시간을 보낼 수 있었다. 우리 가족이 꿈꿨던 스페인 여행은 취소할 수밖에 없었지만, 그해 늦은 봄 즈음, 딸내미는 스페인어를 함께 공부한 친구들과 급하게 준비해 코스타리카를 여행할 수 있었다. 가족 여행을 취소했을 때는 말로 다 표현할 수 없을 만큼 아쉬웠지만, 스페인이 지도상에 존재하는 한 언젠가 다시 여행 계획을 세울 날이 올 거라 믿는다.

–쎄시 크레이닉, 교사 및 작가

가족과 친구들의 품으로 돌아오기

가족과 친구들이 환자에게 기분 삽화가 나타날 때의 모습 때문에 그를 멀리하지 않더라도, 어떤 형태로든 서로의 관계가 틀어지고 서먹해지기 마련이다. 따라서 다시금 서로의 관계를 회복하려면, 기분 삽화 동안에 자신의 저지른 모든 말과 행동의 실수를 환자 스스로 용서하는 과정이 필요하다. 환자의 잘못이 있다면, 그저 그런 병을 앓고 있다는 것뿐이니 말이다. 그런 다음에는 모두의 도움이 필요하다고 설득하는 과정이 필요한데, 이를 위해서는 그들의 이해와 공감, 그리고 용서가 전제되어야 하므로 상당히 어려운 과정이 될 수 있다. 이럴 때 도움이 될 만한 몇 가지 방법을 소개하면 다음과 같다.

1. 가족들이 자신 때문에 얼마나 아프고 힘들었을지 생각해보고, 그들에게 사과하거나 최소한 그들의 고통을 충분히 인정하자.

   나 때문에 다른 사람이 고통받는다는 사실 그리고 무엇 때문에 그들이 힘들었을지 이해하기란 당연히 쉽지 않고, 특히나 기분 삽화가 진행되는 동안에는 더 그럴 수 있다. 양극성의 소용돌이 가운데 저지른 일 때문에 누군가에게 사과해야 할 필요성이 크게 와닿지 않아도 괜찮다. 하지만 당신 자신 외에 다른 이들도 양극성의 희생자임을 인정할 때, 상처는 치유될 수 있다.

2. 가족과 친구들이 양극성장애에 대해 더 많이 배우고 알아가도록 격려하자.

   양극성장애에 대해 많이 알수록, 그 모든 증상이 환자의 자유의지가 빚어낸 결과가 아님을 이해하기 쉽다. 특히, 이 책의 제19장은 주위 사람들이 환자를 좀 더 쉽게 이해하도록 도움을 줄 수 있다.

3. 환자의 치료 교실에 가족 구성원들이 함께 참여할 기회를 마련하되 환자와 그 사람이 편안히 느낄 수 있을 정도로 제한하는 게 좋다.

   이 책의 제11장에서 가족 치료가 어떻게 환자의 치료에 도움이 되는지 자세히 설명해두었으니 참고해도 좋다.

4. 가족 모두가 어떻게 도울 수 있을지 환자가 직접 구체적인 지침을 주라.

   문제를 해결하는 일에 적극적으로 참여할 때에 가족들은 희생자가 된 것만 같은 억울함 대신에 오히려 임무나 권한을 부여받은 것만 같은 책임감을 느끼곤 한다.

환자는 자신 때문에 어떤 형태로든 자신과 다른 사람들이 희생당했다고 느끼는 가족들 또는 친구들의 저항과 맞닥뜨릴 수 있다. 하지만 주위 사람들이 결코 잊지 말아야 할 사실은, 모두가 함께 양극성장애 때문에 아픔을 겪고 있으며 누구보다 환자 자신이 가장 고통스럽다는 점이다. 환자는 자신에게 맞는 치료 방법을 찾고 꼬박꼬박 약을 잘 복용하면서 컨디션을 유지하고 치료 교실에 열심히 참여하는 것만으로도 자신의 모든 노력을 다 기울이고 있음을 인정해주자. 이제는 주위에서 환자를 돕고 각자의 몫을 담당할 차례다.

의사의 지시사항을 따르고 건강을 지키기 위해 최선을 다하더라도 여전히 양극성의 증상이 나타날 수 있다. 양극성장애와 씨름하다 보면 종종 어떤 상황을 예측하고 대비할 수 없다는 사실을 자연스럽게 받아들이게 되는데, 치료 과정을 충실히 따르고 잘 준비되더라도 기분 삽화가 나타날 수 있기 때문이다. 실패와 좌절이 정상적인 과정임을 인정할 때, 환자와 가족들은 치료가 실패했거나 뭔가를 잘못했다는 죄책감으로부터 자유로울 수 있다. 무엇보다 양극성이 나타나는지 늘 경계하며 문제가 발생할 때 곧바로 알아차리고, 되도록 신속히 적극적으로 해결하는 게 중요하다.

일터로 돌아가거나 혹은
그만두거나

주요 기분 삽화가 지나간 후에는 일터로 돌아가고 싶은 생각이 전혀 없거나 너무도 간절할 수 있고, 아니면 그저 그럴 수도 있다. 복귀하더라도 과연 잘해낼 수 있을지 불확실한 가운데, 직장의 동료들과 상사가 과연 어떻게 반응할지 두렵더라도 다시 그 일상으로 돌아가고 싶을지도 모른다.

이런저런 고민을 하면서, 다음과 같은 물음이 머릿속을 가득 메울지도 모른다. "과연 내가 다시 일을 시작할 준비가 된 걸까?", "동료나 상사에게 그동안 있었던 일들을 솔직히 말해야 할까?", "(아직 내 상태가 완전히 회복된 게 아니니) 내 상태를 고려한 조정을 부탁해볼까? 만일 그런다면, 어떤 조정을 요청해야 할까?", "내 자리로 다시 돌아갈 수 없다면 앞으로 어떻게 먹고살지?" 이번 장에서는 일터로 복귀하는 것과 관련하여 환자들이 필요로 하는 정보를 제공하고 중요한 질문에 대한 대답을 찾도록 안내하고자 한다.

현실 점검 : 다시 일할 준비가 되었나?

어떤 사람도 당신에게 일터로 복귀해야 한다거나 언제쯤 돌아가는 게 좋겠다고 말해줄 수 없다. 이 질문은 몇 가지 변수에 따라 그 대답이 달라질 수 있는데, 예컨대, 환자의 건강 상태, 치료 효과, 가족과 직장 동료들의 정서적 지지의 정도, 업무 관련 스트레스(그 스트레스를 감당할 수 있는 능력도 포함하여), 그리고 일을 다시 시작하고자 하는 환자 본인의 의지를 들 수 있다. 복잡한 여러 설문에 일일이 내답하려 애쓰기보다는 "과연 나는 일터로 복귀할 준비가 되었나?"라는 포괄적인 질문을 자신에게 던짐으로써, 다음 중 어떤 형태로 복귀할 것인지에 대해 곰곰이 생각해볼 수 있다.

✔ **완전한 복귀** : 양극성장애를 앓는 사람들 가운데 어떤 이들은 몇 주 또는 몇 달간 직장을 쉬면서 약을 복용하고 다른 여러 가지 치료를 받다가 아무 일도 없었다는 듯 다시 일터로 돌아가기도 한다.

✔ **부분적 복귀** : 예전처럼 다시 풀타임 근무를 시작하는 대신에, 상황이 된다면 하루에 서너 시간만 일할 수도 있다. 이런 형태로 직장에 복귀하는 사람들 가운데 일부는 시간이 지남에 따라 예전처럼 풀타임으로 일할 수 있을 만큼 상태가 호전되기도 한다.

✔ **환자의 상태를 고려하여 여러 가지 조정이 이뤄진 복귀** : 미국 장애인법(Americans with disabilities act, ADA)에는 정신질환과 관련된 조항도 포함되어 있다. 따라서 환자들은 직장에서 각자 자신의 상태를 고려한 업무 및 환경적 조정을 요청할 수 있다(우리나라의 경우 장애인고용촉진 및 직업재활법 제14조에 국가와 지방자치단체는 장애인 중 정상적인 작업 조건에서 일하기 어려운 장애인을 위하여 특정한 근로 환경을 제공하고 그 근로 환경에서 일할 수 있도록 보호고용을 실시하여야 한다고 밝히고 있다-역주). '일터에서 조정 요청하기' 질에는 이와 관련하여 좀 더 자세한 내용을 수록하였다.

✔ **새로운 직업을 찾아서** : 예전에 일하던 그 자리로 돌아가는 대신에, 같은

회사 안에서 심적 부담이 덜한 직무로 바꾸거나 비슷한 업무의 다른 직장을 구할 수도 있고, 또는 완전히 다른 직업을 구하는 방법도 고려할 수 있다.

만일에 일을 그만둘 생각이라면, 오랫동안 쉬더라도 괜찮을 것인지 스스로 질문하라. 단순히 돈이나 직장을 통해 누리던 혜택에 관한 것만 의미하는 게 아니다. 일을 할 때, 우리는 다음과 같은 유익을 누릴 수 있다는 점을 고려해야 한다.

✔ **구조** : 양극성의 성향이 있는 사람들은 종종 체계적으로 구조화된 환경과 규칙적인 일정에 편안함을 느끼곤 한다. 직장은 양극성 환자들의 이런 욕구에 부합하는 곳이 될 수 있다.

✔ **긍정적인 자긍심** : 업무를 잘 처리하고 적절한 금전적 보상을 받을 때, 사람들은 자신에게서 긍정적인 가치를 느낄 수 있다.

✔ **따뜻한 동료애** : 많은 사람은 직장 생활을 통해 사회적 관계를 맺고 살아간다. 따라서 (어느 정도로) 적극적인 사회생활을 유지하면 기분이 좋아지고 회복하려는 목표를 굳건히 하며 일상에 적응하는 습관을 키워나가는 데 도움이 될 수 있다.

직장으로의 복귀를 고민할 때, 이런 유익의 중요성을 절대로 평가절하하지 말기를 바란다. 하지만 양극성장애 때문에 도무지 일을 다시 시작하기 어려울 것 같다면, 이런 것들을 놓쳐 엄청난 손해를 본다는 생각도 절대로 금물이다. 일터를 떠나도 얼마든지 자신의 일상을 체계적으로 꾸려나갈 수 있고 건강한 사회생활을 영위하며 자긍심을 누릴 수 있음을 잊지 말자. 그저 조금 다른 형태의 노력이 필요할 뿐이다. 예컨대 자원봉사의 형태일 수도 있고, 가족 안에서 새로운 역할을 시도하고 취미 생활이나 새로운 공부를 시작해보는 것도 좋은 방법이 될 수 있을 테니 말이다.

이런 문제를 고민하기 시작할 때, 의사와 심리치료사와 함께 그 문제를 의논하고 그들의 조언을 들어보라. 그들은 당신이 다시 일을 시작하거나 그만둘 경우의 장단점을 저울질하고 당신이 다시 일을 시작할 정도로 회복되었는지, 아니면 언제쯤 복귀하는 게 좋을지 조언할 수 있으며, (환자가 선택한) 새로운 생활로 전환하는 과정이 편안하도록 도움을 줄 수 있고, 다시 일을 시작할 수 없거나 복귀하지 않기로 결정할 때 필요할 만한 다른 정보를 제공해줄 수도 있다.

일터로 돌아가기

환자 자신과 담당 의사, 그리고 심리치료사가 볼 때 환자가 충분히 준비되었다고 판단할 만하며 일터로 복귀하기로 결정했다면, 빠듯한 업무 일정에 곧장 투입되기보다

【 양극성과 함께 다시 시작한 나의 일 】

나는 크리스마스를 한 주 앞둔 1999년 겨울에 첫 번째 조증 삽화를 경험했다. 그 당시에 나는 중학교의 스페인어 교사로 16년째 일하고 있었다. 사람들은 중학생을 가르치다 보면 누구나 돌아버릴 거라는 말을 하며 혀를 내두르곤 했지만, 나는 도리어 양극성장애를 포함한 다른 몇 가지 이유로 힘든 시간을 보내야 했다.

결국에는 병원을 찾아가야만 했고, 의사들은 내게 발프로산(데파코트)을 포함한 몇 가지 약물을 처방해주었다. 3개월의 긴 외래 치료 과정을 감당하면서, 다시 학교로 돌아갈 만큼 좋아졌다는 기분이 들었다. 하지만 불행히도, 그 당시에는 충분히 회복된 게 아니었다. 복용하던 약물 때문에 학교에서 업무를 수행할 수 있을 만큼 명쾌한 사고를 할 수 없었고, 학교에 가 있기는 했어도 온종일 혼란스러운 나머지 안개 속을 헤매는 기분에 사로잡혀 지낼 수밖에 없었다. 양극성장애에 대해 아는 게 별로 없던 친구들과 가족이 당황하는 표정으로부터 약물 때문에 나타나는 부작용까지, 나를 둘러싼 모든 게 어지럽기만 했다.

할 수 없이 몇 주 동안 버티며 출근하다가 다시 병가를 내는 생활을 반복했지만, 학교로 돌아갈 때마다 매번 가까스로 붙들던 현실이 무너지고 '제정신'인 상태로 지낼 수 없는 일들이 벌어지곤 했다. 어떤 날은 교실을 잃어버려 헤매다 복도에서 다른 교사를 불러 세워 도움을 청하는 상황도 벌어졌다. 결근할 때마다 점점 더 깊은 죄책감에 시달리면서, 제멋대로 학교를 빠지는 교사를 마주해야 하는 학생들에게 못 할 짓이라는 생각이 들었다. 그래서 결국 조기 퇴직을 해야겠다는 어려운 결정을 내릴 수밖에 없었다. 그 뒤로 몇 년이 지나고 내 상태를 어느 정도 관리할 수 있게 되었을 때, 나는 학교를 옮겼고 일반 교사보다 스트레스가 적은 ESL 코디네이터로서 일을 해나가기 시작했다. 바로 그 점이 날 치료하던 주치의가 그 일을 가장 강력하게 권유했던 이유이기도 하다. 나는 꽤나 일을 잘 해나갔고, 규칙적으로 출퇴근을 하다 보니 일상도 꽤나 계획적으로 돌아갔다. 게다가 학생이나 동료들과 긍정적인 관계를 맺을 수 있는 좋은 점도 있었고, 날마다 성취감이라는 보상까지 얻었다.

시간이 더 흐른 지금, 나는 파트타임 강사로 다시 가르치는 일을 시작했으며 책도 몇 권 썼는데 「더미를 위한 스페인어 문법(Spanish Grammer For Dummies)」도 그중의 하나다. 내게 꼭 맞는 약을 찾아 복용하고 있고 기분도 상당히 안정된 데다, 예전에 그랬던 만큼 충분히 능력을 발휘하며 지내는 편이다. 누군가 양극성장애를 안고 다시 일을 시작할까 말까 고민하고 있다면 이런 조언을 해주고 싶다. "당장에 돌아가야 한다는 강박관념은 버리세요. 천천히 해나가도 괜찮거든요. 충분히 준비되었다고 느낄 때까지 기다리세요."

– 쎄시 크레이낙, 교사 및 작가

는 점진적으로 일을 늘려나가는 편이 나을 것이다. 점진적 복귀를 원한다면 다음과 같은 시나리오를 짜 볼 수 있겠다.

- ✔ 하루 또는 주 단위로 반일 또는 단축 근무를 고려한다.
- ✔ 격일 근무 일정을 고려한다.
- ✔ 당분간 자신의 업무를 돕고 지원해줄 사람을 구해 일을 나눠 진행한다.
- ✔ 한시적으로 재택근무 또는 업무를 집에서 처리할 방안을 찾아본다.

 환자가 일을 다시 시작한 다음부터 처음 4~6주 동안은 매주 의사 또는 심리치료사와 만나면서, 새롭게 변화된 일상 가운데 문제가 없는지 살피는 게 좋다. 의사와 심리치료사는 환자를 관찰하면서, 그가 근무 시간과 업무를 늘릴 수 있을지 그리고 언제부터 그렇게 하는 게 좋을지 결정하는 데 도움을 줄 수 있다.

진단명을 주위 사람들에게 공개할까, 말까?

자신이 양극성장애로 진단받았다는 사실을 고용인에게 알릴까 말까 고민할 때, 환자는 상당한 불안에 사로잡힐 수 있다. 물론 그런 식으로 고민해서는 안 된다. 만일에 양극성장애가 아니라 암, 당뇨, 또는 심장병에 걸렸다면 주위 사람들에게 곧장 알렸을 게 당연하니까. 심지어 다른 사람들로부터 격려와 위로를 받았을지도 모를 일이다. 하지만 양극성장애로 진단받은 사람들은 종종 낙인찍힐 것을 두려워한다. 이 절에서는 양극성장애라는 진단 결과를 직장 동료들에게 알리는 게 환자를 위한 최선의 선택인지 결정하도록 돕고, 그렇게 하겠다고 결정한다면 어떤 과정을 밟아 나가는 게 좋을지 안내하고자 한다.

진단명을 공개할 때의 장단점 따져보기

직장 동료들에게 자신의 양극성장애에 대해 털어놓을 경우에는 다음과 같은 '낙인찍기' 현상이 벌어질 것을 예상할 수 있다.

✔ 해고당하거나 그만두라는 미묘한 압박을 받는다.

✔ 승진에서 밀린다.

✔ 동료들의 관계 속에 끼어 들어가지 못하고 소외당한다.

✔ 다른 사람들이 자신에 대해 어떻게 생각할지 자꾸만 마음이 쓰인다.

건강상의 이유로 그 사람을 따돌리고 차별하는 것은 법에 저촉되지만, 그렇다고 해도 그런 일은 종종 벌어지기 마련이다.

가장 좋은 시나리오, 그러니까 고용인이 피고용인을 소중히 여기면서 그들도 종종 치료받고 관리해야 할 건강상의 어려움이 있다는 사실을 이해하는 사람이라면, 환자가 자신의 상태를 솔직하게 털어놓아야만 오히려 다음과 같은 유익을 누릴 수 있다.

✔ 아프다는 사실을 숨기느라 더 이상 마음 무겁게 지내지 않아도 된다.

✔ 미국 장애인법에 근거하여, 모든 환자는 직장 내에서 합리적인 조정의 혜택을 누릴 자격을 갖는다(환자의 고용인은 피고용인을 위해 적절한 조정을 지시하고 책임질 수 있도록 그의 장애에 대해 알아야 한다. 이와 관련된 내용은 '일터에서 조정 요청하기' 절을 참조).

✔ 환자의 장애가 어떤 질환인지 직접 들은 상사나 동료는 좀 더 기꺼이 그 사람을 돕고자 할 것이며, 그의 상황을 이해할 때 환자가 필요로 하는 도움을 줄 수도 있다.

✔ 다른 이들에게 설명하면서 환자 자신도 많이 배우고 자신감을 갖게 된다.

당신의 진단명을 직장 동료들에게 공개하는 것이 최선의 선택인지는 아무도 단정할 수 없다. 그 동료들이 어떤 태도를 보일 것인지 예측하려면, 과거에 그들이 조증이나 우울증에 대해 나타낸 태도와 했던 말을 떠올리면 될 것이다. 만일에 그들이 당신과 비슷한 상황을 겪는 다른 사람들에 대해 공감하는 태도를 보였던 사람들이라면, 당신이 겪는 상황에 대해서도 깊은 이해심과 따뜻한 배려를 보일 것으로 기대할 수 있을 것이다.

직장 상사와 동료들에게 이야기하기

당신이 만일 양극성장애로 진단받은 환자라면, 다른 사람들에게 양극성에 대해 가르치느라 시간과 에너지를 낭비할 필요가 없다는 사실을 기억하자. 당신의 이야기를 들으면서 사람들은 대부분 공감하는 마음을 가질 게 분명하고, 만일 그렇지 않더라도 잘 설명해주면 그만이다. 하지만 현실적으로 볼 때, 환자 스스로 자신의 상황을 정확히 전달하고 사람들에게 필요한 정보를 주지 않으면, 일터(또는 가정 또는 학교 등 어디든)에서의 상황은 개선되기 어렵다. 환자 주위의 사람들이 양극성장애에 대해 많이 알면 알수록, 그들의 두려움은 줄어들고 포용력은 커지기 마련이다.

그렇다면 직장의 상사와 동료, 또는 그 밖의 많은 사람들에게 어떻게 양극성장애를 설명할 수 있을까? 여기 도움이 될 만한 몇 가지 방법을 설명하니 참고할 수 있다.

- ✔ 우선, 가장 신뢰하며 누구보다 마음을 열고 들어주는 사람에게 자신의 상황을 알리는 게 좋다. 이 사람이 당신의 이야기에 보이는 반응을 보면서, 다른 사람들도 수용적인 태도를 보일 가능성이 크다.
- ✔ 마치 교사가 학생에게 설명하듯 서로 부딪치지 않는 분위기에서 양극성에 대해 소개하라(무엇보다 잊지 말아야 할 사실은, 누구에게 어디까지 말할 것인지를 결정하는 것은 전적으로 환자 자신의 선택에 달렸다는 점이다. 모든 사람에게 처음부터 끝까지 전부 다 말할 필요가 없다는 말이다).
- ✔ 만일 직장 내에 인사팀이 별도로 운영된다면, 인사팀의 직원도 함께 한 자리에서 상사와 대화하는 것도 좋다. 인사팀의 직원들은 고용법에 대해 잘 알고, 당신의 상사도 한 사람의 직원으로서 책임감 있는 태도를 갖추도록 설명할 수 있기 때문이다
- ✔ 자신에게 우울증 또는 조증이 찾아올 때 어떤 느낌이 드는지 이야기하라. 양극성의 증상이 나타날 때 어떤 기분인지 설명한다고 해서 누구도 논쟁거리로 삼거나 방어적인 태도를 취하지 않을 것을 믿고 안심하라.
- ✔ 자신의 주요 증상을 설명하라. 자신이 조증 또는 우울증에 빠질 때 어떤 행동을 나타낼 수 있을지에 대해 동료들과 상급자에게 미리 말해두는 게 좋다. 환자가 자신의 증상을 직접 설명할 때는 다음과 같은 두 가지 이점을 경험할 수 있다. 우선, 어떤 일들을 예상할 수 있을지 미리 말해줌으로써 당신의 행동이 바뀔 때 주위 사람들이 대처할 준비를 할 수 있다. 또한 환자에게 양극성의 조짐이 시작되는 것을 환자 본인은 알아차릴 수 없을 때, 주위 사람들이 지켜보고 알려주며 도울 수 있다는 장점도 있다.

✔ 그럼에도 불구하고 자신의 말과 행동을 전부 양극성과 연관지어 생각하지 말 것을 당부하는 것도 잊어서는 안 된다. 주위 사람들이 촉각을 곤두세우고 당신이 무슨 말과 행동을 할 때마다 양극성의 증상인 것 같다고 말하길 원치 않을테니 말이다. 당신이 양극성과 상관없이 건강할 때도 남들처럼 슬프거나 화나고 활기 넘치거나 피곤하며 당황하는 등의 감정을 표현할 수 있다는 사실을 알릴 필요가 있다. 대부분의 양극성 환자들의 이야기를 들어보면 '그저 다른 사람처럼' 대우받길 원한다는 사실을 알 수 있다.

✔ 치료받을 때는 대개 증상이 심하지 않고 조절할 수 있을 정도임을 설명하고 안심시키라.

✔ 당신이 제공하는 정보를 공감하고 수용하는 정도는 사람에 따라 다르며, 그들의 행동과 태도가 변화되기까지는 훨씬 더 오래 걸릴 수도 있다는 사실을 잊지 말라.

회사 내에 교육 담당자가 있거나 외부 강사를 초대할 기회를 마련할 수 있다면, 정신건강과 관련된 전문가 또는 상담가 등을 초대해 정신질환 특히 양극성과 관련된 강연을 듣는 방법을 고려하는 것도 좋다.

일터에서 조정 요청하기

양극성장애라는 진단을 받고 직장의 상사 또는 고용주에게 그 사실을 일단 이야기한 후에는 미국장애인법(ADA)에 따라 보호받을 수 있다. 직장에서 자신의 건강 상태를 알리고 도움을 요청했다면, 고용인은 당신이 업무의 효율성을 충분히 발휘할 수 있도록 도움이 될 만한 합리적인 지원을 제공해야 한다.

ADA에 따라 충분히 보호받기 위해서는 환자의 상황이 다음의 몇 가지 조건에 부합해야만 한다.

✔ 한 가지 이상의 일상적 활동을 제한할 만한 신체적 또는 정신적 장애를 갖고 있어야 함.

✔ 환자가 자신의 장애 상태를 증명해줄 수 있는 진단서 등의 기록을 갖고 있

거나 장애 상태로 간주할 수 있어야 함.

✔ 환자가 업무를 수행할 능력이 있어야 함. 다시 말해, 업무 수행을 위해 필요한 기술, 경험, 교육, 직위와 관련된 충족 요건 등을 갖고 있어야 하며, 합리적 조정이 제공되는 환경에서 직무 수행을 위한 필수적인 능력을 수행할 수 있어야 함.

그렇다면 여기에서 말하는 합리적 조정(reasonable accommodations)이란 무얼 의미하는 것일까? 미국 약물남용·정신건강청에서 정의하는 합리적 조정의 기준을 살펴보면 다음과 같다.

> 조정은 장애가 있는 개인이 직원으로서의 혜택을 동등하게 누릴 수 있도록 직장 내 환경을 바꾸는 것을 의미한다. 하지만 고용주에게 부당한 고충(undue hardship)을 강요하는 것은 바람직한 조정이라고 볼 수 없다. 부당한 고충은 고용주의 경제적인 부담을 요구하는 것뿐만 아니라 지나치게 과도하거나 업무 수행에 지장이 되고 또는 일터의 분위기나 운영에 영향을 줄 정도의 조정에 해당한다.

양극성 진단을 받은 근로자를 위한 합리적인 조정에는 다음과 같은 내용이 포함될 수 있을 것이다.

✔ 근무 시간의 유연성을 보장하며, 외래 진료 및 치료 교실 방문을 위한 외출의 허용

✔ 양극성 환자의 수면 패턴에 방해가 되지 않을 만한 업무 시간표

✔ 불필요한 개입을 최소화하기 위한 업무 시간표의 조정

✔ 휴식 시간의 빈도와 시간을 늘려줌

✔ 분리된 사무실 또는 업무 공간을 제공함으로써 일터에서의 갈등을 최소화함

✔ 양극성 환자에게 요구되는 직무 조건 및 업무상의 책임에 대해 구체적으로 문서화 할 것

✔ 직장 내의 동료 및 상사들을 대상으로 양극성장애에 대한 교육을 시행할 것

✔ 양극성과 관련된 직원교육 프로그램 및 다른 방안에 대한 제안

✔ 양극성 환자가 경험하는 각종 어려움을 해결하기 위한 방법을 찾고 업무와 관련된 필요와 도움에 대해 의논하기 위한 상급자와의 정기적인 회의

【 개인사업자의 양극성 관리 】

혼자 일하는 직업을 갖고 있거나 자영업자, 혹은 기업을 직접 운영하는 사람이 양극성 진단을 받을 경우에는 자신의 일과 양극성장애를 함께 관리해나가야 하는 어려움에 직면할 수 있다. 이런 일을 하는 사람들은 병가를 내거나 무급휴가, 또는 휴직 등의 선택을 할 수 없기에 본인이 일을 쉬는 순간부터 수입이 급감하는 상황에 처하기 쉽다. 반면에 직원들의 급여 및 간접비 등을 감당하느라 지출은 계속 늘어나기 마련이다. 하지만 이런 사람들은 스케줄의 유연성이 매우 크다는 장점과 더불어, 대부분의 경우에는 자신의 일과 업무 결과를 누군가에게 보고해야 하는 책임으로부터 자유롭다는 이점을 누리곤 한다. 그러니까 다르게 말하자면 이들은 스스로 합리적인 조정을 할 수 있다는 뜻이다. 말할 필요도 없이, 이런 형태의 일을 하는 사람들은 자신의 상태를 직원 및 동료들에게 전달하는 모든 과정을 마음대로 결정할 수 있으며, 이 과정에서 다음의 몇 가지를 고려하면 도움이 될 수 있다.

✔ 장애 진단과 관련된 보장 내역이 포함된 보험 상품을 알아보라. 물론 양극성장애로 진단받은 후에는 이런 보험에 가입할 수 없지만 말이다.
✔ 자신이 일할 수 없는 비상 상황에 대비하고 계획을 세워두라. 자신의 부재 시에 상황에 개입하고 일을 관리해줄 수 있도록 믿을 만한 사람을 미리 물색하라. 위기 상황이 발생하기 전에 구체적으로 대비할 수 있도록 준비해둬야 한다.
✔ 사업을 운영할 수 없는 동안 버틸 수 있을 만큼의 현금을 미리 저축해두기 위해 힘쓰라.
✔ 업무를 수행하면서 자신의 일과와 활동을 기록으로 남겨두는 게 좋다. 그래야만 누군가가 당신의 자리를 대신할 때 참고 자료로 활용할 수 있을 테니 말이다.

각각의 조정의 효율성을 평가하고 필요한 조정을 실행함으로써 전반적인 업무 환경을 개선하고 발생할 수 있는 변화에 대응할 수 있는 절차를 수립하라.

양극성 환자가 직장에 적응하는 데 어려움이 있거나 환자의 필요에 맞춰 직장 내 구성원들이 적응해야 할 필요가 있다면 양극성 환자들을 돕고 훈련시킨 경험이 풍부한 작업심리치료사에게 조언을 구하는 것도 해결 방법이 될 수 있는데, 작업심리치료사는 신체적 장애가 있는 사람들과 관련된 일만 하는 것이 아니기 때문이다.

더 잘맞는 일 찾기

정신질환을 가진 사람들이 수행하기에 적합하지 않은 일도 있다. 따라서 양극성 환자가 다시 일터로 돌아가면 직장 내 환경에 합리적 조정이 이뤄졌을지라도 양극성의 증상이 재발할 수도 있다. 따라서 양극성으로 진단받기 전에 해오던 일을 다시 할 수 없게 될까 봐 두려운 나머지 무조건 다시 출근하기를 고집해서는 안 되며, 다른 업무나 아예 다른 직업을 찾고 새로운 사업을 시작하거나 또는 즐겁게 일할 만한 파트타임 직업을 구해 생활비를 버는 방법도 있다.

지금부터 우리는 양극성 환자가 자신에게 맞는 새로운 직업을 찾고 정신건강을 지켜나갈 방법에 대해 알아보고 업무 관련 목표를 달성할 방법을 제안하려고 한다.

양극성 환자에게 회복은 반드시 진단 전의 삶으로 돌아가는 것을 의미하지 않는다. 실제로, 환자들은 회복된 후에 오히려 새로운 인생을 향해 나아갈 기회를 얻고 훨씬 더 보람 있고 만족스러운 삶을 향한 변화의 계기를 만들기도 한다.

원하는 일의 조건 따져보기

"나는 도대체 어떤 일을 하며 살아야 할까?" 어떤 사람들은 이 질문에 대한 답을 태어날 때부터 알고 있는 것처럼 살아가곤 한다. 하지만 또 다른 어떤 사람들은 은퇴할 때까지도 그 대답을 찾지 못한 채 고민하기도 한다. 양극성 때문에 예전에 하던 일을 잠시 쉬거나 그만둬야 하는 상황을 겪고 나면, 환자들은 완전히 새로운 상황 위에 서서 이 질문을 또다시 물을 수밖에 없다. 양극성이 자신의 인생에 끼어들기 전까지 하던 일로 되돌아갈 수 없거나 그러고 싶지 않다면, 이제는 어떤 일을 하며 살아가고 싶은지 스스로에게 물어보라. 그러면서 자신이 꿈꾸던 일을 새롭게 시작할 수 있는 비전을 세워나가면 된다.

✔ 혼자 일하는 것 또는 다른 사람들과 함께 일하는 것 중에서 어떤 것을 선호하는가?

✔ 집에서 일하길 원하는가? 아니면 집 밖에서 일하고 싶은가?

✔ 정신건강을 해치지 않는 한도 내에서 주당 몇 시간 정도 일할 수 있을까?(병원 진료, 각종 치료 교실 및 자조 활동 등을 위해 필요한 시간은 반드시 제외하고 계산한다).

✔ 고정된 근무 시간이 좋은가, 아니면 일정을 자유롭게 결정하길 원하는가?(자신의 일정을 스스로 정하더라도 규칙적인 시간과 일과를 정하고 일하면 기분을 안정시키는 데 도움이 될 수 있다).

- ✔ 당신은 자기 주도형 인간인가, 아니면 누군가 목표, 일정, 방향을 분명히 정해줄 때 성과를 내는 유형인가?
- ✔ 당신은 지도자형 또는 관리자형인가, 아니면 성실한 직원형 사람인가?
- ✔ 다른 사람의 사업장에서 근무하는 걸 선호하는가, 아니면 자신만의 사업을 일구길 원하는가?
- ✔ 자신이 가장 잘하는 것은 무엇인가?(다음 절에 자세한 내용을 설명하였다).
- ✔ 가장 좋아하는 일은 어떤 것인가?(이것 역시 다음 절을 참조하라).

잘하고 좋아하는 일을 찾아서

직업을 바꾸려고 고민할 때는 자신이 잘하는 것뿐만 아니라 좋아하는 것을 찾아야 한다. 따라서 나음의 예시를 참고하거나 자신만의 목록을 적으며 앞으로 할 수 있는 일을 찾아보도록 하자.

- ✔ 어린이 또는 청소년과 관련된 일
- ✔ 노인 돌보기
- ✔ 컴퓨터 프로그래밍
- ✔ 글쓰기
- ✔ 재무 관리/회계
- ✔ 웹디자인
- ✔ 각종 기계 수리하기
- ✔ 정원 가꾸기
- ✔ 가르치기/교육하기
- ✔ 조직하기/계획하기

그런 다음에는 자신이 좋아하는 일들을 한번 적어보자. 잘할 수 있는 것과 상관없이 그저 관심 있고 즐거운 것들이면 그만이다. 돈을 벌지 못하더라도 즐겁게 할 수 있는 일은 무엇일까? 가장 즐겁고 보람 있다고 생각되는 일은? 사람들이 흥미를 느끼는 일은 춤을 추는 것에서부터 생화학 관련 실험을 하는 것까지 한없이 다양하다.

당신의 목록에 적힌 할 수 있는 일들과 관심 가는 일들을 살펴보면 다양한 직업을 떠올리게 될 것이고, 앞으로 어떤 분야를 공부하고 훈련하면 좋을 것인가에 대한 영감을 얻을 수도 있을 것이다. 작업 치료사, 정신과 재활심리치료사, 또는 직업상담사 등을 찾아가 상담하면서, 자신의 기술, 흥미, 정신적 건강을 고려하여 선택할 수 있는 직업에 대해 의논해보는 것도 도움이 될 것이다.

꿈꾸던 일 찾기

꼭 하고 싶은 일을 시작하는 것은 어쩌면 구인 광고를 뒤적이거나 인터넷을 검색하는 것만큼 쉬운 일일 수도 있지만, 실제로 그 일을 하기까지는 훨씬 더 힘든 과정을 견뎌야 할 수도 있다. 뭔가를 더 배우고 훈련하며 경험해야 할지도 모른다. 새로운 분야에서 사람들을 새롭게 알아가야 하고 사업체를 운영하고 싶다면 사업 계획도 처음부터 다시 세워야 할 것이다. 다음과 같은 점을 염두에 둔다면 준비 과정에 도움이 될 것이다.

✔ **가족, 친구, 동료들의 의견** : 자신의 비전과 계획을 지원 그룹에 속하는 사람들과 나누라. 그들은 저마다 정보와 조언을 주거나 그 일과 관련된 전문가를 소개해주는 등, 각자 자신이 할 수 있는 최선을 다해 당신을 도울 것이다. 당신의 상사가 호의적인 사람이라면, 회사 내의 다른 부서로 업무를 변경해달라고 부탁하거나 관련된 다른 업체로의 이직을 의논할 수도 있다.

✔ **의사와 심리치료사의 조언** : 앞으로 할 일을 찾는 과정에 의사와 심리치료사의 조언을 구하라. 그들이라면 양극성 환자들이 사회로 돌아가는 과정을 돕는 지역사회의 지원프로그램 등에 관한 정보를 갖고 있거나, 환자들을 돕고 싶어 하고 그럴 수 있는 사람들, 당신의 일자리를 소개할 수 있는 사람들의 연락처를 갖고 있을지도 모른다.

✔ **대학 또는 직업학교에 진학하기** : 원하는 그 일을 하려면 추가로 학위나 기술이 필요할 수 있다. 그럴 때는 해당 학교에 전화로 문의하거나 홈페이지를 검색해서 도움받을 수 있는 방법이 있을지 알아보라. 해당 기관의 재정 담당자에게 장학금, 보조금 또는 학자금 대출 등에 관해 문의해보라. 인터넷으로 다양한 무료 강좌 및 여러 교육의 기회를 알아볼 수도 있다.

✔ **관심 있는 비즈니스** : 특별한 분야와 관련된 일을 하고 싶다면 해당 업계의 비즈니스 담당자에게 연락하여 문의하라. 자신이 관심을 갖고 있는 부서

의 담당자에게 만남을 요청하고, 앞으로 그 일을 하려면 어떤 직무 능력을 갖춰야 할지도 알아보라. 그 회사에 인턴 직원 채용 기회가 있는지 문의할 수도 있다.

✔ **자원봉사 단체** : 경력이 없다면 자원봉사 단체에서 일하는 것을 고려하는 것도 좋은 방법이다. 그곳에서 자신의 노력과 시간을 기부하는 대신에 각종 업무 수행 경험을 쌓을 수 있을 테니 말이다. 자원봉사 경험은 이력서에 적어 넣을 좋은 경험이 되기도 한다.

✔ **정신건강 지원 그룹** : 새로운 일에 대한 비전과 계획을 지원 그룹에 속하는 사람들과 나누는 것도 잊지 말라. 지원 그룹 모임에 속하는 사람 중에는 전문가, 중소기업의 운영자 또는 그런 사람들을 잘 아는 사람이 있을 수 있다. 또는 당신이 찾던 일 또는 시작하려는 사업과 관련된 정보를 제공해 줄지도 모른다.

새로운 직업에 대한 아이디어와 정보는 사람들과의 대화에서 얻는 경우가 많다. 따라서 자신이 꿈꾸는 일을 설명하고 그 일을 위해 어떤 것들을 준비하는지 사람들에게 알리라. 다른 이들도 당신에게 어떤 도움이 필요한지 알아야 도움을 줄테니 말이다. 케리 해넌이 쓴 책 『더미를 위한 50대 이후에 직업 갖기(Getting a Job after 50 For Dummies)』(John Wiley & Sons, Inc)를 읽는 것도 유용한 도움이 될 것이다. 이 책에는 아직 50이 되지 않은 젊은 독자라도 일자리를 찾거나 자신에게 맞는 사업을 시작할 때 도움이 될 만한 귀중한 조언이 가득하다.

일을 관둘까?
- - - - - - - - - - - - - -

양극성 환자가 직업을 갖고 일할 때 가장 우려되는 것은 조증 또는 우울증 삽화가 한창 진행될 때 성급한 결론을 내릴 수 있다는 점이다. 양극성장애는 환자의 판단력을 흐리게 할 수 있다. 예를 들어, 우울한 기분에 빠져 더 이상 일할 수 없거나 가까운 시일 내에 다시 일을 시작하기 어렵다는 생각이 들 때면, 환자는 사표를 내거나 조기 은퇴를 결정할 수 있다. 그런 결정이 환자 자신에게 도움이 되고 심사숙고한 끝에 내리는 결정이라면 당연히 바람직한 것으로 존중받아야 한다. 하지만 성급하고 경솔한 결정이라면 직원으로서의 권리와 앞으로의 전망에 심각한 타격을 입고 위태로운 상황에 내몰릴 수 있음을 잊지 말아야 한다.

사직서를 제출함과 동시에 잃고 얻을 것들을 사전에 꼼꼼히 따져봐야 한다. 양극성 환자가 자신이 처한 상황을 평가하는 데 도움이 될 만한 제안을 몇 가지 소개해보도록 하겠다.

✔ 최종 결정을 내리기 전에 반드시 기분이 좋은 상태로 충분한 여유를 두고 고민하라. 고용주는 당신이 병가 중이거나 치료를 받는 동안에 해고하진 않을 것이다. 하지만 만약 그렇게 한다면, 법적인 해결 방법을 찾을 수 있다.

✔ 퇴사의 장단점을 적어보라. 목록에 적은 항목을 둘러보며 예상되는 위험이 무엇인지 확인하라. 믿을 만한 사람들에게 그 목록을 보여주고 더 고려할 점은 없을지 물어보라.

✔ 가족, 친구, 믿을 만한 동료뿐만 아니라 의사 및 심리치료사와 의논하라. 떠올린 것들을 하나씩 되짚어 보면서 자기 자신과 지원팀에 속하는 사람들에게 솔직하도록 노력하라. 가장 커다란 걱정거리를 마음속 깊은 곳에 감춰둔 채 대화한다면 절대로 해결책을 찾지 못할 테니 말이다.

✔ 직장에 노조나 조합이 있다면, 담당자와 만나 사직과 관련된 여러 상황에 대해 의논하라. 노조의 대표나 담당자는 이런 경험이 많을 것이기 때문에, 양극성 환자가 퇴사할 경우에 잃고 얻을 것에 대해 명쾌하게 설명해줄 수 있을 것이다. 또한 그 사람은 정신질환을 가진 직원이 감당할 만한 다른 직무에 대한 정보를 갖고 있을 수도 있다. 마찬가지로, 직장의 인사과 또는 직원보조 전문부서를 통해 그와 같은 정보를 알아보는 것도 도움이 될 것이다.

✔ 마지막 결정을 내리기 전에는 노동법을 잘 알고 노동자로서 환자의 권익을 보호할 수 있는 개인 변호사와 의논하라. 노조의 담당자나 인사과 직원이 필요한 정보를 충분히 주었어도, 퇴사할 가능성이 있는 직원보다는 고용인의 입장에서 충분하지 않게 말했을 수 있기 때문이다.

괴로운 직장 생활을 어떻게든 유지해 나가며 버티라고 하는 말이 아님을 이해하기 바란다. 다만 우리는 기분이 불안정할 때 직장을 때려치우고 나중에 아무것도 손 쓸 수 없을 때 그만둔 것을 후회하는 사람들을 지켜보기 안타까웠다는 말을 하고 싶을 뿐이다. 하지만 도저히 직장 생활을 계속할 수 없거나 생활비와 치료비를 감당할 만큼 돈을 벌 방법을 찾지 못했다면, 이제 선택할 수 있는 마지막 수단은 사회보장제도의 혜택을 기대하는 것뿐이다. 이와 관련된 자세한 내용은 이어지는 제18장에서 다루도록 하겠다.

경제적인 문제 해결하기

가족 중에 양극성장애로 진단받은 사람이 있으면, 그 가정은 재정적 위기 상황을 직면하기 쉽다. 하지만 사람들은 치료비를 감당할 만큼 돈을 벌고 있다는 사실에 의미를 두면서 종종 각종 장애 관련 혜택을 받기를 꺼리는 경향이 있다. 게다가 그런 고민을 끝내고 각종 지원을 요청하려고 마음을 먹어도, 도대체 어디에 어떻게 도움을 청할 수 있을지 알아보는 모든 과정이 큐브 게임(각 면이 9개의 작은 정육면체로 된 색깔 맞추기 장난감-역주)보다 훨씬 복잡해서 머리를 싸매고 고민하기 일쑤다.

하지만 안타깝게도 이 모든 재정지원 신청 과정을 단번에 해결해줄 만한 기관이 없기 때문에, 혜택의 호수 위에 떠 있으려면 열심히 노를 젓고 발버둥을 쳐야 한다. 우리가 비록 재정 지원과 저렴한 의료 혜택을 받는 구체적인 단계별 지침을 줄 수는 없지만, 이 장을 통해 양극성 환자와 가족들이 필요한 재정적 도움을 찾아 나설 수 있는 출발점을 제시하고자 한다.

미국의 공공 정신건강 시스템

미국에서는 공공 정신건강 시스템을 통해 도움을 얻을 방법을 찾을 수 있는데, 이 제도는 제한된 경제적 소득으로 어려움을 겪는 중증의 정신질환 환자를 위한 재원을 지원하는 서비스이며, 각 주마다 이용 가능한 대상, 이용 방법, 그리고 지원의 폭 등의 차이가 있다. 각 지역의 시스템과 관련된 정보를 얻고 이용하려면 상당히 힘든 과정을 겪어야 할 수 있다. 하지만 일단 그 '암호'를 풀면 양극성장애를 비롯한 중증의 정신질환으로 고통받는 환자들은 사막에서 오아시스를 만난 것처럼 힘을 얻을 수 있기에, 애쓸 만한 가치가 충분히 있음을 잊지 말자.

미국의 일부 지역에서는 각 지역의 사회복지 서비스에 대한 안내 전화로 연결해주는 211번 또는 311번을 서비스를 운영하고 있다(우리나라는 보건복지상담센터 129번을 통해 관련 서비스 안내를 지원받을 수 있다-역주). 도움이 필요한 사람들은 전화로 신청하여 식량, 주거, 고용, 의료, 상담, 그리고 자살 예방 등과 관련된 서비스를 지원받을 수 있다. 각 지역의 연결 번호는 www.211.org에서 찾을 수 있다.

이용할 수 있는 서비스 알아보기

공공 정신건강 지원 서비스는 치료비가 저렴한 병원을 통해서만 제공되는 게 아니다. 여러 주의 경우에 이 시스템은 환자들의 정신건강 상태를 사전에 건강하게 유지하기 위한 다양한 서비스를 포함한다. 이런 공공 시스템에 포함될 만한 다양한 서비스의 종류를 살펴보면 다음과 같다.

- ✔ 외래 치료 및 약물 상담 서비스
- ✔ 주간 치료 프로그램
- ✔ 직업 교육 및 훈련 과정

- ✔ 주거 복지 및 돌봄 지원자 파견 서비스
- ✔ 적극적 지역사회 치료 또는 개인 맞춤 치료 또는 긴급한 도움이 필요한 사람들을 위해 강화된 24/7 지원서비스(하루에 24시간씩 매주 7일 동안 제공되는 전화 및 이메일 방식의 핫라인 서비스-역주) 등을 운영
- ✔ 도움이 필요한 사람과 서비스를 연결해주는 사례 관리 서비스
- ✔ 정신건강 서비스를 필요로 하는 노숙인들을 위한 봉사 활동
- ✔ 일반적인 건강관리 필요성의 고려
- ✔ 약물 중독 회복 프로그램
- ✔ 장애인을 위한 사회보장, 메디케어(미국에서 시행되는 노인의료보험 제도-역주), 메디케이드(소득이 빈곤선의 65퍼센트 이하인 극빈층에게 미 연방정부와 주정부가 공동으로 의료비 전액을 지원하는 제도-역주), 기타 금융 안전망 프로그램
- ✔ 위기 개입
- ✔ 입원 치료

안타깝게도, 여러 주에서는 아직도 이들 서비스의 일부분만 상당히 제한적으로 운용하고 있다. 서비스 신청 희망자는 각 주 또는 카운티 단위로 운영되는 중앙 기관을 통해 접근 권한을 부여받는다. 이처럼 환자들은 공공지원 서비스의 현관문을 찾기까지 쉽지 않은 과정을 거쳐야 하지만, 막상 그 문을 열고 들어가더라도 검증을 위한 여러 난관을 헤쳐 나아가야 한다.

지역별 재정 지원 서비스 알아보기

환자들은 대개 SSA, 메디케이드, 그리고 다른 재정 안전망 프로그램을 통해 공공기관에 장애 혜택을 신청할 수 있다. 메디케이드 또는 메디케어 혜택을 받을 자격이 된다면, 추가로 비용 절감을 기대할 수도 있다. 이에 관한 자세한 내용은 다음 페이지의 '장애 혜택 신청하기' 절을 참조하기 바란다.

해당 지역의 정신건강 서비스를 신청할 때는 다음의 내용을 참고하면 도움이 된다.

- ✔ 해당 주 또는 카운티의 정신건강 담당 부서에 연락하라. 이들 부서는 대부분 별도의 홈페이지를 통해 정보를 제공하곤 한다.
- ✔ 각 지역의 정신건강협회에 도움을 청하라. 각 지역의 연락처를 알아보거나

전미 정신건강협회에 문의할 수 있다(홈페이지 www.nmha.org.). 전미 정신건강협회는 현재 340개 이상의 지부를 운영하고 있다.

✔ 가까운 전미 정신질환자 협회 또는 우울증 및 양극성장애 지원 연맹의 홈페이지를 방문한다.

✔ 정신병동에 입원 중이라면, 병원에서 일하는 사회복지사에게 문의하여 정보를 얻고 어떻게 진행하면 좋을지 의논할 수 있다.

캐나다와 영국의 지원 서비스

캐나다 정신건강 협회(Canadian Mental Health Association, CMHA)가 운영하는 홈페이지 www.cmha.ca를 참고하면 각 지역의 정신건강 지원 서비스를 어떻게 활용할 수 있을지 자세한 내용을 확인할 수 있다. 각 지역 기관은 어떻게 전문가를 찾고 각기 다른 치료 방법을 알아보며, 다른 공중 보건 서비스와 연계하는 방법을 자세히 안내한다. 캐나다에서는 우선 환자가 주치의와 의논하여 도움받을 방법을 찾고, 그 주치의가 해당 서비스로 연결하는 역할을 담당하는 게 일반적이다.

마찬가지로, 영국에서도 정신건강 서비스는 국민건강보험(NationalHealth Service, NHS)이 담당하는 분야이며, 사람들은 1차 진료 시스템을 통해 도움을 받기 시작한다. 미국처럼 영국에서도, 효과적이면서도 사람들이 쉽게 이용할 수 있는 정신건강 지원 모델을 개발하려는 노력이 활발하게 일어나고 있다. 하지만 영국의 시스템은 중앙정부에 집중되어 있고 모든 국민에게 골고루 제공된다는 점에서 미국의 시스템과 차이가 있다(영국의 NHS와 정신건강 서비스에 관한 보다 자세한 내용은 www.nhs.uk.를 참고.).

장애 혜택 신청하기

당신이 미국에 살고 있고 양극성장애로 진단받았으며, 양극성장애 때문에 수입이 감소하고 지원이 필요할 정도의 경제적 어려움을 겪고 있다고 하자. 이런 사람이라면 무엇보다 먼저, 다음과 같은 두 가지 사회보장 혜택을 신청해야 한다.

【 멍은 사라지지만, 흉터는 남는다 】

세 번째로 양극성이 재발하고 병원에 입원했을 때, 나는 내 눈앞에 거대한 골리앗이 두 명이나 서 있는 것만 같은 두려움에 압도되었다. 양극성으로부터의 회복, 그리고 변변한 소득이 없는 막막함이라는 골리앗 말이다.

고작 서른셋의 나이에 나는 심각한 상태에 이른·건강을 지키려고 가진 돈을 모두 쏟아 부었고, 젊은 날 노력하고 일궈 온 모든 것이 아무것도 아닌 것처럼 와르르 무너질 아슬아슬한 상태에 놓이고 말았다. 이 모든 상황은 양극성 때문에 약을 먹고 온갖 부작용을 경험하기도 전에 찾아온 잔인한 현실이었다.

내가 할 수 있는 일이라곤 그저 기다리면서 병과 약물에 적응하는 것뿐이었다. 그 대신에, 나는 처한 모든 상황에 맞서 싸웠고 어떻게든 빨리 낫겠다는 일념으로 있는 온 힘을 다했다. 하지만 그 노력의 결과는 이전보다 깊어진 우울증으로 나타날 뿐이었다. 시간이 갈수록 나는 내 장애를 등에 짊어지고 살아가는 게 최선의 길임을 깨달았지만, 그마저도 쉽지 않았다.

그 당시만 해도 나는 현실을 직시하지 못한 채, 장애 혜택이나 주택담보대출 상환연기를 신청하는 각종 서류를 작성하고 접수하는 절차를 밟을 필요성에 대해 생각조차 하지 못했고, 그러면서 서서히 자동차 할부금과 연금 보험을 납부하는 게 힘겹게 느껴지기 시작했다. 그러다가 운이 좋게도 사회복지사의 연락을 받고 이런 문제에 관한 도움을 받을 수 있었다.

시간이 약이란 말처럼, 내게도 그런 희망이 필요했다. 어쨌든, 나는 단순히 독감에 걸려 끙끙 앓다 회복될 게 아니란 사실을 알았다. 여러 해 동안 하나씩 밀려오는 각종 골치 아픈 문제를 해결해야 했고 금세 좋아질 가능성도 희박했다.

양극성장애는 까다롭고 억울한 질병이라는 생각이 들었다. 미끈거리는 그 언덕을 매일 힘겹게 오르다가 결국 꽈당 미끄러져 또다시 원점으로 돌아오기 일쑤였지만, 시간이 지나면서 나는 우선순위에 대해 배울 수 있었다. 직장은 잃었지만, 곧 회복이라는 우선순위를 깨달았다. 겸손해지는 시간을 통해 나만의 소중한 가치를 다시금 발견할 수 있었다. 그러지 않았다면 끝이 보이지 않는 미래와 내 힘으로도 어쩔 수 없이 재발하는 양극성의 증상에 짓눌려 살았을 게 분명하다.

처음에는 고립된 기분에 외로웠지만, 얼마 지나지 않아 주위에는 내 장애를 이해하는 사람들이 많아졌다. 그러면서 깨달은 한 가지 교훈이 있다면, 감정의 흉터는 아무리 되새겨도 원래대로 돌아오지 않지만, 멍은 조심하고 치료하다 보면 반드시 낫는다는 사실이다.

지금껏 살아오면서 많은 것을 잃고 또 지킬 수 있었지만, 되돌아보면 따스한 옷, 배를 불릴 소박한 식사, 그리고 살아갈 공간이 있다는 게 감사할 뿐이다. 내가 아무리 똑똑했었노라고 말한들 어찌 과거를 바꿀 수 있겠느냐마는, 앞으로 살아갈 인생의 시간은 얼마든지 새롭게 만들어갈 수 있을 테니 말이다.

－닐 월턴, 작가이자 멘토, 정신건강 관련 저널리스트,

코미디 작가(www.bipolar-expedition.co.uk)

✔ **사회보장 장애연금**(Social Security Disability, SSD) : 보장 내용은 사회보장 수혜자의 소득 기록을 기반으로 정해진다. SSD의 수혜 자격이 된다면, 2년간 SSD 지원 혜택을 받은 후 자동으로 메디케어 혜택을 받게 된다.

✔ **생활보조금 제도**(Supplemental Security Income, SSI) : 이 제도는 일반 조세 수입을 통해 운영되므로, 대상자가 받을 혜택은 이전 근무 경력을 바탕으로 정해지지 않는다. 제한된 소득, 그리고 제도가 규정한 생활 기준에 부합하는 환경 조건을 갖추었다면 이 제도의 혜택을 누릴 수 있다. 대부분 주에서는 SSI 기준에 부합하는 대상자에게는 자동으로 메디케이드 혜택이 제공되고 있다.

일부 주에서는 장기 치료 또는 집중 치료를 받아야 하는 중증 정신질환 아동이 공적 정신건강 서비스의 혜택을 받기 위해서는 아동의 부모가 자신의 권리를 주 정부에게 양도해야만 하는데, 이런 현실은 해당 아동이 주 정부의 아동보호 대상자가 될 때만 그와 같은 지원을 제공한다는 규정 때문이다. 옹호 단체들은 의회와 협의하여 이와 같은 상황을 개선하고자 노력하고 있지만, 미국 내의 일부 가정에서는 이것 외에는 다른 선택의 여지가 없는 상황을 맞닥뜨리기도 한다. 따라서 부모의 권리를 양도하는 서류에 서명하기 전에는 반드시 여러 정신건강 옹호 단체에 도움을 요청하여 자기 주의 법적인 상황을 활용할 모든 방법을 알아보고, 변호사나 법률 구조 기관의 도움을 받아야 함을 잊지 말자(제21장에 소개한 아동 및 청소년의 양극성에 관한 여러 정보를 참조할 수 있을 것이다).

신청 기준

기분장애에 관한 장애 등록을 신청하면, 사회보장 담당자는 심사 대상자가 '업무 관련' 수행 능력이 있는지를 평가하는데, SSA(Social Security Administration : 사회보장국) 기능 수행 평가(Residual Function Capacity, RFC) 지침에 따라 대상자가 다음의 조건에 부합하는지 심사한다.

✔ **대상자가 양극성장애의 임상적 진단 기준에 부합하여야 한다.** 환자를 진료하는 의사는 이 심사와 관련된 SSA의 판단에 필요한 각종 서류를 제출할 수 있다. 또한 심사 대상자는 다른 전문가의 소견을 참고하기 위해 SSA가

지정한 다른 의사에게 진료를 받고 그 결과를 제출해야 할 수도 있다.

✔ **대상자는 다음과 같은 범주에서 현저한 장애를 나타내야 한다.**
- 이해력과 기억력
- 사회적 관계의 중대한 어려움
- 과제를 주어진 시간 안에 수행할 수 없을 정도의 집중력 결핍
- 중대한 보상 없이는 변화와 욕구에 반응하기 어려울 정도의 적응력 장애(정신건강 및 기능 능력의 저하)

장애는 결코 영원한 걸림돌이 되지 않는다. 직장을 관두고 장애 혜택 신청서를 작성하는 동안 눈물이 쏟아질 만큼 고통스러울 수 있지만, 일을 관두기 전보다 더 건강해진 몸과 마음을 되찾아 다시 일터로 돌아가기 위한 작업을 하고 있다고 스스로 마음을 다잡아야 한다.

승인 가능성 높이기

양극성의 증상 때문에 당장에 직장을 구할 수 없는 처지라면, 승인 가능성이 얼마나 될지 자신할 수 없더라도 가능한 한 빨리 장애 혜택을 신청하는 게 좋다. 장애 혜택을 신청할 때 승인 가능성을 높일 만한 몇 가지 정보를 알아두면 도움이 될 것이다.

✔ **의사와 심리치료사와 상담할 것.** 의사 또는 심리치료사의 의견은 환자가 양극성장애 때문에 일할 수 없음을 증명하는 중요한 증빙 자료로 작용할 수 있다. SSA는 현재 정기적인 진찰과 치료를 받지 않는 환자에게 장애 혜택을 제공하지 않을 가능성이 높다.

✔ **신청서를 즉시 제출할 것.** 장애 혜택 신청 과정은 몇 주에서 수개월까지 걸릴 수 있고, 종종 추가 서류를 작성해 내야 할 수도 있다. 따라서 빨리 신청서를 접수할수록 좋다. 대부분의 장애 혜택 관련 변호사는 신청서를 접수하고 탈락한 결과가 나오기 전까지는 어떤 도움도 주지 않는 경우가 있으므로, 접수하기도 전에 변호사를 찾아가 시간을 낭비하지 말라.

✔ **항소할 것.** 신청서를 처음 접수하면 60~70퍼센트 정도는 대개 탈락한다. 그럴 때는 변호사나 다른 법정 대리인과 상의하여 항소하거나 탄원서를 접수하라. 판사는 SSA가 내린 심사 결과를 파기하고 새롭게 판결할 수 있

지만, 법정에 출두해야 하는 번거로운 상황을 감수해야 하며 이 과정에 변호인이 도움을 줄 수 있다. 항소 과정을 여러 번 진행해야 할 경우도 있으니 마음을 단단히 먹어라.

✔ **병원 진료를 미루지 말고 건강 관련 기록을 업데이트할 것.** 정기적으로 의사를 만나 치료받는다는 사실은 환자의 양극성을 증명하는 증빙자료가 되며, 더불어 의사도 환자의 장애 혜택 신청 결과에 관심을 둘 수 있다. 3개월 이상 치료받지 않은 환자가 의사의 도움을 기대할 수는 없으니 말이다. 문서화된 증빙자료만 승인 과정에 도움이 된다는 사실을 잊지 말자.

✔ **의사에게 진단 평가서 작성을 요청할 것.** 환자의 업무수행능력에 관한 의사의 평가서는 장애 혜택의 승인 과정에 중요하게 작용할 수 있다. 대개는 SSA가 담당 의사에게 평가서 양식을 보내 작성을 요청하므로, 환자가 직접 의사에게 문의할 필요가 없다.

✔ **정중한 태도를 유지할 것.** 신청 및 승인 절차에 관여하는 사람들에게 예의 바르게 행동하고 그들을 존중하라. 그들을 함부로 대하면 자신만 불이익을 당할 뿐 아무런 도움도 되지 않는다. 화가 났다면 전화를 걸기 전에 먼저 마음을 진정시켜라.

✔ **사본을 챙겨둘 것.** 신청서를 제출할 때는 모든 서류의 사본을 챙겨 안전한 곳에 두되, 나중에 찾기 쉽도록 한꺼번에 보관하라.

✔ **모든 의사소통 과정을 문서화할 것.** 전화 통화를 한 시간과 날짜, 약속, 상담한 사람의 이름까지 적어두라. 그 밖에도 나중에 도움이 될 만한 모든 구체적인 내용을 메모해 두도록 하라.

✔ **후속 조치를 밟을 것.** 신청서와 관련 서류를 접수하고 며칠 기다리라. 그런 다음에는 SSA에 서류가 잘 도착했는지 전화로 확인하라. 해당 지역 SSA 사무소의 직원과 통화할 때 좋은 인상을 남기면 이후의 과정이 좀 더 수월하게 진행될 가능성이 더 커질 수 있다.

절대로 포기하지 말자. 장애 혜택 신청 과정을 진행하다 보면 SSA가 어떻게든 환자의 혜택을 가로막고 탈락시키려는 듯 느껴질 수 있지만, 인내심은 반드시 좋은 결과를 가져다주기 마련이다. SSD와 SSI에 대해 더 알아보고 온라인 신청도 시도하고자 한다면 www.ssa.gov 또는 전화로 문의하면 된다. 각 주에서 제공하는 혜택에 관한 자세한 내용은 각 지역의 사회복지센터 사무실로 문의할 수 있다.

건강보험

양극성장애와 더불어 살아가는 동안, 환자들은 매우 비싼 경제 비용을 감당해야 한다. 특히, 기분 삽화가 심해지고 정신 병원 시설에 입원이라도 하게 되면 미국에서는 하루에 평균 1,200달러 정도의 입원비가 발생하기 마련이다. 운이 좋아 의료보험 제도가 잘 운용되고 있는 나라에서 태어나 살고 있거나 정신질환 환자에게 충분히 보장하는 보험에 가입해뒀다면 별다른 걱정 없이 열심히 치료받으면 된다. 하지만 그런 대책을 마련하지 못한 환자라면, 치료에 필요한 모든 비용을 스스로 감당하거나, 정신질환을 가진 사람들도 가입하고 혜택을 받을 수 있는 보험 상품은 없는지 알아봐야 한다.

가입해 둔 건강보험이 없다면 여러 상황과 소득, 자산에 따라 다음과 같은 몇 가지 옵션을 선택할 수 있다.

- ✔ COBRA : 양극성으로 진단받은 피고용인이 실직 또는 이직 때문에 건강 보험을 유지하기 어려울 때, 고용인은 통합예산총괄조정법(Consolidated Omnibus Budget Reconciliation Act, COBRA)에 따라 피고용인의 건강보험이 18~36개월까지 유지되도록 보장해야만 한다. 하지만 피고용인이 월간 보험료를 전액 지급해야 하며, 고용인은 그 금액의 일부조차 납부할 의무가 없다는 것은 아쉬운 부분이긴 하다. 하지만 COBRA의 규정에 따라 현재의 보험을 유지하는 것이 새로운 보험에 직접 가입하는 것보다 저렴하다는 사실을 잊지 말도록 하라.
- ✔ 메디케어 또는 메디케이드 : 사회보장 장애연금(SSD) 또는 생활보조금 제도(SSI)의 기준에 부합하는 대상자라면, 메디케어 또는 메디케이드의 혜택도 누릴 수 있으니 다음의 내용을 확인하는 게 좋다.
  - 메디케어 : 수입이 발생하는 동안 보험료를 납부해온 65세 이상의 노인들에게 보험금 수령 자격을 부여하는 연방 건강보험 프로그램이며,

사회보장 장애연금(SSD)의 자격에 부합하는 경우에는 65세 이하의 대상자에게도 보장 기회를 제공하고 있다.

- 메디케이드 : 전 연령대의 저소득층에게 보험 혜택을 제공하는 연방 건강보험 프로그램. 연방, 주 정부, 및 각 지방의 세금을 통해 재원을 마련하고 있다. 생활보조금 제도(SSI)의 자격에 부합하는 대상자는 메디케이드의 대상자가 될 수 있다. 주 정부와 지방 정부가 연방 정부 지침에 따라 이 제도를 시행하기 때문에, 각 주마다 약간의 차이를 보이기도 한다.

✔ 개인 보험(연방 보조금의 지급) : 소위 '오바마케어'로 불리는 '환자 보호 및 부담 적정 보험법(Patient Protection and Affordable Care Act)에 따라, 모든 미국인은 법에 따라 의무적으로 건강보험에 가입해야 한다. 개인 보험은 해당 주 또는 연방 정부의 비용으로 가입할 수도 있는데, 각자의 수입에 따라 보험료 납입 금액 절감을 위한 연방 보조금을 받을 자격이 될 수도 있으니 참고하자. 자세한 내용은 홈페이지 www.healthcare.gov로 문의할 수 있는데, 자신의 재정 상황에 대한 몇 가지 질문에 대답한 후에 다양한 정책에 대한 옵션과 납부 비율에 관해 안내받게 될 것이다.

✔ 재향 군인 복지 제도 : 군대에서 복무한 사람이라면, 재향 군인 복지 제도의 혜택을 누릴 자격이 있다고 볼 수 있다. 자세한 내용은 홈페이지 http://benefits.va.gov로 문의하여 알아보자.

✔ 어린이 건강보험 프로그램(Children's Health Insurance Program, CHIP) : 연방 정부는 모든 아동이 건강보험에 가입되도록 의무화하고 있으며, 각 주에는 이를 뒷받침할 수 있는 각종 시스템이 마련되어 있다. CHIP은 메디케이드의 혜택을 받지 못하면서 개인 보험에 가입할 여력이 되지 않는 가정의 아동의 보험을 보장하기 위한 프로그램이다. 이 프로그램의 대상자가 되기 위한 자격 요건은 각 주마다 다르다.

정신건강 관련 보상은 연방법에 따라 보장되고 있다. 다시 말하면, 보험 회사는 양극성장애를 포함하는 정신질환을 이유로 하여 다른 의학적 진단을 받은 경우보다 가입자의 보장 내용을 축소하거나 변경할 수 없다는 말이다. 하지만 이런 동등성이 항상 보장되고 있지 못하기에, 정신건강상의 이유로 자신의 보험 보장이 축소되거나 거부되었다고 생각한다면 보험 회사에 문의하는 게 좋다. 그래도 충분히 만족할 만한 결과를 얻지 못했다면, 주 정부의 보험 관리 기관에 이의를 제기하고 조정을 신청할 수 있다.

자신이나 가족을 위한 건강보험을 알아보려면 양극성 환자가 아닌 사람이라도 막막하고 골치가 아플 수밖에 없다. 따라서 이 순간이야말로 환자의 가족이나 친구의 도움이 절실할 때임을 염두에 두자.

저렴하게 또는 무료로 건강보험의 혜택 누리기

가입해 둔 건강보험이 없다고 해서 의료보험의 혜택만 기대할 것은 아니다. 여전히 다양한 방법을 찾을 수 있지만, 치료계획과 관련된 각종 서류를 제출하는 일은 피할 수 없다. 지금부터는 이런 혜택을 누릴 방법을 간단히 소개하고자 한다.

대학병원의 지원 프로그램

대학병원에서는 종종 최첨단 연구를 진행하며 최신 치료의 기법을 환자들에게 제공할 수 있기에, 해당 연구의 대상자로 참여하면 무료로 의료 서비스 혜택을 받을 수 있다. 이런 정보를 알아보고 싶다면, 지원 프로그램을 담당하는 양극성 관련 전문가에게 직접 문의하는 게 좋다. 단, 대부분의 대학병원 의사들은 레지던트라 불리는 수련의와 임상강사(펠로우라고도 하며 의대를 졸업하고 수련 중인 의사들)를 두고 진료하기 때문에 외래 진료를 위해 방문할 때마다 각기 다른 레지던트가 진료하고 매번 치료법과 약물이 바뀌는 일을 겪을 수도 있다. 따라서 이것을 염두에 두고 진료를 받는다면 치료의 지속성을 유지하는 데 도움이 된다.

> ✔ **교수급에 해당하는 주치의와 상담할 것.** 치료 계획이나 약이 바뀔 때마다 주치의에게 그 사실을 알리는 게 좋다. 주치의의 진료실 번호나 응급 연락처를 알아두는 것도 필요하다.
> ✔ **약이나 치료 방법이 바뀌면 담당 레지던트에게 설명을 요청하라.** 변경의 목적, 기대하는 결과, 긍정적인 변화가 나타나기까지 걸리는 시간, 나타날

수 있는 부작용, 상태가 오히려 나빠지는 경우의 대처방법 등에 대해 확인한다.

✔ **치료팀의 모든 구성원과 의논하라.** 대학병원 소속이 아닌 외부의 심리치료사에게 치료를 받고 있다면, 대학병원 측에서 그에게 환자 관련 정보를 제공해야 한다.

잘 준비된 연구에 참여함으로써 최신 치료제를 복용할 기회를 얻고 치료에 도움이 될 수 있다는 장점이 있더라도, 동의서에 서명하기 전에 반드시 주위 사람들과 상의하고 결정하는 게 좋다. 새로운 약제의 위험성에 대해 알아보고, **위약**(placebo : 임상의 약의 효과를 검정할 때 약제 투여의 심리적 효과를 배제할 목적으로 대조군에게 투여하는, 약리학적으로는 전혀 효과가 없는 물질-역주)군에 배정될 가능성은 없는지도 확인하라. 연구 대상자로서의 선발 기준이 요구하는 내용이라면, 복용하는 약이 변화를 감당할 정도로 기분이 안정된 상태인지도 면밀히 살펴야 한다. 현재 복용하는 약이 잘 들고 치료 과정이 만족스러운 편이라면 새로운 시도를 하기보다는 현재의 상태를 잘 유지하는 편이 낫다.

다른 환우와의 연대

우리는 누구나 어떤 모양으로든 다른 사람의 삶을 돕고 무엇인가를 가르쳐줄 수 있다. 그게 요즘 유행하는 뱃살 빼는 운동이든, 아니면 새로 나온 양극성 치료법이든지 말이다. 그리고 양극성과 직접 씨름하는 사람보다 양극성에 대해 더 잘 아는 사람은 없다. 낯선 사람이 가득한 방에 앉아 자기가 살아가는 일상을 나누는 걸 떠올리기만 해도 불편할 수 있지만, 아직 시도하지 않은 경험이라면 꼭 한 번 참석하길 추천한다. 뇌에서 가끔 회로가 뒤엉키는 일들이 벌어진다는 것을 애써 감출 필요 없이 편안히 이야기할 수 있는 그 자리가 분명 큰 위안을 줄 것이기 때문이다. 각 지역의 환우회 모임에 관한 자세한 정보는 제6장을 참고하면 된다.

종교 기관의 서비스

교회 및 다른 종교 기관은 종종 전문 상담사를 직원으로 두고 치료 교실 또는 다른 지원을 제공하곤 한다. 이런 서비스의 상당 부분은 무료로 제공되거나 교회에 등록된 교인이라면 할인된 비용으로 이용할 수 있는 경우가 많다. 하지만 그 교회에 등록한 교인이 아니더라도 대부분 일반인에게 개방적인 태도로 상담해준다는 것을 기억하자.

다른 일반적인 심리치료사를 알아볼 때와 마찬가지로, 무료 상담에 대해 알아볼 때도 신경 써야 할 것들이 있다. 상담가의 전문성은 매우 다양하며, 종교기관도 저마다 운영의 원칙을 갖고 있기 마련이다. 그래서 검증된 치료의 프로토콜을 따르지 않을 가능성도 있다. 따라서 정신과 의약품의 이용에 반대하거나 삶을 어딘가 모르게 불편할 정도로 바꾸도록 강요하는 곳은 피하는 게 좋다.

처방 보조 프로그램

일부 제약회사, 건강 관련 기업, 그리고 지역 단체 등은 의약품을 무료 또는 할인된 가격에 제공하기도 한다. 이런 기회에 참여하고 싶다면 다음과 같은 정보를 그쪽에 제공해야 할 수도 있다.

✔ 담당 의사가 서명한 동의서
✔ 보험 회사가 처방 혜택을 제공하지 않거나 환자에게 필요한 약제의 비용을 부담하지 않는다는 증명 서류
✔ 약품의 지원을 받을 만한 재정적 자격 요건을 갖추었음을 증명하는 증빙 서류

이런 지원 프로그램을 알아보는 법을 간단히 소개하면 다음과 같다.

✔ Partnership for Prescription Assistance의 홈페이지(www.pparx.org)에서 자격 요건을 확인하거나 전화로 문의한다.
✔ 정신건강 옹호 단체에 문의하면 환자의 자격 요건에 적합한 프로그램을 안내받을 수 있다. 이와 관련하여서는 이 장의 앞부분에 소개한 '미국의 공공 정신건강 시스템' 절을 참조하라.
✔ 메디케어의 자격 요건에 맞는 사람은 이런 처방 보조 프로그램에 신청할 때도 우선순위의 혜택을 받을 수 있다. 메디케어 홈페이지(www.medicare.gov)에서 이와 같은 프로그램에 관한 정보를 찾고, 신청 자격이 되는지 확

인할 수 있다.

✔ 일부 제약회사는 저소득층 환자를 위한 처방 보조 프로그램을 개별적으로 운영하기도 한다. 의사 또는 약사에게 문의하거나 처방전에 기록된 약품 정보를 확인하고 제약회사의 연락처를 온라인에서 찾으면 된다. 간혹 담당 의사가 환자 대신 직접 제약회사에 연락하여 처방 보조 프로그램에 관한 정보를 신청해야 하는 경우도 있다.

✔ 인터넷으로 처방 보조 프로그램에 대해 알아보다 보면 처방 약 할인카드, 일반 의약품 정보, 각종 약품 구매비용 절감을 위한 알짜 팁도 확인할 수 있으니 참고하길 바란다.

비공식적인 처방 지원 방법이긴 하지만, 의사들은 환자에게 무료 샘플 의약품을 제공하기도 한다.

정신과 의사 또는 심리치료사에게 문의하기

어떤 의사와 심리치료사들은 치료비를 분납할 수 있도록 배려하기도 한다. 보험에 가입하지 않은 환자라면 의사나 심리치료사는 치료비를 깎아 줄 수도 있다. 여러 개인병원이나 대학병원에서는 병원비를 지불할 환자의 재정 능력에 따라 치료비를 차등 부과하기도 한다. 이 경우에도, 환자는 치료비 할인 대상자의 자격을 갖추었는지 확인할 수 있는 각종 증명 자료를 제출해야 할 수 있다. 대부분의 대형 보험사가 비용 절감을 위해 이런 식으로 의료 기관과 협상하기 때문에, 의사와 심리치료사는 보험이 없는 환자들의 치료비를 비슷한 폭으로 할인해주고 있으니 반드시 문의하라.

힘든 시간을 버티는 데 도움이 될 만한 다른 방법

"절박한 순간에는 과감한 조치가 필요하다."는 오래된 격언처럼, 양극성과 씨름하는 환자나 가족에게도 이런 결단이 필요할 때가 있다. 병원비와 약값을 도저히 감당할 수 없다면, 한 번도 생각해보지 않았던 방법들을 고려할 때가 왔다는 말이다. 지금부터 우리는 재정적 도움을 청할 만한 여러 방법에 대해 알아보고자 한다.

가족 및 친구들에게 도움 청하기

현금이 바닥나면 가까운 친구나 가족에게 도움을 청하라. 사람들에게 도와달라고 말하는 게 꺼려진다면 이렇게 처지를 바꿔 생각해보자. 소중한 누군가가 돈이 필요한데 당신이 도와줄 수 있다면, 그가 경제적으로 어려운 상황인지 아닌지 과연 알고 싶지 않을까? 그를 꼭 돕고 싶지 않을까? 그가 힘든 시기를 겪고 나서 뒤늦게 "그때 그랬노라."고 말한다면, 도움을 청하지 않은 것에 대해 섭섭하지 않을까?

자립은 우리 사회에서 가장 과대평가된 덕목 중 하나다. 사람들은 오히려 다른 이들의 필요를 채워주고 돕고자 하는 정서적 갈망을 갖고 살아간다. 도와달라는 당신의 요청이 오히려 돕고 싶어 하는 상대방의 욕구를 채우도록 돕는 손길이 될 수 있음을 잊지 말라.

일시적인 해결방법 찾기

일시적으로 현금이 부족한 문제를 해결하려고 한다면, 다음과 같은 방법을 고려할 수 있다.

- ✔ **채권자에게 연락할 것.** 빚을 진 은행, 회사 또는 개인에게 연락하여 현재 자신이 겪고 있는 상황을 설명하라. 그들은 기꺼이 상환 할부금을 일시적으로 조정하거나 유예 기간을 허용할 수도 있다. 공기업에는 매달 청구되는 금액을 일정 기간 조정해주는 지원 프로그램이 마련되어 있을 수도 있다. 담보 대출(예를 들어, 학자금 대출 또는 주택 담보 대출 등)을 승인한 일부 은행에서는 채무자가 건강상의 문제로 재정적 어려움을 호소할 경우에 일시적으로 납부 중지 기간을 허용할 수도 있다.
- ✔ **주택 담보 대출받기.** 환자가 집을 소유하고 있다면 주택 담보 대출을 받을 수 있는 자격이 되는지 은행에 알아보고 신청하라. 자격 요건을 충족한다면, 은행은 수표를 발행하거나 직불 카드를 발급하므로, 각종 비용을 지불할 때 사용할 수 있다. 이 경우에는 반드시 꼭 필요한 만큼만 꼭 필요할 때 대출받도록 하라. 하지만 주의해야 한다. 주택 담보 대출을 받고 상환하지 못한 채 만기일이 도래하면 집을 잃을 수도 있으니 말이다. 이런 편법은 일시적으로 현금이 필요할 때만 사용하고, 대출금을 상환할 계획과 일정을

정하고 나서 시도해야 한다.

✔ **은퇴 예금.** 은퇴 계좌가 있고 특히 건강과 관련된 이유로 급하게 돈이 필요하다면, 그 예금의 일부를 인출하거나 그 계좌를 담보로 대출을 받을 수 있다. 이와 관련된 자세한 내용을 알아보려면 투자 담당자 또는 전문 회계사에게 문의하고, 혹시 다른 대안은 없을지 함께 물어보라. 이 방법도 응급 상황일 때만 적용해야 한다. 지금 당면한 건강상의 문제 때문에 미래의 재정적 안정을 포기할 필요는 없으니까 말이다.

✔ **신용카드의 출금 예정 잔액을 다른 계좌로 옮길 것.** 두 장 이상의 신용카드를 사용하고 있다면 출금될 현금을 미리 다른 계좌로 이체하여 시간을 벌 수 있다. 연체 금리가 높은 카드를 금리가 낮은 카드보다 먼저 결제되도록 하고, 채무를 상환하면서 결제를 지연시킬 수 있는 다양한 방법을 카드 회사에 문의하라.

정부가 지원하는 안전그물망 프로그램

사람들 대부분은 남의 도움을 받지 않기 위해 열심히 노력한다. 그리고 특히나 정부의 도움에 대해서는 더더욱 그렇다. 사람들은 자립심을 중요하게 생각하면서 구덩이에 빠지더라도 스스로 기어나와야 한다고 생각하곤 한다. 하지만 때때로 양극성이 인생의 일부분이 되고 나면 이전에 생각해보지 못한 정도의 어려움을 경험할 수 있고 누군가의 도움이 절실할 수밖에 없다. 도무지 혼자의 힘으로는 일어설 수 없고 기본적인 건강과 안전마저 담보할 수 없는 형편에 처한 사람들에게 정부의 지원책은 특히 유용하다. 이처럼 정부가 지원하는 도움의 내용에 대해 간단히 살펴보도록 하자.

✔ **식량 지원** : 이 프로그램은 현재 '보충영양 지원프로그램(Supplemental Nutrition Assistance Program, SNAP : 일명 푸드스탬프 프로그램-역주)'으로 불리며, 소득 수준이 낮지만 복지 혜택 등의 일반 지원을 받을 정도는 아닌 대상자들을 위한 서비스로 운영되고 있다. 식료품을 살 돈이 여의치 않아 힘겨운 상황이라면, 부끄러워하지 말고 이 혜택을 신청해 이용하면 된다. 수혜자들에게 제공되는 혜택은 카운티 단위로 관리된다.

✔ **현금 보조/ 복지** : 이런 긴급 현금보조 지원책은 주 정부를 통해 심각한 재

정적 상황을 겪는 가정에 제공되는 서비스이다. 이런 혜택을 받기 위한 자격 요건은 상당히 복잡하고 일시적으로 도움을 받을 수 있지만 위기 상황에서는 큰 도움이 될 수도 있다. 신청서는 각 카운티의 관련 사무실에 제출할 수도 있다.

✔ **주택 지원** : 미국에서는 연방 및 지역 차원에서 다양한 주택 지원 프로그램이 운영된다. 도움이 필요한 경우에는 지역의 사회복지기관 담당자와 의논하고 이런 혜택을 지원받을 방법에 대해 문의하라. 단, 현재 거주지에서 얼마나 버틸 수 있을지 모를 때는 곧바로 문의하고 신청하길 권한다. 신청 과정은 상당한 시일이 소요될 수 있고, 대기자 명단에 이름을 올린 채 기다려야 할 수도 있기 때문이다.

6

양극성 환자 돕기

갈등 상황의 긴장 해소를 위한 7가지 방법

✔ **양극성 환자에게 충분한 공간적 여유를 제공하라.** 한발 물러서서, 환자가 요청하기 전까지는 그와 신체적으로 접촉하지 않도록 주의하라.

✔ **되도록 천천히 움직이라.** 양극성 환자는 상대방의 갑작스럽고 빠른 움직임을 자신에 대한 공격으로 받아들이기 쉽다.

✔ **환자와 충분히 대화하라.** 감정적 동요는 누군가와 의사소통하고 싶은 욕구가 채워지지 않을 때 종종 나타나기 쉽다. 서로 적극적으로 질문하고 상대방의 이야기를 듣자. 양극성 환자가 다른 사람의 이야기를 수용할 수 있는 상태라면, 가벼운 주제에 대해 수다를 떠는 것도 좋은 전략이 될 수 있다.

✔ **부드러운 어조로 말하라.** 양극성 환자가 크게 말할수록 당신은 부드럽고 작게 말하라. 큰 목소리는 동요를 부추길 수 있다.

✔ **비난, 비판, 판단, 논쟁, 명령 또는 위협하지 말라.** 이 모든 행동은 갈등을 심화시킨다.

✔ **최후통첩이 아닌 선택의 기회를 제공하라.** 선택의 기회가 생길 때, 양극성 환자는 누군가 자신을 통제하는 대신에 자신이 상황을 통제할 수 있다는 자신감을 갖게 된다.

✔ **먹고 마실 것을 준비하라.** 양극성 환자가 흡연자라면 잠시 담배를 피울 시간을 갖자고 제안하는 것도 좋다.

제6부 미리보기

- 양극성 환자를 향한 공감하는 마음과 도움의 손길은 내밀되 위압적인 자세는 피한다. 단 돕는 사람이 양극성장애 때문에 지쳐 쓰러지지 않도록 수위를 적절히 조절한다.

- 양극성 환자를 도울 방법을 찾되, 개입할 때와 내버려 둘 때를 안다.

- 기분 삽화가 나타나고 통제할 수 없을 때 해결할 방법을 찾도록 위기 상황에 앞서 사전에 계획하고, 양극성장애의 변화구에 대처할 대안도 생각해둔다.

- 양극성의 성향이 있는 아동 또는 청소년의 진단, 치료 및 지원 방안을 이해하고, 양극성장애처럼 보일 수 있는 다른 질환에 대해 알아둔다.

양극성 환자 지원하기

사 랑하는 친구나 가족이 양극성장애 때문에 어려움을 겪으면 곁에서 지켜보는 당신도 힘들 수밖에 없다. 당신은 환자의 양극성의 증상 때문에 혼란스럽고 당황스러울 수 있고, 서로의 관계가 멀어지거나 신체적 또는 정신적으로 녹초가 될 수도 있다. 누군가의 도움이 필요하다는 생각이 절실하지만, 과연 어떤 도움을 누구에게 기대할 수 있을까? 양극성 환자의 뇌에서 벌어지는 '교란의 문제'를 해결하기 위해 당신이 할 수 있는 일은 무엇일까? 환자가 깊은 절망에 빠져 있을 때 당신은 어떤 말을 그에게 해줄 수 있을까? 소중한 친구가 퇴직금을 날리고 결혼생활에 종지부를 찍겠다고 말할 때 당신이 할 수 있는 일은 과연 무엇일까? 당신이 선하고 호의적인 의도로 개입할 때 그가 교만하게 화를 내며 거부한다면 어떻게 도울 수 있을까?

이 장에서는 양극성 환자의 가족이나 친구들이 경험할 수 있는 무력감과 혼란에 대해 알아보려고 한다. 앞으로 직면하게 될 양극성장애의 냉담하고 고통스러운 현실을 알아보고 미리 준비할 수 있도록 도울 것이다. 벌어지는 현실을 바라보며 자기 자신과 양극성 환자를 비난하는 마음이 스멀스멀 올라올 때마다 걸려 넘어지지 않도록 훈련할 방법에 대해서도 살펴보도록 하겠다. 또한 양극성 환자가 회복하는 동안 당신이 돕기 위해 할 수 있는 일과 할 수 없는 일에 대해서도 생각해보고자 한다. 그리고 환자의 곁에서 힘들어하는 자신을 돌볼 방법을 알아보고, 당신과 환자가 양극성의 어두운 그늘에서 벗어나 희망찬 미래를 향해 나아가도록 도움이 될 만한 방법에 대해서도 살펴보도록 하겠다.

마음의 준비

건강하지 않은 누군가를 잘 돌보고 지원하는 사람이 되려면 참으로 많은 일을 감당하고 고민해야 한다. 환자를 돌보는 사람이 잘못된 지식과 기대감을 갖고 자신의 역할에 최선을 다하면 잘못된 말과 행동이 상황을 악화시키고 쉽게 좌절할 수밖에 없으며, 자책하거나 도무지 손을 쓸 수 없다며 포기하기 쉽다. 따라서 당신이 올바른 사고방식을 가져야만 환자를 효율적으로 도울 수 있을 뿐만 아니라, 자신의 정신건강도 지켜나갈 수 있다는 사실을 잊지 말자. 지금부터 설명하는 내용을 따라가며 하나씩 시작하면 된다.

현실적인 기대 갖기

누구에게나 희망이 필요하다. 하지만 잘못된 희망은 오히려 실망과 좌절을 낳고 긴장의 끈을 느슨하게 하기 쉽다. 양극성 환자를 돌보다 보면 모든 문제가 해결되고 그의 병이 다 나은 것처럼 느껴지며, 모든 문제를 벗어버릴 수 있다는 희망에 사로잡힐 때가 오기 마련이다. 하지만 이럴 때 오히려 옛날의 방식으로 돌아가기 쉬운 순간이다. 환자가 약을 성실히 복용하는 것이 얼마나 중요한지 잊어버리고, 증상의 조짐에 눈이 멀기 시작한다. 점점 더 부주의해진다는 소리다. 그러다가, 쾅! 다시 원점으로 돌아가 사랑하는 그 사람이 또다시 조증이나 우울증 삽화로 고통받는 모습을 지켜봐야 한다.

사랑하는 사람이 양극성과의 전투에서 승리하도록 돕고 싶다면, 그를 돌보는 당신이 먼저 다음과 같이 올바른 마음가짐으로 양극성의 현실을 직시해야만 한다.

- ✔ 양극성 환자는 예나 지금이나, 그리고 앞으로도 기분 삽화에 취약한 상태이다.
- ✔ 환자는 확고한 의지를 갖는다고 해서 양극성장애를 절대로 이겨낼 수 없다.
- ✔ 증상의 재발을 막고 조절하려면 예방적 차원에서 진행하는 장기적 약물치료를 반드시 성실히 받아야 한다.
- ✔ 예방을 목적으로 약을 복용하다가도 증상이 나타날 수 있다.
- ✔ 건강한 삶을 영위하기 위해서 당신과 양극성 환자가 서로의 기대와 생활방식을 조율해야 할 필요가 생길 수 있다.
- ✔ 환자는 이따금 다른 사람의 도움을 거부할 수 있지만, 당신의 사랑과 이해는 언제나 필요로 할 것이다.

양극성 환자와 그를 돌보는 사람들은 누구나 질병에서 벗어나 멋진 삶을 살기를 기대하기 마련이다. 하지만 환자는 언제나 치료 계획을 충실히 따르고 건강할 때도 긴장의 끈을 놓지 않아야만 기분이 불안정할 때도 빠른 회복을 기대할 수 있다.

환자와 질환을 구분해 바라보기

당신에게는 양극성장애라는 진단을 받은 가족 또는 친구가 있다. 당신에게 소중하기만 한 그 사람이 양극성의 증상을 나타내며 온갖 부정적인 말과 행동을 표현할 때, 당신은 그 사람과 그 장애를 동일시하고 양극성장애의 증상 때문에 괴로운 나머지 그를 비난하기 쉽다.

이 질환과 싸워 이기려면 서로가 힘을 합해야만 한다. 그러기 위해서는 환자와 양극성장애를 떼어 생각하는 것부터 시작해야 한다. 주요 기분 삽화가 한창 나타날 때는 오히려 이런 개별적 인식이 훨씬 수월한데, 평온한 상태에서 시간적 여유가 될 때 다음과 같은 훈련을 해두는 것도 도움이 될 수 있다.

✔ 처음으로 기분 삽화를 경험하면서 세상이 무너진 것만 같던 그때를 떠올려 보자. 당신이 소중히 여기는 그 사람이 달라진 듯 보였나? 어떤 점에서 그 랬나? 양극성장애와 연관 지을 수 있는 그 사람의 행동이 있다면 어떤 것 들을 들 수 있나?

✔ 당신에게 소중한 그 사람과 함께 즐겁게 시간을 보내던 때의 사진을 들여 다보라. 그 당시에는 어떤 증상도 알아차리지 못했었나? 그사이에 어떤 변 화가 있었나? 기분 삽화가 나타나는 동안 그의 행동이 양극성에 영향을 받 는 모습을 떠올리며, 각각의 행동에 하나씩 이름을 붙여보라.

✔ 당신에게 소중한 그 사람과 어울리지 않는다고 느껴지는 모든 말과 행동을 적어보라. 그가 정상적으로 사고한다면 과연 그와 같은 말을 하고 행동을 취했을 것으로 생각하는가? 아니라면 과연 어떤 차이가 있을까?

양극성과 환자를 따로 떼어 생각할 때 너무 멀리 가진 말라. 그 사람의 모든 부정적 인 행동을 양극성 탓으로 돌리기 쉽지만, 개중에는 그 사람의 성격 때문인 것도 있을 것이다. 너무 많은 것을 양극성 때문이라고 생각하기 시작하면 상대방의 성격과 스 스로 생각하는 능력의 중요성마저 간과하기 쉬운데, 이것은 오히려 문제 행동의 원 인이 양극성 때문임을 인식하지 못하는 것만큼이나 해로울 수 있다.

마음 상하지 않으려면

양극성 환자가 퍼붓는 분노의 화살을 혼자서 다 감수하다가 어떤 노력을 기울여도 더 이상 그를 기쁘게 해줄 수 없다는 생각이 드는 순간, 당신은 기분이 언짢아지면 서 방어적인 태도를 취할 수 있다. 이런 반응은 지극히 자연스러운데, 특히나 양극 성의 증상을 나타내는 그 사람과 가까운 관계일 때 더욱더 그럴 수 있다. 당신과 당신에게 소중한 그 사람의 행복은 미묘하게 얽혀 있으므로, 둘 중에 누구라도 행 복하지 않으면 다른 한 사람도 함께 고통스럽기 마련이다. 따라서 당신은 점점 자 신이 올바른 해결책을 찾고 적절한 말을 하면 상황이 나아질 것이라는 생각을 하 게 된다. 그리고 그렇게 하지 못하는 자신의 모습 앞에 쉽게 좌절하고 괴로워하곤 한다.

양극성 환자의 가시 돋친 말과 거친 행동을 모두 마음의 상처로 받아들이지 말고 그 사람과 분리해 받아들이려고 애쓰자. 이러한 분리적 인식 과정은 상대방의 행동과 말이 당신 자신과 별 상관이 없다는 사실을 인정하고 받아들이는 것으로부터 시작된다. 상대방의 감정, 생각, 반응, 말, 행동은 우울증, 조증, 왜곡된 사고 또는 피해망상과 같은 다양한 원인 때문에 나타날 수 있다. 양극성장애와 다른 요인이 당신에게 영향을 주는 것보다 당신에게 소중한 그 사람의 말과 행동에 훨씬 더 큰 영향을 줄 수 있다는 사실을 이해한다면, 한숨을 한 번 푹 내쉬며 그런 것들을 훌훌 떨쳐버리기 훨씬 수월할 것이다.

공감하는 마음 키우기

우리가 환자의 경험과 생각을 모두 알 수는 없어도 그들을 공감하고 그들의 감정을 어느 정도는 상상하며 나눌 수 있다. 하지만 환자가 자신의 내면에서 벌어지는 일들을 이해하기 어려운 나머지, 스스로 자기감정을 표현하기 어려운 안타까운 상황이 벌어질 수도 있다. 이번 절에는 환자의 그런 상황을 알아차리는 데 도움이 될 만한 내용을 담았다.

당신이 소중히 여기는 그 사람은 심각한 정신질환을 가진 환자다. 그 질환은 그 사람 자신, 그의 자존감, 자기 통제력, 자기 확신, 스스로 결정할 수 있는 능력, 자아상 등에 위협이 되곤 한다. 환자는 위협을 느낄 때 본능적으로 전투 태세 또는 비행 모드로 전환하곤 한다. 전투 태세를 갖춘 환자는 화를 내고 거만하며 비판적인 태도를 취하곤 한다. 상대방이 도움을 거절하거나 약을 끊고 남 탓하기 일쑤다. 비행 모드에 돌입한 양극성 환자는 마약이나 술이 빠져들거나 관계를 끊고, 남에게 무관심하거나 자기밖에 모르면서 자신에게 문제가 있다는 사실을 부정하곤 한다.

위협적인 상황 앞에서 부적절한 반응을 나타낼 때는 누구나 죄책감이 들기 마련이다. 비판의 목소리 앞에서는 자기를 방어하고, 비난은 부정하기 쉽다. 통제받는 기분이 들면 도리어 상대방을 몰아세우기도 하며, 도와달라는 말을 못 들은 척하는 등 온갖 부정적인 반응을 나타내기도 한다. 정신질환을 않는 사람은 적어도 다음과 같은 두 가지 요인 때문에 부정적인 사건이 뒤얽혀 부적응 행동이 나타나는 경험을 자주 겪을 수밖에 없다.

- ✔ **주요한 삶의 변화** : 중증 정신질환의 한복판에 서 있을 때, 환자는 실직하거나 친구들과 멀어지고 재정적 기반이 흔들리며, 삶에 안정감을 불어넣던 여러 가지 외부적 지원이 끊기는 경험을 할 수 있다.
- ✔ **다양한 상황에 대한 대처 능력의 상실** : 명쾌한 사고가 어려운 사람들은 복잡하고 어려운 일상의 문제들을 해결할 때 가장 중요한 합리적이고 건설적인 해결 방법을 찾는 능력이 부족한 것과 같다.

환자의 말과 행동이 다소 비합리적인 것 같고 이해할 수 없을지라도, 심리학적 관점에서 바라보면 다분히 정상적이고 합리적인 결과일 뿐이다. 다시 말하면, 같은 상황에 처한다면 당신을 포함한 대부분의 사람들도 같은 반응을 보일 게 분명하기 때문이다. 공감은 그런 사실을 받아들이고, 환자인 상대방의 관점에서 그 상황을 바라보기 위해 최선을 다하는 걸 의미한다.

안타까운 사실은, 부적응 행동이 또 다른 부적응 행동을 부르기 쉽다는 점이다. 하지만 아래에 제시하는 생산적인 방식으로 대응함으로써 부적응 행동이 반복되는 순환의 고리를 깨뜨릴 수 있다.

- ✔ 부정적인 행동을 비판하는 일에 집중하기보다는 긍정적인 행동을 칭찬한다.
- ✔ 상대방에 대한 요구를 줄인다.
- ✔ 대결과 논쟁은 피한다.
- ✔ 비난으로부터 문제 해결을 향해 관점을 전환한다.
- ✔ 과거의 일들을 되새기기보다는 매 순간 지금 이곳에 초점을 맞추기

한계 인정하기

사랑하는 가족 또는 친구의 양극성을 곁에서 지켜보는 일은, 마치 무대 뒤에서 한 편

의 연극을 지켜보는 것과 같다. 무대 위에서는 의사가 진단을 내리고 처방을 하며, 심리치료사가 환자를 상담하고 교육하는 과정이 펼쳐진다. 그리고 당신의 소중한 그 사람이 기분 삽화와 씨름하는 이야기도 등장한다. 당신은 마치 대역배우처럼 무대 뒤에 외로이 서성이며, 과연 무대로 나가 연기하고 대사를 읊을 순간이 찾아올지 망설일 뿐이다.

당신은 당연히 환자의 회복을 간절히 바라지만, 이런 상황은 당신도 처음 겪는 일들일 뿐이다. 의사와 심리치료사가 최선을 다할 수 있도록 멀찌감치 떨어져 있어야 하는 걸까? 아무리 그들을 믿고 맡긴다 해도 뭐라도 해야 하는 건 아닐까? 어떤 일을 하는 게 가장 큰 도움이 될까? 상황을 더 악화시키지 않으려면 어떤 것들을 조심해야 할까? 환자를 잘 돕는 역할을 감당하기 위한 출발점은 그의 곁에서 당신이 할 수 있는 일과 도울 수 없는 일을 구분하는 것이다. 그리고 그에 대한 내용으로 가득한 이 절을 읽는 당신은 운이 참 좋은 사람이다.

할 수 있는 일을 하기

당신의 존재, 인내심, 이해하는 마음, 그리고 환자를 도우려는 의지는 당신이 양극성 환자를 위해 제공할 수 있는 가장 귀한 것들임에 분명하다. 당신은 그 밖의 여러 모양으로 그를 도울 수 있지만, 성인으로서 그가 당신의 선의와 도움을 거절하거나 받아들일 수 있고, 당신이 그의 상황에 개입하는 정도까지 결정할 수 있음을 잊지 말아야 한다. 지나친 강요와 고압적인 자세는 분노를 유발하고 치료에 대한 거부감까지 느끼게 할 수 있는데, 그건 절대로 당신이 바라는 결과가 아니기 때문이다.

환자의 곁에서 도움을 줄 수 있는 가장 효과적인 방법 몇 가지를 소개한다.

- ✔ 양극성장애와 증상, 치료 방법에 대해 최대한 많은 것들을 이해하라. 당신은 이 책을 읽고 있으니 이미 그렇게 하려고 노력하는 중이다.
- ✔ 환자와 계속해서 연락하고 특별히 그가 힘들어할 때는 좀 더 친밀히 다가가라.
- ✔ 당신의 감정적 안전을 보장하려고 환자와 거리를 두는 동안에도 무조건적인 사랑을 표현하고 격려하는 말을 아끼지 말라(예 : "하루에 서너 번 정도 전화를 걸어주면 내가 안심할 수 있을 것 같아.").

- ✔ 환자에게 치료만 잘 받으면 마침내 증상을 잘 관리할 수 있을 것이라는 희망을 주라.
- ✔ 환자가 필요할 때에는 전문가에게 도움을 청하도록 격려하라(단, 잔소리는 금물이다).
- ✔ 환자가 좋은 의사와 심리치료사를 찾도록 도우라.
- ✔ 환자가 가입한 보험 상품의 약관을 확인하고 청구하는 과정을 도우라.
- ✔ 환자의 기분을 살피고 약을 복용하는 일, 기분 삽화의 재발 조짐을 모니터링 하는 것에 도움을 주라.
- ✔ 의사 혹은 심리치료사를 방문할 때 동행해도 좋을지 물어보라.
- ✔ 환자의 행동에 걱정스러운 점이 있을 때 의사 혹은 심리치료사에게 전화를 걸어 물어볼 시점과 방법에 대해 의논하라.
- ✔ 환자가 도저히 출근할 수 없는 날에 그의 직장에 대신 전화를 걸어 결근에 대한 양해를 구할지 물어보고 어떻게 말하면 좋을지 의논하라. 만일에 환자가 자영업자이거나 회사를 운영하고 있다면, 그의 사업에 영향이 없게끔 도울 일은 없을지 물어보라.
- ✔ 환자가 원하는 대로, 다른 사람들에게 환자의 상태에 대해 계속 알리라.
- ✔ 식료품 구입, 양육, 공과금 납부와 같은 기본적인 가사 일을 주도적으로 해 나가라.

할 수 없는 일 깨닫기

당신은 당신이 소중히 여기는 그 사람이 양극성을 관리하는 방식을 강제로 정해줄 수 없다. 그 환자가 성인이라면 강제로 약을 먹이고 치료 교실에 가게 하며, 심지어 잠을 충분히 자도록 할 수도 없다. 그런 방식으로 상대방의 삶을 주도하려고 한다면, 당신은 당신의 힘으로 어찌할 수 없는 일을 통제하려는 어리석은 위험만 감수할 뿐이다.

때때로 당신에게 소중한 그 사람이 양극성 때문에 올바른 결정을 내릴 수 없을 때는 당신도 충분히 개입할 수 있고 꼭 그래야 한다. 하지만 다른 일반적인 상황이라면, 당신은 그가 자기 상황을 스스로 해결하도록 그저 내버려 둬야만 한다. 그리고 그는 치료 과정에 적응하고, 다음 진료 일정을 예약하고 그 날짜에 병원에 가며, 처방받은 약을 잘 챙겨 먹고, 건강한 삶의 방식을 유지하며, 다른 사람에게 도움을 청하는 등의 모든 일에 책임지는 법을 배워야 한다.

소중한 그 사람에게 양극성이 발병한 것이 당신 탓이 아니며, 그 병을 당신이 고칠 수도 없다. 따라서 그가 양극성 진단을 받은 것 때문에 죄책감을 갖지 말고, 당신이 무엇인가를 노력하면 그의 문제를 해결할 수 있을 것이라는 기대감도 버리자.

조짐을 잘 살피기

양극성이라는 질환의 가장 감당하기 힘든 특징 중 하나는 증상이 재발하고 심화되기 전에는 환자가 자신의 증상이 다시 나타나는지의 여부를 알아차리기 어렵다는 점이다. 따라서 환자를 지지하고 돕는 사람으로서, 당신은 환자와 정기적으로 연락하고 만나면서 기분 삽화의 조짐이 나타나는지 잘 살피는 역할을 감당해야 한다.

누구나 정상적인 기분의 변화 양상과 양극성의 증상을 구별할 수 있는 지식, 기질, 감수성을 갖고 있으며, 적절한 순간에 개입해 환자를 도울 방법을 아는 게 아니다. 다음과 같은 특징을 가진 사람이라면 이런 역할을 감당할 것으로 기대할 수 있다.

✔ 기분 삽화가 시작되는 조짐에 대해 잘 알고 인지할 수 있는 사람
✔ 양극성장애가 있는 환자와 친밀하며 정기적으로 연락을 주고받는 사람
✔ 환자와 갈등하지 않고서도 솔직히 대화할 수 있는 사람
✔ 환자를 치료하는 의사 또는 심리치료사와 접촉할 수 있도록 허락을 받은 사람

환자가 상대적으로 평온한 상태일 때, 한두 명의 주위 사람이 그의 기분을 모니터링할 수 있도록 허용해줄 것을 의논하고 요청해두면 좋다. 너무 많은 사람을 끌어들이는 것은 좋지 않다. 오히려 환자에게 많은 사람의 시선이 집중되어 위축되면서 마치 어항 속 물고기처럼 느껴질 수 있을 테니 말이다.

개입해야 할 때

만약에 양극성 환자가 당신에게 자신의 기분을 모니터링하고 증상이 재발하는 조짐이 나타나는지 살펴주길 부탁한다면, 양극성의 중등도를 구분할 수 있는 방법과 그런 조짐을 알아차릴 때 어떤 행동을 취해야 할지에 대해 좀 더 자세히 물어보라.

✔ 일반적인 조짐의 징후를 적어두라(조증과 우울증의 일반적인 조짐의 양상에 대한 내용은 제15장에 자세히 소개하였다).

✔ 당신이 개입하고 행동해야 할 시점을 미리 생각하고 정해두라.

✔ 당신이 취할 행동을 미리 정해두라. 예컨대, 관찰하고 우려하는 행동에 대해 환자에게 이야기하기, 심리치료사 또는 의사에게 연락을 취하기, 신용카드 또는 자동차 열쇠를 감추기, 환자가 자해의 수단으로 이용할 만한 물건을 치우기 또는 다른 사람에게 연락하고 도움을 청하기 등을 들 수 있다.

한걸음 물러서야 할 때

누구나 살다 보면 좋은 날도 있고 나쁜 날도 있기 마련이다. 그러므로 환자가 좀 예민하고 기분이 좋지 않다고 해서 의사나 심리치료사에게 연락해야겠다면서 허둥대지 말자. 이럴 때는 좀 더 주의깊게 살피며 우려되는 것에 대해 환자에게 이야기할 수도 있지만, 과민반응 하지 않도록 주의하라.

주요 기분 삽화가 한창 진행 중일 때는 아무리 환자가 원하고 요구하더라도 그 상황에서 손을 떼면 안 된다. 오히려, 환자가 기분을 안정시키는 데 필요한 치료를 받기 전까지는 그와 거리를 둬서는 안 된다. 그러면서 환자가 의사 또는 심리치료사를 찾아가 상태를 확인하고 상담을 받도록 용기를 주고 설득하라. 때로는 전문적인 치료사를 찾아가 잠시 만나기만 해도 환자가 다시 정상적인 감정적 궤도에 오를 수 있다. 그리고 만일에 그 심리치료사가 다른 문제 행동을 발견한다면, 그가 앞으로 어떻게 치료를 진행해야 할 것인지에 대해 더 좋은 의견을 제시할 테니 말이다.

위기 상황이 지나가고 환자의 기분이 다시금 가라앉고 나면, 당신은 또다시 한발 물러서서 환자가 스스로 삶을 꾸려가도록 하라. 하지만 그에게 도움이 필요한 순간에는 언제든 당신이 돕겠다고 안심시키라.

서로 간의 합의점 찾기 : 치료계약의 작성

양극성 환자의 불안정한 기분과 모든 치료 과정에 관한 이야기는 두려움의 안개가 자욱한 분위기 가운데 펼쳐지기 마련이다. 양극성 환자를 돌보는 가족과 친구들은 환자가 주요 기분 삽화의 한복판을 지나는 동안 자신의 도움을 거절하여 그에게 아무런 도움도 주지 못할까 봐 두려워한다. 다른 사람의 도움이 필요 없다고 느끼는 사람은 친구나 가족이 도와준다며 자신의 삶에 끼어들어 이것저것에 참견하고 잔소리할 때 절대로 고마워하지 않는 법이니까.

이럴 때 한 가지 해결방안이 있는데, 상대적으로 평온한 기분으로 안정된 상태에서 '치료 계약'이라는 형태의 합의를 도출하여 과연 누가 어떤 상황일 때 어느 정도까지 개입할 수 있는지 미리 문서화해두는 방법이다. 다음과 같은 내용을 담은 치료계약은 유용할 수 있다.

- ✔ 해당 상황에 개입할 수 있는 사람의 명단(필요하다면 개입을 금하는 사람들의 명단도 작성해둘 수 있음)
- ✔ 우울증과 조증의 증상 및 외부 징후에 대한 자세한 기술
- ✔ 양극성 환자가 자신의 증상을 관리할 수 있음을 보여주는 현상에 대한 설명
- ✔ 양극성 환자에게 도움이 필요함을 나타내는 징후에 대한 설명
- ✔ 양극성 환자가 받아들일 수 있는 도움의 유형에 대한 명시적 설명
- ✔ 양극성 환자가 절대로 수용하지 못할 유형의 도움에 대한 명시적 설명
- ✔ 미리 지정된 사람이 보기에 환자가 자해하거나 다른 사람에게 해를 끼칠 만한 극단적 상황에 이르렀다고 판단할 만한 상황이라면, 어떤 최선의 결정도 실행에 옮기고 적극적으로 개입할 수 있음을 명시하는 내용

환자가 도움받기를 거부할 때

양극성의 증상 중 하나로 통찰력의 현저한 저하를 들 수 있는데, 환자들은 (그럴 의지가 부족한 게 아니라) 자신의 기분 또는 행동 양상의 중대한 변화가 나타나도 알아차리지

못하곤 한다. 이런 증상은 대부분 급성 기분 삽화가 진행되는 동안에 두드러지면서도 환자들이 이 질환을 갖고 사는 평생 동안 신경 써야 할 부분이기도 하다. 환자의 가족은 상관하지 말라며 도움받기를 거부하는 환자를 어떻게 도울 수 있을지 늘 고심하며, 때로는 양극성 앞에 무너지는 환자의 모습을 무기력하게 지켜볼 수밖에 없다. 양극성 환자가 다른 사람의 도움이나 치료를 거부할 때의 대처 방법은 상황에 따라 다르다. 하지만 다음과 같은 몇 가지 측면을 고려하여 결정할 수 있다.

해결책은 상황에 따라 매우 다양할 수 있다. 환자가 스스로 상황을 관리해나가는 중이라면, 다른 사람의 기준에 아무리 못 미치더라도 그냥 내버려두는 게 최선의 해결책일 수 있다. 환자가 자해할 가능성이 있거나 다른 사람에게 위협적일 수 있는 상황이라면, 응급조치를 취하는 등 과감히 결정하고 개입해야 한다.

응급 상황에 대처하기

양극성 환자가 자해하거나 다른 이들을 해칠 가능성이 있다면 즉시 누군가의 도움을 받아야 한다. 그에게 의학적 개입이 필요하다고 생각되고 병원까지 환자를 안전하게 데려갈 수 있는 상황이라면, 가장 가까운 응급실로 달려가라. 하지만 병원까지 가는 동안의 안전을 보장할 수 없는 상황이라면, 129(보건복지부의 보건복지상담센터전화) 또는 119에 전화하여 가장 가까운 응급실로 환자를 빨리 이송해야 한다.

129 또는 119에 전화를 걸어 도움을 청할 때는 신고접수 담당자에게 상황을 설명하고, 정신질환과 관련된 위기상황을 겪는 환자가 있어 과격한 행동 때문에 신고한 것임을 말해두라. 경찰이 현장에 도착하면, 환자를 감옥이 아닌 병원 응급실 또는 정신병원에 이송해주길 원한다고 이야기하라. 물론 당신의 의견이 환자에 대한 최종적인 결정사항에 반영되지 않을 수도 있지만, 당신의 의견을 충분히 전달할 필요는 분명하다.

걱정거리 설명하기

도움받기를 거절하는 환자를 돕고자 할 때, 당신은 환자에게 걱정되는 점을 설명하고 그를 설득하느라 이미 녹초가 되었을지도 모른다. 하지만 양극성 환자가 아니라 누구에게라도 이런 설득은 별다른 효과가 없는 경우가 더 많다. 응급 상황이 아니라면 말을 하기보다는 듣고, 반론을 제기하며 계속해서 그를 설득하기보다는 공감하면서 기회를 엿보는 게 낫다.

양극성 환자와 마음을 터놓고 걱정거리에 대해 이야기하고 싶을 때는, 제13장에서 소개한 의사소통의 기술과 제14장에서 설명한 문제 해결 기술의 적용 방법을 활용할 수 있다.

대립, 비판, 논쟁 등을 통해서는 아무런 성과도 얻기 어려울 뿐 아니라, 오히려 환자의 협조에 방해가 될 뿐이다.

의사 또는 심리치료사에게 연락하기

응급 상황이 아니라면, 당신은 의사나 심리치료사에게 전화하고 걱정하는 것들에 대해 의논할 수 있다. 그러면 의사 또는 심리치료사는 어떻게 해야 할지 지침을 주고 환자에게 필요한 도움을 줄 방법을 함께 찾을 것이다.

환자를 치료하는 의료인은 당신에게 환자와 관련된 정보를 제공할 수 없다고 할 수 있다. 하지만 그래도 당신의 이야기와 관련된 정보에 대해 듣고 판단하면서 도움이 될 만한 의견을 제공할 수도 있다. 단, 그 사람은 당신에게 환자와 관련된 이야기를 들었다는 사실을 환자에게 전달할 의무가 있음을 기억해야 한다. 환자가 이 사실을 알았을 때, 당신에 대한 배신감을 표현할 수도 있기 때문이다.

지역 정신건강 센터에 연락하기

위기 상황일 때는 환자의 거주지 관할 정신건강 센터에도 연락하길 권한다. 우리나라의 경우 중앙정신복지사업지원단(http://www.nmhc.or.kr)의 정신보건동향 메뉴의 정신보건기관 찾기를 보면 전국 각 센터의 연락처와 홈페이지를 알 수 있다. 각각의 정신건강 센터가 당신과 환자가 처한 상황에 직접 개입할 수 없더라도, 얼마든지 다른 형태의 도움을 줄 수 있을 테니 말이다.

법원 명령 기다리기

특별한 법적 기준에 부합하지 않는 한, 정신질환이 있는 사람을 강제로 병원에 입원시키는 일은 불가능하며, 그와 같은 기준은 해당 지역의 법에 따라 다양할 수 있다. 예를 들면, 인디애나 주에서는 정신 질환이 있는 사람이 자신 또는 타인에게 위해를 가할 위험성이 높거나, 독립적으로 기능하고 의식주를 해결할 능력이 없을 정도로 심각한 장애 상태여야 함을 법으로 명시하고 있다. 어떤 지역에서는 경우에 따라 의사 또는 경찰관이 입원을 강제할 수 있다. 하지만 다른 지역에서는 법원이 지정한 정신과 전문의에게만 그런 권한을 부여하기도 한다. 또 다른 지역에서는 법원에서 내려지는 판결이 필요한 경우도 있다. 따라서 각 지역의 위기 관련 담당자에게 문의하고 필요한 정보를 얻는 방법이 가장 정확하고 빠를 수 있다.

구금 또는 강제 입원 기간은 경우에 따라 다르다. 미국에서는 본인의 동의 없이 집행되는 강제적 입원은 우선 단기적으로 진행되며 여러 주에서 72시간으로 제한하고 있다. 입원 기간을 연장하고자 할 경우에는 추가적인 법적 절차를 밟아야 한다. 법원의 명령에 따라 입원을 진행할 경우에는 최장 90일까지 입원시킬 수 있으며, 그 기간이 지나면 다시 검토해 결정해야 한다.

법정에서 심리가 진행되는 동안, 당신은 환자에게 좀 더 긴 입원 기간이 필요하다는 증언을 하도록 요청받을 수 있다. 그런 상황에 처할 때는 고통스럽겠지만, 꼭 필요한 과정임을 기억하길 바란다. 가능하면 당신이 청원서를 직접 제출하는 일은 피하는 게 좋다. 환자의 의뢰에 따라 의사 또는 치료 기관이 청원 자료를 모아 제출하도록 최선을 다하는 게 낫다. 그래야만 의료진이 법원에 더 많은 자료를 제출하고, 환자의 분노로부터 당신 자신을 보호할 수도 있기 때문이다. 그저 현재의 위기 상황에 대해 구체적으로 설명하고, 법원으로부터의 요청이 있을 때 자세한 정보를 제공하는 게 당신이 할 수 있는 최선이다.

자신 돌보기
- - - - - - - - - - - -

환자를 돌보는 동안 당신은 외로울 것이다. 가족 또는 친구들은 당신에게 환자의 안부를 물으면서 당신 걱정은 거의 하지 않을 수 있다. 심지어, 당신이 환자에게 신경 쓰는 동안에 친구들은 양극성에 대해 잘 모르고 겁도 나며, 당신을 그저 내버려 두는 게 도와주는 거라고 오해하면서 서서히 멀어지기도 한다. 이런 상태가 계속되다가는 당신과 환자는 외로운 섬처럼 남겨질 게 분명하다.

관계적 분리는 당신과 양극성 환자 모두에게 좋지 못한 영향을 준다. 당신이 잔뜩 맥 빠진 모습으로 상실감에 매몰된 채 하루하루를 살아가며 책임감에 짓눌려 괴로워한 다면, 환자 역시 당신의 몸짓과 표정에서 괴로움을 느끼고 죄책감의 무게를 실감할 것이다. 스트레스를 해소하고 잃어버린 것들을 애도하며 필요를 직면할 방법을 찾아 보자. 잃어버린 삶을 되찾고 나면 새롭게 회복된 관계를 향해 다시금 발걸음을 옮길

【 공감하고 경청하는 엄마로 거듭나기 】

누군가 자신의 의지와 상관없이 양극성장애와 같은 만성 질환과 씨름하며 고통받을 때, 사랑하는 그 사람의 삶을 지켜보는 가족 또는 친구의 인생도 그와 마찬가지로 힘겨울 수밖에 없다. 그리고 그 양극성 환자의 우울, 불안, 조증의 증상이 최고조에 이르렀을 때는 그의 기분 삽화가 서로의 관계에 중대한 영향을 미치기 마련이다. 사랑하는 사람이 심각한 우울, 불안, 조증과 씨름하는 동안에도 변함없는 사랑과 긍정적인 마음으로 그를 지켜보기란 결코 쉬운 일이 아니다. 그런데도 우리가 환자를 공감하고 지지할 수 있는 여러 방법을 찾을 수는 있다.

양극성의 성향을 가진 딸과 함께 생활하면서, 나는 나 자신을 돌보고 양극성에 대해 가능한 많은 것을 알고 나서야 비로소 딸을 제대로 도울 수 있음을 깨닫게 되었다. 나는 딸아이의 증상을 '뜯어고칠' 수는 없었지만, 아이가 아프고 힘들 때마다 반응하던 내 모습을 바꿀 수는 있었다. 아이에게는 나의 관심과 확고한 의지, 양극성에 대한 지식이 필요했고 경청하는 자세도 중요했다. 나는 딸의 말을 제대로 듣는 법을 배워야만 했다. 내 말을 멈추고 아이가 하는 말에 주의를 기울여 들으며, 정직하게 열린 마음으로 반응하는 자세를 말이다. 내가 똑같이 그런 모습을 보이지 않으면서 아이에게 정직과 신뢰를 기대하는 것은 불가능함을 깨달았기 때문이다. 나는 여러 심리치료사와의 만남과 몇몇 지원 그룹의 모임을 경험한 후에야 비로소 이런 기술을 배우고 익힐 수 있었다.

양극성과의 씨름은 평생 끝나지 않을 여정을 걷는 것과 같다. 양극성의 성향을 가진 딸과 나는 계속해서 서로 대화하고 경청하며 친밀하고 정직한 관계를 위해 노력하면서, 문제에 대처하고 의사소통하는 방식을 날마다 새롭게 해 나갈 것이다.

─신다 존슨, 『완벽한 혼돈: 양극성장애를 살아내는 딸,
그 딸을 구하려는 엄마의 힘겨운 인생 이야기(Perfect Chaos : A Daughter's Journey to
Survive Bipolar, a Mother's Struggle to Save Her)』의 공동 저자

수 있을 테니 말이다.

사랑하는 가족이나 친구인 그 양극성 환자가 양극성 때문에 직접적인 타격을 입으면, 곁에서 지켜보는 당신도 상당한 영향과 아픔을 경험할 수밖에 없다. 하지만 그를 생각해서 자신의 아픔을 드러내지 못하고 감정을 묻어두면 훗날 비난과 원망으로 표현될 수 있다. 따라서 자신의 감정을 건강하게 표현하는 다음과 같은 방법을 고려할 필요가 있다.

- ✔ **정신질환을 가진 가족 또는 친구를 둔 사람들로 구성된 지원 그룹 모임에 참여하라.** 지원 그룹은 서로의 감정을 나누고 정보를 교환하는 좋은 자리가 될 수 있다. 이에 관한 다양한 정보는 제6장에 소개한 지원 그룹의 목록을 참고할 수 있다.
- ✔ **다른 가족이나 친구에게 문제를 의논하라.** 자신이 겪은 일에 화가 나는 것은 지극히 당연한 반응이며 공개적으로 다른 사람들에게 이야기할 권리도 있지만, 적절한 대화 가운데 나눠야 한다. 당신의 격분한 감정이 뒤범벅된 채로 양극성 환자에 대한 이야기를 쏟아낸다면, 아무리 그럴 수 있다고 해도 양극성장애에 대해 받아들일 준비가 되지 않은 사람에게는 부정적인 감정을 불러일으키는 결과만 낳을 수 있기 때문이다.
- ✔ **심리치료사와 상담하라.** 전문적인 상담가는 환자의 곁에서 가족과 친구가 경험하는 슬픔을 애도하고 억눌린 감정을 표현하는 과정을 도울 수 있다.

양극성장애가 우리들의 삶의 일부분일 수는 있으나, 일상이라는 하늘에 먹구름처럼 밀려와 세상을 온통 시꺼멓게 뒤덮도록 내버려 둬서는 안 되다. 양극성의 증상이 나타나고 특히 위기가 찾아올 때는 구멍 난 풍선처럼 삶의 에너지와 시간이 새어 나가는 것 같겠지만, 더 이상 소진되지 않도록 자신을 채우고 충전할 만한 일들을 찾기 위해 할 수 있는 모든 것을 시도하라. 무엇보다 당신은 자신의 정체성을 유지하고 자기만의 삶을 최대한 영위하고 싶을 것이다. 그럴 때는 다음과 같은 활동을 시도하면 새로운 출발에 도움이 될 수 있다.

- ✔ 옛 친구에게 오랜만에 연락하기
- ✔ 양극성 환자와 상관없이 혼자 즐길 만한 취미 또는 관심거리를 찾기
- ✔ 다양한 공동체 활동에 참여하기
- ✔ 친구 또는 가족을 집에 초대하기
- ✔ 일주일에 한 번 정도는 그저 신나는 일을 하기

위기상황 관리하기

● 환자를 치료하는 의사나 심리치료사와 의사소통한다.

● 위기상황에 대비하여 미리 계획한다.

● 각기 다른 위기상황에 대처할 시나리오를 관리한다.

가족 중에 양극성 환자가 있는 가정은 다른 일반적인 가정에 비해 위기상황에 직면할 가능성이 훨씬 더 높은 경향이 있다. 이처럼 불안정한 시기가 반복되다 보면, 식구들과 가까운 친구들은 종종 복잡한 감정이 뒤죽박죽된 혼란과 그 가운데에서 밀려오는 외로움과 씨름하기 마련이다. 가족 중에 양극성 환자가 있다면 위기 상황이 찾아올 때 도무지 어떻게 해결하고 심지어 어디에 도움을 청해야 할지조차 알 수 없을 때를 경험한 적이 있을 것이다. 환자가 정기적으로 방문하는 의사나 심리치료사에게 전화를 걸어 물어봐도, 그들은 환자의 개인정보를 타인에게 공개할 수 없다는 이유를 들먹거리며 아무런 이야기를 해주지 않을 수 있다. 경찰에게 전화를 걸면 환자는 강력히 저항하다가 병원이 아닌 유치장 신세를 질 수 있고, 당신은 신고를 했다는 이유로 한동안 이런저런 전화에 시달려야 할 수도 있다. 그렇다면 이런 위기상황에 직면할 때, 우리는 과연 어떻게 해야 하는 걸까?

이 장에서 우리는 이 질문에 대한 답을 찾도록 돕고자 한다. 부디 그동안 당신에게 이 질문이 아직 필요 없었길 바랄 뿐이다. 그래야만 위기 상황이 찾아올 때 어떻게 반응해야 할지에 대한 보편적인 원리를 떠올릴 수 있을 테니 말이다. 하지만 어떤 계획과 대처 방안을 갖고 있든지에 상관없이 반드시 따라야 할 중요한 원칙 하나를 먼저 살펴보고 넘어가도록 하자. 바로 환자의 의사 또는 심리치료사에게 연락하는 것 말이다.

환자의 의사 및 심리치료사와 상담하기

어떤 정신질환이 있는 환자의 경우라도, 위기상황이 찾아왔을 때 보호자가 가장 먼저 할 일 중 하나는 환자의 의사 또는 심리치료사에게 연락을 취해 현재 상황을 의논하고 어찌해야 할 것인지를 문의하는 것이다. 우리가 여기서 '가장 먼저 할 일 중 하나'라고 표현한 이유는, 만일에 환자가 자해하거나 타인에게 신체적 위협을 가할 수 있는 상황이라면 먼저 119에 전화를 걸어 신고해야 하기 때문이다. 그런 다음에 의사 또는 심리치료사에게 연락하는 게 올바른 순서임을 잊지 말자.

119에 신고할 때는 환자가 '정신적 위기 상황'에 놓여 있어 병원으로 이송되어야 한다고 자세히 설명하라. '정신적 위기 상황'이라는 말로 신고를 접수해야만 접수 담당자가 법적인 집행 과정에 이 내용을 포함할 수 있기 때문이다. 신고 과정에서 '병원'이라는 단어를 사용함으로써 환자가 감옥이 아닌 병원으로 이송되길 원한다는 내용을 전달해줘야 한다.

환자를 치료해오던 정신과 의사 또는 심리치료사에게 연락하는 게 쉬운 일처럼 들릴 수 있지만, 때로는 연락이 닿지 않을 가능성이 있고, 전화를 건 당신에게 건강보험 양도 및 책임에 관한 미국 연방법(HIPAA)의 개인보호에 관한 법률에 따라 환자와 관련된 어떤 내용도 제공하지 않겠다는 답변을 들을 수도 있다. 실제로, 환자의 가족들을 면담하다 보면 정신질환자의 가족으로서 이런 경우에 가장 당혹스러움을 느낀다고 입을 모으곤 한다.

이럴 때 환자와 관련된 정보를 얻고 문제를 해결할 수 있도록 도움이 될 만한 몇 가지 조언을 정리하면 다음과 같다.

✔ 의사 또는 심리치료사의 입장에서는 환자와 관련된 어떠한 정보도 타인에게 제공할 수 없지만, 다음과 같은 접촉을 금하는 법은 없음을 알아두자.
  • 환자의 가족이나 친구의 이야기를 듣고 그들로부터 편지나 이메일, 문자를 받는 행위
  • 환자의 가족이나 친구가 어떤 상황인지 이해하고 어떻게 대처해야 할지 아는 것에 도움이 될 만한 특정 정신질환에 대한 일반적인 정보를 제공하는 행위

✔ 의사 또는 병원으로부터 당신이 정보를 받도록 환자가 사전에 작성하고 서명한 동의서가 있다면, 의사 또는 병원은 당신에게 관련된 모든 정보를 제공해야 한다. 제15장에는 동의서의 예시를 수록해두었다.

만일에 환자가 이미 입원했고 동의서를 미리 작성해두지 않았다면, 병원 측에 환자에게 동의서 작성을 희망하는지 확인해달라고 요청할 수 있다.

✔ 당신과 환자, 의료진이 함께 한 자리에서 정보 공개를 요청하면 의사는 당신에게 관련 정보를 설명하고 공개할 수 있다.

✔ 의사나 심리치료사가 보기에 보호자에게 정보를 제공하는 것이 환자를 위한 '최선의 이익'을 위한 길이라고 판단할 경우에는 환자의 가족 혹은 친구에게 정보를 제공할 수 있다. 예를 들면, 환자의 자살 위험성을 감지한 의사가 보호자에게 세심한 관찰을 요구할 수 있는 것처럼 말이다. 정보 공개를 요청할 때는 환자를 위해 필요하다는 점을 잘 설명하도록 하라. 물론, 의사는 환자의 동의 없이 정보를 공개하기 전에 반드시 환자에게 최선의 이익이 될 것인지 아닌지를 판단하고 동의해야 할 것이다. 또한 의사는 환자를 돌보는 데 꼭 필요한 정보만 선별하여 제공할 수도 있다.

✔ 환자가 도움받기를 거절할 때, 의사 또는 심리치료사는 당신보다 훨씬 더 전문적인 방법으로 그를 도울 힘과 능력이 있다.

✔ 환자가 아직 정신과 치료를 받고 있지 않거나 의사 혹은 심리치료사가 충분히 적극적으로 대처하지 않는다고 느낄 때는 관할 지역의 지역 정신건강센터에 문의하여 어떤 대처방안이 있을지 의논할 수 있다.

✔ 환자를 치료하는 의사 또는 심리치료사와 대화할 때는, 그들이 당신과 이야기한 내용의 일부 또는 전부를 환자에게 알려야 할 필요에 대해 염두에 두고 있을 것에 대해 생각하며 이야기를 나누도록 하라.

응급 계획 수립

위기 상황에 처한 환자를 어떻게 도와야 할지를 결정할 가장 나쁜 순간은, 바로 그 위기 상황의 한 가운데를 지날 때다. 약간의 계획만으로도 당신은 언제 행동하고, 누구에게 어떻게 연락을 취할 것인지, 그리고 필요할 때는 환자를 어떤 병원에 데려갈 것인지에 관하여 위기 상황에 해야 할 것과 하지 말아야 할 일을 미리 생각해둘 수 있다. 상대적으로 평온할 때는 위기 상황에 관여할 수 있는 모든 가족 구성원이 한자리에 모여 의논하되, 그 자리에는 반드시 양극성 환자도 함께해야 한다(가능하다면 환자를 진료하는 의사 또는 심리치료사도 함께 만날 수 있다면 더욱 좋을 것이다). 지금부터 이어지는 절에서는 이런 모임에서 나눌 만한 자세한 주제를 살펴보려고 한다.

가장 효과적인 회의를 진행하고 결론을 얻으려면 제13장에서 설명한 의사소통의 기술을 참고하면서, 특별히 효과적인 의사소통을 위한 단계를 수립하는 일에 주의를 기울이라.

어떻게 개입해야 할까?

위기개입을 위한 준비 회의의 첫 번째 안건은 위기 상황이 벌어졌을 때 각 사람의 역할이 무엇일지에 대한 내용이 되어야 할 것이다. 환자가 위기 상황을 이겨내기 위해 도움을 줄 방법을 찾으려면, 먼저 다양한 지원 방법을 따져봐야 한다. 몇 가지 예를 들면 다음과 같다. 당신은 위기 상황에만 개입해 환자의 마음을 풀어주는 역할을 할 것인가? 문제의 조짐을 감지했을 때 다른 사람들에게 그 사실을 알리는 일을 맡을 것인가? 아니면 환자의 기분관리팀의 일원으로서 외래 방문 시 환자와 동행하고 약물 복용을 관리해주며, 환자에게 직접적인 도움을 줄 것인가? 환자의 상황에 개입할 때는 어느 정도의 힘과 권한을 갖고 환자를 대할 것인가?

또한 모두와 약속한 내용을 과연 성실히 이행할 수 있을지 스스로 점검하고 따져볼 필요도 있다.

- ✔ **지리적·시간적 여유가 충분한가?** 지리적으로 멀리 떨어져 있거나 시간의 제약이 많은 사람은 환자에게 즉각적인 도움을 주지 못할 수 있다. 당신은 문제가 생기면 즉시 달려와 도움을 줄 수 있는가, 아니면 연락을 받고 비행기나 기차를 타고 와야 할 곳에 거주하는가? 환자의 위기 상황을 해결하고 관리하도록 돕기 위해 일터 혹은 집을 떠나 달려올 수 있는가? 어린 자녀를 누군가에게 맡기고 달려올 수 있는 상황인가? 당신의 상사가 이런 상황을 이해할 수 있는가?

- ✔ **긴장이 고조되면 대체로 어떻게 반응하는가?** 조용한 사무실에서 누군가 사각거리며 종이를 자르기만 해도 짜증을 내거나 당황스러운 일을 겪을 때 금세 이성을 잃는 편이라면, 양극성 환자의 위기 상황을 이끌 만한 사람이 아닐 수도 있다. 환자를 도우려면 냉정한 이성적 판단을 통해 기분 삽화의 조짐을 알아차리고, 혼란스러운 상황에서 합리적으로 행동할 수 있어야 한다.

- ✔ **위기 상황 이전에 당신은 주로 어떻게 환자의 일에 개입해왔나?** 환자의 일상에 깊숙이 관여해온 사람일수록, 환자의 위기 상황에 도움이 될 가능성이 훨씬 크다. 당신은 환자에게 위기가 찾아오는 양상을 경험적으로 알고 있는가? 그동안 환자의 약물치료 과정이 어떻게 진행됐는지 알고 있는가? 환자의 일상적 스트레스에 대해 자주 대화하는가, 아니면 주로 그저 멀찍감치에서 지켜볼 뿐인가?

- ✔ **환자의 상황에 어느 정도로 개입하고 싶은가?** 환자의 신용카드를 압수하거나 은행 계좌의 거래를 정지시키는 등의 재정적 권한까지 원하는가? 양극성 환자가 정보를 공유하고 자신의 재정적 권한을 제한하는 것에 동의하는가? 환자의 집에서 함께 지내면서 자동차 열쇠를 압수하고 술을 마시지 못하도록 할 것인가? 위기 상황의 한복판에서 이런 문제로 망설이며 고민하지 않으려면, 이런 질문에 대한 답을 미리 생각해봐야 한다.

- ✔ **환자는 당신의 개입을 어느 정도까지 견디고 받아들일 수 있을까?** 위기 상황에서 환자가 폭발하거나 위협적인 행동을 취하는 양상을 보인다면, 위

기 관리팀이나 구급대원이 투입되기 전까지만 당신의 역할을 해나갈 수 있다. 당신의 개입을 통해 환자가 분노를 폭발하고 파괴적 반응을 보이면, 위기 관리 과정에서의 당신의 역할은 조기에 중단되어야 한다.

각자 자신의 상황을 고려하여 제한을 두는 과정은 각자의 기질, 신뢰 및 팀으로서 함께 일하고자 하는 의지에 따라 달라질 수 있다. 이 과정에서는 반드시 환자에게 그가 개인적으로 선호하는 부분이 있는지, 그리고 다른 사람이 어느 정도 개입하는 것을 합리적이라고 여기는지 묻고 고려해야 한다. 마찬가지로, 돈과 건강상의 문제와 같은 개인적인 고민이 있다면 그것 역시 환자의 문제를 해결하는 것과 거의 동일한 중요 선상에 두고 고려해야 한다는 사실을 잊지 말아야 할 것이다. 당신의 개입의 정도에 대해 어떤 정답이 있는 것은 아니다. 서로 간의 의견 조율과 협상을 통해 타협점을 찾아야 할 문제일 뿐이다. 하지만 양극성 환자의 입장에서 보면, 지원팀에 속한 사람 중에서 자신의 위기 상황에 개입해 기꺼이 도울 누군가의 도움이 절실하다.

언제 개입해야 할까?

환자의 상황에 개입해야 할 최적의 순간을 구분하고 결정하는 것은 상당히 어려운 일이다. 우리는 환자가 약간 고무되거나 처져 있다고 해서 경보음을 울려대고 싶지 않다. 또한 그가 완전히 제정신을 잃거나 위협적인 존재로 돌변할 때까지 그저 가만히 기다리는 것도 원치 않는다.

원칙을 말하자면, 우리는 관찰하고 발견한 위기의 조짐과 걱정스러운 점에 대한 위기가 찾아오기 전에 환자와 대화해야 한다. 물론 우리가 환자의 조짐을 일찍 알아차리고 환자도 열린 마음으로 대화에 참여한다는 전제에서 말이다. 그럴 때, 우리는 "당신 요즘 평소보다 말이 늘어난 것 같아" 또는 "몇 주 전보다 훨씬 기운 빠진 것만 같아."와 같이 말할 수 있다. 이런 대화를 나눌 때는 "당신의 조증이 재발하나 봐." 또는 "오늘 우울해 보여."와 같이 그의 상태를 진단하듯 말하지 말고, 그저 보고 들은 것을 묘사하는 것으로 충분하다. 그렇게 우리가 관찰한 현상에 대한 설명을 듣고 환자가 스스로 결론을 내리도록 믿고 기다리자. 환자가 그 상황을 받아들인다면 의사 또는 심리치료사를 찾아가 필요한 검사와 치료를 받을 수 있을 테니 말이다. 환자의 상황에 개입하고 입을 열어야 할 순간을 결정하지 못해 고민한다면, 다음의 지침이 도움이 될 수 있을 것이다.

✔ **좀 더 미리, 그리고 자주 대처하라.** 제19장에서 설명한 것처럼 환자와 양극성에 대해서, 그리고 이 질환이 미치는 영향에 대해 평소에 충분히 대화를 나눠야 한다. 이런 대화를 나누다 보면 조짐에 대해 훨씬 더 잘 이해하게 되고 조기에 발견할 가능성이 높아지기 마련이다. 환자도 다른 사람과 양극성에 대해 대화하면서 편안함을 느끼고 다른 사람이 관찰하는 자신의 모습과 우려에 대해 수용적인 태도를 갖게 된다. 환자의 기분 변화를 알아차리고 일찍 대처할수록 좋은 결과를 얻을 가능성은 높아진다. 환자의 기분 주기에 발동이 걸리면 주위 사람들의 개입에 대한 저항은 커질 수밖에 없고, 당신이 애쓰고 노력한 모든 것들이 도리어 역효과를 낼 수도 있다.

✔ **감정 차트를 잘 살피라.** 양극성 환자와 함께 지내고 있다면, 날마다 아주 미묘한 차이로 오르내리는 환자의 기분 변화를 알아차리기 어려울 수 있다. 하지만 한두 주 정도의 기간 동안 기록된 환자의 감정 차트를 가볍게 살피기만 해도 문제를 분명히 알아차리기가 훨씬 수월하다. 위기 상황이 닥치기 전에 대처하려면, 환자의 감정 차트를 환자와 보호자가 정기적으로 함께 모니터링 하도록 권한다. 환자가 동의한다면 보호자가 환자의 감정 차트를 따로 기록하는 것도 도움이 된다. 환자가 기록한 것과 다른 사람이 기록한 환자의 감정 차트를 비교해 살피면, 환자의 기분 변화의 경향을 좀 더 정확히 확인하는 데 도움이 될 수 있다(제11장에 감정 차트의 예시를 소개해 두었으니 참고하길 바란다. 그 밖에도 다양한 앱을 활용하여 기분을 모니터링 할 수 있다).

✔ **경고의 징후로 볼 만한 행동을 찾아보라.** 환자의 수면 시간이 현저히 줄거나 늘었나? 인터넷 쇼핑을 하거나 거창한 프로젝트를 준비한다고 밤을 꼴딱 지새우지는 않는가? 식사량이 급격히 늘거나 줄지는 않았는가? 음악을 그토록 좋아하던 환자가 어느새 음악을 전혀 틀지 않고 악기 연습을 중단하지는 않는가? 문제의 징후가 될 만한 행동의 변화는 사람마다 각기 다르기 때문에 주의를 기울여야 한다.

✔ **지나치게 겁먹을 필요는 없다.** 소중한 그 사람의 마음을 아프게 할 것에 대한 두려움과 그를 안전하게 지키기 위해 그의 분노를 견뎌야 하는 상황 사

이에서 균형을 잘 잡아야만 한다. 우리가 양극성 환자의 인생의 모든 것을 관리할 수는 없지만, 뭔가 잘못되었다는 느낌이 분명하고 걱정된다면 뭔가 조치를 취하는 게 최선의 선택일 것이다. 그럴 때 환자는 우리를 향한 분노를 쏟아내겠지만, 우리가 내린 결정 덕분의 그의 안전과 생존이 보장된다면 그런 노력은 충분한 가치를 발휘할 것임을 잊지 말자.

양극성 환자가 자꾸만 자살에 대해 이야기하거나 무모해 보이는 행동을 시도한다면, 즉시 행동을 취해야 한다. 그가 당신의 말을 들으려 하지 않거나 그럴 수 없을 만큼 심각한 상태라면 곧장 외부의 도움을 요청하되, 뒤에 소개한 '자살 충동 또는 자살 시도' 절을 미리 읽어둔다면 도움이 될 것이다.

누구에게 도움을 청할까?

환자와 함께 위기개입 계획을 세울 때 어느 시점에 누가 개입하도록 허용할 것인지에 대해 의논하라. 그런 상황에서 환자가 연락하기 원하는 사람 또는 도움을 줄 수 있을 만한 사람들의 명단을 작성하고, 필요할 때마다 수정할 수 있다. 그 상황에 개입하는 게 도움이 되기보다는 도리어 방해가 될만한 사람의 이름도 함께 적어두라. 환자와 당신은 모두 그런 사람들에 대해 잘 알고 있을 테니까 말이다. 그런 다음에는 제15장에 수록한 '긴급 상황 대비 연락처'에 그들의 이름과 전화번호를 적어둔다. 관련자들의 전화번호는 주기적으로 업데이트하고 핸드폰이나 컴퓨터에도 사본을 저장해두자.

위기 상황에 직면할 때는 그 목록 가운데 적어도 한두 사람 이상에게 연락해야 할 수 있다. 일찍 대응하는 덕분에 아직까지 위험한 증상이 나타나기 전이라면, 의사나 심리치료사와 연락을 취하는 게 좋을 수 있다. 하지만 대응 시기가 늦어진 바람에 위험한 증상을 동반한 삽화가 진행되기 시작했다면, 119에 먼저 전화를 걸어야 할 수도 있다. 하지만 그럴 때도 평소에 진료를 받던 정신과 의사나 심리치료사에게 연락을 취해두는 게 좋다.

응급실이나 정신병원에 달려갈 때도 연락처의 목록은 반드시 챙겨가자. 그렇게 해야만 환자가 입원하는 절차에 소요되는 시간을 단축할 수 있다. 또한 환자가 복용하던 약물의 목록도 연락처에 함께 적어두어야만 환자가 기존에 복용하던 약과 용량에 관한 정보를 의료진에게 빠르고 정확하게 알려줄 수 있다.

어디로 가야 할까?

환자에게 입원 치료가 필요하다는 생각이 들 때는 그를 어디로 데려가야 할지 막막하기 마련이다. 따라서 다음과 같이 최소한 세 군데 이상의 목록을 미리 생각해두는 게 좋다.

- ✔ **제1안** : 환자가 원하는 곳을 선택하라. 이 책의 제15장에 위기 상황이 닥치기 전에 미리 적절한 병원을 선별하는 데 도움이 될 만한 지침을 소개해두었다.
- ✔ **제2안** : (해당 병원에 남은 병상이 없는 등의 이유로) 1안으로 골라둔 병원에 갈 수 없을 때는 다른 대안이 필요하다.
- ✔ **응급실** : 대학병원과 같이 3차 의료기관에 속한 응급실을 찾아가는 방법이다. 일단 환자가 응급실에 들어서면 그 이후의 과정은 의사들이 결정하고 진행하기 마련이다.

위기 상황에 대비하여, 이 목록뿐만 아니라 각 병원 또는 시설의 주소와 전화번호도 미리 알아두자. 긴급한 순간에 정신없이 이런 정보를 찾아 헤매고 싶은 사람은 아무도 없을 것이다. 응급실에 갈 때는 아무런 조치를 취하지 않고 내원해도 상관없다. 하지만 전문 정신병원 시설을 찾아갈 때는 미리 전화를 걸어 입원실 확보가 가능한지 확인한 후에 가는 게 좋다.

위기 상황에 대처하기
- -

사람들은 누구나 운전석에 앉아 시동을 걸기 전에 안전벨트를 매고 오토바이를 타려면 헬멧을 써야 하는 사실에 공감한다. 하지만 양극성 진단을 받은 사랑하는 가족이 난폭 운전을 할 때 그의 손에서 자동차 열쇠를 압수하고 과소비를 절제하지 못할 때 신용카드를 빼앗는 일은 망설이기 쉽다. 환자와 함께 위기 상황을 예방하고 대처할 방법에 대해 의논할 때에는 반드시 이와 같은 위험한 행동의 가능성을 짚고 넘어가고, 그런 행동을 나타낼 때 어떻게 할 것인지 계획하고 서로가 동의해야 한다. 위기 상황에 보호자로서 당신이 개입할 수 있도록 환자의 허락을 미리 받아놓으면, 당신은 훨씬 더 적극적으로 문제를 해결할 힘을 얻고 환자의 문제 행동을 보다 쉽게 잠재울 수 있을 가능성이 커진다.

이번 절에서는 양극성 환자에게서 흔히 나타나는 일련의 위험한 행동에 대해 알아보고 위기 상황에 놓일 때 이런 문제에 대처하는 방법을 조언할 것이다. 각각의 행동에 대처하는 방식은 당신과 환자가 선택해야 하지만, 최선의 선택을 내리기 위해서는 종종 창의적인 사고와 진지한 계획이 필요하다.

당신이 세운 치밀한 계획도 위기 상황, 특히 조증 삽화를 경험하는 환자에게는 도무지 말도 안 되는 것처럼 여겨질 수 있다. 따라서 꼼꼼히 계획하고 차근차근 실행에 옮기면 성공할 가능성도 커지겠지만, 예상치 못한 저항을 맞닥뜨릴 준비도 함께 해 두는 게 좋다.

자살 충동 또는 자살 시도

우울증이 심할 때는 환자가 자살할 위험성이 매우 커지기 마련이다. 우울증 치료를 시작한 지 얼마 되지 않았다면, 여전히 우울하지만 자살을 실행에 옮길 에너지가 충분해서 자살의 위험성이 증가할 수밖에 없다. 환자의 자살 시도 가능성이 우려된다면 다음과 같은 점에 신경 쓰며 주의를 기울여야 한다.

1. 잠시라도 혼자 내버려 두지 말고 지켜보라.
   환자의 곁을 지킬 수 없다면, 다른 누구라도 와달라고 부탁하고, 교대할 사람이 올 때까지 환자와 함께 있도록 하라.
2. 환자의 이야기를 경청하고, 그가 얼마나 당신에게 소중한지 이야기함으로써 변함없는 정서적 지지를 표현하면서 환자가 자신의 감정을 편안하게 이야기할 수 있도록 용기를 북돋워주라.
   자신의 평온한 감정을 유지하려고 애쓰면서 흥분하지 않는 태도가 매우 중요하다. 이 시점에 삶이 얼마나 살아갈 가치가 있는 것인지에 대해 논쟁하거나 그의 감정을 무시하는 태도를 보여서는 안 된다.
3. 환자가 자살 시도에 사용할 수 있는 흉기 또는 약물은 반드시 없앤다.

자해할 수 있는 어떤 도구라도 환자 주위에 남겨둬서는 안 된다.

4. 환자가 정기적으로 만나는 의사 또는 심리치료사, 아니면 119에 전화를 걸라.

의사나 심리치료사와 연락이 닿지 않을 때는, 망설이지 말고 환자를 데리고 응급실로 향하거나(만일 그렇게 하는 게 안전하다면) 119에 도움을 요청하라.

5. 다른 친구나 가족에게 도움을 청하라.

그들도 당신처럼 위기 상황에 환자에게 도움을 줄 수 있다.

자살에 대한 생각과 관련하여 환자에게 묻기를 주저할 필요는 없다. 당신이 자살에 대해 질문한다고 해서 그가 그 생각을 실천에 옮기는 것은 아니니까 말이다. 오히려 환자에게 자살에 대해 아무것도 묻지 않을 때 자살을 시도할 가능성이 더 커질 수 있다. 자신의 직관과 본능을 믿자. 사랑하는 사람의 폭력성과 자살 위험의 문제를 해결할 때는, 머릿속에 그려지는 그 최악의 상황이 실제로 일어날 거라는 생각을 버린 채 접근해야 한다. 상황이 심각해지면 너무 늦기 전에 주위에 도움을 구하라.

흥분하는 행동

기분 삽화가 나타날 때 흥분하는 행동을 동반하는 경우에는 절대로 불에 기름을 붓는 행동을 하지 말고 상황을 진정시키면서 갈등을 가라앉히도록 노력하라.

무엇보다 안전이 우선이다. 언제든 그 자리를 피하기 쉬운 쪽에 자리를 잡는 게 좋다. 불안감에 휩싸인 환자가 당신과 출구 사이를 가로막고 서지 않도록 주의하라. 화장실이나 부엌처럼, 더 큰 상해를 입을 수 있는 공간에서의 대화는 반드시 피하라. 점점 더 불안해하는 사람과 절대로 단둘이 있어서는 안 된다. 친구 또는 가족, 아니면 119에 도움을 요청하라.

이럴 때는 심리상태가 불안정한 사람의 감정을 고조시키지 않는 게 가장 중요하며, 이 부분에 관해서는 제13장에서 자세히 다루었다. 긴장감을 완화시키기 위해 주의할 점이나 금기 사항을 몇 가지 소개해본다.

✔ **충분한 물리적 공간을 제공하라.** 심각한 기분 삽화를 경험하는 환자는 개인적 공간에 대한 생각이 남다를 수 있기에, 그 사람과 마주할 때는 뒤로 물러서서 환자와 신체적으로 접촉하지 않도록 주의한다.

- ✔ **천천히 움직이라.** 양극성 환자는 상대방의 갑작스럽고 빠른 움직임을 자신에 대한 위협으로 받아들일 수 있다.
- ✔ **평온한 분위기를 유지하라.** 이것은 대단히 중요한 주의사항이다.
- ✔ **비난, 비판, 판단, 명령, 위협하지 않도록 주의하라.** 이런 말과 행동은 모두 갈등에 기름을 붓는 격이 될 수 있다.
- ✔ **부드러운 어조와 온화한 음색을 유지하도록 노력하라.**
- ✔ **환자를 대화에 적극적으로 참여시켜라.** 사람들은 종종 자신의 필요에 대해 충분히 이야기할 수 없을 때 분노하고 공격성을 나타내기 마련이다. 앞서 제13장에서 설명한 것처럼, 환자에게 질문하고 적극적으로 경청하면서 그가 편안히 이야기할 수 있도록 분위기를 만들어야 한다. 환자가 받아들일 수 있는 분위기라면 좀 더 가벼운 주제로 대화의 분위기를 전환하는 것도 좋은 전략이 될 수 있다.
- ✔ **무엇이든 먹고 마실 것을 준비하라.** 만일 환자가 흡연자라면 잠시 쉬면서 담배를 피우자고 제안하는 것도 좋다. 이런 기분 전환도 상황을 진정시키는 데 충분히 도움이 된다.

경고메시지

상대방의 공격성이 느껴지면 119에 도움을 요청하라. 어떻게든 혼자서 그 상황을 해결해보겠다고 애쓰는 건 도움이 되지 않는다. 환자가 공격성을 나타내기 전이나 119가 도착하기를 기다리면서 부드럽게 조언하며 대화를 진전시키는 노력도 위험한 상황을 진정시키는 데 도움이 될 수 있다.

난폭 운전

조증과 우울증에 사로잡힌 환자는 안전운전을 보장하기 어려울 수 있다. 조증이 찾아오면 기분이 격양되며 뇌의 속도 조절 능력이 현저히 떨어져 제한 속도를 어기기 일쑤고 방어 운전 능력도 감퇴하기 마련이다. 반대로, 우울감에 사로잡히면 집중력과 유연성이 떨어지고 문제 상황에 대한 대처 능력도 감퇴하여 안전운전을 할 수 없다. 절망적인 기분으로 실의에 빠져 죽든 살든 상관없는 사람이라면 정상적으로 운전할 수 있는 판단을 거의 할 수 없다고 봐야 한다.

이런 상황에서 가장 최선의 문제 해결 방법은 바로 환자에게 자동차 열쇠를 맡기지 않는 것뿐이다. 여기서 '최선'이라 함은, 그에게서 자동차 열쇠를 가져갈 때 그에게 미칠 영향을 고려한다는 뜻이다. 운전은 많은 사람의 목숨을 위태롭게 할 수 있는 행위인 동시에 독립적인 성인으로서의 권리를 누리는 듯한 느낌을 준다. 따라서 환자의 자동차 열쇠를 압수할 때, 그의 입장에서는 독립성과 자유를 침해한다고 여겨질 수 있고 매우 불편한 출근길을 견뎌야 하는 시작이 될 수 있으며, 마트나 병원에 갈 방법이 막막할 수도 있다. 게다가 자동차 열쇠를 빼앗긴 환자는 평온한 감정을 유지하고 주요 기분 삽화가 일어나지 않도록 지켜오던 일상의 계획과 흐름을 변경해야 하는 상황도 감당해야 한다. 따라서 차 열쇠를 압수하기 전에 다음과 같은 상황을 예측하고 대비하는 게 좋다.

- ✔ 환자가 출근할 때 차로 데려다줄 사람이 있는가?
- ✔ 환자가 병원 또는 심리치료사를 찾아갈 때는 어떻게 가야 할까?
- ✔ 환자의 자녀가 학교, 학원이나 축구 수업에 갈 때 태워줄 사람이 있는가? 식료품을 사러 갈 때는 누가 도와줄 수 있는가?

열쇠를 빼앗는 것은 간편한 해결책이다. 하지만 그런 후에는 또다시 환자의 일상이 차질없이 이어지도록 골치 아픈 계획을 세우고 자잘한 문제들을 해결해야만 한다. 우리가 꿈꾸는 이상적인 그림은, 환자가 당분간 운전을 하지 않겠다는 선언을 하고 환자와 보호자 모두가 서로 동의하는 것이다. 하지만 환자의 조증이 밀려오고 상황이 급격히 악화되면, 환자와 충분한 논의를 하지 못한 채 자동차 열쇠를 치워야 하는 일이 벌어질 수도 있다. 따라서 위기상황을 미리 예측하고 계획할 때는 조증 삽화가 심화되는 순간에 환자의 생각이 명료하지 않을 수 있음을 고려하여, 유사시에는 환자의 동의 없이도 이런 결정과 행동을 할 수 있도록 미리 동의를 구해 두는 게 좋다.

과소비

조증 삽화에 대해 이야기할 때 빼놓지 않고 등장하는 게 바로 과소비와 관련된 문제이다. 하지만 효과를 볼 만한 개입방법은 의외로 간단해서, 현금과 수표는 안 보이는 곳에 감추고 신용카드와 체크카드를 없애며 양극성 환자가 손댈 수 없는 안전한 계좌로 현금을 모조리 이체해 두는 방법이면 된다. 다만 환자가 이런 간단한 난관 따위는 금세 극복하고 언제든 현금을 확보할 수 있는 다른 해결방안을 찾아낼 것임을 잊지 말라. 환자가 생각해낼 만한 몇 가지 대안의 예를 들면 다음과 같다.

- ✔ 신용카드 번호를 기억하거나 적어둔다.
- ✔ 미리 저장된 계좌 정보를 활용하거나 인터넷으로 쇼핑한다.
- ✔ 전화를 걸어 결재한다.
- ✔ 전화 또는 인터넷으로 새로운 신용카드를 신청해 발급받는다.

조증보다 한발 앞서 문제를 미리 막아내려면, 다음과 같은 창조적인 생각과 새로운 전략이 꼭 필요하다.

- ✔ 신용카드 회사 또는 은행에 전화를 걸어 계좌의 거래를 중지시키거나 결재 계좌를 변경하라. 금융 회사나 당신이 거주하는 나라에 따라 각기 다른 여러 방법을 적용할 수 있으므로, 미리 긱 금융 회사에 문의해두기나 전화번호를 확인해 두라. 이런 방법을 취한 다음에는 기존에 사용하던 카드로 진행되던 자동 결재 또는 출금 내역에 대해 변경된 정보를 적용하는 것도 잊지 말아야 한다.
- ✔ 신용카드 회사에 카드 도난 신고를 하라. 엄밀히 따지면 이건 거짓말이 아니므로 괜찮다. 양극성장애가 카드를 훔쳐간 것이나 마찬가지니 말이다(이 방법은 꼭 필요할 때만 사용하라).
- ✔ 환자의 신용카드 결재 또는 갱신과 관련된 인터넷 또는 이메일 기록을 주기적으로 확인하라. 이런 확인 작업은 환자의 가입 정보를 알고 있을 때만 가능하다. 서로의 신뢰에 금이 간다면 오히려 확인하지 않느니만 못하다. 따라서 이런 개입을 사전에 계획하고 환자의 상태가 괜찮을 때 미리 허락을 받아두면 이런 상황이 발생할 때 훨씬 더 쉽게 해결할 수 있다.
- ✔ 환자가 즐겨 찾는 온라인 쇼핑몰 결재 시스템에 신용카드 정보를 저장해두지 말고, 환자의 상태가 나빠질 조짐이 보이면 관련 정보를 삭제하라. 그렇게 함으로써, 환자는 조증 또는 우울증 삽화를 한창 겪을 때 즐겨 찾는 쇼핑몰에 로그인하고 충동구매하기 어렵게 된다.

물론 이런 기발한 계획에도 어려움이 뒤따르기 마련이다. 예를 들면, 환자가 배우자 또는 다른 누군가와 그동안 같은 계좌를 사용해왔다면, 그 사람은 식료품을 구매하고 공과금을 납부할 또 다른 방법을 찾아야만 한다. 따라서 이럴 경우를 대비해, 환자가 알지 못하는 별도의 계좌를 최소한 하나 이상 준비해두고 위기 상황에 이용하는 게 좋다. 위기 상황에 대비하여 돈도 지키고 신용등급도 안전하게 유지하고자 보호자의 명의로 모든 계좌를 변경하고 관리하는 방법을 떠올릴 수도 있지만, 반드시 환자의 동의를 얻을 때만 이런 방법도 유효함을 잊지 말자.

과잉성적 행동

성욕과다증(hypersexuality : 과도한 성적 자신감과 욕구의 상태)는 조증의 진단 기준에 속하는 특징으로, 종종 위험한 성적 행동을 유발하곤 한다. 양극성 환자의 이런 행동 양상은 환자 자신과 가족 모두를 깊은 곤경에 빠뜨리기 쉬운데, 이런 위험한 행동을 막으려고 할 때 성적인 행동은 극히 개인적인 문제일 수 있으므로 양극성 환자의 가족은 독특한 어려움에 직면하기 마련이다. 양극성 환자의 감정을 자극하지 않으면서 위험한 성적 행동을 중단시킬 방법은 없을까? 이 문제를 처음 해결하는 사람들에게는 다음과 같은 몇 가지 정보가 도움이 될 수 있을 것이다.

- ✔ **환자의 자동차 열쇠와 신용카드를 압수하라.** 차와 돈이 없다면 섹스도 불가능할 테니까. 말처럼 간단하지 않을 수도 있지만, 차와 돈의 문제만 해결하더라도 위험한 성적 행동으로 연결될 수 있는 주요 경로를 차단하는 효과를 기대할 수 있다. 물론 자동차 열쇠와 신용카드를 압수하면 또 다른 문제를 유발할 수 있는데, 이와 관련된 내용은 다음의 절에서 살펴보도록 하겠다.
- ✔ **인터넷 이용을 제한하거나 감시하라.** 인터넷은 전화, 컴퓨터, 태블릿 PC, 텔레비전 등 어느 기기를 통해서든 쉽게 이용할 수 있다는 사실을 잊지 말도록 하라. 포르노와 같이 성적 일탈을 즐길 만한 사이트에 언제 어디서든 쉽게 접속할 수 있는 게 문제지만, 환자의 과잉성적 행동이란 문제의 중대성을 고려하면 그 정도는 문제 삼을 거리조차 되지 않는다고 생각할 수도 있다. 성매매 알선 앱, 각종 SNS, 온라인 데이트 사이트, 가상 섹스용 공간 등은 성적 유희를 갈구하는 사람들로 넘쳐난다. 포르노는 성관계를 통해 전파되는 각종 질병 또는 임신의 위험성이 없지만, 성매매 알선 앱과 데이트 사이트는 실제적 관계로 이어질 수 있다는 게 문제다.

  인터넷을 차단하는 결정은 개입 계획을 세우기 위해 환자와 의논하는 과정에서 의견 충돌을 일으킬 수 있다. 전화, 문자, 이메일, 업무용 의사소통 등의 통신을 위한 기능은 살리되 인터넷을 제한적으로 차단할 수는 없을까? 과연 문자를 주고받거나 전화 통화마저 차단해야 하는 것일까? 환자는 과연 다른 사람이 자신의 인터넷 사용 및 모든 커뮤니케이션을 감시하도록 허용할 것인가? 환자와 보호자 모두가 마음 편히 현실을 받아들이고 좋은 결과를 얻게 되리라는 확신을 갖도록 계획을 적절히 조정하라. 그러려면 반드시 대화하고 대화하며 또 대화하면서 문제를 풀어가야 한다.

약물 남용

양극성 환자는 약물 또는 술에 취약한 편이다. '적당한' 수준에서 멈추고 억제하는 능력이 손상된 사람이 이런 물질에 노출되면 희미하게나마 남아 있던 올바른 판단의 능력마저 사라질 위험에 처하기 때문이다. 우울증의 증상을 나타내는 환자가 술을 마시면 자살을 시도하고 사망에 이를 위험성이 훨씬 더 높아진다. 따라서 양극성 환자가 이런 위험한 물질을 구할 수 없도록 하는 행동이 그의 생명을 살리는 길이 될 수 있지만, 이를 위해 주위에서 다른 사람들이 할 수 있는 일이 그다지 많지 않다는 어려움이 남아 있다.

✔ **재정적 지원과 이동 수단을 차단하기.** 마약과 술을 구할 수 없어야만 중독의 문제를 해결할 수 있다. 하지만 재정적 압박을 가하더라도 양극성 환자가 물건을 훔치거나 다른 물건을 팔아 재정을 마련할 수도 있으므로 경계를 늦춰서는 안 된다.

✔ **핸드폰을 압수하고 인터넷을 차단하기.** 환자의 친구 또는 지인이 마약이나 술을 갖다 준다면, 외부와의 연락을 가능한 한 차단함으로써 공급의 통로를 제한할 수 있다.

✔ **환자의 생활을 감시하기.** 누군가를 감시하는 일은 상당히 거슬리고 불편한 선택일 수 있지만, 감시는 이 절에서 언급한 대부분의 위험 행동에 제동을 걸 수 있는 가장 효과적인 방법이다. 감시하는 사람이 소진되지 않도록, 가능하다면 다른 사람들에게 함께 해주도록 도움을 요청하는 것도 좋은 대안이 될 수 있다.

도주 및 실종

양극성 환자가 사라지면, 그러니까 어느 정도 시간을 두고 기다려도 그를 찾거나 흔적을 발견할 수 없다면 경찰에 바로 실종 신고를 해야 한다. 경찰서에 정신질환이 있는 사람을 다룰 줄 아는 전문가 혹은 전담 부서가 있다면 담당자와 대화를 요청하라. 어떤 경우에라도, 환자의 양극성 때문에 예측 불가능한 행동의 위험성이 존재한다는 점을 설명하라. 실종 신고를 할 만큼 충분한 시간이 경과하지 않았더라도, 환자의 정신질환을 고려하여 서둘러야 함을 설명하면, 일반적인 실종 신고의 과정보다 속도를 내도록 할 수 있다.

이런 종류의 신고는 전화로 하는 것보다는 직접 경찰서를 찾아가 접수하는 게 훨씬 효율적일 수 있는데, 신고 사실을 접수하는 경찰관이 환자와 관련된 정보에 어떻게 반응하는지 그 자리에서 확인할 수 있기 때문이다. 접수를 담당하는 경찰이 당신이 제공하는 환자 정보를 귀 기울여 듣지 않거나 무시하고, 무례한 태도로 신고 내용을 진지하게 받아들이지 않는다면 상급자와의 면담을 요청하는 편이 낫다.

양극성 환자가 실종되면 그를 진찰해오던 의사와 심리치료사에게 연락하라. 그들이라면 환자가 갔을 만한 곳에 대해 알고 있을지도 모르니 말이다. 또한 그들은 법적인 절차에 따라 실종자 수색이 빠르게 진행되도록 힘을 불어넣을 수도 있다. 그 밖에도 떠오르는 대로, 가능한 많은 친구와 가족들에게 연락하여 환자를 찾을 가능성을 높이도록 힘쓰라.

체포

양극성 환자가 경찰에 의해 체포되었다면, 법적 절차를 따라 문제가 해결되기보다는 의료기관으로 그가 이송되게끔 하는 것이 우선적인 목표가 되어야 한다. 체포된 양극성 환자를 돕고자 할 때는 다음의 몇 가지 지침을 참고하길 바란다.

✔ **지지하는 태도를 유지한다.** 동요하지 않는 태도를 유지하면서 그가 법적인 보호를 받을 권리가 있다는 사실을 상기시켜주라. 혐의가 제기되고 금전적 뒷받침을 할 수 있다면 변호사(특별히 정신질환이 있는 환자와 관련된 사건을 다룬 경험이 풍부한)를 선임하는 문제를 고려하라.

✔ 환자가 체포되길 원하는 게 아니라면 절대로 경찰서에서 작성한 보고서에 서명하지 않는다. 경찰서에서 진술할 때 부담을 가질 필요는 없지만, 경찰관과 사건의 처리와 관련된 선택 방법에 대해 충분히 의논하고 환자가 이송될 곳에 대해 편안한 마음을 갖기 전이라면 각종 보고서에 서명하지 말고 보류하는 게 좋다. 환자를 정식으로 체포하려면 경찰서에서는 피해자가 직접 서명한 진술서가 필요하기 때문이다.

✔ 적극적으로 대응한다. 환자가 미리 작성해 둔 동의서를 준비하라. 그리고 환자의 변호사와 적극적으로 의사소통하되, 특별히 해당 사건에 배정된 국선 변호인인 경우에 더욱 그래야 한다. 이해할 수 없는 내용에 대해 말을 한다면 반드시 짚고 넘어가고, 당신 또는 환자에게 어떤 행동이나 서명을 요구할 때 그로 인한 잠재적인 결과를 예상할 수 없을 때도 자세히 물어보라.

✔ 환자가 체포되었다는 사실을 주치의, 심리치료사 및 관련 의료진에게 알린다. 그동안 치료를 진행해오고 있었다면 의사 및 심리치료사와의 연결 고리를 이어나가도록 하라.

✔ 모든 것을 문서화한다. 진행되는 모든 일, 그리고 당신과 환자가 도움을 얻기 위해 하는 모든 것을 꼼꼼히 기록해둔다. 편지, 이메일, 문자, 주고받은 모든 팩스까지 사본을 챙겨두는 게 좋다. 전화 통화한 내용과 음성 녹음해 둔 내용도 함께 문서화하되, 날짜와 시간, 통화한 상대방의 이름까지 기록해야 한다.

✔ 경찰 또는 관련자들과 환자의 혐의에 대해 절대로 의논하지 않는다. 대화를 주고받다가 환자에게 흠결이 될 만한 단서를 무심코 제공하고 싶지는 않을 테니 말이다.

✔ 감옥의 감독관 또는 지휘관과 대화할 기회가 생기면 다음의 내용을 질문한다.

　● 환자가 언제쯤 석방될 것으로 기대해도 좋을까?

　● 그가 어디에서 풀려날까?

　● 보석금을 내야 할까? 만일 그렇다면, 금액과 지불 방식은 어떻게 될까? 예를 들면, 현금이나 신용카드로 납부해야 하나? 보석금을 납부할 수 없다면 보석금 채권 서비스에 대한 정보를 요청할 수도 있다(단,

구금된 환자가 보석 공청회에서 변호를 맡아줄 대리인을 선임했는지 미리 확인해야 한다).

이럴 때, 절대로 보석금을 대신 내주고 싶은 유혹을 이겨내야만 한다. 항상 모든 과정의 마지막을 생각하라. 보석금을 내주고 나면, 그다음에는 어떻게 될까? 오히려 법적인 절차에 따라 환자를 정신병원이나 요양 시설로 보내 치료받도록 하는 편이 훨씬 더 낫다. 사법 체계는 자신에게 도움이 필요하지 않다고 하면서 치료를 거부하는 사람을 충분히 도울 만한 강력한 힘을 가졌으니 말이다.

- 신청서를 접수하고 나면, 공청회는 언제, 어디서 진행될까?
- 환자를 언제, 어디로 찾아가야 만날 수 있을까?
- 감옥에는 전문 의료진 또는 정신건강 관련 담당자가 있어 환자들을 돌보는가? 그 경우에는 담당자의 이름, 전화번호, 팩스 번호 등을 받아두라.

✔ **경찰관 또는 공직자와 환자의 진단명에 대해 이야기를 나누기 전에 환자의 변호인과 의논하고 허락을 받는다.** 당신이 대화할 사람들이 전부 정신질환에 대해 충분히 이해하고 받아들이지 못할 것이다. 정신질환에 대한 언급은 환자의 상황에 긍정적인 영향을 줄 수도 있지만 도리어 부정적으로 작용할 수도 있다. 따라서 당신과 이야기할 사람이 얼마나 민감하게 이해할 수 있고 지식을 갖추었는지는 환자를 담당한 변호사가 더 잘 파악할 가능성이 훨씬 크다.

✔ **환자가 정상적으로 재판을 받을 수 있을지의 여부를 평가할 때까지는 모든 약물치료가 보류될 것임을 기억한다.** 약 복용을 중단하는 것은 심각한 결과를 초래할 수 있다. 하지만 변호인들은 때때로 정신질환이 있는 환자들이 약물 없이는 도무지 정상적으로 재판에 참여할 수 없는 상태임을 증명해 보이기 위해 약물 복용을 보류시키기도 한다. 이럴 때, 정신질환이 있는 수감자는 혐의를 벗고 정신병원 또는 요양 시설로 이송될 가능성이 커질 수 있다.

정상적으로 재판받을 수 있는 상태가 아니라고 주장한다고 해서 결코 정신착란성 방위(정신착란 때문에 범죄라고 판결할 수 없다는 법적 개념-역주)를 주장하는 것으로 이해할 수 없으며, 환자가 해당 재판의 건과 관련해서는 자신에 관한 심리의 본질을 이해하기 어렵고 변호사가 자신을 위한 변론을 준비하는 과정을 도울 수 없는 상태라는 의미로 봐야 한다.

✔ 물론 폭력 행위에 대한 기소가 진행되면 정신착란성 방위로 대응할 가능성도 고려해야 한다. 만일 환자의 폭력적인 행동이 나타나던 순간에 자신의 행동이 잘못되었음을 인식하는 환자의 능력이 결여된 상태였다고 생각한다면, 정신착란성 방위의 논리로 대응하는 편이 오히려 사법제도의 잣대를 벗어나 정신병원으로 이송되게끔 하는 데 도움이 될 수 있다.

✔ 유죄 판결이 내려질 경우에는 어떻게 대응할 것인지에 대해 변호사와 의논한다. 관할권 및 범죄의 성격에 따라 여러 가지 양형 시나리오를 준비할 수 있을 것이다.

- 일부 관할권에서는 특정 유형의 범죄에 대한 판결이 진행될 때 판사가 양형에 영향을 미칠 여지가 거의 없으므로, 변호인 측의 의견이 거의 영향을 주지 않는다.
- 중범죄의 경우에는 판사가 형량을 결정할 때 참조하는 사전 보고서를 대개 가석방 담당관이 작성한다. 따라서 가석방 담당관에게 환자의 정신질환과 관련된 자세한 내용을 전달함으로써 투옥보다는 치료를 목적으로 선고가 진행되도록 할 수 있다.
- 경범죄의 경우에는 판사가 사건을 검토한 직후에 곧바로 판결을 내릴 수 있다. 따라서 변호인은 양형에 관한 의견을 제공하고자 하는 적절한 시기에 일찌감치 판사에게 의견을 제기해야 한다.

✔ 선택의 여지가 있다면 사회복지프로그램에 지원해본다. 일부 관할권에서는 사회복지프로그램이 운영되고 있다. 정신질환을 동반한 범죄자가 사회복지프로그램에 참여할 경우에는 일정 기간 치료를 받고 문제를 일으키지 않음으로써 재범률을 떨어뜨리는 효과가 있음이 알려져 있으므로, 이런 방법을 활용하여 환자가 또다시 범죄자로 전락하는 일을 막을 수 있다.

✔ 편지를 쓴다. 환자의 입장에서 볼 때 법적 시스템이 불공평하고 무책임하다고 느껴지면, 시스템의 구조를 파악한 다음 환자의 입장에 귀를 기울이며 공감하는 누군가를 찾을 때까지 탄원서를 보내볼 수 있고, 관할 지역의 정치인에게까지 도움을 청하게 될 수도 있다.

✔ 언론과 접촉한다. 시스템의 작동 방식에 불만이 생기면 지역 언론사에 연

락하여 관련 내용을 제보할 수 있다. 언론을 통해 사연이 알려지면 종종 불의한 일이나 불합리한 시스템을 고칠 수 있는 경우가 있다.

당신에게 소중한 가족 또는 친구가 양극성장애 때문에 결국 유죄 판결을 받고 투옥된다면, 변호사와 상의하지 않고서도 치료를 지속하도록 환자에게 권유할 수 있다. 환자가 수용된 곳에 의료인 또는 정신건강 관련 담당자가 근무하고 있다면 감옥의 감독관이나 지휘관, 그리고 정신건강 관련 부서 담당자에게 다음의 서류를 팩스로 보낼 수 있다.

- ✔ (주민등록증에 기재된) 환자의 성명, 생년월일 및 거주지의 주소
- ✔ 환자의 진단명 또는 환자의 행동이 정신질환 때문에 나타났다고 믿는 이 유에 대한 소명
- ✔ 환자를 진찰하는 의사의 성명, 전화번호 및 주소
- ✔ 환자가 현재 복용하고 있는 모든 의약품의 이름, 용량, 복용 시간, 그 약을 구입한 약국의 상호 및 연락처
- ✔ 환자가 복용 중인 약물의 효능과 효과가 없다고 알려진 부분, 그리고 부작 용 관련 정보
- ✔ 환자의 자살 시도 또는 위협적인 행동 관련 기록
- ✔ 주의를 요하는 다른 건강상의 문제와 관련된 정보
- ✔ (혹시 있다면) 환자가 미리 작성해준 개인정보 공개동의서. 환자가 미리 작 성해주지 않았다면, 수감 중인 환자에게 요청하여 받아두도록 하라.

양극성으로 힘들어하는
자녀 보호하기

제21장 미리보기

● 어린 자녀로부터 청소년에 이르기까지 자녀의 양극성을 인정하는 어려움을 이해한다.

● 전문가의 의견을 들어본다.

● 어린 자녀와 가족을 위한 치료 계획을 세운다.

● 양극성장애로 진단받은 후에는 어떤 양육이 필요할지 이해한다.

요즘 들어 당신은 아이에게 분명히 무슨 문제가 있는 게 틀림없다는 생각에 몰두하곤 한다. 예전에는 그저 다른 아이들보다 좀 더 예민하고 짜증이 많다는 느낌이 들 뿐이었지만, 이제는 완전히 다른 모습으로 변한 것만 같다. 늘 잔뜩 지친 표정으로 아주 작은 어려움 앞에서도 완전히 압도당하며, 어떤 일을 하더라도 즐거워하는 법이 없으며 친구들과도 거의 대화하지 않는 것 같다. 아무래도 무슨 우울한 일이 있는 것만 같아서 그저 답답할 뿐이다.

하지만 몇 주가 지나고 보니 아이는 다시 괜찮아진 듯하다. 그런데 점점 바뀐 것인지 아니면 갑자기 돌변했는지는 모르겠지만, 극도의 흥분 상태를 보이며 또다시 예전의 내 아이가 아닌 것만 같은 순간이 또다시 몰려온다. 잠도 안자고 쉴 새 없이 말을 늘어놓는데 그 생각을 다 따라가기 어려울 정도다. 몇 개의 과제를 야심차게 시작했다고 하더니 한 가지에도 집중하지 못한 채 산만할 뿐이다. 자기 반 친구들 모두에게 문자메시지를 날리고(심지어 잘 모르는 애들에게까지 말이다) 우주의 비밀을 밝혀냈다며 여기저기에 자랑을 늘어놓는다. 아니면 화를 잘 내는 것 같더니 다른 애들이 자신을 미행하고 자기 컴퓨터에 저장해둔 문서를 죄다 삭제했다며 씩씩거린다. 몇 날 며칠을 밤낮으로 컴퓨터를 뒤지고 분해하더니, 그놈들을 가만두지 않겠다며 화를 낸다.

이쯤 되면 전문가의 도움이 필요하다고 느껴지는가? 아이를 키우는 문제라면 모든 부모는 거의 전문가라고 봐야 한다. 하지만 텔레비전 채널마다 출연하는 유명한 전문가의 보편적인 조언이나 동네 아줌마들과의 수다를 통해 이 문제를 해결할 계획이리면 부모 자신이나 자녀에게 아무런 도움도 되지 못할 게 분명하다. 지금은 당뇨나 심한 천식, 또는 다른 만성적인 질병에 시달리는 환자를 돌보듯 골치 아픈 건강상의 문제와 씨름해야 한다는 사실을 잊지 말자.

이번 장에서, 우리는 양극성장애가 어린 아동과 청소년들에게 미치는 전형적인 영향을 알아보고 아이들을 진단하는 과정이 왜 까다로운지 살펴보려고 한다. 또한 전문가들이 진단하는 과정에 평가에 반드시 포함되어야 할 내용에는 어떤 것들이 있으며, 그런 검사를 어떻게 받을 수 있을지 설명할 것이다. 마지막으로 양극성장애가 있는 아이들을 위해 선택할 수 있는 여러 치료법을 소개하고, 이런 자녀를 양육하는 부모로서(가정과 학교에서) 할 수 있는 일들을 간단히 소개할 것이다.

진단 과정의 어려움 이해하기

그동안에는 의사들조차 소아의 양극성장애를 거의 찾아보기 힘든 사례로 여겨왔으나, 대략 20년 전 쯤에 이르러서야 과거에 인식하던 것보다 더 일반적으로 나타난다는 사실을 깨닫기 시작했다. 양극성을 연구하는 학자들은 많은 성인 환자가 자신의 양극성 증상이 18세 이전에 처음 나타나기 시작했다고 말한 것에 주목했다. 또한 여러 해 동안 진행된 일부 사례 연구를 통해, 십 대 초반 또는 사춘기 이전의 소아들에게서도 조증이 나타난다는 사실이 알려지기 시작했다.

그 이후로 몇 년 동안 아동 및 청소년기의 양극성장애와 관련하여 아동기의 조증이 성인의 조증과 다른 양상을 나타낼 수 있다는 주장이 제기되고 받아들여졌다. 특별히 아동의 조증은 어딘가에 도취된 것 같기보다는 좀 더 짜증스럽고, 단편적인 사건 같은 느낌보다는 만성적인 성향이 더 강하다는 사실이 알려졌다. 그러면서 소아 양극성장애를 진단할 때에는 만성적인 감정 조절장애(정서적 반응을 조절하는 것과 관련된 일련의 어려움)를 핵심 요소로 확인할 수 있어야 함을 명시하게 되었다. 이런 특징은 이제껏 여러 해 동안 성인의 제I형 양극성장애의 진단 기준이 되어 온 별개의 기분 삽화에 관한 기준과 비교할 때 상당히 다르다는 사실을 알 수 있다.

이 이론은 곧 주목을 받았고 빠르게 받아들여졌는데, 소아정신과 전문의들이 관찰한 대부분의 어린 환자들에게서 만성적인 과민함과 정서적 조절 능력의 결핍이 주요 증상으로 발견된 것도 부분적인 이유로 작용하였다. 양극성으로 진단받은 아동에게 강력한 항정신성 의약품과 기분 안정제가 처방되기 시작하면서부터, 소아의 양극성 진단은 급격히 증가했다. 그러면서 현장에서 환자들을 진단하는 의사들은 다음과 같은 두 가지 사고방식을 가진 전문가들로 구분되기 시작했다.

✔ 소아의 양극성장애를 진단할 때, 기분 삽화와 활력의 변화가 명확히 나타났는지의 여부를 확인하는 좀 더 까다롭고 보수적인 접근 방법이 있다. 이런 접근 방식은 성인의 양극성장애를 진단하는 접근법과 상당히 유사한데, 이런 과정을 거치면 과잉 진단뿐만 아니라 어린이와 청소년 시기에 독한 항정신성 및 감정 조절 약품에 불필요하게 노출되는 것을 막을 수 있다.

✔ 만성적인 기분 조절 장애를 조증과 양극성장애의 스펙트럼 일부로 인식하는 좀 더 **광범위한 진단 방식**도 있다. 이런 관점으로 접근하는 전문가들은 소아와 청소년의 양극성장애를 조기에 제대로 진단하지 못할 경우에 맞닥뜨릴 잠정적인 위험성을 우려하는 경향이 두드러진 경우가 많다.

여러 연구자들은 아동과 성인의 양극성장애의 차이를 알아내기 위해 노력하지만, 각각의 연구마다 근본적인 진단 방법과 접근 방식이 달라서 연구자마다 각자 다른 결과를 제시하기도 한다.

지금까지 알려진 가장 치밀하고도 믿을 만한 연구 결과를 종합하면, 비록 훨씬 더 예민하고 기분 조절 능력이 떨어지는 아이들이 양극성장애로 진행되는 경우가 있지만 대부분은 그렇지 않다. 연구자들의 궁극적인 목표는 발병 위험이 높은 아동과 청소년의 양극성장애를 정확하게 진단하되, 다른 원인 때문에 나타나는 증상이라면 양극성과 구별하여 진단할 수 있는 틀을 마련하는 것이다.

간단한 인터뷰만으로 아동이나 청소년의 양극성장애에 대한 진단을 내리기는 어렵다. 소아청소년 정신과 전문의를 통해 신중한 평가를 진행한 후에 자녀의 양극성장애를 결론지어야 한다. 이 장 뒤쪽의 '전문가의 평가 요청하기'에는 좀 더 자세한 내용을 소개하였으니 참조하길 바란다.

아동의 양극성장애 진단하기

조증 삽화는 전형적으로 청소년기 후반이나 성인기의 초반에 나타나기 때문에, 아동과 청소년의 양극성장애를 진단하는 것은 쉽지 않다. 제I형 양극성장애를 진단할 때에는 최소한 한 번 이상의 조증 삽화 경험이 있어야만 한다(어떤 기분 삽화를 조증 삽화로 규정할 때 고려해야 할 요건은 제2장에서 확인할 수 있다). 이런 기준 때문에 어린 청소년과 아동에게서는 조증(그러므로 제I형 양극성)의 진단이 훨씬 드물게 이뤄지지만, 그래도 조증의 양상은 여전히 나타날 수 있다.

조증으로 진단을 내리기 위한 핵심적인 특징 가운데 하나는, 삽화가 나타날 때의 양상이 기저 상태와 현저히 달라야 한다는 점이다. 물론 어떤 아이가 만성적으로 과잉 행동의 양상을 나타내고 부주의하며 짜증스러울 수 있지만, 평소보다 훨씬 나쁜 상태가 일정 기간 지속되지 않는다면 아무리 그런 행동을 나타내더라도 조증 삽화로 보지 않는다. 다른 여러 유년기 장애의 증상이 양극성장애와 유사한 점이 많기 때문에 아동 및 청소년의 양극성 진단은 매우 까다롭기 마련이며, 다음과 같은 증상과 구별할 필요가 있다.

✔ 항상 그런 것은 아니지만, 아동의 과민함과 동요의 원인은 자폐스펙트럼장애, 언어장애, 단극성 장애, 불안, 트라우마, 약물 남용, 그리고 ADHD 등일

수도 있다.

✔ 만성적인 과잉 활동 또는 높은 활력 상태, 수다스럽고 산만한 양상은 ADHD의 핵심 증상이며, 약물 남용과 각종 트라우마, 발달장애 등과 연관될 수 있다.

✔ 수면 장애는 아이들에게서 여러 가지 이유로 흔히 나타나는 일시적인 상황일 수 있다. 예컨대, 밤에 잠드는 시간이 너무 늦어 낮에 피곤한 것과, 조증일 때 수면 욕구가 감소하는 양상은 완전히 다른 것이다. 쉽게 잠들지 못하는 것도 청소년기로 접어들 때 전형적으로 나타나는 현상이거나, 우울 또는 불안 등 여러 가지 원인이 있을 수 있다.

✔ 경주하는 사고(racing thoughts)가 나타나는 것은 조증의 증상일 수도 있지만 불안과 연관된 것일 수도 있다.

✔ 충동성(판단력이 떨어지고 위험을 감수하는 경향이 두드러짐)은 ADHD 아동에게서 종종 나타나는 증상이다. 또한 전형적인 사춘기의 양상이거나, 약물 남용, 방치되거나 부모로부터 버려져 그 누구도 자신의 안전을 돌봐주지 않는 아이들에게서 나타나는 우울증, 그리고 다른 여러 가지 발달장애를 동반할 때 나타나는 성향일 수도 있다.

점점 더 많은 전문가들이 소아의 양극성장애를 진단하고 다른 소아정신 질환 및 발달장애와 구별하기 위해서는 일정한 형태의 삽화(보통 때와는 다른 양상을 보이는)가 나타났는지의 여부를 확인해야 한다는 데 찬성하고 있다. 다음 절에서는 소아의 양극성장애와 비슷한 양상을 나타내어 구별하기 쉽지 않은 몇 가지 진단명에 대해 소개하려고 한다. 아동 및 청소년을 대상으로 양극성장애를 진단하기 전에는 반드시 이런 상태일 가능성을 고려하고 확인해야 할 것이다.

주의력결핍 과잉행동장애

조증과 관련된 진단 기준은 주의력결핍 과잉행동장애(attention deficit hyperactivity disorder, ADHD)와 상당히 일치한다. 이 두 가지 상태를 분명히 구분해야 하는 것은 ADHD와 양극성장애의 치료 방법이 확연히 다르기 때문이다. 예를 들면, ADHD 치료제로 사용되는 애더럴(덱스트로암페타민과 암페타민의 복합체)과 리탈린(메틸페니데이트) 등의 약물은 조증 아동을 엄청난 혼란에 빠뜨릴 수 있고, 조증 아동에게 필요한 항조증 약물은 ADHD 아동에게 아무런 도움이 되지 않는다. 지금부터는 ADHD와 양극성장애의 유사성과 차이점을 살펴보면서 두 가지 양상이 함께 나타날 가능성도 알아보겠다.

조증과 ADHD의 비슷한 증상 구별하기

조증과 ADHD는 활력, 충동 조절, 감정 반응과 관련된 핵심 증상이 상당히 유사하다. 둘 사이에 나타나는 비슷한 양상으로는 다음과 같은 증상을 들 수 있다.

- ✔ 넘치는 에너지
- ✔ 지나치게 많은 말
- ✔ 낮은 충동 조절 능력
- ✔ 부주의/주의 산만
- ✔ 위험을 감수/자극적인 것들을 추구하는 성향
- ✔ 성급함/만족 지연 능력의 저하
- ✔ 변덕스러움/조급함(이 특성은 ADHD의 진단 기준에는 포함되지는 않지만, 공통적으로 나타나는 관련 증상임)

양극성장애와 ADHD 구분하기

그렇다면 조증과 ADHD의 증상은 어떻게 다를까? 그 둘은 어떻게 구별할 수 있을까? 조증과 ADHD를 진단할 때는 다음과 같은 특성을 반드시 고려해야 한다.

- ✔ **순환적 상태/보통 때와 다른 두드러진 변화** : 양극성장애는 조증과 경조증의 증상이 전형적으로 삽화의 형태로 나타난다. 반면에, ADHD의 증상은 만성적인 양상을 보이며 항상 그런 상태를 유지한다.
- ✔ **과대 성향**(grandiosity) : 조증은 무엇이든 할 수 있고 상상하는 것은 모든 걸 가질 수 있다는 비합리적인 확신과 확실성을 갖게 한다. 힘과 능력을 가졌다는 현저한 왜곡은 ADHD 환자에게서는 나타나지 않는 성향이다. 오히려, ADHD 성향을 가진 아이들은 낮은 자존감과 씨름하며 실패에 대한 깊은 두려움에 시달리곤 한다. 따라서 과대 성향은 조증의 확실한 증거로 볼 수 있다.
- ✔ **수면장애** : ADHD 아동들은 마음을 가라앉히고 잠을 청하는 것에 종종 어

려움을 느낀다. 따라서 늘 피곤하며 다음날 아침에 일어나는 게 힘든 경우가 많다. 반면에, 조증인 아이들은 잠을 거의 자지 않아도 괜찮다. 늦게까지 깨어 있으며, 아침에도 일찍 일어나는 양상이 지속된다. 시간이 흐르면 결국 지치고 탈진하고 말지만, 잠을 자지 않고서도 에너지가 충만한 기간이 지속된다는 차이가 있다.

✓ **행복감** : 늘 분노로 가득차고 짜증난 감정 상태인 사람도 조증으로 진단될 수 있고, 이런 증상은 ADHD일 때도 나타날 수 있다. 하지만 행복감(확장되는 듯하며 지나치게 행복한 기분이 오랫동안 유지되면서, 인생의 변화구를 맞닥뜨리는 순간조차도 세상에 대한 경이로움으로 가득한 나머지 힘들 게 없다는 낙관적인 생각뿐인 상태)은 ADHD에게서는 찾아볼 수 없는 확실한 조증의 증상이다.

ADHD와 양극성이 공존할 가능성은?

그렇다면 양극성장애 아동에게 ADHD의 양상도 나타날 가능성은 얼마나 될까? 과연 한 아이가 이런 두 가지 상태를 모두 나타낼 수 있을까? 관련된 연구 결과에 따르면 양극성장애가 있는 사람은 기분 삽화가 나타나지 않는 때에도 주의력과 집중력에 문제가 나타난다고 한다. 양극성장애로 진단받은 아이는, 듣고 집중하며 지시를 따르기와 관련된 문제가 나타날 가능성이 높다. 이 두 가지 질환을 모두 진단받은 아동의 증상을 각각 구분해 적절한 방법으로 접근하는 것은 치료하는 의사와 연구자들에게 쉽지 않은 일임이 틀림없다. 이처럼 두 가지 질환을 모두 진단받은 아동이라면, 섬세하고 특별한 치료 계획을 수립하는 게 중요하다.

적대적 반항장애(ODD)

모든 아이들은 때때로 상반된 성향을 보인다. 그런 양상은 성장 과정의 일부이며 독립성과 인격이 발달하는 자연스러운 과정이다. 아이들 대부분의 반항적 행동 양상은 보통 '당근과 채찍' 양육법에 잘 반응하는 편이지만, 적대적인 아이들은 훨씬 더 완강히 저항하는 편이다. 이런 자녀를 둔 부모들은 아이가 고집이 세고 말이 안 통하거나 골칫덩어리리라고 말하곤 한다. 이런 양상이 학교에서나 집, 친구들 사이에서 지내거나 활동할 때 나타나 기능적인 문제를 야기한다면 의사나 심리치료사는 조심스레 ODD 진단을 고려할 수 있으며, DSM-5에는 ODD에 대해 다음과 같이 명시되어 있다.

> "분노 또는 과민한 기분, 논쟁적이고 반항적인 행동 또는 보복적인 양상이 적어도 6개월 이상 지속되며… 형제자매에게만 제한적으로 나타나지 않는다."

ODD 환자의 짜증스러운 기분과 상대방의 지시에 반항하는 행동장애는 조증의 양상과 비슷하게 보일 수 있다. 이런 점에서 명확한 구분이 어렵다는 문제가 있지만, ODD의 성향을 가진 아동은 이런 증상이 간헐적으로 나타나는 것이 아니라 만성적인 양상을 보인다는 점에서 다르다. 게다가, 앞서 ADHD 관련 부분에서 설명한 것처럼, ODD 환자는 활력의 변화나 떠벌림 등과 같은 조증의 증상을 동반하지 않는 차이점이 있다.

ODD는 핵심 증상이 비특이적인 탓에 분명히 진단하기 어려운 상황이긴 하다. 과민한 기분과 반항적인 행동은 다양한 발달 및 심리학적 원인과 연관될 가능성이 충분하기 때문이다. 따라서 이런 증상을 보이는 아동에 대해서는 원인이 될 만한 다양한 의학 및 심리적 메커니즘에 대한 평가를 통해 신중히 진단해야 한다. 양극성장애 또는 조증도 그 원인 중 하나일 수 있으며, 그 밖에도 단극성 우울증, ADHD, 자폐스펙트럼장애, 트라우마 때문에 나타나는 현상일 가능성도 존재하기 때문이다.

단극성 우울증

양극성장애로 진단하려면 조증 삽화의 경험이 반드시 선행되어야 하지만, 대부분의 양극성 환자들은 우울증의 상태가 오랫동안 지속된 채 지내곤 한다. 실제로, 양극성 환자의 우울 삽화는 조증보다 훨씬 더 자주 나타나며 지속 기간도 훨씬 긴 편이다.

양극성 환자들은 대개 조증 삽화에 앞서서 우울 삽화를 경험한다. 따라서 정신과 의사는 우울증을 치료하기 전에 환자의 조증 발병 가능성을 확인하곤 하는데, 뇌가 온통 뒤죽박죽이 된 양극성 환자가 항우울제를 복용할 경우에는 때때로 조증의 증상이 촉발될 수 있기 때문에 이런 확인 과정은 매우 중요하다. 뿐만 아니라, 양극성 우울증의 치료 방법은 단극성 우울증과 다르며, 이 두 질환을 가진 환자의 뇌에서 일어나는 기본적인 변화가 다름을 증명하는 연구 결과도 발표되어 있다(관련 내용은 제2장 참조). 하지만 명백한 조증의 경우가 아니면, 이 분야의 전문가라도 양극성의 우울증과 단극성 우울증을 구분하기란 결코 쉬운 일이 아니다. 이어지는 내용에서 우리는 각종 우울 증상의 차이를 살펴봄으로써 양극성 우울증을 분명히 구분할 수 있도록 도움을 주고자 한다.

아동과 청소년의 우울증 감별

청소년과 아동의 우울증을 정확히 구별해내기는 특별히 쉽지 않다. 어릴 때 우울증을 앓은 사람들은 나이를 먹고 나서 우울증을 경험하는 사람들보다 양극성장애의 발병 위험성이 훨씬 더 높다고 알려져 있다. 하지만 우울증으로 고통받는 대부분의 아동은 양극성장애로 악화되지 않는다. 당신의 자녀가 양극성장애를 나타낼 위험을 확인하기 위해, 의사들은 다음과 같은 경고성 징후가 나타나는지를 확인할 것이다.

✔ **반복되는 우울 삽화** : 우울 삽화를 여러 번 경험한 아동은 결국 양극성장애로 진행되는 경향이 더 두드러진다. 각 삽화의 지속 기간이 3개월 미만으로 짧다면 그 위험성은 더욱 증가한다.

✔ **가족력** : 부모나 형제와 같이 가까운 가족 중에 같은 진단을 받은 경우가 있다면, 양극성장애의 발병률이 5~10퍼센트 정도 증가하는 것으로 알려져 있다. 가족력과 유전적 문제에 대한 자세한 내용은 제2장을 참조하길 바란다.

✔ **항우울제에 대한 반응** : 항우울제에 대한 환자의 반응은 양극성장애를 진단할 때 반드시 고려할 사항은 아니지만 참고할 만한 점이긴 하다. 항우울제를 복용하고 다음 중 한 가지 징후라도 나타난다면 양극성장애의 가능성을 의심해볼 수 있다.

  • 조증 또는 경조증이 나타남(양극성의 성향을 나타내지 않는 사람들도 항우울제를 복용하고 나면 조증의 성향을 나타내거나 동요할 수 있다는 사실을 알아두자. 하지만 항우울제 복용이 끝난 후에도 조증의 양상이 지속되면 조증/양극성장애 여부를 확인할 필요가 있다)

  • 항우울제의 효과가 나타나지 않음

  • 복용 초기에는 항우울제가 듣는 듯했으나, 그 이후부터는 용량을 늘리거나 약의 종류를 바꿔도 아무런 효과가 나타나지 않음.

✔ **과장된 기질** : 기본적으로 감정고양성(hyperthymic) 기질을 지닌 사람들은 양

극성의 성향을 나타낼 가능성이 크다고 알려져 있다. '감정고양성'이라는 말은 에너지가 많은, 그러니까 대단히 외향적이고 활동적인 성격을 가리키는 의학적 용어로, 이런 사람들은 종종 자신감이 분명한 듯 보이거나 때로는 오만하고 자기애가 강하다는 느낌을 주기도 한다.

반복적으로 나타나는 우울증, 양극성장애의 가족력, 항우울제에 대한 특정 반응, 감정고양성 기질은 양극성장애의 진단 기준에는 포함되지는 않지만 경고로 인식해야 한다. 만약 이와 같은 징후가 몇 가지라도 나타난다면, 당신의 자녀를 진찰하는 주치의는 양극성장애일 가능성이 전혀 없는 아이와는 다른 치료 계획을 수립할 것이다.

아이의 성향이 단극성 또는 양극성이든 간에, 아동 및 청소년의 우울증은 십 대 청소년의 주요 사망 원인 중 하나인 자살이라는 비극적인 결과를 초래하는 요인 중 하나이다. 이처럼 우울증은 적절한 진단과 치료가 필요한 심각한 의학적 질환임을 꼭 알아두자.

자녀의 우울증 감지하기

우울증은 발견하기 까다로울 수 있는데, 그렇지 않아도 변덕스럽고 충동적인 십 대 청소년의 경우에는 더욱더 그럴 수 있다. 우울증에 시달리는 아이들은 슬퍼하고 낙담하는 듯하기보다는 분노의 성향, 지루함 또는 스스로 고립되는 양상을 보일 수 있다. 아동과 청소년의 경우에는 우울증의 주요한 기분 상태가 슬픔이 아닌 과민 반응으로 나타날 수 있다. 조증 삽화가 나타날 때도 종종 과민 반응이 두드러질 수 있기 때문에, 아동의 기분 증상을 정확히 구별하기란 쉽지 않을 수 있다.

자녀가 조증을 나타내는건지, 아니면 심각한 우울증의 늪에 빠져드는 것인지 구별하고자 할 때는 다음의 양상이 나타나는지 잘 살펴보자.

✔ **지속되는 기능적 변화** : 살다 보면 누구나 기분이 좋은 날도 있고 나쁜 날도 있다. 때로는 그런 상태가 몇 날 며칠씩 지속되기도 한다. 하지만 어린 자녀나 청소년에게 그런 기간이 오래도록 이어지고 낯선 느낌이 든다면, 부모로서 아이를 주의 깊게 살펴야만 한다. 그 밖에도 아이의 성적, 친구 관계, 활동, 활력 및 열정이 여느 때와 확연히 다른 느낌이 들고 몇 주 이상 지속되는 건 아닌지 잘 살펴보라.

✔ **자해 또는 자살의 조짐** : 이런 조짐은 곧장 반응하고 대처해야 하는 긴급한 경고다. 아이가 왠지 주의를 끌거나 부모를 조정하려는 듯한 느낌이 들더라도 자살 또는 자해를 수단으로 삼는다는 것 자체가 심각한 문제이다. 자살하겠다는 위협은 항상 진지하게 받아들여야 한다. 아이가 괜히 해보는 소리라고 절대로 섣불리 단정 짓지 말라. 자살의 조짐을 발견하는 즉시 전문가와 상의해야 한다.

✔ **고립** : 아이들은 자기만의 개인적인 공간을 좋아하고, 특히 청소년은 자기 방에 틀어박혀 있기를 좋아한다. 하지만 방에서 한 걸음도 나오지 않는 아이들, 친구들과 어울리는 것에 흥미를 잃은 아이들, 또는 모든 활동을 귀찮아하는 아이들은 우울증의 조짐으로 봐야 한다. 이런 행동은 점진적으로 나타날 수 있어 일찍 알아차리기 쉽지 않다.

✔ **수면/활력의 변화** : 아이들의 수면 패턴은 발달 단계에 따라 변화한다. 십대들은 전형적으로 늦게까지 깨어 있고 아침에 늦잠을 자곤 한다. 하지만 아이의 수면 패턴이 달라지고 지나치게 잠이 늘거나 줄면 우울증 때문일 경우가 많다. 아이가 활기를 잃고 몇 주가 지나도 생기를 회복하지 않는다면 병원을 찾는 게 좋다. 의사가 다른 의학적 원인을 찾지 못한다면 우울증 때문일 가능성을 고려해야 한다.

✔ **마약과 술** : 요즘에는 고교생이 술을 마시거나 대마초를 흡입한다는 이야기를 어렵지 않게 들을 수 있다. 자녀가 친구들과 어울리다가 이런 경험에 노출되지 않도록 지켜내기도 것도 쉽지 않은 일이지만, 마약 또는 술에 취하는 일이 잦고 그 양이 점점 늘어간다면 술과 마약을 직접 구하고 있다고 의심할 만하다. 절대로 그 또래의 다른 아이들이 모두 그렇다고 생각하지 말라. 주말마다 아이가 인사불성이 되어 나타난다면 이 문제를 제대로 들여다봐야 한다. 우울증의 증상이 나타나지 않더라도, 십대의 음주 및 마약 남용은 큰 문제이고 가능한 한 빨리 해결해야만 한다.

파괴적 기분조절부전장애(DMDD)

DSM-5에 새롭게 명시된 이 질환은 만성적인 기분조절 장애가 있는 아동이 점점 늘어남에 따라 구별하여 정하게 되었으며, 과민함 및 정서적/행동적 폭발을 특징으로 한다. 이 장의 앞부분에서 언급한 것과 같이, 만성적인 기분조절 장애는 양극성장애의 진단 증상과 비슷하긴 해도 완전히 똑같은 것은 아니다. 이 질환은 기본적으로 과민한 특성과 폭발하는 기질을 가졌지만 증상의 순환 또는 조증을 진단하는 데 꼭 필요한 삽화가 나타나지 않아 결과적으로 양극성장애로 볼 수 없는 아동의 진단을 돕는다.

DSM-5에서는 파괴적 기분조절부전장애(DMDD)를 우울장애의 한 가지 양상으로 설명하며, 다음과 같은 진단 기준을 명시하고 있다.

A. (욕설이나 폭언과 같은) 언어 또는 (사람이나 물건을 대상으로 하는 신체적 공격과 같은) 행동으로 표현되는 심한 분노, 폭발의 반복적 양상이 상황이나 촉발 자극에 비해 현저히 과도한 정도로 나타나거나 오랫동안 지속됨

B. 분노 폭발은 발달 수준과 비교할 때 적절하지 않음(예를 들어, 아동의 연령이 어릴수록 전형적인 반응일 수 있음)

C. 분노 폭발의 빈도를 살폈을 때 평균적으로 매주 3회 이상 나타남

D. 분노 폭발 사이에도 거의 매일 짜증이 난 상태가 지속되거나 거의 하루 종일 화를 내며, 부모, 교사 또는 또래와 같은 다른 사람도 알아차릴 수 있을 정도의 증상을 나타냄

E. 위의 증상이 12개월 이상 지속된 경우. 또한 그런 동안에도 A부터 D까지의 증상이 하나도 나타나지 않는 휴지기가 3개월 이상 연속적으로 지속된 적이 없어야 함

F. A와 D의 증상이 3가지 상황(가정, 학교, 또래와 함께 있을 때) 중에서 적어도 두 가지 이상에서 나타나야 하며, 한 가지 이상의 상황에서는 매우 심하게 나타나야 함

G. 6세 미만 또는 18세 이상일 때 처음 진단이 이뤄졌다면 이 질환으로 볼 수 없음

H. 질병력을 문진하거나 관찰한 결과, 위의 기준에 해당하는 증상이 10세 이전에 시작되어야 함

I. 지속 기간과 관련된 기준을 제외한 조증 또는 경조증 삽화의 진단 기준과 완전히 부합하는 양상을 보인 구별된 시기가 하루 이상 지속된 적이 없어야 함

J. 환자의 행동 양상이 주요 우울 삽화의 시기에만 나타나는 것이 아니며, 자폐

스펙트럼장애, 외상후 스트레스장애, 분리불안장애, 지속적인 우울장애 등과 같은 다른 정신질환으로 설명하는 것이 적절하지 않음

K. 관련 증상이 어떤 물질의 생리적 영향이나 다른 의학적 또는 신경학적 상태 때문에 나타난다고 볼 수 없어야 함

중요한 것은 이 진단이 양극성장애 또는 적대적 반항장애(ODD)와 동시에 이뤄질 수 없다는 점이다. 조증이나 경조증일 가능성이 더 크다면 양극성장애로 진단하는 게 맞다. ODD의 증상이 나타날 땐 DMDD를 추정하기도 한다. DMDD는 우울증, ADHD, 약물 남용 및 다른 장애와 함께 나타날 수 있기 때문이다.

현재까지는 DMDD 환자를 위한 특별한 치료적 권고가 마련되지 않은 상황이다. 아직은 DMDD를 우울증의 한 가지 양상으로 보기 때문에, 우선 우울증 치료가 적절한 시작점일 수밖에 없다. 하지만 ADHD 또는 불안 등의 질환을 동반할 경우에는 그 증상을 목표로 치료를 진행하게 된다. DMDD 아동을 효과적으로 치료하기 위해서는 전형적으로 각종 약물치료와 더불어 심리 요법, 양육과 관련된 지원, 교육적 편의 등을 포함한 다양한 지원이 필요하다. DMDD라는 진단이 새롭게 도입됨으로써, 자녀의 알 수 없는 행동을 이해하려고 노력하던 가족들에게는 큰 도움이 될 것으로 기대된다. 예전에는 단순히 아이들이 까다롭고 의지가 부족한 탓이라고 여겨지던 일들이, 이제는 기분과 행동을 조절하는 데 필요한 신경계통의 문제 때문이라는 점을 알게 되었으니 말이다. 이처럼 어떤 현상의 원인을 정확히 이해함으로써 환아를 위한 치료와 양육적 접근 방식이 완전히 달라질 수 있다.

DMDD의 진단과 관련하여 중요한 사실은, 아동의 증상을 양극성장애로 진단할 경우에는 항우울제와 각성제와 같은 특정 약물을 사용할 수 없다는 점이다. 반면에 DMDD는 이 같은 약물을 아동에게 처방할 경우에도 기본적인 주의사항 이상의 특별한 제한을 두지 않는다. 관련 증상을 나타내는 아동을 양극성장애로 묶어 진단하면 우울증, ADHD, 불안장애 등의 질환에 도움이 될 수 있는 약물의 처방에 제한을 받을 수 있기 때문에, DMDD의 진단은 아동의 약물치료에 상당한 도움을 줄 수 있다.

불안장애

아동의 불안장애는 빈번하게 발생하며, 조증 또는 우울증의 증상처럼 보이는 기분 및 행동의 변화를 유발한다. 불안장애 환자는 실제로 존재하는 위협적 요인에 부합하지 않는 두려움과 고통을 호소한다. 그렇게 나타나는 두려움과 고통은 그 위협을 줄이기 위한 행동 반응을 유발하며, 전형적으로 싸움 또는 회피의 두 가지 양상으로 나타난다. 싸움의 양상은 주로 분노와 통제 불능의 상태로 표현되는데, 뇌가 위협적인 요소로부터 자신을 보호하기 위한 반응으로 볼 수 있다. 반면에 회피는 어떤 현상으로부터 도망치는 성향으로 표현되며 도망, 거부, 고립 등의 모습으로 나타나곤 한다. 불안은 다음과 같은 점에서 양극성장애와 비슷해 보일 수 있다.

✔ **과민함** : 불안한 아이들은 두려운 나머지, 위협을 줄이고 모든 것의 안전을 지킬 수 있도록 주위 환경을 통제하고 싶어 한다. 그럼에도 불구하고 상황이 따라주지 않을(두려움을 불러일으키는 어떤 일을 반드시 해야 하거나, 아동의 마음을 편안히 하는 어떤 일을 더 이상 할 수 없을) 때는 화를 내고 때로는 폭발하듯 감정을 표출하기도 한다. 이런 행동은 조증과 우울증인 아이들에게서 나타나는 기분조절 장애와 상당히 유사해 보일 수 있다.

✔ **질주하는 생각** : 불안한 사람들의 뇌는 항상 위협이 될 만한 환경적 요인을 빠르게 '스캔' 하며, 잠정적인 위험에 대해 부단히 걱정한다. 이런 양상은 종종 끊임없이 빠르게 밀려드는 생각이라는 주관적인 감각으로 나타나며, 이는 조증의 증상이기도 하다.

✔ **욕구 및 통제 행동** : 불안한 사람들은 주위 환경을 통제하려고 애쓰곤 한다. 불안한 부모는 자녀들이 원치 않는 과제를 하도록 강요하곤 하는데, 특별히 아동의 불안도 높은 편이라면 이런 상황을 받아들이기 어려운 나머지 몇 시간씩 서로 갈등하며 기분이 요동치는 결과를 초래할 수 있다.

✔ **대립/도전적 태도** : 불안한 아동이 불안이나 걱정을 유발하는 상황에 처할 때는 거부와 고립 등의 모습으로 회피적 성향을 나타낼 수 있다. 하지만 부모나 다른 어른이 계속 무언가를 요구하면서 더 확고한 태도를 일관하며 심지어 화를 낸다면, 아동의 불안이 점점 증폭되면서 경직되고 상대방의 요구를 따를 가능성은 줄어들 수밖에 없다. 그러면서 그 아동은 기분장애의 증상과 유사한 분노 또는 분출하는 울음 등의 양상을 나타내기 쉽다.

엄밀히 말하자면 강박장애(OCD)는 불안장애와 다르지만 상당한 연관성을 나타낸다. 강박장애를 앓는 아동은 예컨대 문이 잠기지 않았다고 주장하면서 낯선 사람이 들어와 자신을 해칠 것을 염려하는 일반적이지 않고 반복적인 두려움을 호소하며, 잠들기 전에 문이 잠겼는지 계속해서 확인하고 또 확인하는 것처럼, 다양한 신체적 또는 정신적 의식 및 행동으로 통제하려고 애쓰는 양상을 나타낸다. 강박장애가 있는 아이들은 원하는 행동을 하지 못할 때는 걱정의 수준이 급격하고도 빠르게 치솟는다. 그 결과로 폭발하는 듯 과민한 기분 및 행동을 나타낼 수 있는데, 그 바람에 교사와 부모는 조증 또는 우울증으로 혼동할 수 있다. 게다가 아이들은 자신의 두려움을 잘 표현하지 못하거나 말하고 싶지 않은 경우가 있어 강박장애를 진단하는 것이 더 어려울 수 있다. 따라서 의사는 폭발하듯 감정을 표현하는 아동에 대해서는 강박장애일 가능성을 확인해야 한다.

트라우마

방치, 학대, 가정 폭력, 부모의 죽음 또는 상실, 왕따 또는 다른 극단적인 스트레스나 두려움에 휩싸이는 사건과 상황을 경험한 적이 있는 아동 또는 청소년은 다양한 정신질환이 발병할 위험성이 대단히 높다. 이미 제2장에서 살펴본 것처럼, 유전적 위험 요소를 이미 가지고 있는 사람들에게 트라우마와 중대한 삶의 사건은 양극성장애를 유발할 수 있는 요소로 작용할 수 있다. 하지만 아이가 정신적 외상을 겪으면 외상과 직접적인 연관성을 나타내기보다는 조증처럼 보이는 슬픔, 불안, 과민성, 산만, 충동 및 수면 장애와 같은 다양한 감정 및 행동 증상을 유발할 수 있다.

아이의 일상적 기능에 주목할 만한 변화를 발견하면 정신적 외상의 가능성은 없는지 반드시 확인하고 넘어가야 한다. 의료 관계자는 모든 판단에 앞서 항상 트라우마가 선행되었을 가능성을 가장 먼저 고려해야 한다는 데서 바로 '트라우마 이해 돌봄(trauma-informed care)'이란 개념이 생겨났다. 다시 말하면, 어떤 환자에게 정신적 외상이 선행되어 있다면 그에게 가장 중요한 첫 번째 치료 과정은 다름 아닌 그 트라우마를 일으킨 요인을 제거하고 해결하는 것이라는 사실이다.

자폐스펙트럼장애

자폐스펙트럼장애(autism spectrum disorders, ASD)는 사회적 관계 맺기/의사소통 기술의 부족과 반복적 언어 및 행동 양상을 특징으로 하는 발달장애의 양상을 일컫는다. 자폐적 성향은 환자마다 중증(중증의 지적장애를 동반하며 자발적 언어 사용이 거의 없거나 전무한 상태)에서 일반인에 가까운 수준에 이르기까지 폭넓은 스펙트럼을 보이며, 환자에 따라서는 오히려 뛰어난 지능과 전형적인 언어 구사 능력을 나타내기도 한다.

과민함과 감정의 폭발은 자폐적 성향을 가진 아동에게 일반적으로 나타나는 증상인데, 다음과 같은 여러 가지 요인과 연관된다.

- ✔ 경직되고 유연하지 못한 사고와 행동
- ✔ 자기 표현의 어려움
- ✔ 사회적 상호작용 및 관계 맺기의 어려움

또한 자폐적 성향을 가진 아이들은 불안감을 함께 드러내는 경우가 많아서 양극성장애와 혼동되기 쉬운 우울함과 감정 폭발의 양상을 나타내기도 한다. 자폐로 진단받은 아동이 ADHD의 성향을 나타내는 경우도 있는데, 이럴 때는 자폐 성향을 보이지 않는 ADHD 아동보다 우울증의 발병률이 더 높다고 알려져 있다.

자폐 성향이 강한 아동일수록 어릴 때 진단이 이뤄지고 증상이 경미한 아동일수록 정확히 진단받기까지 오랜 시간이 걸리곤 한다. 특별히 어린 아동의 경우, 기분 관련 증상이 나타났다면, 자폐 성향에 관한 진단이 이뤄지지 않은 채 기분 증상에 대한 진단과 치료만 이뤄지는 경우가 많다. 이런 사례를 정확히 구분하는 것이 중요한데, 자폐스펙트럼장애를 염두에 둔 언어치료 등의 개입이 양극성의 측면에서 보자면 반드시 필요한 것은 아니기 때문이다.

독성 노출

독성 노출이라는 용어에는 해당 물질이 인체에 해롭다는 의미가 포함된다. 아동과 청소년의 양극성 증상을 고려하면 독성 노출은 특별히 중추 신경계에 해가 되는 물질과 연관 지어 이해할 수 있다. 일부 양극성 환자들에게서는 이런 영향이 양극성이 시작되는 원인의 일부분일 수 있지만(연구자들은 발병의 취약성을 가진 사람들에게서 양극성이 시작되는 원인에 대해 끊임없이 연구하고 있다), 이런 노출 때문에 나타나는 결과 자체가 양극성의 증상과 혼동될 수도 있는데, 다음과 같은 몇 가지의 예를 들 수 있다.

✔ **산모의 임신 기간 중의 알코올 복용** : 태아가 발달 과정에 알코올에 노출되면 다양한 발달 관련 문제의 원인으로 작용할 수 있다. 태아기 때 알코올의 영향에 노출된 많은 아동에게서 성장 및 학습 관련 문제가 나타나며, 이들은 사회적 상호작용뿐만 아니라 기분 및 행동 조절과 관련하여 심각한 어려움을 호소한다고 알려져 있다.

✔ **납 독성** : 납에 노출된 뇌는 발달 과정에 손상될 수 있다. 미국에서는 아동의 납 중독 여부를 감시하고 있고 납 페인트의 시판이 금지되어 있지만, 특히 저소득층 지역의 많은 아동이 체내의 납 수치가 높게 나타나고 있다. 이런 납 중독 아동에게서는 정서 및 행동적 조절 장애의 증상이 두드러질 수 있다.

✔ **술 및 마약의 복용** : 십 대들의 음주 및 마약 관련 문제는 양극성장애를 진단할 때 매우 중요하게 고려해야 할 부분이다. 술이나 마약의 중독, 금단, 및 의존 증상은 기분, 사고 및 행동의 심각한 변화를 유발할 수 있다. 특별히 각종 약물에 취약한 청소년의 대마초 흡입은 정신 이상의 발병 위험을 현저하게 높인다고 알려져 있다.

전문가의 평가 요청하기

여기까지의 모든 내용을 읽었어도 자녀의 양극성에 대해 아직도 어딘가 모르게 부족한 느낌이 들 수 있다. 열심히 이해하려고 애를 썼지만, 청소년들의 일반적인 걱정, ADHD, 불안, 수면 부족 또는 아이가 영향을 받을 만한 열 몇 가지 정도의 원인 등등 때문에 자녀의 독특한 특징이 나타날 것이라고 어렴풋이 추정할 뿐, 여전히 갈 길이 보이지 않는 채로 말이다. 그렇다면 이제는 모든 가능성을 짚어보고 한두 가지 요인을 지목해 적절한 치료를 시작하기 위해 전문가에게 자녀를 데려가야 할 단계로 봐야 한다. 이어지는 절에서는 자녀를 진찰할 좋은 의사를 찾는 방법과 부모로서 해야 할 일이 무엇인지에 대한 내용을 살펴볼 것이다.

좋은 의사를 찾아서

당신의 자녀에게 가장 잘 맞는 의사를 찾기 위한 가장 좋은 출발점은 자녀가 정기적으로 방문하던 소아과 의사와 의논하는 것이다. 예전과 비교하면 소아과 전문의들도 정신과 질환에 대해 점점 폭넓은 이해와 의학적 지식을 갖고 있어 적절한 도움을 줄 수 있으며, 당신의 아이를 늘 진료하던 그 의사도 예외는 아닐 것이다. 소아과 의사가 어떤 진단 과정의 초기에 개입할 때는 충분한 검사를 통해 다른 질환 때문에 아동의 증상이 나타날 가능성을 일찌감치 배제할 수 있다는 장점이 있다. 게다가 소아과 전문의는 기분장애의 중요한 원인이 될 수 있는 수면과 성장 등 아동의 전반적인 건강 상태를 확인하는 역할을 할 수도 있다.

소아과에서 아동의 전반적인 건강 상태에 이상이 없음을 확인했는데도 기분장애와 관련된 중요한 문제들이 아직 해결되지 않았다면, 다음 단계로는 소아청소년 정신과 전문의를 찾아가야 한다. 일부 정신과 전문의 중에는 만 16세 이상의 청소년도 진단하고 치료하는 의사들이 있기는 하지만, 그보다 어린 십 대들과 아동을 정확히 진단하려면 소아 전문 치료 과정을 훈련하고 이수한 소아청소년 정신과 전문의를 찾아가는 게 좋다.

처방전만으로 진단 결과를 해결하려는 의사들을 경계하라. 이런 식으로 접근하는 의사들은 당신과 아이를 위해 고작 15분 정도를 할애한 다음, 메틸페니데이트(리탈린) 또는 항우울제가 적힌 처방전을 뽑아 주면서 다음 진료 예약을 잡아줄 뿐이다. 한두 달 후에 다시 병원을 찾아가 별 효과가 없었다고 말하면 다른 약이 듣는지 알아보겠다며 또 다른 처방전을 건네준다. 철저한 평가를 내리려면 환자를 관찰하는 충분한 시간, 다양한 정보, 분석적 시각이 필요하다. 아이와 찾아간 의사가 최선의 진단을 내리기 위한 성실하고 세심한 노력을 다하지 않는 듯 보인다면 더 좋은 의사를 찾으려는 노력을 멈추지 말자.

환자가 사는 지역에 따라 소아청소년을 전문으로 진료하는 정신과 전문의를 찾는 게 쉽지 않을 수도 있다. 특히 지방에는 이런 숙련된 전문의를 찾는 게 여간 어려운 게 아니다. 그럴 때는 이런 여러 사람들의 의견에 귀 기울이는 것도 좋은 방법이 된다.

- ✔ 자녀를 진료하는 소아과 전문의 또는 가족의 주치의(영국에서는 정신건강 평가를 진행하기 전에 이들의 소견이 반드시 있어야 한다)
- ✔ 학교의 상담 교사 또는 특수교육 담당자(특수교사)
- ✔ 친구 또는 친척들
- ✔ 자녀를 치료하는 심리치료사
- ✔ 각 지역의 어린이 병원 또는 대학병원 정신과의 소아청소년 정신과 진료를 담당하는 전문의

제5장에서는 신뢰할 만한 정신과 의사를 찾는 방법을, 제6장에서는 기분 관리팀과 지원 네트워크를 구성하는 데 필요한 내용을 담아두었다. 이 정보를 바탕으로 당신의 자녀를 위한 팀을 구성하고 그들과 함께 힘을 모을 방법을 찾을 수 있을 것이다.

당신의 자녀가 자살에 대한 생각이나 행동을 표현한다면, 망설이지 말고 지금 당장 가장 가까운 정신과 의사 또는 응급실로 달려가라. 먼저 급한 불부터 끄고 난 후에 장기적인 계획을 세우고 세부적인 고민을 하는 일은 나중으로 미뤄도 괜찮다.

도움을 구할 때 해야할 일을 알기

어린 자녀에게 기분장애가 있을 가능성을 확인하는 초기 단계에서 부모 또는 보호자인 당신이 꼭 해야 할 일은, 자녀의 상태를 평가하고 치료하도록 믿고 맡길 만한 정신과 의사를 찾고 그에게 자녀의 병력을 가장 정확하고 꼼꼼히 전달하는 것이다. 아이들은 의사가 상황을 정확히 판단하는 데 필요한 다양한 정보를 자세히 이야기 하거나 자신의 증상을 설명하는 것을 힘들어하고 적극적으로 협조하지 않을 수도 있다. 그럴 때 당신은 자녀의 자존감을 최대한 지켜주면서 동시에 관련 정보를 의사에게 충분히 제공할 수 있어야 한다.

당신과 비슷한 경험을 가진 부모들이 공통적으로 권하는 지침 몇 가지를 소개하니 참고하면 도움이 될 것이다.

- ✔ **정직한 태도로 마음을 열라.** 당신과 배우자가 결혼생활의 어려움을 겪고 있거나 둘 중 한 사람이 알코올 중독 또는 약물 남용의 문제로 힘들어한다면 솔직하게 이야기하라. 가정의 문제는 진단 과정에서 매우 중요하게 검

토되어야 할 내용이다. 가족의 비밀을 지키려다 자녀의 문제를 잘못 진단하는 일을 초래하지 말자. 가족 치료를 통해 자녀를 치료하는 첫걸음을 내딛게 될 수도 있을 테니 말이다.

✔ **혹시라도 정신질환과 관련된 가족력이 있다면 자세히 말하라.** 유전적 요인은 양극성장애를 일으키는 중요한 요소로 작용할 수 있다. 가족 중에 양극성장애, 조현병, 우울증 또는 다른 정신질환의 사례가 있다면 의사에게 그 사실을 꼭 말해야 한다.

✔ **자녀의 증상을 처음 알아차리고 지켜봐 온 과정을 공유하라.** 다른 사람들과 당신은 자녀의 기분 변화가 남다르다는 사실을 언제 처음 깨달았는가? 자녀의 기분 문제로 걱정스러웠던 어떤 사건이라도 기록해두라. 오히려 상대적으로 조용하고 평온하며 문제가 거의 없었던 기간이 있다면 그 또한 적어둔다. 병원에 가기 한두 주쯤 전부터 자녀와 함께 '감정 차트'와 수면 기록표를 꼼꼼히 작성하자. 스마트폰에 기분 모니터링을 위한 앱을 깔고 이용하는 것도 좋은 방법이 될 수 있다.

감정 차트의 샘플과 사용법에 관한 설명이 필요하다면 http://www.dummies.com/health/mental-health/chart-your-moods-sleep-and-energy-levels/를 참조하라. 단, 아이마다 증상이 매우 다를 수 있다는 사실을 잊지 말아야 한다.

✔ **다른 사람들의 의견을 들어보라.** 아이의 양육자, 교사, 종교 지도자, 운동 코치뿐만 아니라 아이와 상호작용하는 다른 사람들이 관찰한 내용과 그들의 의견을 묻고 수집하라. 일부 심리치료사와 정신과 의사는 이런 정보를 수집하는 데 도움이 될 만한 규격화된 문서를 제공하여 평가 과정에 활용하기도 한다.

✔ **의사와 따로 만날 기회를 마련하라.** 아동의 상황을 잘 알고 밀접한 관계를 맺는 사람이라면 누구나 그 아동을 진료하는 의사를 잠시라도 따로 만나는 게 좋다. 의사와 따로 만나 이야기할 때, 부모는 아이의 마음이 상할 염려 없이 의사에게 자신이 걱정하는 것들을 털어놓을 수 있고, 아이는 부모를 신경 쓰지 않으면서 자신의 증상을 자유롭고 솔직하게 이야기할 수 있다. 이것이 아동의 연령과 기질에 따라 가능할 수도 있고 쉽지 않을 수도 있겠지만, 의사에게는 이들 두 사람의 이야기가 모두 중요한 정보가 된다.

이럴 때는 비밀 유지의 중요성이 더욱 강조되며, 특별히 청소년 환자의 경우에는 더욱더 그렇다. 의사들은 대부분 환자의 안전과 관련된 내용이 아니면 자녀의 이야기를 부모에게 전달하지 않는 것을 원칙으로 한다. 따라서 의사와 환자가 치료를 시작할 때부터 비밀 유지의 원칙이 적용되는 한계에 대해 서로 분명히 해 둘 필요가 있다.

✔ **소견서나 진단서의 사본을 챙겨두라.** 요즘에는 사람들이 옷을 새로 사는 것만큼이나 병원이나 치료 교실을 자주 옮겨 다니곤 한다. 따라서 아동의 정신감정 소견서 또는 진단서 등의 사본을 미리 챙겨두면 의사나 심리치료사를 바꾸는 과정을 좀 더 편안히 이겨나갈 수 있다.

담당 의사의 진단 결과나 그가 제시한 치료 계획에 확신을 갖지 못하고, 그의 설명을 듣고도 마음이 놓이지 않을 때는 다른 의사의 소견을 한번 들어보는 것도 도움이 된다. 정신건강과 관련된 문제들의 복잡성을 고려한다면, 다른 의사의 의견을 참조하여 아이를 위한 최선의 치료 방법을 결정하는 것은 오히려 현명한 선택일 수 있다.

여러 가지 치료 방법

자녀의 진단 결과를 전해 듣고 의사와 지원 네트워크가 협력할 준비도 마쳤다면, 이제는 가족 모두 힘을 모아 자녀의 치료 과정을 시작할 수 있다. 기나긴 치료의 과정은 시작과 중단, 성공과 실패, 불타는 열정과 낙심, 그리고 경제적 어려움의 연속일 수 있지만, 당신의 자녀와 가족 모두는 마침내 안정의 땅에 도달할 수 있을 것이다. 다행스러운 점은 당신의 그 여정을 좀 더 쉽게 해줄 몇 가지 편리한 운송수단이 준비되어 있다는 사실이다.

✔ **약물치료** : 지나친 자극에 잔뜩 흥분한 신경계를 잠재우고 다시 균형 잡힌 상태로 안정시키려면 대개 일정 기간의 약물치료가 필요하기 마련이다. 부모로서 아동과 청소년에게 정신과 약을 처방하는 것에 대해 우려할 수밖에 없겠지만, 적절한 약의 조합을 찾기만 하면 궁극적으로 아이를 살리는 길이 될 수 있음을 잊지 말자.

- ✔ **각종 치료** : 개인적 치료, 가족 치료 및 양육 지원, 그룹 및 사회 기술 요법은 양극성장애와 씨름하는 아동의 치료를 위한 기본적 요소와 같다.
- ✔ **학교 지원 및 중재** : 아이들은 학교에서 날마다 상당히 긴 시간을 보내고, 기분장애는 여러모로 학교생활을 힘들게 할 수 있다. 다음 절 '학교에서의 문제 해결들'에서 좀 더 자세히 살펴보겠지만, 올바른 교육 환경 및 지원 시스템을 구축하는 일은 아동의 행복을 위해 중요하다.
- ✔ **생활 방식/기대 관리** : 이 책의 처음부터 끝까지, 우리는 생활 방식의(/라이프스타일의) 변화를 통해 치료 결과에 긍정적인 영향을 줄 수 있음을 말하고 있다. 이런 생활 방식의 변화는 아동들에게도 적용할 수 있다. 하지만 이럴 때는 부모가 먼저 여러 변화를 받아들이고 실행하며 아동을 격려함으로써 아이가 비현실적인 기대를 채워야 한다는 부담을 갖지 않도록 해야 한다.
- ✔ **입원** : 입원 치료의 가능성은 가장 마지막에 고려할 옵션이지만, 양극성의 성향이 있는 자녀가 자신 또는 다른 사람을 해칠 가능성이 있다면 유일한 선택일 수밖에 없다. 물론 입원 치료가 아니더라도 양극성을 조절할 수는 있다. 하지만 양극성 진단을 받은 아동은 평생 최소한 한 번 이상 입원 치료를 받은 경험이 있다는 통계 결과에서 알 수 있듯이, 입원하더라도 그 상황 앞에 너무 절망하지는 말자.

어린 자녀가 각종 정신질환 치료제를 복용한다고 생각하면 부모는 마음이 무너질 수밖에 없다. 하지만 앞서 말한 것처럼, 절대로 당신의 아이만 겪는 일이 아님을 기억하자. 사람들은 양극성의 성향이 있는 아이들의 뇌가 불발하는 폭탄처럼 반응하고 다른 아이들과 달리 감정적 안정성을 유지하지 못할 때 그런 현실을 받아들이기 힘들어하곤 한다. 양극성장애와 씨름하는 성인 환자의 모든 증상이 신체적 질환 때문에 나타나는 것임을 받아들이기란 상당히 쉽지 않은 일이다. 하물며 아동의 양극성장애를 일으키는 분명한 과학적 원인을 이해하고 납득하는 것은 훨씬 더 어려울 수 있다.

약물치료를 고려할 때

감정 조절의 문제 때문에 아이가 제대로 성장하기 어렵다고 판단되거나 양극성의 증상이 아동의 발달을 저해할 경우에는 약물치료가 유일한 해결책이 될 수밖에 없다.

말하자면, 정확한 진단이 쉽지 않다는 점을 고려하더라도 우울증 또는 조증이 아동의 삶에 위협으로 다가올 때는, 약을 이용한 생물학적 접근 방법을 고려할 필요가 종종 있다는 뜻이다. 하지만 소아 또는 청소년을 대상으로 하는 약물치료는 여전히 복잡한 문제일 수밖에 없다.

아동을 대상으로 하는 정신과 계통 약물의 유효성과 유해성에 관한 연구는 아직 시작 단계에 불과하다. ADHD나 불안과 같은 일부 장애를 겪는 아동에 대한 약물치료에 대한 연구는 수십 년간 진행되어 왔지만 우울, 조증, 기분장애 및 양극성 진단을 받은 아동에 대한 약물치료의 생물학적 메커니즘에 대한 연구는 이제 막 시작된 것이나 다름없다.

성인 환자에 대한 여러 양극성 치료제에 대한 자세한 내용은 이미 제7장에서 자세히 다루었다. 현재로서는 이런 약제의 대부분이 아동에게도 처방되고 있는 게 현실이다. 성인을 대상으로 한 임상시험 결과를 근거로 제시하고 아동과 관련된 정보를 매우 드물게 제공하면서 말이다. 하지만 다음과 같은 여러 가지 이유를 고려할 때, 소아와 청소년에게 이런 약물을 적용할 때는 여러모로 주의를 기울여야만 한다.

✔ **뇌가 다르면 반응도 다르다** : 소아와 청소년의 뇌는 다 자란 성인의 뇌와 다르다. 따라서 같은 치료제도 소아와 청소년의 뇌에서는 다르게 작용할 수 있다. 지금껏 알려진 약품의 효능과 부작용에 대한 연구 결과는 대부분 성인을 대상으로 실험한 것이기 때문에, 이처럼 어린아이들의 뇌에 미치는 약물의 영향을 예측하는 것은 쉽지 않다.

✔ **뇌가 자라면서 반응도 달라진다** : 어린아이들의 뇌는 성인과 다를 뿐만 아니라 발달 속도도 훨씬 더 빠르다. 모든 걸 안정시키더라도 사춘기가 불현듯 시작되거나 생리적 발달 과정에서 각종 사건이 일어나면 뇌의 신호전달 회로가 뒤엉키고 달라지므로 여러 약물을 종합적으로 처방하여 조정하는 작업이 필요하다.

✔ **진단 과정이 간단치 않다** : 소아의 양극성을 진단하는 과정은 쉽지 않을 수 있다(이 장의 앞부분에 수록한 '진단 과정의 어려움 이해하기' 절을 참조하면 좀 더 자세한 정보를 얻을 수 있다). 예를 들어, 아이가 흥분해 날뛸 때 부모는 기분 삽화가 심화되거나 재발한 건 아닌지 또는 수면 부족이나 친구들과의 갈등

때문에 그러는 것인지 확인해야 한다. 문제에 제대로 대처하고 최상의 치료 방법을 찾기 위해 증상의 원인을 찾는 과정은 매번 힘들 수 있다.

✔ **이해와 적극적 협조를 기대하기 어렵다** : 자신의 질환에 대한 아동 자신의 이해 정도, 그리고 그 질환을 잘 관리하는 능력은 아동의 연령과 발달 단계에 따라 다를 수밖에 없다. 따라서 환자 자신이 의사결정 과정에 참여할 기회를 주고, 여러 문제 상황을 해결할 때 아동의 눈높이에 맞추어, 되도록 많이 대화하는 것은 매우 중요하다. 하지만 양극성장애 자체로 반발과 감정적 폭발이라는 증상이 나타나기 마련이므로, 치료를 받아야 할 아동을 안심시키고 협조적 자세를 기대하기란 쉬운 일이 아니다. 성인 환자들이 그러하듯, 양극성의 성향이 있는 아이들도 약 성분 때문에 무기력한 한 기분이 들거나 부작용을 견디기 힘들어서 약 복용을 중단하고 싶다는 생각과 씨름할 수 있다.

✔ **부모들의 의견 불일치** : 간혹 부모들이 자녀의 양극성장애 진단 결과와 약물치료의 필요성을 인정하지 못하는 경우가 있다. 정신질환을 앓는 사람들에 대해 세상이 갖는 오해와 대중매체를 통해 보이는 환자들의 나쁜 이미지 등이 부모의 마음을 무겁게 짓누를 수도 있다. 부모 자신도 양극성 때문에 고통받은 경험이 있다면, 부모의 경험이 자녀의 치료를 결정하는 과정에 영향을 주기도 한다. 그리고 남편과 아내의 생각이 서로 다를 때, 아이는 종종 그들 둘 사이에서 어찌할 바를 모른 채 불안하기 마련이다.

그렇다면 이제 어떻게 해야 할까? 양극성으로 고통받는 어린 자녀의 안정을 위해 어떤 선택이 최선이라는 확신을 가지려면 어떻게 해야 하는 걸까? 이럴 때 부모가 할 수 있는 최선의 노력은 아마도 결정을 내리기 전에 되도록 많은 정보를 수집하고 분석하는 일일 것이다.

진단 및 치료 계획 이해하기

자녀의 약물치료와 치료 계획에 대해 결정을 내리기 전에는 상황을 정확히 잘 파악하는 게 매우 중요하다. 그럴 때는 자녀를 치료하는 의사에게 이런 질문을 함으로써 자녀의 진단 결과와 앞으로 예상되는 치료 과정의 세부 내용에 대한 설명을 들으면, 앞으로 직면할 수 있을 상황을 미리 알아둘 수 있다.

✔ **어떤 과정을 통해 진단 결과에 도달했나?** 환자의 부모로서, 당신은 아이의 진단 결과를 간단한 단어 한 마디로 통보받기를 원하지 않을 것이다. 그 대신에, 의사가 그런 진단 결과에 이르기까지의 과정을 이해하고 싶을지 모른다. 아동을 대상으로 한 양극성 진단의 복잡성을 고려할 때, 의사가 그런 진단 결과에 도달한 논리적 추론의 과정을 찬찬히 되짚어볼 때까지는 아이의 진단 결과를 받아들이는 것을 잠시 미뤄도 좋다.

✔ **이 약을 선택한 이유와 목적은 무엇인가?** 진단 결과를 확정하기까지의 과정과 비슷하게, 적절한 치료제를 선택할 때도 수많은 변수를 고려해야만 한다. 부모로서 당신은 의사의 처방을 이해하고 납득할 수 있는 논리적 배경이 궁금할 것이다. 만일에 의사가 아무런 설명도 없이 그저 처방전만 건네준다면, 좀 더 자세히 설명해주는 다른 의사를 찾아보는 것도 나쁘지 않을 것이다.

✔ **아동을 대상으로 이 약물의 효과를 실험한 연구가 진행된 적이 있는가?** 소아를 대상으로 해당 약물의 효능을 연구한 결과를 확인하고 소아 환자에게 얼마나 자주 처방되는 약물인지 알아볼 필요가 있다. 양극성 아동에 관한 FDA의 처방 지침이 있다면, FDA가 양극성장애가 있는 아동에게 해당 약물의 적용을 승인했는지의 여부를 알 수 있다. 정신과 관련 약물의 상당수는 소아 환자에 대한 FDA 지침을 갖고 있지 않은 탓에 FDA의 승인 없이 처방되곤 한다. 승인되지 않은 약물의 처방은 완전히 합법적이고 일반적인 경우인데다 종종 최상의 결과를 낳을 수도 있지만, 환자의 보호자라면 약과 관련된 정보를 최대한 많이 얻고 싶은 게 당연하다.

✔ **이 약물을 복용함으로써 어떤 증상을 치료하려는 것인가?** 양극성 아동의 부모는 이 질문에 대한 대답을 들음으로써 아이가 복용할 약물의 기대 효과와 그 약효가 나타나는지의 여부를 확인할 방법을 배울 수 있다. 그리고 감정 차트, 악화된 횟수, 수면 일지 등을 작성함으로써 부모와 의사가 함께 아동의 치료 과정을 지켜볼 수 있다(자세한 내용은 제11장 참조). 이런 기록을 남기지 않으면 약에 대한 아동의 반응을 자세히 모니터링하기 어려울 수 있다.

✔ **어떤 부작용이 발생할 수 있나?** 의사에게 해당 약물을 복용할 때 어떤 부작용이 발생할 수 있으며 해로운 부작용이 나타날 가능성은 없을지, 그리

고 각각의 부작용이 나타나는 정도를 어떻게 확인할 수 있는지 물어보자. 만일 그런 부작용이 나타날 때는 어떻게 해야 할지, 그리고 의사와 어떻게 연락을 취할지도 물어보자. 치료를 받던 병원이나 더 큰 병원의 응급실을 찾아가야 할 것인지, 그리고 만일에 의사와 연락이 닿지 않을 경우에는 얼마나 기다려야 할지도 미리 물어보자

✔ 아이가 얼마나 자주 진찰을 받아야 할까? 환아의 부모로서, 해당 약물의

【 나의 인생을 찾아서 】

양극성의 성향이 있는 아이들은 자신이 남들과 다르다는 사실을 알기에 두려워한다. 나도 어릴 때부터 양극성의 성향을 갖고 있었는데, 도대체 무엇이 잘못되었고 나는 왜 다른 아이들과 달라야 하는가에 대한 물음을 항상 품고 살았다. 분노로 가득 찬 나는 부모님이 집을 비우실 때마다 폭발하곤 했다. 학교에서는 늘 문제였고, 시간이 지날수록 나아질 조짐을 찾아볼 수 없을 정도로 모든 게 엉망인 아이로 자라갔다. 화를 내거나 물건을 때려 부수지 않을 때면 늘 우울하고 절망적인 기분이었다. 심지어 열두 살 즈음의 어느 날, 나는 자살을 시도하기에 이르렀다.

부모님과 선생님은 뭐가 문제냐고 물으셨지만, 자신의 머릿속에서 무슨 일이 벌어지는지 도무지 알 수 없던 어린아이가 도대체 어떻게 그 어른들에게 자기 인생의 문제를 설명할 수 있었겠는가!

불행 중 다행은 우리 부모님이 포기하지 않으셨다는 점이다. 그분들의 인내심 덕분에 내 문제의 정체를 밝혀준 심리치료사를 만났고, 핑크 박사님을 찾아가 진단을 받기에 이르렀다. 하지만 내 이야기는 여기서 끝나지 않는다. 내게 꼭 맞는 약을 찾는 과정은 영원히 끝나지 않을 것처럼 길기만 했고, 나는 새로운 약을 시도할 때마다 끔찍한 부작용에 시달려야 했다. 항우울제와 항불안제가 잘 듣는 편이기는 했어도 나는 늘 얼빠진 모습으로 멍 때리기 일쑤였다. 리튬의 효능은 괜찮은 편이었지만 체중이 급격하게 불었다. 몇 가지 약을 먹는 동안에는 학교에서 도무지 수업에 집중할 수가 없었다. 중학교 때는 약의 부작용에 시달리다 못해 결국, 복용을 중단하고 병원에 입원해야 할 지경에 이르렀다.

엄마는 적어도 내가 학교로 돌아갈 수 있을 만큼 회복될 때까지 돌봐주셔야 한다는 절박감에 직장도 잠시 그만두셨고, 단 한 번도 날 포기하지 않으셨다. 그 당시 의사 선생님은 내가 약의 부작용에 대해 가장 걱정하는 부분을 충분히 경청하고 격려해주셨는데, 그 덕분에 우리는 몇 가지 타협점을 찾을 수 있었다. 힘든 청소년기를 보내며 학교에 다니다 쉬기를 반복했지만, 지금 나는 캘리포니아에 위치한 레드우즈 전문대에서 자동차제조기술을 전공할 수 있을 만큼 좋아졌고, 꽤 괜찮은 인생을 살고 있다.

– 매슈 듀랜드

효능을 모니터링하기 위해 아이가 이 약을 복용하는 동안 얼마나 자주 주치의를 만나야 할지, 또 매번 진료 때마다 문진에 얼마나 시간이 소요될 것인지 궁금할 것이다. 또한 각종 피검사 및 다른 여러 가지 의학적 검사가 필요할 것인지 물어보는 것도 괜찮다.

✔ **아이가 이 약을 얼마나 오랫동안 복용해야 할 것으로 예상하는가?** 이 질문을 통해, 부모는 해당 약물이 아이에게 잘 맞는다면 그 약을 얼마나 오랫동안 복용해야 할지 예상할 수 있을 것이다. 만일에 그 약이 아이와 잘 맞지 않는다면, 다른 약을 다시 시도하기 전에 얼마나 더 복용하며 지켜봐야 할지도 물어볼 수 있다. 또한 어떤 약의 복용을 결정하거나 중단하기로 결정하는 의사의 판단 기준에 대해서도 질문할 수 있겠다.

딱 맞는 약을 찾기까지 수개월이 걸릴 수도 있다. 아무런 변화도 느껴지지 않는다고 해서 모든 걸 포기하고 그만두고 싶다는 유혹에 넘어지지 말고 인내심을 갖고 기다리자.

아이와 함께 병원에 갈 때는 궁금한 내용을 미리 적어가고 의사의 대답도 기록해두자. 그렇게 수집한 정보를 컴퓨터나 스마트폰, 또는 다른 방법으로 차곡차곡 모아서 주기적으로 업데이트하라. 의사와 대면하는 그 짧은 시간 동안 주고받는 모든 정보를 다 기억할 수 없으므로 적어두는 게 중요하다. 의사와 이야기를 나누며 적는 것은 부끄러운 일이 아니다. 의사들은 대부분 환자에게 도움을 주길 원하고, 자세히 메모함으로써 치료 과정을 더 잘 이해하고 따라올 수 있다는 사실을 그들도 이해하기 때문이다.

양극성 자녀 양육하기

자신의 생각과 감정을 스스로 조절할 수 있는 일반적인 아이를 양육하기도 쉽지 않은 일이지만, 양극성장애의 성향을 가진 자녀를 양육하기란 더더욱 어려운 일이다. 물론 약을 복용하고 있다면 아이의 뇌에서 뉴런의 신호전달과 화학작용이 좀 더 안정될 수는 있지만, 뇌의 바깥에서 벌어지는 여러 혼란스러운 상황, 예컨대 잠자리에 들고 아침에 헐레벌떡 집을 나서는 순간, 형제간에 티격태격 싸움이 벌어지고 식구들이 서로 갈등할 때, 그리고 다른 모든 평범한 일상의 상황을 마주할 때마다 신경을 곤두세우고 아이를 지켜봐야 한다. 제11장에서 다룬 여러 가지 치료적 접근 방법은 어른과 아동 모두에게 효과적인 것들이지만, 아동을 대상으로 한 치료법은 대부분 훨씬 더 높은 강도의 가족 훈련과 코칭이 필요하다.

그래서 이 책에서 우리는 양극성장애가 있는 자녀가 유년기를 잘 지나가도록 양육하는 방법을 다루고자 한다.

양육 방식의 섬세한 조율

일반적인 양육법 가운데 어떤 방식은 전혀 효과가 없을 뿐더러, 오히려 자녀의 양극성을 심화시키고 자존감에 부정적인 영향을 줄 수 있는 것들도 있다. 게다가 부모도 무력감과 죄책감에 빠져 자녀에 대한 분노를 품게 되는 경우도 드물지 않으므로, 좋은 부모로 살아남고 '모두가 패자가 되는' 대립을 피하려면 다음과 같은 제안을 고려하는 것도 좋은 방법이다.

✔ 자녀의 행동을 자신의 탓으로 돌리지 말라. 자녀의 기분과 행동을 통제하지 못한다고 해서 자신이 나쁜 부모라고 생각하는 것은 금물이다.

✔ 양극성장애의 증상으로 나타나는 부정적인 행동 때문에 자녀를 책망하지 말라. 양극성장애는 자기조절 능력의 중대한 결핍을 동반한다는 사실을 잊지 말자. 우울 또는 조증 삽화가 나타날 때에는 더욱더 그렇겠지만, 이들 삽화의 중간에도 그런 성향은 종종 나타난다. 자녀의 부정적인 태도와 행동은 대개 자녀의 괴로움에서 비롯된 것일 뿐, 규칙을 깨뜨리려는 마음이나 부모의 화를 돋우려는 의도에서 시작된 게 아님을 기억해야 한다. 평온한 상태를 유지하기 위해 애를 쓰고 힘겨루기를 피할 때 마음의 평안을 유지할 수 있다.

✔ 자녀의 수치심을 불러일으키거나 지나치게 엄한 벌을 주지 말라. 이런 방법은 오히려 문제를 악화시킬 뿐이다. 자녀가 자신의 감정 증상, 불안, 바닥 난 에너지 등등의 이유 때문에 부모의 지시에 따르지 못하고 요구에 부응하지 못한다면, 아무리 체벌을 하거나 폭언을 퍼붓는다 해도 부모의 기대에 미치지 못하는 자신의 상황을 아이 스스로 변화시킬 수도 없을 뿐더

러, 오히려 자녀도 부모도 그저 더 깊은 절망과 분노만 경험할 뿐이다.

✔ **아이가 자신을 있는 모습 그대로 받아들이고 양극성장애와 함께 살아나가도록 도울 수 있는 일들을 하라.** 수용과 통합은 치료 과정의 가장 중요한 목표이며, 부모는 장애로 어려움을 겪는 자녀가 자신의 장애를 대하는 태도를 형성하는 과정에 엄청난 영향과 도움을 줄 수 있다. 양극성으로 진단받은 성인들처럼, 아동과 청소년 환자들도 '양극성'이 자신의 전부가 아니라, 그저 자신이 양극성장애를 갖고 있을 뿐임을 받아들여야만 한다. 양극성장애 때문에 살면서 불편하고 때로는 힘들 때도 있지만 그것이 자기 자신을 규정할 수 없다는 사실을 말이다.

✔ **부모 자신과 자녀의 아픔을 인정하라.** 아이는 자신과 친구들의 차이를 발견하며 슬퍼하기 마련이다. 자녀가 양극성장애로 진단을 받으면 부모도 내심 기대했던 자녀의 모습을 마음에서 내려놓고, 아이의 미래를 기대하며 꾸었던 꿈을 일부 접어야 한다는 사실 때문에 절망할 수 있다. 이럴 때 숙련된 심리치료사는 종종 무척이나 길고 힘든 이 애도의 과정을 버틸 수 있도록 손을 잡아주는 안내자가 되어, 부모와 자녀가 함께 조금씩 앞으로 나아가도록 힘을 실어줄 수 있다.

특별한 감정과 행동 양상을 나타내는 자녀를 양육하려면 특별한 기술이 필요하다. 아동 심리치료사 또는 소아정신과 전문의는 굵직한 삽화와 사건들로부터 아침에 아이를 깨워 침대에서 일어나도록 하는 것처럼 사소한 문제에 이르기까지 모든 상황에 대처하는 전략과 기술을 부모들에게 가르쳐줄 수 있다.

부모로서 자녀를 판단하고 평가하며 자녀에게 뭔가를 요구하는 일은 자녀 양육의 중요한 측면이라고 느껴질 수 있다. 하지만 달리 생각하면 자녀와 긍정적인 대화를 나누면 오히려 더 성공적인 양육의 결과를 기대할 수 있을 것이며, 양극성의 성향을 가진 자녀를 양육한다면 더더욱 그래야 한다.

학교에서의 문제들

양극성장애로 진단받은 아이들은 종종 민감한 반응을 보이기 쉽다. 이런 성향은 특별히 기분 삽화가 진행될 때에 두드러지곤 하지만, 삽화의 중간에도 종종 그럴 수 있다. 이런 성향의 아이들은 교사의 짜증, 분주한 일과, 성취 목표, 친구들 사이의 갈등, 그리고 예기치 않은 변화를 직면할 때 일반 아동보다 약한 저항성을 나타낸다. 반감 어린 태도, 관계와 감정의 붕괴, 그리고 사회적 상황은 양극성장애가 있는 아동에게 잊지 못할 '학교의 분위기'로 각인될 수 있다. 교사나 학교의 행정직원 등이 양극성이 있는 아이에게 부정적인 태도와 선입견을 갖고 대한다면, 그런 태도는 아이의 성공적인 학교생활을 더욱더 어렵게 만들 수도 있다.

지금부터는, 자녀가 학교에서 생활할 때 양극성장애의 영향을 최소화할 수 있는 방법과 학교에서의 활동을 통해 양극성장애의 부정적인 영향을 줄이고 건강한 일상을 회복하는 방법을 조언하려고 한다.

활용할 수 있는 서비스 이용하기

신체적 어려움이나 언어적 차이 때문에 특별한 도움을 필요로 하는 아동들에게는 자신의 상황에 맞게 교육적 환경을 적절히 수정할 수 있는 권한이 있다. 마찬가지로, 양극성장애가 있는 아동들도 교육에 참여할 수 있도록 도와줄 적절한 서비스를 이용할 권리를 갖는다. 학교에서 자녀가 힘든 시간을 보낸다면, 법으로 보장된 다음과 같은 두 가지 옵션을 관심 있게 살펴보기를 권한다.

✔ **특수교육서비스** : 장애인 교육법(Individuals with Disabilities in Education Act, IDEA)은 장애가 있는 학생에게 자신의 개인적인 필요에 따라 맞춤형으로 제공되는 적절한 무상교육이 제공되어야 함을 명시한 연방법이다. 특수교육 서비스를 이용할 때는 다음과 같은 절차를 따르길 권한다.

  - 특수교육서비스를 이용하려면, 부모가 자녀의 특별 교육 서비스 평가 의뢰서를 직접 작성한 나음 신청서를 제출해야 한나. 이 신청서는 대개 지역 교육청의 특별 교육 담당자에게 전달된다.
  - 해당 지역의 교육청은 정해진 기한 내에 대상자에게 결과를 알려줘야 한다. 이 기한은 전형적으로 학교 수업일수 30일 이내로 정해져 있다.
  - 해당 학생에 대한 평가는 최소한 3가지(정신적, 교육 및 사회적) 영역에 대해 진행된다. 이 평가는 주로 해당 교육청의 정신과 전문의와 사회복지사가 맡아 진행한다.
  - 개별교육계획(individualized educational plan, IEP)을 수립하는 팀은 아동

별 사례를 각각 검토한다. 평가를 진행한 후에 IEP 팀은 해당 아동에게 특수교육서비스가 적합할지 여부를 결정하기 위한 위원회를 소집하는데, 그 팀에는 해당 아동의 부모, 아동의 교사, 관할 교육청의 특수교육 담당자, 그리고 특수교육 교사가 반드시 포함되어야 한다. 주에 따라서는 부모의 의견을 지지해줄 만한 다른 사람(보통 그 지역에 거주하는 다른 학부모)이 반드시 함께 자리하도록 규정한 곳도 있으며, 변호사가 함께 자리해도 괜찮다.

- **해당 팀은 IEP를 수립한다.** 만일 해당 아동에게 그와 같은 교육 서비스가 제공되어야 한다는 결론을 내리면, 그 팀은 그 학생의 필요에 맞추어 학교가 언제 어디서 그 학생을 교육할 것인지를 명시하는 IEP를 작성한다.

- **부모는 IEP의 의견에 동의하고 관련 서류에 서명해야 한다.** 이 과정을 통해 IEP의 최종 결정권이 해당 학생의 부모에게 있음을 입증하게 된다.

✔ **'섹션 504' 및 ADA 서비스** : 1973년에 제정한 미국의 재활법인 '섹션 504'와 미국 장애인 법은 아동이 장애 때문에 차별받지 않고 모든 교육 프로그램에 참여할 수 있도록 합리적인 편의를 제공해야 한다는 내용을 보장하고 있다. 이 서비스와 관련된 몇 가지 주요 요점을 정리하면 다음과 같다.

- **이 법률은 전형적으로 특수교육을 통해 제공되는 서비스보다는 상대적으로 경미한 장애와 관련된 서비스를 보장한다.** 아동의 학교에 특수교육 서비스를 요청할 때는 장애인 교육법(IDEA)보다는 '섹션 504'를 근거로 제시할 때 좀 더 성공적인 결과를 얻을 수 있다. 각 지방의 교육청마다 예산이 부족한데 이 법률은 실제로 지원되는 것보다 훨씬 더 다양한 수정안을 담고 있어 좀 더 저렴한 비용이 발생한다. 아동의 필요가 분명하지만 IEP의 기준을 충족시킬 정도로 즉각적인 상황이 아니라면, 이 방법이 좋은 해결책이 될 수 있다.

- **'섹션 504'에서 보장하는 서비스는 지역별로 다르다.** 이런 서비스가 제공되는 과정 역시 지역에 따라 다르게 진행된다.

- **평가 과정은 다양하다.** 경우에 따라서는 학교 관계자가 아동을 직접 평가하기도 하고, 때로는 그런 교육 서비스가 필요하다는 담당 의사

의 요청서나 신청서를 작성해서 제출하면 될 때도 있다.

- 아동의 편의를 고려하는 세부적인 사항은 각 아동의 개별적인 필요에 따라 달라질 수 있다. 예를 들면, 시험 시간을 특별히 더 제공하거나 다른 구별된 장소에서 시험을 치르도록 하는 것, 필기 고사가 아닌 구술평가 방식을 채택하는 것, 그리고 교실에서 개인 컴퓨터를 사용하도록 허용하는 것 등을 들 수 있다.

다른 교사들에게 양극성에 대해 교육하기

양극성장애가 있는 자녀가 적절한 교육을 받을 수 있는 여건을 만들기는 쉽지 않은 일이다. 학교는 수많은 학생의 다양한 요구에 골머리를 앓고 예산도 언제나 빠듯하기만 하다. 교육계가 걸어온 과거를 돌아볼 때, 아동의 정신건강에 관한 관심과 인식은 늘 부족했으며 일관성 있는 정책이 늘 아쉬웠다. 양극성장애에 대한 이해의 부족과 사람들의 오만한 태도는 학교뿐만 아니라 어느 곳이나 만연해 있다.

양극성장애가 있는 자녀를 위해 서비스를 신청하고 교육계의 현실을 맞닥뜨리는 동안, 부모들은 교사들을 교육해야 할 순간을 만나게 될 것이다. 바로 그 순간에 자녀를 지켜주고 옹호하는 일은 부모의 사명이 된다. 그 과정을 시작할 때, 다음과 같은 제안을 고려하면 도움이 될 것이다.

- ✔ **의사소통이 가장 중요함을 잊지 말자.** 자녀의 교사와 지속적으로 연락을 주고받으며 의사소통함으로써, 교사가 자녀의 필요를 인식하고 이해하도록 도울 수 있다. 상담교사 또는 사회복지사가 있다면 그들의 연락처도 알아두도록 하라. 끊임없이 대화할 때만 필요한 정보를 얻고 부모의 관심사와 역할을 그들에게 전달하면서, 학교나 교육정과 갈등을 빚는 상황이 생길 때 해결책을 함께 모색할 수 있다.
- ✔ **관련 자료를 수집하라.** 자녀를 치료하는 정신과 의사와 심리치료사에게 진단서와 검사 결과 등의 서류를 요청해 받아두었다가 학교에서 회의가 열릴 때 지참하도록 하자. 자녀를 치료하는 전문가들과 학교 사이에 전화 또는 이메일로 의사소통이 이뤄지도록 관심을 두고 요청하라.
- ✔ **자신의 권리를 분명히 알자.** 연방 교육법에 따르면, 모든 주는 특수교육 시스템에 대해 알기 원하는 모든 장애 아동의 부모를 위해 교육 자료와 정보

를 제공하는 교육 센터를 운영해야 한다. 이들 센터는 '권익옹호센터'로 불리기도 한다. 각 주 교육청 또는 해당 지역의 특수교육 담당 부서는 이들 센터의 목록을 학부모들에게 제공할 수 있어야 한다

✔ **다른 부모들과 네트워크를 형성하라.** 특수교육 아동의 학부모회 또는 비공식적 부모 모임에 참석하다 보면 공감과 정서적 지지를 받을 뿐만 아니라, 도움이 될 만한 여러 정보도 얻을 수 있다.

삶의 방식을 조율하는 연습

삶의 방식과 패턴을 조절함으로써 양극성장애를 잘 관리하고 종종 증상까지 완화시킬 수도 있다. 이 장과 제11, 12장에서 언급한 여러 제안사항은 양극성장애가 있는 성인뿐만 아니라 아동에게도 적용할 만한 것들이다.

✔ 적절한 영양과 건강 상태를 유지하자(제12장 참조).

✔ 기대치를 조정하고 일상을 계획하되 유연한 자세를 잊지 말자(제12장 참조).

✔ 가족의 일상과 자녀의 활동을 조율하자(제12장 참조).

✔ 기분을 살피고 기록하자(제11장 참조).

이런 지침은 자녀의 치료 과정을 성공적으로 이끄는 데 도움이 될 수 있지만, 자녀와 음식 또는 운동과 같은 문제로 서로 부딪치고 갈등하는 것은 바람직하지 않다. 만일, 그런 갈등 때문에 분노가 쌓이고 자녀의 마음이 무너진다면 말이다. 하지만 시간을 두고 천천히, 조금씩 그런 문제를 조율해나가다 보면, 어느 순간에는 마침내 자녀의 건강한 생활 습관을 발견할 날이 올 것이다.

자녀에 대한 기대와 요구 사항을 스스로 점검하고, 말로 표현하지는 않았어도 자신의 행동 원인이 되는 기대를 내려놓도록 하자. 당신이 기대하는 자녀의 모습이 아닌, 이미 당신의 자녀가 된 그 아이의 모습을 있는 그대로 받아들이자. 그래야만 자녀와 부모 모두가 힘을 얻고(양극성장애로부터) 자유로울 수 있다.

자살의 신호 알아차리기

양극성장애는 치명적인 위험성이 잠재된 질환이다. 마음 아픈 사실은, 이 질환 때문

에 실제로 자살하는 사람들이 있다는 점이다. 자살은 청소년의 주요 사망 원인이며, 양극성장애는 이런 위험성을 상당히 증가시킨다. 사랑하는 사람의 자살을 막기 위해 다음과 같은 지침을 늘 염두에 두자.

✔ **자해 또는 자살의 위험성을 절대로 간과하지 말자.** 자녀가 표현한 말과 행동의 의미가 실제로 그런 뜻이었는지 확인하려 들지 말자. 자녀의 자해 또는 자살 위험성은 반드시 전문가가 평가하도록 하자.

✔ **약물 남용에 주의를 기울이자.** 알코올 중독은 자살의 위험성을 극단적으로 증가시킨다.

✔ **은밀한 신호에 주의하자.** 자녀가 갑자기 자신의 물건을 여기저기에 나눠주거나(죽음 이후를 준비하기 위해), 활동 수준이나 친구 관계에 갑작스럽고 급격한 변화가 나타나거나, 특별히 '자살'이라는 단어를 사용하지 않더라도 절망이나 죽음에 대해 이야기한다면 반드시 전문가의 도움을 받도록 하라.

✔ **가능하다면 페이스북과 같은 자녀의 SNS를 관심 있게 들여다봐도 좋다.** 특별히 자녀가 어리다면 더더욱 그래야 한다. 아이들은 이런 환경에서 자기 생각과 감정을 좀 더 솔직하게 보여줄 수 있기에 이런 방법을 사용하기를 권하지만 여러모로 바람직하지 않을 수밖에 없다. 자녀의 나이가 많을수록 사생활 보호에 관한 문제는 더 중요하게 부각되기에, 자녀의 동의를 구하지 않은 채 페이스북이나 인스타그램, 트위터의 내용을 들여다보면 더 큰 갈등을 초래하는 결과만 낳을 수 있다. 하지만 어떤 아이들은 부모나 믿을 만한 친척(나이 어린 이모나 삼촌 또는 가까운 친구네 가족)이 자신의 SNS를 기웃거려도 그다지 불편하지 않은 경우도 있으므로, 자녀를 지켜주기 위해서라면 지나친 두려움을 품기보다는 이런 방법을 고려해보자.

✔ **자녀에 대해 걱정되는 부분이 있다면 아이와 그 문제에 대해 솔직한 대화를 나누자.** 자살에 대해 대화한다고 해서 아이가 그걸 실행에 옮기지는 않으며, 자살에 대해 솔직히 이야기하는 것 때문에 자살하고 싶은 욕구가 더 커지는 것도 아니다. 부모의 염려와 아이의 걱정을 서로 털어놓지 않고 입을 닫는 게 오히려 훨씬 더 위험하다는 사실을 잊지 말자.

아이의 자살에 대한 우려가 심각한 수준이라고 여겨지면, 담당 의사는 입원을 권할 수 있다. 의사에게 그런 말을 들어도 너무 당황하지는 말자. 정신과 치료를 목적으로 한 입원은 대개 단기간(주로 10일 미만의 기간만 입원할 뿐이다)의 치료를 위한 경우로, 환자의 안전과 위기관리를 위한 목적일 뿐임을 잊지 말자.

7

10가지 방법

제7부 미리보기

- 자신과 사랑하는 사람의 양극성장애에 도움이 될 만한 실제적인 과정에 주목한다.

- 양극성 조증과 우울증을 관리하고 앞으로 나타날 수 있는 기분 삽화를 예방할 10가지 방법을 알아본다. 특히, 그 10가지 중 아홉은 약을 복용하지 않고서도 실천 가능한 방법임을 잊지 말자.

- 사랑하는 사람의 양극성장애에 도움이 될 수 있는 10가지 방법을 알아보자. 해야 할 것과 하지 말아야 할 것에 어떤 것이 있는지 기억하자.

양극성을 관리하는 10가지 방법

제22장 미리보기

- 의사와 심리치료사를 만나고, 함께 수립한 치료 계획을 충실히 따른다.
- 수면을 조절하고 기분을 모니터링한다.
- 규칙적인 일상의 계획을 세우고 마음 챙김을 연습한다.
- 모든 조기 경고 및 징후에 대비하고 대응할 준비를 해둔다.

모든 질병은 환자가 더 많은 정보를 접하고 관심을 기울이며, 치료 과정에 더욱 적극적으로 참여할 때 훨씬 더 나은 예후를 기대할 수 있다. 이 원리는 양극성 장애를 포함한 중증 기분장애를 치료할 때 더 중요하게 고려해야 할 부분이다. 일반적으로 환자 본인이 자신의 기분을 안정되게 유지하고 회복하는 일에 더 깊은 관심을 갖고 있으면 훨씬 나은 치료 효과를 기대할 수 있는 게 당연하다. 이 책은 처음부터 끝까지 양극성장애를 잘 관리하기 위한 전략과 기술에 대한 내용을 담고 있지만, 특별히 이 장에서는 그중에서도 핵심적인 10가지를 뽑아 소개하려고 한다.

의사 및 심리치료사와 한 팀이 되라

양극성장애를 효과적으로 관리하는 것은 팀 경기를 하는 것과 비슷하다. 이런 경기에서 이기려면, 팀원끼리 서로를 존중하고 충분히 의사소통함으로써 팀의 모든 구성원이 충분히 정보를 공유하고 공동의 목표를 이루기 위해 함께 힘을 모아야 한다. 의사 및 심리치료사와 한 팀이 되려면, 다음과 같은 제안을 실행에 옮겨야 할 것이다.

✔ 정기적인 진료와 치료 일정을 잡고 병원에 가는 것을 미루지 말자. 정기적이라는 말은 별문제가 없을 때 6개월에 한 번을 의미하며, 어딘가 상태가 좋지 않을 때는 매주 병원에 가야 한다는 뜻이다.

✔ 마음을 열고 정직하게 상담하자. 의사와 심리치료사들은 환자가 정확한 정보를 제공하는 만큼만 도움을 줄 수 있다. 따라서 그동안 의사의 지침을 얼마나 성실히 따르고 약을 잘 복용했는지에 상관없이, 환자로서 본인의 상태와 기분, 얼마나 오랫동안 잘 자는 편인지, 약을 잘 먹는 편인지, 술을 마시지는 않는지 등에 대해 솔직하게 이야기하는 게 중요하다. 의사와 심리치료사는 절대로 환자의 마음까지 읽을 수 없다는 사실을 잊지 말자.

✔ 약을 바꾸거나 치료 방법을 변경하고자 할 때는 반드시 의사와 상의하라. 약의 복용량을 줄이거나 복용을 멈추고 싶을 때는 실행에 옮기기 전에 반드시 의사에게 문의하자. 의사들은 약물 복용과 관련된 환자의 고민과 걱정에 대해 언제든 적절한 조언을 해줄 수 있다.

✔ 질문하라. 의사나 심리치료사가 어떤 약, 치료 과정, 또는 치료법을 제안하는 목적과 이유를 정확히 이해하는 환자는 그 치료 과정을 더 열심히 따를 가능성이 훨씬 더 높다. 당신의 의사와 심리치료사는 당신의 상황을 가장 잘 이해하기 때문에, 대부분의 경우에 가장 좋은 정보의 출처들이다. 인터넷이나 다른 사람들로부터 어떤 정보를 얻더라도, 반드시 담당 의사 또는 심리치료사에게 그 정보의 유용성을 확인하도록 하자. 환자나 보호자가 정신과 의사나 심리치료사에게 묻고 싶을 만한 10가지 질문을 우리 홈페이지에 정리해두었으니 참고할 수 있다(http://www.dummies.com/health/mental-health/10-questions-to-ask-a-psychiatrist-or-therapist/).

✔ 망설이지 말고 자신의 의견을 충분히 표현하라. 당신은 의료 서비스 및 관

런 제품의 소비자이기에, 어떤 것은 효과가 있고 또 어떤 것은 쓸모가 없으며, 소비자로서 당신의 마음에 드는 것은 어떤 것이고 또 어떤 것은 별로인지, 어떤 것들이 도움이 되었고 어떤 부작용은 참을 수 없을 정도였는지 말할 권리를 갖고 있다. 어떤 약을 쓰는 경우에는 효과가 나타나거나 부작용이 사라지기까지 어느 정도 시간이 필요하다는 사실을 잊지 말고 인내할 필요가 있다. 하지만 때로는 자신이 기대하고 당연히 누릴 권리가 있는 결과에 대해 의견을 피력해야 한다는 점도 잊지 말자.

처방받은 대로 약을 복용하라

주요 기분 삽화를 예방하고 멈추는 가장 중요한 단 하나의 방법은 처방받은 약을 정확히 복용하는 것이다. 어떤 약은 복용을 시작하고 치료 및 증상을 완화할 정도로 작용하기까지 몇 주가 걸리기도 한다. 만일 약의 효과에 대해 궁금한 게 있거나 부작용 때문에 걱정이 된다면, 약을 처방한 의사에게 자세히 물어보라. 약이 중간에 바뀌거나 새로운 약이 추가될 때는, 새로운 약의 약효나 부작용을 언제(몇 시간, 며칠, 몇 주가 지난 후에)쯤 인지할 수 있을지 꼭 물어보자.

기분이 좀 나아졌다고 해서 약 복용을 중단하지 말자. 기분이 좋아졌다는 느낌은 약 때문일 가능성이 크다. 게다가 항조증 약물 또는 항우울제를 갑작스레 중단하면 조증, 우울증 또는 발작을 유발할 수 있으므로 주의하자.

수면을 조절하라

잠이 너무 늘거나 부족할 때, 또는 숙면을 취하지 못하는 것은 양극성 조증과 우울증의 증상인 동시에 그런 증상을 촉발하는 요인으로 작용할 수 있다. 하루 중 낮과 밤을 통틀어 8~10시간 정도의 숙면을 취하는 게 좋다. 여덟 시간을 깨지 않고 자거나 하루에 몇 번을 몇 시간씩 나눠 자든지 상관없지만, 날마다 같은 시간에 잠드는 규칙적인 일과를 따르도록 노력하자.

수면 부족은 기분을 엉망으로 만드는 지름길이 될 수 있다. 미국 국립수면재단 (www.sleepfoundation.org)의 홈페이지에는 숙면을 취하는 데 도움이 될 만한 내용이 소개되어 있다. 쉽게 잠들지 못하거나 깊이 잠들지 못한다면 의사와 상담하도록 하라. 버티다 보면 마침내 피곤에 지쳐 곯아떨어질 거라고 기대하며 자신을 혹사시키지는 말자.

규칙적인 일상의 흐름을 만들라

규칙적인 일상은 스트레스를 낮추고 기분을 조절하며 잠을 조절하는 데 도움을 준다. 우선 기본적으로 잠자리에 들고 일어나는 시간을 정하고, 중간에 식사 시간을 끼워 넣자. 그렇게 정한 시간표대로 한 주를 지내면서 큰 폭의 변화는 없는지 살피고, 계획표에 그런 내용이 반영되도록 조정한다. 가끔 생기는 변화―특별히 주말이나 휴일이라면 더더욱―는 큰 문제가 아니지만, 그래도 규칙적인 일상에 큰 편차가 생기지 않도록 노력한다. 건강한 일상을 유지하기 위한 방법은 제12장에 소개되어 있다.

마음 챙김과 다른 마음 집중 기술을 훈련하라

마음 챙김은 지금 자신의 존재에 적극적으로 주의를 기울이는 마음의 상태로, 생각과 행동이 의도적으로 변화되는 방법을 연습하는 명상법이다. 마음 챙김에서는 지금, 이 순간의 생각과 느낌, 감각에 초점을 맞추되 과거의 후회나 미래에 대한 염려, 내면에서 들려오는 부정적인 말들에 주의를 빼앗기고 반응하지 않는 것을 목표로 삼는다. 그뿐만 아니라 여러 연구 결과를 통해, 마음 챙김은 뇌에서 감각 정보가 처리되는 과정에 긍정적인 효과가 있다는 사실이 알려지기도 했다. 지금 이 순간에 주의를 기울이는 법을 연습하는 마음 챙김의 몇 가지 방법을 소개해둔다.

✔ **호흡한다.** 두 눈을 감고 자신의 호흡에 주의를 기울인다. 호흡하는 방식을 바꾸려고 하지 말라. 그저 호흡이 오르내리는 것에 주의를 기울이는 것으로 충분하다.

✔ **감각에 초점을 맞춘다.** 바로 지금, 이 순간에 보이는 것, 들리는 소리, 냄새, 맛, 그리고 느낌에 주의를 집중한다.

✔ **인식의 관점을 '무엇을 하는' 것에서 '무엇이 되는' 것으로 전환한다.** 사람들은 어떤 목표를 세우고 그것을 달성하기 위해 무엇인가를 하는 일에 대부분의 시간을 사용하곤 한다. 하지만 '무엇이 되는가'에 대한 목표를 갖고 나면, 현재의 상황과 자신의 느낌을 그저 받아들일 뿐 무엇인가를 애써 분석하고 싸워 이겨내려 하지 않게 된다.

✔ **판단하지 않으면서 자신의 생각을 그저 관찰하라.** 어떤 생각이 떠오르더라도 그 생각에 감정적으로 휘둘리거나 그것이 나쁘거나 좋은 생각이라고 단정하지 않도록 주의하자. 그저 각각의 생각을 객관적으로 관찰함으로써, 감정적인 반응을 불러일으킬 가능성을 줄여나갈 수 있다.

✔ **자신을 있는 모습 그대로 받아들이라.** 다른 사람과 자신을 비교하거나 자신의 상황에 다른 이들의 형편을 잣대처럼 들이대기 시작하면, 종종 자신이 무능력하다는 생각과 분노에 빠져들기 쉽다. 그럴 때는 그저 감사할 일들에 에너지를 집중하다 보면 자신을 받아들이는 마음의 근육이 훨씬 더 쉽게 단련되는 것을 느낄 것이다.

✔ **자연에서 시간을 보내라.** 핸드폰과 다른 잡다한 물건들을 집에 놔두고 숲이나 공원을 거닐어 보자. 온전히 자연의 품속에 있을 때, 사람들은 자신의 과거와 미래에 대한 여러 생각에 매몰되지 않고 그 순간 자신이 어떤 상황에 처해 있는지 좀 더 명확하게 보는 경향이 있다.

감각에 집중하는 훈련을 통해, 무슨 일을 하고 있든지에 상관없이 마음 챙김을 해나갈 수 있다. 보고 듣고, 냄새를 맡고 맛을 보며, 무엇을 만지며 느끼는가? 감각에 집중하는 이런 훈련을 함으로써 당신은 과거와 미래의 사건과 관심사에 대해 늘 고민하던 생각들로부터 벗어나 그저 지금 이 순간에 집중할 수 있게 될 것이다.

필요를 분명히 표현하라

당신의 가족과 친구들이 이 세상 최고의 지지자들이며 믿을 만한 사람들이라는 확신이 있다면, 그들을 믿고 당신 자신에 대해 설명하고 이야기하는 습관을 길러보자. 그들에게 기대하는 것, 당신의 상태, 심지어 그들이 당신을 이해하지 못한다고 느껴지는 것들까지 말해도 좋다. 이런 식으로 말문을 열어도 좋을 것이다. "내가 분명하게 설명하지 못한 것 같아. 내가 정말 원하는, 내게 가장 필요한 건 말이지."

자신이 원하는 것과 자신에게 필요한 것을 요청하고 문의하는 것은 이기적인 행동이 아니다. 다른 사람들이 당신의 필요와 욕구를 알아줄 거라는 기대감이 오히려 대단히 비효율적인 생각이다. 그것은 마치, 다른 사람들이 당신의 마음을 들여다볼 수 있다는 비현실적인 기대감과도 같은 것이기 때문이다. 환자가 직접 자신의 필요를 다른 사람들에게 말해주는 것은 엄청난 도움을 주는 것과 같다.

술과 다른 자극적인 것들을 피하라

의사와 함께 결정한 약을 먹고 치료도 진행하면서 자신의 감정을 안정시키기 위해 애쓰는 중이라면, 그런 민감한 균형을 깨뜨릴 수 있는 어떤 것도 함부로 먹지 않도록 주의하자. 안정된 감정 상태를 흐트러뜨릴 수 있는 물질에는 다음과 같은 것들이 포함될 수 있다.

✔ 술 : 한두 번 정도 적당히 마시는 술은 괜찮지만, 그보다 많이 마시는 건 아주 위험할 수 있다. 술은 약의 유익한 효과를 상쇄할 수 있고 광범위한 감정 손상과 행동의 변화를 초래하며, 일부 약 성분과 반응할 때 간 손상, 발작, 예기치 않은 기분 변화와 다른 건강상의 문제를 일으킬 수 있다. 술을 적당히 마실 수 없다면 아예 마시지 말자.

✔ 각성제 : 카페인, 니코틴, 에너지 음료 및 다른 각성제를 복용 또는 흡입하면 감정의 균형이 흐트러지는데, 특별히 숙면을 방해하기 때문이다.

✔ 마약과 기타 물질 : 의사가 처방하지 않은 대마초(마리화나), 코카인, 필로폰

(또는 메스암페타민), 엑스터시, 그리고 다른 마약과 약물은 심각한 감정의 불안정 상태를 야기할 수 있다.

복용을 고려하는 모든 보충제 또는 처방전 없이 구입할 수 있는 모든 약에 대해 의사와 상의하는 게 좋다. 이런 것들 중에서 일부는 수면, 감정 및 활력에 큰 영향을 미치기 때문이다.

감정을 모니터링하라

조기 발견과 개입은 주요 기분 삽화를 예방하기 위해 필수적인 요소이며, 조기 개입이 이뤄져야 할 시점을 알아차리는 데는 감정을 모니터링 하는 것이 최선의 방법이다. 벽에 달력을 하나 걸어두고 지갑 속에도 하나 넣어두거나 컴퓨터 바탕화면에도 하나 준비해두자. 전화기에 감정을 모니터링할 수 있는 다이어리 앱 등을 다운 받아 사용하는 것도 좋은 방법이다. 준비한 달력이나 다이어리에 자신의 기분과 함께 수면과 활력 등 다른 증상도 함께 날마다 기록해보자. 기분 상태가 평소보다 흥분되거나 가라앉는 현상이 며칠 이상 지속된다면 의사와 의논하는 게 좋다.

때로는 환자가 자신의 감정을 스스로 객관적으로 모니터링 할 수 없을 때도 생길 것이다. 따라서 믿을 만한 친구나 가족 중에서 당신의 감정을 정기적으로 함께 모니터링해줄 수 있는 사람을 골라 도움을 구하는 것도 좋은 방법이다.

기분 삽화의 조짐을 알아차리라

양극성장애의 증상이 나타남을 알아차릴 수 있는 표지가 있기는 해도, 사람마다 그 양상이 다르고 그 상태가 조증인지 우울증인지의 여부에 따라 차이가 있다. 자신만의 초기 징후를 알아차리고 그런 조짐을 민감하게 살피다 보면, 조증이나 우울증의 소용돌이에 휘말려 손 쓸 수 없을 상황이 되기 전에 서둘러 다른 사람들의 도움을 받을 수 있다.

다음과 같은 증상이 나타날 때는 조증이 심해지고 있다는 외부의 신호로 알아차릴 수 있다.

- ✔ 밤새 거의 자지 않았는데도 전혀 피곤하지 않다.
- ✔ 말과 생각의 흐름이 빨라진다. 사람들이 자꾸만 진정하라고, 천천히 말하라고 한다.
- ✔ 평소보다 무분별한 성생활에 빠져든다.
- ✔ 평소보다 훨씬 더 쉽게 돈을 써버리곤 한다.
- ✔ 엄청난 속도로 차를 모는 등 무모한 행동을 실행에 옮긴다.
- ✔ 평범하지 않은 화장을 하거나 지나치게 화려한 옷을 입는다.

다음과 같은 증상이 나타날 때는 우울증이 심해지고 있다는 외부의 신호로 알아차릴 수 있다.

- ✔ 사람들이 자꾸만 요즘 괜찮은지, 어디 아픈 데는 없는지 묻곤 한다.
- ✔ 잠을 충분히 자는데도 여전히 피곤이 가시지 않는다.
- ✔ 평소보다 식욕이 상당히 줄거나 늘었다는 생각이 든다.
- ✔ 사회적으로 고립되고 외롭다는 느낌이 든다.
- ✔ 분명한 이유가 있는 것도 아닌데 눈물이 왈칵 쏟아지거나 화가 난다.

문제가 시작될 때 곧바로 도움을 받으라

아무리 자신을 잘 돌보고 기분을 모니터링하며 모든 징후에 촉각을 곤두세운다 할지라도, 모든 증상을 막아내는 것은 불가능한 일이다. 하지만 조기 개입을 통해 기분 삽화의 심각한 정도를 낮추고 지속 기간을 단축할 수 있으며, 다음과 같은 내용을 알고 있다면 도움이 될 것이다.

- ✔ 조증이나 우울증이 시작되는 징후를 깨달을 때, 의사 또는 심리치료사와 상의하라. 의사는 그 증상을 단기적으로 완화시킬 수 있는 방법을 찾아줄 수 있을 것이다.

✔ 당신을 걱정스럽게 만드는 기분 상태로 접어든다는 조짐을 느끼는 순간에 곧장 의사나 심리치료사를 찾아가라.

✔ 스스로 통제할 수 없는 감정 상태로 접어들고 있음을 자각한다면 119에 도움을 요청하거나 응급실로 향하는 게 좋다(안전할 거라는 확신이 생기지 않는다면 직접 운전해 이동하지 말라).

양극성 환자를 돕는
10가지 방법

사랑하는 사람이 주요 기분 삽화를 경험하는 모습을 지켜보면서, 당신은 무엇을 해야 할지 도무지 알 수 없다는 생각에 괴로움을 호소할지 모른다. 이 장에서는 사랑하는 사람의 양극성장애를 돕기 위한 10가지 방법을 제안하려고 한다.

궁극적으로, 양극성장애를 관리하는 일은 환자 자신이 감당할 몫이 가장 크긴 하지만, 그가 중증 기분 삽화로 힘들어하며 아무것도 할 수 없을 때가 있다는 것을 기억하자. 도움을 준다고 해서 그의 역할을 대신하려고 해서는 안 된다. 당신의 역할은 대부분의 시간에 그에게 힘을 불어 넣어주고 꼭 필요할 때만 개입하는 것임을 잊지 말자.

양극성장애에 대해 계속해서 알아가라

이 책을 읽고 있는 당신은 이미 양극성장애로 고통받는 사랑하는 사람을 위해 가장 중요하면서도 가치 있는 일, 그러니까 그의 문제를 해결하기 위해 시간을 할애하는 일을 하고 있는 셈이다. 양극성장애에 대한 지식은 당신에게 힘이 될 것이며, 위기의 순간에 당신이 사랑하는 그 사람을 붙들어 줄 수 있는 공감 능력의 기초가 될 것이다.

양극성장애를 당신 인생의 한복판, 그 중심에 놓인 주제로 삼지 않으면서도 끊임없이 그것에 대해 알아가고 새로운 정보를 찾아 나가자. 다음과 같은 방법을 동원하면 그 과정이 훨씬 더 수월할 것이다.

- ✔ 각종 웹사이트와 블로그 : 전미 정신질환자 협회(www.nami.org), 우울증 및 양극성장애 지원 연맹(www.dbsalliance. org), 정신건강 소셜네트워크인 '사이크 센트럴(https://psychcentral.com/)과 그 안에서 우리가 운영하는 블로그(blogs. psychcentral.com/bipolar) 등을 둘러보라.
- ✔ 여러 가지 책 : 이 책에도 일부 소개된 여러 사람들의 이야기(양극성장애로 힘들어한 사람들의 다양한 경험을 담은 회고록 등)를 참조하라(우리는 또한 양극성장애가 있는 사람들과 가족, 친구들의 이야기를 나누는 온라인 공간인 bipolar-story.com을 운영하고 있으며, 사람들이 나눈 양극성장애와 관련된 이야기나 댓글로 달린 사람들의 조언과 응원을 둘러볼 수 있고, 양극성장애를 안고 살아가는 당신만의 이야기를 나눌 수도 있다).
- ✔ 양극성장애를 다룬 영화, 다큐멘터리, 각종 영상물 : '넥스트 투 노멀', '실버라이닝 플레이북' 등 다수
- ✔ 양극성장애 관련 정기 간행물(www.bphope.com).

구글 뉴스(news.google.com) 검색창에 '양극성장애'라고 친 다음, '새 섹션 추가' 버튼을 누른다. 구글 이메일 계정을 등록해 두면 양극성장애와 관련된 새로운 뉴스를 정기적으로 받아볼 수 있다.

변함없이 그를 존중하라

사랑하는 사람이 진단을 받고 나면 당신은 곧장 '간병 모드'에 돌입할 테지만, 만일 그 사람이 어른이라면 진단받기 전과 다름없이 성인으로 대하도록 하자. 아픈 사람을 돌볼 때, 사람들은 종종 환자를 아이 다루듯 하는 실수를 저지르곤 해서 명령하듯 말하거나 규칙을 세우고 그 규칙을 어기면 잔소리를 하거나 책망하기 쉽다. 또는 그 사람과 같은 공간에 있으면서도 마치 그가 거기에 없다는 듯, 그 사람에 대한 이야기를 다른 사람과 주고받기도 한다.

당신의 가족이나 연인, 친구가 양극성장애 진단을 받았다고 해서 그 사람을 아이 취급하지 않도록 조심하자. 그가 어떤 진단을 받았어도 여전히 당신의 존중을 받을 만한 동등한 인격체라는 사실을 잊으면 안 된다.

의사소통 기술을 훈련하라

효과적으로 의사소통하면 자신을 정확히 표현할 수 있을 뿐만 아니라, 당신이 해야 할 말들을 다른 사람들이 잘 받아들일 수 있다. 여기에 도움이 될 만한 몇 가지 의사소통의 기술과 전략 및 지침을 제시한다.

- ✔ **잘 듣는다.** 사랑하는 그 사람이 당신에게 하는 말에 귀를 기울여 경청하자. 당신이 그의 말을 듣고 이해한다는 사실을 표현하면, 그 역시 당신의 이야기에 귀를 기울일 것이다. 그가 한 말을 충분히 이해하지 못했다면 무슨 말이었는지 물어도 괜찮다.
- ✔ **당신이 그를 이해한다는 것을 보여주라.** 그의 말을 듣고 다시 당신의 말로 반복해 표현함으로써 당신이 정확하게 이해하고 있다는 확신을 심어주라.
- ✔ **최대한 공감하라.** 사랑하는 그 사람의 입장이 되어 진심으로 그의 감정을 이해하려고 노력하자. 예를 들면, 이런 말이 도움이 될 수 있다. "지금, 당신이 슬프다는 걸 이해해. 그리고 더 깊이 이해하고 싶어." 그가 어떤 감정을 표현하든지 그 마음에 공감하는 게 중요하고, 이런 말은 서로의 마음을

나누는 좋은 출발점이 된다.

✔ **부드럽게 말하라.** 큰 소리는 감정을 격앙시킬 수 있다. 대화할 때의 음조를 마음속으로 생각하며 그 수위를 넘지 않도록 주의하는 것도 좋은 방법이다.

✔ **자신의 감정과 생각을 설명하는 '나-전달법'을 사용하라.** 이 방법을 사용하면, 사랑하는 그 사람의 방어적 자세를 부드럽게 이완시켜주고 당신이 해야 할 말 때문에 벌어질 언쟁을 미리 막을 수 있다.

✔ **주의를 집중하고 한 번에 하나씩 문제를 해결하자.** 한 번에 한 가지 문제에만 집중하면서 대화를 이어나가도록 하라. 과거의 문제를 들추지 말고 현재에 집중하는 게 중요하다.

✔ **비난하고 잘못을 지적하며 자신의 요구만 관철시키려는 태도를 피하라.** 이런 태도는 상황을 개선하는 데 필요한 서로의 연대감을 깨뜨릴 뿐이다.

문제를 해결하는 사람이 되라

어떤 문제로든 서로의 의견이 일치하지 않을 때는 그 대화에서 이기고야 말겠다는 생각을 버리고 무엇인가를 함께 해결해야겠다는 태도로 접근하는 편이 효과적이다. 어떤 '문제'가 있다고 생각하기보다는, 서로의 '관심'과 '필요'에 초점을 맞추자. 당신과 상대방은 어찌 보면 같은 갈망과 필요를 느끼고 있다는 사실을 잊으면 안 된다. 적절한 해결책만 찾으면 서로의 필요가 함께 충족되고 모든 걱정거리가 함께 해결된다는 사실을 기억하자.

무슨 문제를 해결하는 과정은 때때로 한쪽이 뭔가를 얻으려면 다른 쪽은 잃어야만 하는 '제로섬(zero-sum)' 게임[게임에 참가하는 양측 중 승자의 이득과 패자의 손실을 더하면 0(zero)이 되는 게임-역주]일 때가 있다. 효과적인 문제 해결은 팀워크와 종종 가치를 창출하는 윈-윈의 결과를 포함한다. 따라서 어느 쪽도 타협해서는 안 된다.

긴장감이 생길 땐 잠시 멈추라

사람들은 누구나 상대방이 자신을 공격한다고 느끼면 어떤 형태로든 반응하기 마련이다. 하지만 감정적 반응이 나타날 때는 바로 양극성장애가 몸을 낮추고 타는 목마름으로 기다리던 바로 그 순간임을 잊지 말자. 양극성장애는 감정적 에너지에 굶주린 사자와 같다. 따라서 서로의 통제력을 상실할 수 있는 상황을 미리 막으려면 긴장감이 피어오르기 시작할 때 잠시 멈추는 편이 낫다.

하지만 떨어져 있는 게 궁극적인 해결책이 되는 것은 아니다. 잠시 멈추고 서로 각자의 감정을 정리하는 시간을 가진 후에는 갈등의 원인을 찾으려는 마음으로, 그 상황과 주제에 대해 다시 합리적인 대화를 이어가야 한다.

자세히 기록하라

양극성장애를 효과적으로 관리하려면, 약물과 치료 방법에 관한 충분한 지식을 바탕으로 결정을 내려야 한다. 의사와 심리치료사들이 자세한 내용을 각자 기록해두기는 하지만, 환자나 보호자에게 그런 자료가 제공되지도 않을 뿐더러, 치료 과정 중에 의사나 심리치료사를 바꾸면 그 자료마저 잃게 될 가능성이 크다. 따라서 치료 팀의 누군가는 모든 약물과 시도한 치료법, 부작용 등에 관한 기록을 꼼꼼히 남겨두고 효과를 보지 못했거나 오히려 상황을 악화시킨 치료법을 또다시 시도하는 일이 없도록 해야 한다.

자료를 수집하고 보관하는 시스템을 구축하라. 기계를 잘 다룬다면 스마트폰에 틈틈이 기록을 남기고 컴퓨터에 백업해두길 권한다. 하지만 컴맹에 가까운 사람이라면 공책과 서류 파일을 장만하고 의사나 심리치료사를 만날 때마다 수집한 정보와 투약 기록의 변화, 시도한 각종 치료법 등에 대한 기록을 모아두자.

환자와 한 팀이 되라

한 팀이 된다는 것은 사랑하는 사람의 양극성장애를 이겨내기 위해 함께 노력한다는 의미이다. 그러려면 양극성장애로 고통받는 그 사람이 안정된 감정 상태를 유지하려고 애쓰는 모든 노력에 발맞추면서 효과적으로 의사소통하며 문제를 해결해야 한다. 달리 말하면, 이 병 때문에 찾아오는 모든 위기의 순간에 그를 비난하지 않고, 양극성장애라는 핵심적인 문제를 해결하기 위해 함께 노력한다는 의미이다.

환자와의 관계에 따라 조금씩 그 양상은 다르겠지만, 효과적인 파트너십을 유지하려면 몇 가지 삶의 방식을 바꿔야 하는 경우도 맞닥뜨릴 수 있다. 예를 들면, 예측 가능한 일상의 규칙을 중요시하고, 예전보다 이른 시간에 잠자리에 들며, 함께 산책을 즐기거나 몸에 좋은 음식을 함께 준비하고, 필요할 때는 그 사람이 병원이나 심리치료사를 방문할 때 함께 하는 것까지 말이다.

약 관련 정보는 부지런히 알아보라

양극성장애라는 진단을 받고 나면, 누구나 효과적인 의학적 치료법을 찾고 그 방법에 따라 환자의 상태를 관리하는 것에 관심을 갖게 된다. 환자와 보호자는 새로운 용어에 완전히 익숙해져야 함과 동시에 모든 새로운 정보와 지침을 잘 이해하고 받아들여야 하는 상황이 힘겨울 수 있다. 게다가 치료 팀의 일원이 아닌 다른 이들로부터 다양한 경로를 통해 여러 가지 정보와 약물의 선택 가능성을 접하고 때론 선택의 갈림길에 설 때도 있으므로, 약을 복용할지 여부를 결정할 때는 다음과 같은 점을 고려해야 하는 것을 알아두자.

✔ **약에 대해 정확하고 믿을 만한 정보를 찾기 위해 노력하자.** 이 책의 앞부분에 제시한 '양극성장애에 대해 계속해서 알아가라' 절을 참조해도 좋을 것이다. www.mayoclinic.org/drugs-supplements와 같은 웹사이트에도 좋은 정보가 많이 담겨 있다. 다만, 약품 광고를 위해 제작된 웹사이트나 홈페이지는 피하자. 알게 된 정보를 환자와 함께 공유하고 이야기하면서, 환

자 스스로 더 많은 자료를 찾도록 격려하고 지지하라.

✔ **가족과 친구들의 의견을 조심스럽게 듣고 고려하자.** 가족이나 친구들은 환자가 복용한 약의 효과에 대해 느낀 점을 말해줄 것이다. 다른 사람들의 이런 느낌은 약의 효과를 이해하는 데 도움이 될 수도 있지만 당황스럽게 들릴 수도 있다. 모든 사람은 같은 약에 대해 각기 다른 반응을 보일 수 있음을 이해하자. 약에 대한 가까운 가족의 반응은 그 환자를 진료하는 의사에게 도움이 될 수 있겠지만, 가족이 아닌 다른 사람의 반응에는 환자의 느낌이 충분히 반영되지 않는 점도 고려하자.

✔ **환자가 동의한다면 의사를 만날 때 동행하고 도움을 주라.** 진료를 위해 내원하는 날에 환자가 자신과 함께 가도 좋다고 한다면, 그의 말을 잘 경청하고 필요하면 메모도 하면서, 염두에 둬야 할 것들이 더 있는지 질문하도록 하라. 함께 갈 수 없다면 병원에 가기 위한 준비 과정을 돕는 것도 좋다. 환자가 약의 부작용이나 궁금한 것들을 기억해뒀다가 의사에게 이야기하고 질문할 때, 주위 사람들의 격려와 위로가 큰 힘이 되기 때문이다.

✔ **현재 복용 중인 약물의 효능과 부작용을 확인한다.** 이 장의 앞부분에서 설명한 공감 능력과 의사소통의 기술을 활용하여, 환자가 약물을 복용할 때의 경험 및 약의 효능과 부작용과 관련하여 짚고 넘어갈 것들이 있는지 떠올리도록 돕는다. 환자가 느끼기에 약이 잘 듣지 않거나 부작용이 나타나며, 약을 복용한 후에 환자의 상태가 좋지 않다면 약을 처방한 의사에게 문의하도록 설득하라.

✔ **환자가 원한다면 그와 한 팀이 되어 약 복용을 챙기자.** 약 먹기를 잊지 않을 방법을 함께 고민하고, 환자의 어려움을 언제든 들어줄 거라는 용기를 주자. 자주 잊어버리고 잘 챙기지 못한다고 절대로 판단하거나 비난하지 말아야 한다. 자신이 약 복용을 기억하게끔 도와달라고 환자가 부탁한다면, 매번 잔소리하지 않을 방법을 함께 고민하라. 약 복용 시간을 알려주는 앱을 핸드폰에 설치하는 방법도 있고, 매번 직접 이야기해줌으로써 도움을 줄 수도 있다.

팽팽한 기대감을 느슨하게 풀라

양극성장애와 어떻게든 관련된 사람들은 종종 삶이 혼란스럽다고 느끼지만, 그렇다고 해서 절망할 필요도 없다. 환자나 환자를 지켜봐야 하는 가족이든 간에, 상실감에 슬픔에 잠기거나 고통스러운 현실에 분노를 느낄 수도 있다. 양극성장애라는 진단을 받기 이전으로 돌아갈 날만 기대한다면 실망할 게 뻔하다. 이제는 현실이 변했다는 사실을 담담히 받아들여야 한다.

상실을 아파하고 애도하는 마음은 누구나 같겠지만, '정상적'인 상태에 대한 새로운 개념을 빨리 받아들일수록 앞으로 걸어가야 할 과정을 조율하고 새로운 방법과 기회를 탐색할 수 있는 시간을 버는 셈이다. 새로운 생각과 삶에 대해 마음을 열면, 새로운 현실 앞에 자신의 꿈과 목표, 삶의 방식을 맞춰나갈 수 있을 것이다.

인생을 즐겨라

양극성장애로 고통받는 사람들은 사랑하는 이들에게 짐이 된다는 현실 앞에 무거운 죄책감을 갖는 경향이 있다. 당신이 고통스러워하며 불행하다고 느낄 때마다, 그 또한 죄책감과 수치심에 괴로워할 것이고 이런 감정은 환자에게 전혀 도움이 되지 않는다. 슬픔은 자연스럽고 당연한 감정이다. 자신을 향한 연민의 감정은 언제든 그대로 내버려 두자. 하지만 사랑하는 그 사람 앞에서는 되도록 표현하지 않도록 주의하자. 사랑하는 그 사람과 당신 자신을 위해 인생을 즐기자. 일상 가운데 건강하고 행복할 만한 활동을 계획하고, 충분히 자고 건강한 음식을 먹기 위해 힘쓰자. 당신이 지쳐 나가떨어지면 절대로 다른 사람을 도울 수 없다. 비행기가 이륙하기 전에 시행하는 안전교육에서 강조하는 것처럼, 다른 사람을 돌보기 전에 자신의 산소마스크를 먼저 착용하는 게 올바른 순서라는 사실을 절대로 잊지 말자.

지은이

칸디다 핑크(Candida Fink)

뉴욕에서 성인, 아동 및 청소년 전문 정신과 의사로 일하고 있다. 보스턴대학교 의과 대학을 졸업했고 하버드대학교 의과 대학에서 전문의 수련 과정을 거쳤다. 아동 및 성인 환자들을 대상으로 복잡한 정신과 질환을 치료하는 일에 힘써오고 있다. 지금은 주로 아동 환자를 진료하면서 양극성장애를 포함한 기분장애를 정확히 진단하는 일에 주력하고 있다.

조 크레이낙(Joe Kraynak)

퍼듀대학교에서 영문학 석사를 취득하였고, 프리랜서 작가로 활동하면서 흥미로운 시부터 PC에 관한 전문서적에 이르기까지 50여 권 이상의 다양한 책을 집필했다. 그는 인생의 고난을 겪는 동안 양극성장애에 관한 폭넓은 전문 지식을 쌓을 수 있었는데, 1999년 12월 10일에 스페인어 교사로 일하던 아내 쎄시가 양극성장애로 진단을 받은 것이 그 모든 과정의 시작이었다. 이 책에서 조 크레이낙은 양극성장애로 고통받는 가족의 입장에서 경험하고 느낀 것들을 나누고 있다. 조에 대해 더 궁금한 점은 그의 홈페이지 www.joekraynak.com을 통해 확인할 수 있다.

옮긴이

한소영

이화여자대학교 일반대학원 생명과학과를 졸업한 후 서울대학교병원에서 다년간 근무했다. 현재 번역에이전시 엔터스코리아에서 의학 및 아동서 전문 번역가로 활동하고 있다. 『불안을 치유하는 마음챙김 명상법』, 『Disney 주토피아: 디즈니 무비 동화』, 『Disney 굿 다이노: 디즈니 무비 동화』 등 100여 편을 번역하였다.